Carnages

Les guerres secrètes des grandes puissances en Afrique

Du même auteur

Pétrole, la 3ᵉ guerre mondiale, Calmann-Lévy, 1974.
Après Mao, les managers, Fayolle, 1977.
Bokassa Iᵉʳ, Alain Moreau, 1977.
Les Émirs de la République, en collaboration avec Jean-Pierre Séréni, Seuil, 1982.
Les Deux Bombes, Fayard, 1982 ; nouvelle édition, 1991.
Affaires africaines, Fayard, 1983.
V, l'affaire des « avions renifleurs », Fayard, 1984.
Les Chapellières, Albin Michel, 1987.
La Menace, Fayard, 1988.
L'Argent noir, Fayard, 1988.
L'Homme de l'ombre, Fayard, 1990.
Vol UT 772, Stock, 1992.
Le Mystérieux Docteur Martin, Fayard, 1993.
Une jeunesse française, François Mitterrand, 1934-1947, Fayard, 1994.
L'Extrémiste, François Genoud, de Hitler à Carlos, Fayard, 1996.
TF1, un pouvoir, en collaboration avec Christophe Nick, Fayard, 1997.
Vies et morts de Jean Moulin, Fayard, 1998.
La Diabolique de Caluire, Fayard, 1999.
Bethléem en Palestine, en collaboration avec Richard Labévière, Fayard, 1999.
Manipulations africaines, Plon, 2001.
Dernières volontés, derniers combats, dernières souffrances, Plon, 2002.
Marcel Dassault ou les ailes du pouvoir, en collaboration avec Guy Vadepied, Fayard, 2003.
La Face cachée du Monde. *Du contre-pouvoir aux abus de pouvoir*, en collaboration avec Philippe Cohen, Mille et une nuits, 2003.
Main basse sur Alger : enquête sur un pillage, juillet 1830, Plon, 2004.
Noires fureurs, blancs menteurs : Rwanda 1990-1994, Mille et une nuits, 2005.
L'Accordéon de mon père, Fayard, 2006.
L'Inconnu de l'Élysée, Fayard, 2007.
Une blessure française, Fayard, 2008.
Le Monde selon K., Fayard, 2009.

Pierre Péan

Carnages

Les guerres secrètes des grandes puissances en Afrique

Fayard

Conception de la couverture et cartographie : Off, Paris.
Illustration de couverture : Massacre dans un camp de réfugiés hutu au Rwanda,
à Kibeho, 22 avril 1995. Photographie de Charlie Brown.
© Corbis, collection Sygma, 2010.

Reproduction des articles du *Monde* :
« D'un parking kinois à Paris » (5 mai 2001), pp. 421-424 ;
« Un rapport de l'ONU accuse Kinshasa et Kigali de "crimes contre l'humanité" »
(2 juillet 1998), pp. 566-567 ;
« À Luberizi, les hommes ont été séparés du reste du groupe... »
(27 août 2010), pp. 564-565
© *Le Monde*, 2010.

© Librairie Arthème Fayard, novembre 2010.
ISBN : 978-2-213-63806-5

Aux millions de victimes congolaises, ougandaises, rwandaises et soudanaises.
Aux Rwandais qui n'ont pas le droit de pleurer leurs morts, parce que hutu et présentés comme des nazis à l'opinion internationale.
Aux Rwandais tutsi qui sont contraints de pleurer leurs morts dans le cadre officiel imposé par le régime dictatorial du FPR.

À Sandrine P. sans qui…

PROLOGUE

Plus de huit millions de morts ? Qui en parle ?

L'histoire moderne de l'Afrique est écrite par des militants qui trient entre bons et méchants morts en usant du tamis de la repentance. Le président de SOS Racisme n'a-t-il pas affirmé qu'« évoquer le sang des Hutu, c'est salir le sang des Tutsi » ? Dans les décombres du Mur de Berlin, la « fin des idéologies » a permis l'émergence d'un nouveau militantisme qui, sous le respectable prétexte d'aider les pays pauvres d'Afrique, ne les regarde que par le prisme déformant de la faute originelle de l'esclavage, censée se perpétuer jusqu'à aujourd'hui *via* le colonialisme, puis le néo-colonialisme. Bref, les maux d'Afrique ne s'expliqueraient que par un seul mot : la France.

Depuis la fin de la guerre froide, la région des Grands Lacs est devenue celle de la mort et du malheur dans une indifférence quasi générale. Avec deux millions de Rwandais exterminés en 1994, à l'intérieur du Rwanda[1], plus de six millions de morts rwandais et congolais dans l'ex-Zaïre[2], des centaines de milliers de Soudanais tués, de nombreuses victimes ougandaises, plus d'un demi-million de morts ango-

---

1. Chiffre fourni par le ministère de l'Intérieur rwandais en décembre 1994. Voir le chapitre 4, « L'impunité et la légitimité de Kagame passent aussi par le trucage des chiffres de victimes », pp. 103-104.
2. Les estimations du nombre de morts sont par définition contestables et ont seulement pour objectif de rendre palpable une épouvantable réalité. Ce « plus de six millions » s'appuie sur les chiffres fournis par l'ONG International Rescue Committee, laquelle parle de 5,4 millions de morts en RDC, entre août 1998 (date du début de la deuxième guerre du Congo) et avril 2007. Des morts essentiellement dues à la maladie et à la malnutrition provoquées par la guerre. Les morts dénombrés par IRC sont donc

lais, des millions de déplacés, quatre chefs d'État et des centaines de ministres et autres dirigeants assassinés, des dizaines de milliers de femmes violées, des pillages éhontés, cette zone a le triste privilège d'avoir subi plus de dommages que ceux additionnés de toutes les guerres intervenues de par le monde depuis la fin de la Seconde Guerre mondiale. Et pourtant les médias, dans leur très grande majorité, n'ont parlé, ne parlent et ne pleurent que les centaines de milliers de victimes tutsi du Rwanda, dénoncent les Hutu comme seuls responsables directs de ces boucheries, et les Français, qui les auraient aidés dans leur horrible besogne, faisant de François Mitterrand et d'Édouard Balladur des réincarnations de Hitler, et des soldats français, celles de *Waffen SS*. Une version officielle, affichée non seulement par Paul Kagame, l'actuel président du Rwanda, mais également par le Tribunal pénal international pour le Rwanda (TPIR), le bras justicier de la communauté internationale, et par les États-Unis, le Royaume-Uni et la majorité des autres pays…

Convaincu par mes enquêtes que Paul Kagame avait commandité l'attentat contre l'avion qui transportait Juvénal Habyarimana[1], son prédécesseur – attentat qui déclencha en avril 1994 le génocide des Tutsi et des massacres de Hutu –, quand il était attribué aux extrémistes hutu, je décidai en 2004 de chercher à comprendre ce qui s'était réellement passé au Rwanda et de me faire ma propre idée sur ce drame. Je découvris rapidement l'incroyable désinformation qui avait accompagné la conquête du pouvoir par Paul Kagame, et les

---

des « morts en plus », c'est-à-dire calculés par rapport à une mortalité normale, s'il n'y avait pas eu de guerre. Cette estimation de 5,4 millions n'inclut pas les « morts en plus » de la première guerre du Congo de 1996-1997 et ses massacres de masse de réfugiés hutu. Quant au juge espagnol Andreu Merelles, il cite le chiffre de 4 millions de morts au Rwanda et dans l'ex-Zaïre pour la période 1990-2000, dans le texte qui accompagne les 40 mandats d'arrêt contre Paul Kagame et 39 de ses proches collaborateurs. (Voir aussi p. 458).

1. Témoin-clé du dossier Bruguière, Abdul Ruzibiza s'était rétracté car il avait été menacé par le régime de Kigali. Avant de mourir, le 23 septembre 2010, il a confirmé devant le juge français que Paul Kagame était le commanditaire de l'attentat.

moyens mis en œuvre pour décourager ceux qui seraient tentés de s'opposer à la doxa. Des moyens qui ressemblent fort à des armes de destruction massive : grâce à une analogie abusive entre le génocide des Tutsi et la Shoah, les gardiens de la vérité officielle traitent les contrevenants de négationnistes, de révisionnistes, de racistes, voire d'antisémites. En dépit de cette menace, je continuai mon enquête et exposai en 2005 dans *Noires fureurs, blancs menteurs* que la tragédie rwandaise s'analysait d'abord comme une guerre lancée par le Front patriotique rwandais (FPR), composé quasi exclusivement de Tutsi recrutés dans la diaspora en exil, soutenu par l'armée ougandaise et protégé par les services secrets américains contre le gouvernement régulier du Rwanda, qui avait été aidé par la France jusqu'en 1993 ; et qu'il n'y avait ni bons ni méchants dans cette tragique histoire traversée par des massacres de masse de Hutu et un génocide des Tutsi.

Dès la sortie du livre, et pendant quatre ans, j'ai été l'objet d'attaques d'une rare violence, notamment à la suite d'une plainte de SOS Racisme, dont je fus naguère un parrain, pour diffamation raciale et incitation à la haine raciale, sans oublier une plainte en Belgique lancée par 217 Rwandais tutsi me réclamant chacun 10 000 euros. Le procès en première instance culmina avec l'intervention de Benjamin Abtan, ex-président de l'Union des étudiants juifs de France (UEJF), qui en vint d'une part à comparer mon livre à *Mein Kampf* et affirma d'autre part avoir rencontré des rescapés des massacres rwandais saisis de peur à la seule évocation de mon nom : « Une émotion qui, dans les références qui sont les miennes, déclara-t-il, ne peut que me rappeler l'effet du nom Faurisson sur les rescapés de la Shoah. » À soixante-dix ans, j'étais ainsi devenu, pour une fraction de l'élite française, raciste, révisionniste, négationniste et antisémite[1].

---

1. Nous – mon éditeur [la Librairie Arthème Fayard, alors représentée par Claude Durand] et moi-même – avons été relaxés en première instance, puis en appel, le 18 novembre 2009. SOS Racisme s'est pourvu en cassation.

Pour n'avoir livré que les résultats de mon enquête, j'étais devenu aux yeux de quelques-uns un nouveau Faurisson.

Ce procès et les attaques médiatiques virulentes qui l'accompagnèrent m'ont dissuadé de refermer mon dossier « Rwanda ». Plutôt que de me consacrer à la seule préparation de mon procès, j'ai décidé de reprendre mon enquête et de l'étendre en l'insérant dans l'histoire de la région des Grands Lacs et de l'Afrique centrale, pour comprendre comment et pourquoi avait pu ainsi s'installer une version tronquée de l'histoire de la tragédie rwandaise. Au début, j'ai essayé de retracer et d'analyser les manœuvres destinées à empêcher l'ONU de mener une enquête sur l'attentat contre le Falcon 50 du président rwandais Habyarimana et à bloquer les tentatives du TPIR de poursuivre les crimes commis par le FPR[1]. Il m'est vite apparu que Washington avait été le chef d'orchestre de cette conspiration du silence. À partir de cette constatation, je me suis efforcé de comprendre pourquoi l'administration américaine a déployé une telle énergie, depuis 1994, pour organiser l'impunité du soldat Kagame. Il m'a alors sauté aux yeux que ces manœuvres s'inscrivaient simplement dans une logique de protection des « intérêts stratégiques » des États-Unis en Afrique centrale. Dès lors, j'ai travaillé à mettre au jour les actions – ouvertes et clandestines – des États-Unis, depuis les années 1980, dans la région des Grands Lacs, visant à un nouveau partage des zones d'influence sur le continent africain, et le « scandale géologique » que constitue le fabuleux sous-sol du Zaïre, redevenu aujourd'hui Congo et convoité par tous.

---

1. Par la résolution 955 du 8 novembre 1994, l'ONU a créé le Tribunal international pour le Rwanda, basé à Arusha (Tanzanie), pour « juger les personnes présumées responsables de violations graves du droit international humanitaire commises sur le territoire du Rwanda et les citoyens rwandais présumés responsables de telles violations commises sur le territoire d'États voisins entre le 1er janvier et le 31 décembre 1994 ». Le TPIR est notamment « compétent pour poursuivre les personnes ayant commis un génocide ».

J'étais parti de quelques interrogations qui avaient été formulées en 1998 lors de la Mission d'information parlementaire sur le Rwanda, présidée par Paul Quilès. Édouard Balladur, Premier ministre de 1993 à 1995, avait fait remarquer que chacun avait pu constater que les rivalités ethniques avaient été tour à tour utilisées par telle ou telle puissance extérieure, et qu'*in fine* la question se posait de savoir qui avait voulu évincer la France de cette zone géographique, et au profit de qui. François Léotard, ancien ministre de la Défense, avait de son côté estimé que les termes employés alors dans la presse – « erreur d'analyse », « complicité », « hypocrisie », « silence », etc. – pour qualifier la politique de la France au Rwanda étaient l'indice d'une campagne de dénigrement scandaleuse dont il réclama que les tenants et aboutissants soient dégagés et éclairés afin de débusquer qui en étaient les véritables bénéficiaires… Quant à François Loncle, élu MRG, après avoir remercié les intervenants d'avoir surmonté leur prudente réticence à évoquer ce qui concernait l'implication des États-Unis en Afrique, au Zaïre et en Ouganda notamment, et avoir estimé qu'il était démontré que les États-Unis avaient armé le FPR avant et après le génocide, il s'était demandé si l'implication américaine n'avait pas été sous-évaluée par les services de renseignement français, ce qui avait pu conduire à des différences d'appréciation au sein du gouvernement ou à la présidence de la République. Alain Juppé, ancien ministre des Affaires étrangères (1993-1995), après avoir confirmé la réalité de l'implication américaine, concluait en considérant que la France avait peut-être sous-estimé la volonté de certains d'agir autrement que par la voie politique et diplomatique, c'est-à-dire en recourant à la force. À ce stade de mon enquête, ces affirmations et ces questionnements me suffisaient amplement comme hypothèses de travail.

J'ai d'abord essayé de voir plus clair dans la préparation du FPR à la guerre de conquête du Rwanda, puis j'ai cherché à établir les soutiens dont le mouvement rebelle avait bénéficié pendant la guerre, avant de tenter de démêler l'écheveau des guerres secrètes qui se déroulèrent au Congo à partir de 1996 et qui ont fait quelque six millions de victimes[1].

Officiellement, à partir d'octobre 1996, le Zaïrois Laurent-Désiré Kabila a mené une guerre de libération en vue de chasser le président corrompu Mobutu Sese Seko. La réalité fut bien différente : Laurent-Désiré Kabila n'était alors qu'une marionnette de Kigali, de Kampala et de Washington, placée à la tête de l'Alliance des forces démocratiques pour la libération du Congo (AFDL). Une nouvelle boucherie, après celle du Rwanda, visant cette fois à exterminer les seuls Hutu ayant fui le Rwanda, déclarés « extrémistes » par la propagande, se déroula dans un silence assourdissant des principaux médias[2]. Les services secrets français étaient parfaitement au courant que des forces spéciales américaines, les services secrets et des avions américains renseignaient les soldats rwandais et ougandais dans leur chasse aux Hutu dans l'immense Est congolais. L'exécutif français s'interrogea alors sur l'opportunité d'arrêter la marche de Kabila et de ses « parrains » sur Kinshasa. La désinformation efficace sur le rôle de la France en Afrique en général et au Rwanda en particulier rendait désormais impossible toute contre-offensive, qui aurait mis face à face Français et Américains. Jacques Chirac décida *in fine* de ne pas envoyer de forces spéciales françaises à Kisangani début 1997.

D'emblée, mon enquête fut difficile, car, à notre époque – celle qui a débuté après la chute du Mur de Berlin, le

---

[1]. Selon les critères de l'International Rescue Committee.
[2]. Lors de mon procès en appel, Me Bernard Maingain, avocat de SOS Racisme et proche du gouvernement de Kigali, évoquant ces massacres, les qualifia de « complications » !

9 novembre 1989 –, qu'on dit à tort plus « transparente », les faits les plus importants sont escamotés : traduisant des stratégies plus ou moins avouables qu'il importe de cacher, ils relèvent bien souvent du domaine du clandestin, dans la mesure où ils sont l'œuvre de Forces spéciales, d'agents de services secrets, d'États agissant pour le compte d'autres États, de mercenaires... Ces jeux de l'ombre sont, de surcroît, encore obscurcis par des agences spécialisées, publiques ou privées, qui produisent à jet continu de la désinformation, puisque la guerre est désormais continuée par des batailles de communication. Même quand ils ne sont pas emprisonnés dans un militantisme trop contraignant, les journalistes, coincés par les exigences de productivité et donc par le manque de temps, ont de plus en plus de mal à approcher la vérité.

Pour montrer quelque peu cette difficulté à y voir clair dans ce qui s'est passé en Afrique centrale depuis la fin des années 1980, je crois qu'il convient de rappeler le premier grand scoop réalisé après la chute du Mur de Berlin par la journaliste belge qui passe pour être la meilleure spécialiste de l'Afrique centrale, Colette Braeckman. Un scoop qui donna le signal de départ aux grands bouleversements à venir en Afrique centrale, bouleversements qui dureraient deux décennies. Le maréchal Mobutu avait commencé à amorcer dans la douleur un certain processus démocratique. Les étudiants zaïrois s'agitaient beaucoup et se trouvaient opposés aux forces répressives du pouvoir dans de violents face-à-face. Dans ce contexte, le 22 mai 1990, Colette Braeckman lança dans *Le Soir* de Bruxelles l'affaire dite des massacres de Lubumbashi. On pouvait lire sous sa plume : « Plusieurs dizaines d'étudiants auraient été égorgés, tués à l'arme blanche par les troupes d'élite du régime zaïrois. [...] Certains étudiants affirment que le président Mobutu a assisté personnellement à l'opération depuis un hélicoptère descendu près du campus, mais nulle confirmation n'a pu être donnée à ces témoignages. » Dans l'édition du *Soir* du 15 juin 1990, Colette Braeckman enfonçait le clou : « À propos du sort réservé aux corps des victimes, les rumeurs continuent à se croiser, sinon à se contredire. Les unes évoquent le fait que les cadavres auraient été jetés dans des puits de mines désaffectées. D'autres disent qu'ils ont été acheminés dans la nuit même à la Gecamines [entreprise d'État zaïroise], et introduits dans le haut fourneau de traitement du cuivre, les chauffeurs ayant effectué ce macabre transport étant depuis lors introuvables. [...] Des gens prétendent que certains corps ont été jetés depuis un avion en vol, et certains affirment que des corps auraient été découverts dans le parc de Upemba, au Shaba [ex-Katanga]. » La presse internationale, emboîtant le pas de la Grande Experte belge, devint hystérique. Avec ces deux articles, Colette Braeckman peut se vanter d'avoir sonné l'hallali contre Mobutu, une chasse qui devait se terminer sept ans plus tard. Son *scoop* fut en effet à l'origine de sanctions terribles contre le Zaïre et le démon qui le dirigeait. Il provoqua le dérapage final d'une transition démocratique déjà mal en point. Dès lors, la Belgique, la France et les États-Unis ne pouvaient que souhaiter ouvertement le départ de Mobutu. Or, les révélations du *Soir* ont été depuis complètement remises en cause et démenties, notamment par le livre de Louis Alphonse Koyagialo Ngbase te Gerengbo, intitulé *Massacre de Lubumbashi*. Publié à Kinshasa en 2006, il montre qu'il n'y aurait eu alors... qu'un seul mort !

Après de longs mois d'enquête, bien installé dans la reconstitution des « guerres secrètes entre amis », entre la France d'une part, et les États-Unis aidés des Anglais, voire des Belges, d'autre part, j'entrevoyais déjà le plan qui me permettrait d'agencer de manière cohérente mes trouvailles. Mais la découverte de l'existence puis du rôle de Roger Winter, portant la casquette officielle de directeur de l'US Committee of Refugees, vint perturber ma tranquille assurance. Tout d'un coup apparaissait un homme très haut placé qui pendant trente ans avait été à l'articulation de tous les conflits et de toutes les rébellions de la région. Dès le début des années 1980, on trouve en effet Winter dans le maquis aux côtés de Yoweri Museveni, rebelle bientôt à la tête de l'Ouganda ; puis il est non seulement aux côtés des rebelles tutsi qui se préparent à partir à la conquête militaire du Rwanda, mais aussi aux côtés de John Garang, le leader de la rébellion au Sud-Soudan, dans sa lutte contre Khartoum ; il se tient près de Paul Kagame quand celui-ci est déjà installé au pouvoir au Rwanda, près de Byumba ; enfin, il accompagne Laurent-Désiré Kabila dès que Museveni, la CIA et Paul Kagame décident de faire de l'ancien chef rebelle leur cheval de Troie pour renverser Mobutu au Zaïre. Un ancien acteur de l'affaire Contragate[1] me révéla que Roger Winter avait été l'homme-orchestre de tout ce qui s'était déroulé dans la région des Grands Lacs à partir du milieu des années 1980, et que ledit Winter, ami de Dani Yatom, qui serait plus tard patron du Mossad, coordonnait sur place les actions des services américains et israéliens. Dès lors, j'ai traqué Roger Winter et cherché à connaître le rôle de cet acteur étatique qui m'avait échappé : Israël.

Je découvris que, depuis sa création, l'État hébreu porte une très grande attention à l'Afrique, laquelle lui confère la profondeur stratégique qu'il n'a pas au Moyen-Orient, entouré qu'il est par des pays hostiles à l'est. Et qu'Israël est le seul État à avoir une vision globale, cohérente et stable de l'Afrique, vision qui assure à sa politique africaine – sujet très méconnu – une grande continuité. Dans cette optique, au-delà de l'Égypte, il a toujours porté un

---

1. Aussi appelée Iran-Contragate, il s'agit de l'affaire américaine datant du milieu des années 1980, dans laquelle les États-Unis et Israël voulurent secrètement renouer avec l'Iran en échange de livraisons d'armes. L'affaire se doubla d'actions clandestines visant à aider les paramilitaires « Contras » pour renverser le gouvernement sandiniste au Nicaragua.

intérêt particulier au Soudan, pays le plus vaste d'Afrique, qu'il considère comme potentiellement dangereux pour sa sécurité, car lié à ses ennemis traditionnels. Cette attention s'exerce à partir des pays limitrophes du Soudan : l'Érythrée, l'Éthiopie, l'Ouganda, la Centrafrique, le Tchad, et la République démocratique du Congo (RDC, ex-Zaïre).

L'État hébreu n'a toutefois pas limité son intérêt à ces seuls pays africains. Il a cherché, et cherche toujours, des soutiens à son combat contre les pays arabes, si bien que l'Afrique subit souvent des contrecoups des affrontements survenus au Proche-Orient... Quelquefois seul, mais le plus souvent associé aux États-Unis, voire au Royaume-Uni, Israël a été et est un acteur africain de première importance. Ses dirigeants, depuis Ben Gourion, considèrent que l'Afrique est pour lui « une question de vie ou de mort[1] ».

À partir de cette nouvelle perspective et grille de lecture géostratégique, il restait à savoir si Israël avait aidé Paul Kagame à prendre le pouvoir au Rwanda et à comprendre pourquoi il l'avait fait. Et pourquoi, aujourd'hui, l'État hébreu reste l'un de ses défenseurs les plus déterminés. David Kimche, ancienne grande figure du Mossad qui a mené de nombreuses actions en Afrique, lui aussi l'un des anciens grands acteurs du Contragate, n'explique-t-il pas que le Rwanda est l'« Israël de l'Afrique », que Paul Kagame est un des « plus remarquables et prééminents leaders en Afrique, et probablement dans le monde », et que le Rwanda a « de la chance d'avoir son propre David Ben Gourion à un moment critique de son histoire[2] » ?

---

1. Phrase prononcée par Dan Avni, directeur du Département Afrique au ministère des Affaires étrangères israélien, rapportée par Alahadji Bouba Nouhou dans *Israël et l'Afrique. Une relation mouvementée*, Karthala, 2003.
2. In *Jerusalem Post*, 9 août 2007, dans un article intitulé « Lessons from Rwanda, the "Israel of Africa" ».

J'en vins à me demander s'il n'y avait pas un lien entre les attaques dont j'étais l'objet de la part de l'UEJF, de l'UPJF et d'intellectuels comme Elie Wiesel contre mon livre *Noires fureurs, blancs menteurs,* et l'intérêt géopolitique porté par Israël au Rwanda.

Quoi qu'il en soit, cette irruption d'Israël dans mon enquête remettait en cause le plan de travail que j'avais imaginé. Elle m'obligeait à accorder une plus grande importance à l'Ouganda et à Yoweri Museveni, son président, qui, bien avant sa prise de pouvoir, avait attiré l'attention du Mossad et des services britanniques. Un Museveni qui, une fois parvenu à la tête de son pays, avait estimé que l'Ouganda était trop petit pour ses ambitions et s'était mis à rêver tout haut d'un *Lebensraum* englobant le Rwanda, le Burundi et la région congolaise du Kivu... Un Museveni devenu le « chouchou » des États-Unis, de la Grande-Bretagne et d'Israël, alors que la chute de Mobutu paraissait inéluctable... Un Museveni devenu le « parrain » de la conquête de Kigali par les rebelles tutsi : sans les armes et les soldats de l'armée ougandaise, Fred Rwigema puis Paul Kagame ne se seraient en effet pas lancés dans cette guerre.

Dans un premier temps, Washington et ses alliés ont aidé prudemment le FPR, avant de s'engager complètement à ses côtés au cours de l'année 1993 ; son offensive visant à contrôler le Rwanda coïncida alors parfaitement avec les visées américaines sur l'Afrique centrale. Après la chute du Mur de Berlin, les États-Unis et leurs alliés avaient en effet décidé de remodeler la carte du continent noir afin d'y réduire notamment l'influence de la France. Guerre secrète par procuration, par *proxies* (« mandataires »), puisque les parties en cause ne pouvaient s'affronter directement, trop liées qu'elles étaient au sein d'alliances multiples, dont l'OTAN. Mouvements rebelles, États africains, mercenaires, sociétés multinationales ont été largement utilisés dans ces différents combats stratégiques et économiques, la conquête du Congo et de ses inestimables richesses étant le corollaire évident de la guerre menée au Rwanda.

La tragédie rwandaise et son prolongement congolais ne peuvent être déchiffrés s'ils ne sont pas reliés à une autre guerre secrète, visant cette fois Khartoum. Au début des années 1990 s'est en effet constitué un front anti-islamique visant à renverser le gouvernement soudanais. Il se traduisit d'abord par des actions clandestines, avant que ne soit envisagée une action militaire conjointe menée par l'Érythrée, l'Éthiopie, l'Ouganda et la toute jeune RDC. Après l'abandon de cette solution radicale, Israël prôna l'éclatement du pays. Ces actions eurent pour effet de renforcer le statut de Museveni et de ses deux amis, John Garang, le combattant du Sud-Soudan, et Paul Kagame, le leader du FPR, auprès des États-Unis, de la Grande-Bretagne et d'Israël. Les différents acteurs de ce front anti-Khartoum estimèrent qu'un changement de régime à Kigali était nécessaire pour le rendre plus cohérent et plus fort.

Le génocide des Tutsi, les massacres de masse de Hutu et de Congolais sont en quelque sorte les *dégâts collatéraux* des menées de ces apprentis sorciers dans des pays où les tensions ethniques étaient déjà très fortes. Et ceux-ci ne tiennent évidemment pas à ce que soit dénoué l'écheveau de leurs agissements dans la région des Grands Lacs. Ils ont tout mis en œuvre pour désigner les Hutu et leurs alliés français comme étant les seuls responsables du génocide des Tutsi, et se sont efforcés d'inscrire les massacres du Congo dans le cadre d'actions légitimes, perpétrées contre les *Interhamwe,* les génocidaires hutu.

Après le 11-Septembre, la nouvelle administration Bush a fait de la lutte contre le terrorisme sa principale priorité stratégique, un terrorisme défini comme visant non seulement l'Amérique, mais embrassant aussi les actions et manifestations hostiles à Israël. Déjà perçue comme le réservoir vital de matières premières nécessaires à son développement, l'Afrique est devenue un champ de bataille crucial dans la lutte contre les nouveaux ennemis de l'hyper-puissance américaine. Dans ce contexte, Washington a fait totalement sienne la vision israélienne du monde, et notamment sa conception géostratégique de l'Afrique, acceptant par là qu'une partie du continent soit intégrée dans le champ de la confrontation moyen-orientale. Les stratèges US ont ainsi inclu le harcèlement du régime de Khartoum (ou le renversement de son régime) et l'éclatement du Soudan dans leurs propres objectifs. Pendant la guerre froide, Israël avait déjà servi de gendarme de l'Occident en Afrique ; la nouvelle donne géopolitique a conduit Washington à réinstaller l'État hébreu dans son ancien rôle, persuadé que les Israéliens disposaient des meilleurs spécialistes en matière de contre-terrorisme.

Pour connaître toute la vérité sur les nombreux sujets que j'aborde dans ce livre, il faudra attendre l'ouverture, dans de très nombreuses années, des archives de la CIA, du MI6, du Mossad et de la DGSE. J'ai donc parfaitement conscience que mon enquête est loin d'être exhaustive ; lacunaire, elle comporte des insuffisances, et le risque d'erreurs, en dépit des précautions qui sont les miennes, ne peut être totalement écarté, car les (vrais) témoins, quand j'en ai trouvé, n'ont pas été très prolixes et ont, pour les plus intéressants d'entre eux, réclamé l'anonymat. Toutes ces difficultés m'ont obligé, çà et là, à recourir à des conditionnels et à des points de suspension qui ouvrent sur des questions, des pistes que d'autres que moi reprendront et qui sont l'expression de mes doutes, voire de mon ignorance. Mais cette enquête permettra néanmoins, je l'espère, d'aller au-delà des idées reçues, de dissiper l'écran de fumée que constitue de nos jours le concept de *Françafrique*, de convaincre le lecteur que cette histoire « est plus compliquée que ce qu'on nous raconte », et de préparer la voie à de nouvelles enquêtes.

C'est tout un pan de l'histoire moderne de l'Afrique que je vais survoler pour montrer à tout le moins que la version la plus communément admise, fabriquée par des esprits militants, ne permet pas d'avoir une vision conforme à la réalité. Ma passion pour l'Afrique datant déjà d'un demi-siècle, le lecteur comprendra que ma narration soit par moments intimement liée à ma relation avec elle.

1

Chercheur d'Afriques[1]

La photo noir et blanc a fait le tour du monde et révolté tous ceux – et j'en faisais partie – qui croyaient que le temps de la liberté était venu pour les « damnés de la terre ». Elle a été prise le 2 décembre 1960 à l'aéroport de Ndjili, alors que Patrice Lumumba venait de descendre de l'avion Air Congo qui le ramenait à Léopoldville, capitale du Congo. Caméras et appareils photo avaient immortalisé les scènes odieuses où l'on voyait les brutes mobutistes battre Lumumba et ses compagnons. Mains liées derrière le dos, ce dernier tenait la tête haute malgré les coups. Il se savait déjà condamné, son rêve s'était envolé. L'Occident avait déjà estimé que cet acteur était de trop et devait disparaître de la scène de l'Histoire. Les États-Unis (avec le *Project Wizard* mis en œuvre par la CIA) et la Belgique (avec le *Plan Barracuda*) avaient en effet décidé de l'éliminer.

Son regard continue à me scruter, à m'interroger. D'autant que les mêmes États-Unis, associés à quelques autres, ont continué à jouer un rôle majeur dans la région des Grands Lacs, y ont bouleversé des équilibres fragiles, provoquant directement ou indirectement la mort de nombreux chefs d'État[2], de grands leaders et de quelque huit millions de

---
1. Titre emprunté au merveilleux livre d'Henri Lopes publié au Seuil en 1990.
2. Et notamment Melchior Ndadaye, président du Burundi, assassiné le 21 octobre 1993 ; les présidents rwandais et burundais, Juvénal Habyarimana et Cyprien Ntaryamira, tués le 6 avril 1994 ; Laurent-Désiré Kabila, président de la RDC, assassiné le 16 janvier 2001 ; Jonas Savimbi, chef de l'UNITA, tué le 22 février 2002 ; John Garang, vice-président du Soudan, mort dans un accident d'avion le 31 juillet 2005.

victimes. Alors que la France est injustement tenue pour comptable des morts tutsi, et qu'elle a néanmoins accepté une mission d'enquête parlementaire sur ses éventuelles responsabilités, les États-Unis, qui ont à l'évidence participé au déclenchement de la mécanique infernale, ont refusé, en mai 1998, d'examiner la proposition faite au Congrès[1] par Jeff Drumtra, analyste à l'US Committee for Refugees, d'examiner celles de leurs propres responsables en 1994...

Hier comme aujourd'hui, Washington porte un intérêt particulier à l'ex-Zaïre. Le 5 novembre 1997, Bill Richardson, alors ambassadeur américain à l'ONU, a bien résumé les raisons de cet intérêt devant le comité des Relations internationales de la Chambre des représentants : « Le Congo est un élément essentiel des intérêts américains en Afrique. Ce pays renferme des opportunités économiques énormes. Treize pour cent du potentiel hydro-électrique mondial, vingt-huit pour cent des réserves mondiales de cobalt, dix-huit pour cent des diamants industriels, six pour cent des réserves de cuivre, de riches terres agricoles, une talentueuse et industrieuse force de travail, la moitié de la forêt africaine. Le moteur de la croissance du centre de l'Afrique est le Congo. Il est un pont entre les économies en voie de développement dans le sud et l'est de l'Afrique, et les nations pauvres de l'Afrique centrale. La stabilité au Congo signifie la stabilité pour la plus grande partie de l'Afrique. »

Le Congo était indépendant depuis le 30 juin 1960. Patrice Lumumba était le premier leader africain à s'être imposé démocratiquement, et dirigeait le gouvernement. Par la magie de son verbe, il avait réussi à surmonter obstacles et adversaires. Dans sa province, il était devenu une idole... Deux mois et demi plus tard, le colonel Mobutu le « neutralisait » et le plaçait en résidence surveillée. Fin

---

1. Devant le sous-comité des Opérations internationales de la Chambre des représentants, le 5 mai 1998.

novembre, Lumumba s'évadait de Léopoldville, mais était repris par les soldats mobutistes à Bulonga-Mweka. Avant de mourir, il exprimait sa foi en l'avenir dans une lettre à Pauline, sa femme :

« *Je sais et je sens du fond de moi-même que tôt ou tard mon peuple se débarrassera de tous ses ennemis intérieurs et extérieurs, qu'il se lèvera comme un seul homme pour dire non au colonialisme dégradant et honteux, et pour reprendre sa dignité sous un soleil pur.*

« *Nous ne sommes pas seuls. L'Afrique, l'Asie et les peuples libres et libérés de tous les coins du monde se trouveront toujours aux côtés des millions de Congolais qui n'abandonneront la lutte que le jour où il n'y aura plus de colonisateurs et leurs mercenaires dans notre pays. À mes enfants que je laisse et que peut-être je ne reverrai plus, je veux qu'on dise que l'avenir du Congo est beau et qu'il attend d'eux, comme il attend de chaque Congolais, d'accomplir la tâche sacrée de la reconstruction de notre indépendance et de notre souveraineté ; car sans dignité il n'y a pas de liberté, sans justice il n'y a pas de dignité, et sans indépendance il n'y a pas d'hommes libres.*

« *Ni brutalités, ni sévices, ni tortures ne m'ont jamais amené à demander la grâce, car je préfère mourir la tête haute, la foi inébranlable et la confiance profonde dans la destinée de mon pays, plutôt que vivre dans la soumission et le mépris des principes sacrés. L'histoire dira un jour son mot, mais ce ne sera pas l'histoire qu'on enseignera à Bruxelles, Paris, Washington ou aux Nations unies, mais celle qu'on enseignera dans les pays affranchis du colonialisme et de ses fantoches. L'Afrique écrira sa propre histoire et elle sera, au nord et au sud du Sahara, une histoire de gloire et de dignité. Ne me pleure pas, ma compagne. Moi je sais que mon pays, qui souffre tant, saura défendre son indépendance et sa liberté. Vive le Congo ! Vive l'Afrique !* »

Hélas, comme nous le verrons, cette lettre écrite il y a près d'un demi-siècle, avant l'installation au pouvoir de

Mobutu par la CIA, avant son rejet par la même CIA, et avant les millions de morts causés par ce changement, reste toujours d'actualité !

Le 17 janvier 1961, Lumumba est assassiné à Elizabethville. Comme pour des centaines de millions d'hommes, Lumumba était devenu pour moi un héros, un martyr de l'Afrique et de l'humanité. Je ne connaissais pas alors les dessous de ce lâche assassinat, mais j'éprouvais la plus grande compassion pour cet homme habité par la passion de la liberté et de la dignité. Bien des années plus tard, mes rencontres avec Serge Michel, qui fut, pendant l'été 1960, deux mois son attaché de presse, et avec Anicet Kashamura, son ministre de l'Information, allaient donner vie aux images de ce héros qui avait été le mien et celui de tous les tiers-mondistes de la planète, mais aussi du « Che ». Le nom de Lumumba suscite toujours en moi la même révolte, le même sentiment d'injustice, même si mon regard sur l'Afrique a depuis lors changé. Je suis convaincu que la fin tragique de Lumumba fait partie des raisons qui m'ont conduit au Gabon à la fin d'octobre 1962.

Dès le milieu des années 1950, étudiant à Angers, je recherchais la compagnie des Africains, qu'ils soient venus d'Afrique du Nord ou d'Afrique noire. À l'attrait de l'exotisme succéda vite une prise de conscience politique provoquée par la guerre d'Algérie. Je ne comprenais pas pourquoi la France refusait l'indépendance aux Algériens, et encore moins qu'elle tuât et torturât pour empêcher une évolution que j'estimais légitime et naturelle. De « Majo », je suis alors devenu « Mino » à l'UNEF. « Mino » étiquetait ceux qui étaient contre l'Algérie française. J'ai ainsi participé à toutes les grandes manifestations contre la guerre, y compris les dernières, celles des 8 et 15 février 1962. Le 15 février, lors de l'immense défilé, à Paris, de la République au cimetière du Père-Lachaise pour honorer les huit militants de la CGT tués le 8 février au métro Charonne, je me suis retrouvé quelques instants aux côtés d'Yves Montand. Quelques semaines plus tard, chauffeur de grande remise, je véhiculai successivement le ministre de l'Éducation nationale du Gabon, puis celui des Finances, lequel me proposa de venir travailler avec lui comme attaché de cabinet. Fin octobre 1962, je touchai ainsi le sol de ma première Afrique, les yeux grands ouverts, avec ma naïveté pour seul bagage. J'étais parti avec l'idée que je pouvais faire le Bien, et que tous les problèmes de ce continent étaient le résultat de la colonisation. Vision simpliste qui n'était ancrée dans aucune analyse sérieuse, ni une quelconque idéologie.

J'ai retrouvé les lettres que j'envoyais alors à mes parents. La première : « Ces Blancs ne me sont pas très sympathiques, car ce sont des fonctionnaires français qui, en Afrique, se prennent un peu au sérieux alors qu'ils n'ont pas l'air très forts. [...] Il m'est assez désagréable d'entendre toujours les Blancs parler aux Noirs avec beaucoup de paternalisme et de condescendance. » Trois jours plus tard : « Je suis choqué du comportement des Européens à l'égard des Noirs et je comprends maintenant pourquoi ceux-ci ont réagi quelquefois brutalement. Ils font sans arrêt des petites vexations ou humiliations et, par exemple, hier soir, j'ai entendu : "C'était marrant, j'ai bousculé une bonne femme avec ma voiture et j'ai failli me faire lyncher !", ou encore : "Ils ne travaillent pas bien car ils n'ont pas assez à manger" ; et justement, s'ils n'ont pas assez à manger, c'est que cette personne qui les emploie ne les paie pas suffisamment. »

Je suis resté à Libreville jusqu'à la fin 1964, obligé alors de quitter le Gabon parce que *Le Monde* avait publié une lettre dans laquelle je décrivais le président Léon M'Ba en train de chicoter un opposant et critiquais les autorités françaises pour avoir monté, en février 1964, un contre-coup d'État afin de remettre le même Léon M'Ba au pouvoir.

J'ai continué à me passionner pour l'Afrique et dénoncé les pratiques et dérives néocoloniales, la tyrannie de nombreux chefs d'État africains, la corruption des élites. J'ai ainsi publié successivement *Bokassa Ier*, *Affaires africaines*[1], *L'Argent noir*, et clos la série par une biographie, *L'Homme de l'ombre*, destinée à montrer qui était Jacques Foccart, l'homme tout-puissant des relations franco-africaines, et comment il avait maintenu les anciennes colonies dans un rapport de stricte dépendance à l'égard de Paris. Mais, au début des années 1990, après le sommet franco-africain de La Baule, cette description a progressivement laissé la place à de nouvelles interrogations. Il ne me semblait plus possible de mettre tous les maux de l'Afrique francophone au seul débit de la France, d'autant que le reste de l'Afrique se trouvait dans le même état. Pourquoi, trente ans après les indépendances, les Africains étaient-ils plus pauvres, pourquoi n'arrivaient-ils pas à se nourrir seuls, pourquoi donnaient-ils l'impression d'être en voie de sous-développement ?

En 1993, je me suis installé à Brazzaville pour essayer de comprendre et de raconter les trente premières années agitées d'un pays qui a connu, trois ans après l'indépendance, son premier putsch, provoquant une rupture avec le « système Foccart », le Congo devenant alors le premier pays socialiste de l'ex-précarré. Deuxième putsch cinq ans plus tard, suivi de plusieurs tentatives de coups d'État, avant que Marien Ngouabi ne soit assassiné et que Denis Sassou Nguesso ne prenne rapidement le pouvoir. À Brazza, pendant plus de vingt ans, après le passage du Che, venu au Congo préparer la Révolution mondiale, Cubains et Soviétiques se sentaient chez eux. Difficile, ensuite, de n'attribuer qu'au seul Foccart et à la France les difficultés de ce pays qui avait choisi une autre voie. Pendant mon séjour j'interrogeai les principaux acteurs congolais vivants et, après avoir

---

[1]. Un livre qui me valut de nombreuses menaces, y compris physiques, et une douzaine de procès.

noirci une centaine de pages d'un cahier à spirales, je décidai de le refermer, car je m'aperçus brutalement que lesdits acteurs endossaient leurs habits occidentaux pour me répondre, et que leurs arguments supposément rationnels ne recouvraient qu'une partie de la vérité. Eux connaissaient mon langage, ma culture ; moi, je ne connaissais d'eux que leur vernis occidental. L'essentiel était ailleurs. Je sentis que beaucoup trop de choses m'échappaient pour rendre compte de leurs luttes de pouvoir, je ne disposais pas des bons outils pour comprendre leur perception de l'économie, de l'entreprise, du développement. Je compris que, malgré les apparences, mes longs séjours sur place et mes relations avec de nombreux habitants, je ne comprenais rien, ou pas grand-chose, à l'Afrique et aux Africains. Je me retrouvais face au même paradoxe auquel j'avais été confronté en 1962 au Gabon, sauf qu'à l'époque je n'écrivais pas, ou plutôt n'écrivais que dans des petits carnets, que j'ai feuilletés pour écrire ces lignes introductives...

Peu de temps après mon arrivée au Gabon, je m'étais lié avec un certain Édouard Gondjout d'une amitié qui transcenda rapidement nos conditions respectives de Noir et de Blanc, d'ancien colonisé et d'ancien colonisateur. Il mit en effet beaucoup d'application à me confier quelques-uns de ses « secrets ». Le premier se rapportait à ses premières heures d'être humain : « Lorsqu'un enfant naissait, aucune main de femme ne devait le toucher. Mon père m'a pris et m'a déposé dans l'Ogooué... J'ai dérivé sur quelques dizaines de mètres dans le puissant courant... Puis mon père m'a sifflé et j'ai nagé à contre-courant jusqu'au point où il m'avait jeté dans le fleuve. » Après ce « baptême », l'enfant était « préparé » en fonction de l'avenir que le père et la famille lui destinaient : chef, riche commerçant, sorcier...

Édouard était intarissable. Il me parla d'un talisman contre le poison, fait avec deux légères incisions de la main, sur lesquelles étaient étalés quelques produits connus des seuls anciens. « Si tu n'entraves pas certains interdits, le talisman est efficace : lorsque qu'on prend un verre contenant du poison, le verre se brise et confond l'empoisonneur. » Le talisman, poursuivait-il, peut également se faire par incisions au cou. Avec celui-là, l'absorption d'un poison produit immédiatement des vomissements. Il y avait aussi le talisman « le poing, la boxe », qui produit de rapides enflures chez celui qui prétend donner un coup de poing. Édouard me parla aussi longuement des interdits et des vertus de l'*iboga*, une plante rituelle dont l'écorce et les racines sont à la base des séances d'initiation au Bwiti, société secrète masculine. « L'homme se retrouve dans un état d'hébétude voisin de la syncope. Tous ceux qui prennent le bol d'*iboga* ont les mêmes rêves sur l'au-delà, et communiquent avec les morts. Fait plus incroyable, ils parlent tous la même langue : l'itshoga[1]. L'*iboga* est un bois sacré. » Édouard me proposa alors de faire les démarches nécessaires pour être initié dans cette société secrète. J'y vis la preuve définitive qu'Édouard ne me percevait plus comme un Blanc. Il me décrivit comment se déroulaient ces initiations : le passage vers l'au-delà, la communication avec les ancêtres pendant laquelle les impétrants, quelle que fût leur langue d'origine, parlaient donc, selon lui, le même langage, s'effectuaient après l'absorption d'un bol d'écorce d'*iboga*. J'écoutais sans me rendre compte que Descartes continuait à veiller sur mes tête-à-tête avec Édouard : au lieu de me préparer à une meilleure connaissance du monde par ma future initiation, je me précipitai au marché de Mont-Bouet pour acheter quelques grammes d'*iboga* qu'un soir j'absorbai, convaincu qu'à partir de cette expérience je serais en mesure d'évaluer les risques liés à l'absorption d'un bol entier d'*iboga*. Ma principale lecture en soirée était le

---

[1]. Dans *Rites et croyances des peuples du Gabon*, d'André Raponda-Walker et Roger Sillans, publié en 1962 par Présence africaine, il n'est pas fait mention de cette langue commune. Les chants du Bwiti sont en grande majorité en langue tsogo.

dernier *France-Soir*, qui arrivait à Libreville avec un retard d'un ou deux jours. Je ne me souviens plus exactement de la une du quotidien de ce soir-là, mais elle mettait en scène la crise des missiles de Cuba pendant laquelle le face-à-face Kennedy-Khrouchtchev faillit dégénérer en troisième guerre mondiale. Je n'ai aucun souvenir des sentiments que j'éprouvai à la lecture des articles relatifs à cet épisode dramatique, mais j'ai en revanche parfaitement en mémoire l'état dans lequel m'avaient mis les deux ou trois grammes d'iboga. Le journal de Pierre Lazareff n'avait pourtant aucun point commun avec celui de Hugh Hefner ! Je mis très longtemps à m'endormir et fus même inquiet sur le laps de temps qu'il me faudrait avant de retrouver un état... normal ! J'en conclus qu'un bol entier de l'écorce « diabolique » me conduirait vraiment trop loin.

Cette peur de franchir ce que je sentais être une frontière n'eut pas de conséquence notable sur mes rapports avec Édouard. Il continua de me raconter son Gabon, avec ses tribus (lui-même était Mpongwe) et ses rites. J'ai noté à l'époque quelques réflexions de mon professeur ès gabonneries : « Les Pygmées étaient les plus forts en occultisme et transmettaient une partie de leurs pouvoirs aux grands chefs contre rémunération en nature. On les voyait rarement. Pour les rencontrer dans la forêt, il fallait être un chasseur expérimenté. Ils ne possédaient pas de villages, vivaient dans les rochers, s'alimentaient de racines, herbes et viande crue, couchaient les pieds sur une barre et la tête sur une autre, le reste du corps suspendu dans le vide. Les rémunérations contre lesquelles ils acceptaient de livrer une partie de leurs pouvoirs se composaient de sel, de chanvre, de boisson. En grand secret, les chefs les rencontraient... Les rois, tel Adande, avaient le pouvoir de métamorphoser leurs sujets. Ainsi, quand les bateaux négriers arrivaient, ils les transformaient en coqs, escargots ou animaux divers. » Souvent, pour donner plus de poids à ses histoires, Édouard répétait : « Tout cela est véridique. »

À la fin de l'année 1962, je partis en campagne électorale dans la région de Lambaréné avec « mon » ministre des Finances. À l'entrée de chaque village, des femmes aux pagnes resplendissants souhaitaient en chantant, sifflant et dansant la bienvenue au ministre, très fier de montrer qu'il avait un chauffeur blanc. Je me rappelle ce petit hameau de quelques cases en planches et tôle ondulée, sur les bords de l'Ogooué, où François Méyé tint sa dernière réunion. Chaque villageois venait lui confier problèmes et soucis. Le receveur des Postes, qui semblait être l'homme important de la communauté villageoise, rapporta au ministre les angoisses de ses concitoyens : « Tous les soirs, des crocodiles viennent frapper aux portes... et de temps en temps ce sont des hommes-léopards[1] qui terrorisent le village... » Le ton était celui d'un administré évoquant des problèmes d'engorgement du tout-à-l'égout. J'étais troublé. Je parlai longuement, à mon tour, avec ce receveur sympathique et intelligent qui avait passé plusieurs années en France. « Pour comprendre l'Afrique, il ne faut surtout pas tenter de tout expliquer... », ai-je écrit sur mon petit carnet à propos de cette tournée qui me marqua profondément.

Je ne résiste pas au désir d'évoquer encore une anecdote pour montrer que les Lumières et la Déclaration des droits de l'homme ne sont pas des clés universelles ouvrant toutes les portes de l'Afrique. J'étais encore au Gabon quand le tribunal correctionnel de Boué décida, le 22 avril 1964, de relaxer le dénommé Biyeke, pourtant reconnu responsable de la mort du dénommé Joseph Akoué lors d'une partie de chasse qui s'était déroulée le 13 septembre 1963 vers 16 heures. Après avoir entendu des cris de singes, Biyeke,

---

1. *Rites et croyances des peuples du Gabon*, *op. cit.*, consacre quelques pages aux hommes-léopards du Gabon.

fusil en bandoulière, était allé se poster entre la grande forêt et les vieilles plantations dans l'espoir de se retrouver nez à nez avec eux. S'apercevant que lesdits singes s'éloignaient plutôt de lui, Biyeke décida de les suivre quand, sous le feuillage, il vit venir à lui un chimpanzé qui hurlait. Biyeke n'avait d'autre solution que de tirer. Le chimpanzé tomba et fit alors entendre un cri d'homme. Il se redressa en homme et courut encore sur plus de 1 000 mètres dans la forêt, jusqu'au moment où il croisa la dénommée Élisabeth Éloumé, laquelle le prit par la main. Alors l'homme-singe s'affaissa et mourut sans rien dire. Élisabeth appela les villageois à la rescousse. Les villageois reconnurent et transportèrent au village le corps d'Akoué Joseph.

À l'audience, le prévenu soutint qu'il voyait parfaitement clair lorsqu'il avait fait partir le coup de feu, qu'il avait bien identifié sa victime à un chimpanzé, qu'il ne chassait d'ailleurs pas pour la première fois et avait déjà capturé quatre chimpanzés depuis qu'il chassait. Convaincu par les dires de Biyeke, le juge estima qu'il avait bien tiré sur un chimpanzé et non sur un homme, « et que si le chimpanzé était devenu un homme après le coup de feu, Biyeke ne pouvait plus être retenu dans la prévention d'homicide involontaire ». Pour appuyer sa démonstration, le magistrat expliqua « qu'il est de notoriété publique au Gabon que les hommes se changent soit en panthères, soit en gorilles, soit en éléphants, etc., pour accomplir des exploits, éliminer les ennemis ou attirer sur eux de lourdes responsabilités, défendre leurs plantations et ravager celles des voisins et amis ; que ce sont des faits qui sont inconnus du droit occidental et dont le juge gabonais doit tenir compte, qu'il est en effet inconcevable à l'esprit européen qu'un homme puisse faire à pied plus de 400 km en 27 heures alors qu'un Bakoko de Makokou et de Boué l'accomplissait ». Et le juge d'enfoncer le clou :

« Attendu qu'il n'est pas aussi de la commune mesure qu'un individu ayant reçu une charge de plomb dans la tête, et après être tombé, se relève et arrive encore à faire plus de 1000 mètres en forêt en courant ; que tel a été le cas de Akoué Joseph ;

« Attendu qu'il faut encore faire savoir que les transformations des hommes en animaux féroces sont faites pour ne pas effrayer le gibier et pour s'en saisir plus facilement ;

« Attendu qu'Akoué Joseph, qui est parti en chasse sans armes, n'en avait donc pas besoin puisqu'il pouvait prendre du gibier autrement qu'avec une arme ;

« Attendu que s'il faut punir les homicides involontaires de chasse, il y a lieu toutefois de considérer les cas et de sévir contre ces pratiques magiques et sorcières qui peuplent le Gabon, surtout en matière des opérations en forêt, et qui retardent énormément l'évolution de notre peuple ;

« Attendu que le tribunal à l'entière conviction qu'Akoué Joseph s'est transformé en chimpanzé en forêt où il aurait été en chasse sans armes et à l'insu de personne, et que Biyeke, notable, ancien combattant, largement décoré, plusieurs fois vainqueur des chimpanzés, ne pouvait pas tirer en plein jour sur un homme contre lequel il n'avait aucun antécédent défavorable... »

Le juge de Boué déclara donc Biyeke non coupable des faits qui lui étaient reprochés.

Ai-je bien toujours gardé en tête la prudence qui s'impose quand on se pique de jouer les observateurs de la scène africaine ? Je n'en suis pas complètement sûr. Je n'ai pas toujours résisté à la tentation occidentale de se croire au-dessus de ceux que les bonnes âmes julesferrystes appelaient les « races inférieures ». En tout cas, mon enquête au Congo en 1993 me remettait, si j'en crois mes notes, dans un état de grande humilité : « Après quelques jours au Congo, tout observateur s'aperçoit que, si officiellement le tribalisme n'existe pas, il imprègne en réalité toute la vie publique, et il est impossible de décoder le langage de l'élite si on ne connaît pas le b.a.-ba de l'articulation du pays en grandes tribus et en grandes régions... » J'abandonnai donc mon enquête, mais ne me résignai pas à abandonner toutes mes notes. Et j'envisageai alors de les recycler dans un roman dont le héros serait un Blanc – en l'occurrence moi – qui ne comprenait rien à l'Afrique. Dès le début du roman, je justifiais ainsi ma démarche :

« La vérité n'existe pas au Congo. La parole est arme pour protéger la famille, le clan et la tribu, et, par extension, le parti et/ou l'homme politique qui sont portés par elle. La rumeur remplace l'information. Impossible, à Brazzaville, de rester au-dessus de cette mêlée indescriptible qui s'apparente plus au rugby qu'au fonctionnement normal d'une démocratie. C'est d'autant plus troublant que tous les acteurs de la comédie du pouvoir utilisent à merveille le langage politique pratiqué en France. À chaque fois que je les écoute, je suis fasciné, et dans un premier temps je les crois, puis je me rappelle leurs discours antérieurs et leurs actes [...]. Pendant la Conférence nationale – sorte de Constituante à la mode africaine pour assurer la transition entre un régime de parti unique et la démocratie –, toute l'élite congolaise est tombée à bras raccourcis sur Denis Sassou Nguesso. Il y avait apparemment matière. Une commission "Assassinats" a même tenté de faire la lumière sur tous les crimes politiques du dernier quart de siècle. Les mots ont coulé, et Sassou est redevenu un personnage central de la vie politique congolaise qui déplace encore des milliers de fidèles quand il parle en public ou arrive tout simplement à l'aéroport de Maya-Maya. »

Pour appuyer mes assertions, j'avais recopié un passage d'un article signé par Thomas-Le Saint Loukombo Logy dans le n° 13, de mai 1993, du journal *Révélations* :

« Se présentant comme un beau rendez-vous pour les pêcheurs en eaux troubles, la démocratie au Congo est un véritable bal des pros de l'embrouille. Le spectacle est étalé au grand jour. Sans honte, sur la place publique. Retransmis même sur les ondes. Tous en costume d'emprunt de démocrate, ils sont en piste. Exploitant l'ignorance du peuple et rivalisant en habileté dans l'art de jeter la poudre aux yeux. Comme toujours ! »

Pour donner plus d'épaisseur à mon roman, je me plongeai dans l'histoire d'André Matswa, alias Grenard, né en 1899 à Mandzakala, qui me semblait intéressante à connaître pour toute personne désireuse de se familiariser avec le Congo. Aujourd'hui encore, il est présent dans la tête de tous les gens du Pool. Même s'ils ne pratiquent pas ouvertement le culte matswaniste, les leaders politiques de cette région se réclament de lui. Après des études primaires à l'école catholique, Matswa devint enseignant, puis employé des Douanes à Brazzaville. Il se fait alors remarquer par son intelligence et ses idées avancées. C'est déjà un fou de justice et d'égalité. Il ne comprend pas la distinction entre les races : « Noirs et Blancs sont les enfants de Dieu. » Il déploie déjà beaucoup de charisme auprès des siens et inquiète le milieu colonial. En 1921, il embarque dans le port de Matadi pour la France. Cinq ans plus tard, il crée l'Association amicale des Originaires de l'AEF, plus connue sous le nom d'Amicale de l'AEF, qui a pour but d'assister les Noirs d'Afrique centrale en cas de chômage ou de maladie. Mais si, officiellement, l'association affirme n'avoir aucun but politique, le comportement de ses membres prouve le contraire. Matswa et ses amis souhaitent l'autonomie des colonies. Bientôt, sa renommée gagne le pays, et les Laris[1] en font rapidement une idole. Il convainc ses émules que la meilleure façon de lutter contre l'Administration coloniale est de se battre sur son terrain : en se formant en

---
1. Les Laris sont un sous-groupe de l'ethnie des Kongos, une des composantes du peuple bantou. Ils sont installés dans la région du Pool et parlent le lari.

France, en prenant les lois françaises au pied de la lettre, en demandant l'application de la devise de la République française : Liberté, Égalité, Fraternité. Matswa voulait que les autochtones participent au développement économique, social, culturel et politique du pays par la construction de routes, de ponts, d'écoles, de dispensaires, et par l'envoi d'étudiants congolais en Europe, grâce aux fonds du mouvement, consistant essentiellement dans les cotisations de ses membres...

Mais, finalement, je renonçai aussi à mon roman congolais, convaincu de mon incapacité à comprendre l'Afrique et les Africains. Depuis cette date, j'ai toutefois conservé une activité citoyenne en aidant quelques Africains dans leur lutte pour instaurer la démocratie. Depuis *Affaires africaines,* j'ai ainsi accompagné le père Paul M'Ba Abessole, qui allait devenir le chef de l'opposition gabonaise, mais également Abel Goumba, chef de l'opposition centrafricaine, son neveu Claude-Richard Gouandjia, le docteur Carlos da Graça, opposant à São Tomé... Je renouai également des relations avec le président Bongo après une dizaine d'années de rupture. Jusqu'en 1994, mon regard – peu perçant – sur le continent se limitait à l'Afrique francophone et, à l'intérieur de celle-ci, surtout au « pré carré », si bien que m'échappait complètement tout ce qui se tramait en Afrique de l'Est et dans la région des Grands Lacs. Il me fallut attendre le début du génocide rwandais, en avril 1994, pour me retrouver plongé directement dans ce drame.

Le 10 avril 1994, trois jours après l'attentat perpétré contre le Falcon 50 du président rwandais, le professeur André Guichaoua m'appela de l'hôtel des Mille-Collines pour que je demande à Bruno Delaye, le « monsieur Afrique » de François Mitterrand, d'accepter l'évacuation par les militaires français des cinq enfants d'Agathe Uwilingiyimana, la Premier ministre assassinée le 7 avril. Les cinq enfants furent effectivement sauvés.

Durant le printemps et le début de l'été 1994, je me familiarisai avec son histoire, j'évoquai la tragédie rwandaise avec François Mitterrand, mais, malheureusement, je ne donnai pas suite à une proposition de Bruno Delaye qui me proposait de mettre à ma disposition tous les documents qu'il avait eu à voir et à traiter sur le Rwanda. Très affecté par les attaques violentes dirigées contre l'Élysée depuis la mi-juin 94, Bruno Delaye me répétait : « Nous n'avons rien à cacher... Qu'est-ce que nous avons pu faire, qu'est-ce que j'ai pu faire pour mériter des griefs aussi brutaux et injustes ?... »

Le dossier « Rwanda » revint à moi en 1996, *via* un ami africain, révolutionnaire panafricain qui connaissait bien un des membres du commando qui avait tiré sur l'avion d'Habyarimana deux missiles fournis au FPR par l'armée ougandaise. Ce témoignage servit de base à Jean-François Bizot et à moi-même pour la rédaction d'un grand papier publié dans l'Almanach d'*Actuel* de 1997, qui, je dois le dire, n'eut aucun écho ni ne fit l'objet d'aucune reprise. En 2000, je rédigeai un autre grand article sur l'attentat du 6 avril en accusant une nouvelle fois Paul Kagame d'en avoir été le commanditaire. Sans plus de succès. De plus en plus agacé par la propagande qui diabolisait les Hutu, sanctifiait les Tutsi, c'est-à-dire en premier lieu les Tutsi pro-FPR, et faisait de François Mitterrand et des hommes politiques français des complices d'un génocide, je me résolus à mener une enquête approfondie. C'est elle qui fut publiée sous le titre de *Noires fureurs, blancs menteurs* en novembre 2005.

Avant même la publication, j'avais compris que j'allais contre la doctrine dominante et que je prendrais des coups. Je n'avais pourtant pas imaginé la violence de ceux-ci. J'essaie maintenant de mieux comprendre pourquoi.

Quand je pleurais Lumumba, dans les années 1960, et tentais d'analyser les mécanismes du néocolonialisme français, mon regard n'embrassait qu'une partie du champ africain, je ne pouvais pas ignorer l'implication des Belges et des Américains, mais je n'avais pas entr'aperçu le rôle d'Israël et du Mossad au Congo. Et pourtant... Les Israéliens furent si impliqués dans le conflit congolais, dès 1961, aux côtés de Moïse Tschombe, pour soutenir la sécession du Katanga[1], que le gouvernement israélien fut obligé d'envoyer une lettre à U Thant, secrétaire général des Nations unies, pour démentir formellement l'implication de leur État. À la suite de cette déclaration, le ministère des Affaires étrangères du Congo adressa le 3 juillet 1962 une lettre à l'ambassade d'Israël à Léopoldville pour confirmer son intention d'ouvrir une mission diplomatique à Tel-Aviv[2]. Mi-1963, le gouvernement israélien accepta d'aider le Congo à réorganiser son armée, et Joseph Kasa-Vubu, président de la République du Congo, se rendit en Israël du 3 au 9 décembre de la même année, et signa avec Levy Eshkol, Premier ministre israélien, un traité d'amitié et de coopération, traité reconduit après le coup d'État, en novembre 1965, de Joseph Mobutu, l'homme de la CIA depuis 1960. CIA et Mossad coopérèrent dès lors étroitement afin de protéger Mobutu des mouvements marxistes implantés dans la région. Israël signa également des accords de coopération militaire et de fourniture d'armes avec l'Ouganda voisin et son président Milton Obote. Levy Eshkol scella la relation de son pays avec Mobutu par une visite à Kinshasa, le 6 juin 1966, destinée à marquer la solidarité qui unit Noirs et Juifs. Par-delà les mots, le plus important, pour Mobutu, était que des instructeurs israéliens entraînent son armée, notamment les parachutistes zaïrois. « De la sorte, Mobutu pouvait transférer d'une région de son immense pays à une autre une force

---

1. Autrement dit, Tel-Aviv est dans le camp des adversaires de Patrice Lumumba. Malgré un rapprochement intervenu entre Léopoldville et Tel-Aviv, la communauté juive d'Elizabethville soutint jusqu'au bout les velléités indépendantistes de Tschombe.
2. Alahadji Bouba Nouhou, *Israël et l'Afrique, op. cit.*.

unificatrice, sans avoir besoin d'entretenir une armée régulière, trop lourde financièrement[1]. » Dès son arrivée au pouvoir, Mobutu bénéficia ainsi du soutien très actif d'Israël.

Une formidable énergie a été dépensée pour masquer la vérité sur ce qui est advenu en Afrique centrale depuis la fin des années 1980, et pour lui en substituer une autre. Les principaux artisans de cette réécriture de l'Histoire sont pour la plupart américains, britanniques et israéliens, mais ils ont des « nègres » un peu partout, notamment en France. Ce livre a aussi pour objectif de comprendre pourquoi.

---
1. Abba Eban, *Mon pays, l'épopée d'Israël moderne,* Buchet-Chastel, Paris, 1975.

2

La *Françafrique*,
un efficace écran de fumée

Depuis 1994, la *Françafrique* agit comme un dense écran de fumée qui ne laisse voir de l'Afrique que les prétendues conséquences des agissements diaboliques perpétrés par la France depuis la fin du XIXe siècle, et masque complètement les actions entreprises, depuis la chute du Mur de Berlin, par de nouveaux grands acteurs extérieurs qui ont pourtant très largement éclipsé les *néocolons* français. Créateurs et propagateurs de ce nouveau concept ont objectivement aidé Washington, Londres, Jérusalem et Bruxelles à gagner la guerre médiatique menée contre la France en lui imputant la responsabilité d'actes qu'elle n'avait pas commis et en empêchant que leurs vrais responsables soient désignés et inquiétés. Bref, la *Françafrique* est le faux nez dissimulant les menées de divers intérêts, surtout anglo-saxons.

Surfant sur une « tendance lourde » parmi les intellectuels hexagonaux et les bonnes âmes engagées au service des populations défavorisées du Sud, l'association Survie a réussi à élever de nombreux décibels le volume des « sanglots de l'homme blanc » français. En inscrivant la prétendue complicité française dans le génocide rwandais dans une dérive naturelle du colonialisme et du néocolonialisme français, Survie est entrée dans la catégorie des ONG dont Hubert Védrine, ministre des Affaires étrangères du gouvernement Jospin (1997-2002), résume ainsi leur discours :

combiné avec celui des médias, il vise « à décrédibiliser les gouvernements, à suspecter les États et à idéaliser la société civile dont les ONG seraient l'expression (plus que le corps électoral !)... Tout cela était simplet et inutilement polémique, et a contribué à donner aux Français une vision fausse et irréaliste du monde actuel[1]... ». Les images-chocs de Rwandais tués à la machette ensanglantent, dramatisent et contribuent à fausser la vision des rapports entre la France et ses anciennes colonies. Pour compléter les effets ravageurs de l'exhibition des victimes rwandaises, les dirigeants de Survie ont remplacé le terme usé de « néocolonialisme » par un concept beaucoup plus efficace, qui claque comme un coup de fouet : celui de la *Françafrique* – entendez : *France-à-Fric*. La *Françafrique* n'a nul besoin d'explications savantes pour être comprise, chacun pouvant l'interpréter à partir de la juxtaposition de ces deux mots que tout le monde connaît et dont l'un (*fric*) a pour effet immédiat d'abaisser et de salir l'autre, la *France*. Dans un monde de plus en plus privé de repères, où les idéologies ne sont plus guère à la mode, Survie a réussi à assurer la fortune d'un concept simplificateur dont la principale vertu est d'être immédiatement intelligible, de produire des analyses « radicales » qui semblent aller de soi.

La *Françafrique* a fait florès. D'abord dans les médias, qui l'utilisent à tout propos, probablement parce qu'il est simple et vaut éditorial à lui seul, évoquant sans mal les coulisses sordides du pouvoir où s'échangent force valises de billets distribués par des dictateurs africains affamant leurs peuples. *Grosso modo*, la plupart des journaux ne parlent de l'Afrique qu'à travers le prisme de la *Françafrique*, c'est-à-dire à partir d'une vision négative où il n'est question que de corruption et où la France est responsable de tous les maux affectant le continent noir. Associations de défense des droits de l'homme et ONG humanitaires portent haut cette bannière,

---
1. In *Le Point* du 30 juillet 2009.

mais beaucoup plus surprenante est l'acceptation quasi générale de ce concept, qui vaut condamnation de la France, par les politiques de droite comme de gauche. Jean-Marie Bockel, premier secrétaire d'État à la Coopération de Nicolas Sarkozy, n'attendait-il pas avec impatience, en 2007, le décès de la *Françafrique* ?

Deux personnages sont à l'origine de ce beau coup médiatique : Jean Carbonare, président de Survie jusqu'en 1994, et François-Xavier Verschave, son successeur. Le premier, au passé contesté[1], considéré par ses propres amis d'enfance comme un « affabulateur extraordinaire[2] », a été un important militant FPR et fut le premier, en France, dès février 1993, à préparer l'opinion à la diabolisation des Hutu et à celle de l'armée française pour leur rôle dans le futur génocide des Tutsi en recourant à des contre-vérités dans un « 20 Heures » diffusé par Antenne 2 ; il se livra ensuite à un intense et efficace lobbying contre la politique de la France. Son engagement aux côtés du FPR, s'inscrivant dans un ancien engagement anticolonialiste, suffit-il à expliquer son action enragée contre son propre pays ?

Jean Barahinyura, ex-membre du Comité exécutif du FPR et ex-commissaire chargé de l'information et de la documentation en Europe (1989-1991), dit de Jean Carbonare, qui allait devenir son principal relais en France : « Il était en réalité un agent du British MI5. Son travail consistait essentiellement à prendre le contrôle de l'opinion nationale française en la nourrissant de toutes sortes de fausses informations contre le pouvoir alors en place à Kigali, et ainsi détourner l'opinion nationale française du gouvernement français. [...] La Grande-Bretagne était son employeur et l'avait mis à notre disposition. »

---

1. Pour enrichir son CV, il n'hésitait pas à mettre en scène sa condamnation à mort par les Allemands, condamnation qui n'était que l'œuvre d'une imagination débridée.
2. Voir le portrait de Jean Carbonare dans *Noires fureurs, blancs menteurs, op. cit.*, pp. 133-159.

Barahinyura explique dans quel contexte il fut amené à entendre parler de Jean Carbonare : après qu'il eut adhéré au FPR et qu'il eut été nommé membre du Comité exécutif, le colonel Kanyarengwe, vice-président du FPR, vint lui rendre visite à Francfort, dans le courant octobre 1990, juste après l'offensive militaire du FPR contre le Rwanda. Le colonel lui expliqua comment, pourquoi et avec qui il allait travailler « pour la cause » :

– Comme tu le sais, commença-t-il, tu es responsable de la communication et de la documentation. C'est une haute responsabilité, car rien ne devra être publié en Europe sans que tu l'aies préalablement autorisé. Tous nos frères et contacts en Europe sont informés de cela.

Et le colonel de lui expliquer le rôle de chacun dans le dispositif de soutien au FPR. Celui, en Allemagne, de Gaëtan Sebudandi, Tutsi rwandais naturalisé français, qui travaillait à la Deutsche Welle à Cologne. Rien ne pouvait passer à propos du Rwanda sans qu'il en eût été informé. Sa sœur, Immaculée Mukakimanuka, « travaillait » à Paris auprès d'associations et de la gauche française ; elle était en contact avec Jean Carbonare. Le vice-président du FPR dispensa à son nouvel adjoint les directives et explications suivantes :

– Le siège du FPR en Europe est en Belgique. Jean-Bosco Rwiyamirira est notre représentant, mais il est sous tes ordres. Il y a là-bas de nombreux combattants avec lesquels nous ferons connaissance prochainement. Pour ce qui est de la France, nous n'avons pas encore de représentants officiels, mais il y a un homme sur lequel nous pouvons compter : Jean Carbonare. Il a été mis à notre disposition par nos amis de Londres.

– Nos amis de Londres ? Qui sont-ils donc ?

– Ce sont les hommes du MI5, le service secret britannique.

Le colonel Kanyarengwe entreprit d'expliquer à Jean Barahinyura pourquoi le FPR avait besoin des services de ce

Carbonare et de son équipe. Il lui parla de la coopération militaire et des relations diplomatiques existant entre la France et le Rwanda, pour conclure par cette phrase : « Le FPR ne prendra jamais le pouvoir si la France ne se désengage pas du Rwanda[1]. »

Patrick Mazimpaka, alors chargé des affaires étrangères au sein du Comité exécutif du FPR, confirma à Jean Barahinyura les dires du colonel Kanyarengwe sur le rôle de Jean Carbonare. Faut-il croire Jean Barahinyura ? J'ai appris qu'un seul témoignage ne vaut évidemment pas preuve, mais il m'a toutefois semblé important de ne pas le passer sous silence tant l'engagement de Jean Carbonare soulève de questions et ne peut en tout cas pas s'expliquer par son *curriculum vitæ officiel* qui fait de lui un spécialiste des questions de reboisement. J'avais déjà décidé de laisser la parole à Barahinyura quand une décision de Paul Kagame m'a conforté dans mon choix. Le 4 juillet 2010, à l'occasion du 16e anniversaire de son accession au pouvoir, le dictateur rwandais a remis à Jean Carbonare à titre posthume les plus hautes décorations pour son combat : la médaille *Uruti* de la libération nationale et celle de l'*Umurinzi,* récompensant ceux qui avaient lutté contre le génocide des Tutsi.

Après le 6 avril 1994, date de l'attentat perpétré contre le président rwandais, Jean Carbonare fut le propagandiste numéro un de Paul Kagame en faisant de Survie la principale plateforme de désinformation, en France, sur le drame rwandais. Assumant ses choix, dès que la capitale rwandaise fut tombée aux mains du FPR, Jean Carbonare gagna Kigali pour y devenir conseiller du président de la République rwandaise. François-Xavier Verschave prit alors en main la direction de Survie et allait, avec une énergie plus farouche que celle de son prédécesseur, « matraquer » sa version biai-

---
1. Entretien avec l'auteur Jean Barahinyura en juin 2010.

sée de la politique africaine de la France, avec la *complicité de génocide* en produit d'appel : « La France a une responsabilité qui est semblable à celle des Allemands dans la Shoah », n'a-t-il pas hésité à déclarer. En un mot, Mitterrand aurait été une sorte d'ersatz de Hitler. Bourreau de travail, François-Xavier Verschave venait non seulement en aide aux journalistes et écrivains qui s'inscrivaient dans son univers, mais il avait, à titre personnel, une production effrénée. Moins de trois mois après la prise de Kigali, Pascal Krop fut le premier journaliste-écrivain français à installer comme une évidence l'idée d'une complicité française dans le génocide rwandais. Le titre choisi par l'auteur pour son livre ne laisse place à aucune ambiguïté : *Le Génocide franco-africain. Faut-il juger les Mitterrand*[1] *?* Dès la première page, Pascal Krop reprend une rumeur lancée à Kigali par le FPR, selon laquelle Jean-Christophe Mitterrand, ami d'un des fils d'Habyarimana, cultivait avec lui des champs de pavots. Verschave lui-même publie *Complicité de génocide*[2] *?* en novembre 1994 et va enchaîner brûlots[3] et actions militantes à un rythme accéléré. Notons tout de suite que l'association bénéficie de moyens financiers importants, ce qui provoque

---

1. Publié par les éditions Jean-Claude Lattès. Pascal Krop, décédé le 25 juillet 2010, a été un ami proche jusqu'à la publication de ce livre. Je lui ai reproché d'avoir écrit un tel réquisitoire sans avoir mené une enquête sérieuse.
2. Aux éditions de La Découverte.
3. *La Françafrique : le plus long scandale de la République*, Stock, 1999.
Noir silence, Les Arènes, 2000.
Noir procès : offense à chefs d'État, Les Arènes, 2001.
Noir Chirac, Les Arènes, 2002.
De la Françafrique à la Mafiafrique, Tribord, 2004.
Au mépris des peuples : Le néocolonialisme franco-africain, entretien avec Philippe Hauser, La Fabrique, 2004.
L'Envers de la dette. Criminalité politique et économique au Congo-Brazza et en Angola, Dossier noir de la politique africaine de la France n° 16, Agone, 2001.
Les Pillards de la forêt. Exploitations criminelles en Afrique, Dossier noir de la politique africaine de la France n° 17, avec Arnaud Labrousse, Agone, 2002.
La Santé mondiale entre racket et bien public, collectif, éditions Charles Léopold Meyer, 2004.

quelques questionnements parmi certains militants de base. Militants qui tiquent également sur l'engagement sans nuances de l'association aux côtés du nouveau régime en place à Kigali[1].

La date de lancement du concept de *Françafrique* soulève de graves questions sur les véritables intentions de ses promoteurs. L'année 1994 marque en effet une véritable rupture dans la politique africaine de la France. Or Survie n'en tient pas compte et décrit une situation qui était *grosso modo* celle des années 1960 et 1970, c'est-à-dire à l'époque où Jacques Foccart était le grand manitou des « affaires africaines ». Dans la décennie 1980, François Mitterrand ne changea pas fondamentalement les relations spéciales, voire incestueuses, que la France entretenait avec les chefs d'État africains, mais il avait néanmoins amorcé une certaine évolution sous les effets conjoints des débuts de la mondialisation et du coût de plus en plus élevé de ces relations. Quatre mois avant le sommet de La Baule, tournant décisif de la politique africaine de la France, un article intitulé « Que faire de l'Afrique noire ? », paru dans *Le Monde* du 28 février 1990 et signé d'un certain Victor Chesnault, qui était en réalité un haut fonctionnaire du ministère des Finances, siffla la fin de la récréation et laisse deviner les réflexions qui agitaient les décideurs – surtout financiers – de la politique africaine. D'entrée de jeu, l'auteur parle de « l'Afrique en perdition. Du continent noir, devenu un conservatoire des maux de l'humanité, ne nous parviennent plus que des appels à la rescousse [...]. L'aide qu'elle a reçue

---

L'horreur qui nous prend au visage : L'État français et le génocide. Rapport de la Commission d'enquête citoyenne sur le rôle de la France dans le génocide des Tutsi au Rwanda, avec Laure Coret, Karthala, 2005.
Négrophobie : réponse aux « Négrologues », journalistes françafricains et autres falsificateurs de l'information, avec Odile Tobner et Boubacar Boris Diop, Les Arènes, 2005.
Billets d'Afrique et d'ailleurs, lettre mensuelle de Survie, éditoriaux de 137 numéros, et la direction des « Dossiers noirs », publiés par L'Harmattan.
1. Voir *Noires fureurs, blancs menteurs, op. cit.*, p. 348 et suivantes.

a été si bien recyclée, privatisée, puis transférée à l'étranger par ses élites, que leurs fortunes cumulées sont aujourd'hui supérieures à la dette des pays concernés ». Tout l'article est de la même eau, mais l'auteur estime que « nous sommes largement responsables de ce désastre », car « nous avons constamment eu peur d'agir sur les vrais problèmes pour ne pas affecter des relations bilatérales délicates. Nous avons ressassé ce pathos sur le développement, imprégné du vocabulaire de la macro-économie cher au FMI et à la Banque mondiale, qui est le masque de notre hypocrisie ». Dix-neuf ans avant le best-seller de Dambisa Moyo[1], le haut fonctionnaire mettait en lumière l'effet maléfique de l'aide, qui a « pour résultat de maintenir en place des pouvoirs loufoques et des structures parasites, dont la pérennité est le plus sûr obstacle au développement. Chaque franc que nous lui donnons appauvrit l'Afrique »… concluait Victor Chesnault. Et il estimait que le « pré carré » avait déjà coûté à la France l'équivalent d'une loi de programmation militaire, alors que la zone franc ne fournissait à la France que 1,3 % de ses importations et ne recevait que 1,9 % de ses ventes. Il finissait par cette phrase terrible : « Économiquement parlant, si le continent noir tout entier, Afrique du Sud exceptée, disparaissait dans les flots, l'impact global du cataclysme serait à peu près nul, même pour nous, bien que les prix de quelques matières premières s'en ressentiraient », et il recommandait *in fine* de lier l'octroi de l'aide à des conditions de bon sens.

C'était l'annonce du discours de La Baule qui allait être prononcé cinq mois plus tard devant les représentants de 31

---

1. Auteur de *Dead Aid : Why aid is not working and how there is a better way for Africa,* publié en 2009 (New York, Farrar, Straus and Giroux). Elle estime que l'aide sans limites a forgé la dépendance, encouragé la corruption et perpétué la mauvaise gouvernance des pays africains. Le livre a été traduit en français sous le titre *L'Aide fatale. Les ravages d'une aide inutile et de nouvelles solutions pour l'Afrique* (J.-C. Lattès, 2009).

pays d'Afrique subsaharienne, dont 20 francophones, et dans lequel François Mitterrand liait l'aide de la France à la bonne gouvernance et aux progrès de la démocratie. En mars 1993, 17 pays francophones avaient adopté une nouvelle constitution, instauré le multipartisme et procédé à des élections. Trois pays connaissaient un sérieux blocage de leur processus démocratique : le Zaïre, le Togo et le Rwanda, lequel s'était toutefois ouvert au multipartisme et avait un Premier ministre d'opposition, mais le processus y était enrayé par la guerre.

Il faut dire que, en ce début des années 1990, la dégradation financière des pays concernés coûtait de plus en plus cher à la France, et les pressions anglo-saxonnes obligeaient Paris à envisager un changement radical de sa politique africaine. Au milieu de l'été 1992, Houphouët-Boigny, Omar Bongo, Abdou Diouf et Blaise Compaoré étaient venus à Paris rencontrer François Mitterrand et lui avaient arraché son appui contre la dévaluation du franc CFA. Répit de courte durée qui se termina lors d'un Conseil restreint, le 27 janvier 1993 : le président français décida en effet de ne plus accorder d'aide budgétaire aux pays qui n'auraient pas passé un accord avec le FMI et la Banque mondiale. Cette décision fut reprise, amplifiée et annoncée dans une lettre d'Édouard Balladur, Premier ministre de la cohabitation, lue à Abidjan lors de la réunion annuelle des ministres des Finances de la zone franc, en septembre 1993, à la vive surprise des Africains, qui savaient Jacques Chirac opposé pour sa part aux mesures restrictives et à la dévaluation. Le nouveau locataire de Matignon exposa brutalement la nouvelle orientation de la coopération financière de la France à ses partenaires africains. « Le message était parfaitement clair. Il marquait une double rupture : d'une part, la fin du dialogue exclusif entre la France et ses anciennes colonies, puisqu'un troisième partenaire s'invitait en la personne des institutions de Washington ; d'autre part, surtout, et dans le même ordre d'idées, l'officialisation du primat de la coopération multilatérale sur le bilatéral qui avait eu jusque-là la préférence de Paris. De Gaulle aurait pu se retourner dans sa tombe, lui qui, de son vivant, n'avait jamais accepté que les "Anglo-Saxons" marchent sur les plates-bandes de la France », écrit Jean-Paul Ngoupandé, ancien Premier ministre centrafricain, dans un livre dont le contenu est bien résumé dans son titre : *L'Afrique sans la France. Histoire d'un divorce consommé*[1]. Ngoupandé y restitue bien le profond désarroi des dirigeants africains après l'annonce de cette rupture. Coincés entre les exigences de la démocratisation, qui suppose dialogue et concessions aux forces politiques et syndicales, et celles de l'ajustement économique, qui exige réductions des salaires et licenciements, les chefs d'État africains cherchèrent à mobiliser François Mitterrand et Jacques Chirac contre les nouvelles orientations qui, ils l'avaient compris, seraient parachevées par une dévaluation du franc CFA. Omar Bongo ne décolérait pas. Il trouvait que « les politiciens français connaissaient de moins en moins l'Afrique et ne s'y intéressaient plus ». La mort, le 7 décembre 1993, de Félix Houphouët-Boigny, ancien ministre français et premier président de la Côte d'Ivoire, scella le bouleversement en cours. Houphouët-Boigny avait été, avec Jacques Foccart, le pilier des relations intimes entre la France et ses anciennes colonies. Au bas de la page qui se tournait s'inscrivit en point final la dévaluation du franc CFA, qui intervint le 11 janvier suivant. La situation financière des États de la zone franc s'était si dégradée au cours des dernières années qu'elle avait rendu cette dévaluation inéluctable. Le franc français était devenu une monnaie forte par rapport aux autres devises, entraînant vers le haut le franc CFA au moment même où les déficits des pays africains explosaient par suite de la chute de plus de 50 % des

---

1. Albin Michel, 2002.

recettes des matières premières. La situation était dès lors devenue intenable pour la France, le déficit cumulé de la zone CFA grimpant vertigineusement (45 milliards de francs en 1993) et risquant d'atteindre 63 milliards en 1994. Dans le même temps, les institutions de Bretton Woods avaient quasiment suspendu leurs financements (flux négatifs depuis 1991) et la France se trouvait le seul bailleur de fonds, vouée à éponger des déficits dépassant largement ses capacités.

En quatre ans, c'est une véritable révolution copernicienne qui s'est opérée dans la politique africaine de Paris. Le remplacement, en août 1993, de Loïk Le Floch-Prigent par Philippe Jaffré à la tête de la société Elf, et l'instruction judiciaire qui en est la suite directe, vont en quelques années transformer le géant pétrolier, l'un des outils essentiels de cette politique, en une multinationale « ordinaire » bientôt absorbée par Total. Le bouleversement de 1993-94 trouve son deuxième achèvement symbolique avec la mort de Jacques Foccart, le 17 mars 1997. Le gouvernement Jospin approfondit encore ce changement en étendant le désengagement français au domaine militaire. La dernière intervention militaire française en Afrique aura eu lieu en janvier 1997, en Centrafrique, et fut alors très critiquée par celui qui était encore Premier secrétaire du PS[1]. Une fois à Matignon, Lionel Jospin fera fermer les bases militaires françaises en Centrafrique et refusera d'intervenir dans la guerre civile au Congo. Il donnera également des instructions à la DGSE pour démanteler les restes des vieux réseaux et accompagner la justice dans l'affaire dite de l'Angolagate, dans laquelle lesdits réseaux – notamment ceux de Pasqua – se feront largement étriller...

Telle est donc la réalité française en Afrique à la fin des années 1990. Pourtant, c'est dans les années 2000 que le

---

1. Dans *Le Monde* daté du 7 janvier 1997.

concept de *Françafrique*, forgé alors que les relations entre la France et l'Afrique se sont distendues, s'installe dans les milieux intellectuels et « droitsdel'hommistes » engagés dans le soulagement des misères du Sud. Les enquêteurs militants n'ont évidemment aucun mal à trouver encore d'importants vestiges des rapports néo-coloniaux dans l'ancien pré carré, puisque les grandes sociétés françaises installées en Afrique ne sont pas parties du continent noir après les bouleversements de 1993-94, et que les chefs d'État africains n'ont pas décidé de quitter le pouvoir pour faire plaisir à François-Xavier Verschave[1] ou à Odile Mongo-Beti, sa successeur – qui, par son ardeur militante, semble se vouloir plus africaine que son mari, Mongo Beti. Pour les besoins de la « Cause », Survie a sciemment ignoré cette réalité mouvante. François-Xavier Verschave lui-même n'était pourtant pas dupe. Dans *France-Zaïre-Congo. 1960-1997. Échec aux mercenaires*[2], publié en 1997, il écrit avec lucidité, dès la première page de son introduction, à propos de la chute de Kisangani, le 15 mars 1997 : « Kisangani sera peut-être au néocolonialisme de la France ce que Diên Biên Phu fut à son colonialisme : le commencement de la fin. » Neuf ans plus tard, Survie est obligée de se livrer à de périlleuses acrobaties, dans *La France coloniale d'hier et d'aujourd'hui*[3], pour maintenir le concept de *Françafrique*, vision conspirationniste de l'Histoire, avec pour centre névralgique unique un palais de l'Élysée manipulant secrètement réseaux, sociétés et chefs d'État[4]. Conscient que son système d'explication est bien

---
1. Verschave est décédé le 29 juin 2005. La veuve de l'écrivain Mongo Beti, Odile Tobner qui se fait appeler Bihidi, a pris sa succession à la présidence de Survie.
2. *France-Zaïre-Congo*, coll. « Les Dossiers noirs », L'Harmattan, juin 1997.
3. http://survie.org/La-France-coloniale-d-hier-et-d.html.
4. Même si, depuis l'arrivée de Nicolas Sarkozy à l'Élysée, Claude Guéant, son secrétaire général, aidé notamment de Robert Bourgi, ancien proche collaborateur de Foccart, tente de redonner vie à ce système de gouvernance, comme l'a expliqué Jean-Christophe Rufin, ancien ambassadeur de France au Sénégal, dans *Le Monde* daté du 6 juillet 2010.

réducteur, elle est obligée d'y adjoindre des acteurs « parallèles » évoluant tantôt au cœur, tantôt à la marge. Et de reconnaître que « ces réseaux sont en outre de moins en moins franco-français », mais souvent russes, israéliens, sud-africains. Pour élaborer ce début de remise en cause du concept, Survie se sent obligée de s'abriter derrière l'autorité posthume de Verschave, son dernier gourou, « qui avait annoncé l'ère de la *"Mafiafrique"* ».

Avec la fin des idéologies, F.-X. Verschave en créa donc une dernière dont il fut le militant radical, rappelant les staliniens de la grande époque, dont la mauvaise foi était l'arme principale. Son but ultime a été, jusqu'à sa mort, de faire condamner la France pour complicité de génocide par un tribunal, quel qu'il soit. Il estimait qu'une telle condamnation ferait exploser la *Françafrique*. Il voyait en Paul Kagame un allié de poids dans son combat, persuadé que la haine que celui-ci voue à la France l'aiderait à réaliser son rêve : l'ennemi de mon ennemi est, comme chaque Machiavel le sait, mon ami. Aimait-il l'Afrique ? Rien n'est moins sûr. C'est d'abord la France qui l'intéressait : il ne se déplaçait quasiment jamais en Afrique, sauf au Rwanda. « Je n'ai pas besoin d'y aller [en Afrique noire] pour savoir ce qui s'y passe. Pas plus que Fernand Braudel n'a eu besoin de vivre dans la Méditerranée du XVIe siècle pour en reconstituer l'histoire. » Et Me Jacques Vergès[1] d'ironiser : « Monsieur Verschave est un Tintin qui ne va pas au Congo de peur de rencontrer le lion. » Il ne voyait des Africains que dans son bureau parisien ou dans les cafés, il n'écoutait que des opposants aigris feignant de ne pas être libres dans leur pays ; il était convaincu de savoir où était leur bien, et ce qu'il fallait penser. Son sentiment de supériorité sur les « nègres » était si fort qu'il exorcisait ses démons en crachant, vitupérant,

---
1. Qui défendit Omar Bongo, Idriss Déby et Sassou Nguesso dans un procès en diffamation contre François-Xavier Verschave.

vomissant des insanités sur son pays et sur les dirigeants africains proches de la France. Vergès voyait en Verschave un colonialiste qui aspirait à devenir le « grand sorcier blanc » des Africains francophones, qui, depuis Paris, édictait les commandements que lesdits Africains devraient suivre, à commencer par « vider », les armes à la main, leurs chefs d'État. Si je donne ici la parole à Jacques Vergès quand il s'attarde sur « les fantasmes de M. Verschave » et sur la « Françafrique », c'est que je partage sa vision du personnage : « Dans la dénonciation de cet univers manichéen, M. Verschave retrouve les accents de l'extrême droite des années trente, le ton de *Gringoire*, les bons sentiments en plus et le talent en moins. Nous savons déjà le mépris qu'il manifeste pour les dirigeants africains francophones, quels qu'ils soient. [...] Mais cette hargne n'excepte pas la société française dans toutes ses composantes. Seuls les collaborateurs les plus excités au temps de Vichy usaient de tels accents pour insulter leur pays. Tous pourris, comme disaient les ligues factieuses d'avant-guerre en France ![1] »

Survie ne s'en cache pas, ainsi qu'il est écrit dans un de ses textes de présentation de l'association : c'est le dossier Rwanda qui est « une question prioritaire pour ses militants » ; car c'est sur ce dossier qu'elle entend réussir à faire condamner la France. Pour parvenir à ses fins, Verschave — et c'est vrai pour ses successeurs — n'avait cure de la complexité politique ni des réalités africaines. Ce qui lui importait, c'était de collecter et d'accumuler assez de « munitions » pour dénoncer, stigmatiser, condamner. Dès qu'il lisait dans n'importe quel journal, publication ou livre, une phrase pouvant trouver place dans son système caricatural, il la découpait et la déposait dans sa corbeille à méchancetés. Verschave n'enquêtait pas, il faisait du « copier-

---

[1]. Jacques Vergès, Dior Diagne et Luc Brossollet, *Noir silence et blancs mensonges*, éditions Picollec, 2001.

coller » à partir des papiers des autres, et compilait. *Le Monde* daté des 2-3 juillet 2005 rapporte qu'il « découpait les articles glanés à droite et à gauche, écoutait ceux qui rendaient visite à l'association, et, sans trop s'embarrasser de vérifications, faisait de cette matière première la pâte de ses ouvrages ». Il ne supportait pas d'être contredit et utilisait – à l'instar des staliniens – tout un arsenal de mots qui tuent contre les impudents qui s'opposaient à ses thèses. Verschave faisait voler bas les mots « raciste », « révisionniste », « négationniste », voire « négrophobe », ce dernier terme visant d'abord Stephen Smith[1] – et accessoirement moi. Or, Smith et moi ne nions pas l'impact négatif de la colonisation et du néo-colonialisme sur le développement de l'Afrique, mais nous partageons largement les thèses d'Axelle Kabou développées dans *Et si l'Afrique refusait le développement ?*[2], pour qui « tout peuple est, en première et en dernière analyse, responsable de l'intégralité de son histoire, sans exclusive ». Alors que, pour Survie, tous les problèmes actuels des anciennes colonies sont encore aujourd'hui imputables à Paris.

L'histoire du Congo-Brazzaville depuis l'indépendance est à cet égard intéressante. L'abbé Fulbert Youlou, son premier président, fut un pion important dans le système néocolonial instauré par Jacques Foccart, si bien que le Congo fut, pendant l'été 1960, une base arrière de la lutte contre Patrice Lumumba. Mais ledit Foccart ne put empêcher le renversement de l'ecclésiastique en soutane blanche, ni s'opposer à ce que le pays devienne, pendant plus de vingt ans, la base arrière de la lutte contre « l'impérialisme et le néocolonialisme ». Dès 1963, un certain nombre de respon-

---

1. Pour son livre *Négrologie. Pourquoi l'Afrique meurt ?*, publié en 2003 par Calmann-Lévy, qui lui valut une réponse-bave de crapaud de Verschave (très peu de temps avant sa mort), de Boubacar Boris Diop et d'Odile Tobner, intitulée *Négrophobie*, publiée aux Arènes.
2. L'Harmattan, 1991.

sables des maquis luttant contre Moïse Tschombe se sont en effet installés à Brazzaville. En 1964, le Congo-Brazzaville va aider Pierre Mulele et les maquis du Kwilu. À 85 kilomètres de Brazza, il y avait même un camp d'entraînement où on apprenait la fabrication de cocktails Molotov et le maniement du TNT à des cadres du MPLA (Mouvement pour la libération de l'Angola). C'est aussi à Brazza que Che Guevara vint à la mi-juillet 1965 avant de rejoindre Laurent-Désiré Kabila dans les maquis de l'est du Congo-Léopoldville, et c'est là encore qu'il revint en janvier 1966, reportant tous ses espoirs révolutionnaires sur Pierre Mulele et les maquis du Kwilu[1], avant que Fidel Castro ne le fasse revenir à Cuba en mars. Là aussi que s'entredéchirèrent partisans de Mulele et de Gbenye. Les Cubains mirent dès lors toute leur énergie et leurs moyens à aider les Angolais du MPLA, qui disposaient de toutes les facilités au Congo-Brazza. Et c'est toujours au Congo que l'aide cubaine fut acheminée pour les épauler dans leur guerre finale de 1975-1976... Jacques Foccart et les « néocoloniaux » se contentèrent d'observer cette intense activité anti-impérialiste sans s'y mêler. Et c'est Denis Sassou Nguesso, se réclamant toujours du marxisme-léninisme, qui aura amorcé de plus en plus un rapprochement avec Paris dans les années 1980.

Au fil des ans, grâce à son corpus idéologique caricatural et à l'énergie de Verschave, associés au plaisir malsain de nombreux « repentants » français, Survie a su trouver des alliés de poids qui l'ont accompagnée dans ses combats et ont largement diffusé le concept de *Françafrique* dans le corps social. Disons que, *grosso modo*, la grande masse des journalistes, militants « droitsdel'hommistes », associations impliquées dans l'aide aux pays du Sud, intellectuels, militants verts, du PCF, du Parti socialiste et gauchistes, tiennent Survie pour un pôle de référence.

---

1. In Ludo Martens, *Pierre Mulele ou la seconde vie de Patrice Lumumba*, EPO, 1985.

D'abord compagnon de route de Survie sur le dossier « Rwanda », Mᵉ William Bourdon est devenu, après la mort de François-Xavier Verschave, la figure emblématique et médiatique, brandissant haut et fort la bannière de la *Françafrique*. Né à Neuilly, William Bourdon est issu d'un milieu grand-bourgeois : il est un descendant d'Édouard Michelin, fondateur de la firme de pneumatiques, mais aussi d'un professeur au Collège de France ; il rêvait d'être diplomate, mais son échec à l'ENA l'a contraint à prendre une autre voie, celle d'avocat, qui lui permettra néanmoins plus tard d'intervenir dans les relations internationales. Un art qu'il a appris auprès de grands noms du barreau, notamment Philippe Lemaire et Jean-Pierre Mignard, qu'il a nourri par l'étude des « effets » à l'école Charles-Dullin et par une ardente passion pour la politique. Dès le milieu des années 1980, il mène parallèlement deux activités : celle de l'avocat pénaliste classique et celle du défenseur des droits de l'homme, comme s'il tenait constamment à racheter son appartenance à une lignée d'industriels devant sa fortune aux colonies[1], et à rééquilibrer ses choix privés par des engagements forts contre la politique africaine de la France. Il semble ne pas voir de contradiction à défendre Hannibal, fils du colonel Kadhafi, Moussa Koussa, alors chef des renseignements extérieurs libyens[2], Loïk Le Floch-Prigent, symbole d'une *Françafrique* qu'il condamne, ou William Lee, qui passait pour un agent américain et figura un temps sur la liste des agents de la CIA expulsés par Charles Pasqua, tout en étant l'homme-clé de la Fédération internationale des droits de l'homme (FIDH) de 1994 à 2000, y assurant les fonctions de secrétaire général adjoint, puis de secrétaire général. C'est lui qui va jouer un rôle moteur dans l'engagement de cette organisation contre la politique de la France au Rwanda en relayant les accusations de complicité de génocide

---

1. Notamment par les plantations d'hévéas en Indochine.
2. Nommé le 4 mars 2009 ministre des Affaires étrangères.

portées par d'autres associations. Aux côtés de Survie, d'Ibuka et de quelques militants extrémistes, il traque et dénonce à la justice française ceux que Kigali désignent comme des « génocidaires », en particulier l'abbé Wenceslas Munyeshaka[1].

Ayant bien compris les mécanismes du fonctionnement de la « société civile », notamment de son instrumentalisation possible par le biais des ONG, il décida en 2002 de créer la sienne, Sherpa, visant à faire que la mondialisation « s'effectue dans le respect d'une éthique globale ». Me William Bourdon ne renierait sûrement pas l'affirmation de l'universitaire américain qui professe que les ONG seront probablement « l'un des moyens de déstabilisation les plus efficaces dans le futur[2] ». Profitant de la décrédibilisation de la classe politique, les ONG ont réussi, depuis le début des années 1990, à se parer à la fois de la légitimité du bien commun et de la fiabilité du désintéressement, encouragées en cela par les médias qui fonctionnent « en miroir » avec elles. L'avocat est allé chercher à Survie – et ce n'est évidemment pas un hasard – sa principale collaboratrice, Samira Daoud, recrutée sous forme d'un « emploi jeune ». Déjà conseil de Survie, il utilise les réseaux de l'association pour amplifier ses campagnes de sensibilisation. Si « plusieurs autres avocats gravitent autour de Sherpa, il apparaît que les piliers sont William Bourdon et la coordinatrice[3] ».

Le financement de Sherpa livre de précieuses indications sur l'environnement dans lequel travaille William Bourdon interroge sur les motivations réelles de ses combats. On y trouve la fondation Sigrid Rausing Trust, basée à Londres, liée à des fondations américaines, et qui a la particularité de dénoncer régulièrement le rôle de la France au Rwanda.

---
1. Lire à son sujet *Noires fureurs, blancs menteurs, op. cit.*, p. 424.
2. Roy Godson, *Dirty Tricks or Trump Cards : US covert actions and counterintelligence*, Transaction Publisher, 2000.
3. In Ludovic François, « Les affrontements par l'information entre les entreprises et la société civile : l'activisme judiciaire en question », *Market Management*, 2007/2, volume 7.

Un des contributeurs de Sherpa est l'Open Society Institute, derrière lequel se cache George Soros, le milliardaire américain d'origine hongroise qui faillit faire sauter la Banque d'Angleterre en spéculant sur la livre sterling en 1992. « Investisseur du groupe américain Carlyle, un important fournisseur du Pentagone, Soros a aussi été très proche de la famille Bush avant de se rallier à Obama[1]. » Le combat de Soros pour la transparence des industries extractives masque une lutte sans merci contre les pays souverains du Sud, en sorte que les sociétés multinationales anglo-saxonnes puissent accéder sans contraintes aux ressources naturelles, notamment celles du continent africain, au nom de la lutte contre la tyrannie et la corruption. C'est ainsi qu'une association du groupe Soros, Publish What You Pay (« Publiez ce que vous payez »), aidée en cela par la propagande de Global Witness, autre groupe financé par le même magnat, a exigé que des nations possédant des ressources naturelles de valeur soient contraintes de céder aux sociétés multinationales et au gouvernement britannique toutes les données concernant leurs transactions relatives à ces ressources, afin d'endiguer la corruption. En 2002, Tony Blair entérina cette proposition de Soros. L'année suivante, le Premier britannique créa l'Initiative de transparence des industries extractives (EITI), agence basée à Londres et qui, autour de la Shell Oil anglo-hollandaise, rassemble aujourd'hui AngloGold Ashanti, Barrick Gold, BHP Billiton, DeBeers, Freeport-McMoRan Copper & Gold, Gold Fields, Katanga Mining Limited, Newmont, Rio Tinto et des compagnies pétrolières telles que Chevron, ConocoPhilips, Eni, ExxonMobil, Hess, Pemex et Petrobras. Depuis 2006, le secrétariat d'EITI est installé en Norvège et relève de la gestion de Soros grâce à l'argent versé par l'Open Society Institute et par des membres du conseil

---

1. Albert Duvillard, « ONG en eaux troubles », *Le Point* du 30 juillet 2009.

d'administration provenant d'agences de Soros telles que Publish What You Pay, Revenue Watch Institute et Global Witness. Global Witness, qui figure aussi sur la liste des donateurs de Sherpa, a travaillé en étroite relation avec Bourdon pour lancer et alimenter la campagne des « biens mal acquis » qui a visé dès 2007 Omar Bongo (Gabon), Denis Sassou Nguesso (Congo) et Obiang (Guinée équatoriale), campagne qui s'inscrit parfaitement, nous le verrons, dans le cadre des objectifs poursuivis par Soros.

Bourdon peut donc passer pour un des sherpas de Soros. Il met ses pas dans ceux de l'ONG Transparency International, dont il est l'avocat en France. Le rapport Carayon[1] au Premier ministre a pu dire de Transparency qu'elle exerçait « un magistère moral exclusif sur l'éthique des affaires internationales, distribuant ou retirant les bons points aux États à partir de critères subjectifs assumés comme tels », et qu'elle participait activement du souhait des Américains d'exporter leur législation anti-corruption. Et Bernard Carayon, député UMP du Tarn, de regretter que « la France a[it] sous-estimé le poids de ces nouveaux acteurs du jeu international, leur capacité à s'ériger en concurrents directs des États et des organisations internationales[2] ». D'autant plus que l'organisation Transparency International serait « financée par les grandes entreprises US sous l'œil bienveillant de la CIA[3] », et que certains dirigeants de l'ONG

---

1. *Intelligence économique, compétitivité et cohésion sociale*, La Documentation française, novembre 2003.
2. Le même Carayon nous explique dans une tribune au *Figaro* du 29 octobre 2009, intitulée « Des ONG sous influence ? », que « non contente de mettre en accusation certains États, l'ONG [Transparency International] propose ensuite ses conseils moyennant rémunération (la pommade après le fouet ?), ce qui l'apparente aux agences de notation financière dont la crise a souligné l'incapacité morale à être juge et partie. L'ONG participe avec Sherpa à la dénonciation du comportement des dirigeants africains francophones, passant sous silence le cas du Nigéria comme celui de nombreux États du Proche et du Moyen-Orient ».
3. Brigitte Rossigneux, « La Guerre France-USA sur le front du bakchich », *Le Canard enchaîné*, 27 janvier 1999.

auraient même des liens personnels avec l'agence de Langley[1]. Transparency International, qui se veut le champion mondial de la lutte anti-corruption, a eu l'audace de classer le Rwanda en 2008 pays le moins corrompu d'Afrique, faisant ainsi l'impasse sur le pillage des richesses du Congo ! On voit là son impartialité.

En créant sa propre ONG et en travaillant en réseau à la fois avec la française Survie et de puissantes ONG anglo-saxonnes, Me William Bourdon a acquis une voix puissante, encore amplifiée par son fréquent recours aux médias friands de dénonciations sans risques (comme de taper sur Bongo ou Sassou). L'avocat a réussi à avoir accès à la plupart des médias français et même à nouer une relation privilégiée avec deux d'entre eux, *Libération* et *Bakchich* : il est coprésident de la Société des lecteurs de *Libération* depuis 2006, il est un « ami de *Bakchich* » et son avocat. Avocat également de SOS Racisme et de Médecins sans frontières, Me William Bourdon est ainsi devenu un des grands prêtres de la « ROC[2] ». Pour faire triompher ses causes africaines, il lui arrive de prendre certaines libertés avec les faits ; il n'est pas toujours très regardant, non plus, sur ses compagnons de route.

William Bourdon – mais la remarque vaut pour Survie, Transparency, Global Witness et d'autres – ne semble pas gêné de soutenir médiatiquement et juridiquement l'action politique de Paul Kagame, dictateur sanguinaire dont la justice espagnole évalue à quelque quatre millions les victimes collatérales des conquêtes au Rwanda et dans l'est de la RDC pour la période 1990-2000 ; il ne semble pas non plus embarrassé par le fait de faire cause commune avec George Soros, ce spéculateur déguisé en militant des droits

---
1. Pierre Abramovici, « Une ONG contestée », *Le Monde diplomatique*, novembre 1999.
2. Religion de l'Occident contemporain : un concept créé par Régis Debray dans *Le Moment fraternité*, Gallimard, 2009.

de l'homme et qui fit d'Omar Bongo, jusqu'à sa mort, sa principale tête de Turc, le symbole du Mal absolu. Il se trouve que j'ai bien connu Bongo (depuis 1964!), et mieux que quiconque je connaissais ses défauts, mais aussi ses qualités. Comme je l'ai déjà écrit[1], « si le Gabon n'est pas le paradis, je n'y connais pas d'affrontements ethniques, il y règne la paix civile, chacun peut y critiquer le chef sans risquer de se retrouver dans un cul-de-basse-fosse. Le pays n'est pas montré du doigt par Amnesty International. Je sais en revanche que Paul Kagame a déclenché d'épouvantables massacres pour prendre le pouvoir [...]. Je ne voudrais pas être contraint de lui serrer la main, encore moins de lui parler ». Le « Plutôt Kagame que Bongo » qui résume bien la pensée bourdonienne illustre bien le constat fait par *Le Point*[2] : « Les ONG font

---

1. In *Noires fureurs, blancs menteurs, op. cit.*, p. 357.
2. Albert Duvillard, « ONG en eaux troubles », *Le Point*, 30 juillet 2009. Cet article a suscité trois droits de réponse – de William Bourdon, de Sherpa et de Transparency International (France) –, publiés conjointement dans le numéro du *Point* du 22 octobre 2009.
Dans son droit de réponse, William Bourdon écrit : « L'auteur de cet article s'efforce de démontrer que [...] l'association Sherpa, dont je suis le président fondateur [serait] l'allié[e] objecti[ve] des intérêts anglo-saxons et [œuvrerait] ainsi contre les intérêts français.
Cet article salit l'image de Sherpa et porte atteinte à mon intégrité professionnelle. Il sème le trouble sur la qualité de mes intentions et de mes engagements, et, en sélectionnant certains de mes clients passés, suggère que je serais partie mêlée de façon obscure avec des intérêts étrangers [...].
En tout état de cause l'avocat est libre du choix de ses clients.
Prenant des engagements publics, j'accepte la critique, mais je n'accepte pas les procès d'intention, comme l'insinuation que j'aurais une empathie pour le régime libyen.
Il n'est pas possible dans un simple droit de réponse de répliquer à toutes les assertions contenues dans un long article, c'est pourquoi je regrette que M. Albert Duvillard, qui n'est en réalité qu'un pseudonyme, n'ait pas pris contact avec moi avant sa publication. »
Dans son droit de réponse, Sherpa écrit : « Contrairement à ce qu'il écrit, l'Open Society Institute créée par George Soros n'est, en aucune façon, le principal contributeur de Sherpa ; elle est même un contributeur marginal. Surtout, ce soutien n'a rien d'infamant : on se souviendra notamment de l'apport considérable de l'Open Society Institute aux révolutions démocratiques et à la reconstruction de l'État de droit dans les pays de l'Est.
Affirmer que la fondation anglaise Sigrid Rausing Trust, qui figure également parmi les contributeurs de l'association Sherpa, dénonce régulièrement le rôle de la France dans le génocide du Rwanda est tout aussi contestable.

de plus en plus figure de faux nez à des intérêts très éloignés des objectifs affichés. »

William Bourdon a, on l'a vu, pris fait et cause depuis 1994 pour le régime de Kigali et défendu la thèse de la complicité de la France dans le génocide des Tutsi et des Hutu modérés ; en 2004, il a fait sien l'objectif de Survie de faire condamner la France pour sa présumée complicité de génocide. Afin de préparer ses dossiers, il s'est servi d'une Commission d'enquête citoyenne montée conjointement par Survie et la Cimade, et dont l'objectif était limpide : « Faire sauter le verrou historique, médiatique, juridique et judiciaire sur la question de la complicité présumée de notre pays » ; puis, avec Me Antoine Comte, il a envoyé deux enquêtrices au Rwanda pour recueillir les témoignages de six Rwandais : Annie Faure[1] et Raphaëlle Maison. La première est une vieille connaissance de Bourdon, du temps de la FIDH, qu'il avait déjà envoyée en Birmanie recueillir des

---

Faut-il comprendre que la France serait un pays indemne de toute critique, notamment en Afrique ? [...]
De même, affirmer que c'est l'association anglaise Global Witness qui serait à l'origine de l'affaire dite des "Biens mal acquis" est inexact : c'est Sherpa qui, avec deux autres associations françaises, est à l'origine de cette procédure, relayée récemment par Transparency International.
L'énergie mise par l'auteur de l'article à disqualifier l'action de Sherpa n'a d'égal que le surprenant silence de l'article s'agissant des résultats accablants de l'enquête policière effectuée à la suite de la plainte déposée par nos associations, c'est-à-dire : l'existence sur le sol français d'un patrimoine immobilier et mobilier considérable appartenant aux familles Bongo et Sassou-Nguesso.
Les lecteurs du *Point* doivent savoir que, bien évidemment, cet article est, depuis sa publication, utilisé à Brazzaville contre les ONG locales. »
Dans son droit de réponse, Transparence International écrit : « M. Duvillard pose la question *"qui sont les véritables commanditaires de ces chevaliers blancs qui luttent contre la corruption ?"*, mais ne juge pas utile d'y répondre en ce qui concerne l'ONG qui est en première ligne de la procédure judiciaire en cours. Il ne dit en effet rien des sources de financement de Transparence International (France). Précisons que notre association tire l'intégralité de ses ressources des contributions de ses adhérents et partenaires, entreprises, associations et particuliers français. »
1. Celle-ci s'est livrée à un témoignage pour le moins « théâtral » en audience d'appel dans le procès intenté par SOS Racisme à Claude Durand et à moi-même.

témoignages visant à étayer sa plainte contre Total ; la seconde, professeur de droit public, est membre du conseil d'administration de Sherpa. Le 17 février 2005, six Rwandais, assistés de Mes Bourdon et Comte, ont déposé une plainte contre X devant le Tribunal des Armées de Paris visant des militaires français accusés de complicité de génocide et de complicité de crimes contre l'humanité[1]. Les avocats français ont-ils conscience du trafic de faux témoins qui se déroule au Rwanda ?

Pour la rédaction de *Noires fureurs, blancs menteurs*, j'avais commencé à enquêter sur la fiabilité des faits rapportés dans cette plainte. J'avais écrit : « La plupart des plaintes sont pitoyables. Aaron Nshymiryayo affirme avoir vu à trois reprises, au camp de Murambi, des militaires français mettre des Tutsi, désignés par des miliciens, dans des sacs et les jeter ensuite d'hélicoptère au-dessus de la forêt de Nyungwe[2] »… Après parution de mon livre, j'ai continué à mener l'enquête et ai demandé à être entendu par les enquêteurs du Tribunal des armées. Je leur ai d'abord expliqué que cette plainte était « une opération politique montée de toutes pièces par le gouvernement de Kigali contre la France pour anticiper les dégâts suscités par l'instruction du juge Bruguière. Elle a été suivie par la création, en avril [2009], d'une commission d'enquête chargée de "rassembler les preuves de l'implication de la France dans le génocide". Ces deux opérations, complètement liées, sont dirigées par le même homme, Jean de Dieu Mucyo, le procureur général rwandais qui travaille évidemment en parfaite liaison avec le président Paul Kagame. De nombreuses personnes œuvrent à temps plein à rassembler fausses preuves et faux témoins[3] ». Je leur ai ensuite fourni des détails sur le montage de l'opération et le recrutement des témoins. Enfin je

---

1. Voir *Noires fureurs, blancs menteurs, op. cit.*, p. 376.
2. *Noires fureurs, blancs menteurs, op. cit.*, p. 484.
3. Mon témoignage auprès du Tribunal des armées.

leur ai expliqué que le procureur rwandais était « en étroite correspondance avec les procureurs des provinces de Gikongoro pour monter les accusations portées contre les militaires français installés aux camps de Murambi, de Kibuye (pour Bisesero) et de Cyangugu. Dans ses courriers, le procureur général demandait à ces trois procureurs si les témoins avaient été sélectionnés et s'ils avaient bien reçu l'argent qui leur était destiné. Il voulait aussi savoir si les témoins avaient été bien préparés à leur audition par la juge française » qui ne manquerait de se déplacer pour les entendre au Rwanda.

Dans une lettre, le procureur de Gikongoro explique au procureur général qu'il éprouve des difficultés à maîtriser des témoins. Certains, écrit-il, refusent même catégoriquement de témoigner. J'ai déclaré aux enquêteurs de la DNAT, après enquête, analyse de documents et témoignages, que les plaignants et les deux témoins retenus par l'instruction étaient probablement de faux témoins. Que, pendant les événements, c'est-à-dire fin juin-début juillet 1994, Aurea Mukakalisa se trouvait à Kinyamakara et n'était jamais allée à Murambi, dans le camp des Français. Que François Bagirnbwira ne s'était pas davantage rendu à Murambi. Qu'Aaron Nshymiryayo est un criminel, condamné à cinq ans de prison, peine légère eu égard aux crimes qu'il a commis en association avec des militaires de l'APR ; pour se « blanchir » et gagner de l'argent sans rien faire, il a tout simplement décidé de « se faire rescapé », comme on dit dans son entourage à Nyamagabe (région de Gikongoro), et donc de témoigner contre les militaires français. Que le dénommé Bernard Kayumba ment. Qu'il est aisé de démontrer qu'Innocent Gasanura ment également. Qu'Éric Nzabihimana, premier Tutsi rencontré par les militaires français, le 27 juin 1994, dit dans sa plainte le contraire de ce qu'il a déclaré aux journalistes français en 1994. Que Jean-Bosco Habimana est lui aussi un faux témoin, qui n'est pas libre de s'exprimer : non seulement parce qu'il vit dans un pays totalitaire, mais parce qu'il se trouve en prison. Après mon enquête, un témoin protégé – nom de code « BTH » – a confirmé, le 14 avril 2008, à Arusha, devant le Tribunal pénal international pour le Rwanda (TPIR), ce que j'ai déclaré aux enquêteurs. Il a expliqué en détails comment il avait été recruté par un agent des services de renseignement rwandais et par un autre « qui travaille dans un service qu'on appelle National Security Services, et cet homme est également le président de l'association Ibuka à Ruhengeri. Lui aussi m'a fait appeler en me disant que je devais donner un témoignage contre les Français ».

« Avez-vous des preuves, des preuves véridiques contre les Français ? lui a-t-on demandé.

– Non. Les Français ne sont jamais venus dans notre région. Ils n'ont jamais mené d'opération dans notre région. On m'a demandé de rechercher les balles qu'ils auraient utilisées à Bisesero, et je n'en savais rien. Et j'ai compris que je ne pouvais pas m'en sortir, et c'est pour cela que j'ai décidé de partir... »

Sur la question rwandaise, la robe noire de l'avocat protège le militant Bourdon. Cette obsession contre la politique africaine de la France trouve à se manifester encore dans ses actions contre Areva, contre la Comilog, mais surtout dans sa campagne contre les « biens mal acquis » de Bongo, Sassou et Obiang, en qui il voit, au moins pour ce qui est des deux premiers, de purs produits de la *Françafrique*. Cette campagne a si bien pris que le sujet des « BMA » a fait la une des grands médias généralistes pendant plus de deux ans, alors même que, judiciairement parlant, la plainte pour détournement de fonds publics contre les trois chefs d'État fut une première fois jugée irrecevable en 2007, et qu'en 2009 le parquet fit appel de la décision de la doyenne des juges d'instruction de la recevoir.

Il me semble intéressant de souligner ici que les militants de Survie n'ont jamais braqué leurs jumelles anti-corruption sur Paul Kagame, leur idole, et pourtant il est établi dans de nombreuses enquêtes de l'ONU qu'il a dirigé le pillage des richesses du Congo et qu'une bonne partie de ce butin est allée dans les poches de l'establishment du FPR. Le lieutenant-général Kayumba Nyamwasa, ancien chef d'état-major de l'APR et ancien patron de la DMI, la Direction du renseignement militaire rwandaise, actuellement en exil en Afrique du Sud, n'a pas hésité, le 4 mars 2010, à expliciter, sur les ondes de la BBC, la nature corrompue du régime de Paul Kagame : « Au Rwanda, le chef de l'État est la première personne à ne pas rendre des comptes [...], il s'assimile aux institutions. Je voudrais illustrer mon propos par ce qui suit : tout d'abord, depuis que le président Kagame aime parler de *rendre des comptes aux institutions*, j'aimerais savoir s'il a comparu devant le Parlement pour parler de la propriété de deux avions, des XR *executive jets*, qu'il utilise pour lui-même et avec lesquels il fait au moins deux voyages par mois aux États-Unis pour recevoir des honneurs, comme des doctorats, pour lui-même et pour sa femme, ou pour voir ses enfants. Le coût minimum de chaque voyage est proche d'un million de dollars. Les deux appareils ont été achetés avec l'argent du gouvernement et sont enregistrés au nom d'une pseudo-société [...]. Deuxièmement, le président Kagame devrait expliquer au Parlement qui est le propriétaire de l'immeuble de l'ambassade du Rwanda à Londres, et ses liens avec la société au nom de laquelle l'immeuble de l'ambassade est enregistré. Troisièmement, il doit expliquer au parti et au peuple rwandais pourquoi il dirige un parti qui n'a pas de trésorier et combien d'argent le FPR tire de toutes les plus grandes entreprises du pays qui lui appartiennent, ainsi que l'argent provenant des cotisations et contributions des membres du parti. Quatrièmement, pourquoi la société de construction Arab

Contractors, alors qu'elle construisait le ministère de la Défense, a simultanément construit sa résidence privée de Muhazi tout en utilisant les biens et facilités de l'État ?[1] »

Le 19 juin 2010, l'ancien collaborateur de Kagame qui avait interpellé ainsi celui-ci au micro de la BBC a fait l'objet d'une tentative d'assassinat à Johannesburg. Une deuxième tentative a eu lieu le 22 septembre.

Aidé de ses réseaux, Bourdon est ainsi devenu l'oracle médiatique sur l'Afrique, réussissant par un tour très habile à réduire les questions africaines à la *Françafrique*, plus précisément aux biens immobiliers acquis à Paris par Bongo, doyen de ladite *Françafrique*, et par son beau-père Sassou. Le ton utilisé contre eux est volontiers méprisant, d'un mépris que l'on ne se permet qu'avec ces chefs d'État-là. Imagine-t-on un instant un article de cette encre publié dans *Le Figaro* ou *Le Monde* parlant des biens immobiliers de l'émir du Qatar, plus importants que ceux des familles Bongo et Sassou réunies ? S'est-on posé des questions sur les raisons de la généralisation des pratiques de ce qu'on appelle en Occident la « corruption » ? Sur la coexistence de deux mondes, traditionnel et moderne, et sur ses conséquences dans le domaine des circuits financiers ? Sur la nature des rapports entre pouvoir et argent en Afrique ? Sur les raisons de la longévité d'un Bongo ?

Les objectifs poursuivis par Sherpa et les militants de Survie, Global Witness et Transparency, ne semblent pas relever de la recherche de la vérité, mais d'un objectif politique. Lesquels ? Saper la légitimité de certains chefs d'État, déstabiliser les pays africains proches de la France, en voir chasser les Bongo, Sassou et consorts, quitte à soutenir quelques ressortissants pour tenter de soulever la population contre

---

1. Gerald Gahima, ex-procureur du Rwanda, a également témoigné, fin septembre 2010, devant le juge Andreu Merelles dans le même sens. Il parle dans sa déposition notamment des compagnies Air Navette, Jambo Safari et New GOMAIR, appartenant à Paul Kagame et à ses associés qui participent à l'exploitation des ressources de la République démocratique du Congo, spécialement le coltan.

ses dirigeants. Le gouvernement gabonais a réagi à cette campagne en emprisonnant quelques jours cinq représentants de ces ONG. Grands concerts de protestation dans la presse française. Quel média a donné la parole au ministre de l'Intérieur gabonais, qui disait pourtant, le 9 janvier 2009, des choses intéressantes ?

« Pour provoquer ce mouvement insurrectionnel, ces ONG françaises ont recruté des citoyens gabonais en France et au Gabon. Ces compatriotes ont organisé à travers le pays des réunions secrètes dans des lieux et avec des personnalités que nous nous gardons de révéler aujourd'hui. Ces rencontres visaient à préparer le terrain avant la publication dans la presse nationale d'une lettre ouverte adressé à "Monsieur El Hadj Omar Bongo Ondimba, président de la République gabonaise", signée par un dénommé Bruno Ben Moubamba. Cette lettre, aux termes durs empreints de diffamation, devait servir de détonateur au soulèvement recherché.

« La plupart des journaux nationaux ont été approchés par monsieur Ben Moubamba, introduit par messieurs Ngwba Mintsa et Marc Ona Essangui, pour publier cette lettre ouverte. Tous ont librement choisi de ne pas publier cette lettre, malgré le niveau élevé des contreparties financières qui leur étaient proposées. Les documents font état d'une enveloppe globale de près de 300 millions de francs CFA, soit plus de 500 000 euros. D'importantes sommes d'argent ont également été distribuées aux participants de nombreuses réunions de recrutement et d'enrôlement tenues secrètement à Libreville et à l'intérieur du pays.

« Monsieur Bruno Ben Moubamba et ses complices se livrent depuis plusieurs mois, avec le soutien moral et financier d'organisations étrangères, à des tentatives de recrutement ou d'enrôlement de Gabonais en vue de se rallier aux ONG françaises qui ont déposé une plainte en France contre la personne du chef de l'État. C'est ainsi qu'est présentée aujourd'hui aux autorités politiques, judiciaires françaises et européennes une liste de 72 ONG regroupées au sein d'une nébuleuse dénommée "Acteurs libres de la société civile gabonaise".

« Les 72 ONG en question ont déjà indiqué au ministre de l'Intérieur qu'elles ne se reconnaissaient pas dans cette tentative téléguidée depuis Paris par les ONG Sherpa, Survie et Transparency France, visant à faire croire à une adhésion massive de la société civile gabonaise à leur manœuvre de déstabilisation de notre pays[1]. »

Le 16 avril 2009, les représentants de la société civile gabonaise avaient tenu une conférence de presse à Libreville « pour dénoncer l'instrumentalisation dont ils sont victimes par des acteurs indépendants qui agissent en France au nom de la société civile gabonaise ». Ces leaders gabonais de la société ont désavoué avec virulence Bruno Ben Moubamba, qui « mène des actions controversées en France contre les autorités gabonaises en usant abusivement du crédit de la société civile gabonaise ».

Ces actions de déstabilisation risquent de remettre en cause dans le pays la fragile paix civile et de redonner vie aux vieux démons ethniques. Comment expliquer le fonctionnement en réseau de Sherpa avec la britannique Global Witness, l'américaine Transparency et la française Survie, autrement qu'en vue d'objectifs politiques inavoués ? Comment expliquer que tous ces militants qui affirment se battre pour imposer un ordre moral aux pays africains francophones aient accepté que les informations servant à dénoncer Sassou aient été fournies par Kensington International[2] ? Un très amoral « fonds vautour » qui s'enrichit sur la détresse des pays les plus pauvres en rachetant leurs dettes

---
1. Communiqué officiel du ministre de l'Intérieur gabonais.
2. In *Jeune Afrique*, « ONG : blanches colombes ou vautours masqués ? », n° 2542 ; Albert Duvillard, « ONG en eaux troubles », *Le Point, op. cit.* ; Michael D. Goldhaber, « Vulture Culture », LAW.com, 9 janvier 2002.

à vil prix et en engageant ensuite contre eux des procédures judiciaires pour les faire rembourser aux prix nominaux, augmentés des intérêts[1]. Kensington fait partie du *hedge fund* Elliot, basé aux îles Caïmans, dont le patron est Paul Singer, un des plus importants donateurs du Parti républicain, proche de Donald Rumsfeld, ancien secrétaire américain à la Défense, donateur de la Rand Corporation, proche de la CIA et financier de la dernière campagne de George Bush[2]. Patron du plus gros « fonds vautour » du monde, Paul Singer a également versé une forte contribution à Rudy Giuliani, maire de New York, quand celui-ci était candidat à la candidature du Parti républicain…

L'acharnement de Me William Bourdon et de ses amis contre les trois présidents d'Afrique centrale va probablement laisser des traces profondes. Exaspéré par leurs attaques, le président Sassou a décidé de relever le gant et a fait de Jean-Paul Pigasse, le directeur général du journal *Les Dépêches de Brazzaville*, son champion. Le 25 juin 2007, Pigasse écrivait un éditorial intitulé « Mais pour qui roule donc William Bourdon ? », qui s'interrogeait sur « les commanditaires de la vaste opération de désinformation dont il est des principaux acteurs » et se demandait « de quels moyens de pression, financiers ou autres » il disposait pour mener « une campagne aussi longue ». William Bourdon attaquait immédiatement Pigasse en diffamation au tribunal de grande instance de Paris. L'audience se déroule finalement le 15 janvier 2010.

Le jour même de l'audience, à la 17e chambre correctionnelle du TGI de Paris, Jean-Paul Pigasse signe un édito dans *Les Dépêches de Brazzaville* intitulé « L'arroseur arrosé »,

---

1. Le fonds Kensington a ainsi racheté pour 39 millions de dollars une dette nominale de 100 millions, et il poursuit le Congo-Brazzaville pour le remboursement de 375 millions de dollars. Ce « fonds vautour » a déjà réussi à faire saisir des cargaisons de pétrole et à bloquer des comptes en banque de dirigeants congolais.
2. Albert Duvillard, « ONG en eaux troubles », *Le Point*, art. cit.

dans lequel il reprend l'essentiel des révélations contenues dans le numéro d'un magazine congolais, *Le Choc*, paru quelques jours plus tôt et qui met gravement en cause William Bourdon. Le 5 mars 2010, la justice française a relaxé Jean-Paul Pigasse. William Bourdon a fait appel de cette décision et a lancé parallèlement une nouvelle action contre Pigasse pour son article « L'arroseur arrosé ».

Quant aux graves accusations contenues dans *Le Choc*, William Bourdon a aussi lancé une action en justice contre ce journal, son site Internet (lechoc.info) et son responsable ; le journal réagissait en faisant sa Une du 13 octobre 2010 avec le titre : « La peur a changé de camp : William Bourdon porte plainte contre Asie Dominique de Marseille ». Il persistait dans ses accusations contre l'avocat français. Ces affaires sont à suivre, n'étant pas définitivement jugées.

Pourquoi Sherpa et Survie focalisent-elles leurs actions sur les « BMA » de Bongo et Sassou alors que les opérations de ces derniers relèvent du domaine artisanal, comparées au pillage systématique des richesses du Congo opéré par le régime de Paul Kagame, l'ami de Washington et de Londres ? Or, là, nul besoin de se référer à des sources douteuses pour démonter la réalité et les mécanismes dudit pillage : il suffit de cliquer sur quelques sites de l'ONU pour trouver les rapports alarmants[1]. Mais sur cette corruption industrielle, motus et bouche cousue ! Silence également sur les six millions de morts dans l'ex-Zaïre imputables aux agissements des « amis » Kagame et Museveni, protégés de Washington, de Londres et de Tel-Aviv…

Et Survie, pas plus que les autres acteurs français droits-del'hommistes, ne montre le moindre empressement à relayer les bilans accablants faits par d'autres organisations au Rwanda, comme Amnesty International ou Human

---

1. Voir chapitre 19, « Le pillage du Congo par le Rwanda », p. 457.

Rights Watch, dont la représentante à Kigali a été expulsée en avril 2010. Les violations gravissimes des droits de l'homme se sont enchaînées dans le cadre de la préparation de l'élection présidentielle du 9 août 2010. Sans chercher à être exhaustif, signalons le meurtre, le 24 juin 2010, de Jean-Léonard Rugambage, journaliste au journal indépendant *Umuvugizi*. Ce meurtre est intervenu alors que les dirigeants des partis d'opposition étaient traqués, enfermés, battus et empêchés d'enregistrer leurs candidatures, comme ce fut le cas pour Victoire Ingabire. Plus grave : le vice-président des Verts a été tout simplement assassiné. Le régime de Kigali n'a pas hésité à enfermer Me Peter Erlinder, l'avocat américain de Victoire Ingabire, pendant plusieurs semaines et ne l'a relâché que sous la pression des États-Unis. Précisons que Peter Erlinder est aussi le président des avocats de la défense devant le TPIR. Dans le même temps, Kigali envoyait ses tueurs en Afrique du Sud pour faire taire l'ancien compagnon de Kagame et mettait en prison plusieurs autres proches collaborateurs du dictateur rwandais.

AFRIQUE

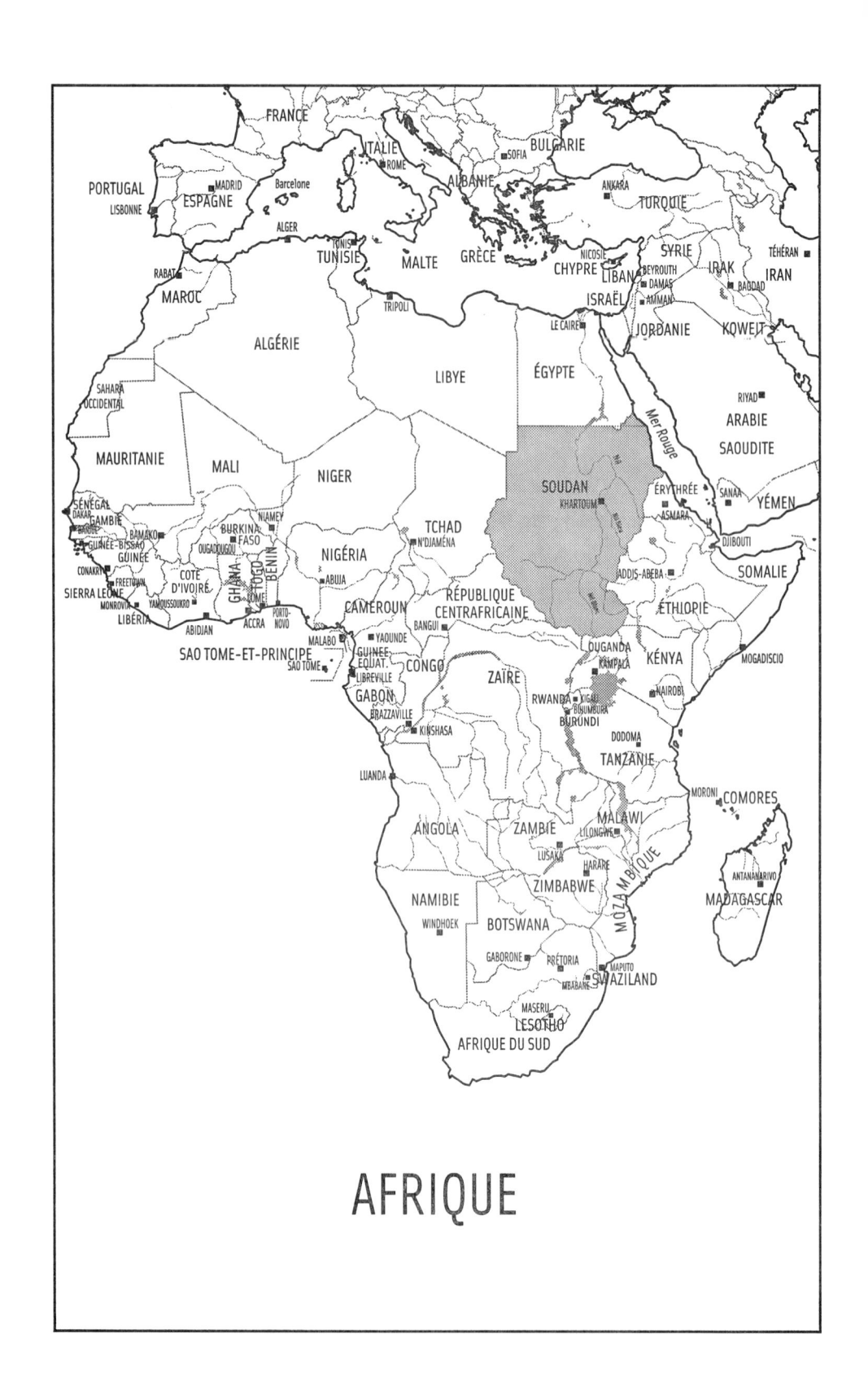

3

Agresseurs transformés en victimes, ou l'organisation de l'impunité

Avant même de se lancer à la conquête du Rwanda, les rebelles tutsi avaient assimilé leur combat à celui des sionistes en s'autodésignant comme les « Juifs d'Afrique ». Dès 1983, dans le numéro 1 d'*Impuruza,* premier journal de la diaspora tutsi publié aux États-Unis, Festo Habimana, le président de l'association, écrivait en effet : « Une nation en exil, un peuple sans leadership, les "Juifs d'Afrique", une nation sans État, toutes ces expressions pourraient faire des titres merveilleux pour décrire la saga de notre peuple... » Des propagandistes de haut niveau vont alors s'employer à mener, notamment à Bruxelles, une intense activité de lobbying pour légitimer et « victimiser » ceux qui se préparent à entrer au Rwanda les armes à la main. Ils vont trouver un allié de poids en la personne de Jean Gol (1942-1995), président du Parti libéral belge, dont la cause la plus sacrée était son engagement aux côtés de l'État d'Israël.

Très marqué par la Shoah, qui avait emporté ses grands-parents, Jean Gol avait débuté dans la vie publique comme président des étudiants juifs de Belgique ; il fit partie d'Hachomer Hatzaïr[1], participa plus tard aux assemblées du Congrès juif mondial, anima le Centre communautaire laïque juif, s'intéressa au sort des Juifs d'URSS, rencontra les

---

1. Hachomer Hatzaïr (« Le Jeune Garde » en hébreu) est un mouvement de la jeunesse juive et sioniste de gauche, qui s'apparente au scoutisme, né en 1913 en Pologne.

dirigeants successifs de l'État hébreu[1]... Pour le remercier de son engagement, le Fonds national juif, créé par Theodor Herzl, lui a rendu hommage dans la forêt de Neve Ilan. En 1990, Jean Gol s'opposa brutalement à l'envoi de militaires belges et français après l'attaque perpétrée par ses amis du FPR, le 1er octobre, et, avec l'aide de la presse belge, *Le Soir* en tête, il fut de ceux qui réussirent à transformer les militaires agresseurs en victimes et le régime Habyarimana, pourtant bon élève africain de la communauté internationale, en dictature sanguinaire. Au Sénat, le 10 octobre, il déclara ainsi que des échos lui étaient parvenus, selon lesquels on armait à l'arme blanche une partie de la population afin qu'elle procédât aux « basses œuvres », et il évoqua « des massacres pouvant atteindre 1 000 personnes ». Ces affirmations étaient tout simplement fausses : il n'y avait pas eu de massacres à ce moment-là. Mais le ton était donné, la guerre médiatique lancée[2].

Les ONG et autres associations de défense des droits de l'homme, toujours prêtes à voler au secours des victimes, le feront pour ceux qui étaient en réalité les agresseurs et, consciemment ou non, conforteront ainsi l'impunité des rebelles tutsi et de ceux qui les avaient aidés. Ces opérations de désinformation ont été nombreuses et constantes jusqu'à aujourd'hui ; il n'entre pas dans mon propos de les détailler[3]. Je me limiterai à en rapporter quelques-unes, qui étaient destinées à préparer l'organisation judiciaire de l'impunité.

Des associations de défense des droits de l'homme (FIDH en tête) participèrent ainsi à une opération que l'on devrait enseigner dans les écoles de communication et de

---

1. Pour un portrait plus complet de Jean Gol, voir *Noires fureurs, blancs menteurs*, *op. cit.*, pp. 70-79, et pp. 447-453.
2. Toutes les actions de Jean Gol en faveur de la conquête du pouvoir par le FPR ont été saluées, le 4 juillet 2010, par Paul Kagame, qui l'a décoré à titre posthume de la plus haute décoration rwandaise pour sa participation à la « résistance ».
3. Pour un plus large échantillon d'opérations de désinformation, je renvoie à mon livre *Noires fureurs, blancs menteurs*, *op. cit.*

formation d'agents secrets. Elle a définitivement préparé le futur État rwandais à endosser son statut d'État victime dont toute la légitimité repose sur le génocide des Tutsi, prétendument stoppé par les dirigeants actuels. L'opération a consisté à installer le mot « génocide » plus d'un an *avant* les massacres, puis à catégoriser de façon définitive les Hutu dans le rôle de futurs génocidaires et les Tutsi dans celui d'innocentes victimes. Elle a été montée fin 1992 sous la houlette de Gasana Ndoba, qui, abrité derrière le Comité pour le respect des droits de l'homme et de la démocratie au Rwanda (CRDDR), basé à Bruxelles, aura, pour le compte du FPR, manipulé les organisations de défense des droits de l'homme de telle sorte que ces dernières ne prennent en compte que les violations perpétrées par le régime Habyarimana, en omettant celles du FPR. C'est Gasana Ndoba qui est à l'origine de la création de la Commission internationale d'enquête composée de personnes toutes plus ou moins liées à la diaspora tutsi. Les deux personnalités les plus marquantes en furent le Français Jean Carbonare et l'Américaine Alison Des Forges.

Le premier, on l'a vu, était un militant très actif du FPR[1]. L'évocation succincte de la trajectoire de la seconde est essentielle, car elle passe pour celle qui détenait la Vérité sur la tragédie rwandaise. Les journalistes-militants ont fait d'elle *la* « chercheuse de vérité », comme l'a écrit en février 2009 David Servenay, ce berdin, sur le site *Rue89*, au lendemain du crash de l'avion de la Continental Airlines dans lequel Alison Des Forges venait de trouver la mort : « Spécialiste du Rwanda et de la région des Grands Lacs, cette historienne restera comme l'une des rares universitaires à avoir su analyser les ressorts du dernier génocide du siècle. Militante de l'ONG Human Rights Watch, elle avait su mobiliser l'opinion autour de thèmes ignorés par les gouvernements. » Alison

---
1. Voir chapitre 2, p. 43 et suivantes.

Des Forges a effectivement su mobiliser l'opinion pour imposer une histoire biaisée du drame rwandais, en présentant le FPR comme un mouvement de libération nationale, en transformant les agresseurs en victimes, en diabolisant les Hutu et, *last but not the least*, en imposant l'idée maîtresse que le sort tragique des Tutsi était le résultat d'une planification du génocide par des extrémistes hutu proches du président Habyarimana. Cette vision est devenue la version officielle[1] des événements et, à ce titre, a informé sur eux l'administration Clinton durant le génocide, la mission parlementaire française d'information sur le Rwanda (en 1998), la mission sénatoriale belge, les universités et les médias du monde entier, et surtout a servi de trame aux instructions menées par le Tribunal pénal international pour le Rwanda (TPIR). Alison Des Forges a accédé au rang d'experte n° 1 du procureur dans onze procès : de nombreux Rwandais – hutu, évidemment – lui doivent ainsi leur emprisonnement à vie. Il a fallu attendre le 18 décembre 2008 pour que les jugements de quatre officiers d'état-major, dans le procès dit Militaires I, dont celui du colonel Bagosora[2], pourtant présenté par Alison Des Forges comme le « cerveau » du génocide, rejettent l'accusation de conspiration en vue de commettre le génocide[3]. Et que Alison Des Forges commence à remettre en cause sa vision de la tragédie rwandaise et devienne à son tour personne non grata à Kigali.

---

1. Sa version la plus aboutie est développée dans son livre *Aucun témoin ne doit survivre*, publié aux éditions Karthala (1999).
2. Le colonel Théoneste Bagosora était considéré par Alison Des Forges, puis par le procureur du TPIR, comme le cerveau du génocide. Avant l'attentat contre l'avion de Juvénal Habyarimana, au début de l'année 1994, il était directeur de cabinet du ministre de la Défense. Le 18 décembre 2008, le TPIR l'a estimé « non coupable d'entente en vue de commettre un génocide », réduisant ainsi à néant la thèse d'Alison Des Forges.
3. « *Accordingly, the Chamber is not satisfied that the Prosecution has proven beyond reasonable doubt that the four Accused conspired amongst themselves or with others to commit genocide before it unfolded on 7 April 1994.* »

Alison Des Forges n'a pas été une activiste des droits de l'homme ordinaire, contrairement à la présentation que l'on fait d'elle généralement, mais une activiste de la politique américaine dans la région des Grands Lacs. « Des Forges a travaillé en 1991-1992 pour le compte du gouvernement des États-Unis, puissance hautement impliquée dans la guerre au Rwanda. Elle y a travaillé non pas comme historienne, mais dans le cadre d'une mise en place du programme d'assistance au Rwanda en vue de la démocratisation de ce pays », a expliqué Serge Desouter devant le TPIR[1]. Alison Des Forges a elle-même expliqué qu'elle a été « dépêchée au Rwanda pour étudier les perspectives de développement démocratique et y prodiguer des conseils sur les modalités d'utilisation des fonds dans le but de promouvoir la démocratie ». Questionnée sur ce qu'elle avait recommandé pour promouvoir la démocratie, elle répondit que « la plus importante recommandation formulée au gouvernement des États-Unis et, en fait, à toute la communauté des pays donateurs [...], c'était que toute assistance au gouvernement rwandais et, en particulier, toute assistance destinée à faire avancer le processus de démocratisation [soit] conditionnée par l'émission d'une nouvelle carte d'identité sans classification ethnique. Ça, c'était en juillet 1991[2] ». Mais elle participa surtout activement à la création d'associations de défense des droits de l'homme qui ne visaient qu'à dénoncer le régime d'Habyarimana. De ces associations, évidemment cajolées par le FPR, est partie l'idée d'une Commission internationale d'enquête présidée par Jean Carbonare, le militant pro-FPR décoré à titre posthume par Paul Kagame, et par Alison Des Forges, dont la mission était financée par l'Agence des États-Unis pour le développement international (USAID), ainsi qu'elle l'a reconnue lors de l'instruction du procès dit Militaires II.

---

1. « Affaire Pauline Nyiramasuhuko contre le Procureur ».
2. Page 14 du transcript de la déposition d'Alison Des Forges dans le cas Akayezu, 11 février 1997.

L'idée de cette commission internationale d'enquête avait en réalité été soufflée par le FPR, comme l'a écrit un dirigeant de l'organisation dans le journal *Isibo* annonçant que la prochaine offensive du FPR attendrait la publication du rapport, comme si le FPR savait déjà quelles en seraient les conclusions. L'enquête ne dura que deux semaines (du 7 au 21 janvier 1993), dont seulement deux heures dans la zone contrôlée par le FPR ; et pendant ces deux heures Alison Des Forges elle-même a reconnu que le FPR filmait les interviewés : « Il y avait effectivement une caméra et qui a commencé à filmer, et c'est pour cela que nous avons arrêté, nous avons cessé de poser des questions[1]. » Le rapport de cette commission présentée comme « indépendante » a été scandaleusement partisan, il avait manifestement pour seul but de préparer les esprits à la reprise des combats par le FPR, alors même qu'il s'était engagé dans un processus de paix civile encouragé par la France et les États-Unis et qui se déroulait à Arusha. Construit autour des prétendues révélations d'un certain Janvier Afrika[2], qui s'est révélé être un agent du FPR, ce rapport affirmait notamment : « Tous les témoignages confirment qu'il existe dans l'entourage du chef de l'État un certain nombre de personnes qui organisent les massacres ou les assassinats individuels, de même que les troubles, les affrontements et les perturbations d'activités d'autres partis, de diverses manières : réflexions idéologiques, définition des moyens, choix des régions ciblées à tels moments déterminés. »

Malgré tous les efforts du TPIR depuis 1994, l'existence d'une telle organisation n'a pas été prouvée ; au contraire, celui qui était censé être le chef de celle-ci, connu sous l'alias *Monsieur Z*, a été libéré par le TPIR le 16 novembre 2009.

Les révélations faites à la presse par les membres de la Commission au début de 1993 fournirent à Paul Kagame

---
1. A. Des Forges, Affaire n° ICTR-98-41-T. TPIR.
2. Sur le personnage de Janvier Afrika, voir *Noires fureurs, blancs menteurs, op. cit.*, pp. 122-134, 190-196, 217-222.

une justification pour la reprise des combats, le 7 février 1993, comme le prouve le communiqué suivant du FPR : « Les troupes françaises restent au Rwanda six mois après l'entrée en vigueur du cessez-le-feu. Leur présence a continué de soutenir l'intransigeance du président Habyarimana contre un règlement négocié. Nous rappelons encore à la communauté internationale que ces troupes françaises, en plus de la participation à l'effort de guerre du Président, forment les agents de sécurité responsables du génocide qui a lieu au Rwanda. C'est sur ce fond de génocide, de rejet du règlement négocié du conflit, et de la présence des troupes françaises dans notre pays, que les hostilités ont repris. »

Les « révélations » des enquêteurs ont donc non seulement servi de prétexte à Kagame pour reprendre les combats, mais, en focalisant l'indignation sur les victimes tutsi, elles ont accordé *de facto* l'impunité aux rebelles du FPR qui commirent dans le même temps des atrocités autour de Ruhengeri (une estimation donne 30 000 morts hutu), bien plus importantes que celles imputées aux Hutu dans le rapport de la CIE.

Les nombreuses voix qui s'élevèrent alors pour crier leur indignation à propos de ce qui se passait n'ont été entendues ni par la communauté internationale, ni par les médias. La simple raison en était que le FPR était devenu à leurs yeux une organisation de victimes.

Depuis 1994, ce rapport *ad hoc* est tenu pour l'équivalent, dans le génocide des Tutsi, du protocole issu de la conférence de Wannsee dans l'histoire de la Shoah, alors même qu'il a été préalablement fabriqué pour servir de preuve d'une préparation concertée du génocide. Ce rapport a également eu pour effet de légitimer la position d'Alison Des Forges en faisant d'elle un saint Jean Bouche d'or, alors qu'elle était d'abord la voix du FPR. Tout auréolée de sa position, elle fut reçue et écoutée par les grands responsables de l'administration Clinton dans les jours qui suivirent les débuts du génocide. Accompagnée de son amie Monique

Mujawamariya, propagandiste sulfureuse[1] du FPR, elle se livra alors à une intense activité de lobbying, notamment auprès de Madeleine Albright[2], de Susan Rice[3], d'Antony Lake[4], de Prudence Bushnell[5] et du sénateur Edward Kennedy, pour imposer la vision de Paul Kagame et réclamer le renvoi de Roger Booh-Booh[6], représentant du secrétaire général de l'ONU au Rwanda et patron du Canadien Roméo Dallaire, que Paul Kagame considérait comme trop pro-français.

La propagande du FPR, relayée et amplifiée par les « blancs menteurs », journalistes, droitsdelhommistes et politiciens, a été si efficace[7] que, lorsque le Conseil de sécurité créa en novembre 1994 et installa à Arusha, dans le courant de 1995, le Tribunal pénal international pour le Rwanda, procureurs et juges étaient convaincus que les responsables de la tragédie rwandaise étaient exclusivement hutu, même si leur mandat mentionnait qu'ils avaient pour mission de juger les *personnes responsables* d'actes de génocide et d'autres violations graves du droit international humanitaire commis sur le territoire du Rwanda, ou par des *citoyens rwandais* sur le territoire d'États voisins, entre le 1er janvier et le 31 décembre 1994.

Le premier procureur, le juge sud-africain Richard Goldstone, lança ses premières accusations en novembre 1995, et il lui fallut encore du temps pour recruter et mettre en place des enquêteurs. Au début, il n'y en avait que six, chiffre évidemment insignifiant pour la tâche immense qui les atten-

---

1. Procès Médias. Déposition de Monique Mujawamariya, 15 mai 2001, p. 77, lignes 14-24 ; et procès Médias. Déposition de Monique Mujawamariya, *ibid.*, p. 78, lignes 5-18.
2. Alors représentante des États-Unis à l'ONU.
3. Conseiller à la Sécurité nationale.
4. Conseiller à la Sécurité nationale.
5. Deputy Assistant Secretary for African Affairs.
6. Alison Des Forges a ensuite changé d'avis.
7. Voir *Noires fureurs, blancs menteurs, op. cit.*, chapitres 4, 7, 10 et 17.

dait. Ce n'est qu'en avril 1996, avec l'arrivée de James Lyons, ancien du FBI de New York, spécialisé dans la lutte contre le terrorisme et contre le crime organisé, puis, quelques jours plus tard, celle de Michael Hourigan, avocat australien travaillant sous les ordres du Canadien Alphonse Breau, que l'*Équipe nationale* prit de la consistance et entama un travail sérieux. Les enquêteurs commencèrent à collecter le maximum de preuves afin de pouvoir mettre en accusation des responsables locaux, tels des préfets, des hommes d'affaires ou des chefs religieux – tous hutu, évidemment. L'équipe, dirigée par James Lyons et Michael Hourigan, était spécialement chargée de la recherche de tout ce qui concernait l'incitation au génocide dans les médias. À cette époque, du haut en bas de la hiérarchie du TPIR, tout le monde croyait donc que le génocide des Tutsi avait été préparé de longue date par les Hutu. La grille d'analyse s'appuyait en effet sur celle d'Alison Des Forges. À Kigali, en toute bonne foi, Lyons et Hourigan ne firent donc la chasse qu'aux extrémistes hutu, considérés alors comme les responsables exclusifs des monstruosités du printemps 1994.

Ils travaillent sur les « médias de la haine » et sur le cas du colonel Bagosora, considéré comme le principal instigateur du génocide. Ils enquêtent également sur l'attentat du 6 avril 1994 qui a coûté la vie à Juvénal Habyarimana et que tout le monde considère comme le facteur déclenchant du génocide. Là encore, les deux chefs enquêteurs sont persuadés que des extrémistes hutu, proches du président Habyarimana, sont responsables de cet attentat, parce que ce dernier, à la suite des accords d'Arusha, avait accepté de partager le pouvoir avec le FPR, compromis inacceptable pour les extrémistes hutu. Malgré tous leurs efforts, les enquêteurs regroupés autour de Lyons et Hourigan ne recueillent aucun élément à l'appui de cette thèse.

À la fin de l'année 1996, un renseignement remonta jusqu'à Hourigan et perturba pour la première fois la confortable histoire des « bons Tutsi » et des « méchants Hutu ». Un soldat des Forces armées rwandaises (FAR) avait, dans les heures qui avaient suivi l'explosion de l'avion, intercepté un message du FPR en relation directe avec l'attentat contre le Falcon 50 présidentiel. Ce message disait : « *Target is hit* », « la cible est atteinte[1] ». Une enquête est alors diligentée pour identifier ce soldat de l'armée rwandaise. Sans succès. C'est alors que Hourigan obtint un autre élément d'information, allant dans le même sens, provenant d'un capitaine de la Minuar, le Togolais Ekpe Apedo Kodjo. Le 7 avril 1994, suite à l'assassinat de dix Casques bleus belges au camp Kigali, un major rwandais lui aurait confié que ce message, « *Target is hit* », avait été intercepté. Il l'avait mentionné dans un rapport envoyé le jour même à New York[2].

En février 1997, l'équipe de Michael Hourigan entra en contact avec trois anciens membres d'une cellule dirigée par Paul Kagame, appelée *Network*, responsables d'assassinats et d'exactions violentes. Instruction fut donnée à Hourigan de se montrer très prudent, tant ces informations sont réputées « sensibles ». D'autant plus que les sources de l'*Équipe nationale* affirment que le *Network* est réactivé pour procéder à des assassinats politiques tant à l'intérieur qu'à l'extérieur du Rwanda, notamment contre des membres d'organisations humanitaires[3]. La tournure du dossier conduit Hourigan à

---
1. Voir le « Préambule » de *Noires fureurs, blancs menteurs, op. cit.*
2. Voir sur le site rwandadocumentssproject.net la pièce n° 1994-04-07B-3.
3. Le 18 janvier 1997 se produisirent trois attaques successives dont les objectifs étaient les organisations humanitaires internationales Ruhengeri Save the Children (Royaume-Uni), Médecins du monde (Espagne) et Médecins sans frontières (Hollande). Manuel Madrazo, Flors Sirera et Luis Valtuea y perdirent la vie.
Le 5 février 1997, une attaque planifiée fut perpétrée contre cinq agents de la Mission des observateurs appartenant au Haut-Commissariat pour les droits de l'homme des Nations unies, lesquels furent assassinés dans la localité de Karengera : Sastra Chim-Chan, de nationalité cambodgienne, Graham Turnbull, de nationalité britannique, ainsi que les interprètes rwandais Jean-Bosco Munyaneza, Aimable Nsengiyumva et Agrippin Ngabo.

exiger un contact avec la procureure Louise Arbour qui siège à La Haye, alors que lui est à Kigali. Un rendez-vous téléphonique, à partir du réseau chiffré du Département d'État, fut pris début mars 1997. Laissons la parole à Michael Hourigan devant le juge Bruguière, le 29 décembre 2000 :

– Il ne m'était jamais venu à l'idée que les États-Unis pouvaient directement ou indirectement être impliqués dans cet attentat, et c'est la raison pour laquelle j'ai pensé que je pouvais utiliser ce réseau crypté en toute sécurité. Mon souci était de me protéger d'éventuelles écoutes du FPR. J'ai compris qu'en fait mes informations avaient pu être captées par les services secrets américains...

Louise Arbour s'est montrée très intéressée par les informations communiquées de Kigali par Michael Hourigan, comme celui-ci le rapporte :

– Vos informations sont significatives et consistantes, et se recoupent avec des informations que j'ai obtenues par d'autres canaux concernant des assassinats perpétrés contre des membres d'organisations humanitaires[1], lui aurait-elle déclaré.

Et la procureure de se préoccuper de la sécurité des enquêteurs travaillant sur ces dossiers sensibles et de demander leur exfiltration. À aucun moment Louise Arbour ne lui dit que l'enquête portant sur l'attentat n'entrait pas dans la mission du TPIR. Michael Hall, responsable adjoint de la sécurité envoyé par Kofi Annan[2] pour procéder à une évaluation de la menace, demanda à Hourigan de prendre toutes les dispositions pour rencontrer au plus tôt Louise Arbour à La Haye. Il lui demanda également d'enlever de Kigali tous les documents concernant l'implication du FPR. Hourigan mit toutes ces informations sur disquette avant de

---
1. La reconstitution de la conversation est faite à partir des témoignages de Michael Hourigan.
2. Kofi Annan dirigeait alors le département des Opérations de maintien de la paix.

partir pour La Haye. Lors de son entretien avec elle, auquel assistent Alphonse Breau et Mohamed Othman, procureur adjoint au TPIR, Hourigan fait un compte rendu de son enquête et remet un tirage papier de la disquette. Louise Arbour change alors du tout au tout d'attitude. Elle se montre très agressive, et remet en cause les informations et les sources de l'*Équipe nationale*. Elle reproche même à Hourigan d'avoir conduit une telle enquête et se montre très préoccupée par les informations contenues dans le mémorandum visant les membres du gouvernement de Kigali. Du même ton agressif, elle affirme que l'enquête sur l'attentat ne fait pas partie du mandat du TPIR et qu'il n'est pas dans ses intentions de protéger ses sources. Michael Hourigan quitta alors la direction de l'*Équipe nationale* et fut affecté à un autre service de l'ONU.

Depuis 1994, les gardiens du mensonge, États-Unis en tête, ont déployé une incroyable énergie pour empêcher que n'éclate la vérité sur l'attentat du 6 avril 1994, pour réduire la tragédie rwandaise à la seule année 1994, pour diaboliser les seuls Hutu et enfermer ainsi cette dramatique histoire dans un tête-à-tête entre *bad guys* et *good guys*, tout en faisant passer à la trappe quelques rapports officiels qui mettaient en cause le FPR (notamment le premier d'entre eux, le rapport Gersony[1], qui, dès l'été 1994, parlait des massacres de la population civile) ou bien qui évacuaient toute question sur la responsabilité du FPR. Le rapport Carlsson, commandé par le secrétaire général de l'ONU et publié en 2000, réussit même la performance d'évacuer l'attentat, facteur déclenchant du génocide, en le qualifiant de simple « crash ». Boutros Boutros-Ghali, secrétaire général à la retraite et donc libre de parole, expliqua ces manquements onusiens par les agissements occultes des États-

---

1. Voir la note de synthèse présentant le rapport Gersony et son histoire, « Annexe », p. 549 et suivantes.

Unis : « Un réseau s'est arrangé pour enterrer ce sujet[1]. » Il est même allé plus loin, affirmant que « le génocide au Rwanda est à 100 % de la responsabilité américaine... Il est de la responsabilité de l'Amérique, aidée par l'Angleterre, mais il y a eu aussi la passivité des autres États[2] ». Dans son livre de mémoires[3], il se montre encore plus explicite : « Les États-Unis, avec l'appui énergique de la Grande-Bretagne, ont tout fait pour empêcher la mise en place au Rwanda d'une force des Nations unies, et ils y sont parvenus. »

Deux grandes actrices du TPIR versent de l'eau au moulin de Boutros-Ghali : Carla Del Ponte, procureure du TPIR de 1999 à 2002, et Florence Harmann, sa porte-parole, ont témoigné, par livres interposés, sur les dysfonctionnements de ce théâtre de marionnettes qu'est le TPIR. Carla Del Ponte a publié *La Traque, les Criminels de guerre et moi*[4], et Florence Hartmann, *Paix et châtiment*[5]. Les problèmes de Carla Del Ponte, successeur de Louise Arbour, ont commencé quand elle a décidé de mener une enquête sur le Front patriotique rwandais, « parce que le président Kagame et d'autres leaders tutsi ont basé une grande partie de leur prétention à la légitimité sur la victoire du FPR contre les génocidaires en 1994 [...]. Ils ont présenté leur conquête du pays comme une lutte juste pour mettre fin à un génocide ». En 2000, tout en connaissant la position de Kigali, le parquet du TPIR ouvrit donc une enquête « secrète » sur treize épisodes au cours desquels, en 1994, des membres du FPR auraient massacré des civils au moment de l'avancée des troupes rebelles à travers le

---
1. Interviews dans *Libération* du 22 mars 2004 et à l'auteur de ces lignes.
2. À Robin Philpot, pour *Ça ne s'est pas passé comme ça à Kigali,* éditions Duboiris, 2004.
3. *Mes années à la Maison de verre,* Fayard, 1999.
4. Le livre de Carla Del Ponte est écrit en collaboration avec Chuck Sudetic, Éditions Héloïse d'Ormesson, 2009.
5. Éditions Flammarion, 2007.

Rwanda. « Les autorités rwandaises tenaient déjà sous contrôle chaque étape de nos enquêtes, écrit-elle. Nous savions que le service du renseignement du Rwanda avait reçu des États-Unis un équipement de surveillance qui était utilisé pour les appels téléphoniques, le fax et le trafic Internet. Nous suspections que les autorités avaient aussi infiltré notre réseau informatique et placé des agents parmi les interprètes rwandais et d'autres membres de l'équipe à Kigali. Walpen [Laurent Walpen, alors chef des enquêtes du parquet] savait aussi que les États-Unis, pour d'évidentes raisons, ne voulaient pas que les enquêteurs puissent être équipés avec les téléphones suisses de dernière génération à transmission cryptée. En d'autres termes, les Rwandais savaient en temps réel ce que faisaient les enquêteurs de la Cour[1]. »

En 2001, pour contrer la procureure, Kigali bloqua une nouvelle fois le transfert de témoins à Arusha. C'est par ce moyen que le régime de Paul Kagame a toujours exercé son chantage sur le TPIR, car, faute de témoins, la machine se bloquait. Florence Hartmann, principale collaboratrice de Carla Del Ponte, raconte l'engrenage qui a conduit sa patronne à rencontrer une délégation rwandaise à Washington, *dans un bureau du Département d'État.*

Del Ponte, d'abord contrainte d'ordonner à ses trois enquêteurs de suspendre leur mission au Rwanda, refuse d'arrêter, fût-ce temporairement, l'instruction. L'Américain Michael Johnson, assurant l'intérim du procureur adjoint, ordonne au printemps 2002 la suspension des « enquêtes spéciales » à l'insu de Carla Del Ponte. L'Américain est sommé de rentrer à La Haye sitôt que la procureure s'en aperçoit. Comprenant que Del Ponte ne cédera pas, le pouvoir rwandais en appelle à ses puissants alliés américains, lesquels, sous la houlette de leur ambassadeur pour les crimes

---

1. Carla Del Ponte, *La Traque, op. cit.*

de guerre Pierre Prosper, s'exécutent et organisent alors une rencontre à Washington entre la procureure et une délégation rwandaise. Le mercredi 14 mai 2003, la procureure et ses conseillers se retrouvent ainsi face à la délégation rwandaise dans une salle de conférences du Département d'État. En bout de table, Pierre Prosper officie en maître de maison. « La partie est biaisée d'entrée de jeu, écrit Florence Hartmann. Elle se joue selon des règles préétablies par les Américains et les Rwandais. Del Ponte se plaint des manœuvres rwandaises pour paralyser le tribunal, et du refus de coopérer sur les enquêtes spéciales. Les Rwandais rétorquent que le parquet est loin d'avoir rempli son mandat[1]. » Ils sortent alors une disquette comportant 350 nouveaux noms de prétendus génocidaires contre lesquels le tribunal n'a pas encore engagé de poursuites. Compte tenu de la volonté du Conseil de sécurité de fermer le TPIR à la fin 2008, ces « génocidaires » risquent, disent-ils, d'échapper à la justice… L'Américain insiste, au terme de cette première rencontre, sur la nécessité de parvenir à un accord sur le renvoi de dossiers au Rwanda.

Le lendemain, dans la même salle, la discussion s'engage sur les enquêtes spéciales : « Le message est clair : le TPIR ne peut légitimer des enquêtes contre les militaires tutsi alors qu'il est loin d'avoir terminé son travail sur le génocide. Les Rwandais ne nient pas les crimes, mais contestent à quiconque, et en particulier à la communauté internationale, le droit de poursuivre les membres de son armée. Ils disent vouloir s'en charger. Du moins le prétendent-ils pour essayer de neutraliser Del Ponte. Prosper intervient à plusieurs reprises pour encourager la procureure à céder les enquêtes spéciales au Rwanda[2]. » La procureure lâche un peu de lest, mais exige de garder la haute main sur les

---

1. Florence Hartmann, *Paix et châtiment*, op. cit.
2. *Ibid.*

enquêtes menées par les Rwandais. Prosper tente de l'en dissuader. La réunion se termine sans accord.

Prosper propose de synthétiser les pourparlers dans un document qui servira de base à de futures négociations. Le vendredi 16 mai 2003 à 11 heures, Prosper soumet à Carla Del Ponte un document intitulé « Résumé des conclusions entre le gouvernement du Rwanda et le TPIR », qui travestit complètement les discussions de la veille. « Il prévoit l'abandon de toutes les enquêtes à l'encontre des suspects de l'Armée patriotique rwandaise (APR) par le parquet du TPIR, et leur renvoi devant la juridiction rwandaise, sans aucune garantie de résultat. Il exige du parquet d'Arusha qu'il communique les sites répertoriés des massacres. Mais aussi qu'"il partage tout élément de preuve avec le gouvernement du Rwanda", malgré l'interdiction de transmettre les dépositions de témoins à une autre juridiction sans leur accord. »

Del Ponte est piégée. Elle proteste et refuse finalement de souscrire au document. Elle a signé là sa perte, car Washington a déjà négocié les contreparties de son soutien à Kigali. En échange des garanties d'impunité et du refus de toute poursuite à l'encontre de militaires tutsi devant le TPIR, Kigali a accepté, le 3 mars 2003, de signer avec les États-Unis un accord bilatéral protégeant les ressortissants américains contre d'éventuelles poursuites devant la Cour pénale internationale. En sus de l'impunité de ses soldats, qui non seulement ont conquis Kigali, mais ont aussi, avec l'aide secrète des forces spéciales US, aidé Kabila à renverser Mobutu[1], Paul Kagame bénéficie également de la levée de l'embargo sur les armes que le Congrès américain avait maintenu, et d'une assistance militaire substantielle. Lors d'un

---

1. D'où la colère de Kagame, que Washington commence à lâcher pour ses crimes commis au Congo, lors de la prestation de serment des ministres de son gouvernement, le 7 octobre 2010 : « Il y a des pays qui veulent me juger pour avoir été au Congo, pour avoir pillé le Congo, alors qu'ils étaient présents à nos côtés. Maintenant, ils veulent nous juger ! », a-t-il déclaré.

déjeuner à l'ambassade de Suisse à Washington, Prosper annonce à Carla Del Ponte que son mandat au TPIR ne sera pas renouvelé, suite à la demande de plusieurs États, et se contente de citer la Grande-Bretagne...

« Comment est-ce possible ? Je ne peux y croire ! C'est impossible », réussit à répondre, choquée, Carla Del Ponte[1].

Prosper rédigea un nouveau projet d'accord rendant impossibles toutes les initiatives visant les actions menées par le FPR. La procureure refusa une nouvelle fois de plier. Sa décision mit Prosper hors de lui. Carla Del Ponte venait de signer sa mise à l'écart.

Fin juin 2003, elle rencontre à Paris le juge Bruguière qui lui annonce être prêt à délivrer un acte d'accusation et plusieurs mandats d'arrêt visant des militaires proches de Kagame. Les deux magistrats passent un accord informel : Bruguière inculpera les membres du FPR soupçonnés d'avoir abattu l'avion présidentiel, et il transmettra à Carla Del Ponte les éléments de preuve réunis contre Kagame. Tous deux décident en outre de demander rendez-vous à Kofi Annan en septembre pour étudier la phase suivante de leur stratégie. Un rendez-vous qui ne devait jamais avoir lieu...

Quelques jours plus tard, Carla Del Ponte apprend que Jack Straw, secrétaire d'État au Foreign Office, a contacté le secrétaire général de l'ONU pour lui proposer de nommer un nouveau procureur exclusivement attaché au Tribunal pénal international pour le Rwanda. Il s'agit, déclare-t-il, d'« optimiser l'efficacité » des travaux du Tribunal. Au matin du mercredi 2 juillet 2003, l'émissaire du Royaume-Uni à La Haye, l'ambassadeur Colin Budd, rend visite à la procureure du TPIR. Celle-ci lui dit avoir appris avec surprise que le gouvernement du Royaume-Uni avait envoyé

---
1. Ces passages sont empruntés au livre de Carla Del Ponte, *La Traque, les Criminels de guerre et moi* (*op. cit.*).

une lettre à Kofi Annan pour demander qu'un autre procureur général soit nommé auprès du Tribunal pour le Rwanda. Kofi Annan vient de l'assurer qu'il ne voyait aucune raison de procéder à une telle restructuration des instances judiciaires onusiennes. « Le moment est mal choisi, dit-elle. Nous avons réussi à mettre en place un bureau du procureur parfaitement fonctionnel pour le TPIR. » Budd lui expose alors dans le détail la position du Royaume-Uni : Jack Straw est un farouche partisan de cette restructuration, car, selon lui, elle permettrait de réduire les coûts. À quoi Carla Del Ponte répond que les seules économies pourraient porter sur ses billets d'avion et quelques *per diem*, et qu'il y a toutes chances pour que, année après année, le salaire, les frais de logement, les billets d'avion et les *per diem* d'un nouveau procureur reviennent beaucoup plus cher.

Sans tenir compte de cette objection, Budd poursuit : « Le Royaume-Uni tient à ce que vous concentriez toute votre énergie sur le Tribunal pour l'ex-Yougoslavie qui, dit-il, ne tourne pas à plein régime lorsque vous êtes à Arusha. Straw a d'ailleurs évoqué le problème avec Annan qui lui a donné raison sur ce point. »

Carla Del Ponte est outrée : « S'ils ont quelque chose à nous reprocher sur notre travail, ils devraient le dire. Et si les motifs réels sont d'ordre politique, alors ils devraient également être exprimés en toute franchise. »

Budd n'émet aucun commentaire sur la véritable raison qui motive ce projet de restructuration : l'opposition du gouvernement rwandais à l'enquête spéciale sur les atrocités attribuées aux membres du Front patriotique rwandais.

Au cours de la dernière semaine de juillet 2003, Marlise Simons, journaliste au *New York Times*, écrit dans un article que le gouvernement rwandais a manœuvré pour faire nommer quelqu'un d'autre au poste de procureur général du Tribunal pénal international pour le Rwanda. Citant des diplomates occidentaux et des hauts fonctionnaires du Tribunal qui ont préféré garder l'anonymat, le *Times* assure que le Rwanda ne pardonne pas au bureau du procureur d'avoir ouvert des enquêtes sur plusieurs personnalités civiles et militaires, membres du gouvernement rwandais, pour des exactions commises en 1994, et que le Rwanda a apparemment su rallier à ses vues les États-Unis et le Royaume-Uni. « Avec d'autres, nous avons subi de fortes pressions du gouvernement rwandais qui se plaignait que Del Ponte dise que son travail prenait du retard parce qu'elle était trop occupée à La Haye », aurait confié un diplomate représentant d'un État membre du Conseil de sécurité. Selon le même journal, des diplomates britanniques auraient déclaré que cette restructuration impliquerait l'abandon des enquêtes visant les auteurs présumés de crimes appartenant au Front patriotique rwandais.

Après la rebelle Carla Del Ponte, il fallait un procureur docile. Kigali et Washington s'entendirent sur le Gambien Boubakar Hassan Jallow, qui présentait toutes les garanties de dépendance aux yeux de Paul Kagame. C'est en effet Jean Mutsinzi, membre fondateur du FPR et proche de Kagame, qui lui avait présenté cet ami très proche. Mutsinzi et Jallow s'étaient connus à Banjoul (Gambie) alors que le premier était ministre de la Justice, et le second, secrétaire de la Commission africaine des droits de l'homme et des peuples, équivalent d'un directeur de département à l'OUA. Les deux hommes étaient devenus inséparables[1].

Six ans après la nomination de Boubacar Hassan Jallow, Paul Kagame peut se féliciter d'un pareil choix ; presque tous ses désirs ont été satisfaits, notamment le premier d'entre eux : le refus du TPIR d'enquêter sur les crimes du FPR. Le zèle du nouveau procureur lui a même valu d'être,

---

1. http://ndagijimana.rmc.fr/354275/Le-procureur-du-TPIR-Boubacar-Hassan-Jallow-sous-influence/

en septembre 2008, vertement « réprimandé » par une chambre de première instance du TPIR qui lui a reproché de ne pas s'élever au « niveau d'intégrité » requis dans l'exercice de ses fonctions d'auxiliaire de la justice. « La chambre a reproché au procureur du TPIR son défaut de diligence dans la communication d'éléments pouvant disculper [les accusés] dans cette affaire (Militaires II). » Elle a rappelé « au procureur son devoir, en tant qu'auxiliaire de la justice, d'aider la chambre à découvrir la vérité concernant les allégations contenues dans l'acte d'accusation, et à rendre justice à la communauté internationale, aux victimes et aux accusés ». Les juges ont fait grief au procureur, censé enquêter à charge et à décharge, de n'avoir pas communiqué aux accusés des documents en sa possession et qui, pourtant, pouvaient être utiles à leur défense. « La chambre ordonne au procureur de communiquer immédiatement à la défense » ces pièces qui comprennent, entre autres, la déclaration d'un témoin sur les circonstances de l'assassinat du Premier ministre Agathe Uwilingiyimana et des dix Casques bleus belges de la Minuar, le 7 avril 1994, au premier jour du génocide. « Puisque l'essentiel de l'information semble contredire la déposition donnée par le témoin de l'accusation ALN, et d'autres témoins à charge, [cette pièce] constitue un élément qui aurait dû être communiqué » à la défense, ont estimé les juges. Parmi ces documents figuraient également trois autres déclarations de témoins impliquant l'ancienne rébellion du Front patriotique rwandais (le FPR aujourd'hui au pouvoir) dans les assassinats, toujours en date du 7 avril 1994, du ministre des Affaires sociales Landoald Ndasingwa et du président de la Cour de cassation Joseph Kavaruganda, crimes par ailleurs imputés à certains des accusés.

Il pourrait aussi être reproché au procureur d'avoir accepté, sinon encouragé la généralisation de la pratique des faux témoignages, et il pourrait être « vertement réprimandé » pour cela. La meilleure illustration du dysfonctionnement du tribunal d'Arusha a été donnée par le témoin protégé AXA, dit aussi BTH, qui, après avoir déposé au Rwanda contre cinq accusés du TPIR, s'est échappé du Rwanda en août 2006, a contacté le TPIR par lettre datée du 21 août 2007, et a raconté au représentant du bureau du procureur, à Kampala (Ouganda), que tout ce qu'il avait déclaré sous serment n'était que mensonges. Deux mois plus tard, il était interrogé dans le procès contre Édouard Karamera, Mathieu Ngirumpatse et Joseph Nzirorera[1]. Le 10 avril, questionné sur la façon dont il était devenu un faux témoin à la demande des autorités rwandaises, BTH, qui purgeait depuis six ans une peine de vingt années à la prison de Ruhengeri, raconta comment il fut recruté par un représentant du parquet général de Ruhengeri pour émettre des témoignages mensongers.

Il me semble important de livrer ici de larges extraits des révélations de BTH, car elles me semblent constituer un épisode important de la grande machine à falsifier la vérité de la tragédie rwandaise :

« Le message a été transmis à travers le personnel du parquet qui gérait les dossiers des prévenus originaires de différentes régions. Je ne me rappelle plus le nom de l'officier du Ministère public qui m'a approché le premier, mais ce sont donc les officiers du Ministère public qui nous approchaient, qui nous donnaient les listes des personnes contre qui nous devions porter un témoignage mensonger. Et lorsque nous avions donc fini de porter nos témoignages mensongers, l'étape qui suivait était la réception de nos aveux.

« En deuxième lieu, il y avait des groupes de détenus qui avaient reçu une formation pour rédiger les aveux des autres codétenus, et ce sont donc ces prisonniers qui expliquaient

---

[1]. Karamera, Ngirumpatse et Nzirorera étaient respectivement vice-président, président et secrétaire général du MRND, qui fut le parti unique du Rwanda jusqu'en 1991.

aux autres codétenus la manière dont ils devaient agencer leurs témoignages mensongers [...].

« La troisième voie était celle de témoins qui ont déjà comparu devant ce Tribunal et qui venaient expliquer aux détenus la manière dont les témoignages ou les dépositions sont faites devant ce Tribunal, pour qu'on puisse en être informés à l'avance. Et ils informaient donc les détenus des points qu'ils avaient couverts dans leur déposition, pour que les détenus puissent abonder dans le même sens.

« Ensuite il y avait aussi la direction de la prison ; le directeur de la prison m'a par exemple convoqué et m'a sensibilisé à cela. Il m'a demandé de faire mes aveux et de donner une version des faits qu'il souhaitait avoir et, comme c'est le directeur de la prison qui doit signer tous les documents adressés au parquet lorsqu'on fait des aveux, on est obligé de suivre ses suggestions.

« Au niveau de la prison, on a instauré un système qui permet de maltraiter les prisonniers qui ne veulent pas collaborer et donner la version souhaitée des faits. On interdit par exemple aux prisonniers qui ne veulent pas collaborer l'autorisation de sortir pour aller travailler à l'extérieur.

« Dans la prison où je me trouvais, lorsqu'on décidait de recourir à la procédure d'aveux et de plaidoyer de culpabilité, on était transféré dans un nouveau local qui avait été aménagé pour les gens de cette catégorie, et chaque fois qu'il y avait une faveur quelconque qui était accordée aux détenus, ce sont les prisonniers qui avaient fait des aveux qui en profitaient en premier lieu ; mais les prisonniers qui ne voulaient pas collaborer étaient maltraités et ils étaient même interdits de sortie.

« Il y avait une discrimination évidente contre les personnes qui ne voulaient pas recourir à la procédure d'aveux et de plaidoyer de culpabilité, et des fois, même, on pouvait leur interdire des visites. Et lorsqu'un surveillant de prison s'en prenait à un détenu qui avait avoué, le surveillant pouvait même être renvoyé, mais lorsque la victime était un prisonnier qui n'avait pas encore avoué, le surveillant ne risquait rien. »

Encouragé à livrer davantage de détails sur son recrutement, BTH a expliqué que le représentant du parquet de Ruhengeri lui aurait dit que, s'il était prêt à accuser certaines des anciennes autorités originaires de sa région, il pourrait éventuellement être libéré.

« Il m'a donc dit que si j'étais prêt à accuser ces anciennes autorités, ils allaient m'assister et que je pourrais bénéficier des avantages qui étaient accordés aux autres témoins qui avaient plaidé coupables. Il m'a ensuite remis une liste des anciennes autorités et m'a posé des questions sur chacun des noms qui figuraient sur la liste [...]. Il m'a même dit que je pouvais m'adresser aux autres témoins qui avaient comparu devant ce Tribunal pour qu'ils puissent m'informer sur la procédure suivie devant ce Tribunal. Il m'a libéré et je suis retourné à la prison en promettant de rappeler par la suite. »

La liste était longue et comportait les noms des principaux « génocidaires » que le régime de Kigali entendait faire condamner. De retour dans sa prison, BTH approcha plusieurs prisonniers qui avaient déjà témoigné à Arusha, lesquels lui expliquèrent la marche à suivre. Quelques jours plus tard, BTH était convoqué par le directeur de la prison, qui lui dit qu'il avait bien agi. BTH accepta alors de devenir un faux témoin et intégra le groupe créé pour rédiger les aveux des prisonniers. C'est un certain Alphonse Bagina qui a rédigé ses aveux :

« Il a donc rédigé mon témoignage, j'y ai apposé ma signature, et le document a été transmis au directeur. Le directeur l'a signé, il m'a remercié, il en était très content, et il m'a dit que je pouvais déposer ma candidature pour pouvoir être nommé au poste de chef des détenus de notre prison. Ce qui a été fait. »

Quelques jours après la rédaction et la remise de ce document, des enquêteurs du TPIR vinrent à la prison de Ruhengeri et lui posèrent des questions au sujet des personnes qui y étaient détenues. On lui avait bien recommandé de corroborer ce qui avait été dit par d'autres témoins, qu'en aucun cas il ne fallait dire que c'étaient des informations qui lui avaient été fournies, mais, au contraire, prétendre qu'il en avait été le témoin oculaire.

« C'est ce que j'ai dit... j'ai fait, donc.

« Pendant que nous étions toujours à la prison, d'autres détenus venus de Gitarama et de Kigali sont arrivés à Ruhengeri. Je pense que le groupe comptait environ 30 détenus. Ils n'étaient pas en tenue de prisonniers, ils portaient des habits habituels. Et on nous les a présentés. On nous a dit que c'étaient des détenus qui avaient fait des aveux, qui avaient été provisoirement libérés parce qu'ils ne passaient pas la nuit en prison. Ils étaient venus sensibiliser les détenus de Ruhengeri et les aider à rédiger leurs aveux. Et, au cours de cette période, on a créé un groupe de dix personnes qui ne devaient plus porter l'uniforme des détenus et qui devaient sensibiliser les autres. Nous avons été libérés et un camp de solidarité a été organisé pour nous. Et on nous a demandé de rédiger d'autres aveux et d'ajouter des personnes que nous avions peut-être oubliées. On nous a remis nos aveux pour pouvoir les consulter et voir s'il n'y avait rien d'omis. Si jamais on se rendait compte qu'il n'y avait rien à ajouter, il fallait le préciser. Et lorsque nous nous sommes retrouvés dans ce camp de solidarité, il fallait suivre ce qui nous était demandé, c'est-à-dire accepter de nous exécuter, parce que, si jamais on s'y refusait, on était tabassé et on était transféré en prison et classé dans la première catégorie [...]. Vu la situation difficile qui prévalait, nous avons accepté de collaborer. Ceux qui s'y sont refusés se sont vu transférer en prison ou ont subi d'autres mauvais traitements. »

Quelques jours plus tard, le même BTH expliqua comment les autorités rwandaises avaient tenté de le faire témoigner contre les militaires français :

« Qui vous a demandé de déposer contre les Français ? lui demande-t-on.

— Il s'agit d'un homme qui n'est pas tellement plus âgé que moi, et je pense qu'il travaille ou bien au CID [Criminal Investigation Department], ou au DMI [il s'agit des services de renseignement de l'armée]. Il y a aussi un autre homme qui travaille dans un service qu'on appelle National Security Services, et cet homme est également le président de l'association Ibuka[1] à Ruhengeri. Lui aussi m'a fait appeler en me disant que je devais donner un témoignage contre les Français. Mais il m'a aussi parlé "de" procès d'Arusha, et j'ai constaté que j'allais avoir beaucoup de problèmes, et c'est pour cela que j'ai décidé de quitter le pays. […]

— Avez-vous des preuves, des preuves véridiques contre les Français ?

— Non. Les Français ne sont jamais venus dans notre région. Ils n'ont jamais mené d'opération dans notre région. On m'a demandé de rechercher les balles qu'ils auraient utilisées à Bisesero, et je n'en savais rien. Et j'ai compris que je ne pouvais pas m'en sortir, c'est pour cela que j'ai décidé de partir.

— Quel était le nom de la personne qui vous a contacté au sein du CID — le premier contact que vous avez eu au sujet d'informations à donner sur les Français ?

— Je ne me souviens plus de son nom. Mais je peux retrouver son nom, parce que cette personne est originaire

---

1. L'association Ibuka (« Souviens-toi » en kinyarwanda) a été créée par le nouveau pouvoir rwandais pour perpétuer le souvenir du génocide des Tutsi et venir en aide aux familles des rescapés. Elle est également utilisée comme arme politique par le FPR, notamment en dénonçant ceux qui n'ont pas l'heur de plaire au régime.

d'une localité voisine ; et je sais que mon petit frère connaît cette personne, il connaît son nom. Je peux chercher ce nom-là. Je n'invente rien, cette personne existe bel et bien.

– Quel est le nom de la personne qui, selon vous, était le président d'Ibuka et qui vous a aussi contacté sur votre témoignage au sujet des Français ?

– Cette personne s'appelle Rwasibo, et cela s'écrit : R-W-A-S-I-B-O – "Rwasibo". »

BTH raconte alors le harcèlement que lui a fait subir Rwasibo. À un moment donné, « le président d'Ibuka s'est mis en colère et il m'a dit qu'il devait donner un témoignage coûte que coûte, et il m'a dit que je devais collaborer avec un autre témoin pour rechercher tous les renseignements concernant les Français [...]. J'ai compris que la situation me dépassait. J'ai compris que je ne pouvais alors rien dire à propos des Français... parce que je ne savais rien. J'ai eu peur et je me suis rendu compte que je risquais même ma vie ».

Washington non seulement a aidé à détourner le TPIR de sa mission, mais a mis la main à la pâte en participant activement à la traque de ceux que Kigali désignait comme « génocidaires », *via* le programme Rewards for Justice[1], doté de lourds moyens financiers. La secrétaire d'État adjointe aux Affaires africaines, Mme Jendayi Frazer, a même osé affirmer, en mai 2008, en annonçant l'octroi de moyens supplémentaires, que Rewards for Justice était « un instrument » que les États-Unis utilisaient en vue d'encourager la cessation des hostilités dans la région des Grands Lacs !

Pour protéger les *boys* et les supplétifs africains qui l'ont aidé à remodeler l'Afrique centrale au mieux de ses « intérêts

---

1. Rewards for Justice est un programme fédéral américain qui a pour objet la traque des vrais « génocidaires » ou prétendus tels dans le monde entier. Il offre des récompenses pouvant aller jusqu'à 5 millions de dollars à toute personne fournissant des informations sur l'un d'eux.

stratégiques[1] », Washington, soutenu par Londres, a ainsi réussi à contourner les termes du mandat délivré par le Conseil de sécurité au Tribunal pénal international pour le Rwanda installé à Arusha (Tanzanie). Au lieu de poursuivre *tous* les auteurs des crimes, le TPIR, censé rendre la justice au nom de la communauté internationale sur ce qui s'est passé au Rwanda en 1994, est devenu une monstrueuse machine, partiale et ethniciste, fonctionnant avec des faux témoins envoyés déposer sous la contrainte par des responsables rwandais manipulateurs. Monstrueuse, parce qu'elle fabrique des jugements truqués. Partiale, parce qu'elle garantit l'impunité de l'appareil dirigeant du FPR – qui est cependant poursuivi pour crimes de génocide par la justice espagnole. Ethniciste, parce qu'elle ne juge que des Hutu et oublie les criminels tutsi du FPR et de l'APR.

Pour l'heure, cette « injustice » internationale a réussi à imposer une version biaisée de l'histoire et à légitimer ainsi le rôle des États-Unis, de la Grande-Bretagne et d'Israël qui, depuis la chute du Mur de Berlin, ont mené des actions le plus souvent clandestines pour bouleverser le partage des zones d'influence, remodeler la carte de l'Afrique dessinée lors de la conférence de Berlin et, moyennant quelques ajustements, figée par la guerre froide.

---

1. L'ambassadeur américain Pierre Prosper a expliqué à Carla Del Ponte, la procureure du TPIR qui avait annoncé qu'elle avait assez de preuves pour poursuivre des responsables du régime de Kigali, que les États-Unis avaient en Afrique centrale des « intérêts stratégiques » qui réclamaient une relation étroite avec Paul Kagame. Voir le livre de Carla Del Ponte, *La Traque, op. cit.*

4

L'impunité et la légitimité de Kagame passent aussi par le trucage des chiffres de victimes

Paul Kagame s'appuie sur le génocide des Tutsi pour asseoir sa légitimité et interdit de pleurer les victimes hutu et twa. Parler au Rwanda des massacres de Hutu est considéré comme un crime de *divisionnisme* et d'idéologie génocidaire, et poursuivi comme tel[1]. Or il y a eu, en nombre absolu, davantage de Hutu massacrés que de Tutsi, même si, en proportion des populations respectives, la communauté tutsi a été davantage massacrée que la hutu. Pour asseoir son pouvoir, le FPR a décidé de domestiquer les statistiques pour que la tragédie rwandaise se limite au génocide des Tutsi. Le régime de Kigali a finalement imposé à la communauté internationale le chiffre de 800 000 Tutsi massacrés par les génocidaires hutu. Pour arriver à ses fins, il a usé de la culpabilité des dirigeants et joué de l'intimidation à l'égard de tous ceux qui contesteraient ce chiffre, en les assimilant à des révisionnistes ou à des négationnistes de la Shoah. Et ça marche ! Rares sont ceux qui se hasardent à ne pas prendre pour argent comptant la vérité de Kigali et son chiffre.

La nouvelle équipe dirigeante rwandaise n'a pas immédiatement pris la mesure de l'importance de la maîtrise des statistiques pour consolider son pouvoir. En décembre 1994,

---

1. Comme en témoignent les poursuites engagées contre Victoire Ingabire Umuhoza, présidente des Forces démocratiques unifiées (FDU), afin de la disqualifier comme candidate à l'élection présidentielle du 8 août 2010.

c'est-à-dire cinq mois après la fin du génocide et la conquête du pouvoir par le FPR, l'administration du nouveau régime – dont l'homme fort était déjà Paul Kagame – avançait le nombre d'environ 2 100 000 victimes. La division du recensement du ministère de l'Intérieur et du Développement communal[1] étayait ainsi son chiffre :

« Si la guerre n'avait pas eu lieu et à supposer que la population avait conservé son accroissement annuel moyen de 3,5 %, on devait passer de 7 750 000 en 1994 à 8 021 250 de personnes à la fin de 1995. Cette différence entre les 4 720 000 présentes et les 8 021 250 prévues s'explique par le fait qu'il y a 2 000 000 de réfugiés à l'extérieur du Rwanda, et l'on estime à entre 1 000 000 et 2 000 000 [selon le parti au pouvoir] le nombre de personnes tuées. Il ne faut pas non plus oublier qu'il y a eu plus de 800 000 anciens réfugiés rapatriés directement après la guerre, ce qui rend encore le nombre de tués plus élevé, car au lieu d'être de 1 301 250, il devient de 8 021 250 – (4 720 000 – 800 000) + 2 000 000 = 2 101 250 personnes tuées. »

Si ce chiffre avait été maintenu, il aurait été impossible d'en déduire que les victimes étaient presque exclusivement tutsi. En effet, avant le génocide, on comptait environ 700 000 Tutsi, et il était admis que, à l'automne 1994, il y avait des rescapés tutsi dans le pays. Il devenait donc impératif de revoir à la baisse les chiffres du « génocide des Tutsi et des Hutu modérés », comme on disait à l'époque. Ils furent stabilisés à 800 000, voire un million de morts, en très grande majorité tutsi. Ces chiffres prirent force de loi, alors qu'aucune étude sérieuse et indépendante sur le nombre de Rwandais massacrés, et encore moins sur la répartition des tués par ethnie, n'avait été effectuée. Et pour cause ! Dans ce contexte, l'étude de deux universitaires amé-

---

1. Rapport cité par James K. Gasana dans *Rwanda : du parti-État à l'État-garnison*, L'Harmattan, 2002. Gasana m'a fait parvenir la photocopie d'une partie dudit rapport.

ricains qui au départ étaient convaincus de l'axiome rwandais (seuls les Tutsi ont été tués, parce qu'ils étaient Tutsi) mérite la plus grande attention.

Christian Davenport et Allan C. Stam voulaient modéliser la dynamique des massacres pour comprendre le développement du génocide. Ils obtinrent le plein assentiment du régime pour collecter sur place les données nécessaires. Mais, quand leurs chiffres et données n'ont plus collé avec l'histoire « officielle », les ennuis ont commencé.

Christian Davenport est professeur de sciences politiques et de sociologie à l'Institut Kroc, spécialisé dans les études sur les conflits et la paix à l'université Notre-Dame, dans l'Indiana, et Allan C. Stam, professeur de sciences politiques à l'université du Michigan. Ils sont arrivés à la conclusion qu'il y a eu plus de Hutu tués que de Tutsi. Les deux universitaires sont connus pour leur sérieux et ont été patronnés par l'Institut Kroc, qui garantit l'estampille de l'étude. Laquelle est accessible à tous par Internet : http://www.genodynamics.com/. Si leur étude est exemplaire parce qu'elle repose sur un protocole scientifique et remet en cause l'histoire reconnue par la communauté internationale, les péripéties qui ont accompagné le travail de recherche sont au moins aussi intéressantes, car elles permettent de mettre au jour quelques ressorts secrets et essentiels du régime de Paul Kagame.

Je laisse la parole aux deux universitaires, qui témoignent dans un texte qu'ils ont titré : « *What Really Happened in Rwanda*[1] ? » (« Qu'est-il vraiment arrivé au Rwanda ? ») :

« En 1998 et 1999, nous sommes allés au Rwanda et nous y sommes retournés à plusieurs reprises les années suivantes pour une raison très simple : nous voulions découvrir

---

1. Disponible à l'adresse : news.bbc.co.uk/2/hi/1288230.stm (traduction faite par mes soins).

ce qui s'était passé pendant les cent jours de 1994, lorsque la guerre civile et le génocide avaient frappé, faisant un million de morts selon les estimations. Pourquoi cette curiosité ? Il faut dire que nos motivations étaient multiples. D'une part, nous nous sentions coupables d'avoir, à l'époque, ignoré les événements, largement occultés aux États-Unis par des "informations" telles que l'affaire O. J. Simpson[1]. Nous pensions qu'au moins nous pourrions faire quelque chose pour élucider ce qui était arrivé, nous voulions nous efforcer tout à la fois de respecter les défunts et d'aider à empêcher que de telles atrocités massives ne se reproduisent. Nous ressentions également tous deux le besoin de faire quelque chose de neuf au niveau professionnel. Bien que [nous soyons] titulaires, nos programmes de recherche nous semblaient manquer d'originalité. Le Rwanda nous a sortis de la routine et nous a emmenés vers quelque chose de beaucoup plus important.

« Pleins de bonnes intentions, nous n'étions cependant pas préparés à ce que nous allions rencontrer. Rétrospectivement, il était naïf de penser que nous le serions. À l'heure où nous mettons la dernière main à ce projet, dix ans plus tard, notre vision des choses est en totale opposition avec ce que nous croyions au départ et avec l'opinion généralement admise sur ce qui est advenu.

« Nous avons travaillé à la fois avec la défense et avec l'accusation au Tribunal pénal international pour le Rwanda, en nous efforçant d'accomplir la même tâche, c'est-à-dire : mettre au jour des informations montrant ce qui s'est réellement passé pendant les cent jours de massacres. À la suite de nos découvertes, nous avons reçu des menaces de la part de membres du gouvernement rwandais et d'individus dans le monde entier. On nous a étiquetés

---

[1]. O. J. Simpson, ancien joueur de footbal professionnel, accusé en 1994 des meutres de son ex-épouse et du compagnon de celle-ci, fut acquitté en 1995, à la suite d'un procès très controversé ; toutefois, il fut reconnu coupable au civil.

"négationnistes du génocide" dans la presse généraliste, mais aussi au sein de la communauté des expatriés tutsi, parce que nous refusions de dire que la seule forme de violence politique démontrée en 1994 fut le génocide. Or ce n'est pas le cas, et il est nécessaire d'avoir une parfaite compréhension des événements pour que la communauté internationale réagisse comme il se doit la prochaine fois qu'elle sera confrontée à un tel accès terrifiant de violences de masse.

« Comme la plupart de ceux qui ont une vision simpliste de la politique et de l'histoire rwandaises, nous croyions, en entamant nos recherches, que le sujet de notre étude était, dans l'histoire récente, l'un des cas les plus primaires de violence politique, celle-ci revêtant deux formes : d'un côté, sous le feu des projecteurs, nous avions le génocide au cours duquel l'ethnie dominante au pouvoir – les Hutu – avait pris pour cible l'ethnie minoritaire portant le nom de Tutsi. Le groupe minoritaire eut à subir des actions d'une extrême violence, dans tout le Rwanda, et l'objectif de l'effort gouvernemental semblait être l'éradication des Tutsi, rendant ainsi l'étiquette "génocide" facile à appliquer. D'un autre côté, nous avions la très négligée guerre civile ou internationale, avec d'un côté des rebelles (le Front patriotique rwandais, ou FPR) tentant des incursions depuis l'Ouganda, et de l'autre le gouvernement rwandais (les Forces armées rwandaises, ou FAR). Cette guerre dura quatre ans, jusqu'à la prise de contrôle du pays par le FPR.

« Nous étions également persuadés, en commençant notre recherche, que la communauté occidentale, particulièrement les États-Unis, avait botté en touche lorsqu'elle avait négligé d'intervenir, en grande partie parce que l'Occident avait négligé de façon expéditive de classer les événements appropriés dans la case "génocide".

« Enfin, nous pensions que le Front patriotique rwandais, à l'époque rebelle, mais qui dirige à présent le Rwanda, avait mis fin au génocide en faisant cesser la guerre civile pour prendre le contrôle du pays.

« À l'époque, les questions identifiées ci-dessus constituaient le socle de l'opinion générale à propos des cent jours de massacres. Mais cette opinion générale n'était qu'en partie correcte.

« Il est vrai que les violences ont semblé débuter avec les extrémistes hutu comptant dans leurs rangs des milices telles que l'*Interahamwe*, qui concentrèrent leurs efforts contre les Tutsi. Mais, comme nous l'ont révélé nos informations, à partir de ce moment la violence s'est vite propagée avec, dans le rôle à la fois de bourreaux et de victimes, les Hutu et les Tutsi, et de nombreux ressortissants des deux milieux ethniques qui utilisaient de façon systématique la tuerie pour régler des conflits politiques, économiques et personnels.

« À rebours de l'opinion générale, nous en sommes venus à penser que les victimes de cette violence furent tout autant des Tutsi que des Hutu ; entre autres choses, il apparaît qu'il n'y avait tout simplement pas assez de Tutsi au Rwanda à l'époque pour expliquer autant de victimes dénombrées.

« Nous en sommes également venus à mesurer à quel point il peut être inconfortable de remettre en cause une opinion générale.

« Nous avons entamé nos recherches alors que nous travaillions sur un projet de l'Agence américaine pour le développement international [USAID], projet qui avait pour but de dispenser une formation méthodologique aux étudiants rwandais qui achevaient leur thèse de doctorat en sciences humaines. Tandis que nous nous consacrions à cette tâche, nous avons rencontré un grand nombre d'organisations non gouvernementales très variées qui avaient accumulé des informations sur les "cent jours". Beaucoup de ces organisations possédaient des dossiers très détaillés, identifiant précisément qui était mort et en quelles circonstances ; les dossiers comprenaient des informations sur qui avait été attaqué, et par qui. Plus nous insistions sur ce qui s'était passé et sur qui en était responsable, plus on nous laissa accéder aux informations et données.

« Nous avons donc pu largement entrer en contact avec les groupes qui possédaient des données sur les "cent jours" de massacres, et ce pour plusieurs raisons. Tout d'abord, dans le cadre de leur participation au programme USAID, nos hôtes de l'université nationale du Rwanda à Butare organisèrent de nombreuses conférences, dont l'une se déroula au sein même de l'ambassade des États-Unis à Kigali. Vraisemblablement mises en place pour aider les ONG rwandaises à mettre au point leurs outils de mesure "dernier cri" des violations des droits de l'homme, ces conférences renversèrent complètement la situation : les Rwandais de l'ambassade finirent par inverser les rôles et prendre en charge eux-mêmes l'enseignement, révélant au grand jour tout événement ou toute publication en rapport avec les violences. Nous avons rencontré des représentants de plusieurs des institutions impliquées, dont les membres ont discuté avec nous en détail des données qu'ils avaient compilées.

« En second lieu, l'ambassadeur américain de l'époque, George McDade Staples, nous a aidés à approcher les élites du gouvernement rwandais – directement et indirectement par l'intermédiaire des membres du personnel de l'ambassade.

« Troisièmement, la Rwandaise désignée pour aider à la mise en place du projet USAID fut d'une grande aide et nous permit d'identifier les sources potentielles d'information. Qu'elle fût une très proche parente d'un membre de l'ancienne famille royale tutsi constitua un *plus* fort apprécié.

« Une fois rentrés aux États-Unis, nous avons commencé à coder les événements des "cent jours" en identifiant moments, endroits, criminels, victimes, types d'armes et actions. Pour l'essentiel, nous avons dressé une liste de qui a fait quoi à qui, quand et où – ce que Charles Tilly, le défunt sociologue politique, appelait un "catalogue d'événements". Ce catalogue nous a permis d'identifier des séquences et de mener des enquêtes statistiques plus rigoureuses.

« D'après le matériel dont nous disposions en termes de temps et d'espace, il devint évident que tout le Rwanda ne fut pas envahi en même temps par la violence. Plus exactement, la violence s'est propagée d'une scène à une autre, il ne semblait pas y avoir eu d'ordre précis dans son déploiement. Mais nous ne comprenions rien à cette succession.

« À l'université nationale du Rwanda, nous avons passé une semaine à préparer les étudiants à mener une étude domestique concernant la province. Pendant que nous enseignions aux étudiants comment concevoir un instrument d'étude, une question simple revenait constamment : "Que s'est-il vraiment passé à Butare pendant l'été 1994 ?" Personne ne semblait le savoir. Nous étions perplexes devant une pareille ignorance, et nous avons décidé d'aider les étudiants à élaborer un ensemble de questions pour leur étude, qui, au final, nous révéla plusieurs informations importantes.

« Premièrement – peut-être l'élément le plus important –, nous avons eu confirmation que la grande majorité de la population de la province de Butare s'était déplacée entre 1993 et 1995, notamment au début de l'année 1994. Presque personne ne restait au même endroit. Nous avons également découvert que les rebelles du FPR avaient bloqué la frontière sud de la province donnant vers le Burundi. Le nombre substantiel de foyers qui fournirent des informations en adéquation avec ces faits a soulevé dans nos esprits d'importantes questions quant à la culpabilité du FPR par rapport à celle des FAR dans les massacres perpétrés dans cette région.

« Au cours de cette période, nous avons confirmé les conclusions de Human Rights Watch attestant que de nombreuses tueries furent organisées par le groupe hutu FAR, mais nous avons également découvert que nombre de ces massacres avaient été spontanés, relevant du type de violences que l'on s'attend à voir lors d'un effondrement complet de l'ordre civil. Nos travaux révélèrent en outre que, quelque neuf années plus tard, il subsistait toujours une vive hostilité. Il y avait peu de communication entre les deux groupes ethniques. Les Tutsi, sous l'égide du FPR et du président Paul Kagame, dominaient désormais tous les aspects de la vie politique, économique et sociale.

« Enfin il nous est apparu que les membres de la diaspora tutsi qui sont rentrés au Rwanda après le conflit avaient malheureusement perdu le contact avec le pays dans lequel ils étaient retournés. En effet, une Tutsi avec qui nous avions passé la journée dans les collines autour de Butare éclata en sanglots dans la voiture qui nous ramenait à l'université. Lorsque nous lui avons demandé ce qui se passait, elle a répondu : "Je n'ai jamais vu tant de pauvreté et de dénuement." Nous étions très surpris de constater à quel point les élites étudiantes issues des couches aisées de la diaspora tutsi, en grande partie anglophones, sont déconnectées d'avec les Rwandais plus pauvres qui parlaient le *kinyarwanda* et peut-être un peu le français. Il n'était pas surprenant que les pauvres et les riches de ce pays ne se mêlent pas ; ce qui nous a tous deux frappés et surpris, c'était le manque total d'empathie et de connaissance de la condition de l'autre. Après tout, les Tutsi qui vivaient hors du pays clamaient haut et fort qu'ils avaient envahi le Rwanda depuis l'Ouganda au nom des Tutsi de l'intérieur – groupe que les premiers cités semblaient ignorer et pour lequel ils montraient peu d'intérêt. Nos travaux nous ont amenés à conclure que le but premier des envahisseurs était la conquête, et qu'ils se souciaient peu des vies des autochtones tutsi.

« Tandis que les étudiants progressaient dans leur étude, posant des questions politiquement embarrassantes pour le gouvernement dirigé par le FPR, notre position dans le pays s'est trouvée de plus en plus intenable. L'un des membres de notre équipe fut détenu pendant presque toute une journée pour être interrogé par un chef de la police de district. La raison avancée était l'absence d'autorisations émanant des autorités locales ; il fallait des autorisations pour tout au Rwanda et, au départ, nous n'avions pas rencontré de problèmes pour les obtenir. La vraie raison de cet interrogatoire semblait cependant venir du fait que nous posions trop de questions gênantes sur l'identité des tueurs.

« Deux semaines plus tard, alors qu'ils effectuaient un déplacement touristique dans la partie nord du pays, deux membres de notre équipe furent à nouveau retenus et questionnés pendant une grande partie de la journée dans un poste militaire du FPR. Là, les interrogatoires portèrent sur le pourquoi de nos questions embarrassantes, sur le point de savoir si nous travaillions ou pas pour la CIA américaine ; ils tenaient à vérifier si nous étions des hôtes des Européens et, de manière générale, pourquoi nous essayions de créer des problèmes.

« Au cours d'un de nos voyages au Rwanda, Alison Des Forges, l'éminente spécialiste de la politique rwandaise, morte depuis dans un accident d'avion, nous suggéra de nous rendre au Tribunal pénal international pour le Rwanda, en Tanzanie, afin de chercher les réponses aux questions que nous soulevions. Des Forges donna même en ce sens un coup de téléphone pour nous.

Les rendez-vous pris, le Kilimandjaro en toile de fond, nous sommes arrivés à Arusha, en Tanzanie, pour rencontrer Donald Webster, le procureur général en charge des procès Politiques, Barbara Mulvaney, la procureure générale en charge du procès Militaires, et d'autres personnalités faisant partie de leurs équipes respectives. Dès le début de nos entretiens, nous avons pensé que les procureurs en charge des deux ensembles d'affaires – un groupe de prévenus était constitué d'anciens militaires des FAR, l'autre ensemble de procédures visait les membres de l'appareil politique hutu – trouvaient un grand intérêt à notre projet.

« Finalement, Webster et Mulvaney nous demandèrent de les aider à replacer dans leur contexte les affaires sur lesquelles ils enquêtaient. Nul besoin de le dire, nous étions enthousiasmés par cette possibilité. Dorénavant, nous allions travailler directement avec ceux qui essayaient de rendre justice.

« Les procureurs nous montrèrent une base de données préalables qu'ils avaient dressée à partir de milliers de témoignages oculaires relatifs aux violences de 1994. Ils n'avaient pas les ressources nécessaires pour coder ces témoignages et les confronter aux données que nous avions déjà réunies. Nous sommes rentrés aux États-Unis avec un réel enthousiasme : nous avions accès à des données que personne d'autre n'avait consultées et nous étions en interaction directe avec l'une des instances judiciaires les plus importantes de l'époque.

« L'intérêt montré par le TPIR et notre coopération avec lui ne durèrent pas aussi longtemps que nous l'avions pensé, en grande partie parce qu'il parut vite très clair que nos recherches allaient révéler au grand jour des massacres commis non seulement par l'ancien gouvernement hutu, en d'autres termes par les FAR, mais aussi par la force rebelle tutsi, le FPR. Jusqu'alors, nous avions tenté d'identifier tous les morts ; au-delà des problèmes de confidentialité, il ne nous était pas apparu que l'identification des criminels poserait problème (en partie parce que nous pensions que tous ou presque tous auraient été associés au gouvernement hutu).

« C'est alors que nous avons essayé d'obtenir des cartes détaillées contenant des informations sur la localisation des bases militaires des FAR au début de la guerre civile. Nous avions vu des spécimens de ces cartes épinglés au mur du bureau de Mulvaney. En fait, lors de notre entretien avec Mulvaney, la procureure avait expliqué la manière dont son bureau avait utilisé ces cartes. Nous avions pris des notes détaillées, allant même jusqu'à reporter les coordonnées sur les cartes quadrillées et les numéros identificateurs de chaque carte importante.

« Après que l'accusation eut indiqué qu'elle n'était plus intéressée par la reconstitution dans les grandes largeurs de ce qui était advenu – les procureurs dirent qu'ils avaient modifié leur stratégie juridique pour se concentrer exclusivement sur l'information directement en rapport avec les personnes accusées de crimes –, nous avons demandé au Tribunal des copies de ces cartes. À notre grand désarroi, l'accusation a prétendu que ces cartes n'existaient pas. Malheureusement pour les procureurs, nous avions gardé nos propres notes. Au bout de deux années de négociations, un sympathique colonel d'un service de cartographie canadien nous a fourni les cartes que nous réclamions.

« Dans le cadre de la démarche visant à comprendre le degré de culpabilité des diverses personnes accusées d'avoir planifié la mise en œuvre de politiques de génocide, le TPIR a conduit des entretiens avec les témoins de violences pendant quelque cinq années, à partir de 1996. Au final, le Tribunal a fait déposer douze mille personnes différentes. Les déclarations de ces témoins représentent un échantillon d'une grande partialité ; le gouvernement Kagame a empêché les enquêteurs du TPIR de questionner de nombreuses personnes qui auraient pu apporter des informations impliquant des membres du FPR, ou qui étaient jugées par le gouvernement comme trop peu importantes, ou constituaient une menace pour le régime. Quoi qu'il en soit, les déclarations de ces témoins étaient importantes, pour notre projet ; elles pouvaient aider à corroborer des informations puisées dans des documents en provenance de la CIA, dans d'autres dépositions de témoins, dans des études universitaires sur les violences et dans des documents en provenance d'autres sources autorisées.

« Pour ce qui est des cartes, cependant, lorsque nous avons réclamé ces dépositions, on nous affirma qu'elles n'existaient pas.

« Finalement, les avocats de la défense – surpris de l'existence de ces dépositions, puisqu'il n'y avait pas, au sein du TPIR, de procédure officielle d'instruction – les réclamèrent. Au bout d'environ un an, nous avons obtenu ces dépositions de témoins sous la forme de fichiers images que nous avons convertis en documents que l'ordinateur pouvait lire de façon optique. Nous avons alors développé un logiciel pour examiner en détail ces douze mille dépositions et nous efforcer de localiser les violences et massacres à travers le Rwanda.

« La première publicité négative significative portant sur notre projet trouva à se manifester en novembre 2003, lors d'une conférence universitaire à Kigali. L'université nationale du Rwanda avait invité un groupe d'intellectuels choisis, dont notre équipe, pour présenter les résultats de recherches sur les massacres de 1994. On nous avait laissés croire que cette conférence serait une affaire privée, avec un public composé d'universitaires et d'un petit nombre de décideurs politiques. En l'occurrence, la conférence fut tout sauf petite et privée. Elle se tint dans un bâtiment municipal du centre de Kigali, et nos remarques furent traduites simultanément de l'anglais en français et en langue rwandaise (le *kinyarwanda*). Il y avait des centaines de personnes présentes, non seulement des universitaires, mais aussi des membres de l'armée, du gouvernement, ainsi que d'autres représentants du milieu politique et de celui des affaires.

« Nous avons présenté là deux conclusions principales. La première était dérivée de cartes spatio-temporelles sur lesquelles on pouvait lire les données obtenues à partir des différentes sources déjà mentionnées. Les cartes montraient que, tandis que les massacres avaient eu lieu en différents endroits du pays, c'était selon des magnitudes et dans des proportions différentes – ces cartes étaient devant nous, nous implorant de trouver une explication que nous n'avions pas encore... La deuxième conclusion était tirée d'une comparaison entre les données du recensement officiel de 1991 et les données sur les violences que nous avions collectées. *D'après le recensement, il y avait environ six cent mille Tutsi dans le pays en 1991 ; selon l'Association pour la survie Ibuka, à peu près trois cent mille de ces personnes avaient survécu au bain de sang de 1994. Ce qui laissait supposer que, parmi les huit cent mille à un million de personnes qui avaient été tuées à ce moment-là, plus de la moitié étaient hutu.*[1] Cette conclusion était significative ; elle suggérait que la majorité des victimes de 1994 appartenait à la même ethnie que le gouvernement au pouvoir. Cela laissait aussi supposer que la volonté de génocide – c'est-à-dire la tentative d'un gouvernement d'exterminer un groupe ethnique – n'était pas vraiment ce qui avait motivé tout ou partie des massacres des "cent jours" de 1994.

« Au beau milieu de notre exposé, un militaire en uniforme vert s'est levé pour nous interrompre. Le ministre des Affaires intérieures, annonça-t-il, s'offusquait de nos conclusions. On nous apprit alors que nos numéros de passeports avaient été relevés, que nous devions quitter le pays dès le lendemain, et que nous ne serions plus les bienvenus au Rwanda – à jamais. Brusquement, on mit fin à notre pré-

---

1. C'est moi qui souligne.

sentation, ainsi, semblait-il, qu'à notre travail de terrain au Rwanda.

« Les résultats de nos entretiens initiaux, publiés et filmés, se répandirent au sein de la communauté de ceux qui étudient le phénomène génocidaire en général et le phénomène génocidaire rwandais en particulier. La conséquence principale en fut qu'on nous colla paradoxalement l'étiquette de "négationnistes du génocide", alors même que nos recherches attestaient justement de l'existence du génocide ! Nous avions tous deux reçu d'importantes quantités de lettres haineuses et d'e-mails hostiles. Dans la diaspora et la communauté tutsi, notre travail essuya l'anathème. Au cours de ces dernières années, tandis que nous affinions nos résultats, de plus en plus confiants en nos conclusions, les voix de nos critiques se firent de plus en plus fortes, de plus en plus stridentes.

« Bien sûr, nous n'avons jamais nié qu'un génocide a eu lieu ; nous avons juste fait remarquer que le génocide n'était que l'une parmi d'autres des formes de violence à être survenues à l'époque. Dans le contexte de la politique rwandaise post-génocide, cependant, s'opposer à l'opinion dominante était considéré comme une hérésie politique.

« Suite à notre déroute à la conférence de Kigali, les équipes de Webster et Mulvaney en charge de l'accusation au TPIR nous firent savoir en termes fermes qu'elles ne voyaient plus l'utilité de nos services. Les motifs invoqués pour notre renvoi nous ont frappés comme étant des plus scandaleux. Depuis le début, le parquet a prétendu qu'il n'était intéressé par rien d'autre que prouver la culpabilité ou disculper quelque individu que ce soit à propos des massacres commis. À partir de là, prétendait-il, ce que nous avions annoncé à la conférence de Kigali rendait superflus nos efforts à venir.

« Peu de temps après notre renvoi, cependant, Peter Erlinder[1], avocat de la défense de certains membres des FAR, en instance d'être jugés, nous contacta, après que plusieurs autres équipes de la défense eurent tenté en vain de nous joindre.

« Nous nourrissions des craintes quant à d'éventuels travaux ou à une certaine coopération avec la défense, la plus forte étant qu'un tel travail pourrait venir étayer la thèse selon laquelle nous étions des négationnistes du génocide. Après des mois de négociations, nous avons fini par rencontrer Erlinder dans un Starbucks de Philadelphie, en Pennsylvanie.

« La défense aurait pu mieux choisir pour nous prendre dans ses filets. Erlinder, professeur à l'université de droit William Mitchell, est un érudit passé défenseur de suspects parmi les moins policés. Après avoir porté nos cafés crème et nos fauteuils à l'écart, au fond du café, Erlinder en vint directement au fait : ce qui l'intéressait, bien sûr, c'était d'établir l'innocence de son client, mais il pensait qu'établir l'histoire factuelle de ce qui s'était passé durant la guerre de 1994 aiderait la défense. "Mon client est peut-être coupable de certaines choses, nous expliqua-t-il, mais il n'est pas coupable de toutes les actions reprochées au gouvernement et aux militaires rwandais pour l'année 1994. On les a tous fait passer pour le Diable !"

« Ce qu'il demandait était raisonnable. En fait, il nous fit pour l'essentiel la même offre que celle que l'accusation nous avait faite : en échange de nos efforts pour replacer dans leur contexte les événements de 1994, Erlinder ferait

---

1. Peter Erlinder est professeur de droit dans l'Oklahoma et président des avocats de la défense au TPIR. Il est convaincu de la responsabilité de Paul Kagame dans l'attentat contre le président Juvénal Habyarimana et conteste la version « officielle » de la tragédie rwandaise. Il fut arrêté le 28 mai 2010 à Kigali pour « négation de génocide ». Il venait au Rwanda pour défendre Victoire Ingabire Umuhoza, candidate à l'élection présidentielle, elle-même accusée de négationnisme. Sous les pressions des États-Unis, du TPIR et de nombreuses associations, Me Erlinder fut libéré le 17 juin.

de son mieux pour nous aider à obtenir des données sur ce qui s'était produit. Avec l'aide d'Erlinder, nous pourrions obtenir les cartes que nous avions aperçues dans le bureau de Mulvaney, ainsi que les dépositions des douze mille témoins. Grâce à ces informations, nous pourrions mieux établir les véritables positions respectives des FAR et du FPR pendant la guerre civile. Cette plus grande fiabilité de la localisation des armées des deux camps nous renforça – et nous conforte encore – dans notre certitude de la culpabilité des FAR dans la majorité des massacres pendant les "cent jours" de 1994. Dans le même temps, cependant, nous avons également commencé à développer une meilleure compréhension du rôle important joué par le FPR dans ces massacres.

« À peu près à ce moment-là, nous avons été approchés par un individu associé à Arcview-GIS, une entreprise de logiciels de cartographie spatiale qui souhaitait prendre les cartes plutôt simplistes que nous avions développées pour les améliorer, et montrer ainsi ce que le programme de sa firme était capable de faire. Notre consultant chez Arcview-GIS affirma que le logiciel pouvait indiquer en dégradé les informations réunies sur la carte, révélant entre autres une ligne montrant jour après jour où se situait le front de la guerre civile, en relation avec les massacres que nous avions déjà répertoriés.

« C'était une avancée majeure. Conformément à l'opinion dominante, nous avions d'abord supposé que le gouvernement était responsable de toutes les morts survenues au Rwanda en 1994 ; au départ, nous n'avions pas prêté attention à la localisation des forces du FPR. Mais il apparut soudain très nettement que les massacres étaient intervenus non seulement dans des territoires contrôlés par les FAR, les forces gouvernementales, mais également dans des territoires occupés par le FPR, ainsi que le long de la ligne de front entre les deux forces armées. Il nous semblait possible que les trois zones de combat (la zone contrôlée par les

FAR, celle contrôlée par le FPR et le front situé entre les deux) se soient en quelque sorte influencées les unes les autres.

« Dans son livre *Les Limites de l'intervention humanitaire*[1], Alan Kuperman a avancé l'idée que, étant donné les défis logistiques que représentait le lancement d'une opération militaire en plein cœur de l'Afrique centrale, les États-Unis ou l'Europe n'auraient pas pu faire grand-chose pour limiter les massacres de 1994. Pour étayer sa position, Kuperman utilisa les informations de l'Agence américaine de renseignement pour la Défense afin de répertorier les positions approximatives des unités du FPR tout au long de la guerre. Nous avons mis à jour les informations sur la localisation des troupes à l'aide de données provenant d'estimations du renseignement national de la CIA, que d'autres avaient obtenues par le truchement de la loi sur la liberté de l'information, puis nous les avons à nouveau mises à jour en y mêlant des entretiens avec d'anciens membres du FPR dont nous avons corroboré les souvenirs avec des informations émanant des FAR.

« Nos recherches montrèrent que la grande majorité des massacres de 1994 avait été conduite par les FAR, l'*Interahamwe* et leurs acolytes. Une autre proportion significative des massacres fut commise non par les forces gouvernementales, mais par des citoyens engagés dans une tuerie spontanée intervenant dans le cadre de l'affaissement de l'ordre civil lié à la guerre civile. Mais le FPR était clairement responsable d'une autre proportion significative de ces massacres.

« À certains égards, plusieurs massacres du FPR furent, selon toute vraisemblance, des représailles spontanées. En d'autres cas, en revanche, le FPR fut directement impliqué dans des massacres à grande échelle, associés aux camps de

---

1. Alan Kuperman, *The Limits of Humanitarian Intervention : Genocide in Rwanda*, Brookings, 2001.

réfugiés ainsi qu'au sein des foyers. Beaucoup de civils trouvèrent la mort devant des barrages routiers, dans des centres municipaux, des maisons, des marécages et des champs, la plupart en tentant de fuir en direction des frontières. Le résultat sans doute le plus choquant de notre recoupement d'informations sur la localisation des troupes a concerné l'invasion elle-même : les massacres intervenus dans la zone contrôlée par les FAR semblaient se multiplier au fur et à mesure que le FPR avançait dans le pays et gagnait du territoire. Quand le FPR avançait, les massacres de grande ampleur s'intensifiaient. Lorsque le FPR s'arrêtait, les massacres à grande échelle diminuaient. Les données révélées par nos cartes concordaient avec les affirmations des FAR selon lesquelles une grande partie des massacres aurait été évitée si le FPR avait tout simplement mis fin à l'invasion. Cette conclusion va à l'encontre de ce qu'affirme le gouvernement Kagame, à savoir que le FPR poursuivait son invasion pour mettre un terme aux massacres.

« En termes d'ethnicité, la brève réponse à la question "qui est mort ?" est : "Nous ne le saurons sans doute jamais." D'une manière générale, Hutu et Tutsi sont physiquement proches les uns des autres. Ils partagent une langue commune. Ils n'ont aucun accent identifiable. Il y a eu des niveaux importants d'intermariages tout au long de leur histoire et ils vivent aux mêmes endroits depuis plusieurs centaines d'années. Dans les années 1920 et 1930, les Belges, dans leur rôle de puissance occupante, mirent au point un programme national pour tenter de déterminer l'identité ethnique des individus par le biais de la phrénologie, tentative avortée de création d'une échelle ethnique basée sur des traits physiques mesurables tels que la taille, la largeur du nez et le poids, dans l'espoir que les administrateurs coloniaux n'auraient ainsi pas besoin de se fier à des cartes d'identité. L'un des résultats des efforts belges fut de montrer de façon convaincante qu'il n'existe pas de différence notable, en moyenne, entre le Hutu rwandais type et le Tutsi rwandais type. Certains clans – comme celui de l'actuel président, Paul Kagame, ou de l'ancien président hutu, Juvénal Habyarimana – partagent certes des traits physiques distincts. Mais le Rwandais type possède un mélange de tels traits archétypiques, rendant difficile, voire impossible d'établir l'identification ethnique hors la connaissance locale de l'identité d'un foyer – notamment dans les fosses communes, où aucune information ne permet d'identifier les cadavres. (Par exemple, Médecins pour les droits de l'homme a exhumé une fosse commune dans l'ouest du Rwanda et trouvé les restes des corps de plus de quatre cent cinquante personnes, mais seulement six cartes d'identité.) Dans les procès-verbaux des multiples procès qui se sont tenus au TPIR, les témoins ont expliqué comment ils échappèrent aux massacres qui avaient lieu autour d'eux en se fondant tout simplement dans la population de l'autre groupe ethnique. Il est clair qu'en 1994 les tueurs auraient eu du mal à vérifier l'identité ethnique de leurs victimes potentielles, à moins de cibler des voisins.

« Pour compliquer le tout, il faut tenir compte du déplacement de populations qui accompagna l'invasion du FPR. Au cours de l'année 1994, quelque deux millions de citoyens rwandais sont devenus des réfugiés de l'extérieur, un à deux millions des réfugiés de l'intérieur, et environ un million ont fini par devenir victimes du génocide et de la guerre civile.

« C'est quand on vit au même endroit qu'eux que l'on connaît l'identité ethnique des gens, de même qu'on sait en Inde qui appartient à quelle caste. Lorsque la majorité de la population s'est mise à bouger, la connaissance de l'identité ethnique par les gens du cru a disparu. Cela ne voulait pas dire que les autochtones tutsi n'étaient pas délibérément recherchés en vue de leur extermination. Mais, dans leur déchaînement de violences meurtrières, les FAR, l'*Intera-*

hamwe et des citoyens ordinaires se sont mis à tuer des gens de l'un et l'autre groupes ethniques. Quant aux populations de ces deux groupes, elles se déplaçaient en permanence dans leur tentative de rester au-delà des combats, tandis que le FPR progressait.

« Au final, notre meilleure estimation sur l'identité des victimes pendant les massacres de 1994 fut en réalité une hypothèse éclairée reposant sur le calcul approximatif du nombre de Tutsi dans le pays à l'aube de la guerre et du nombre de survivants à cette guerre. À l'aide d'une méthode toute simple – soustraire les survivants du nombre d'autochtones tutsi au commencement des violences –, nous sommes arrivés à un total approximatif qui s'échelonne entre trois cent et cinq cent mille victimes tutsi. Si nous accordons foi à l'estimation d'un million de morts civiles au total durant la guerre et le génocide, cela nous laisse alors, en meilleure approximation, sur un chiffre compris entre cinq cent et sept cent mille victimes hutu : la majorité des victimes fut donc en fait des Hutu, non des Tutsi.

« Cette conclusion, qui a suscité de nombreuses critiques de la part du régime de Kagame et de ses défenseurs, est étayée par les cartes que nous avons laborieusement reconstituées à partir des meilleures données disponibles, et qui montrent qu'un nombre significatif de personnes furent tuées dans des zones contrôlées par le FPR tutsi.

« Un fait est maintenant de plus en plus admis : pendant le génocide et la guerre civile qui se sont déroulés au Rwanda en 1994, nombre de processus violents sont intervenus simultanément. Il y eut très nettement une campagne génocidaire dirigée jusqu'à un certain point par le gouvernement hutu, avec pour résultat la mort de quelque cent mille Tutsi ou davantage. Au même moment faisait rage une guerre civile, guerre entamée en 1990 si l'on s'en tient aux violences les plus récentes et les plus intenses, mais qui puise ses racines jusque dans les années 1950. Tout aussi clairement, il y eut aussi des épisodes de violence gratuite, spontanée, liée à l'effondrement de l'ordre public pendant la guerre civile. Il n'est pas question de nier non plus que des massacres à grande échelle eurent lieu en guise de représailles dans tout le pays, vengeance meurtrière à l'encontre de Hutu par les Tutsi, et vice-versa.

« Depuis le début, les enquêtes effectuées par le TPIR sur les massacres et les crimes contre l'humanité perpétrés au Rwanda en 1994 se sont concentrées de façon myope sur la culpabilité des leaders hutu et autres intervenants présumés. Le gouvernement Kagame a œuvré de manière assidue à empêcher toute enquête sur la culpabilité du FPR dans les massacres, ou sur les violences spontanées liées à la guerre civile. Lorsque nous avons soulevé l'hypothèse que, en sus des méfaits commis par les Hutu/FAR, le FPR pouvait avoir été impliqué directement ou indirectement dans de nombreuses morts, nous sommes devenus, dans les faits, *personae non gratae* au Rwanda et auprès du TPIR.

« La métaphore la plus souvent utilisée pour parler de la violence rwandaise de 1994 est celle de l'Holocauste. Ailleurs nous avons suggéré que les guerres civiles anglaise, grecque, chinoise ou russe seraient peut-être de meilleurs points de comparaison possibles, toutes ayant combiné violences ethniques, massacres et vengeances spontanés – autant d'éléments qui peuvent survenir lorsque la société civile vient à s'effondrer totalement.

« Cependant, en fait, il est difficile de procéder à des comparaisons valables tant que ce qui s'est vraiment passé pendant la guerre civile rwandaise et le génocide demeure confus.

« Des observateurs contemporains, parmi lesquels Roméo Dallaire, commandant de l'inefficace force de maintien de la paix des Nations unies au Rwanda en 1993 et 1994, affirment qu'une grande partie des massacres à caractère de génocide avait été planifiée par le gouvernement hutu bien avant l'invasion réelle du FPR, peut-être même deux ans auparavant. Malheureusement, nous n'avons pas pu avoir accès aux individus qui disposaient d'informations à ce sujet et n'avons donc pas pu corroborer ou réfuter cette hypothèse. La raison ? Des génocidaires condamnés qui avaient été impliqués dans la planification des massacres se trouvent maintenant hors de portée des intervieweurs éventuels, dans une prison gérée par les Nations unies, au Mali.

« Nous avons souhaité poser des questions à ces planificateurs, en particulier concernant leurs objectifs. La programmation du génocide fut-elle une manœuvre de dissuasion, un effort visant, selon les dirigeants des FAR, à tenir le FPR à distance en Ouganda ou ailleurs ? Le gouvernement FAR a-t-il vraiment souhaité la guerre, pensant – de manière erronée, en l'occurrence – qu'il la gagnerait ? L'échelle des massacres a-t-elle dépassé les prévisions ? Si tel est le cas, pourquoi les dirigeants des FAR pensent-ils que les événements se sont enchaînés sans pouvoir jamais être maîtrisés, contrairement aux accès de violence des années 1960, 1970 et 1980 ?

« Malheureusement, les procureurs installés en Tanzanie nous ont fait savoir qu'ils ne pouvaient ménager une rencontre avec les planificateurs et les meurtriers, mais que nous étions libres de nous rendre seuls au Mali. On nous a dit que nous pourrions probablement voir les prisonniers, mais la prison en question se trouve au milieu de nulle part, dans un pays où nous ne disposions d'aucun contact. Nous avons dû renoncer.

« Même sans pouvoir rencontrer les "génocidaires" condamnés, nous avons continué à reconstituer ce qui s'était passé en 1994, à l'aide d'une bourse de la Fondation nationale pour la science. Cette bourse est censée nous permettre d'être plus ambitieux dans notre quête des divers informateurs qui commencent à se manifester un peu partout dans le monde, d'affiner nos cartes et d'explorer d'autres moyens pour produire des estimations sur ce qui s'est passé. Alors que notre compréhension des faits a accompli de grands progrès depuis nos premiers jours à Kigali, on a du mal à ne pas voir un paradoxe dans la réalité présente : quelques-unes des plus importantes sources d'information sur ce qui s'est passé au Rwanda en 1994 ont été envoyées – par les autorités responsables des enquêtes sur les violences et de la prévention de leur retour au Rwanda ou ailleurs – dans une prison isolée où elles restent ignorées, à l'instar d'accessoires fabriqués pour la grande scène finale d'un film d'Indiana Jones... »

Ces deux études n'ont pas pour objet d'épuiser un sujet aussi délicat. Il faudra encore de nombreux autres travaux universitaires pour approcher et décrire une vérité dérangeante.

5

L'« agenda » africain des grandes puissances

Il y a longtemps que les grandes puissances ont intégré l'Afrique et les Africains à leur agenda – c'est-à-dire à leur Histoire telle qu'ils la font. Les Africains ne pouvaient donc que fort mal prendre l'allocution de Nicolas Sarkozy prononcée à Dakar le 26 juillet 2007. En écrivant que « l'homme africain n'est pas assez entré dans l'Histoire », Henri Guaino n'avait probablement pas pris la mesure de l'extrême susceptibilité des Africains sur leur mémoire coloniale[1]. Pour se reconstruire une identité et une histoire, ils ont même inventé un concept, la *négritude*, rattachée à un prétendu paradis perdu que les Blancs auraient piétiné. Ils savent que l'Histoire dont on leur parle généralement est celle qu'on leur impose, celle dans laquelle ils ne jouent qu'un rôle passif. Partant de cette réalité, beaucoup d'entre eux n'acceptent aucune part de responsabilité dans les malheurs actuels du continent, un demi-siècle après les indépendances de leurs pays.

Les grandes puissances européennes, rejointes au XIXe siècle par les États-Unis, et au XXe par Israël, puis par la Chine, se servent du continent africain comme d'un immense réservoir. De main-d'œuvre d'abord, puis de matières premières, mais aussi de clientèles pour maintenir ou développer leur

---

[1]. En revanche, ils n'auraient rien trouvé à redire si Sarkozy avait prononcé ces deux phrases de Jacques Chirac : « L'homme africain est entré dans l'Histoire, il y est même entré le premier. On ne peut avoir à son égard que du respect, le respect que l'on a pour un ancêtre commun » (interview à France 5, le 15 juin 2009).

grandeur nationale ou impériale. Depuis le début des années 1960, l'émancipation des pays africains, intervenant en pleine guerre froide, n'a pas vraiment éloigné les acteurs extérieurs, qui se livrent souvent des combats plus ou moins brutaux. Tant et si bien que la lecture de l'histoire immédiate de l'Afrique est compliquée par les nombreux intérêts qui s'y côtoient ou/et s'y enchevêtrent...

Faisons un rapide retour en arrière. Oublions Rome... Bien plus tard, la Chrétienté s'est battue contre les Barbaresques en Méditerranée. En 1541, Charles Quint a subi la plus terrible humiliation de sa vie devant Alger, qui dépendait alors de la Sublime Porte, en perdant les deux tiers de son armée et de son armada (400 navires). Plus prudent, Louis XIV se contentera de tirer à deux reprises quelques coups de canon sur Alger, sans prendre le risque de débarquer. Idem pour les Espagnols et les Anglais jusqu'en 1830, date à laquelle le maréchal de Bourmont fit main basse sur Alger[1] sans intention de coloniser l'arrière-pays... Les négriers n'eurent en revanche aucun mal à commercer avec les trafiquants noirs de bois d'ébène : « Sans la complicité de certains de nos ancêtres, la traite négrière n'aurait jamais fait d'aussi gros profits. Nous portons la responsabilité de cet odieux système tout autant que les trafiquants venus d'au-delà des mers. Nous cultivions le sens de l'hospitalité, mais nous nous méfiions du voisin dont les tatouages étaient différents des nôtres, dont les coutumes et la langue nous étaient incompréhensibles. Nous allions guerroyer sur leur terre et, en toute bonne conscience, réduisions les vaincus en esclavage[2]. » Sans convoquer l'histoire de l'abolition de l'esclavage, il n'est pas inutile de rappeler que ce sont les abolitionnistes – les membres de la Société des amis des Noirs, l'abbé Grégoire en tête – qui vont prendre la tête d'un mouvement qui aboutira à la colo-

---
1. Lire, de l'auteur, *Main basse sur Alger. Enquête sur un pillage,* Plon, 2004.
2. Henri Lopes, *Ma grand-mère bantoue et mes ancêtres les Gaulois,* Gallimard, coll. « Continents noirs-*NRF* », 2003.

nisation de l'Afrique, « afin d'y mettre en valeur des terres par le travail libre des indigènes et d'y organiser leur éducation ou leur régénération[1] ». La Révolution, puis le Consulat et l'Empire ont projeté l'universalisme français d'abord vers l'Europe, puis vers l'Égypte ; la IIIe République va le projeter vers le continent noir. En France, le mouvement abolitionniste, très lié à la franc-maçonnerie, les fouriéristes, les saint-simoniens, les républicains de toutes tendances qui ont soutenu la conquête d'Algérie, vont militer pour que se répande dans le monde l'influence française. Connu pour son décret sur l'abolition de l'esclavage en 1848, Victor Schœlcher (1804-1893) l'est moins pour avoir été un des leaders du parti colonial sous la IIIe République. Sa reconnaissance des qualités culturelles du monde noir n'était pas exclusive, tant s'en faut, de l'idée que la nation française était particulièrement à même de le civiliser en y faisant renaître, à coups d'élimination des despotismes, les droits naturels[2].

Ce mouvement qui milite pour une projection de la France hors de ses frontières va être amplifié, à la fin du Second Empire, par une réaction à l'atmosphère de décadence qui prévaut alors en France. Un livre intitulé *France nouvelle*[3], publié en 1868, explique que, faute d'un renouveau expansionniste, la nation française courrait inéluctablement à sa perte. Après avoir énoncé les « signes les plus apparents de la décadence d'un peuple », affirmé qu'un pays « ne peut défendre sa grandeur qu'à l'aide d'un sacrifice perpétuel et volontaire de l'intérêt particulier à l'intérêt général », Lucien-Anatole Prévost-Paradol[4] estime que « de

---

1. Lire à ce sujet *Frères et sujets* de Jean-Pierre Dozon (Flammarion, 2003), sur le lien idéologique entre abolitionnisme et colonialisme moderne, entre universalisme révolutionnaire et mission civilisatrice de la France à l'égard des « races inférieures ».
2. In *Frères et sujets, op. cit.*
3. De l'académicien Prévost-Paradol, chez Michel Lévy Frères.
4. Lucien-Anatole Prévost-Paradol (1829-1870), fils adultérin de Léon Halévy, a été un chef de l'opposition libérale à Napoléon III. Il est élu à l'Académie française en 1865. Il se suicide à l'annonce de la guerre franco-prussienne qu'il avait prédite.

grands efforts sont nécessaires pour maintenir le nom de la France à la hauteur où les siècles précédents l'ont porté ». Et, interpellant les jeunes Français, il leur demande de prendre une carte géographique et de regarder avec attention, dans le développement de nouveaux empires depuis le début du siècle, la part de la France : « Deux puissances rivales, mais qui n'en font qu'une au point de vue de la race, de la langue, des mœurs et des lois, l'Angleterre et les États-Unis, dominent, l'Europe exceptée... Mais cet ascendant actuel de la race anglo-saxonne hors de l'Europe n'est qu'une faible image de ce que nous réserve un prochain avenir. » D'autant que l'auteur de *France nouvelle* est également très pessimiste sur la relation entre la France et la Prusse. Que peuvent faire 40 millions de Français contre 51 millions de Prussiens ? Il n'est pas d'impératif plus pressant, pour la France, estime-t-il, que de jeter de profondes racines en Afrique...

La défaite de Sedan va faire de Prévost-Paradol un visionnaire, et de l'Afrique l'exutoire des frustrations et amertumes françaises, afin que la France reprenne son rang de grande puissance. C'est en effet dans ce climat de honte, d'indignation et de remords vis-à-vis des Alsaciens et des Lorrains abandonnés à l'ennemi qu'au nom de ses valeurs et de ses principes la nouvelle République va, contre toute attente, participer au rush sur l'Afrique et élargir son horizon jusqu'au Congo. Si Paul Leroy-Beaulieu[1] publie en 1874 *De la colonisation chez les peuples modernes*[2], c'est Pierre Savorgnan de Brazza[3], aidé par Jules

---

1. Paul Leroy-Beaulieu (1843-1916), économiste et essayiste, publie en 1874 *De la colonisation chez les peuples modernes* et devient l'un des porte-parole des partisans de la colonisation, inspirant les discours de Jules Ferry et invitant la IIIe République à une nouvelle expansion coloniale.
2. Une colonisation adaptée à la France dont la population n'émigrait pas, à une République respectueuse du droit des peuples à disposer d'eux-mêmes et hostile aux conquêtes militaires.
3. Pietro Paolo Savorgnan di Brazzà, fils du comte Ascanio Savorgnan di Brazzà, est né en 1852 à Castel Gandolfo. Avec le soutien de l'amiral Louis de Montaignac, il vient à Paris suivre les cours du collège Sainte-Geneviève pour préparer le concours d'entrée à l'École

Ferry et Léon Gambetta, qui va être le premier à mettre en œuvre un nouveau type d'incursion en Afrique, aux confins de ce qui deviendra le Congo et le Gabon, entre les sources de l'Ogooué et de l'Alima.

À bord de sa frégate *Vénus*, qui faisait régulièrement escale au Gabon, en 1874, Brazza remonte par deux fois le fleuve Gabon et l'Ogooué. Il propose ensuite au gouvernement d'explorer l'Ogooué jusqu'à sa source afin de démontrer que ce fleuve et le Congo ne font qu'un. Grâce notamment à Jules Ferry et à Léon Gambetta, il obtient quelques subsides. En 1878, muni de cotonnades et d'outils pour le troc, et accompagné d'un docteur, d'un naturaliste et d'une douzaine de fantassins sénégalais, Brazza s'enfonce dans l'intérieur des terres et noue de bonnes relations avec les populations locales. Il découvre que, contrairement à ce qu'il pensait, le Congo et l'Ogooué sont deux fleuves distincts ; le 11 août 1878, ses compagnons d'exploration et lui, fatigués et malades, décident de faire demi-tour. C'est à la même époque que le journaliste britannique Henry Morton Stanley descend le fleuve Congo. L'année suivante, Léopold II missionne ce journaliste pour la construction d'une ligne de chemin de fer.

Soutenu par Jules Ferry, ministre de l'Instruction publique, Brazza obtient du gouvernement français, qui veut faire pièce aux visées coloniales belges sur le continent africain, l'autorisation de repartir en Afrique centrale pour une deuxième mission (1879-1882). Brazza atteint le fleuve Congo en 1880 et propose au Makoko, roi des Tékés, de placer son royaume sous la protection de la France. Le Makoko signe le traité, permettant aussi l'implantation d'un établissement français à Nkuna, sur le Congo, à l'endroit baptisé plus tard Brazzaville. En tentant de

---

navale de Brest. Il y est admis à dix-sept ans, en sort enseigne de vaisseau, embarque pour l'Algérie sur la *Jeanne d'Arc* et est révolté par le comportement des troupes françaises dans leur répression de la révolte kabyle. Lors de la guerre de 1870, il réclame d'être affecté dans une unité combattante et demande la naturalisation française.

rallier l'océan depuis Franceville, Brazza tombe par hasard sur le but premier de ses recherches : les sources de l'Ogooué. La loi ratifiant le traité entre la France et le roi téké est promulguée le 30 novembre 1882.

Après sa victoire sur la France, Bismarck, devenu le chef d'orchestre du concert européen, s'est employé à encourager les visées coloniales de la France pour la détourner d'une revanche en Alsace-Lorraine et s'est ainsi rapproché de Jules Ferry. S'estimant garant de la paix en Europe, il pense qu'il est temps de réguler l'action des puissances en Afrique et notamment celles d'un homme, Léopold II, roi des Belges, lequel cherche à fonder un État libre dans la partie de l'Afrique la moins connue, autour du fleuve Congo, *via* la création d'une Association internationale africaine (AIA) qu'il contrôle, avec l'aide des Américains, au travers d'un comité exécutif[1]. Bismarck et Ferry convoquent à Berlin une conférence internationale pour discuter de la liberté de commerce et de navigation dans le bassin du Congo et sur le Niger, et pour définir les formalités à observer pour que de nouvelles occupations de territoires soient considérées comme effectives. La conférence de Berlin, qui se tient du 15 novembre 1884 au 26 février 1885, introduit le continent africain sur la scène du grand théâtre de la diplomatie internationale[2], sans pour autant « partager » l'Afrique, comme on l'écrit souvent. Elle a notamment pour objectif de limiter les futurs conflits à des négociations diplomatiques entre les grandes puissances européennes et américaine. Elle prélude aussi à la création d'un futur État, gigantesque et ingérable, celui du Congo[3], porté sur les fonts baptismaux par Léopold II et les

---

1. L'aide américaine à Léopold II se concrétise le 22 avril 1884 : le pavillon de l'AIA est reconnu officiellement par le Sénat américain.
2. Voir Henri Brunschwig, *Le Partage de l'Afrique noire*, Flammarion, coll. « Champs », 1971.
3. Peuplé de plusieurs centaines d'ethnies et d'une superficie de 2 345 000 km^2, soit plus de quatre fois celle de la France, il est le troisième État africain par l'étendue, derrière l'Algérie et le Soudan.

États-Unis. Washington fait ainsi à Berlin son entrée officielle sur la scène africaine. Les règles du jeu des acteurs extérieurs à l'Afrique sont définies hors la présence des Africains eux-mêmes. Une courte déclaration se limite à interdire la traite des Noirs, à laquelle les signataires avaient déjà renoncé, mais ces derniers ne réussissent pas à s'entendre sur l'interdiction de la vente de spiritueux aux indigènes.

Le partage de l'Afrique s'opérera dans les vingt années suivantes par quelques centaines de traités bilatéraux entre puissances européennes, au fur et à mesure de leurs expéditions à l'intérieur du continent. Les principaux acteurs sont alors la France, le roi belge Léopold, l'Allemagne et l'Angleterre, qui se livrent depuis le début des années 1880 une concurrence effrénée : « Dans ces derniers temps, l'entraînement prenait le caractère d'une vraie *course au clocher*. C'était, semble-t-il, à qui arriverait le premier à hisser son pavillon sur tel ou tel point de la côte d'Afrique non encore possédé par une des nations de l'Europe[1]. » Le principal « clocher » étant le Congo...

En ces temps de repentance et de chronocentrisme moralisateur, la participation de la France à cette *course au clocher*, qui a fait d'elle une puissance impériale, est d'autant plus difficile à comprendre qu'elle fut initiée par des républicains de gauche et des francs-maçons, Jules Ferry en tête, au nom de bons et nobles sentiments. Pour en saisir l'esprit, rien de mieux que de revenir aux sources, c'est-à-dire aux grands débats qui eurent lieu du 28 au 30 juillet 1885 à l'Assemblée nationale. Et de les restituer d'abord dans leur contexte, celui de « course au clocher » opposant Paris à Léopold et à Londres.

Après la ratification du traité d'amitié signé entre le Makoko et Brazza en septembre 1880, les régions découvertes ont été placées de fait sous protectorat français. Un mois

---

1. Charles Faure, *L'Afrique explorée et civilisée,* cité par Henri Brunschwig, *op. cit.*

plus tard, de nouveaux crédits sont votés à Paris pour une troisième expédition. Des journalistes soulignent les conditions humaines instaurées par les colons français, qui contrastent avec celles, inhumaines, qui prévalent sur l'autre rive du Congo, gérée personnellement par Léopold II. Parallèlement à cette intrusion « humaine » en Afrique équatoriale, Jules Ferry a déclenché en Tunisie, en avril 1881, une opération militaire contre les Kroumirs qui aboutit, le 10 mai, à l'obtention par la France d'un protectorat sur ce pays.

En novembre 1883, Ferry occupe le poste de ministre des Affaires étrangères, poursuit les opérations en Afrique du Nord et met un pied à Madagascar en occupant la rade de Diego-Suarez. Il est important de se rappeler que le ministre, comme les gens de son époque, était imprégné des théories racialistes qui hiérarchisaient les races et plaçaient la blanche au-dessus des autres ; et surtout de comprendre que, pour lui, le franc-maçon, la colonisation obéissait aux mêmes ressorts que son action pour rendre l'instruction primaire obligatoire (la loi du 28 mars 1882). Ces deux actions politiques avaient pour objectif de faire sortir indigènes et enfants des ténèbres pour en faire des hommes libres, débarrassés de leurs chaînes.

Laissons donc la parole à Jules Ferry qui, le 28 juillet 1885, prononce devant l'Assemblée nationale un discours sur les « fondements de la politique coloniale », qui est, pour le grand historien Charles-André Julien, « le premier manifeste impérialiste qui ait été porté à la tribune ». Après avoir expliqué que la politique d'expansion est un système qu'on pouvait rattacher à des visées économiques, il enchaîne :

M. JULES FERRY : [...] Il y a un second point, un second ordre d'idées que je dois également aborder [...] : c'est le côté humanitaire et civilisateur de la question. Messieurs, il faut parler plus haut et plus vrai ! Il faut dire ouvertement qu'en effet, les races supérieures ont un droit vis-à-vis des races inférieures... Sur ce point, l'honorable M. Camille Pelletan[1] raille beaucoup, avec l'esprit et la finesse qui lui sont propres ; il raille, il condamne, et il dit : Qu'est-ce que c'est que cette civilisation qu'on impose à coups de canon ? Qu'est-ce, sinon une autre forme de la barbarie ? Est-ce que ces populations de race inférieure n'ont pas autant de droits que vous ? Est-ce qu'elles ne sont pas maîtresses chez elles ? Est-ce qu'elles vous appellent ? Vous allez chez elles contre leur gré ; vous les violentez, mais vous ne les civilisez pas.

Voilà, messieurs, la thèse ; je n'hésite pas à dire que ce n'est pas de la politique, cela, ni de l'histoire : c'est de la métaphysique politique... *(Ah ! ah ! à l'extrême gauche.)*

Voix à gauche : Parfaitement !

M. JULES FERRY : Et je vous défie – permettez-moi de vous porter ce défi, mon honorable collègue, monsieur Pelletan – de soutenir jusqu'au bout votre thèse, qui repose sur l'égalité, la liberté, l'indépendance des races inférieures. Vous ne la soutiendrez pas jusqu'au bout, car vous êtes, comme votre honorable collègue et ami M. Georges Perin, le partisan de l'expansion coloniale qui se fait par voie de trafic et de commerce. [...] Messieurs, il faut parler plus haut et plus vrai ! Il faut dire ouvertement qu'en effet, les races supérieures ont un droit vis-à-vis des races inférieures... *(Rumeurs sur plusieurs bancs à l'extrême gauche.)*

M. JULES MAIGNE : Oh ! vous osez dire cela dans le pays où ont été proclamés les droits de l'homme !

M. DE GUILLOUTET : C'est la justification de l'esclavage et de la traite des nègres !

M. JULES FERRY : Si l'honorable M. Maigne a raison, si la déclaration des droits de l'homme a été écrite pour les Noirs de l'Afrique équatoriale, alors de quel droit allez-vous leur imposer les échanges, les trafics ? Ils ne vous appellent pas !

---

1. Député des Bouches-du-Rhône, maçon comme Jules Ferry, Pelletan est également rédacteur en chef du journal de Clemenceau, *La Justice*.

(Interruptions à l'extrême gauche et à droite. – Très bien ! très bien ! sur divers bancs à gauche.)

M. Raoul Durai : Nous ne voulons pas les leur imposer ! C'est vous qui les leur imposez !

M. Jules Maigne : Proposer et imposer sont choses fort différentes !

M. Georges Perin : Vous ne pouvez pas cependant faire des échanges forcés !

M. Jules Ferry : Je répète qu'il y a pour les races supérieures un droit, parce qu'il y a un devoir pour elles. Elles ont le devoir de civiliser les races inférieures… *(Marques d'approbation sur les mêmes bancs à gauche – Nouvelles interruptions à l'extrême gauche et à droite.)*

M. Joseph Fabre : C'est excessif ! Vous aboutissez ainsi à l'abdication des principes de 1789 et de 1848… *(Bruits.)*… à la consécration de la loi de grâce remplaçant la loi de justice.

M. Vernhes : Alors les missionnaires ont aussi leurs droits ! Ne leur reprochez donc pas d'en user ! *(Bruits.)*

M. le président : N'interrompez pas, monsieur Vernhes !

M. Jules Ferry : Je dis que les races supérieures…

M. Vernhes : Protégez les missionnaires, alors ! *(Très bien ! à droite.)*

Voix à gauche *:* N'interrompez donc pas !

M. Jules Ferry : Je dis que les races supérieures ont des devoirs…

M. Vernhes : Allons donc !

M. Jules Ferry : Ces devoirs, messieurs, ont été souvent méconnus dans l'histoire des siècles précédents, et certainement, quand les soldats et les explorateurs espagnols introduisaient l'esclavage dans l'Amérique centrale, ils n'accomplissaient pas leur devoir d'hommes de race supérieure. *(Très bien ! très bien !)* Mais, de nos jours, je soutiens que les nations européennes s'acquittent avec largesse, avec grandeur et honnêteté de ce devoir supérieur de civilisation.

M. Paul Bert : La France l'a toujours fait !

M. Jules Ferry : Est-ce que vous pouvez nier, est-ce que quelqu'un peut nier qu'il y a plus de justice, plus d'ordre matériel et moral, plus d'équité, plus de vertus sociales dans l'Afrique du Nord depuis que la France a fait sa conquête ? Quand nous sommes allés à Alger pour détruire la piraterie, et assurer la liberté du commerce dans la Méditerranée, est-ce que nous faisions œuvre de forbans, de conquérants, de dévastateurs ? Est-il possible de nier que, dans l'Inde, et malgré les épisodes douloureux qui se rencontrent dans l'histoire de cette conquête, il y a aujourd'hui infiniment plus de justice, plus de lumière, d'ordre, de vertus publiques et privées depuis la conquête anglaise qu'auparavant ?

M. Clemenceau : C'est très douteux !

M. Georges Perin : Rappelez-vous donc le discours de Burke[1] !

---

1. Homme politique et philosophe irlandais, Edmond Burke (1729-1797), Français-Normand d'origine, était connu en France pour ses attaques contre la Révolution française. Il a consacré une partie de sa vie à dénoncer les oppresseurs de l'Inde et à prendre la défense des rajahs opprimés par Warren Hastings, le premier gouverneur général de l'Inde. Il a prononcé de nombreux discours au Parlement pour dénoncer les tyrans anglais des maisons de négoce. À titre d'exemple : « Commis de magasin, s'écrie-t-il, qui se mettent sans façon à la place des monarques ! banqueroutiers frauduleux qui escamotent des diadèmes, vendent à faux poids les trônes dont ils trafiquent, négocient les peuplades pour en garder l'escompte ; escrocs de la tyrannie, dont ils n'ont que la cruauté, non le courage ; insectes dévastateurs, plus funestes que le lion et le tigre !

« Apprenez donc que c'est peu de chose de conquérir ! Tout le monde peut voler : l'honneur est de conserver, de civiliser, de gouverner, d'administrer les nations soumises. Voyons, sortons un peu de cette gloire vulgaire que le fléau de Dieu partageait avec nous. Osons nous examiner. Que la purification de nos erreurs, que l'eau lustrale jetée sur nos crimes, qu'un pouvoir exagéré réduit à de justes proportions, nous confèrent une gloire réservée à nous seuls ! L'année 1756 fera époque, messieurs ; elle a vu l'une des races du Nord jeter au cœur de l'Asie des mœurs nouvelles, de nouvelles doctrines, de nouvelles institutions. Relèverons-nous l'Asie déchue, ou la dépouillerons-nous lâchement lorsqu'elle est gisante ? Choisissez ! »

« Il vous faut, dites-vous, un pouvoir arbitraire ? L'Inde y est accoutumée ? Et où le prendra-t-on pour vous le donner, ce pouvoir ? et qui vous le donnera ? La Compagnie ? Elle ne l'a pas. Le roi ? Il ne l'a pas. Vous-mêmes ? Vous ne l'avez pas. En Angleterre, il n'appartient à personne. Selon la loi de Dieu, il n'y a, pour nul d'entre nous, exercice libre d'une volonté souveraine et d'une complète indépendance. Parce que l'Inde a été mille fois dépeuplée, décimée, ravagée, vous croyez avoir le droit, dites-vous, de la ravager, de la décimer, de la dépeupler ! Vous osez réduire en code et en principe les

M. JULES FERRY : Est-ce qu'il est possible de nier que ce soit une bonne fortune pour ces malheureuses populations de l'Afrique équatoriale de tomber sous le protectorat de la nation française ou de la nation anglaise ? Est-ce que notre premier devoir, la première règle que la France s'est imposée, que l'Angleterre a fait pénétrer dans le droit coutumier des nations européennes, et que la conférence de Berlin vient de traduire en droit positif, en obligation sanctionnée par la signature de tous les gouvernements, n'est pas de combattre la traite des nègres, cet horrible trafic, et l'esclavage, cette infamie ? *(Vives marques d'approbation sur divers bancs.)*

Jules Ferry aborde ensuite le « côté politique » de la question, qui s'inscrit dans la problématique de l'ouvrage *France nouvelle* de Prévost-Paradol, qui voyait dans l'expansion coloniale le seul moyen d'enrayer la décadence de la France :

M. JULES FERRY : Dans l'Europe telle qu'elle est faite, dans cette concurrence de tant de rivaux que nous voyons grandir autour de nous, les uns par les perfectionnements militaires ou maritimes, les autres par le développement prodigieux d'une population incessamment croissante ; dans une Europe, ou plutôt dans un univers ainsi fait, la politique de recueillement ou d'abstention, c'est tout simplement le grand chemin de la décadence ! [...] Rayonner sans agir, sans se mêler aux affaires du monde, en se tenant à l'écart de

---

fraudes, les tyrannies, les violences de ces bandits, de ces misérables qui l'ont couverte de larmes et de cendres ! Vous consolidez cette masse d'absurdités et de crimes pour en faire la charte de l'Inde ! Mais les conquérans tartares eux-mêmes, ces hommes inexorables, vénéraient la justice et s'agenouillaient devant l'équité ! Le livre des *Dix principes* de Gengiskan, les *Institutes* que Tamerlan a rédigés, prouvent qu'ils avaient foi dans la morale universelle, qu'ils se croyaient obligés à étancher pendant la paix les blessures de la conquête : plus miséricordieux dans leur barbarie, plus philosophes dans leur guerrière ignorance que vous, agents paisibles de quelques maisons de négoce, élevés sous le comptoir, enfants civilisés du trafic, devenus les plus impérieux des despotes et les plus impitoyables des maîtres ! »

toutes les combinaisons européennes, en regardant comme un piège, comme une aventure, toute expansion vers l'Afrique ou vers l'Orient, vivre de cette sorte, pour une grande nation, croyez-le bien, c'est abdiquer, et dans un temps plus court que vous ne pouvez le croire, c'est descendre du premier rang au troisième ou au quatrième. *(Nouvelles interruptions sur les mêmes bancs. – Très bien ! très bien ! au centre.)* Je ne puis pas, messieurs, et personne, j'imagine, ne peut envisager une pareille destinée pour notre pays.

Et Ferry de lier la colonisation à la grandeur d'une France qui ne peut avoir pour idéal politique « la libre Belgique » ou « la Suisse républicaine » : « Il faut autre chose à la France, clame-t-il, elle ne peut pas être seulement un pays libre, elle doit aussi être un grand pays exerçant sur les destinées de l'Europe toute l'influence qui lui appartient, elle doit répandre cette influence sur le monde, et porter partout où elle le peut sa langue, ses mœurs, son drapeau, ses armes, son génie ! »

Deux jours plus tard, Georges Clemenceau lui répond.

GEORGES CLEMENCEAU : « Voilà, en propres termes, la thèse de M. Ferry et l'on voit le gouvernement français exerçant son droit sur les races inférieures en allant guerroyer contre elles et les convertissant de force aux bienfaits de la civilisation. Races supérieures ! Races inférieures ! C'est bien tôt dit. Pour ma part, j'en rabats singulièrement depuis que j'ai vu des savants allemands démontrer scientifiquement que la France devait être vaincue dans la guerre franco-allemande parce que le Français est d'une race inférieure à l'Allemand. Depuis ce temps, je l'avoue, j'y regarde à deux fois avant de me retourner vers un homme et vers une civilisation et de prononcer : homme ou civilisation inférieurs ! [...] C'est le génie de la race française que d'avoir généralisé la théorie du droit et de la justice, d'avoir compris que le problème de la civilisation était d'éliminer la violence des rapports des hommes entre eux dans une même société, et de tendre à éliminer la violence, pour un avenir que nous ne connaissons pas, des rapports des nations entre elles. […] Regardez l'histoire de la conquête de ces peuples que vous dites barbares, et vous y verrez la violence, tous les crimes déchaînés, l'oppression, le sang coulant à flots, le faible opprimé, tyrannisé par le vainqueur ! Voilà l'histoire de votre civilisation ! […] Combien de crimes atroces, effroyables, ont été commis au nom de la justice et de la civilisation ! Je ne dis rien des vices que l'Européen apporte avec lui : de l'alcool, de l'opium qu'il répand, qu'il impose s'il lui plaît. Et c'est un pareil système que vous essayez de justifier en France dans la patrie des droits de l'homme !

« Je ne comprends pas que nous n'ayons pas été unanimes ici à nous lever d'un seul bond pour protester violemment contre vos paroles. Non, il n'y a pas de droit des nations dites supérieures contre les nations inférieures. Il y a la lutte pour la vie qui est une nécessité fatale, qu'à mesure que nous nous élevons dans la civilisation nous devons contenir dans les limites de la justice et du droit. Mais n'essayons pas de revêtir la violence du nom hypocrite de civilisation ! Ne parlons pas de droit, de devoir. La conquête que vous préconisez, c'est l'abus pur et simple de la force que donne la civilisation scientifique sur les civilisations rudimentaires pour s'approprier l'homme, le torturer, en extraire toute la force qui est en lui au profit du prétendu civilisateur. Ce n'est pas le droit, c'en est la négation. Parler à ce propos de civilisation, c'est joindre à la violence l'hypocrisie ! »

Soutenu par les grands intellectuels de l'époque, Victor Hugo en tête, Jules Ferry l'emporte sur Clemenceau. Et, comme Ferry l'avait prédit, la France va, grâce à son empire colonial, puis à sa politique néo-coloniale, reprendre et garder, durant un siècle, son rang de grande puissance. La logique marchande et le poids des théories racialistes, y compris chez les francs-maçons, eurent rapidement raison du schéma rêvé par Jules Ferry et mis en œuvre par Pierre Savorgnan de Brazza, revenu au Congo avec le titre de commissaire de la République dans l'Ouest africain. Initié le 28 juin 1888 à la loge de l'Alsace-Lorraine, Brazza ne pourra longtemps résister aux assauts des marchands. En 1897, il s'oppose à la décision du ministre des Colonies, André Lebon, de soumettre les territoires qu'il a gagnés à la France au régime de la concession déjà en vigueur au Congo belge, qui livrerait les populations à la cupidité des sociétés capitalistes privées. Début 1898, Brazza est mis en disponibilité. Va commencer alors l'exploitation inhumaine du Gabon, du Congo et de l'Oubangui-Chari par les sociétés concessionnaires.

Brazza parti du Congo, des maçons ouvrent rapidement une loge à Libreville (Aurore du Gabon, en 1904), puis à Brazzaville (Aurore du Congo, en 1906). « Mais marchands et conquérants cohabitent avec les humanistes : il s'agit d'ailleurs parfois des mêmes. C'est ainsi que d'aucuns accompagnent leurs ambitions mercantiles ou politiques du noble souci – disent-ils – de civiliser les sauvages. C'est dire qu'à l'époque la franc-maçonnerie n'est pas encore libérée du double langage : les Loges coloniales pratiquent la bienfaisance pour intégrer l'indigène, mais aussi pour le manipuler et le soumettre aux desseins de l'Empire », écrivent aujourd'hui deux francs-maçons[1].

À Libreville comme à Brazzaville et dans tout le reste de l'Empire, les « nègres » ne sont pas accueillis dans les temples et ne sont impliqués dans les desseins de l'Empire que pour être des porteurs de tipoyes, des creuseurs de routes, des constructeurs du Congo-Océan[2], des travailleurs forcés voués à produire du coton ou du bois, des auxiliaires des colons et plus encore des soldats pour défendre la métropole dans les tranchées de Verdun et du Chemin des Dames,

---
1. Daniel Béresniak et Joseph Badila, *Les Francs-Maçons & L'Afrique,* éditions Detrad aVs, 2008.
2. Le chemin de fer Congo-Océan, long de 510 kilomètres, commencé en 1921, relie Pointe-Noire à Brazzaville. Il aurait coûté, selon Albert Londres, « un homme par traverse ».

pendant la Grande Guerre – et ils seront en plus grand nombre encore pendant la Seconde Guerre mondiale. Ceux-là ne seront reconnus qu'une fois morts, une fois leurs noms gravés en listes interminables sur le marbre des stèles, tombes et monuments, alors que, vivants, ils n'ont figuré qu'en tout petits caractères dans les agendas qui préludent aux livres d'Histoire.

Rangés dans les tiroirs « Races inférieures », les « nègres » ont été néanmoins souvent les témoins, voire les acteurs des batailles plus ou moins violentes que se sont livrées leurs maîtres. Ainsi à Fachoda, en 1898, quand le Français (le commandant Marchand) a mis genou à terre devant l'Anglais (Lord Kitchener), alors que la France et l'Angleterre cherchaient à étendre leur influence en Égypte et en Afrique orientale.

À la fin du XIXe siècle, Anglais et Français se disputaient les derniers territoires disponibles en Afrique. Avec deux logiques différentes et croisées. Les premiers rêvant d'un axe Nord-Sud reliant le Caire au Cap, les seconds d'un axe Ouest-Est reliant l'Atlantique (Dakar) à la mer Rouge (Djibouti). Le 18 septembre 1898 se sont ainsi croisés à Fachoda, sur le Nil blanc, la mission Congo-Nil dirigée par Jean-Baptiste Marchand et 20 000 hommes de l'armée anglo-égyptienne sous les ordres de Lord Kitchener. Est-ce que la petite mission française va s'effacer devant l'imposante troupe de Sa Majesté ? L'opinion publique française, surexcitée, réclame d'en découdre avec l'ennemi héréditaire. Le 1er novembre, Théophile Delcassé, le ministre des Affaires étrangères, conscient du déséquilibre des forces militaires et diplomatiques, décide de céder aux exigences britanniques. Jean-Baptiste Marchand quitte Fachoda pour Djibouti… Il s'en suivra un sentiment national d'impuissance et d'humiliation et une vague d'anglophobie.

La Première Guerre mondiale remet en cause le partage des influences des puissances impériales en Afrique. Avec le traité de Versailles signé en 1919, l'Allemagne vaincue doit renoncer à ses colonies africaines : le Sud-Ouest africain (l'actuelle Namibie), l'Afrique orientale allemande (sur les territoires actuels du Rwanda, du Burundi et d'une partie de la Tanzanie), le Togo et le Cameroun.

L'exploitation inhumaine pratiquée par les sociétés concessionnaires en Afrique centrale ne sera connue du grand public que par la publication, en 1927, du *Voyage au Congo* d'André Gide, puis par celle, en 1928, de *Terre d'ébène* d'Albert Londres. Dans *Voyage au Congo*, publié en 1927, André Gide décrit comment les grandes compagnies concessionnaires exploitent les colonies d'Afrique centrale et met en lumière ce qu'il y a derrière « la mission civilisatrice de la France ». Ainsi, « à Libreville, dans ce pays enchanteur, où la nature donne des arbres singuliers et des fruits savoureux, l'on meurt de faim. L'on ne sait comment faire face à la disette [...]. Qu'est-ce que ces grandes compagnies, en échange, ont fait pour le pays ? Rien. Les concessions furent accordées dans l'espoir que les compagnies "feraient valoir" le pays. Elles l'ont *exploité*, ce qui n'est pas la même chose ; saigné, pressuré comme une orange dont on va bientôt rejeter la peau vide ».

Dans *Terre d'ébène*, Albert Londres raconte notamment la construction du chemin de fer Congo-Océan par la compagnie Les Batignolles : « J'ai vu construire des chemins de fer, on rencontrait du matériel sur les chantiers. Ici que du nègre ! Le nègre remplaçait la machine, le camion, la grue ; pourquoi pas l'explosif aussi ? Pour porter les barils de ciment de cent trois kilos, "les Batignolles" n'avaient pour tout matériel qu'un bâton et la tête de deux nègres ! »

Exploités par les sociétés concessionnaires, les sujets de l'Empire sont néanmoins intégrés comme acteurs dans la Seconde Guerre mondiale, mais ils sont aussi les otages de la lutte que se livrent Vichy et la France libre. C'est à partir de l'Afrique du Nord que les Américains auront jeté les bases de la victoire des Alliés sur l'Allemagne nazie, qu'aura été mise en œuvre la libération de l'Europe. C'est avec l'uranium du Congo qu'ils auront fabriqué la première bombe atomique qui ravagera Hiroshima. C'est à Bir Hakeim que le maréchal Rommel aura plié sous les coups du général Koenig. Et le général de Gaulle aura fait de Brazzaville la capitale de la France libre… On pourrait narrer sur de très longues pages l'utilisation du continent africain comme champ de bataille entre les puissances qui, de surcroît, l'exploitaient.

Après la Seconde Guerre mondiale, l'Afrique a continué de figurer sur les agendas des acteurs extérieurs, mais de façon toute différente. Roosevelt n'avait-il pas déclaré *urbi et orbi* qu'il encouragerait l'Afrique à se libérer des puissances coloniales ? Eliot Roosevelt prête à son père[1] les propos suivants : « Je travaillerai de toutes mes forces pour que les États-Unis ne soient pas amenés à accepter aucun plan susceptible de favoriser les ambitions impériales de la France ou d'aider, d'encourager les ambitions de l'empire anglais. » Si l'Afrique noire française n'a pas fait l'objet d'une grande attention jusqu'aux indépendances, Washington a en revanche « accompagné » discrètement les mouvements d'indépendance d'Afrique du Nord, notamment le FLN. L'image symbolique de cet « accompagnement » américain a été la mort de Frantz Fanon, membre du FLN et auteur des *Damnés de la terre*, le 6 décembre 1961 dans une clinique de Washington…

Mais la guerre froide perturbe l'agenda américain en Afrique. Washington ne livrera pas combat aux deux puissances impériales européennes, qui sont devenues des partenaires essentiels dans sa confrontation avec l'Est. La guerre froide gèle quasiment pendant près d'un demi-siècle les luttes d'influence entre alliés en Afrique, d'autant plus que les luttes anticolonialistes permettaient à l'URSS et à ses satellites

---
1. Dans *Mon père m'a dit*, Flammarion, 1947.

communistes de prendre pied sur le continent en y aidant nombre de mouvements de libération.

Alors que l'équilibre de la terreur mobilise des quantités phénoménales d'armements aux quatre coins de la planète, Moscou et Washington se livrent pendant cette période des batailles plus feutrées par forces spéciales, services de renseignement et militaires amis interposés. La dernière confrontation d'importance entre Washington et Moscou se déroula en Angola après le départ des Portugais en 1974. Elle impliqua plus de dix mille soldats cubains, l'armée sud-africaine, des forces spéciales et les services secrets américains, français, israéliens, chinois, zaïrois, congolais, et vit la victoire d'Agostinho Neto, le leader marxiste du MPLA ; il aura fallu attendre 2002 et la mort de Jonas Savimbi, le leader de l'UNITA, pour que la guerre civile se termine...

La guerre froide a permis *grosso modo* à la IVe République, mais surtout au général de Gaulle, de figer, puis de conforter la position de la France en Afrique, et de transformer, grâce à elle, son strapontin de Yalta en fauteuil de grande puissance. Avec les indépendances des anciennes colonies françaises, le système néo-colonial organisé par Jacques Foccart, tout-puissant « monsieur Afrique », permit en effet à la France de disposer de quinze voix qui votaient avec elle à l'ONU, et d'un *pré carré* où n'étaient guère appréciées les incursions économiques des puissances concurrentes. Il y eut bien quelques frictions de temps à autre entre Washington et Paris, avec Foccart en ligne de mire, mais il n'était pas question de mettre en cause l'alliance sacrée contre Moscou pour quelques gisements pétroliers ou miniers, voire quelques divergences de vue sur le Zaïre ou l'Angola, deux pays extérieurs au *pré carré*.

Dans sa zone d'influence, Paris assura donc la fonction de « gendarme de l'Occident » et intervint militairement à de nombreuses reprises pour rétablir l'ordre ; il arriva même qu'elle agisse hors de sa zone traditionnelle, comme en

1978, au Katanga, pour écraser une tentative de rébellion de la province contre Mobutu, soutenue par Cuba et l'Allemagne de l'Est.

La guerre froide n'a cependant pas empêché le développement d'autres conflits internes ou externes au continent. Nous parlerons ailleurs plus longuement de la transposition du conflit du Proche-Orient en Afrique, avec pour conséquence l'installation d'Israël comme nouveau grand acteur africain.

La fin de la guerre froide, les débuts de la mondialisation et l'entrée de la Chine dans l'économie de marché vont faire voler en éclats le *statu quo ante* à compter du début des années 1990. Les États-Unis et, dans une moindre mesure, quelques autres puissances intéressées par l'Afrique décidèrent de remettre en question la position spécifique de la France. Le monde bipolaire laisse place à une hégémonie américaine cynique et sans partage. Même l'ONU se retrouve sous la coupe américaine. Les interventions militaires vont se succéder à grande cadence, soit directement derrière la bannière étoilée – en Irak, en Somalie, en Yougoslavie –, soit par marionnettes et/ou mercenaires interposés en Afrique. « Jamais, depuis l'échec de la Société des Nations avant 1940, on n'a assisté à un tel triomphe du laissez-faire, laissez la violence s'installer, laissez les peuples se massacrer et le droit du plus fort s'imposer. En parallèle et en compensation dérisoire s'est développée l'action humanitaire[1]. »

Pour réduire, voire éliminer l'influence française en Afrique, notamment en Afrique centrale, les États-Unis (et leurs amis) sont entrés en confrontation avec la France sous des formes nouvelles, les deux nations faisant partie du même camp, étant alliées et intégrées aux plus grandes institutions de gestion du monde, qu'elles soient politiques, militaires ou économiques, notamment le Conseil de sécurité,

---

1. Conférence de Benoît Verhaegen, « Du Congo au Zaïre, 1997 : similitudes et divergences », prononcée à l'Institut de politique et de gestion du développement, RUCA, Anvers, 27 février 1997.

l'OTAN, le G8... Les armes de la « guerre » entre « amis » ne sont évidemment pas les mêmes que celles de l'affrontement entre ennemis déclarés : le combat ne doit pas être rendu public, pour ne pas remettre en cause l'amitié de base. Les agresseurs ont donc été tenus de mener des actions clandestines (*covert actions*) en utilisant leurs services secrets et leurs forces spéciales, en s'offrant les services de mercenaires, en pratiquant la guerre médiatique par une désinformation sophistiquée, grâce à des outils technologiques modernes, par l'intermédiaire de groupes de pression et de lobbies ; mais aussi et surtout en entraînant avec et derrière eux des États qui ont les mêmes intérêts qu'eux, et de nouveaux leaders africains déjà au pouvoir ou pouvant y accéder grâce à des aides clandestines, provoquant ainsi des « guerres secrètes entre amis ».

Il semble bien qu'il ait fallu longtemps aux acteurs français pour mesurer l'ampleur de ces guerres secrètes – dépassant largement la marge de manœuvre des services spéciaux habituellement tolérée entre pays de bonne compagnie – qui leur étaient livrées. Lors de ma première enquête[1], j'avais été frappé, autant dans les documents consultés que dans les interviews, par la quasi-inexistence de comptes rendus sur l'action des Américains et des Britanniques aux côtés des Ougandais et des Tutsi rwandais dans leur lutte contre le régime d'Habyarimana. Également, par l'absence de vision globale sur ce qui se passait dans la région des Grands Lacs. Je n'ai pas trouvé confirmation de ce que m'avait dit le colonel Charrier, du SIRPA, qui, ayant constaté, début mars 1993, lors d'une mission à Kigali, l'action des Anglo-Saxons aux côtés des combattants du FPR : « François Mitterrand avait donné l'ordre formel de ne pas évoquer la guerre franco-anglo-saxonne. » Pourtant, l'officier français avait pu constater de nombreuses traces de cet affrontement

---

1. Pour *Noires fureurs, blancs menteurs, op. cit.*

par Rwandais interposés[1]. Sur ordre d'en haut, ou pas, dans les échanges de notes entre acteurs français, c'était le black-out quasi total sur les actions clandestines des Américains et de leurs amis. Seul le général Quesnot, chef d'état-major particulier du président de la République, n'hésitait pas à parler, sans recours à la langue de bois, des « Khmers noirs » (les extrémistes tutsi) et de leurs protecteurs anglo-saxons. Ce sont les observateurs critiques de la politique française qui mettaient en exergue un prétendu « complexe de Fachoda[2] » pour expliquer les options de François Mitterrand. Il ne semble pas que la lutte contre l'influence anglo-saxonne ait été déterminante dans les choix de François Mitterrand comme dans ceux d'Édouard Balladur, aussi bien au Rwanda qu'au Zaïre...

Il aura fallu attendre un siècle après l'ouverture de la première loge maçonnique à Brazzaville pour que « frères » noirs (notamment Omar Bongo et Sassou Nguesso) et blancs se retrouvent autour du cercueil de Pierre Savorgnan de Brazza[3], venant d'Alger après avoir transité par Franceville (Gabon) aux côtés d'Auguste Nguempio, l'actuel Makoko[4], et de Philippe Douste-Blazy, ministre français des Affaires étrangères, lequel déclara à cette occasion que Brazza « fut tout à la fois un explorateur, un visionnaire et un humaniste ». Aujourd'hui, l'Afrique ne pèse plus que 0,5 % dans le commerce extérieur de la France, contre 40 % en 1957. Les violents débats autour de la colonisation, de l'immigration, de la *Françafrique* et de l'identité nationale, tant en France qu'en Afrique, montrent que la mesure des échanges matériels ne traduit pas la réalité des relations entre Français et Africains, lesquels nourrissent un

---
1. *Ibid.*, p. 169.
2. Notamment François-Xavier Verschave et l'association Survie.
3. Le 3 octobre 2006.
4. Le chef traditionnel des Batékés.

profond dépit envers l'ancienne métropole, comme l'a montré une récente étude menée par le Quai d'Orsay[1] ; mais un dépit ambigu, traduisant aussi bien un sentiment d'abandon qu'une trop grande proximité. Engluée dans son passé, la France n'a pas radicalement changé son discours africain et n'a pas réussi, comme les États-Unis, à envelopper sa politique de puissance dans le drapeau des droits de l'homme...

---

[1]. Une étude du Quai d'Orsay, publiée par *Le Monde* le 27 avril 2008, conclut que « la France perd pied en Afrique et son image se dégrade ». Les Africains parlent notamment de sa voracité à exploiter les richesses naturelles du continent, alors que l'Afrique francophone ne représente plus que 0,5 % du commerce extérieur de la France, contre 40% en 1957, et que les intérêts français en Afrique anglophone sont plus importants qu'en Afrique francophone.

6

Pour raisons sécuritaires, Israël devient un important acteur néo-colonial sur la scène africaine

Dès sa création, Israël s'est intéressé de près à l'Afrique. L'étroitesse de son territoire dans un environnement hostile a conduit ses dirigeants, dès le début des années 1950, à chercher à compenser cette faiblesse existentielle à la fois par une quête d'alliance militaire avec la France, elle-même puissance africaine, et par une recherche d'alliances politiques en Afrique, visant à créer artificiellement la « profondeur stratégique » qui lui fait si cruellement défaut par ailleurs, et à l'aider dans sa lutte contre ses ennemis arabes. Ainsi, dès les années qui ont suivi sa naissance, Israël a-t-il tout mis en œuvre pour devenir une puissance nucléaire, d'une part, et, de l'autre, pour faire du continent africain cette réserve d'espace essentiel à sa survie – deux objectifs intimement liés pendant longtemps. Il faut se rappeler que l'Égypte, puissance arabe et africaine, devint sous Nasser à la fois l'ennemi n° 1 d'Israël et la figure emblématique de la lutte anti-colonialiste et anti-impérialiste.

À la fois si proche et si lointaine, par suite de la menace égyptienne sur les détroits de Tiran (son accès à la mer Rouge et au canal de Suez, *via* le golfe d'Aqaba), l'Afrique a été l'objet de toutes les attentions des stratèges israéliens. Au lendemain du choc provoqué par la conférence de Bandung[1], d'où l'État hébreu fut exclu sur pression de l'Égypte, Israël cherche à briser son isolement, tant au Proche et Moyen-Orient qu'en Asie, en jouant la carte africaine. Carte jouée à la fois par le ministère des Affaires étrangères et par celui de la Défense. Dan Avni, directeur Afrique au ministère des Affaires étrangères, estime que la bataille pour l'Afrique est pour Israël « une question de vie ou de mort[2] ». Chez Ben Gourion, qui a repris le 21 février 1955 le ministère de la Défense et imposé un brutal changement de cap dans les relations israélo-égyptiennes en lançant, une semaine plus tard, un raid de représailles sur Gaza, tuant 40 soldats égyptiens[3], les stratèges planchent aussi sur l'Afrique, en vue de rééquilibrer des menaces arabes de plus en plus fortes. Tout auréolé du soutien des non-alignés, Nasser se rapproche de plus en plus de Moscou après le refus américain de financer le barrage d'Assouan. Ce rapprochement se concrétise d'abord par un accord commercial, puis, cinq mois plus tard, par l'achat d'armements soviétiques...

Les stratèges israéliens vont progressivement dégager plusieurs lignes de force destinées à construire une ceinture de sécurité autour de leur pays : contrecarrer la politique arabe en Afrique, retarder l'unité politique arabe en luttant contre la décolonisation du Maghreb et du Proche-Orient, sécuriser d'abord la mer Rouge, son accès à l'Afrique, et s'allier

---

1. Conférence qui se tient en Indonésie du 18 au 24 avril 1955 et qui réunit les représentants de 29 pays africains et asiatiques. Ceux-ci prennent position contre la politique des blocs et le colonialisme, et décident d'aider les pays encore colonisés à prendre leur indépendance. La conférence de Bandung marque l'entrée du tiers-monde sur la scène internationale. Elle condamne l'apartheid en Afrique du Sud, et la France qui est la première puissance coloniale, en Afrique. Bandung lance le mouvement des non-alignés dans lequel Nasser va jouer un rôle-clé.
2. Alhadji Bouba Nouhou, *Israël et l'Afrique. Une relation mouvementée*, Éditions Karthala, 2003.
3. Raid qui explique en partie l'exclusion d'Israël de la conférence de Bandung.

avec les nouveaux et futurs États africains. Le continent africain va ainsi faire partie intégrante de la stratégie géopolitique de survie élaborée, qui prend le nom de « pacte périphérique » ou « stratégie de la périphérie ». L'idée principale de ce plan consiste à nouer des alliances avec les nations non arabes situées sur les flancs ou à la périphérie du Proche et du Moyen-Orient. Israël va ainsi chercher à nouer des rapports étroits avec l'Iran et la Turquie, mais aussi, en Afrique, avec l'Éthiopie et l'Ouganda. Il complétera ce plan en tissant des liens avec des minorités non arabes et non musulmanes : les druzes, les maronites, les Kurdes, avec les phalangistes au Liban, les royalistes au Yémen, les rebelles au Sud-Soudan, dans le but d'exacerber les conflits interarabes, voire de faire éclater un pays (le Soudan). À partir de la Toussaint rouge (1954), Israël est également particulièrement préoccupé par la rébellion algérienne liée à Nasser... Des hommes de l'ombre vont être spécialement affectés à la mise en œuvre de ce plan stratégique essentiel, qui est aujourd'hui encore en vigueur. Citons deux grandes figures qui se sont employées à le mettre en place : David Kimche, surnommé le « comploteur », plus connu en Afrique sous son *alias* David Sharon, et Uri Lubrani, secrétaire particulier de Ben Gourion, qui a surtout « travaillé » l'Ouganda, l'Iran, l'Éthiopie (notamment pour faire sortir les Juifs falachas[1]) et la Sierra Leone.

La tension entre Israël et l'Égypte monte encore d'un cran avec l'annonce par Nasser de la fermeture des détroits de la mer Rouge. Le 2 novembre 1955, Ben Gourion, redevenu Premier ministre, tonne devant la Knesset lors de son discours d'investiture : « L'Égypte essaie de bloquer mainte-

---

1. Les Falachas sont les Juifs d'Éthiopie, dont l'origine est incertaine, devenus une minorité marginalisée. Ils sont entrés en contact avec le judaïsme occidental à la fin du XIXe siècle. En 1975, le gouvernement israélien reconnaît leur judaïté. Les Falachas vont alors mener une difficile émigration vers Israël dans les années 1980 et 1990. En 2009, ils sont environ 110 000 en Israël.

nant la navigation israélienne dans les détroits de la mer Rouge, contrairement aux principes internationaux. Cette guerre unilatérale doit cesser, car elle ne peut rester longtemps unilatérale[1]... » Ben Gourion décide alors de « mettre le paquet » avec la France et d'accélérer à Paris ses discussions avec les ministères de la Défense et de l'Intérieur, lesquels évitent soigneusement de rendre compte au Quai d'Orsay[2]. Du côté israélien, l'homme-clé est Shimon Peres, ancien de la Haganah, proche du « Vieux Lion » (Ben Gourion), qui s'est rapidement familiarisé avec les arcanes de la politique et de l'establishment militaire français, au point d'avoir réussi à convaincre ceux qui tenaient les leviers de commande que ce qui était bon pour Israël l'était aussi pour la France.

La réussite de la mission de Peres s'explique certes par son intelligence et sa séduction, mais surtout par des liens anciens avec Paris, antérieurs même à la création de l'État hébreu. Malgré les pressions britanniques, 4 600 rescapés juifs des camps de la mort avaient été autorisés par le gouvernement de Paul Ramadier à quitter Sète, à bord du *Président Warfield* rebaptisé *Exodus 47*, dans la nuit du 10 au 11 juillet 1947, et qui officiellement devait faire route vers la Colombie. Les responsables français savaient fort bien que ce convoi de l'espérance voguait en réalité vers la Palestine. Treize jours plus tard, le bateau revint, escorté par trois navires de guerre britanniques. Porte-parole du gouvernement, François Mitterrand déclara : « Les autorités françaises ne contraindront pas les migrants à descendre à terre. » Paris se refusait à suivre Londres dans sa politique en Palestine. C'était même la première fois que la France prenait officiellement position contre la politique britannique dans cette affaire. Mais la « partie immergée » de l'affaire était

---

1. Michel Bar-Zohar, *Ben Gourion. Le prophète armé*, Fayard, 1966.
2. Pour les relations secrètes entre la France et Israël, voir Pierre Péan, *Les Deux Bombes*, Fayard, 1982.

beaucoup plus importante. Dans le plus grand secret, la France était devenue la base arrière du futur État d'Israël. Édouard Depreux, ministre de l'Intérieur socialiste, facilitait leur émigration en procurant de faux papiers aux Juifs. Il ferma les yeux sur les convois d'armes partant de France ou y transitant. Ou sur les camps d'entraînement de la Haganah, le mouvement de lutte clandestine. Un émetteur était installé dans la villa d'André Blumel, ancien directeur de cabinet de Léon Blum sous le Front populaire, ami de Jules Moch et d'Édouard Depreux. Seule exigence du ministre de l'Intérieur : connaître le code des émissions. L'intimité entre certains milieux français et la résistance juive était telle que les clivages politiques de l'Hexagone se retrouvaient en celle-ci. Les socialistes soutenaient la Haganah de Ben Gourion, Moshe Dayan et Shimon Peres, alors que le MRP appuyait l'Irgoun de Menahem Begin. La SFIO participa ainsi à l'élimination de l'Irgoun dans le processus de prise du pouvoir lors de la création de l'État d'Israël. L'explosion du bateau *Altanena*, chargé d'armes à destination de l'Irgoun, devant Port-de-Bouc, le 11 juin 1948, fut la conséquence directe d'un message transmis par Jules Moch à la Haganah : le ministre de l'Intérieur socialiste considérait en effet ce dernier mouvement clandestin comme le seul légitime, car lié à l'Agence juive.

Les liens très spéciaux entre la France et les Juifs de Palestine ne concernaient pas les seuls socialistes. Pendant la guerre, dans la Résistance, dans les camps ou sur le front levantin, de solides amitiés s'étaient nouées. Citons, parmi les proches amis du futur État d'Israël, Christian Pineau, Diomède Catroux, Raymond Schmittlein, et même le général de Gaulle qui avait beaucoup apprécié le courage et l'habileté de la Brigade juive aux côtés des armées alliées au Proche-Orient. Pierre Koenig, qui deviendra l'un des relais-clés de l'influence et de l'action israéliennes en France, s'était littéralement épris des Juifs palestiniens à Bir

Hakeim. Il s'en souviendra quand il sera ministre de la Défense et des Forces armées dans les cabinets de Pierre Mendès France et d'Edgar Faure, en 1954 et 1955. Un autre homme qui avait connu Koenig dans la Résistance, puis aidé après la guerre l'Irgoun dans sa lutte contre les Anglais, jouera également un rôle important dans l'aide militaire au nouvel État : le général Pierre Guillain de Bénouville, qui ira même jusqu'à transgresser l'embargo décrété en 1967 par le général de Gaulle[1] sur les armes à destination des belligérants au Moyen-Orient.

Dès la fin 1954, Peres signait un important contrat pour l'achat d'armements : avions, canons, chars et équipements radar. Cette plus grande écoute portée aux demandes israéliennes n'était pas fortuite : elle se manifestait après la Toussaint rouge[2] qui marqua le début de la guerre d'Algérie. Shimon Peres et tous les négociateurs qui se succéderont à Paris vont offrir leur aide aux leaders politiques pour lutter contre les « terroristes » du FLN soutenus par Nasser : « Les Arabes sont notre ennemi commun. Vous êtes en arrière-lignes et nous sommes sur le front. Quand le front brûle, ne faut-il pas transférer les armes aux avant-postes ? » avait lancé le général Moshe Dayan lors de son premier voyage à Paris[3]. Dès 1954, un accord fut passé entre le Mossad et le SDECE : les espions français attendaient de leurs collègues un maximum de renseignements sur la rébellion algérienne. Cette collaboration se déroula à tous les niveaux de l'armée.

---

1. Voir Pierre de Bénouville, *Avant que la nuit vienne*, Grasset, 2002, et Guy Vadepied, *Marcel Dassault ou les ailes du pouvoir*, en collaboration avec Pierre Péan, Fayard, 2003. Bénouville est le promoteur du missile Jericho. Le 5 novembre 1975, Marcel Dassault révélait que sa société « avait réalisé pour Israël un engin balistique de 500 kilomètres de portée [...]. Au moment de l'embargo, nous avons livré à Israël les engins qui étaient au point, et des engins en pièces détachées qu'ils ont terminés eux-mêmes ».
2. Le 1er novembre 1954, le FLN perpétua une trentaine d'attentats contre la population civile d'Algérie.
3. Michel Bar-Zohar, *Ben Gourion. Le prophète armé*, op. cit.

De leur côté, les Israéliens demandaient que leurs pilotes soient placés dans diverses unités françaises pour bénéficier de leur entraînement jusque dans les moindres détails. Accepté : des officiers entrèrent à l'École de guerre, à l'École des blindés de Saumur. La guerre d'Algérie poussa de plus en plus les militaires français dans les bras de leurs collègues israéliens. Cette collaboration fonctionna également avec la Place Beauvau, qui avait alors la charge des trois départements algériens.

Ben Gourion demanda à Peres de tout faire pour obtenir le maximum d'armes en sorte de contrebalancer les achats égyptiens, notamment des chasseurs capables de défier les Mig soviétiques. Mais Peres dut faire avec l'instabilité gouvernementale française, caractéristique de la IVe République. À chaque changement de ministre de la Défense, il devait reprendre toute son argumentation pour convaincre ses nouveaux interlocuteurs qu'ils avaient des ennemis communs et que, par conséquent... Peres n'est pas trop inquiet quand Guy Mollet arrive à Matignon, car il connaît bien le nouveau président du Conseil et l'a déjà convaincu de la justesse de sa cause. L'Israélien rencontre le secrétaire général de la SFIO dès le lendemain de l'installation de celui-là à Matignon. Il lui apporte une lettre de Ben Gourion qui confirme au président du Conseil toute l'importance qu'il attache à l'alliance privilégiée de son pays avec la France. Guy Mollet rassure Shimon Peres : Israël peut compter sur lui, et donc sur la France. L'arrivée des socialistes au pouvoir constitue un tournant décisif dans la politique française à l'égard d'Israël : Shimon Peres va pouvoir parachever la plus grande opération de « lobbying » jamais réussie par une poignée d'hommes sur un appareil d'État, et percevoir ainsi les dividendes de l'Histoire.

Peres n'a donc nul besoin de répéter à Mollet que l'ennemi commun est Nasser, que tous les amis français de l'Israélien comparent à Hitler, qui non seulement veut rejeter les Israéliens à la mer, mais s'en prend constamment à la France, « ennemie de la nation arabe », qui héberge les chefs du FLN et achemine fonds et armes à la rébellion algérienne ; le nouveau président du Conseil en est parfaitement convaincu. Preuve de cette intimité : Shimon Peres s'installe même rue Saint-Dominique, au ministère des Armées. Il faut dire que le nouveau ministre, Maurice Bourgès-Maunoury, et ses principaux collaborateurs, précédemment place Beauvau, sont de ses très proches amis. La seule limite fixée par le gouvernement français aux énormes demandes d'armes d'Israël est de ne pas priver les unités opérant en Algérie ni d'amoindrir la sécurité de la France en cas de conflit soudain. D'un côté, des quantités impressionnantes d'avions, de chars, de canons et de munitions quittent les arsenaux français pour Israël ; de l'autre, les notes du Mossad sur les activités de la Ligue arabe et les trafics d'armes entre l'Égypte, la Libye et l'Algérie parviennent en masse au SDECE. Le Mossad ne limite pas son aide au renseignement sur les activités extérieures du FLN : il va jusqu'à s'impliquer dans les combats sur le terrain.

Le petit « club » franco-israélien discute – évidemment dans le plus grand secret – des voies et moyens de renverser Nasser et de mener une opération coloniale conjointe sur le continent africain. Le Raïs va leur fournir le prétexte recherché : le 26 juillet 1956, il nationalise le canal de Suez, décision qui intervient huit jours après le refus américain de financer le barrage d'Assouan. Le secrétaire d'État américain ne pardonne pas à Nasser d'avoir conclu un accord avec la Tchécoslovaquie pour une livraison d'armes que l'Amérique lui avait refusées... Dès le lendemain de la nationalisation du canal, Shimon Peres profite du coup de force de Nasser pour entraîner davantage ses amis français derrière Israël. Il parle de l'« ardente obligation » de riposter à l'agression du Raïs qui « ne prend plus la peine de camoufler sa volonté d'anéantir l'État hébreu ». Ce forcing est inutile, car Paris et

Londres ont déjà décidé de riposter conjointement. Il est en conséquence demandé à Shimon Peres de ne pas déclencher d'offensive prématurée.

En août et septembre 1956, un pont aérien entre la France et Israël achemine de massives quantités d'armes. Tous les préparatifs d'une attaque conjointe avec Israël – de la France seule ou bien avec le concours de la Grande-Bretagne – ne sont débattus qu'entre militaires. Chez les politiques français, seuls Bourgès-Maunoury et Mollet sont tenus au courant du déroulement de ces réunions. Les politiques israéliens n'entrent en scène que le 30 septembre avec Golda Meir, ministre des Affaires étrangères, Dayan, Peres et le général Carmel, ministre israélien des Transports. Le 1er octobre, un état-major commun franco-israélien est installé rue Saint-Dominique. L'opération « Mousquetaire » est lancée. Dans le même temps, mais de façon encore plus secrète, la coopération nucléaire entre les deux pays prend un nouvel élan. La bande du « Prophète armé » est persuadée que seule la bombe nucléaire peut garantir l'existence d'Israël et empêchera un second holocauste du peuple juif. Les Arabes, diagnostique Ben Gourion, ne reconnaîtront jamais dans leur cœur l'existence de l'État hébreu ; autant la leur imposer par la force[1]. Mais le mot « bombe » est encore tabou à Paris...

Le 29 octobre 1956, comme prévu, le général Dayan fonce à travers le Sinaï vers le canal de Suez alors que les avions égyptiens sont cloués au sol par les chasseurs français et anglais. Mais la tempête soulevée contre les « agresseurs impérialistes » est beaucoup plus forte que prévu. Washington et Moscou ne sont pas du tout contents et menacent. Alors même que Moscou noie dans le sang la révolte de Budapest, le 4 novembre, un front américano-soviétique se constitue contre Paris et Londres. L'ONU ordonne un

---

1. Pierre Péan, *Les Deux Bombes*, *op. cit.*

cessez-le-feu. Le lendemain, Nikolaï Boulganine prévient qu'il est prêt à utiliser la force pour stopper l'opération israélo-anglo-française. Le premier ministre britannique Anthony Eden « craque » et accepte un cessez-le-feu pour minuit, alors que les troupes anglaises et françaises ont déjà débarqué, à l'aube, à Fouad et Port-Saïd.

Ben Gourion et Golda Meir, sa ministre des Affaires étrangères, acceptent sous conditions le principe d'un retrait des troupes israéliennes et, à l'heure prévue pour le cessez-le feu, ils prennent l'avion pour Paris. Avant de se retirer du Sinaï, ils souhaitent connaître jusqu'où leurs amis français sont prêts à aller pour garantir la sécurité d'Israël. Humilié par Washington et Moscou, Guy Mollet estime qu'il leur doit la bombe et donne instruction d'accélérer la coopération nucléaire en cours. Dans la nuit du 8 au 9 novembre, Ben Gourion accepte le retrait du Sinaï, mais il a obtenu de la France les garanties qu'il attendait...

Ainsi, malgré les apparences, le fiasco franco-anglais de Suez est une victoire pour Israël : non seulement son accès à la mer Rouge, c'est-à-dire à l'Afrique par voie maritime, est désormais garanti[1], mais Ben Gourion a désormais la garantie des Français, frustrés de n'avoir pu honorer leur promesse de renverser Nasser, qu'ils fourniront à Israël les moyens de fabriquer rapidement le bouclier absolu, la bombe nucléaire, gage de sa survie.

Le biographe de Ben Gourion n'hésite pas à parler des « succès » obtenus par Israël au lendemain de l'opération colonialiste sur le continent africain : « Cependant, ses plus grands succès, Israël les remportera sur deux autres fronts : celui de l'Afrique, où le Ghana déclenche le processus de libération des anciennes colonies ; et celui de la "périphérie" du Moyen-Orient, ce groupe d'États non arabes qu'Israël

---

[1]. « Au point de vue politique, le contrôle du détroit de Tiran était d'une importance suprême. C'était en réalité le but essentiel de la campagne », a expliqué le général Dayan dans son *Journal de la campagne du Sinaï* (Fayard, 1966).

essaiera de conquérir et de dresser comme contrepoids à Nasser. N'est-ce pas paradoxal ? Israël, que l'on pourrait croire isolé pour de longues années à la suite de son agression[1]... »

Les succès africains d'Israël vont être marqués du sceau de l'ambiguïté. Les dirigeants de l'État hébreu se rapprochent des Africains, en train de se libérer du joug colonial, en mettant en avant la communauté de souffrance entre Juifs et Noirs, tout en formant avec la France impériale, puis néo-coloniale, une « alliance tacite[2] », avant de faire front avec les États-Unis, Israël devenant progressivement le fer de lance de l'Occident et donc de la lutte anti-communiste en Afrique. Bar-Zohar résume la stratégie qui se met alors en place, non sans un certain cynisme : « Le fait que les Juifs ont toujours été victimes du racisme, alors que les Arabes ont la réputation d'avoir été des marchands d'esclaves, crée aussi un courant de sympathie dans le continent noir en faveur de l'État juif. Ben Gourion s'apprête à employer cette position pour obtenir, de la part de l'Amérique surtout, de l'aide, une assistance et des capitaux qui permettraient de financer ses activités en Afrique. L'Occident doit se contenter du fait qu'Israël, par son action, barre la voie au communisme dans les jeunes États, et appuyer cette action tout en laissant les mains libres au gouvernement de Jérusalem. »

Ben Gourion – mais c'est également vrai des premiers leaders israéliens comme Golda Meir – a inscrit formellement sa politique africaine dans la vision de Theodor Herzl qui estime qu'il y a une communauté de souffrance entre Juifs et Noirs : « Il faut un Juif pour mesurer la profondeur de certaines douleurs [...]. Des hommes, car des hommes, malgré leur couleur, sont enlevés, transportés, vendus. Leurs

---
1. Michel Bar-Zohar, *Ben Gourion. Le prophète armé*, op. cit.
2. Expression tirée du livre de Sylvia K. Crosbie, *A Tacit Alliance ; France and Israel from Suez to the Six-Day War*, Princeton University Press, 1974.

enfants grandissent en exil, haïs, méprisés, parce qu'ils sont de peau colorée. Je n'ai pas honte de le dire, dussé-je paraître ridicule : moi qui ai vu le retour des Juifs, je voudrais encore travailler à préparer le retour des Noirs[1]. »

Cet appel au « retour des Noirs » va d'abord être bien accueilli par les fondateurs du panafricanisme qui débattent au début du XXe siècle de l'occupation du continent africain par l'Occident. « Le panafricanisme signifie pour nous ce que le sionisme a signifié pour les Juifs », explique William Edward Burghardt Du Bois[2], un des leaders, avec Marcus Garvey, du mouvement panafricaniste. Après la Seconde Guerre mondiale, le mouvement est repris par les Africains, qui retiennent de la création d'Israël la dimension messianique de la résurgence de l'Eretz-Israël biblique. Mais le discours israélien se trouve constamment bousculé par la logique sécuritaire de l'État hébreu.

Nasser se voulait et était pour beaucoup d'Africains le champion de la lutte pour la libération de l'Afrique, contre les « impérialismes ». Le Caire était le siège de tous les mouvements progressistes africains, de la Ligue africaine (en 1955) et, au début des années 1960, de pas moins de treize bureaux d'organisations nationalistes. L'Égypte mettait à leur disposition une radio et une revue, mais aussi de l'argent et des armes. Le Caire était ainsi le passage obligé des révolutionnaires du monde entier. Dans le courant de l'année 1960, Nasser installa également dans les capitales de seize États africains des « bureaux de lutte » de la Ligue arabe...

De son côté, Israël continuait à aider la France dans sa lutte contre le FLN, dont l'aide principale provenait du Caire, et mettait discrètement en place en Afrique des

---
1. Theodor Herzl, *Terre ancienne, terre nouvelle,* Paris-Genève, Éditions Ressources, 1980.
2. Cité dans Alahadji Bouba Nouhou, *Israël et l'Afrique. Une relation mouvementée* (*op. cit.*), ouvrage auquel j'ai largement emprunté pour rédiger ce chapitre.

structures destinées à lutter contre les efforts arabes et à se substituer au colonialisme occidental par la fourniture d'une aide économique et militaire. Le *New York Times* appelait cette action « le plus secret motif de fierté d'Israël ». Tandis que le colonialisme occidental perd l'une après l'autre ses positions sur le continent noir, des ingénieurs et des techniciens israéliens occupent les forteresses abandonnées, écrit de son côté le *Spiegel*, qui explique que les Israéliens ne sont pas très contents des bavardages louangeurs des Africains sur leurs actions. Ainsi M. Giora Josephtal, ministre israélien du Travail, de retour d'Afrique, lança-t-il cet avertissement : « Il vaudrait mieux ne pas trop parler de notre travail en Afrique, cela ne fait que provoquer nos adversaires[1]. »

Les échanges d'informations sur l'Afrique et le monde arabe entre le Mossad et le SDECE se poursuivent (ils vont vont être importants jusqu'en 1966). La France reste en effet très avide de renseignements sur l'Algérie, mais aussi sur les intentions égyptiennes et britanniques sur le canal de Suez, sur les relations entre Nasser et Moscou, sur le Liban et la Syrie. Même après l'expédition de Suez, les militaires français sont encore très demandeurs de coopération avec leurs homologues israéliens. La « Royale » souhaite même une stratégie commune en mer Rouge pour assurer la protection de la route du pétrole et des possessions françaises de l'océan Indien (Djibouti, la Réunion, Madagascar). En janvier 1958, les deux marines effectuent même des manœuvres communes[2].

Mais c'est autour de l'Algérie que la coopération franco-israélienne va se révéler la plus intense, car Tel-Aviv souhaitait par-dessus tout que la France reste en Algérie, et avait même des idées très précises sur le futur de ce territoire qui était encore trois départements français. Avant de parler de

---
1. In *Der Spiegel*, n° 43 du 19 octobre 1960.
2. Sylvia K. Crosbie, *A Tacit Alliance, op. cit.*

ce nouvel avenir, il faut néanmoins vaincre le FLN par les armes. Lors d'un rassemblement de Juifs originaires de Constantine, à Jérusalem, en mars 2005, Avraham Barsilai a révélé son passé d'agent du Mossad en Algérie. Sous les ordres de Schlomo Havilio, en poste à Paris en 1956, il a entraîné et armé des cellules composées de jeunes Juifs de Constantine pour faire la guerre au FLN. Il a expliqué que, dans les quartiers juifs, la traque des militants algériens était permanente et se substituait volontiers à celle effectuée par l'armée française. Avraham Barsilai a même rapporté que des éléments armés français étaient dirigés par des cellules du Mossad[1].

Nombre d'officiers français, pensant qu'ils pourraient les utiliser en Algérie, étaient très demandeurs des nouvelles techniques de guerre psychologique utilisées par Israël. Le général Challe estimait que les Israéliens étaient des « artistes consommés » dans leurs relations avec les Arabes. Il espérait aussi utiliser les kibboutzim comme modèles pour son programme de pacification. De leur côté, les Israéliens montrèrent un intérêt particulier pour l'usage des hélicoptères dans la lutte contre la guérilla. Et ils implantèrent quelques « civils » israéliens au cabinet du ministre-résident à Alger pour aider les Juifs implantés en Algérie à émigrer en Israël ou à organiser sur place leur auto-défense[2]...

La rébellion algérienne avait rendu possible l'« OPA » de Peres sur une partie de l'establishment politico-militaire parisien pour cause de fraternité contre un ennemi arabe commun. La perspective de la fin de la guerre d'Algérie desserre progressivement les fils de l'alliance franco-israélienne. C'est en septembre 1959 que de Gaulle parle pour la première fois d'autodétermination. Lors de la première rencontre, l'année suivante, entre Ben Gourion et le Général, tout

---
1. Raconté dans *Maariv* et repris dans le *Quotidien d'Oran* du 26 mars 2005.
2. Sylvia K. Crosbie, *A Tacit Alliance, op. cit.*

se passe encore bien entre les deux chefs d'État, mais l'Israélien, inquiet, insiste lourdement pour prôner *sa* solution au problème algérien. Il a un plan qu'il explique inlassablement à tous ses interlocuteurs français. Il propose un partage de l'Algérie, prévoyant un regroupement de la population française, essentiellement le long du littoral méditerranéen, et l'émigration d'un million de Français de métropole vers l'Algérie[1]. « Il y a trois choses importantes, explique-t-il au général de Gaulle : assurer la fin de la guerre et l'existence de la communauté française, conserver l'accès au Sahara, sauvegarder la présence française en Afrique. » Ben Gourion ne convainc personne. Il renouvellera sa suggestion lors de sa deuxième rencontre avec l'homme de Colombey.

« Ma foi, vous essayez de créer un nouvel Israël en Algérie ! » conclut de Gaulle[2].

Tandis qu'est mise en œuvre la décision du Général d'accorder l'autodétermination à l'Algérie, nombre de militaires et d'hommes politiques français pro-israéliens, notamment Jacques Soustelle, se retournent contre lui et en viennent à commettre l'irréparable. Le 8 janvier 1961, le peuple français approuve par référendum le principe de l'autodétermination des Algériens de toutes conditions. Le 30 mars 1961, le gouvernement annonce officiellement l'ouverture de pourparlers avec les représentants du Gouvernement provisoire de la République algérienne (GPRA). À Alger, un sursaut de désespoir pousse quelques militaires de haut rang (les généraux Challe, Jouhaud, Zeller et Salan) à organiser un putsch... Salan et Jouhaud rejoignent l'OAS, où figurent déjà Soustelle et Georges Bidault. Le putsch échoue. Le 19 mars 1962, un cessez-le-feu met fin à huit ans de guerre en Algérie. L'OAS, composée d'un millier d'activistes, multiplie les attentats aveugles.

---
1. Reprenant ainsi l'idée de Prévost-Paradol, déjà cité.
2. Michel Bar-Zohar, *Ben Gourion. Le prophète armé*, op. cit.

Traumatisés par les « événements d'Algérie », les Français apprirent par leurs journaux que les Israéliens soutenaient les tenants de l'*Algérie française*, et même, dans une certaine mesure, l'organisation terroriste d'extrême droite. Jacques Soustelle, pouvait-on lire, était soutenu par Ben Gourion et le Mossad. Il est vrai que le Comité de défense démocratique de Jacques Soustelle était composé d'hommes (notamment le général Koenig) proches du Herut, le très à droite parti israélien fondé par Menahem Begin, qui avait succédé à l'Irgoun[1].

En mars 1961, Jean Ghenassia, Juif algérien, lieutenant de Joseph Ortiz, un des chefs de l'OAS, est arrêté : il est soupçonné d'être lié à des agents du Mossad et du groupe Stern, et d'avoir été déposé sur les côtes algériennes par un sous-marin israélien à la fin décembre 1960. Le *Jerusalem Post* du 11 janvier 1962 a raconté que les commandos juifs d'Oran étaient inspirés par la politique du gouvernement israélien, qui souhaitait, on l'a vu, la partition de l'Algérie. L'article affirmait que lesdits commandos bénéficiaient du soutien de quelques personnalités gouvernementales françaises. Des groupes juifs, liés aux réseaux France Insurrection, conduits par les dénommés Elie Azoulai et Ben Attar, se sont effectivement regroupés dans les « commandos Colline », ont assassiné des élus musulmans, tenté de mettre le feu à la prison où étaient détenus des hommes du FLN, et abattu des officiers français comme le lieutenant-colonel Pierre Rançon, chef du 2e bureau d'Oran chargé de la lutte anti-OAS[2]. Les choses se sont compliquées avec l'ordre du général Salan de liquider tout non-musulman qui quitterait l'Algérie. Cette menace eut un effet dévastateur sur les Juifs algériens qui souhaitaient émigrer en Israël, d'autant plus qu'un Juif, chef de la police en Algérie, fut assassiné par des

---

1. Sylvia K. Crosbie, *A Tacit Alliance, op. cit.*.
2. Voir le site : http://notrejournal.info/IMG/pdf/AncienCombattant.com_Polemique_autour_du_massacre_d_Oran.pdf

extrémistes parce qu'il était impliqué dans l'émigration juive[1].

Pas étonnant, dans ces conditions, que Mehdi Ben Barka, secrétaire général de l'Union nationale des forces populaires et grande figure du tiers-monde, ait lancé, lors d'un colloque réuni au Caire sur la Palestine : « Israël doit être considéré comme une implantation occidentale dans une région du globe qui s'en est détournée. L'État hébreu représente vis-à-vis du monde sous-développé africain et asiatique un moyen complémentaire de faire pénétrer l'influence occidentale[2]. » La décolonisation africaine rencontrait alors de sérieux problèmes du fait des tentatives de recolonisation de l'Occident. Israël se trouva très rapidement faire partie de cette réaction occidentale[3].

Après l'échec de Bandung, la fin du blocus des détroits de Tiran et l'entrée du golfe d'Aqaba dans les eaux internationales, c'est vers l'empereur Haïlé Sélassié, roi des Rois, Lion de Juda et, selon la légende, descendant direct de la reine de Saba et de Salomon, que diplomates et espions israéliens se tournent pour compléter leur sécurisation de la mer Rouge. Les émissaires de Tel-Aviv sont accueillis avec chaleur par le Négus, qui estime appartenir pour sa part au monde juif. L'Éthiopie, qui contrôle le détroit d'Aden, entrée méridionale de la mer Rouge et accès sud au canal de Suez, est pour Israël un pays hautement stratégique. Dès 1956, Israël ouvre un consulat à Addis-Abeba, qui devient sa porte d'entrée sur l'Afrique et une base essentielle pour prévenir toute action subversive en provenance d'Égypte et éventuel-

---

1. Sylvia K. Crosbie, *A Tacit Alliance*, op. cit.
2. Le 29 octobre 1965, Ben Barka était enlevé à Paris. Plusieurs historiens affirment que la surveillance de l'opposant marocain avait été assurée par le Mossad. Au début des années 1960, Ben Barka avait en effet noué des relations avec des Israéliens et avec le Mossad, espérant être aidé par eux dans son combat contre le roi.
3. Benjamin Beit-Hallahmi, *The Israeli Connection*, Pantheon Books, 1987.

lement d'autres pays de la Ligue arabe comme l'Arabie saoudite ou la Somalie. Pour camoufler les actions clandestines d'Israël, Yossi Hamburger (ex-commandant de l'*Exodus*, puis chef de l'unité 131 de l'Aman, le service de renseignement militaire) crée Incoda, une société exportatrice de viande. À partir de l'Éthiopie, les agents israéliens ont toute latitude pour surveiller les activités de Khartoum et celles de l'ensemble de la région, mais aussi pour surveiller les sources du Nil[1], l'eau étant pour Israël un problème de survie, et suivre de près la progression soviétique dans la région... La coopération avec l'Éthiopie se révèle si positive qu'en 1960 le Négus demande à Yitzhak Rabin de réorganiser son armée. Puis il sollicite encore plus l'aide d'Israël et des États-Unis, à partir de 1962, pour contrecarrer la résistance érythréenne, soutenue par Cuba, le Sud-Yémen et les Palestiniens. « La base militaire américaine d'Asmara va ainsi devenir la plus grande base de communication spatiale et militaire sur le continent africain. Israël y entraîne des troupes d'élite de Hailé Sélassié. À partir de cette base, il a aussi accès à toutes les informations sur les manœuvres militaires, dont il peut faire bénéficier ses amis tout en satisfaisant ses propres besoins stratégiques[2]. » À compter de 1964, Israël vient parallèlement en aide aux forces paramilitaires de la résistance érythréenne, ce qui finit par affecter ses relations avec Addis-Abeba...

Il appert déjà que le Soudan, de par sa position géographique au sud de l'Égypte et du fait de ses 716 kilomètres de côtes sur la mer Rouge, constitue pour Israël un allié potentiel, dans le cadre du « pacte périphérique », mais aussi bien une grave menace ; et qu'il est donc important d'avoir constamment les yeux rivés sur ce pays dont la séparation d'avec l'Égypte est récente : elle remonte à 1956. Avant

---

1. Voir chapitre 10, « Croquis d'un pays trop vaste qu'il conviendrait de disloquer : le Soudan », pp. 251-252, et chapitre 12, « La Sainte Alliance contre Khartoum », pp. 284-285.
2. Alhadji Bouba Nouhou, *Israël et l'Afrique, op. cit.*

même l'indépendance, Britanniques et Israéliens ont encouragé la mutinerie de l'Equatoria Corps, composé de soldats originaires du Sud-Soudan, laquelle s'est traduite par un refus de défiler à Khartoum, puis transformée en rébellion armée sous le nom d'Anya-Nya, dirigée par Joseph Lago. Dès cette époque, Israël a assuré la formation des officiers d'Anya-Nya avec Alison Manani Magaya[1], secrétaire de Joseph Lago, qui assurait la liaison entre l'état-major israélien et le QG de la rébellion : « Les Soudanais du Sud, comme les Kurdes au Moyen-Orient, forment une minorité très manipulable [*a minority ripe for manipulation*] par des forces plus puissantes dans la course des puissances politiques régionales [*by more powerful forces in the course of regional power politics*[2]]. » Ils sont noirs, pauvres et pour la plupart chrétiens, tandis que les Soudanais du Nord sont arabes et musulmans. Les frictions entre Noirs chrétiens et Arabes musulmans se transforment en guerre ouverte dans les années 1960. Dans le but d'aider les rebelles sud-soudanais, Israël porte une attention soutenue à tous les pays limitrophes de la zone : l'Éthiopie, l'Ouganda, le Congo (futur Zaïre), la Centrafrique et le Tchad, à partir desquels le Mossad et les forces spéciales pourront acheminer armes et conseillers. Ainsi Uri Lubrani, une des grandes figures du « pacte périphérique », va-t-il nouer des relations très étroites avec l'Ouganda à partir de l'ambassade de Kampala. Il est en charge des relations avec le mouvement Anya-Nya.

C'est en termes diplomatiques aseptisés que Golda Meir fait part à Mobutu de l'engagement d'Israël dans un pays limitrophe du Zaïre : « Dans le cadre de notre politique de partage avec les nouvelles nations d'Afrique de l'expérience que nous avons pu acquérir dans le processus de construction de notre pays, nous avons accordé à l'Ouganda une

---
1. Actuel ministre du Travail du gouvernement de Khartoum.
2. In Jonathan Bloch et Patrick Fitzgerald, *British Intelligence und Covert Action*, 1983.

assistance technique dans les domaines les plus variés : agriculture, santé publique, éducation, administration publique et entraînement militaire... En 1963, un accord officiel de coopération technique a été signé avec le président Milton Obote, suivi en 1964 par un accord en vue de la formation du personnel militaire et des forces aériennes, et la fourniture d'équipements militaires[1]. »

Cet engagement de l'État hébreu envers Kampala culmine avec le « chouchoutage » du sinistrement fameux Idi Amin Dada. Formé en Israël, le général ougandais ne trouvera rien à redire à l'aide israélienne aux rebelles du Sud-Soudan ni à la construction de bases aériennes secrètes pouvant être utilisées contre l'Égypte[2]... Il sera aidé par le Mossad à fomenter son coup d'État contre Milton Obote en 1971. En juillet, lors de son second voyage à Jérusalem, le nouveau chef d'État ougandais formulera des demandes extravagantes en matière d'armement. Israël refusera. Idi Amin Dada se tournera alors vers le colonel Khadafi...

Le mercenaire Rolf Steiner, qui combattit aux côtés de l'Anya-Nya, a fourni de très nombreux détails sur la rébellion soudanaise et sur le soutien extérieur exclusif accordé à elle par Israël, qui signa, en 1970, un accord avec l'Ouganda pour utiliser son territoire en vue d'aider les rebelles[3]. Il énumère les armes récupérées sur les Arabes lors de la guerre des Six-Jours[4], parle des quatre conseillers israéliens installés dans le PC de Lago, à Winkibout... Ces activités clandestines (*covert operations*), probablement coor-

---
1. *Relations between Israel and States in Asia and Africa : A Guide to selected documentation*, n° 8 « Zaire », edited by H. S. Aynor, Jérusalem, 1994.
2. Joel Peters, *Israel and Africa*, British Academic Press, 1992.
3. In *Carré rouge*, éditions Rombaldi, 1978.
4. La guerre des Six-Jours opposa, du 5 juin au 10 juin 1967, Israël à une coalition formée par l'Égypte, la Jordanie, la Syrie et l'Irak. Cette guerre fut déclenchée comme une « attaque préventive » d'Israël contre ses voisins arabes, à la suite du blocus du détroit de Tiran, interdisant aux navires israéliens son accès, par l'Égypte le 23 mai 1967.

données avec les États-Unis[1], cessèrent en 1972[2] avec l'accord d'Addis-Abeba.

La percée africaine d'Israël ne se limite pas à l'Afrique de l'Est ; dès le début elle vise aussi l'Afrique noire, à commencer par le Ghana de Kwame N'krumah, qui est, dans les années 1950, la figure emblématique du continent. Imprégné des idées panafricanistes, N'krumah s'est battu contre la Grande-Bretagne, a fait de la prison, a obtenu l'indépendance de la Gold Coast en 1956, et revendique avec ferveur la liberté pour les opprimés. Symbole de la lutte anticolonialiste, il n'en est pas moins très attiré par l'expérience israélienne. N'krumah a noué de premiers contacts avec des dirigeants israéliens en 1953, *via* le Mapaï et la Histadrut[3]. Israël avait alors envoyé au Ghana un émissaire officieux, membre d'un kibboutz, afin d'offrir son aide au développement du pays ; il y ouvre sa première ambassade en mars 1957.

En ces mêmes années 1950, Israël a également les yeux fixés sur les colonies françaises, qui cheminent désormais rapidement vers l'indépendance, depuis la loi-cadre accordée par Gaston Defferre, ministre de la France d'outre-mer dans le gouvernement Mollet en 1956. Mais il n'est pas question, pour les leaders israéliens, de gêner de quelconque façon leur principale alliée et amie. Ils souhaiteraient même plutôt une action conjointe et coordonnée avec la France qui est encore une grande puissance coloniale. Golda Meir effectue son premier voyage en Afrique en 1958, accompagnée par Jacob Tsur, ambassadeur d'Israël en France qui a joué un rôle important dans l'alliance secrète nouée entre Paris et son pays. Les autorités françaises ont été consultées

---

1. Benjamin Beit-Hallahmi, *Israeli Connection, op. cit.*
2. Et ne reprirent qu'en 1983.
3. Le Mapaï est le parti travailliste israélien créé en 1930 par Ben Gourion et Golda Meir. La Histadrut, la grande centrale syndicale juive créée en 1920 à Haïfa, est une des institutions les plus puissantes d'Israël.

et ont donné leur bénédiction à ce voyage. Une assistance militaire va ainsi être apportée par Israël à plusieurs pays du *pré carré* : la Côte d'Ivoire, la Centrafrique, le Dahomey, le Cameroun, le Sénégal, le Togo[1].

Alors ministre israélien des Affaires étrangères, Abba Eban va rendre un fier service à la France et à l'un de ses protégés africains, Ahmadou Ahidjo, « programmé » pour devenir le premier président du Cameroun indépendant. Depuis 1956, la France, qui exerce depuis la fin de la guerre sa tutelle sur le Cameroun, fait face à une rébellion en pays bamiléké, à l'ouest du pays. L'Union des populations du Cameroun (UPC), dirigée par Ruben Um Nyobé, mène la révolte. De 1957 à 1958, à la demande du haut-commissaire Pierre Messmer, Maurice Delauney a assuré le commandement dans cette région. Il a réprimé de façon brutale la rébellion, allant jusqu'à faire détruire par un commando le siège de l'UPC, installé au Cameroun britannique, et à faire assassiner quelques-uns des principaux responsables de ce parti. Lorsqu'il a quitté la région en décembre 1958, il a, selon l'admirable formule employée, « laissé derrière lui une situation détendue ». Pour parachever son travail de « nettoyage », il a en effet fait liquider, trois mois plus tôt, Ruben Um Nyobé, laissant ainsi la voie libre au candidat des Français, Ahmadou Ahidjo, un nordiste musulman formé dans l'administration coloniale, ami de Jacques Foccart (les deux hommes se sont connus et appréciés sur les bancs de l'Assemblée de l'Union française[2]). Mais le « travail » de Maurice Delaunay va être réduit à néant par Félix Moumié, successeur de Nyobé, ce qui met Foccart dans l'obligation

---
1. Mais aussi, par ailleurs, hors de l'orbite française, la Tanzanie, l'Ouganda, l'Éthiopie, le Nigéria et la Somalie, tous pays alors pro-occidentaux...
2. L'Union française a été créée par la Constitution de 1946, elle remplace l'Empire colonial et abolit le Code de l'indigénat. Dans ce cadre, l'Assemblée de l'Union française est composée pour moitié de membres représentant la France métropolitaine et pour moitié de membres représentant les départements et territoires d'outre-mer et les États associés.

de protéger son poulain Ahidjo par la signature, avant l'indépendance, d'un traité de coopération militaire entre la France et le Cameroun. Il faudra encore quatre ans aux militaires, forces spéciales et agents du SDECE pour écraser la rébellion dans le sang. C'est William Bechtel, un réserviste du service « Action » du SDECE, qui empoisonnera Félix Moumié dans le restaurant *Le Plat d'argent* à Genève[1]...

Laissons la parole à Abba Eban[2] racontant comment il vint en aide à Ahidjo : « Je l'avais rencontré sur le sol américain en 1959 ; Aryeh Ilan, un de nos plus talentueux diplomates [...], m'avait suggéré de jouer un rôle actif dans les discussions sur l'accession du Cameroun à l'indépendance. Pour rompre les difficultés qui freinaient son succès, Ahmadou Ahidjo, le leader du Mouvement national camerounais, arpentait vainement les couloirs du bâtiment de l'ONU, baignant dans un environnement étranger. Au Cameroun (compte tenu de l'opposition), des groupes soutenus par Le Caire déniaient toute légalité à Ahidjo. [...] Je m'intéressais au problème et, à la lumière de la longue histoire plutôt troublante de nos rapports avec les Nations unies, je fus à même d'offrir quelques conseils sur la manière de présenter le dossier du Cameroun avec des chances de succès. [...] Ahidjo m'en fut personnellement reconnaissant de nombreuses années. »

Pareil soutien ne pouvait qu'aller droit au cœur de Jacques Foccart, en charge de ce délicat dossier. À compter de cette époque, ce sont les Israéliens qui assurent la sécurité des chefs d'État du Cameroun, d'abord Ahidjo, puis Paul Biya ; ce sont eux qui se sont occupés d'organiser dans ce pays les écoutes téléphoniques.

---
1. Sur cette répression, lire l'ouvrage de Mongo Beti, *Main basse sur le Cameroun*, aux éditions Peuples noirs, Rouen, 1984 ; et *L'Homme de l'ombre*, Fayard, 1990 : une biographie de Jacques Foccart par l'auteur de ces lignes.
2. In *Mon pays, l'épopée d'Israël moderne*, Buchet-Chastel, 1975.

L'Homme de l'ombre tirera quelques autres satisfactions des menées africaines d'Israël, notamment lors de la rébellion biafraise. Secrètement, Français et Israéliens apportent leur soutien à la minorité Ibo du Nigéria. Dès décembre 1966, peu après le coup d'État du général Yakubu Gowon, les journaux nigérians annoncent qu'Israël entraîne les Ibos, lesquels ont fait sécession dans la province du Biafra. Le conflit entre le Nord musulman et le Sud chrétien s'inscrit, comme au Soudan, dans la même logique que les guerres israélo-arabes. Une victoire de Gowon renforcerait les Arabes, alors qu'une victoire des Ibos (chrétiens pro-israéliens) serait bénéfique pour l'État hébreu, d'autant plus que le Nigéria exerce une influence certaine sur les autres États africains. C'est aussi pourquoi l'Égypte et l'Algérie apportent leur soutien au gouvernement fédéral en lui fournissant notamment des armes soviétiques. Pour Gowon comme pour Nasser et Boumediene, la guerre contre la sécession biafraise représente une guerre anti-néocoloniale qui doit être soutenue comme les autres au Moyen-Orient ou en Asie du Sud-Est[1].

La « tacite alliance » entre Paris et Tel-Aviv s'effiloche néanmoins au fil des ans, c'est-à-dire au fil du développement de la nouvelle politique étrangère du général de Gaulle. Elle prend un très sérieux coup à l'occasion de la guerre des Six-Jours, en 1967, avec l'occupation par Israël du Golan, du Sinaï et de la Cisjordanie. De Gaulle a alors ce mot, à propos de l'État hébreu, d'un « peuple sûr de lui et dominateur ». Les liens entre Israël et la France en Afrique, c'est-à-dire entre le Mossad et le SDECE, ne sont certes pas rompus du jour au lendemain, mais la consanguinité des années 1950 laisse place à des alliances objectives et réfléchies, donc à des actions où chacun devra trouver son compte...

---
1. Alhadji Bouba Nouhou, *Israël et l'Afrique, op. cit.*

Israël avait d'autant moins de mal à se déployer en Afrique qu'il exerçait une véritable fascination sur des élites africaines en quête d'un modèle différent de celui des colonisateurs. Maintes raisons expliquent cette fascination : « Durant les années 60, Israël, dans le contexte de l'époque, semblait apporter un message particulier. Dans les pays avancés, la mystique de la lutte pour la vie avait disparu. L'existence avait perdu tout son sens épique. Dans les pays en voie de développement, l'exaltation initiale avait vite fait place à l'amertume, voire au désespoir, car les ressources économiques ne s'étaient pas accrues au rythme voulu, le dynamisme social était retombé, on commençait à se rendre compte qu'il ne suffisait pas de hisser un drapeau pour créer un État. Les emblèmes de la souveraineté pouvaient susciter un instant d'émotion, mais ils ne permettaient certainement pas, à eux seuls, de combler les fossés humiliants – en ressources comme en compétences – existant entre les États nantis et les États déshérités. Les pays modernes, industriels, admiraient donc Israël pour sa vitalité et son esprit dynamique de pionnier, tandis que les pays en voie de développement s'efforçaient de découvrir les secrets de son expansion accélérée. Certains enviaient Israël pour ce qu'il avait déjà accompli ; d'autres, pour ce qui lui restait encore à accomplir. D'où, pour les communautés juives de la Diaspora, un sentiment de fierté, de proche parenté, de responsabilité partagée[1]. »

Israël va user et abuser de l'idée d'une communauté de souffrance entre peuples noirs et peuple juif pour s'implanter en Afrique. Le 26 juin 1960, à l'occasion de la proclamation de l'indépendance nationale du Congo belge, Lev Eshkol, ministre israélien des Finances, prononce devant Patrice Lumumba une allocution dont voici un extrait :

---

1. Léon César Codo, in « Les élites africaines et l'État hébreu : perception, images et représentations », dans *L'Année africaine*, 1987-1988, Centres d'études d'Afrique noire, A. Pedone.

« Nous autres Israéliens comprenons (et peut-être mieux que tout autre peuple) ce que signifie réellement le passage de la tutelle à la liberté. C'est un patrimoine bien précieux que celui de la souveraineté nationale que vous venez d'acquérir maintenant. Aussi suis-je persuadé que non seulement les dirigeants, mais le peuple congolais tout entier, ne ménagera pas son énergie et ses forces afin d'en assurer à jamais la sauvegarde avec courage et dignité. [...] Israël, comme tant d'autres jeunes pays, sait, par sa propre expérience, quels sont les multiples obstacles qu'un jeune État doit surmonter au lendemain de son indépendance... »

Reconnaissant l'importance de l'émergence de ces nouveaux États sur l'échiquier international, Shimon Peres écrit : « L'indépendance politique des nouveaux États d'Afrique et d'Asie n'a pas signifié automatiquement une amélioration immédiate de leur situation matérielle, mais elle leur a donné la liberté d'expression et le droit de vote dans les organismes des Nations unies. Leur brusque apparition à la tribune des assemblées mondiales a soulevé d'abord de la curiosité, puis de l'attention, et le monde a commencé à tenir compte de leurs déclarations ainsi que de leurs positions politiques. Il était naturel qu'Israël désirât donner à ces nouveaux États indépendants une image véridique de la société israélienne, et s'efforçât d'ajouter leurs jeunes voix à celles des partisans de négociations de paix en vue de régler les problèmes du Moyen-Orient, plutôt que de les voir alliés dans l'orbite de la propagande arabe. »

Et à ceux qui ne voient dans la cour assidue d'Israël aux nouveaux États africains que cynique intérêt, Golda Meir de préciser : « Qu'on me permette de répondre d'avance aux critiques. Si nous sommes allés en Afrique, n'était-ce pas parce que nous voulions nous assurer des voix aux Nations unies ? Naturellement oui, c'était l'un de nos mobiles, et parfaitement honorable. À aucun moment je ne l'ai jamais dissimulé, pas plus à moi-même qu'aux Africains. »

Derrière la mise en avant de la communauté de souffrance entre Juifs et Noirs, il y a donc toujours eu une stratégie à double détente, puisque l'État hébreu a mis d'emblée son crédit auprès des Africains au service de la France d'abord, puis, quasi simultanément, à celui des États-Unis et de l'Occident dans son ensemble.

Israël a ainsi espéré mettre à profit l'intérêt du général de Gaulle pour le tiers-monde en lui proposant d'être une sorte de courtier des intérêts français dans certains pays d'Asie et surtout d'Afrique. Grâce à ses programmes de coopération avec les pays en voie de développement, Israël pouvait être un moyen de garder le contact avec d'anciennes colonies sans risquer de menées néo-coloniales[1]. Lors de la première rencontre de Ben Gourion avec de Gaulle à la mi-juin 1960, le tiers-monde en général et l'Afrique en particulier sont les premiers sujets abordés entre les deux hommes. Ben Gourion explique l'action israélienne en Afrique et la profonde entente qui s'est instaurée entre son pays et les États africains. Le « Vieux Lion » souligne que l'expertise technologique d'Israël pourrait servir à contrebalancer, voire à contrer les influences de Nasser et de l'URSS en Afrique. « Oui, dit de Gaulle, je sais que vous faites votre travail en Afrique avec le sentiment que vous êtes chargés d'une mission morale, et j'estime profondément votre activité. » Ben Gourion reçoit effectivement le soutien de l'Élysée, plus spécialement de Jacques Foccart, conseiller spécial pour les Affaires africaines. L'année suivante, lors de leur seconde entrevue, il est encore question de l'Afrique entre les deux chefs d'État, mais, si de Gaulle approuve à nouveau l'action israélienne, il y met un bémol : l'homme du 18-Juin n'apprécie guère les fournitures d'armes d'Israël aux nouveaux États africains[2].

---

1. Sylvia K. Crosbie, *A Tacit Alliance, op. cit.*
2. Michel Bar-Zohar, *Le Prophète armé, op. cit.*

Il n'empêche qu'Israël va devenir le fer de lance de l'Occident en Afrique et contribuer activement à atténuer les effets des indépendances, voire à les retarder ou même à les empêcher. Si l'État hébreu a en effet cherché, au début, à marcher main dans la main avec la France, c'est avec et pour le compte des États-Unis qu'il va surtout mener désormais ses actions africaines. Selon l'Africa Research Group, les activités d'Israël sur le continent noir ont été conçues et financées par les USA et quelques autres puissances occidentales, notamment l'Allemagne fédérale. Mais une part importante de ces activités ont relevé d'opérations clandestines[1] pour le compte de la CIA. À partir de 1960, l'agence a versé des dizaines de millions de dollars à Israël, à charge pour le Mossad et autres officines israéliennes de pénétrer les organisations culturelles, politiques, économiques et militaires des nouveaux États indépendants d'Afrique noire et d'agir selon les intérêts de l'Ouest, dans un objectif de lutte anticommuniste. Cette implication israélienne a considérablement boosté les activités de la CIA en Afrique. Le *Wall Street Journal* a confirmé dès 1977 que la CIA finançait les opérations israéliennes d'« aide étrangère » à l'Afrique entre 1964 et 1968[2]. Israël s'est installé par là dans une attitude de confrontation frontale avec le tiers-monde. Il n'est donc pas étonnant qu'en 1966 la Conférence de solidarité tricontinentale, qui se tenait à La Havane, ait émis une virulente résolution anti-israélienne, dénonçant notamment l'assistance de l'État hébreu comme une nouvelle forme d'impérialisme.

---

1. Rendant très difficile une approche globale, complète et juste de la politique d'Israël.
2. Benjamin Beit-Hallahmi, *The Israeli Connection, op. cit.*, pp. 40-41.

7

Israël soutient le pays de l'apartheid

Alors que Paris prend de plus en plus ses distances avec Tel-Aviv, Israël se tourne vers l'Afrique du Sud, renforce son alliance avec les États-Unis et poursuit la stratégie dite des alliances périphériques. La rupture avec la France est consommée avec la guerre des Six-Jours, quand le général de Gaulle parle du « peuple d'élite, sûr de lui-même et dominateur », et interdit l'exportation de matériel militaire vers Israël. Rupture qui n'empêche pas quelques sérieux arrangements pratiqués à la fois par des bureaucrates et des industriels français pro-israéliens, notamment par Marcel Dassault[1]. Plus que jamais l'Afrique va devenir essentielle pour Israël, et l'Afrique du Sud sera une alliée déterminante, à la fois pour l'aider à construire le volet le plus important de sa sécurité, la bombe, et pour renforcer sa position dans le conflit qui l'oppose aux États arabes et à tous ceux qui les soutiennent, pays et mouvements progressistes. Une association qui va être maudite par toutes les bonnes consciences de la planète, mais qui constituera le fer de lance de l'Occident en Afrique contre l'URSS et ses affidés.

Cette nouvelle alliance avec Pretoria est cependant peu compatible avec les valeurs affirmées par Israël. Et il faudra attendre l'arrivée du Likoud au pouvoir pour que le gouvernement israélien l'assume ouvertement ; pour qu'au nom de

---

1. Sasha Polakow-Suransky, *The Unspoken Alliance. Israel's secret relationship with apartheid South Africa*, Pantheon Books, 2010.

la *realpolitik* Israël accepte de s'allier avec un pays qui prône l'apartheid. Les dirigeants ségrégationnistes n'ont-ils pas de surcroît affiché pendant des années des positions antisémites ? Dès la fin des années 1960, des voix s'élevaient en Israël pour revendiquer haut et fort cette relation essentielle pour la sécurité de l'État hébreu. Le 10 février 1968, le *Jerusalem Post* parle de la demande, adressée par l'Association pour l'amitié israélo-sud-africaine au gouvernement israélien, de renforcer ses relations avec l'Afrique du Sud. Parmi les membres de cette association, il y a notamment Menahem Begin (futur Premier ministre de 1977 à 1983) et quelques autres futurs ministres. Pendant de nombreuses années, les discours et les actes concernant l'Afrique du Sud sont marqués par une grande ambiguïté. Alors que l'Afrique du Sud fut l'un des premiers États à reconnaître Israël, puis le premier, en 1953, à lui envoyer en visite officielle son chef de gouvernement, l'État hébreu, en juillet 1961, fit une déclaration commune avec le président de Haute-Volta stigmatisant la discrimination raciale qui sévissait en Afrique du Sud ; en novembre de la même année, l'État juif votait à l'ONU une résolution condamnant l'apartheid, puis, en 1966, pour le retrait du mandat sud-africain sur la Namibie (mandat qui avait été attribué à l'Afrique du Sud sur cette ancienne colonie allemande par la Société des Nations en 1920)…

Israël et l'Afrique du Sud avaient des points communs et des raisons objectives de se rapprocher. Leur premier lien était d'ailleurs antérieur à la création des deux pays : Chaïm Weizmann, président de la Fédération sioniste de Grande-Bretagne, futur président d'Israël, et le général Smuts, délégué spécial de l'Afrique du Sud au cabinet britannique, futur Premier ministre de la République d'Afrique du Sud, qui avaient joué un rôle déterminant dans la déclaration Balfour pour l'un, et dans la loi de fondation de l'Union pour l'autre, étaient des amis depuis 1917. Tous deux avaient milité pour faire accepter par Londres leur stratégie d'installation de leur peuple en milieu hostile, arabe pour l'un, africain pour l'autre.

Dès 1926, le cabinet sud-africain exprimait sa solidarité avec l'organisation sioniste : « Le gouvernement de l'Union sud-africaine, qui suit depuis de nombreuses années avec intérêt et sympathie les efforts de l'organisation sioniste pour l'établissement d'un foyer national pour le peuple juif en Palestine, [...] lui souhaite un plein succès dans son entreprise, et fera tout ce qui est en son pouvoir pour le soutenir par l'intermédiaire de ses représentants à la Société des Nations et ailleurs. » Et, tout naturellement, Pretoria salua avec enthousiasme la création de l'État d'Israël. Quelques centaines de volontaires sud-africains combattirent même aux côtés des Israéliens à partir de novembre 1947. Pour comprendre l'alliance Tel-Aviv-Pretoria, il faut aussi garder en tête l'importance de la communauté juive en Afrique du Sud[1] et se rappeler que celle-ci a été et reste un bailleur de fonds important du mouvement sioniste. Pendant la guerre des Six-Jours, l'Afrique du Sud autorisa la sortie des quêtes en faveur d'Israël, soit 18 millions de rands (plus de 2,7 millions d'euros). Et elle eut la même attitude pendant la guerre au Liban, en 1982. Le 18 août de cette année-là, le quotidien israélien *Haaretz* indiquait que Gideon Patt, le ministre des Finances, s'était rendu à pas moins de dix-sept réunions de collecte lors de son voyage récent en Afrique du Sud.

Les deux États avaient conscience de la similitude de leur destin. Israël, face à l'hostilité arabe ; l'Afrique du Sud, face à celle des Noirs. Et cette convergence de vues était plus forte que tout. Moshe Sharett, ministre israélien des Affaires étrangères, effectua sa première visite en Afrique du Sud en

---

1. Dans les années 1950, on estime que 10% de la population de Johannesburg et du Cap était juive.

1950. En juin 1953, lors de sa visite en Israël, le « Moïse des Afrikaners », le Premier ministre sud-africain Daniel François Malan déclarait que la conscience qu'ont les Juifs de « leur race » les aiderait à comprendre et à respecter le sentiment identique qu'éprouvent les autres communautés et promettait de continuer d'apporter son aide militaire à l'État hébreu comme l'Afrique du Sud l'avait fait durant la guerre d'indépendance d'Israël[1]. Discours qui ne fit pas plus scandale que son appartenance au Parti national sud-africain, qui n'avait pas toujours été irréprochable à l'égard des Juifs ni critique envers le régime hitlérien, avant et pendant la Seconde Guerre mondiale. Les deux pays joueront constamment d'un même argument pour obtenir l'aide, notamment militaire, de l'Occident : ils sont la ligne de front de cet Occident contre le communisme. Ils seront largement écoutés, en dépit de leurs pratiques visant les Arabes et les Africains, verbalement condamnées par New York, Londres ou Paris.

Et les deux pays chercheront, d'abord parallèlement, puis ensemble, à assurer leur sécurité par la possession de la bombe. Pretoria, comme Tel-Aviv, cherchait en Europe, dans les années 1950, une assistance nucléaire. En 1957, le docteur Roux, président de l'Atomic Energy Board (AEB) de la République sud-africaine, faisait escale à Paris et à Bonn. Trois ans plus tard, l'Afrique du Sud annonçait qu'elle avait l'intention de mettre au point un nouveau procédé d'enrichissement de l'uranium. Et, en cette même année 1960, des militaires sud-africains s'intéressaient aux expériences atomiques menées par la France au Sahara. Manifestement, l'AEB prenait à cette époque un nouvel essor. L'idée de la bombe faisait là aussi son chemin. Pretoria entendait se libérer de la tutelle des groupes anglo-saxons

---

1. Richard P. Stevens et Abdelwahab M. Elmessiri, *Israel and South Africa : the Progression of a Relationship*, New World Press, 1976, rapporté par Alhadji Bouba Nouhou, *Israël et l'Afrique, op. cit.*

qui exploitaient ses mines d'uranium. En 1961, le premier centre sud-africain de recherches nucléaires voyait le jour. Il entreprenait immédiatement la construction du réacteur Safari I, avec l'aide de deux firmes allemandes et d'une société française. Safari est une pile destinée à la recherche. Bertrand Goldschmidt, directeur des relations extérieures du Commissariat à l'énergie atomique (CEA), visitait l'Afrique du Sud en 1963 et proposait à des scientifiques de ce pays de venir étudier en France. *L'Express* du 4 avril 1963 rapportait que le Premier ministre Verwoerd voulait conclure un accord avec Paris, basé sur un échange de connaissances nucléaires contre des livraisons d'uranium à la France. L'année suivante, alors que Londres appliquait l'embargo sur les armes à destination de Pretoria décrété par l'ONU, Paris devenait son premier fournisseur d'armes et autres produits « chauds ». *Le Monde diplomatique* révélait en avril 1976 cette chronique secrète : « Entre 1964 et 1966, la France livrera ainsi trois Mirages 3 BZ, cinquante-quatre hélicoptères Alouette, seize hélicoptères Super-Frelon, vingt Mirages 3 BZ équipés de missiles Matra 530 ou AS 30, quatre Mirages 3 RZ, modèle spécial de reconnaissance équipé de caméra à l'avant, sans parler d'équipements plus légers (cartouches, grenades). C'est à peu près vers la même époque (fin 1963) que le gouvernement de Pretoria annonce qu'il entreprend la mise au point d'un missile sol-air capable de porter une tête nucléaire ou un gaz toxique. Opérationnel en 1969, expérimenté près de Bordeaux, le Cactus est une réalisation franco-sud-africaine, les firmes Matra et Thomson-CSF ayant fourni le plus gros apport technique. » Il y avait là beaucoup de points qui évoquaient la coopération entre Paris et Tel-Aviv, jusqu'au « Cactus », qui rappelait étrangement le lance-missiles Jéricho... L'axe Pretoria-Paris ne cessa alors de se renforcer.

Le 27 avril 1968, une visite française attira spécialement l'attention du *Star*, journal d'Afrique du Sud : « Le plus haut responsable de l'armement nucléaire en Europe, M. Belpomme, est arrivé en RSA [République sud-africaine]. Une grande partie de son séjour est entourée du secret le plus absolu... Il dirige le groupe français Sodeteg[1] [...] qui participe de très près à la construction de têtes nucléaires destinées à la force de frappe française et qui a joué un rôle de premier plan dans les centres d'essais atomiques du Sahara et du Pacifique... Le groupe a également fourni les capitaux qui ont permis la construction de terrains d'essai de missiles et de plusieurs stations de poursuite de satellites, dont la station française de poursuite de Paardefontein, près de Pretoria. »

Dès la fin de 1968, des savants atomistes sud-africains font des stages au centre nucléaire de Saclay. Quant aux atomistes israéliens qui ne vont plus à Saclay, ils se rapprochent de leurs collègues sud-africains, qui, eux, ont conservé et développé leurs liens avec la France. Si bien que la coopération franco-israélienne continue discrètement en Afrique du Sud. Un acteur français de l'opération « Dimona » me confia avoir été très surpris, en 1967, de rencontrer par hasard à Johannesburg une partie de l'équipe israélienne qui venait, quelques années plus tôt, fréquemment au CEA à Paris[2]. Israël ne voulait pas s'en tenir à la bombe A. Tout en poursuivant la fabrication de son arsenal de bombes de la première génération, il s'engagea alors dans la même voie que tous ceux du club atomique – États-Unis, URSS, Royaume-Uni, France et, depuis 1964, la Chine – : la possession de l'arme thermonucléaire. Il ne s'agit plus cette fois de « bricolage ». L'accès à la bombe H est une épreuve de longue haleine qui nécessite une très grande maîtrise scientifique, technologique et industrielle. Israël unit donc ses forces avec l'autre « banni » de l'hémisphère sud, l'Afrique du Sud. Touchant au noyau dur du secret d'Israël, qui

---
1. Faisant partie du groupe Thomson.
2. Lors de mon enquête pour *Les Deux Bombes,* Fayard, 1982.

aujourd'hui encore ne reconnaît pas disposer de la bombe, les informations concernant cette coopération nucléaire sont évidemment parcellaires. La connaissance de cette alliance honteuse vient toutefois de faire un grand bond avec la publication, en mai 2010, du livre de Sasha Polakow-Suransky, *The Unspoken Alliance,* fondé notamment sur des documents sud-africains récemment déclassifiés.

Dès la fin des années 1960, des mentions sont faites de la coopération nucléaire entre les deux pays. « Les relations Israël-Afrique du Sud se justifient non seulement parce que les deux pays ont des projets nucléaires, mais aussi à cause de l'intérêt commun qu'ils ont sur le continent africain et de leurs rapports avec l'Occident : Pretoria et Tel-Aviv craignent de perdre l'appui des puissances occidentales. D'où la volonté de se constituer un bouclier atomique autonome », écrit Nathan Weinstock[1], en 1969. Le journal israélien *Yediot Aharonot* écrit le 22 mai 1975: « Ce n'est pas un secret que les scientifiques sud-africains sont en liaison étroite avec leurs homologues israéliens en de nombreux domaines [...]. Cette coopération s'exerce en particulier à l'Institut géologique du Botswana, au département de physique nucléaire de l'université de Johannesburg et au département pour l'étude des isotopes solides de l'Institut Weizmann de Revohot. » Dans les mêmes années 1970, Israël est accusé d'avoir aidé – aux côtés des États-Unis, de l'Allemagne de l'Ouest, du Royaume-Uni, de la France et de l'Iran du Shah – le programme du nucléaire militaire sud-africain, en échange de livraisons d'uranium pour fabriquer ses propres bombes[2].

---

1. In *Le Sionisme contre Israël,* François Maspero, coll. « Cahiers libres », 1969.
2. Zdenek Cervenka et Barbara Rogers, *The Nuclear Axis*, Julian Freedman Books, 1978 ; Howard Schissel, « Un terrain privilégié de coopération avec l'Occident – Comment l'Afrique du Sud a pu mettre au point "sa" bombe nucléaire », *Le Monde diplomatique,* septembre 1978, disponible en ligne : http://www.monde-diplomatique.fr/1978/09/SCHISSEL/16853

La chaîne américaine CBS diffuse, le 21 février 1980, un reportage soutenant que l'événement repéré par un satellite espion américain le 22 septembre 1979 est un essai nucléaire conjoint d'Israël et de l'Afrique du Sud. Le 20 juin 1980, la CIA soumet au Conseil de sécurité nationale un rapport corroborant cette allégation[1]. Le 14 juillet de la même année, la Defence Intelligence Agency, ou DIA (agence de renseignement créée par John F. Kennedy après le désastre de la baie des Cochons, pour ne pas dépendre de la seule CIA), confirme l'origine nucléaire de l'incident, mais sans se prononcer sur l'identité de ceux qui ont fait exploser l'engin. Le *New York Times* du 23 juillet 1981 affirme qu'Israël aide Taïwan à mettre au point des missiles porteurs de têtes nucléaires, tandis que les Chinois de Formose assisteraient Pretoria dans la fabrication des matériaux fissiles nécessaires à la bombe. En octobre 1989, la chaîne américaine NBC accuse Israël et l'Afrique du Sud de coopération en matière nucléaire, ce qui provoque un démenti des deux intéressés.

Sur le plan des expériences atomiques, la rencontre entre Israël et l'Afrique du Sud ne pouvait que s'avérer fructueuse. Non seulement à cause de l'importance des façades maritimes de ce dernier pays, mais aussi en raison d'une « anomalie » naturelle : le « Southern African Anomaly Point », point géographique au large des côtes sud-africaines où les ceintures de radiations qui entourent la terre sont anormalement rapprochées de la surface terrestre. Même une explosion d'essai nucléaire puissante dans ce secteur est difficilement détectable, du fait de l'absence d'impact sismique et de la haute radioactivité naturelle en cet endroit. Des études sont d'ailleurs menées sur ce phénomène en liaison avec l'Atomic Energy Board. On peut donc imaginer que les fameux « pontons » qu'Israël proposait à la France dès 1965 ont été montés en Afrique du Sud et acheminés près

---

1. James Adams, *The Unnatural Alliance (Israel and South Africa)*, QuartetBooks, 1984.

du fameux « point » au large des côtes. Des explosions seraient alors très difficiles à repérer, malgré tous les satellites américains et autres engins destinés à les détecter.

La CIA et le Département d'État estiment que trois pays, plus ou moins mis au ban par une partie de la communauté internationale – Israël, Taïwan et l'Afrique du Sud –, ont décidé de former une sorte de club atomique secret, en dehors du Grand Club des Cinq regroupant ceux qui détiennent officiellement la bombe et entendent dicter leurs règles à ceux qui ne l'ont pas. Ces trois pays auraient noué des contacts étroits dans le domaine militaire et dans celui de l'espionnage. Enfin, l'Afrique du Sud et ses vastes espaces – notamment le désert du Kalahari et son littoral – permettraient à Israël de mener à bien ses propres essais nucléaires. La CIA est ainsi persuadée que plusieurs explosions mystérieuses, détectées par satellite en septembre 1979 et en décembre 1980 étaient en réalité des tests nucléaires menés par les « Trois ». La *Company* estime que les bombes expérimentées étaient des armes tactiques d'une puissance égale à environ le sixième de celle d'Hiroshima. En 1986, Israël aura le plus grand mal à contrer les révélations faites par Mordechai Vanunu[1], un technicien nucléaire israélien, sur le centre nucléaire de Dimona et sur la fabrication de la bombe. Vanunu raconta que les scientifiques sud-africains visitaient régulièrement Israël, où ils travaillaient dans un centre secret implanté dans le désert du Negev.

Quoi qu'il en soit, la plupart des observateurs estiment que la coopération israélo-sud-africaine en matière de nucléaire militaire est un fait établi[2], et rares sont ceux qui y

---

1. Au *Sunday Times*, du 5 octobre 1986. Mordechai Vanunu fut enlevé par le Mossad et condamné à quinze ans de prison pour divulgation de secret d'État. Condamnation qui était bien la preuve que Vanunu disait la vérité.
2. Benjamin Beit-Hallahmi, *The Israeli Connection. Who Israel Arms and Why*, op. cit. ; Jane Hunter, *Israel and South Africa*, South End Press, 1984 ; Al. J. Venter, *How South Africa Built Six Atom Bombs*, Ashanti Publications, 2008.

THE MINISTER OF DEFENCE

Tel-Aviv, November 22, 1974

TOP SECRET

Dear Dr. Rhoodie,

Allow me to thank you most sincerely for the great efforts you employed to ensure the success of the meetings which took place in Pretoria on the 13th and 14th of this month.

It is to a very large extent due to your perspicacity, foresight and political imagination that a vitally important cooperation between our two countries has been initiated. This cooperation is based not only on common interests and on the determination to resist equally our enemies, but also on the unshakeable foundations of our common hatred of injustice and our refusal to submit to it.

Just as I am aware of the significant personal role that you have played as from the preliminary stages of our talks, so I am convinced that the new links which you have helped to forge between our two countries will develop into a close identity of aspirations and interests which will turn out to be of long-standing benefit to both our countries.

I am looking forward very much to meeting you again during your next visit to Israel.

With warm personal regards, I am,

Sincerely yours,

Shimon Peres
Minister of Defence

Dr. E.M. Rhoodie,
Secretary for Information,
Pretoria,
The Republic of South Africa

voient un simple « mythe[1] ». Mais, faute de reconnaissance officielle de leur possession de la bombe par les deux pays concernés, et en l'absence de preuves irréfutables, un rapport du secrétariat général de l'ONU de 1980 est contraint de conclure prudemment : « Ces dernières années en particulier, les inquiétudes n'ont fait que croître sur une possible coopération nucléaire entre l'Afrique du Sud et Israël. Une telle hypothèse est devenue particulièrement persistante après que le Premier ministre John Vorster eut visité Israël, en 1976, et signé divers accords de coopération. Néanmoins, il n'existe pas de déclarations officielles pour confirmer que la coopération s'étend au domaine nucléaire. Jusqu'à ce que des exemples précis d'échanges en matière nucléaire puissent être cités, avec des preuves claires d'une telle coopération, toute la question demeurera dans l'incertitude[2]. »

Il faudra attendre 2010 pour que soient connues ces preuves, avec la publication du livre *The Unspoken Alliance* et la reproduction dans le *Guardian* daté du 25 mai de quelques documents, notamment d'une lettre de Shimon Peres datée du 22 novembre 1974 dans laquelle le ministre israélien de la Défense du gouvernement de Yitzhak Rabin, de retour de Pretoria, écrit à son collègue Pieter Botha, pour remercier ses hôtes d'avoir mis en place « un lien d'importance vitale » entre Israël et l'Afrique du Sud, « basé non seulement sur nos intérêts communs et sur notre détermination à résister à nos ennemis, mais aussi sur notre haine commune de l'injustice et sur notre refus de s'y soumettre ». Peres et Botha mettront ensuite en place le cadre de la relation entre leurs deux pays, qui durera jusqu'en 1993 ; c'est ainsi qu'était prévue une rencontre tous les quatre mois entre les responsables des services de renseignement des

---

1. Gerald M. Steinberg, « The Mythology of Israeli South African Cooperation », *Middle East Review*, printemps 1987, pp. 31-38.
2. United Nation Document, A/35/402 (9 septembre 1980).

deux pays. *The Unspoken Alliance* précise plusieurs aspects de la collaboration nucléaire entre les deux pays, comme les livraisons quasiment illimitées d'uranium sud-africain contre du tritium, une substance radioactive qui augmente considérablement la puissance explosive des bombes thermonucléaires de seconde génération, et apporte la confirmation que des techniciens israéliens ont installé des rampes de lancement pour tester le missile Jericho 2 à tête nucléaire tout près du cap Agulhas, la pointe la plus méridionale de l'Afrique du Sud.

C'est après la guerre du Kippour, en octobre 1973, qui a entraîné la plupart des pays d'Afrique à rompre leurs relations diplomatiques avec Israël, que l'État hébreu a éprouvé le besoin de renforcer encore davantage ses liens avec le régime sud-africain, pourtant au ban de la communauté internationale. Même le quotidien de centre gauche *Haaretz* réclamait une normalisation des relations avec l'Afrique du Sud, dans son édition du 14 novembre 1973. Ce conseil allait rapidement être suivi. Dans *Maariv* du 14 mars 1974, Abba Eban, ministre israélien des Affaires étrangères (travailliste, mais d'origine sud-africaine), déclare : « L'avantage d'être excommunié, c'est qu'on n'a plus rien à perdre et qu'on peut dire ce qu'on pense. [...] Les États africains soi-disant libérés sont presque tous une sinistre plaisanterie et une insulte à l'humanité. [...] Et je me sens mieux de l'avoir dit. [...] Si j'ai à choisir entre l'amitié avec l'Afrique noire, telle qu'elle est, et l'amitié avec une nation blanche, qui connaît l'ordre et la prospérité, et où vit une communauté juive florissante, je choisis l'Afrique du Sud. » La même année, le premier ambassadeur israélien arrive à Pretoria.

Après de nombreuses visites, notamment de Moshe Dayan et des responsables des services secrets, John Vorster, le Premier ministre sud-africain – qui avait passé vingt mois en prison, pendant la Seconde Guerre mondiale, en raison de ses activités pronazies –, signe en avril 1976, avec son homologue israélien Yitzhak Rabin, un traité économique, scientifique et industriel, aux termes duquel le régime de l'apartheid devient le principal client de l'armement israélien. Le *Star* commentait : « Il est clair que ce traité va bien au-delà des accords habituels de coopération et de commerce qui clôturent normalement la visite officielle d'une personnalité d'un pays ami [...]. Le traité porte essentiellement sur les échanges de matières premières et de connaissances techniques militaires dont les deux pays ont désespérément besoin. Pour tous deux, c'est virtuellement une question de survie. Il s'agit là, vraisemblablement, du mobile le plus puissant. » John Vorster précisait que « l'Afrique du Sud fournissait à Israël des matières premières et une aide financière, en échange de quoi elle obtiendrait des armes israéliennes ou la technologie pour fabriquer ces armes sous licence ». Et Yitzhak Rabin, faisant fi des anciennes barrières éthiques et morales à s'associer publiquement avec le régime de l'apartheid, déclarait à Vorster : « Nous suivons avec sympathie les efforts historiques que vous menez pour achever la détente sur votre continent, pour construire des ponts et assurer ainsi un meilleur avenir, pour créer une coexistence qui garantira une atmosphère de prospérité, de coopération, entre tous les peuples africains, sans interférences ni menaces extérieures[1]. »

L'arrivée au pouvoir en mai 1977 de Menahem Begin et du Likoud enlève les derniers et légers scrupules quant à la violation de l'embargo international sur les ventes d'armes au pays de l'apartheid décrété par l'ONU. Peuvent ainsi s'établir ce que l'historien pro-israélien Joel Peters appelle « des liens chaleureux non dissimulés[2] ». Gideon Patt, ministre israélien de l'Industrie et du Commerce extérieur (Likoud), déclare même, en 1982, qu'« Israël et l'Afrique du

---
1. *The Jerusalem Post Weekly*, 13 avril 1976 ; *The Wall Street Journal*, 23 avril 1976.
2. Joel Peters, *Israel and Africa, op. cit.*, p. 411.

Sud sont deux des trente démocraties du monde[1] ». Le journaliste israélien Yoel Marcus présente l'Afrique du Sud comme « le deuxième allié d'Israël par ordre d'importance, après les États-Unis » (*Haaretz*, 1ᵉʳ octobre 1982). Le général Shlomo Gazit, ancien directeur de l'Aman, le service de renseignement de l'armée israélienne (distinct du Mossad), justifie ainsi les relations avec l'Afrique du Sud, dans un entretien au *Financial Mail* du 17 juin 1983 : « Israël est en état de guerre, et ce, depuis trente-six ans. Nous sommes soumis à une très forte pression. Nous ne pouvons pas nous offrir le luxe de refuser la coopération de quiconque, de recevoir une aide politique, économique et scientifique qui pourrait nous être utile. Si la coopération avec l'Afrique du Sud aide Israël, alors j'y suis favorable. »

Après le traité signé par Vorster en 1976, l'African National Congress (ANC), le grand mouvement de libération d'Afrique du Sud, réagissait par le communiqué suivant : « Cette visite est la démonstration et l'aboutissement d'un long processus de coopération entre deux États qui constituent un très grave danger pour la paix mondiale : Israël au Moyen-Orient et l'Afrique du Sud pour le continent africain. Cette visite confirme la collaboration étroite qui s'est établie entre eux dans les domaines économique, politique et militaire. Nous n'avons aucun doute que cette coopération s'étend au plan nucléaire, dans le but de préparatifs de guerre contre les pays voisins, et d'une confrontation avec les mouvements de libération nationale. » Est-ce Ronald Kasrils, un Sud-Africain juif, chef du renseignement de l'aile militaire de l'ANC, qui rédige ce communiqué ? En tout cas, l'ANC est bien placé pour comprendre la nature de cette alliance, notamment dirigée contre elle, car les dirigeants israéliens, considérant que toute victoire des mouvements révolutionnaires, quel qu'en soit le lieu, représente à

---

1. *Yediot Aharonot*, 13 mars 1983.

long terme une menace pour l'État hébreu, vont aider l'Afrique du Sud à traquer les mouvements de libération de la région : l'ANC, mais aussi le FRELIMO (Frente de Libertação de Moçambique), le MPLA (Movimento Popular de Libertação de Angola) et le SWAPO (South West Africa People's Organization)[1].

Si la collaboration nucléaire entre les deux pays était cachée par le secret d'État, parce qu'il s'agissait de protéger le secret israélien n°1 sur sa sécurité, celle des services secrets est, par nature, tout aussi protégée et va constituer un pan très important de ces relations qui furent jugées alors contre-nature. Comme sur la bombe, les informations relatives aux relations entre le Mossad et le BOSS (Bureau of State Security), mais aussi entre Tsahal et l'armée sud-africaine, sont donc fragmentaires. Une certitude : les services de renseignement des deux pays ont collaboré sans états d'âme au nom de la lutte contre le communisme et, déjà, contre le « terrorisme ». Le rapprochement entre le Mossad et le BOSS aurait commencé dès 1964. Selon le journaliste britannique Gordon Thomas, ils sont « comme cul et chemise » dans les années 1970 et 1980. Ils mènent des opérations communes. Des hommes du Mossad apprennent à leurs collègues sud-africains comment torturer sans faire couler le sang ni mettre en danger la vie de la victime, et comment tuer un gêneur sans laisser de traces[2]. Et, dans les années 1980, le BOSS a tué, ou tenté d'assassiner, plusieurs dirigeants de l'ANC en leur envoyant des explosifs puissants dans des lettres et de petits colis, une technique éprouvée depuis longtemps par le Mossad contre les terroristes palestiniens.

En tout cas, dès le mois d'août 1973 – soit avant la guerre du Kippour –, le général Hendrik van den Bergh,

---
[1]. Alhadji Bouba Nouhou, *Israël et l'Afrique. Une relation mouvementée*, op. cit.
[2]. Gordon Thomas, *Histoire secrète du Mossad, de 1951 à nos jours*, Le Seuil, coll. « Points » ; Nouveau Monde éditions, 2006.

chef du BOSS, se rend en Israël et déclare à son retour : « J'ai apprécié cette visite et j'ai informé le Premier ministre que, tant qu'Israël est là, il y a de l'espoir. Et si Israël était détruit, que Dieu nous en garde, l'Afrique du Sud serait en danger de disparition[1]. »

Van den Bergh avait, chez lui, de quoi se rassurer quelque peu : une mission permanente du service israélien de contre-espionnage intérieur, le Shin Bet Klali (en abrégé Shin Bet ou Shabak). Cerise sur le gâteau, le centre de recherches sur le terrorisme de l'université de Tel-Aviv, créé par le psychologue Ariel Merari – lequel enseigne aussi à Berkeley et à Harvard –, coopère avec son homologue sud-africain de Cape Town. Le professeur Merari déclare au journal israélien *Hotam*, le 24 février 1984, que « le combat contre le terrorisme doit se mener dans l'unité ; l'unité du monde occidental contre le phénomène du terrorisme lui-même, quels qu'en soient le motif ou les intentions, déclarées ou non déclarées, de tel ou tel groupe terroriste ». Et tant pis si l'Afrique du Sud ségrégationniste se trouve faire partie du « monde occidental ».

Dans le *Washington Post* du 8 juillet 1975, Meïr Amit, ancien directeur du Mossad (1963-1968), révèle que des officiers israéliens de haut rang ont commencé à instruire certains de leurs homologues sud-africains, pour leur apprendre les méthodes en pointe pour le combat, notamment le combat contre-insurrectionnel. Les Sud-Africains qui visitent les territoires occupés vont s'inspirer des méthodes de Tsahal pour mater les populations noires, et une trentaine d'officiers sud-africains sont envoyés en stage dès 1976 au sein de l'école de combat de l'armée israélienne[2]. Le perfectionnement des méthodes de combat va ensuite s'opérer surtout en Afrique du Sud. Le *Sunday Times* du 15

---
1. Zdenek Cervenka et Barbara Rogers, *The Nuclear Axis, op. cit.*
2. Sasha Polakow-Suransky, *The Unspoken Alliance*, déjà cité.

avril 1984 donne le chiffre de 300 militaires israéliens présents en Afrique du Sud pour entraîner les forces armées de cet État. Le général de brigade « Rooi Rus » Swanepoel, principal « interrogateur » dans l'affaire de Rivonia en 1964 – le procès de Nelson Mandela qui aboutit à sa condamnation à la prison à vie –, et fondateur des brigades de contre-insurrection en Namibie, connu sous le nom de « boucher de Soweto » (il écrasa la révolte de ce township en 1976, au prix de centaines de morts), était reçu régulièrement en Israël dans les années 1970. Et Uri Dan, journaliste et conseiller d'Ariel Sharon, pouvait clamer son admiration pour l'armée sud-africaine[1].

En 1981, Ariel Sharon, alors ministre de la Défense, visite la Namibie – territoire dont Israël avait réclamé l'indépendance quinze ans plus tôt –, et plus particulièrement sa frontière avec l'Angola[2]. Suite à cette visite, Israël envoie des instructeurs pour entraîner les soldats sud-africains qui luttent contre les indépendantistes namibiens réfugiés en Angola. Considérant que la meilleure défense, c'est l'attaque, l'armée sud-africaine entend empêcher les incursions de la SWAPO en pénétrant elle-même en territoire angolais, et en aidant l'Union pour l'indépendance totale de l'Angola (UNITA), hostile au gouvernement.

En 1983, l'Agence d'information angolaise affirme que des experts militaires israéliens entraînent une partie des forces de l'UNITA, dirigée par Jonas Savimbi sur le territoire de la Namibie. À l'automne 1984, le *Financial Times* confirme que des militaires israéliens et sud-africains aident de concert l'UNITA qui lutte contre le gouvernement marxiste angolais, installé au pouvoir en 1975 grâce à l'aide cubo-soviétique. Toujours en 1984, l'ambassadeur d'Israël en Afrique du Sud se rend en Namibie. Et en avril 1985,

---
1. Benjamin Beit-Hallahmi, *The Israeli Connection, op. cit.*
2. *The New York Times*, 14 décembre 1981.

c'est au tour de responsables namibiens de visiter Israël, pour approfondir la coopération – en matière surtout économique, il est vrai.

À l'est de l'Afrique australe, Israël aide l'Afrique du Sud contre le communiste Mozambique. Le Mouvement national de résistance mozambicain, guérilla de droite opposée au gouvernement prosoviétique, reçoit un entraînement par des militaires israéliens, tandis que la CIA et les services secrets saoudiens financent le groupe. Et les services spéciaux israéliens soutiennent le régime abhorré de Ian Smith en Rhodésie (futur Zimbabwe), régime qui pratique également l'apartheid et est soumis à l'embargo. La relation entre les deux pays a été officialisée par un accord militaire en 1977.

Le savoir-faire israélien ne concerne pas les seules opérations terrestres. À partir de 1976, les personnels de la marine de guerre sud-africaine peuvent s'entraîner sur les navires israéliens[1].

Derrière cette collaboration essentielle pour le renforcement de la sécurité des deux pays, la fabrication de la bombe et la lutte contre les ennemis communs, s'est évidemment installée une relation étroite en matière d'armements. Si Israël ne se place jamais parmi les gros fournisseurs d'armes de l'Afrique du Sud, en termes de chiffre d'affaires, il y figure rapidement parmi les plus efficaces. *The Economist* du 5 novembre 1977 révèle que 150 chars sud-africains Centurion sont modernisés dans des usines israéliennes, en échange de la fourniture d'aciers spéciaux pour les blindés israéliens. Des mitraillettes israéliennes de la célèbre marque Uzi sont fabriquées en Afrique du Sud, sous licence, de même que des fusils d'assaut Galil. L'électronique des missiles sud-africains est fabriquée grâce à la coopération israé-

---
1. Naomi Chazan, *The Fallacies of Pragmatism : Israeli Foreign Policy Toward South Africa*, *African Affairs*, n° 82-367, avril 1983.

lienne[1]. Plus substantielle encore est la coopération des industries de construction navale. James Adams, un des piliers du *Sunday Times*, indique : « Les chantiers navals d'Haïfa ont aidé à la création de l'industrie de construction navale en Afrique du Sud, qui n'existait pratiquement pas auparavant, en fournissant du personnel aux chantiers navals de Sandock-Austral [installés à Durban] et en conseillant cette société sur les méthodes de production les plus efficaces[2]. »

L'embargo français sur les armes à destination de l'Afrique du Sud, prononcé en 1977 et renforcé à partir de 1981 par François Mitterrand, ouvre de nouveaux débouchés à l'industrie de l'aéronautique militaire israélienne, d'autant plus intéressants que le Shah a été chassé du pouvoir en Iran en 1979 : ainsi les missiles Reshef, Class boots, Shafrir et Gabriel équipent-ils les forces armées sud-africaines, dès la fin des années 1970 ; les hélicoptères de fabrication française, Alouette et Super-Frelon, sont entretenus par des Israéliens, avec des pièces détachées venant d'Israël ; puis, en 1986, sort des usines le Cheetah, avion de combat issu de la coopération entre les spécialistes israéliens et sud-africains. Israël fournit aussi des radars, des alarmes, des drones et autres appareils ou équipements électroniques destinés à la lutte antiguérilla à l'Afrique du Sud.

Comme toutes les autres industries militaires du monde, l'industrie israélienne d'armement a besoin de débouchés. L'Afrique du Sud a été un client privilégié dans les années 1970 et 1980. Un rapport du Stockholm International Peach Research Institute estime, en 1981, que le régime d'apartheid a acheté 35 % de toutes les armes exportées par Israël jusqu'en 1980. De même, si des missiles mer-mer, comme Gabriel, peuvent difficilement être utilisés pour réprimer les

---
1. Philip H. Frankel, *Pretoria's Praetorians. Civil-Military Relations in South Africa*, Cambridge University Press, 1984, p. 86.
2. James Adams, *The Unnatural Alliance, op. cit.*, p. 123.

Noirs réclamant leurs droits politiques et sociaux, la National Public Radio (radio publique américaine) a diffusé, le 13 janvier 1986, l'enregistrement d'un échange entre représentants de commerce israéliens et agents des forces de sécurité sud-africaines, sur le maniement de grenades lacrymogènes.

Business as usual. Tout naturellement, les liens économiques entre les deux pays se sont développés parallèlement aux liens « sécuritaires ». D'abord, sous la houlette de la centrale syndicale Histadrut, qui contrôlait, dans les années 1970 et 1980, une partie importante de l'économie israélienne. À travers la société Hevrat Haovdim, elle disposait d'un quasi-monopole sur le commerce avec l'Afrique du Sud. Et les kibboutzim n'étaient pas en reste : celui de Lohamei Hagetaot (« combattants du ghetto »), fondé par des Juifs originaires des pays de l'Est qui avaient combattu le nazisme, gérait l'usine chimique de Kama, dans le bantoustan du Kwazulu[1].

Entre 1973 et 1974, le commerce extérieur entre Israël et l'Afrique du Sud doublait. La hausse se poursuivait dans les années suivantes, notamment suite à la visite d'hommes d'affaires israéliens en Afrique du Sud en 1978, et à celle d'hommes d'affaires sud-africains en Israël en 1980. Les exportations israéliennes vers l'Afrique du Sud passèrent ainsi de 12 millions de dollars en 1973 à 104,4 millions en 1984, et les importations de 27,5 à 165,1 millions pendant la même période. Et encore ces chiffres n'incluent-ils pas les importations de diamant, d'uranium, de minerai de fer et de certains produits alimentaires, comme les jus de fruits et la bière, transformés en Israël. L'industriel sud-africain Archie Hendler déclare, en 1979, que « la principale raison de se rendre en Israël, c'est de profiter de l'accès au Marché commun » par l'accord économique préférentiel signé entre Bruxelles et Tel-Aviv. En septembre 1985, l'*Export Bulletin*

---
1. Voir l'article d'Alain Gresh, dans *Le Monde diplomatique*, déjà cité.

du ministère sud-africain des Affaires étrangères rappelle aux industriels qu'il est possible d'utiliser Israël comme base pour l'exportation vers les États-Unis : on obtient ainsi un gain représentant 35 % de la valeur du produit, grâce à l'exemption de taxes.

Malgré tout, l'Afrique du Sud n'est jamais, quantitativement, un partenaire commercial important pour Israël ; mais, qualitativement, elle le devient vite, fournissant, entre autres, des aciers spéciaux à destination militaire, notamment le blindage du char Merkava. Dès 1973, la société sidérurgique South-African Iron and Steel Corporation et son homologue israélienne Koor Industries créent une filiale commune pour la vente d'acier en Israël[1]. Dans les années 1980, un tiers des diamants taillés et polis en Israël viennent d'Afrique du Sud, tout comme les deux millions de tonnes de charbon consommées chaque année par la centrale thermique de Hadera, à partir de 1979. Ce charbon est d'autant plus apprécié que l'approvisionnement en pétrole est un sujet permanent d'inquiétude pour Israël depuis la restitution du Sinaï, cependant que le nucléaire civil ne peut se développer que très lentement, à cause de la rupture de l'alliance avec la France et du refus d'Israël de signer le traité de non-prolifération.

Inversement, l'Afrique du Sud est un débouché pour l'industrie électronique et l'industrie chimique d'Israël[2]. Agridev, société israélienne spécialisée dans les technologies de pointe au service de l'agriculture, ne se contente pas de vendre ses produits et ses services : elle crée une filiale commune avec la société sud-africaine Gerber Goldschmidt : Agri-Carmel.

---

1. *South Africa Digest*, 26 octobre 1973.
2. Joel Peters, *Israel and Africa. The Problematic Friendship*, Londres, The British Academic Press/I.B. Tauris, 1992 ; du même auteur, « Israël et le Tiers-monde », dans l'ouvrage sous la direction d'Alain Dieckoff, *L'État d'Israël*, Fayard, 2008.

Si l'État juif ne reconnaît pas *de jure* les bantoustans, ces pseudo-États créés par le régime sud-africain pour cantonner les Noirs sur le territoire le plus restreint possible[1], trois des quatre bantoustans « indépendants », le Bophuthatswana, le Ciskei et le Transkei, envoient en Israël des représentations commerciales, et les dirigeants des « États » sont reçus avec les honneurs en Israël, par exemple le « président » du Bophuthatswana, qui visite Israël en 1980 et 1983, et le « président » du Ciskei, qui s'y rend trois fois pendant la seule année 1983. Des accords de jumelage sont même signés entre certains bantoustans et certaines colonies israéliennes en Cisjordanie, comme celle d'Ariel avec Bisho, la « capitale » du Ciskei[2].

Parmi les investisseurs israéliens dans les bantoustans – le *Jerusalem Post* du 2 juillet 1984 en compte une soixantaine, rien qu'au Ciskei –, plusieurs sont des sympathisants, des membres, voire des dirigeants du Likoud, notamment Yoram Aridor[3], ministre des Finances de 1981 à 1983, puis ambassadeur aux États-Unis de 1990 à 1992. De même, Nat Rosenwasser, conseiller de la représentation commerciale du Ciskei en Israël, siégeait au comité central du Herout, l'ancêtre du Likoud[4]. Les investissements concernent aussi bien l'agriculture que la construction d'édifices publics et la télévision.

Plus politiques également sont les échanges culturels et le développement du tourisme de part et d'autre. Sans être de premier ordre, ces échanges sont appréciables pour le régime de l'apartheid, tout particulièrement en 1984-1986, années où la pression internationale s'accroît. Comme gage de sa

---

1. Le géographe Michel Foucher parle de « frontières de refoulement ».
2. « La visite du chef de la diplomatie israélienne illustre les relations étroites entre les deux pays », *Le Monde*, 6 novembre 1984.
3. Joel Peters, *Israel and Africa, op. cit.*, p. 162.
4. Jane Hunter, *Israeli Foreign Policy. South Africa and Central America*, Boston, South End Press, 1987, p. 72.

bonne volonté, l'Afrique du Sud libère en 1985 Denis Goldberg, dirigeant juif de l'African National Congress, le parti de Nelson Mandela, à la demande du gouvernement israélien.

Cette proximité entre les deux pays s'est traduite par une forte augmentation du nombre des citoyens israéliens vivant en Afrique du Sud : 5 000 en 1978, 20 000 en 1985[1]. Ces Israéliens sont, notamment, des ingénieurs, très recherchés par l'Afrique du Sud[2]. À cette présence permanente s'ajoutent les colloques scientifiques communs : quatorze entre 1976 et 1984, dont neuf se tiennent en Israël et cinq en Afrique du Sud. Au début de 1985, un nouveau contrat concernant la haute technologie porte sur au moins cinq millions de dollars[3].

Essentielle pour Israël, cette intimité avec le pays de l'apartheid l'a obligé à des acrobaties diplomatiques pour justifier ce qui dans les années 1970 et 1980 était injustifiable aux yeux de l'opinion publique. Après la guerre du Kippour, Israël s'est abstenu lors du vote des nouvelles résolutions condamnant l'apartheid. En 1979, l'ambassadeur israélien à Pretoria a explicité ce changement de position : « Nous évitons soigneusement de nous joindre au concert de la réprobation, aussi générale que stérile, contre l'Afrique du Sud, qui émane de l'ONU, réprobation qui omet complètement de reconnaître les signes de changement positif en Afrique du Sud. » Et de poursuivre : « L'Afrique du Sud doit être considérée comme ayant une valeur particulière pour le monde libre, qui est déjà rançonné et victime de chantage de la part des pays arabes. » Les principaux ennemis des deux pays sont des alliés : l'Organisation de libération de la Palestine et l'African National Congress entretiennent des relations

---

1. In *Jerusalem Post* du 20 août 1985.
2. In *Yediot Aharonot* du 15 février 1981.
3. « Cooperation Agreement Reported Signed with South Africa », *Haaretz*, 14 février 1985 ; « Secret South African Israeli Pact », *Jane's Defense Weekly*, 23 février 1985.

très étroites, comme en attestent des documents saisis par le Mossad au Liban, en 1982[1].

Si Israël prononce plusieurs condamnations verbales de l'apartheid, notamment en août 1983, par la bouche du président Haim Herzog, les relations avec l'Afrique du Sud n'en sont aucunement affectées. En novembre 1984, alors que les Nations unies avaient décidé de nouvelles sanctions contre le régime de l'apartheid, le chef de la diplomatie sud-africaine, Roelof Frederik « Pik » Botha, était reçu en Israël – Yitzhak Rabin était alors Premier ministre. Le correspondant du *Monde*, relatant l'événement, évoquait les « relations étroites entre les deux pays » et le fait qu'Israël soit le seul État du monde à entretenir des relations avec des bantoustans « fantoches », dont certains étaient même, comme on a dit, jumelés avec des colonies israéliennes en Cisjordanie[2]. Une loi américaine de 1986, limitant le commerce avec le régime de Pretoria, a contraint Israël à pratiquer quelques sanctions, sous peine d'en subir lui-même aussi[3]. D'ailleurs, les sanctions sont si légères qu'Yitzhak Shamir, alors Premier ministre, est durement critiqué à ce sujet au Congrès américain[4], qui n'est pas un lieu où les chefs de gouvernement israéliens reçoivent habituellement de vifs reproches.

Alors que les contacts officiels sont interdits depuis septembre 1987, Yosef Shapira, ministre sans portefeuille, appartenant à la droite religieuse, se retrouve « par hasard » dans le même avion que Stoffel Botha, ministre sud-africain de l'Intérieur, alors qu'il se rendait en visite privée en

---

1. Gordon Thomas, *Histoire secrète du Mossad*, Le Seuil, coll. « Points », p. 370.
2. Jean-Pierre Langellier, « La visite du chef de la diplomatie sud-africaine illustre les relations étroites entre les deux pays », *Le Monde,* 6 novembre 1984.
3. « Sous la pression du Congrès américain, Israël réexamine ses relations avec l'Afrique du Sud », *Le Monde*, 20 janvier 1987 ; « Jérusalem annonce des sanctions contre Pretoria », *Le Monde*, 18 septembre 1987 ; Joel Peters, *Israel and Africa, op. cit.*, pp. 167-169.
4. *Le Monde*, 19 novembre 1989.

Afrique du Sud, fin février 1988. Quelques jours avant cette rencontre « fortuite », le quotidien israélien *Haaretz* annonce, dans son édition du 12 février, que l'Afrique du Sud va fabriquer un avion de chasse directement inspiré du Lavi, dont Israël vient d'arrêter la production. Les techniciens israéliens qui travaillaient sur cet avion se sont vu proposer des salaires élevés pour construire son frère jumeau en Afrique du Sud.

Toutefois les choses ne se passent pas comme prévu : le 20 septembre 1989, Frederik De Klerk est élu président de la République sud-africaine. Investi quelques mois plus tard, il démantèle l'apartheid entre 1990 et 1994, puis remet le pouvoir à Nelson Mandela, élu lors des premières élections multiraciales qu'ait connues le pays. Dès lors, on note une nette dégradation des relations entre les deux pays, Mandela suspendant la collaboration militaire – tout en honorant les contrats signés jusqu'à leur extinction, en 1998 – et s'engageant fortement aux côtés de l'Autorité palestinienne et de Yasser Arafat.

Laissons le dernier mot à Ronald Kasrils, qui, après la fin de l'apartheid, a occupé quelques postes gouvernementaux et se souvient de cette époque où Israël collaborait avec « son » pays, alors que lui était dans le maquis de l'ANC. S'il relève des différences évidentes entre les deux systèmes – Israël, par exemple, n'a pas besoin de la main-d'œuvre autochtone et a accordé le droit de vote à sa minorité arabe –, les convergences idéologiques étaient criantes : « Les premiers colons néerlandais, ceux que l'on appelle les Afrikaners, ont utilisé la Bible et le fusil. Comme les israélites de la Bible, ils prétendaient être le "peuple élu", avec une mission civilisatrice[1]. »

---

1. Alain Gresh, « Regards sud-africains sur la Palestine », *Le Monde diplomatique*, août 2009.

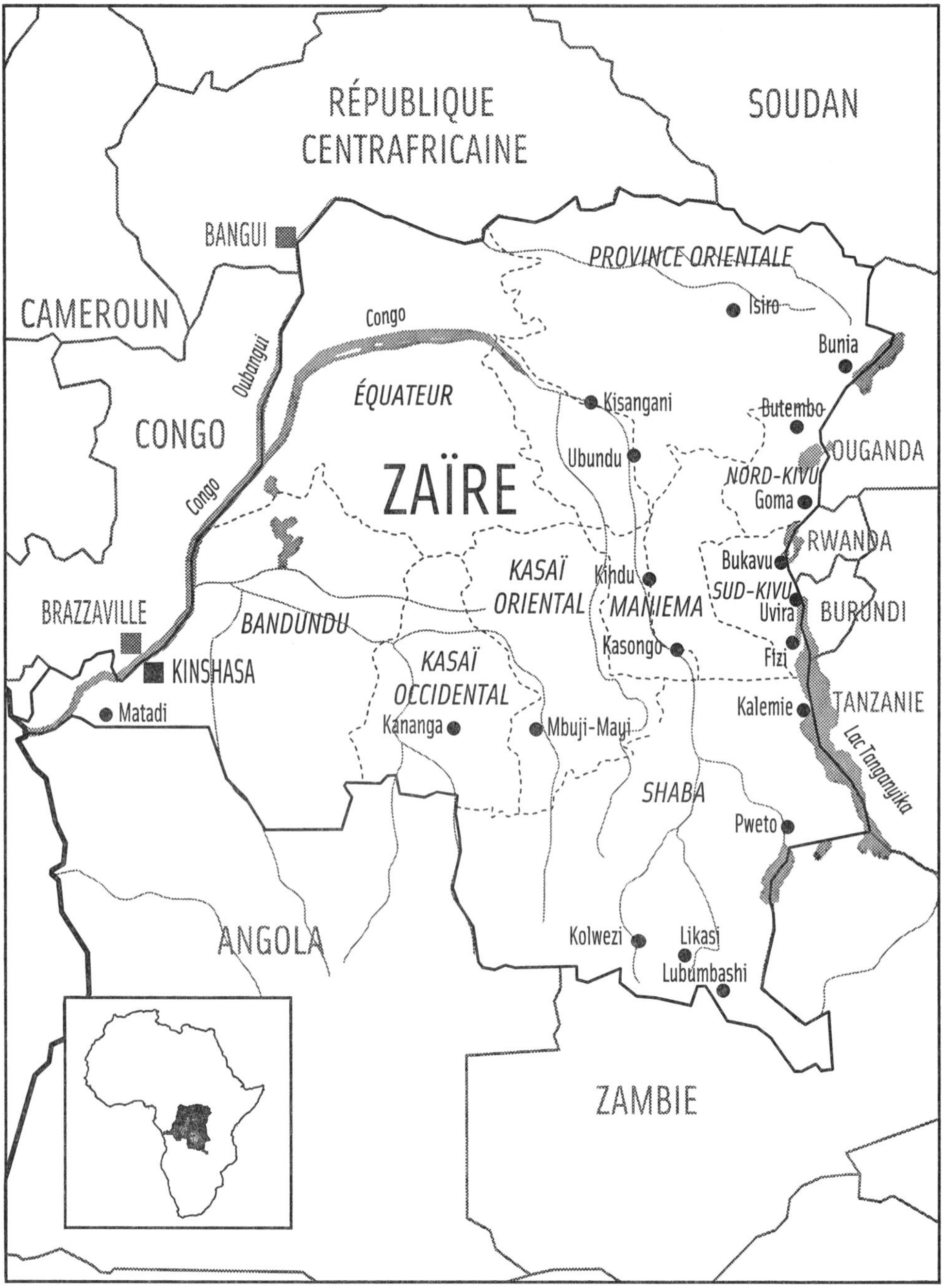

RÉPUBLIQUE
CENTRAFRICAINE
SOUDAN
BANGUI
PROVINCE ORIENTALE
CAMEROUN
Congo
Isiro
Bunia
Oubangui
ÉQUATEUR
Kisangani
Butembo
CONGO
Ubundu
OUGANDA
ZAÏRE
NORD-KIVU
Congo
Goma
RWANDA
Bukavu
KASAÏ
ORIENTAL
Kindu
MANIEMA
SUD-KIVU
Uvira
BURUNDI
BRAZZAVILLE
BANDUNDU
Kasongo
Fizi
KINSHASA
KASAÏ
OCCIDENTAL
Matadi
Kalemie
TANZANIE
Kananga
Mbuji-Mayi
Lac Tanganyika
SHABA
Pweto
ANGOLA
Kolwezi
Likasi
Lubumbashi
ZAMBIE

8

Israël était aussi le principal soutien de Mobutu

Mobutu a toujours éprouvé une profonde admiration pour Israël, les Israéliens et plus généralement tous les Juifs : « Il n'a pas lu *Les Protocoles des Sages de Sion,* mais si vous lui demandez ce qui l'a motivé à renouer avec Israël, il répondra que c'est le très grand pouvoir des Juifs d'influencer les gouvernements et la presse, essentiellement aux États-Unis », expliquait un diplomate occidental en poste à Kinshasa au début des années 1980[1]. Et un officiel israélien de compléter : « Mobutu croit que les Juifs contrôlent les institutions financières et qu'il est important d'obtenir leur soutien[2]. » Il était fier d'avoir été formé en Israël, et fier d'avoir toujours été soutenu par l'État hébreu, y compris durant les années 1973-82, pendant lesquelles il avait rompu ses relations officielles avec lui. Puis il tint à reprendre ces relations au grand jour pour qu'Israël l'aide à redorer son image auprès d'un Congrès américain qui lui cherchait des poux à cause de la corruption généralisée de son régime et réduisait drastiquement les crédits envisagés par l'administration américaine. Mobutu avait également besoin d'un grand déploiement d'agents du Mossad et d'éléments des forces spéciales pour garantir la pérennité de son régime, menacé de toutes parts.

---

1. Eliahu Salpeter, « Mobutu says Israel and means the United States », in *Haaretz* du 11 juin 1982, article rapporté par Benjamin Beit-Hallahmi dans *Israeli Connection, op. cit.*
2. Joel Peters, *Israel and Africa, op. cit.*

Il n'avait pas échappé à Mobutu que François Mitterrand l'avait qualifié de « tyran » pendant sa campagne présidentielle, et qu'il s'était montré très critique sur l'intervention française à Kolwezi[1], au Shaba (ex-Katanga), qui avait sauvé son régime. Bref, il n'ignorait pas que le retour en force des Israéliens lui garantirait une protection quasi absolue par le couple Israël-États-Unis, en un temps où la confrontation Est/Ouest s'était considérablement durcie…

Pourquoi avait-il donc rompu en 1973 une relation qui valait assurance tous risques ? Pourquoi avait-il mis fin à un soutien décrit comme « un des meilleurs dividendes de l'investissement de la CIA » destiné à financer les activités israéliennes en Afrique, en complète coordination avec les services secrets américains[2] ? Mais Mobutu, patron du pays potentiellement le plus riche d'Afrique, était alors l'objet de fortes pressions, qui visaient à mettre un terme à ses relations intimes avec Israël, notamment de la part de l'Algérien Houari Boumediene et de quelques autres pays arabes qui lui promettaient de compenser largement les pertes occasionnées par une éventuelle rupture. Or Mobutu entendait jouer alors sur la scène internationale un rôle dépassant les rives du Congo.

Un acte de piraterie aérienne l'avait particulièrement ébranlé, comme il choqua du reste le monde entier. Le 22 février 1973, des pilotes israéliens abattent un avion civil de la Libyan Airlines qui survole le Sinaï, dont le pilote croyait se trouver toujours dans l'espace aérien de l'Égypte. Le Boeing 727 transportait 104 passagers à son bord. Le patron de l'aviation militaire israélienne assume pleinement

---

1. En mai 1978, 600 légionnaires français du 2ᵉ REP ont sauté sur Kolwezi pour repousser des rebelles katangais venus d'Angola que les forces zaïroises avaient été dans l'incapacité de vaincre. À la suite des interventions des soldats de Mobutu, les ex-gendarmes katangais avaient massacré un millier de civils.
2. Rowland Evans et Robert Novak, « The CIA secret subsidy to Israel », *Washington Post* du 24 février 1977, mentionné dans l'ouvrage de Benjamin Beit-Hallahmi, *Israeli Connection, op. cit.*

cet acte : « La décision de forcer l'avion à atterrir a été prise par les autorités compétentes. » Dans le monde entier, la réprobation est très vive. En Égypte, on parle de « crime inhumain commis en violation de la loi internationale et des plus élémentaires principes humains ». Kurt Waldheim, secrétaire général de l'ONU, a été « profondément choqué [...]. Des gens innocents et sans défense ont perdu la vie dans un des plus choquants incidents de l'histoire de l'aviation civile ». Le gouvernement tunisien exprime « sa profonde indignation à l'égard de cet acte de terrorisme », et déplore « l'action israélienne barbare perpétrée si froidement contre des civils arabes et européens ». Le journal marocain *Le Matin* parle d'« assassins de la pire espèce qui ont froidement et délibérément commis ce massacre haineux, cet acte méprisable et inhumain ». Le président zambien parle d'« acte barbare, cruel et indéfendable ». Et selon l'agence Zaïre Presse, le Conseil exécutif national déclare que « l'action d'Israël, qui a provoqué le dégoût et l'indignation de la nation zaïroise, pourrait entraîner une révision complète de ses relations avec Tel-Aviv ». N'était-ce là qu'un bluff destiné à corriger à peu de frais l'image pro-israélienne du Zaïre de Mobutu ? Si oui, ce n'était pas que cela, car, après les explications fournies par l'ambassadeur d'Israël à Kinshasa, la diplomatie zaïroise maintient sa position. Dans une note à l'ambassadeur d'Israël au Gabon datée du 5 mars, l'ambassadeur du Zaïre précise que « le Conseil a condamné avec la dernière énergie de tels actes barbares qui relèvent manifestement de la *piraterie aérienne* [...]. En conclusion, le Conseil estime devoir attirer particulièrement l'attention d'Israël sur le fait que s'il devait poursuivre de tels actes indignes, le Zaïre serait placé dans l'obligation de revoir complètement les relations qu'il entretient actuellement avec ce pays[1] ». Difficile de

---

1. H. S. Aynor (dir.), *Relations between Israel and States in Asia and Africa, A Guide to selected documentation*, n° 8 « Zaïre », *op. cit.*

ne pas lier cette réprobation d'une tonalité nouvelle avec la décision, annoncée par note du département des Affaires en date du 11 mai à l'ambassade d'Israël à Kinshasa, l'informant de « l'intention du Conseil exécutif national de ne pas prolonger l'accord de coopération militaire zaïro-israélien après son expiration, le 4 septembre prochain ».

Début septembre 1973, Mobutu assiste à la session de l'Organisation de l'unité africaine (OUA) qui se déroule à Addis-Abeba. Anouar el-Sadate appelle à la solidarité et au soutien des États africains face au refus israélien de se retirer des territoires palestiniens occupés. La déclaration finale d'Alger insiste sur la lutte contre les impérialismes en accordant une mention particulière à Israël et au problème palestinien, plaçant l'État hébreu sur le même plan que le Portugal de Salazar et les États racistes d'Afrique du Sud et de Rhodésie, soutenus d'ailleurs par Tel-Aviv. Elle préconise *in fine* la rupture, la suspension ou le gel de toute relation avec Israël. Dans ce contexte, la position de Mobutu était particulièrement attendue après qu'à la demande de Sadate il eut reçu Arafat à Alger en marge de la réunion des chefs d'État de la conférence des États non alignés qui suivait celle de l'OUA. Lors d'une conférence de presse, Mobutu rappelle d'abord le contexte historique dans lequel s'étaient nouées des relations cordiales entre le Zaïre et Israël : « Mon pays traversait une période sombre sur laquelle je ne voudrais pas revenir. Des rebelles ont semé la désolation sur une partie du territoire. Certains pays arabes, qui n'avaient pas bien compris les événements qui se déroulaient au Zaïre, ont apporté leur soutien aux rebelles. Israël a eu la perspicacité de se mettre du bon côté, il a aidé au renforcement de notre force armée, et notre force de frappe est actuellement une des plus importantes d'Afrique. Israël a contribué à la formation de notre division de troupes aéroportées. Tous ces faits expliquent que, malgré sa vocation africaine, le Zaïre a quelque peu traîné dans les mesures à prendre pour dénouer le drame du Moyen-Orient. Grâce aux conversations que nous avons eues ici, tout le monde a compris notre position et ce qui s'est décidé ici contribuera à préciser notre position face à cette question. Je ne puis vous en dire plus aujourd'hui. Le reste est affaire d'État[1]... »

Finalement, le 4 octobre 1973, à New York, lors de l'assemblée générale de l'ONU, Mobutu annonce la rupture des relations diplomatiques du Zaïre avec Israël. Dans une conférence de presse, il explique ensuite qu'il a été obligé de choisir entre un frère et un ami, et qu'il a choisi le frère, c'est-à-dire l'Égypte. Deux jours plus tard, l'Égypte et la Syrie déclenchent la guerre d'Octobre, qui se termine par la victoire d'Israël... Cette issue justifie *a posteriori* la nouvelle position du Zaïre : les pays africains rompent les uns après les autres leurs relations avec Israël.

Non seulement cette rupture n'a pas été violente, mais Mobutu a tenu à garder certains canaux de communication ouverts avec l'État hébreu. Il a notamment conservé une relation étroite avec Meir Meyouhas et Maurice Tempelsman. Le premier est un agent du Mossad, devenu l'un de ses proches conseillers. Le second, richissime homme d'affaires qui a fait sa fortune dans le commerce de diamants, proche à la fois des services israéliens et de l'administration américaine[2], conseille Mobutu pour ses affaires aux États-Unis[3]. Par leur intermédiaire, celui-ci va rester en liaison aussi bien avec les instances gouvernementales d'Israël et des États-Unis qu'avec les antennes du Mossad en Afrique du Sud qui, en étroite coopération avec le BOSS, les services secrets sud-africains, vont mener, pendant cette période, des actions clandestines contre les mouvements dits terroristes et contre les gouvernements progressistes d'Afrique australe.

---

1. H. S. Aynor, *Relations between Israel and States in Asia and Africa, op. cit.*
2. Il devient le *boy friend* de Jackie Kennedy au début des années 1980. Démocrate, il sera un proche du couple Clinton.
3. Boutros Boutros-Ghali, *Le Chemin de Jérusalem,* Fayard, 1997.

La révolution des Œillets et la chute de Salazar en 1974 entraînent des bouleversements dans les colonies portugaises. L'Angola, le Mozambique, la Guinée-Bissau, Saõ Tome et Principe prennent leur indépendance en 1975. Aux frontières du Zaïre, au Mozambique et en Angola s'installent deux régimes marxistes soutenus pas Moscou. Washington décide de les combattre. Le Zaïre apparaît alors une pièce maîtresse, qui doit servir de base arrière aux actions menées par deux mouvements angolais pro-occidentaux, l'Union nationale pour l'indépendance totale de l'Angola (UNITA), de Jonas Savimbi, et le Front national de libération de l'Angola (FNLA), de Holden Roberto. L'UNITA et le FLNA sont soutenus par les services secrets et les forces spéciales de l'Afrique du Sud, d'Israël, des États-Unis, de la Grande-Bretagne, de la France et évidemment du Zaïre. Le Zaïre permet également de contourner l'embargo décrété par la communauté internationale contre l'Afrique du Sud et la Rhodésie du Nord, alors dirigées par des gouvernements blancs pratiquant l'apartheid. Il permet également les « *covert actions* » menées par le BOSS et le Mossad contre le Front de libération du Mozambique (FRELIMO) qui a pris le pouvoir au Mozambique, contre le South-West African People's Organisation (SWAPO) en Namibie, et contre l'African National Congress (ANC), qui lutte contre l'apartheid sud-africain à partir de bases situées essentiellement en Tanzanie et en Angola. Avec l'assistance technique d'Israël, le gouvernement sud-africain entreprend par ailleurs la construction d'un barrage électrique à la frontière du Zimbabwe et d'un autre sur les frontières avec l'Angola et la Namibie pour empêcher l'infiltration de combattants des mouvements de libération progressistes.

Se sentant principalement menacé sur son flanc ouest par Dos Santos, président du marxiste Mouvement populaire de libération de l'Angola (MPLA), soutenu par les Cubains et les Soviétiques, Mobutu estime que les 457 instructeurs nord-coréens qu'il a fait venir après sa rupture avec Israël ne suffiront pas à assurer la pérennité de son régime. Dans le courant du premier semestre 1975, il se tourne donc officiellement vers le camp occidental et prend langue avec le gouvernement honni d'Afrique du Sud, forteresse de l'Occident soutenue par Israël. L'*African Research Bulletin* du 31 août 1975, citant le *Johannesburg Star*, révèle la reprise de ces contacts officiels entre le gouvernement zaïrois et Pretoria. Dès lors, les agents du camp occidental vont pouvoir se mouvoir librement en territoire zaïrois.

À partir de novembre 1975, la guerre pour la conquête du pouvoir en Angola prend une nouvelle tournure avec la livraison par pont aérien d'armes soviétiques au MPLA et par l'engagement de quelque 36 000 Cubains. Pour contourner la loi qui interdit au président américain de déclencher une guerre, même limitée, sans l'accord du Congrès, Henry Kissinger donne l'ordre au Conseil national de sécurité et à la CIA de prendre toutes les mesures politiques, financières et militaires nécessaires pour empêcher une victoire du MPLA, notamment en renforçant les liens avec Mobutu, avec le BOSS, le Mossad et le SDECE, et en épaulant massivement le FLNA et l'UNITA[1]. Malgré cette aide massive mais secrète, le marxiste Dos Santos réussit à s'installer à la tête de l'Angola sans pour autant cesser son combat contre l'UNITA, le FLNA et Mobutu qui les soutient : à deux reprises – en 1977 et 1978 –, il aide notamment les « gendarmes katangais » à déstabiliser la province du Shaba, région riche en matières premières stratégiques (cuivre, cobalt, uranium, radium). L'homme qui doit mener cette action est Nathaniel Mbumba, assisté par des officiers cubains et est-allemands. Des Européens sont tués. Mobutu appelle alors à l'aide. La France surtout (sous l'impulsion de

---

1. In Alhadji Bouba Nouhou, *Israël et l'Afrique, op. cit.* ; et John Stockwell, *In Search of Enemies. A CIA Story*, éditions André Deutsch, 1978.

Valéry Giscard d'Estaing), mais aussi le Maroc, la Belgique et les États-Unis à des degrés divers, interviennent. Les paras français reprennent l'aéroport de Kolwezi. Le Shaba sauvé, Mobutu est toujours en place. Israël a joué lui aussi sa partition : en décembre 1979, malgré l'absence de liens formels, Ezer Weizman, ministre de la Défense, a rendu une visite discrète au Zaïre...

Cependant au début des années 1980, Mobutu d'un côté, Menahem Begin et Yitzhak Shamir (respectivement Premier ministre et ministre des Affaires étrangères d'Israël), de l'autre, éprouvent le besoin de dépasser le stade des relations clandestines et de renouer officiellement des relations étroites. Les Israéliens estiment alors que les autres chefs d'État africains, confrontés eux aussi à des menaces internes ou externes, pourraient suivre l'exemple de Mobutu, nouer à leur tour avec Israël et contribuer ainsi à sortir l'État hébreu de son isolement. Ancien du Mossad et spécialiste de l'Afrique, David Kimche est le principal artisan du retour à une politique africaine agressive après qu'il a été nommé directeur général au ministère des Affaires étrangères, à la suite du remplacement à sa tête de Moshe Dayan par Yitzhak Shamir. Pour rompre l'isolement diplomatique de son pays, Kimche cible les États africains pro-occidentaux qui ont conservé des liens informels avec Israël depuis les ruptures décidées en 1973 par crainte des interventions libyenne et soviétique. Pour commencer à renouer les fils, David Kimche effectue une visite dans les principales capitales d'Afrique ; le 20 mai 1981, il rencontre en secret Mobutu. L'assistant de Kimche, Eliashiv Ben Horin, rencontre de son côté Houphouët-Boigny, président de la Côte d'Ivoire. Sont également mobilisés tous les experts qui ont été en poste en Afrique dans les années 1960...

Parallèlement à ces actions diplomatiques, Ariel Sharon, nouveau ministre de la Défense, entreprend de négocier des accords militaires secrets en Afrique centrale – démarche évidemment appuyée par Washington[1]. Parmi les émissaires qui tâtent le terrain auprès de Mobutu figure Richard Babayan, marchand d'armes occasionnel, personnage réputé sulfureux[2] qui fut longtemps lié à la CIA (*contract operative for the CIA*), notamment à Bob Gates (n° 2 puis n° 1 de la CIA, au début des années 1990, avant d'être nommé, en 2006, secrétaire d'État à la Défense), mais aussi à plusieurs agents du Mossad. Il contribue à convaincre le leader zaïrois qu'il a tout à gagner à rétablir ses relations avec Israël[3]. Le tropisme israélien de Mobutu est si puissant que Babayan n'a pas beaucoup d'efforts à fournir.

En novembre 1981, le ministre israélien de la Défense, Ariel Sharon, à la tête d'une importante délégation, visite successivement la Centrafrique, le Gabon, la Côte d'Ivoire, le Liberia et le Zaïre, dans l'objectif avoué d'y développer les ventes d'armes et de participer à la formation des armées de ces pays. Sharon estime que le commerce d'armements n'est pas seulement bénéfique aux industries israéliennes, mais qu'il constitue un outil stratégique important[4]. Un protocole militaire secret est signé entre Israël et le Zaïre, aux termes duquel Tel-Aviv s'engage à satisfaire les besoins en matière de sécurité du Zaïre. Aussitôt après ce voyage, Israël envoie des armes et des conseillers qui entament la formation de la DSP, la fameuse Division spéciale présidentielle chargée de la protection personnelle de Mobutu.

Le choix de l'auditoire devant lequel Mobutu annonce à Washington, début décembre 1981, la prochaine reprise des relations diplomatiques avec l'État hébreu, n'est pas fortuit.

---

1. Joel Peters, *Israel and Africa. The Problematic Friendship*, op. cit.
2. J'ai bien connu Richard Babayan jusqu'à sa mort, en juin 2009. Il a été l'un des acteurs de l'Irangate. Il m'a aidé à élucider quelques points délicats abordés dans ce livre.
3. *The News* du 7 juillet 1991.
4. Joel Peters, *Israel and Africa*, op. cit.

Il a choisi la Jewish Anti-Defamation League (ADL), une des importantes agences du lobby pro-israélien aux États-Unis, qui consacre une part notable de ses moyens et de son énergie à convaincre les membres du Congrès américain de soutenir la politique sécuritaire d'Israël. Mobutu considère que la dégradation de son image est essentiellement due à l'action des Juifs du Congrès. Il tient donc à ce qu'Israël l'aide à redorer son image en faisant agir en ce sens les organisations juives. Après qu'il eut adressé cette demande à Shamir, ce dernier lui répond : « Les Juifs nous critiquent aussi. Cependant, avec la coopération israélienne et l'argent des donateurs juifs américains, il nous sera possible d'aider le Zaïre, militairement et matériellement, à améliorer son image[1]. »

Mobutu sait que la bienveillance de l'administration Reagan à son égard ne suffira pas à ouvrir en grand les robinets de l'aide. La corruption et la mauvaise gouvernance dans son pays ont conduit le Congrès à rejeter ou à diminuer les demandes émanant de la Maison-Blanche et à susciter de très sévères critiques envers le régime zaïrois. En mai 1982, le comité des Affaires étrangères de la Chambre des représentants envisage même de réduire son aide militaire à une « misère » : 4 millions de dollars. En échange de sa réconciliation officielle, Mobutu attendait d'Israël qu'il exerce de fortes pressions sur le lobby juif américain et, par suite, il escomptait de plus larges investissements et des subsides plus consistants versés au Zaïre...

Le 14 mai 1982, Mobutu annonce devant le Mouvement populaire de la révolution (MPR), son parti unique, la reprise des relations diplomatiques avec Tel-Aviv ; le lendemain, il expédie un envoyé spécial à Jérusalem. Il est convaincu que son action va être largement suivie par

---

[1]. Noam Chomsky, *Fateful Triangle : The United States, Israel and the Palestinians* (updated edition), Londres, Pluto Press, 1999.

d'autres États africains. Un mois plus tard, Michael Michael présente ses lettres de créance à Mobutu. Le choix de cet homme n'est pas dû au hasard : avant d'atterrir à Kinshasa, il représentait l'État hébreu à Pretoria et était, à ce titre, parfaitement au courant des problèmes de sécurité de l'Afrique australe et des liens secrets existant entre l'Afrique du Sud, les États-Unis, Israël et le Zaïre. Israël et ses lobbyistes entament aussitôt une campagne vigoureuse auprès du comité des Affaires étrangères de la Chambre des représentants. Pour compléter le rapprochement entre les deux pays, il est d'abord envisagé d'organiser au Zaïre une visite en grandes pompes du Premier ministre Menahem Begin. Las, l'invasion du Liban, en juin, le siège de Beyrouth, la bronca internationale qui s'ensuit font capoter ce projet. C'est finalement Shamir qui, à partir du 28 novembre 1982, scelle par une visite de trois jours la grande réconciliation entre deux pays qui n'avaient en réalité jamais été fâchés.

Le succès de cette visite est vital pour Israël en raison de son caractère exemplaire en Afrique. Shamir a emmené avec lui une très importante délégation comprenant des experts agricoles, des spécialistes militaires, des dirigeants de sociétés israéliennes, mais aussi des représentants de plusieurs ministères. Deux accords portant sur l'industrie et l'agriculture sont signés. Il est également question de la formation de la police secrète zaïroise. Shamir réaffirme par ailleurs qu'Israël fera tout ce qui est en son pouvoir pour améliorer l'image du Zaïre aux États-Unis, et que des efforts particuliers seront déployés pour encourager les investissements juifs américains au Zaïre[1], même si les officiels israéliens s'échinent à expliquer que l'influence d'Israël n'est pas si puissante outre-Atlantique que Mobutu se l'imagine...

Pendant le voyage de Shamir, les noms de deux *congressmen* juifs, Howard Wolpe et Stephen Solarz, sont cités.

---

1. *Haaretz* du 18 janvier 1983, repris dans Joel Peters, *Israel and Africa, op. cit.*

Shamir explique aux journalistes qu'« il y a eu des discussions avec Solarz à propos du Zaïre » et que ledit « Solarz prend les intérêts israéliens en considération[1] ». Quant à Wolpe, qui préside un sous-comité sur l'Afrique à la Chambre des représentants, et se rend régulièrement en Israël, il est également soumis à de fortes pressions d'Israël pour faire augmenter l'aide américaine au Zaïre[2]. Les congressistes Wolpe et Solarz refusent néanmoins de se joindre à la campagne de relations publiques israélienne en faveur de Mobutu, au grand dam de Shamir. Avi Pazner, son porte-parole, commente ainsi ce refus : « Leurs opinions personnelles sont leurs affaires, et ça les regarde. Nous ne demandons aucun droit à interférer dans leur façon de raisonner. Nous avons quelque chose à leur dire, et pas seulement à eux : nous avons l'intention d'agir en faveur du Zaïre dans l'opinion publique américaine, et pas seulement à un niveau individuel. » La visite d'une délégation juive américaine au Zaïre va constituer le véritable coup d'envoi de la campagne de relations publiques lancée par Zeev First, société israélienne qui a contribué à la campagne du Likoud en 1981[3].

Plusieurs membres juifs du Congrès aident Mobutu à obtenir des prêts du FMI[4]. Le représentant Clarence Long, président d'un sous-comité de politique étrangère, est sollicité par Israël pour épauler le Zaïre. Cette intense campagne de lobbying porte ses fruits. Mobutu finit par décrocher une aide militaire américaine beaucoup plus importante que prévu. Réconforté par l'action de ses amis israéliens, lui que

---

1. Y. Karny, « Israel is damaging its interests with its current role in Zaire », *Yediot Aharonot* du 22 février 1982, rapporté dans l'ouvrage de Benjamin Beit-Hallahmi, *The Israeli Connection, op. cit.*
2. G. Becker, « Israel pushes U.S. to increase aid to Zaire », *Yediot Aharonot* du 9 août 1985, rapporté par *The Israeli Connection, op. cit.*
3. Dans l'article de Karny, *op. cit.*
4. G. Allon, « The Israeli confident of President Mobutu », *Haaretz* du 30 janvier 1984, rapporté dans l'ouvrage de Benjamin Beit-Hallahmi, *The Israeli Connection, op. cit.*

tout le monde présentait comme un agent de la CIA tient à faire une visite officielle aux États-Unis en 1983, organisée notamment par son ami Meir Meyouhas. Celui-ci lui fait rencontrer « des leaders de la communauté juive qui furent mobilisés pour obtenir des prêts, des crédits du FMI et des investissements de magnats juifs[1] ». Début 1985, le milliardaire juif Léon Tamman annonce ainsi qu'il va investir 400 milliards de dollars au Zaïre dans les télécommunications et l'industrie du bois.

En janvier 1984, le président Haïm Herzog visite le Zaïre et affirme avoir des idées pratiques pour inciter les Juifs du monde entier à investir au Zaïre. Shamir se rend à son tour à Kinshasa en septembre 1984, et, en mai 1985, Mobutu se rend en visite officielle en Israël où il est chaleureusement reçu par le président Herzog. Le représentant personnel de Mobutu aux États-Unis n'est autre que le président de la Conférence des leaders juifs américains, Kenneth Bialkin.

Pendant que se développe une intense coopération entre le Zaïre de Mobutu et diverses personnalités de la diaspora juive américaine, la coopération militaire porte ses fruits par la formation et le développement de la DSP, de la division Kamanyola[2], par la constitution d'unités d'artillerie, par l'entraînement des gardes du corps de Mobutu et par celle des services secrets intérieurs, par la fourniture d'armes, etc. Derrière cette coopération officielle entre Israël et le Zaïre peuvent aussi se développer à loisir les liens du Zaïre avec l'Afrique du Sud et avec les États-Unis : le triangle Pretoria-Jérusalem-Washington veille plus que jamais sur le coffre-fort de l'Afrique...

---

1. *Ibid.*
2. Division chargée à la fois de sécuriser le Shaba et le Kivu, du nom de la ville de Kamanyola se situant à une quarantaine de kilomètres de Bukavu.

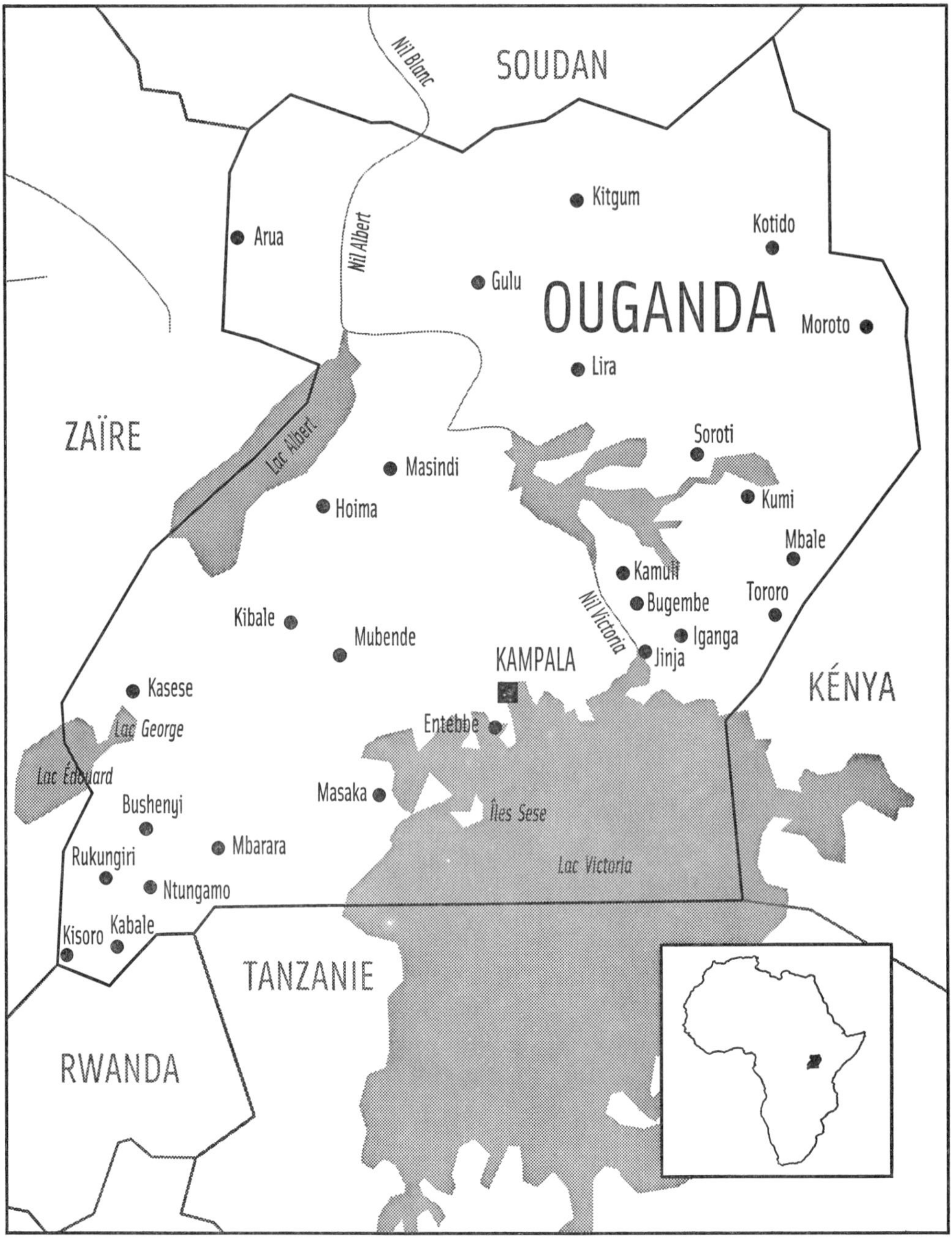
SOUDAN
Nil Blanc
Nil Albert
Kitgum
Kotido
Arua
Gulu
OUGANDA
Moroto
Lira
ZAÏRE
Lac Albert
Soroti
Masindi
Hoima
Kumi
Mbale
Kamuli
Nil Victoria
Bugembe
Tororo
Kibale
Mubende
Iganga
Jinja
KAMPALA
KÉNYA
Kasese
Lac George
Entebbe
Lac Édouard
Masaka
Îles Sese
Bushenyi
Mbarara
Rukungiri
Lac Victoria
Ntungamo
Kabale
Kisoro
TANZANIE
RWANDA

9

Le nouveau croisé des Grands Lacs

Il est paré de toutes les vertus. Madeleine Albright et Bill Clinton voyaient en lui le modèle de la nouvelle génération de leaders africains (*new breed of african leadership*), bien qu'il ait échangé sa première poignée de main avec Ronald Reagan. Ils se sont largement appuyés sur lui pour remodeler la carte d'une importante partie de l'Afrique. Ils ont fait de lui le chef chrétien d'une alliance africaine contre le nouveau Satan : le régime islamiste de Khartoum. Yoweri Museveni est le bon élève des Américains sur les bords du lac Victoria.

Il n'a cessé de faire la guerre depuis plus de trente ans, d'abord pour prendre le pouvoir en Ouganda, ensuite pour étendre son influence au-delà des frontières ougandaises, qu'il trouve manifestement trop étroites. Après Kampala, ses yeux se sont portés sur Juba, capitale du Sud-Soudan, puis sur Kigali, ensuite sur Kinshasa et bientôt sur Khartoum. Pour mener à bien ses ambitieuses visées expansionnistes – ou plutôt, selon sa conception, réunificatrices –, il se donna deux modèles, deux grandes figures historiques allemandes, dont il n'a cessé de s'inspirer. La première, il l'a choisie alors qu'il était un étudiant révolutionnaire panafricain à l'université de Dar-es-Salam, est Otto von Bismarck. L'université publiait alors un magazine marxiste intitulé *Che Che*, par référence à Ernesto Guevara qui, en 1965, avait séjourné à Dar-es-Salam quelque temps, avant d'aller porter la révolution au Congo, avec l'espoir d'un soutien de Laurent-Désiré Kabila. Une dizaine d'années après la débâcle des Cubains, le jeune Museveni publiait dans *Che Che* un article comparant le président tanzanien Julius Nyerere, leader socialiste et panafricain, à Bismarck, le chancelier qui avait mené à bien l'unification allemande. Près de vingt années plus tard, le 4 avril 1997, il faisait l'éloge de Hitler ! Devant l'Assemblée générale de l'East African Law Society, l'ancien étudiant devenu président de l'Ouganda justifiait ainsi la mission qui lui incombe, celle de créer un ensemble régional : « Ma mission est d'assurer que l'Érythrée, l'Éthiopie, la Somalie, le Soudan, l'Ouganda, le Kenya, la Tanzanie, le Rwanda, le Burundi et le Zaïre deviennent des États fédérés au sein d'une même nation. Ce n'est pas maintenant un choix, mais une obligation, que l'Afrique de l'Est devienne une seule nation. Ou nous devenons une seule nation, ou nous périssons. Ce que Hitler fit pour unifier l'Allemagne, de même nous devrions le faire ici. Hitler était un type bien, mais je pense qu'il est allé un peu trop loin en voulant conquérir le monde entier[1]. » Lui saurait fixer des limites à son ambition, mais, dans son discours, son admiration n'était manifestement pas un effet de manches.

Depuis son accession au pouvoir, en 1986, Museveni a toujours cherché à étendre son influence au-delà des frontières de l'Ouganda tracées autrefois par les puissances coloniales. Son panafricanisme n'est guère éloigné de la doctrine pangermaniste, et quand il parle du « rassemblement des Allemands », il songe d'abord au concept d'espace vital (*Lebensraum*) qu'utilisait Hitler dans *Mein Kampf* pour justifier sa future politique : les premières applications en furent l'annexion de l'Autriche et celle de la province tchèque des Sudètes.

---

1. In Memorandum adressé au Conseil de sécurité par le Partenariat Intwari-Imazi, le 21 février 2008, intitulé « Plaidoyer pour une enquête globale, objective et impartiale sur le génocide rwandais et ses conséquences », voir aussi note 1, p. 263 et 267 et suivantes.

Avant d'exprimer sa vision impériale d'une « République swahili », Museveni avait d'abord rêvé d'un espace qui serait le *Tutsiland*, lequel engloberait l'Ouganda, le Burundi et le Kivu… Les Hima – Museveni est un Hima – ne sont-ils pas réputés être les « cousins » tutsi installés en Ouganda – et ce sont eux qui l'avaient aidé à prendre le pouvoir ? Peu importait à Museveni que, dans ces pays, les Hima-Tutsi soient minoritaires : il a toujours estimé que la démocratie n'est qu'une invention occidentale, et d'ailleurs ses parrains occidentaux acceptèrent sans barguigner son *no party system*.

Les pays voisins de l'Ouganda ont été rapidement au courant de ses visées expansionnistes ; les uns choisirent de soutenir son projet, les autres le déplorèrent. À la fin de l'année 1991, Michel de Bonnecorse, ambassadeur de France au Kenya, fut convoqué par le président kényan, Arap Moi, qui lui demanda s'il était au courant d'un projet de Tutsiland dans la région des Grands Lacs, et celui-ci le lui détailla longuement. À la suite de leur entretien, de Bonnecorse rédigea un long télégramme diplomatique qui relatait la teneur de leurs échanges. Sans suite. Manifestement, les informations que lui avait données le président ne furent pas jugées importantes par les destinataires du télégramme. Et pourtant ! Il aurait constitué une bonne clé pour dénouer quelque peu les écheveaux formés autour de Museveni par divers services secrets, par des personnages plus ou moins troubles, par des États et des institutions variés. Pour comprendre l'origine des drames qui ont ensanglanté la région des Grands Lacs, il importe justement de chercher à cerner les ressorts de Museveni, de décrire sa trajectoire militaire avant de le suivre quand il prend le maquis, au début des années 1980, et enfin d'observer de près ceux qui l'ont rejoint. Car c'est à Kampala que se sont produits quelques battements d'ailes qui allaient en effet déclencher de terribles « effets papillon » dans toute la région des Grands Lacs…

La famille Byanyima, de la ville de Mbarara, toute proche des frontières rwandaise et tanzanienne, a bien connu le jeune Museveni. Elle, Gertrude Byanyima, descend de la famille royale d'Ankole ; lui, Boniface, était professeur et fut président du Parti démocratique. Le 2 mars 1996, lorsqu'elle est interviewée par un journaliste[1], madame Byanyima raconte que Museveni enfant était arrivé du Rwanda et que son nom était Yoseri Tubuhaburwa. Boniface, de son côté, révèle de nombreuses anecdotes sur celui qui fut longtemps son protégé, qu'il avait rencontré à la fin des années 1950 à la High School de Mbarara où il enseignait. Il avait d'abord été marqué par son caractère secret et il lui fallut beaucoup de temps pour l'approcher. Museveni aimait bien la famille Byanyima et lui rendait souvent visite. Ils continuèrent à se fréquenter quand il fut élève à l'école de Ntare, puis, plus tard, étudiant à l'université de Dar-es-Salam. Il n'était pas très brillant, mais travaillait avec acharnement à se perfectionner. « C'était un jeune homme ambitieux, cherchant toujours à montrer qu'il était meilleur que les autres, qu'il était quelqu'un d'important », explique Boniface. Quand il revenait de Tanzanie, il rapportait de la littérature communiste, parlait de l'URSS, louait Lénine et les autres leaders communistes, parlait du prolétariat, utilisait tous les slogans qui dénonçaient le capitalisme. Il admirait le Che et Julius Nyerere.

Après avoir déroulé une bonne partie de la jeunesse de Museveni, y compris l'épisode de son souhait insatisfait d'épouser sa fille Winnie, Boniface conclut par un portrait peu flatteur du président de l'Ouganda : il fait de lui un menteur guidé par l'intérêt personnel et non par celui de son pays, ainsi qu'un tribaliste...

Avant de suivre les cours de l'université de Dar-es-Salam, Museveni a été un militant chrétien. « J'ai été un fana-

---

1. In « The Museveni I know », *The Weekly Observer*, 23 décembre 2005.

tique », dit-il même aujourd'hui. Il parle d'un accord qu'il passa en ses jeunes années avec le Christ et se souvient des sermons qu'il faisait à l'organisation évangélique Scripture Union[1]. Le jeune homme ne s'ébroue pas seulement dans les milieux chrétiens, il rêve déjà de renverser le chef du gouvernement installé depuis l'indépendance (1962), Milton Obote, au nom de la Révolution africaine. Le 30 juillet 2005, lors d'une cérémonie de fiançailles à Mbarara, Museveni le reconnaît : « Encore étudiant à l'école de Ntare, j'ai commencé la guerre contre la dictature quand Obote abrogea la Constitution, mais le Mzee Kahigiriza [alors Premier ministre du royaume Ankole[2]] me le déconseilla, car cela me causerait trop de problèmes[3]. » Certains n'hésitent pas à affirmer que c'est à cette époque, vers 1967, qu'il intégra les services secrets ougandais, alors que la biographie officielle situe cette intégration en 1970.

Quoi qu'il en soit, c'est cette année-là que Museveni quitte Mbarara pour l'université de Dar-es-Salam. Reste-t-il un chrétien engagé dans la Scripture Union ? Il fait en tout cas ses gammes de révolutionnaire panafricain en Tanzanie et devient l'ami d'un dénommé John Garang, un Soudanais qui prendra plus tard la tête du Mouvement populaire de libération du Sud-Soudan (SPLA). Pour tous ceux qui le côtoient alors, Museveni est marxiste. Il fraie avec les mouvements nationalistes radicaux, très bien accueillis en Tanza-

---

1. Voir http://www.forerunner.com/forerunner/X0806_Christian_Leader_of_.html
2. L'Ouganda est historiquement constitué de nombreux royaumes, dont le principal est le Buganda ; en 1962, lors de l'indépendance, le parti d'Obote (UPC) et le parti formé pour soutenir la monarchie du Buganda (YK) ont conclu une alliance et un partage du pouvoir : Obote devient Premier ministre, Mutesa II, le roi du Buganda (le Kabaka), président du pays à vie. La puissance coloniale anglaise n'avait pas aboli les monarchies, c'est Milton Obote qui le fait en 1967, en promulguant une Constitution « républicaine ». Cet acte venait clore trois années d'un conflit violent de souveraineté, qui culmina avec la destruction du palais du Kabaka par les forces armées dirigées par Amin Dada. En 1995, la nouvelle Constitution promue par Yoweri Museveni réinstaure les monarchies, et les chefs traditionnels des anciens royaumes sont réinvestis...
3. Voir http://allafrica.com/stories/200508020936.html

nie, et devient président du Front des étudiants africains révolutionnaires (USARF). Son article paru dans *Che Che*, panégyrique du président tanzanien auquel il a conféré une stature bismarckienne, lui vaut d'entrer en grâce : Julius Nyerere fait de lui l'un de ses protégés – et, plus tard, au début des années 1980, il lui fournira armes et argent pour prendre le pouvoir en Ouganda.

Museveni prépare une thèse de doctorat intitulée *Théorie de la violence chez Frantz Fanon. Son application au Mozambique*. Il complète son engagement politique par une formation de guérillero au Mozambique, dans les maquis du Front de libération local, le FRELIMO, qui combat la puissance coloniale portugaise encore en place. Impressionné par le niveau d'organisation du Front et par son interprétation du rôle du soldat dans les luttes d'indépendance en Afrique, Museveni explique avec fougue, à son retour, lors d'un séminaire à l'université Makerere, que la guerre, la plus haute forme du combat politique, ne peut être conduite (et remportée) que par des combattants idéologiquement engagés, non par des soldats politiquement neutres. La conviction qu'il a acquise annonce la philosophie de tous ses futurs combats. À partir du début des années 1970, il ne va plus cesser de comploter ni de faire parler la poudre.

Museveni rentre en 1970 en Ouganda, le pays est dirigé par le président Milton Obote. Il intègre le General Service Unit (GSU), les services secrets qui comptent dans leurs effectifs de nombreux réfugiés tutsi du Rwanda. Ceux-ci sont repliés en Ouganda depuis la fin des années 1950 et le début des années 1960, après ce qui est appelée la Révolution sociale, autrement dit la prise de pouvoir de la majorité hutu, contre la minorité tutsi qui a longtemps régné. À l'exception du dernier roi Kigeri V Ndahindurwa, résidant à Kampala, les réfugiés rwandais se sont installés dans la région d'Ankole, au sud-ouest du pays. Là, les Tutsi rwandais renforcent leurs relations avec les clans royaux locaux, notamment par des mariages avec les « aristocrates ». À partir du territoire ougandais, un petit nombre de réfugiés tutsi s'emploient à organiser des attaques contre le Rwanda, tandis que beaucoup ont intégré l'administration ougandaise.

Museveni ne reste pas longtemps au GSU. En 1971, Milton Obote est renversé par le général Idi Amin Dada, son chef d'état-major, avec l'aide des services secrets britanniques et israéliens. Ce coup d'État mérite qu'on s'y attarde, car il met au jour l'alliance qu'on va retrouver à plusieurs reprises au cours de notre histoire et dont le détail nous est désormais connu grâce à l'ouverture, en 2002, d'archives du Foreign Office et à la révélation qui en a été faite par *The Independent*, le quotidien britannique, le 17 août 2003[1].

À l'aube du 25 janvier 1971, la radio ougandaise annonce qu'Amin Dada est le nouveau dirigeant du pays. Beaucoup de gens soupçonnent immédiatement la Grande-Bretagne d'avoir prêté la main au putschiste. Milton Obote était alors absent de Kampala : il participait à un sommet du Commonwealth. Or, les premiers télégrammes envoyés à Londres par le haut-commissaire britannique en poste à Kampala, Richard Slater, montrent un homme choqué, stupéfait par la survenue du coup d'État. Très vite, il rend visite à celui qu'il pense être le mieux informé dans la capitale et le plus à même de savoir ce qui est en train de se passer. Cet homme, c'est le colonel Bar Lev, attaché militaire à l'ambassade d'Israël. Il le trouve en compagnie d'Amin Dada. Le lendemain du putsch, les deux hommes ont passé la matinée ensemble ! Le télégramme suivant de Slater précise, citant le colonel Bar Lev : « Au cours de la nuit passée, le général Amin a fait arrêter tous les officiers de l'armée soupçonnés d'être restés favorables à Obote [...]. Amin a désormais la

---

1. Richard Dowden, « Revealed : how Israel helped Amin to take power », *The Independent*, 17 août 2003.

haute main sur tous les éléments de l'armée, laquelle contrôle les points stratégiques vitaux partout en Ouganda. » L'attaché militaire exclut toute possibilité d'opposition armée à Amin : les Israéliens sont intervenus d'emblée afin de consolider la position des putschistes.

Au cours des jours suivants, Bar Lev reste en contact permanent avec Amin, lui prodiguant ses conseils éclairés. Slater fait savoir à Londres que Bar Lev lui a expliqué « avec un luxe de détails inouï [comment] tous les principaux foyers potentiels de résistance, tant dans les provinces que dans la capitale, Kampala, avaient été éliminés ».

Peu de temps après sa prise de pouvoir, Amin Dada effectue son premier déplacement officiel en Israël. Golda Meir, Premier ministre, fut, dit-on, « abasourdie à la lecture de la liste des emplettes qu'Amin avait rédigée avant de se rendre au supermarché de l'armement, de crainte d'oublier quelque chose[1]... ».

Dans un autre télégramme postérieur, Slater expose qu'Israël aide la rébellion dans le sud du Soudan afin de punir ce pays d'avoir soutenu le camp arabe durant la guerre des Six-Jours : « N'allez pas imaginer que les Israéliens veulent que les rebelles gagnent. Non : ce qu'ils veulent, c'est que la guerre au Soudan se poursuive jusqu'au dernier rebelle[2]... » Le lecteur gardera en tête cette dernière phrase de Slater qui montre la permanence de la politique de l'État hébreu dans la région, politique qui sera suivie jusqu'à aujourd'hui.

Les Israéliens avaient contribué à former la nouvelle armée ougandaise dans les années 1960. Peu après l'indépendance, l'officier Amin avait été envoyé en stage en Israël. Devenu chef d'état-major de la nouvelle armée, il effectua une mission secrète pour le compte de l'État hébreu en

---
[1]. Documents d'archive du Foreign Office, révélés par *The Independent*.
[2]. *Ibid.*

approvisionnant en armes et en munitions les rebelles du Sud-Soudan. Amin, originaire du nord-ouest de l'Ouganda, avait des motifs personnels de les aider : des membres de sa tribu, les Kakwa, vivaient de l'autre côté de la frontière avec le Soudan. Obote, lui, voulait rétablir la paix dans cette zone, ce qui causait quelque souci aux Israéliens ; lorsque Obote, en novembre 1970, eut renvoyé Amin de son poste de chef d'état-major pour ne lui laisser qu'une fonction administrative sans importance, ceux-ci s'en alarmèrent.

Le jour même du coup d'État d'Idi Amin Dada, Museveni et un groupe d'amis du GSU s'enfuient en direction de la Tanzanie. Ces membres du renseignement qui ont servi Obote ont, semble-t-il, tout à redouter du nouveau dictateur : ils ont participé, à la demande de Milton Obote, à une tentative d'assassinat.

Précisons que, au début de son règne, Amin Dada n'était pas la caricature de Führer noir qui est restée dans les mémoires. Il bénéficiait d'une grande popularité, surtout après qu'il eut expulsé les Indiens qui contrôlaient l'essentiel du commerce dans le pays. Nombre d'exilés tutsi restèrent d'ailleurs dans les services secrets ougandais, rebaptisés SRB (State Research Bureau), et travaillèrent dès lors au service d'Amin Dada.

Museveni et six de ses collègues du GSU forment un groupe rebelle, le Comité des Sept, bientôt rebaptisé Front for National Salvation (FRONASA). Le FRONASA ne se déploie vraiment qu'après 1978, quand Amin tente d'annexer la région de la Kagera. Le mouvement reçoit le soutien du président tanzanien Nyerere, qui détestait depuis longtemps Idi Amin Dada. Nombre d'exilés tutsi de la région de Mbarara, frontalière du Rwanda, rallient déjà le FRONASA.

En octobre 1978, après des mutineries dans le sud-ouest du pays, des militaires se réfugient en Tanzanie voisine. Amin Dada, en grande difficulté, saisit ce prétexte pour attaquer la Tanzanie. **Aidé** par 3 000 Libyens, Amin va essayer d'annexer les provinces du nord. Julius Nyerere réplique en déclarant la guerre à l'Ouganda, aidé par des exilés ougandais. Museveni revient ainsi dans les fourgons de l'étranger, à la tête de sa guérilla, au sein de l'Armée nationale de libération de l'Ouganda (UNLA) épaulée par l'armée tanzanienne. Le 11 avril 1979, Amin Dada fuit Kampala tombée aux mains des forces tanzaniennes et des rebelles de l'UNLA. Il trouve refuge à Tripoli. S'ouvre alors une période de transition, avant la tenue des élections qui sont organisées par la branche politique de l'UNLA. Le professeur Yusuf Lule est nommé président et confie le ministère de la Défense à Museveni, lequel installe ses compagnons, notamment tutsi, à des postes-clés de surveillance.

Museveni est alors un personnage populaire. À la tête de son parti, l'Uganda Patriotic Movement (UPM), il se présente aux élections de décembre 1980, aidé financièrement par Jean-Marie Vianney Karuranga, homme d'affaires d'origine rwando-tutsi qui est aussi l'un des porte-parole du parti. Deux grandes forces politiques dominent alors l'échiquier ougandais : l'Uganda People Congress (UPC) de Milton Obote, qui obtient près de 60 % des sièges au Parlement, et le Democratic Party (DP), formation de tendance démocrate-chrétienne et fédéraliste dirigée par Paul Ssemogerere, à qui vont les 40 % de sièges restants. Museveni ne recueille qu'un pourcentage infime des suffrages, et un seul siège au sein du nouveau Parlement. Il prend prétexte des contestations portant sur l'organisation du scrutin et des manipulations de certains résultats pour rejeter tout le processus électoral. Il se retire alors dans le maquis et y organise l'Armée de résistance nationale (NRA). Il développe une guérilla particulièrement cruelle, vivant aux dépens de la population civile prise entre deux feux. Milton Obote, qui n'a pas oublié que de nombreux Tutsi ont collaboré avec Amin Dada, notamment au SRB, décrète leur expulsion en 1982. Une partie d'entre eux gagne le Rwanda tandis que les plus jeunes rallient le maquis de Museveni pour former rapidement le noyau le plus actif et le plus efficace de la NRA.

Cette nouvelle guérilla réussit à semer le chaos et à désorganiser la vie sociale du pays. La NRA pratique l'enrôlement systématique d'enfants soldats, une « chair à canon » docile, inconsciente du danger, d'une obéissance aveugle aux ordres de l'*afande*, l'officier[1]. Cette pratique sera généralisée, les *kadogo* seront actifs dans les guerres successives qui ensanglanteront la région des Grands Lacs. Par une série d'assassinats politiques qui visent des dirigeants du DP, la NRA parvient à jeter le trouble, à faire attribuer ses crimes à l'armée gouvernementale et à élargir ainsi le fossé entre la population et l'UPC de Milton Obote[2]. La rébellion commet également des massacres de civils, notamment dans le triangle de Luwero, au nord de Kampala, et en fait porter la responsabilité au régime d'Obote. Des « escadrons de la mort », dénommés « black bombers », souvent vêtus d'uniformes de l'armée d'Obote, y sèment la terreur.

C'est alors qu'apparaît un personnage que le lecteur va retrouver souvent, jusqu'au point final de ce livre, parce que j'ai l'intime conviction – reposant sur un petit nombre de preuves et beaucoup de coïncidences – qu'il est un des acteurs principaux de l'histoire que j'essaie d'esquisser. Une conviction telle que je lui consacre un chapitre entier, le

---

1. Voir notamment l'histoire de China Keitetsi, in *La Petite Fille à la Kalachnikov* (éditions du GRIP, Bruxelles, 2004). C'est le récit d'une jeune Tutsi enrôlée dans la NRA à l'âge de treize ans : « Notre loyauté était sans limites, c'était tout ou rien. Nous n'avions rien vers quoi nous tourner [...]. Pour beaucoup [d'enfants soldats], tuer et torturer était une tâche passionnante, une manière de satisfaire leur supérieur. Les enfants savaient faire preuve de la plus grande brutalité envers les prisonniers de guerre dans le seul but d'être promus à un rang supérieur » (extraits de la p. 101).
2. In témoignage d'Alain de Brouwer (document juin 2006).

18[e1]. Roger Winter est son nom. Et il est connu en tant que directeur de l'US Committee of Refugees, titre qu'il arbore alors, dans les maquis ougandais au début des années 1980. L'US Committee of Refugees est une organisation non gouvernementale américaine qui s'occupe de réfugiés à travers le monde. Winter a déjà suffisamment d'entregent auprès des journaux et des responsables politiques américains pour donner une bonne image de la rébellion de Museveni en diabolisant Milton Obote. Dans un article du *Washington Post* daté du 6 août 1984 et signé de Caryle Murphy, il assène : « Un Occidental n'aurait jamais pu croire que la situation en Ouganda serait pire sous Obote que sous Idi Amin Dada. Or, les meurtres fous et irrationnels sont plus élevés aujourd'hui. » Elliot Abrams, sous-secrétaire d'État aux Droits de l'homme, accuse l'armée d'Obote de crimes « horribles ». Cette stratégie spécifique à la NRA, consistant à attribuer à l'ennemi ses propres crimes, qui sera ensuite reprise et amplement utilisée par la rébellion du FPR de Paul Kagame[2], ne peut fonctionner que si tous les moyens sont mis pour assurer une maîtrise parfaite de l'information, ou plutôt de la désinformation. Raison pour laquelle Museveni prêtera toujours une grande attention aux journalistes, soit pour les éloigner, soit pour les manipuler, soit pour les tuer. Remigius Kintu[3], aujourd'hui éditeur de la lettre de l'Ugandan Democratic Coalition (UDC) publiée à Washington, raconte qu'en 1983 Mark Schmidt, journaliste allemand, vint enquêter sur les massacres du triangle de Luwero ; il rencontra alors Museveni et son état-major et sollicita leur aide ; on lui fournit deux combattants pour escorte, qui le conduisirent jusqu'à un lieu où des cadavres étaient entassés. Ses deux accompagnateurs accusèrent les soldats d'Obote d'avoir per-

---

1. Voir page 425 et suivantes.
2. Voir *Noires fureurs, blancs menteurs, op. cit.*
3. Que j'ai rencontré à Washington et à Paris en 2009 et 2010.

pétré ces crimes. Le journaliste, s'étonnant de la forme du charnier, leur demanda :

« Pourquoi l'armée d'Obote rassemble-t-elle les cadavres et ne les enterre-t-elle pas, ce qui peut conduire à l'impliquer dans le meurtre de ces innocents ? Comment et par qui ces cadavres ont-ils été transportés jusqu'ici, alors qu'il n'y a personne d'autre que la NRA dans la région ? »

Le journaliste insiste. Il voudrait parler à des civils, obtenir leur opinion sur ces massacres. Les deux officiers n'aiment pas du tout la suspicion du journaliste et décident de mettre un point final à son enquête : ils le tuent. Ils s'emparent de sa caméra et de ses notes.

En 1984, raconte le même Kintu, la NRA embarqua un jeune journaliste britannique, William Pike, qui diffusa dans la presse mondiale des reportages exclusifs, évidemment favorables. Après l'accession au pouvoir du leader des rebelles, Pike fut récompensé : Museveni lui offrit la direction du journal *The New Vision*, qui est à l'Ouganda ce qu'était la *Pravda* à l'URSS. Tout en utilisant les moyens les plus odieux, Museveni réussit ainsi à se façonner une image respectable et respectée à l'Ouest, et à décrédibiliser ses ennemis, alors même qu'il était officiellement marxiste, soutenu par le colonel Khadafi et le bloc de l'Est.

L'admirateur du Che, de Bismarck et de Hitler est en effet l'objet d'une incroyable sollicitude de la part de plusieurs États, et d'autant de services secrets. Britanniques et Israéliens, qui cherchaient à reprendre la main en Ouganda, aident Museveni dès son arrivée dans le *bush*, en 1981. Les Israéliens avaient plusieurs raisons de suivre de près ce guerrier qui avait des chances raisonnables de prendre la tête de son pays – un pays qui compte 435 kilomètres de frontière commune avec le Soudan : il est l'ami de John Garang, qui a rejoint la rébellion du Sud-Soudan contre Khartoum en 1983. De son côté, la Tanzanie de Julius Nyerere continue à soutenir son protégé ; le Kenya d'Arap Moi aussi. Plus surprenants ont été les soutiens de Mobutu et de Juvénal Habyarimana.

Honoré Ngbanda Nzambo, alors patron des services secrets zaïrois, raconte comment Mobutu décida d'aider Museveni à prendre le pouvoir[1]. En juillet 1985, Yoweri Museveni, le chef de la NRA, vint à Kinshasa pour le rencontrer dans sa résidence privée. C'est Arap Moi, sur une suggestion du MI6 britannique, qui a conseillé à Museveni de solliciter l'appui du Zaïre. Le rebelle ougandais expose la situation à Ngbanda et son plan pour y remédier. Pour comprendre l'attitude de Mobutu dans cette affaire, il faut avoir en tête que tout l'est du Zaïre est alors affecté par la crise sévissant en Ouganda : les troubles dans la région rendent très difficile l'acheminement des matières premières et des minerais produits vers le port de Mombassa, au Kenya. Museveni a peut-être la solution. Convaincu, Honoré Ngbanda emmène dès le lendemain Museveni à Gbadolite, le village de Mobutu. « En collaboration avec les services spéciaux kenyans et britanniques, déclare Honoré Ngbanda, un pont aérien fut organisé par nos services entre Londres, Nairobi et Kisangani (Zaïre) pour transporter des armes et des munitions destinées à la National Resistance Army, la rébellion armée de Yoweri Museveni. Avant de venir solliciter l'appui du Zaïre et du président Mobutu, Museveni bénéficie déjà, depuis des années, de l'appui des autorités britanniques qui ont acquiescé à [une assistance] logistique en armes et en munitions. Mais Londres ne souhaite pas s'exposer en prenant le risque d'acheminer ces armes en Afrique au profit de Museveni. »

L'appui britannique à Museveni passe par plusieurs personnalités et prend plusieurs formes. Tout d'abord, un homme, qui lui offre ses services : Tiny Rawland. Patron du groupe Lonrho, dont une bonne partie des activités se

---
1. Honoré Ngbanda Nzambo, *Crimes organisés en Afrique centrale. Révélations sur les réseaux rwandais et occidentaux*, éditions Duboiris, coll. « Secrets d'État », préface de Charles Onana, 2004.

situent en Afrique australe, il passe pour être proche non seulement des services britanniques et américains, mais aussi du Mossad : n'a-t-il pas à ses côtés un nouveau « consultant », David Kimche, ancien du Mossad, et celui-ci n'a-t-il pas gardé des liens avec l'appareil sécuritaire israélien ? Tiny Rawland prête à Museveni son avion personnel. Il lui accorde des facilités financières « royales ». Contre l'acheminement de café et de coton à destination d'Israël, il obtient d'Ariel Sharon de grandes quantités d'armes prises par Tsahal au Liban en 1982, qui sont ensuite acheminées à la NRA. Museveni reçoit également l'appui très militant de la baronne britannique Linda Chalker[1]. En 1989, ladite sera nommée secrétaire d'État au Foreign Office[2].

Au Zaïre, Honoré Ngbanda constitue une cellule spéciale chargée de l'encadrement des activités de guérilla de Museveni. Il peut ainsi connaître le nombre très important de soldats et d'officiers tutsi d'origine rwandaise intégrés à la NRA : ceux-ci en forment l'ossature principale, Fred Rwigema assurant le commandement des troupes et Paul Kagame dirigeant de manière particulièrement efficace les services de renseignement militaire dans la mesure où il a pénétré tous les secteurs et domaines stratégiques en Ouganda grâce aux réseaux tutsi. Ngbanda prend alors la mesure des motivations des rebelles tutsi : la « guerre de libération » qu'ils mènent est aussi *leur* guerre. « Nous voulons d'abord libérer l'Ouganda pour ensuite libérer le Rwanda et installer, avec nos frères du Burundi, notre *République du Volcan* où nous constituerons la plus grande et la plus puissante armée d'Afrique centrale », résume Ngbanda.

En attendant de fédérer les trois pays, les rebelles tutsi se battent pour porter leur champion au pouvoir à Kampala.

---
1. Qui, dans les milieux ougandais de l'opposition, passait pour être une amie proche de Yoweri Museveni.
2. Le lecteur la retrouvera dans le chapitre 16, pp. 361, 374.

Aux techniques classiques de guérilla, de guerre d'information et de propagande, Museveni et ses principaux collaborateurs ajoutent une méthode stratégique d'inspiration chinoise, le *talk and fight* : négocier et combattre. Cette stratégie obéit au schéma de la guerre révolutionnaire tel que Mao Tsé-toung l'avait défini et tel que le Viêt-minh l'avait mis en œuvre. Pour avoir la victoire militaire, la NRA compense le rapport de force, en sa défaveur apparemment, par une souplesse organisationnelle et doctrinale : elle imprime son propre rythme au conflit et cherche à garder toujours l'initiative sur un adversaire moins réactif. Cela se traduit notamment par une alternance de combats et de négociations qui lui permet de refaire ses forces et d'obtenir des gains politiques dans le partage du pouvoir. Ainsi, en 1985, la NRA accepte de négocier la paix avec Milton Obote à Nairobi. À la mi-décembre 1985, celui-ci signe un accord de transition démocratique comprenant le partage du pouvoir et la préparation d'élections *fair play*. Dès le mois suivant, faisant fi du cessez-le-feu, la NRA envahit la capitale, Kampala, et y installe, le 26 janvier 1986, un régime non démocratique, la fameuse « *no party democracy* ». Toute participation des anciennes formations politiques aux campagnes électorales et aux scrutins est interdite, au nom de la prétendue unité nationale et de la lutte contre le *divisionnisme*[1].

Le *talk and fight* de la NRA est une redoutable tactique d'engourdissement de l'ennemi. Alors que les rebelles tutsi s'organisent déjà à partir de Kampala pour lancer leur offensive sur le Rwanda, Juvénal Habyarimana ne sait pas encore qu'il sera leur cible et qu'il va en faire les frais.

À partir de 1983, les rebelles de la diaspora rwandaise se sont mobilisés et ont fait fonctionner leurs réseaux. Encou-

---

1. On retrouvera cette méthode du *talk and fight* dans la guerre civile du Rwanda, et ensuite au Zaïre. Et, une fois arrivés au pouvoir, Kagame utilisera l'arme du « crime de *divisionnisme* » pour faire taire ses opposants.

ragé et aidé financièrement par Roger Winter[1], Alexandre Kimenyi, professeur de linguistique africaine et d'ethnologie à l'université de Sacramento (Californie), a lancé en 1982 le journal *Impuruza*. Ce titre constitue à lui seul tout un programme. Il désigne le tambour traditionnel, utilisé avant la colonisation par les Tutsi pour les appeler à la guerre. « Je démarrais ce journal pour mobiliser et faire prendre conscience aux réfugiés rwandais [les Tutsi rwandais exilés] de leur droit naturel à retourner dans leur patrie[2]. » Dans le premier numéro, Kimenyi explique que la raison pour laquelle il a choisi le nom d'*Impuruza* est de « nous remémorer que nous sommes aussi en guerre et que nous devons continuer à montrer notre héroïsme ». Dans ce même numéro, Festo Habimana, président de l'Association of Banyarwanda in Diaspora (ABD-USA)[3], écrit : « Une nation en exil, un peuple sans leadership, les "Juifs d'Afrique", une nation sans État : toutes ces expressions pourraient faire des titres merveilleux pour décrire la saga de notre peuple... » Il appelle à l'unité des réfugiés tutsi pour en finir avec les souffrances, et termine ainsi son exhortation : « Nous sommes un peuple plein de ressources. Qu'attendons-nous ? Un génocide. » Les mots « Juifs d'Afrique » et « génocide » sont ainsi déjà écrits noir sur blanc et vont constituer le socle de la propagande utilisée jusqu'à maintenant par les partisans du FPR. *Impuruza* devient la base idéologique de la lutte des Tutsi bientôt regroupés dans le FPR et sa mouvance pour reprendre le

---

1. In *The Media and the Rwanda Genocide*, sous la direction d'Allan Thompson, contribution de Jean-Marie Vianney Higiro, Pluto Press/Fountain Publishers, 2007. Affirmation contestée dans un courriel qu'Alexandre Kimenyi m'a envoyé : « *Impuruza* a été financé par mes propres fonds et des membres de notre association. »
2. Voir www.kimenyi.com, le site d'Alexandre Kimenyi, lequel est décédé le 11 juin 2010.
3. Officiellement l'ABD-USA regroupait les Rwandais en exil aux États-Unis, mais ne comptait en fait que les seuls Rwandais d'origine tutsi.

pouvoir. Puis d'autres revues de la diaspora tutsi pro-FPR verront le jour, comme *Intego* à Paris, sous la houlette de José Kagabo[1].

John Karuranga, l'homme d'affaires proche de Museveni, ne peut garder pour lui ce qu'il sait des préparatifs de reconquête militaire du Rwanda. Fin avril 1986, dans plusieurs journaux ougandais et kényans, il révèle le projet d'attaque militaire du Rwanda. Dans *La Nation* du 1er mai, il écrit qu'un groupe armé récemment créé, connu sous le nom de Rwanda Resistance Movement, a menacé de renverser le régime du président Habyarimana. Mais il est manifestement trop tôt pour révéler pareil secret. Le 18 mai, Fred Rwigema, Paul Kagame et dix autres militaires tutsi, qui font désormais officiellement partie de l'armée ougandaise, viennent arrêter Karuranga. Les conséquences de ses bavardages auraient pu être très graves pour le nouveau pouvoir ougandais. Après de nombreux interrogatoires menés par les services de Kagame, Karuranga est finalement exfiltré vers la Suède. Après cet incident, les préparatifs se feront dans la plus grande discrétion[2].

Aux États-Unis, une fraction de la diaspora rwandaise se montre très active. Alexandre Kimenyi, avec *Impuruza,* et Festo Habimana à la tête de l'ABD-USA, qui a obtenu son statut légal en 1983, organisent à Washington, en août 1988, une « Conférence internationale sur le statut des réfugiés banyarwanda » : Roger Winter, encore lui, les a aidés à monter la manifestation qui doit rassembler la diaspora derrière eux. Le premier jour, la réunion est publique. Jean-Marie Higiro était alors étudiant à l'université d'Austin, et

---

[1]. José Kagabo est depuis les années 1980 un propagandiste acharné du FPR, abrité derrière sa fonction de maître de conférences à l'École des hautes études en sciences sociales à Paris. Pour le récompenser de sa participation active au rapport Mucyo, qui attaque violemment la France pour complicité de génocide, Paul Kagame l'a nommé sénateur rwandais.
[2]. Gaspard Musabyimana, *La Vraie Nature du FPR/APR d'Ouganda en Rwanda*, L'Harmattan, 2003.

en bons termes avec le président de l'ABD, qui l'avait invité à ladite conférence. « La salle avait été louée par Roger Winter et toute la logistique assurée par lui », se souvient celui qui fut le patron de l'Office rwandais d'information (Orinfor) du 31 juillet 1993 à la chute du régime Habyarimana et qui est actuellement professeur de communication dans le Massachusetts[1]. « Deux officiels du Département d'État et un diplomate ougandais étaient présents. Roger Winter parcourait les travées et manifestait son mécontentement quand il entendait des Rwandais parler français ou même kinyarwanda, car il désirait comprendre tout ce qui se disait[2]. Il demandait donc à tous de parler anglais. Il jouait vraiment le rôle de chef d'orchestre. Il y avait là des exilés rwandais venant de très nombreux pays. Le premier jour, des réfugiés prirent la parole pour se plaindre des mauvais traitements qu'ils subissaient dans leurs pays d'accueil. Des Tutsi de l'armée ougandaise, présents, trouvèrent ces discussions oiseuses : eux prônaient la lutte armée et avaient un projet. J'ai pris la parole et dit que je ne connaissais pas bien la question des réfugiés, ayant quitté le Rwanda en 1982. J'ai été chahuté... Le lendemain, lorsque nous [moi et un ami hutu] nous sommes présentés à la porte de la salle de conférences, nous avons trouvé la salle vide. Nous y avons rencontré un Tutsi de Kigali, dépêché par le gouvernement Habyarimana pour suivre les travaux de la conférence. Les organisateurs avaient décidé de tenir la conférence ailleurs, à l'abri des oreilles indiscrètes. » C'est lors du second jour qu'auraient été décidées officiellement la conquête du pouvoir par les armes[3] et l'utilisation de la question des réfugiés

---

1. Entretien avec l'auteur à Boston, 17 mai 2009.
2. Et probablement aussi par haine de la langue française amenée par les colons belges et français...
3. Dans un e-mail du 8 juin 2008, Alexandre Kimenyi m'a à l'inverse déclaré qu'« aucune décision de lutte armée n'a jamais été prise à la conférence. Les organisateurs et les participants n'en avaient pas la compétence ».

pour justifier la lutte armée contre le régime de Juvénal Habyarimana. Les Tutsi rwandais de la diaspora seraient ainsi partie prenante à la lutte menée, au côté du tout nouveau Front patriotique rwandais (FPR) qui venait d'être créé en cette même période.

Alexandre Kimenyi rejoint le FPR et en devient le directeur de la recherche et de la documentation. *Impuruza* se fait le principal organe de propagande du FPR. On peut y déceler le programme inavoué du FPR, tout au moins son but ultime : la création d'un empire tutsi-hima dans la région des Grands Lacs.

Bien avant les textes violents et racistes publiés par les extrémistes hutu dans ce qui sera appelé « les médias de la haine », dans le journal *Kangura*[1], bien avant les incitations au meurtre lancées par la Radio-télévision libre des Mille Collines en 1994, *Impuruza* a diffusé une idéologie raciste et multiplié les appels aux meurtres de Hutu. Dans son quinzième numéro, daté de décembre 1989, Kimenyi écrivait une harangue des plus virulentes :

« Pourquoi ces dirigeants du Rwanda actuel, ces *rats sauvages*[2] qui passent pour des cambrioleurs corrompus, qui ont énormément de biens à l'extérieur de ce qui était LE PAYS, mais qu'ils ont transformé en *minuscule État n'ayant aucun centimètre carré habitable*, ne pourraient-ils pas, eux aussi, nous céder la place et s'en aller consommer dehors ce qu'ils ont pillé, afin que nous rentrions et ayons où habiter ? Le temps est vraiment venu de nous réveiller, de nous lever avec fougue. Je demande encore une fois à ces gens de s'en

---

1. En 1995, des amis proches du FPR, les universitaires Jean-Pierre Chrétien et Marcel Kabanda, avec Joseph Ngarambe, ont publié aux éditions de L'Harmattan un ouvrage intitulé *Les Médias du génocide*, qui ne traite que des médias des extrémistes hutu ; il ne fait mention ni d'*Impuruza* ni de la radio du FPR, Muhaburu. Ce livre très partiel, et partial, va servir de trame au procureur du Tribunal pénal international pour le Rwanda pour conduire ses procès contre ceux qui ont collaboré aux « médias de la haine ».
2. C'est nous qui soulignons.

aller tant qu'il est encore temps, et de s'en aller en paix. C'est notre tour d'habiter le RWANDA ! » Comment ne pas entendre, au-delà de l'ultimatum haineux lancé au régime Habyarimana, l'insinuation contenue dans cette formule, « minuscule État n'ayant aucun centimètre carré habitable », comment ne pas entendre que c'est une guerre contre sa population tout entière (et très majoritairement hutu) qui est souhaitée ?

En octobre 1990, aussitôt après le déclenchement de la guerre par les soldats du FPR épaulés par des Ougandais, Kimenyi renchérit[1] en publiant un poème dédié à Fred Rwigema, qui vient d'être assassiné et était le chef des rebelles tutsi :

Toi, taureau combattant qui a attaqué pour libérer la noblesse
Comme tu as décidé de vider l'arsenal et de lancer les premiers obus
Ces misérables ne tarderont pas à déguerpir
Ces rats sauvages qui passent pour des cambrioleurs corrompus tremblent de panique
Ces vauriens qui ne cessent de nous piller
Qui ne cessent de nous massacrer dans le but de nous exterminer
Ces traîtres qui se caractérisent par leurs joues dilatées
Je les vois très vite détaler à pied, démunis
Ces voleurs qui troublent tant
Ces laides créatures insensées à la mine furieuse
Ces ennemis du Rwanda qui le salissent et le déshonorent
Ces crétins qui ne pensent qu'à leurs ventres gonflés
Plaise au Ciel qu'ils n'aient jamais de progéniture
Ces vicieux bandits qui exploitent nos richesses
Ils ont entendu nos coups de canon tonner et ils ont été pris de panique

---
1. *Impuruza* n° 17, décembre 1990, p. 2.

*Ils ont perdu la tête et les voilà à aboyer comme des chiens
Derrière les Blancs qu'ils supplient de les protéger et d'empêcher les nobles des les supplanter.*

S'il est impossible d'évoquer la figure de Yoweri Museveni sans souligner le rôle que les Tutsi rwandais ont joué dans sa conquête du pouvoir, il est également indispensable d'accoler à son nom ceux des missionnaires et des évangélistes de tous poils qui le soutenaient. Se rappelaient-ils l'engagement de Museveni dans la Scripture Union, ou calculaient-ils que, une fois à la tête du pays, celui-ci viendrait en aide aux rebelles chrétiens du Sud-Soudan ? En tout cas, Museveni fut approché par des évangélistes américains et bientôt recruté par le mouvement conservateur chrétien fondamentaliste The Fellowship, connu aussi sous le nom The Family. Chaque année, cette organisation chrétienne organise à Washington le *National Prayer Breakfast* qui réunit autour du président des États-Unis de nombreux membres du Congrès et une kyrielle de responsables politiques du monde entier. Museveni se définit lui-même comme un *born again.* Il est devenu l'ami de Bob Hunter, membre de The Family, qui a appartenu à l'administration Ford : tous deux ne parlaient pas que du Christ. Parvenu au pouvoir, Museveni demanda à son ami Bob de l'aider à constituer son gouvernement. Selon la légende, Bob Hunter, lui-même ami de Chester A. Crocker[1], aurait alors dit à Museveni :

– Pourquoi ne viendriez-vous pas aux États-Unis pour prier avec moi ? J'ai un bon groupe d'amis[2]...

La baronne Caroline Cox, membre de la Chambre des Lords, le sollicita également au nom d'un mouvement chrétien fondamentaliste, le Christian Solidarity International.

---

1. Le diplomate américain Chester Arthur Crocker fut secrétaire d'État adjoint pour les Affaires africaines de 1981 à 1989 dans l'administration Reagan. Il fut l'architecte de la politique américaine dite d'engagement constructif à l'égard de l'Afrique du Sud.
2. Jeff Sharlett, *The Family,* Harper&Collins Publishers, 2008.

Un an après son arrivée au pouvoir, Museveni était reçu par Ronald Reagan à la Maison-Blanche.

Alors que les projets d'invasion du Rwanda tournent déjà dans les têtes à Kampala, le Rwanda de Juvénal Habyarimana fête la victoire de Museveni, qu'il croit encore son ami et son obligé. Kigali se démène pour le faire adouber par les chefs d'État de la région, notamment par Mobutu et par Arap Moi. Museveni est invité à se rendre en visite officielle au Rwanda du 29 octobre au 1er novembre 1986. Reçu chaleureusement, il prononce un important discours à Butare, qui est reçu au premier degré, mais constitue un chef-d'œuvre de duplicité. Il s'y emporte contre les ignorants en politique qui propagent des rumeurs selon lesquelles les réfugiés rwandais vivant en Ouganda se prépareraient à attaquer le Rwanda, et il ajoute qu'il n'y a aucune raison pour que ces réfugiés le fassent, pas plus qu'il n'y a de raison, ni stratégique, ni idéologique, ni politique, pour que l'Ouganda soutienne les réfugiés qui viendraient à déstabiliser le Rwanda[1]. Du 5 au 8 février 1987, c'est au tour de Juvénal Habyarimana de se rendre en visite officielle en Ouganda. Il en profite pour aborder le problème des réfugiés. Il déclare qu'il ne peut résoudre ce problème à lui seul et qu'il sollicite l'aide de pays amis comme l'Ouganda. Mal traduit, son discours fait, le lendemain, la une de *The New Vision* : « Habyarimana a dit aux réfugiés d'oublier le Rwanda », lui fait déclarer le journal pro-gouvernemental. La délégation rwandaise ne réussit pas à dissiper le malentendu, qui va être ensuite sciemment utilisé, notamment avec l'aide de Roger Winter, pour justifier la « guerre de libération ». Les discussions supervisées par le Haut-Commissariat aux réfugiés (HCR) et par l'OUA entre le Rwanda et l'Ouganda ont pourtant conduit à un troisième

---

1. Gaspard Musabyimana, *La Vraie Nature du FPR/APR, op. cit.*

accord ministériel, deux mois seulement avant le déclenchement de la guerre[1].

Il est important de rappeler que, à la fin des années 1980, le Rwanda était considéré par la Banque mondiale, ainsi que par d'autres organismes internationaux, comme l'un des « bons élèves » africains. Au dernier rang en 1976, le pays peut se targuer en 1990 de détenir le plus important PNB par tête d'habitant de la région des Grands Lacs (Burundi, Zaïre, Ouganda et Tanzanie). Dans *Le Soir* daté des 6 et 7 octobre 1990, Colette Braeckman écrivait : « Apparemment, cependant, à l'échelle africaine en tout cas, le Rwanda est longtemps apparu comme un modèle où la Belgique innova d'ailleurs un système de cogestion de la coopération, compte tenu du sérieux de ses partenaires... Routes impeccablement entretenues, maisons couvertes de toits de tuiles ou de tôles, dispersées sur les collines, réseau téléphonique efficace, banques, coopératives et caisses d'épargne, densité exceptionnelle d'organisations non gouvernementales, le petit Rwanda apparaissait tout entier tourné vers un objectif exclusif : le développement. Mais l'effort de ces paysans opiniâtres cachés derrière leurs bananiers était annulé au fil des années par la croissance de la population. [...] Alors que, voici deux ans, le pays avait fièrement proclamé son autosuffisance alimentaire, une famine est survenue l'an dernier, d'abord niée par les autorités, puis finalement très meurtrière. » Malgré les bons points délivrés par la communauté internationale et soulignés par celle qui deviendra une des voix les plus virulentes contre le régime d'Habyarimana, la Banque mondiale, le FMI et les États-Unis vont se détourner brutalement du « bon élève » pour chérir Museveni et l'Ouganda en déversant sur eux des flots de dollars.

---
1. Éléments extraits du rapport de la Commission d'enquête parlementaire française concernant les événements du Rwanda. Session de 1997-1998 (1-611/7 à 15).

James K. Gasana, ancien ministre rwandais de la Défense, a bien exposé devant les parlementaires français, le 10 juin 1998, que les soutiens internationaux étaient subitement allés à l'Ouganda, et que ce désinvestissement soudain n'était pas allé sans une connaissance réelle de la situation :

« Depuis 1989, les États-Unis ont soutenu les attaques perpétrées conjointement par le FPR et l'Ouganda contre le Rwanda. Des télégrammes reçus par le Département d'État ont fait état des observations faites par des experts militaires sur l'appui de l'Ouganda au FPR. Il n'y avait pas moins de 61 rapports dans le dossier y afférent au Département d'État en 1991. Entre 1989 et 1992, les États-Unis ont accordé [à l'Ouganda] un montant de 183 millions de dollars d'aide financière, soit le double de l'aide accordée au Rwanda. Parallèlement au renforcement des relations américano-ougandaises et anglo-ougandaises, il y a eu escalade d'hostilités entre l'Ouganda et le Rwanda. Entre 1990 et 1993, l'Ouganda a fermé ses frontières au passage des marchandises destinées au Rwanda en provenance du Kenya. [...]

« En août 1990, le FPR préparait déjà l'invasion [du Rwanda] avec la pleine connaissance et le feu vert des services secrets britanniques. Dans un contexte de guerre, cette aide financière apportée par les États-Unis ne pouvait servir qu'à financer l'effort de guerre de l'Ouganda en appui du FPR. Nous en trouvons la confirmation dans une autre analyse faite par Harald Marwitz [ancien responsable de l'USAID] qui montre que l'aide financière que les États-Unis ont mis à la disposition de l'Ouganda sur la courte période en question est égale à toute l'aide qui lui avait été accordée sur les 27 années précédentes ! Il nous apprend par ailleurs qu'en 1989, lorsqu'il était clair que l'Ouganda et le FPR menaient des attaques contre le Rwanda, un mémorandum interne à l'USAID déconseillait l'augmentation de l'aide militaire et de l'assistance économique à un pays qui finançait le renversement du pouvoir légal rwandais par les réfugiés.

« Un autre instrument pour le financement de cette guerre a été l'octroi de crédits par le FMI et la Banque mondiale à l'Ouganda dans le cadre du programme d'ajustement structurel. Les fonds des institutions de Bretton Woods lui ont fourni les capacités d'importation de matériel de guerre pour le FPR. Comme l'une des conditions pour bénéficier de ces fonds était de réduire la taille de son armée, Museveni en profita pour évacuer de la NRA [devenue l'armée nationale] le trop-plein de militaires rwandais-tutsi démobilisés qui lui créaient déjà des problèmes politiques. Ce sont ces crédits et les aides financières américaines qui lui ont permis de financer l'effort de guerre pendant quatre ans. On peut croire que certaines grandes puissances alliées au FPR trouvaient, par ce biais, une voie non compromettante – surtout vis-à-vis des Français – de l'aider efficacement à prendre le pouvoir. En effet, un corollaire de l'ajustement structurel favorable à l'Ouganda et défavorable au Rwanda était que, pour se conformer aux exigences des institutions de Bretton Woods, le premier devait réduire la taille de son armée, alors que le second ne pouvait pas augmenter comme il l'aurait voulu la taille de la sienne.

« Le FPR se renforçait donc sans grands frais. Le trop-plein des éléments rwandais de la NRA passait au FPR. Même si le Rwanda obtint des crédits des mêmes institutions de Bretton Woods, les amis de l'Ouganda et du FPR savaient très bien que leurs montants étaient de loin inférieurs à ce que l'Ouganda devait recevoir, et que si un combat opposant les enveloppes financières reçues était engagé, c'est l'Ouganda qui le gagnerait. »

L'époque où Américains et autres pays occidentaux soutenaient le régime de Kigali, considéré comme un bastion anticommuniste, est définitivement révolue. Ce changement, qui aboutira *in fine* au sacrifice de Juvénal Habyarimana, s'est opéré en plusieurs étapes.

Jusqu'à la victoire de Museveni, les services secrets israéliens, britanniques et américains, aux côtés des chrétiens fondamentalistes et de quelques associations et groupements privés, ont discrètement appuyé la NRA tandis que leurs gouvernements continuaient à soutenir officiellement le régime d'Habyarimana.

Toutefois, dans les mois qui ont suivi la victoire de Museveni, les combats ne sont pas éteints. S'il a battu l'Uganda National Liberation Army (UNLA), l'armée régulière de Milton Obote, le guerrier chrétien ne va pas pour autant rallier ses soldats. Sa volonté d'écraser les anciens partisans d'Obote aurait pu lui coûter sa toute nouvelle stature de leader fréquentable. Les soldats de l'UNLA se sont repliés dans la province de l'Acholi dont beaucoup sont originaires. Les tribus d'Acholi sont établies pour partie en Ouganda, pour partie au Sud-Soudan. Le commandement de l'UNLA s'est replié à Juba, capitale du Sud-Soudan. Dans un premier temps, la NRA, commandée par Fred Rwigema, a poursuivi les troupes de l'UNLA, devenues des rebelles, dans la partie ougandaise de l'Acholi. Elle n'y fait pas dans la dentelle : dès le mois de septembre 1986, les journaux de l'opposition parlent d'« atrocités » et d'« actes incroyables » – incluant massacres de civils, incendies de villages, tortures – commis par elle[1]. En décembre, ces accusations sont relayées par les médias internationaux. L'évêque de l'Église d'Ouganda, Ogwal, déclare que, dans l'Acholi, les troupes se comportent encore plus mal que du temps d'Idi Amin Dada[2]. Le terme « génocide » est employé pour qualifier les agissements de la NRA contre les Acholi. Les communiqués officiels de Kampala ne suffisent pas à faire taire les accusateurs. En juin 1987, Museveni fait donc appel à… Roger Winter, son ami, et le protecteur des Tutsi

---
1. In *Citizen* des 5 et 26 septembre 1986.
2. « Bishop Ogwal ashames Acholis », *Focus*, 17 février 1987.

exilés. C'est à lui qu'il revient de mener une « enquête » dans l'Acholi. Et, bien sûr, celle-ci exonère la NRA de l'accusation de génocide. Ce blanchiment est capital, car sans lui la toute récente action entreprise par la NRA contre le Soudan, aux côtés des rebelles de l'Armée populaire de libération du Soudan (SPLA) de John Garang, avec la bénédiction des mouvements chrétiens, du Mossad et la bienveillance des services secrets britanniques et américains, aurait été ternie, voire entravée.

Car c'est en mai 1987 que quatre brigades, soit 14 000 hommes, très lourdement équipées et emmenées par Fred Rwigema, escortées de Soudanais du SPLA et de quelques Israéliens, entrent au Soudan avec un double objectif : éradiquer les restes de l'UNLA et installer John Garang à Juba, capitale du Sud-Soudan. Les conseillers israéliens ont fourni l'équipement, entraîné une dizaine de pilotes, communiqué des photos satellites des positions gouvernementales et pris une part active à la capture de quelques villes tenues par les troupes de Khartoum. Cinq Israéliens auraient été tués à la fin de l'année 1988[1].

Des combattants de l'African National Congress (ANC) accompagnent les Tutsi de la NRA et les rebelles de John Garang dans le nord de l'Ouganda et dans un certain nombre de leurs incursions au Soudan ! À la demande de Julius Nyerere, président de la Tanzanie, Museveni accepte que l'ANC, qui vient de subir le bombardement de ses camps au Botswana et au Zimbabwe par l'aviation sud-africaine, installe une base secrète dans le district de Mubende, dans le centre du pays. Les militants de l'ANC fraternisent avec ceux du FPR et ceux du SPLA de John Garang. Quand le FPR attaquera le Rwanda, un certain

---

1. In *Al-Khaleej*, quotidien des Émirats arabes unis, daté des 7 et 8 juin 2004, dans un article de Fahmi Howeidi, un des huit journalistes autorisés à interviewer Barack Obama après son discours du Caire.

nombre d'entre eux se retrouveront aux côtés des rebelles tutsi[1]...

Les militaires ougandais sont présents au Sud-Soudan jusqu'en 1989 ; ils laissent alors à John Garang le contrôle d'une partie importante de la province de l'Équateur et Juba menacée. Museveni ne peut en effet rester plus longtemps militairement engagé dans un pays étranger alors qu'il met tout en œuvre pour gagner une certaine respectabilité internationale. De leur côté, ses compagons tutsi estiment qu'il est temps de se préparer pour l'étape suivante : foncer sur Kigali.

L'expédition de la NRA pour aider les chrétiens sud-soudanais contre le régime islamiste de Khartoum fut probablement pour beaucoup dans l'idylle des milieux gouvernementaux anglo-saxons avec Museveni. Sa bonne image lui valut soutiens financiers et politiques. Il commençait déjà à revêtir les oripeaux du « croisé africain » qui, avec ses chevaliers tutsi, défendait l'Occident chrétien contre les impies ; et qu'importent ses mises à sac sanguinaires, il lui serait pardonné, comme à ceux qui avaient défendu le Saint-Sépulcre.

Après la victoire de Museveni en 1986, l'antenne ougandaise des services secrets zaïrois a continué à suivre de très près la montée en puissance des rebelles tutsi en Ouganda, à s'informer sur leurs préparatifs en vue de leur attaque du Rwanda ; et ils observent la grande sollicitude que commencent à leur porter les services secrets américains. Fred Rwigema est alors devenu vice-ministre ougandais de la Défense et Paul Kagame dirige le service du renseignement militaire, le DMI (Directorate Military Intelligence) qui fait l'objet de toute la prévenance des États-Unis. Les espions zaïrois installés à Kampala signa-

---

1. Gaspard Musabyimana, *L'APR et les réfugiés rwandais au Zaïre. 1996-1997. Un génocide nié*, L'Harmattan, 2004.

lent la prise en charge d'officiers rwandais par les services secrets américains : « Certains officiers rwandais triés sur le volet sont envoyés aux États-Unis pour une formation accélérée en vue d'organiser une vaste opération d'attaque contre le Rwanda », notent-ils.

Au début de septembre 1989, les agents zaïrois mettent l'accent sur l'imminence d'une telle attaque. Ces informations sont transmises par Honoré Ngbanda à Juvénal Habyarimana[1]. Mobutu sent qu'après le Rwanda le Zaïre sera la cible des deux protégés du Pentagone. Il demande à son collaborateur Ngbanda de communiquer l'information au chef de poste de la CIA à Kinshasa, ce qui a pour effet de mettre en difficulté l'antenne des services secrets zaïrois à Kampala.

Ces liens étroits entre services américains et rebelles tutsi m'ont été confirmés par plusieurs sources, notamment par Richard Babayan, ancien compagnon de route de la CIA, et par un ancien officier de la DMI qui a côtoyé Paul Kagame depuis le milieu des années 1980. Pour le premier, les services américains ont soutenu Museveni et son projet de « République des Volcans » pratiquement depuis le début. Ils sont entrés en relations étroites avec Paul Kagame quand celui-ci a été porté à la tête du renseignement militaire ougandais. Ils ont fait de lui leur homme, l'ont choyé et préparé à conquérir le pouvoir au Rwanda, notamment en l'envoyant compléter sa formation à Fort Leavenworth, au Kansas, qui s'enorgueillit d'être le « centre intellectuel de l'armée » américaine. Babayan se souvenait d'une partie du dispositif déployé par le Pentagone en Ouganda : à sa tête, Robbert Griblin, chef d'antenne de la DIA, et Diane Lewis, officiellement conseillère du président Museveni, mais qui appartenait elle aussi à l'agence de renseignement du

---

1. Honoré Ngbanda, *Crimes organisés en Afrique centrale*, op. cit.

Pentagone[1] ; et Babayan parlait d'une action coordonnée des services américains et du Mossad en insistant beaucoup sur le rôle, selon lui majeur, de... Roger Winter[2]. L'ancien collaborateur de Paul Kagame, ex-officier de la DMI[3], souligne quant à lui l'importance de l'action de Roger Winter, à l'époque de la guérilla dans le maquis ougandais. Il cite lui aussi le nom de Diane Lewis, et y ajoute ceux de Fritzpatrick et du major Jacob, agent de liaison entre le DMI et le DIA. Pour Babayan, il était évident que le Département de la Défense avait donné son feu vert à l'attaque conjointe des rebelles tutsi et de la NRA, le 1er octobre 1990.

Au soir du 30 septembre 1990, Ngbanda apprend par un message de l'antenne zaïroise de Kampala que les rebelles tutsi font mouvement vers la frontière ougando-rwandaise ; on lui transmet l'information que ce sont les services secrets américains qui ont programmé l'attaque en fonction de l'agenda des présidents ougandais et rwandais : tous deux sont en visite à New York. Les services secrets américains auraient assuré Museveni qu'ils s'emploieraient à retenir Habyarimana aux États-Unis jusqu'à la chute de Kigali, le temps de quelques jours, et qu'ils l'empêcheraient de gagner le Zaïre : il ne lui serait plus possible de lancer une contre-offensive ni de reconquérir son pouvoir[4].

Le lendemain matin, les rebelles rwandais et des soldats de la NRA passent la frontière et entrent dans Gabiro, à environ quatre-vingt-dix kilomètres de Kigali. L'offensive a débuté.

---

1. Installé dans les murs du Pentagone, la DIA (Defense Intelligence Agency) est une agence du Département de la Défense spécialisée dans l'appui au combat (*combat support agency*) ; elle est l'un des piliers du renseignement américain. Elle compte aujourd'hui 16 500 employés, militaires et civils, dans le monde entier.
2. Voir aussi chapitre 18, pp. 448-449.
3. Il a souhaité garder l'anonymat.
4. Honoré Ngbanda, *Crimes organisés en Afrique centrale, op. cit.*

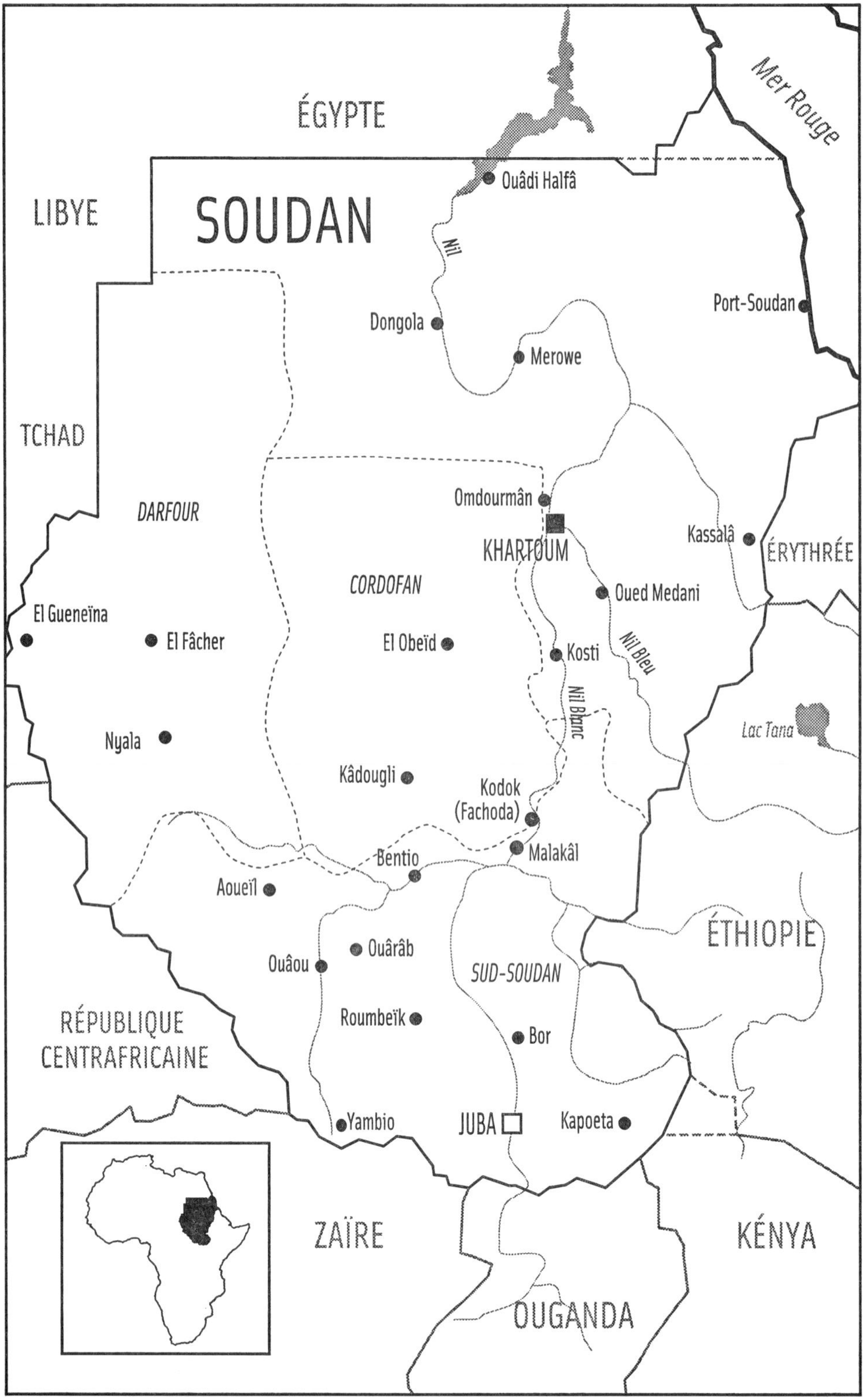

ÉGYPTE
Mer Rouge
LIBYE
SOUDAN
Ouâdi Halfâ
Nil
Dongola
Merowe
Port-Soudan
TCHAD
DARFOUR
Omdourmân
KHARTOUM
Kassalâ
ÉRYTHRÉE
CORDOFAN
Oued Medani
El Gueneïna
El Fâcher
El Obeïd
Kosti
Nil Bleu
Nil Blanc
Nyala
Lac Tana
Kâdougli
Kodok
(Fachoda)
Malakâl
Bentio
Aoueïl
ÉTHIOPIE
Ouârâb
Ouâou
SUD-SOUDAN
Roumbeïk
Bor
RÉPUBLIQUE
CENTRAFRICAINE
Yambio
JUBA
Kapoeta
ZAÏRE
KÉNYA
OUGANDA

10

Croquis d'un pays trop vaste qu'il conviendrait de disloquer : le Soudan

Pour comprendre le déroulement des événements dans la région des Grands Lacs et dans une bonne partie de l'Afrique centrale, principalement après la chute du Mur de Berlin, il faut constamment avoir l'œil fixé sur Khartoum et le Soudan, à la fois pays africain et pays musulman rattaché à l'explosive région moyen-orientale.

Pays le plus vaste d'Afrique, grand comme cinq fois la France, il est situé au nord-est du continent, limité au nord par l'Égypte, à l'est par la mer Rouge, l'Érythrée et l'Éthiopie ; la République centrafricaine, le Tchad et la Libye le bordent à l'ouest ; le Kenya, l'Ouganda et la République démocratique du Congo (RDC), au sud. Physiquement, le pays pourrait être divisé en quatre parties : les plaines steppiques et désertiques du Nord, les paysages montagneux du Nord-Ouest, ceux du Centre (comprenant notamment le Darfour), et la végétation luxuriante du Sud-Soudan.

Il est important d'avoir en permanence à l'esprit que le Soudan est le pays du Nil. Le Nil blanc, venu du Burundi et du Rwanda, rencontre à Khartoum le Nil bleu, né dans les contreforts éthiopiens. Toute cette eau est partagée entre dix pays : principalement l'Égypte, le Soudan, l'Éthiopie, l'Ouganda, la Tanzanie et le Kenya, mais aussi l'Érythrée, le Rwanda, le Burundi et le Congo-Kinshasa. Pour des raisons historiques, c'est toutefois l'Égypte qui, jusqu'à présent, s'est arrogé la part du lion. Depuis longtemps Israël est également demandeur d'une partie de cette eau. Le partage des eaux du Nil reste gouverné par le traité signé en 1959 entre l'Égypte et le Soudan dans le cadre de la mise en service du barrage d'Assouan, mais il est aujourd'hui remis en cause : en mai 2010, quatre pays (l'Éthiopie, l'Ouganda, le Rwanda et la Tanzanie) signaient à Entebbe un nouvel accord sur le partage des eaux du Nil, en négociation depuis plus de dix années : un coup de force, pour l'heure symbolique, réalisé en l'absence du Burundi et du Congo, contre l'Égypte et le Soudan, farouchement opposés au projet d'accord-cadre qui se dessine. Peu après, le Kenya le signait à son tour. Les eaux du Nil constituent une question stratégique ultra-sensible. Leur utilisation et leur partage représentent dans cette région un grave facteur d'instabilité géopolitique. Grâce au Nil, le Soudan, dont moins de 20 % des terres arables sont exploitées, dispose d'un énorme potentiel agricole. N'appelait-on pas jadis ce pays « le grenier du monde arabe » ? Le Soudan dispose également d'un sous-sol très riche en hydrocarbures, aussi bien dans le sud du pays que, très probablement, dans sa partie occidentale : les Chinois ont obtenu récemment des concessions pour l'exploiter.

La diversité culturelle du Soudan est à la mesure de sa superficie : il fournit un condensé de l'Afrique entière. Les très nombreuses langues soudanaises appartiennent aux familles ethno-linguistiques couchitiques, nilotiques, bantoues et sémitiques. Les principales sont pratiquées en des aires spécifiques ; l'arabe, à travers ses variantes du nord et du sud (dialecte de Juba), est l'idiome le plus usité. Il y aurait au Soudan 535 tribus parlant près de 177 langues et dialectes. Longtemps le Soudan a été réduit à un Nord arabe et à un Sud négro-africain[1] ; à une majorité de musulmans au Nord et à une majorité d'animistes ou de chrétiens au Sud, Sud et Nord ainsi divisés et que tout opposerait : la religion, la géographie et l'histoire. Aujourd'hui, cette vision est relativisée par plusieurs chercheurs africanistes.

Qu'elles soient riveraines du Nil ou nomades du Darfour ou du Kordofan, les tribus « arabes » du Soudan sont des populations noires arabisées ou sémito-couchitiques. Elles se divisent en deux ensembles majeurs : les sédentaires de la vallée du Nil, *Ja'aliyin, Danagla, Shaigiya*, qui constituent, comme on le verra, l'élite socio-politique et économique du pays, et les nomades représentés essentiellement par l'ensemble *Juhayna*, composé de tribus à vocation pastorale.

Au XIXᵉ siècle, l'essentiel du territoire de l'actuel Soudan est annexé à l'Égypte, province de l'Empire ottoman. À partir de 1820, Méhémet-Ali, pacha puis vice-roi de l'Égypte (1804-1848), réunit sous son autorité les royaumes du Kordofan et du Sennar ; ses successeurs s'empareront du Darfour et des territoires du Sud (Bahr al-Ghazal et Equatoria), auxquels s'adjoindra une façade maritime adossée à la mer Rouge. Parallèlement, il envoie ses troupes pacifier les régions soulevées de l'empire. Augmentée de ces nouveaux territoires, l'Égypte n'est plus tout à fait une simple province de la Sublime Porte, comme l'est la Palestine par exemple. Méhémet-Ali et ses successeurs menacent de s'affranchir, ils ont pris un ascendant sur la Porte ; surtout, après l'inauguration du canal de Suez en 1869, ils mènent un jeu diplomatique serré entre les Français et les Anglais.

---

1. Une vision qui vient notamment de la *Southern Policy*, politique spécifique des Britanniques, menée dans les années 1920 jusqu'au lendemain de la Seconde Guerre mondiale, qui avait instauré un régime séparé dans des secteurs du Sud (« closed districts ») où l'arabe, le port de la djellaba et le colportage des marchands arabes étaient interdits. Voir Bernard Lugan, *Histoire de l'Afrique, des origines à nos jours*, Ellipses, 2009.

En mars 1881, Muhammad Ahmad ibn Abdallah, Soudanais d'origine modeste, se proclame *mahdi* et prône un retour à l'islam originel, tout en fustigeant l'autorité ottomane « alliée des infidèles européens ». Il rencontre un vif succès. Le 26 janvier 1885, les troupes du Mahdi s'emparent de Khartoum, qui était défendu par le fameux général anglais Gordon Pacha, vainqueur en Chine des *Tai-ping* et des Sikhs en Inde. Il est assassiné. Les Anglais s'inquiètent du contrôle qu'exerce le Mahdi sur une grande partie du Soudan ; leur logique de sécurisation du canal de Suez les entraîne à s'engager militairement dans la région. Malgré la défaite du successeur du Mahdi, le *khalif* Abd Allahi, et la chute en 1898 de l'État mahdiste, la confrérie religieuse *mahdiya* porte à la fois la première revendication d'un Soudan indépendant, dont elle constitue l'ébauche.

Après l'effondrement du mahdisme, Anglais et Égyptiens signent un accord, le 19 janvier 1899, qui consacre leur gestion conjointe du Soudan. Ce texte indique que le gouverneur général du Soudan est « nommé par décret khédivial ; le gouverneur devra être choisi par l'Angleterre » (art. 3), les Anglais étant par ailleurs, *de facto*, les véritables maîtres de l'Égypte depuis 1882.

Avec l'établissement du condominium, Londres administre désormais le Soudan et commence à le modeler à sa guise. Ce qui n'empêche pas plusieurs révoltes mahdistes et, en écho au bouillonnement du nationalisme égyptien, les premiers soubresauts modernes du nationalisme soudanais. Les Anglais pratiquent bientôt l'*indirect rule* (1924-1944), visant à une « déségyptianisation » du Nord-Soudan, à une « désislamisation » du Sud et, partout, à une décentralisation par le recours aux élites traditionnelles. Il importe d'abord et avant tout aux Anglais de rompre les liens intellectuels entre l'Égypte, protectorat officiellement indépendant depuis mars 1922, et le Soudan. C'est qu'il ne faudrait pas que l'agitation gagne, et pour cela il est impératif de limiter l'expansion de l'élite scolarisée : réduction de l'octroi de bourses universitaires, fermetures d'écoles, interdiction aux Égyptiens d'enseigner au Soudan. Les élites traditionnelles sont les principales bénéficiaires de la politique du condominium. Leur prééminence sociale aura un impact considérable sur l'activité politique et économique du Soudan. Cependant, malgré les efforts des Anglais, les étudiants soudanais qui fréquentent l'université du Caire rapportent les idées radicales des Frères musulmans : au début des années 1950, leur influence devient manifeste au Soudan.

L'indépendance du pays est proclamée en 1956. D'emblée, le gouvernement de Khartoum est confronté à une mutinerie fomentée par des officiers du Sud, appelée Anya-Nya, laquelle déclenche à son tour une guerre civile de seize ans.

Un coup d'État militaire porte le 25 mai 1969 le colonel Gaafar al-Nimeiri au pouvoir. Le nouveau régime supprime le Parlement et interdit tous les partis politiques. En juillet 1971, le Parti communiste soudanais perpètre un coup d'État, mais son pouvoir est renversé quelques jours plus tard par des troupes anticommunistes qui réinstallent Nimeiri à la tête du pays.

En 1972, l'accord d'Addis-Abeba met fin à la guerre civile Nord-Sud et instaure une certaine autonomie régionale au Sud.

À plusieurs reprises, dans les années 1970, se font jour des tentatives pour renverser le président Nimeiri, dont la plus sérieuse est menée par un mouvement qui se réclame du mahdisme. Nimeiri donne peu à peu des gages à l'islamisme militant. En septembre 1983, il annonce sa décision d'étendre la *charia* au Sud : cet acte est le facteur déclenchant d'une deuxième guerre civile dans cette zone minoritairement chrétienne et plutôt animiste. Le conflit s'analyse le plus souvent comme une guerre de religion entre le Nord islamique et le Sud chrétien ; sans nier cet aspect religieux, il s'agit plutôt d'une confrontation de deux cultures : tribale traditionaliste au sud, arabo-musulmane au nord. On peut aussi le présenter comme l'opposition entre centre et périphérie, cette grille de lecture expliquant également les conflits sévissant au Darfour, dans l'ouest et l'est du pays.

Après une grave pénurie de pain et d'essence, tandis que l'insurrection grandit dans le Sud, dans une période de sécheresse et de famine, Nimeiri est renversé en 1985. C'est le général al-Dahab qui a fomenté le coup d'État ; il remet en place un gouvernement civil. Cependant, la guerre civile se poursuit ; elle fait de plus en plus de morts, et la situation économique ne cesse de se dégrader.

Nouveau coup d'État en 1989, perpétré par le général al-Bachir et par Hassan al-Tourabi, son éminence grise. Le premier devient chef d'État, Premier ministre et chef des forces armées. Le second, ancien leader des Frères musulmans soudanais, souffle à l'oreille de Bachir et transforme Khartoum en capitale africaine de la révolution islamique. Il prêche un panarabisme islamique en symbiose militante avec tous les mouvements islamistes du monde arabe (mais aussi non arabe). L'application de la *charia* est renforcée en 1991, notamment par la pratique de l'amputation et de la lapidation. La guerre civile au Sud-Soudan, dirigée depuis 1983 par John Garang, fait rage. Elle provoque des centaines de milliers de réfugiés, qui fuient vers Khartoum et les pays limitrophes, et des centaines de milliers de morts. Un accord entre le Nord et le Sud intervient en 2005.

Au nord-ouest du Soudan, le Darfour, sultanat rattaché au pays en 1916, aussi grand que la France et adossé au Tchad, est entré à son tour en guerre civile en 2003. De multiples causes sont à l'origine de cette nouvelle ébullition : des sécheresses à répétition, qui, en réduisant la surface des pâturages, exacerbent les conflits entre les agriculteurs (d'ethnies « négro-africaines ») et les nomades, souvent de lignages « arabes » ; les conflits récurrents au Tchad voisin et l'enrôlement de Darfuris dans les « légions islamiques » libyennes du colonel Kadhafi, qui ont favorisé une circulation et une banalisation sans précédent des armes ; surtout, l'instrumentalisation de l'irrédentisme de la province par John Garang et par nombre d'acteurs extérieurs, qui ont soufflé sur les braises et allumé l'incendie. Villages rasés, civils massacrés sans distinction, déplacements massifs de populations sont les fléaux qui s'abattent sur le Darfour. Pour compléter le spectre des causes de l'embrasement de la région, il n'est probablement pas inutile de préciser que des spécialistes du pétrole assurent que les sols du Darfour, prolongement des zones pétrolifères de l'Ennedi (Tchad) et de Koufra (Libye), doivent receler des réserves considérables d'or noir[1].

---

1. Pour compléter ce portrait succinct, lire : Marc Lavergne, *Le Soudan contemporain*, Karthala, 1989 ; Charles Saint-Prot, *Géopolitique du Soudan*, OEG-Études géopolitiques, 2006 ; *White Nil Black Blood*, edited by Jay Spaulding and Stephanie Beswick, The Red Sea Press, Eritrea, 1999 ; et tous les livres et études de Gérard Prunier, spécialiste de l'Afrique de l'Est.

Rutshuru
OUGANDA
TANZANIE
ZAÏRE
Lac Burera
Kagitumba
Ruhengeri
Byumba
Akagera
Goma
Gisenyi
RWANDA
Nyabarongo
Lac Muhazi
Lac Ihema
Lac Kivu
Kiyumba
KIGALI
Kibuye
Gitarama
Lac Mugesera
Kibungo
Ile Ijwi
Akanvaru
Cyangugu
Bukavu
Gikongoro
Lac Rweru
Lac Cyohoha sud
Butare
BURUNDI

11

Les « parrains »
de la guerre dite de libération

Grâce à une habile communication, l'attaque perpétrée le 1er octobre 1990 contre le Rwanda par des rebelles qui étaient quelques jours plus tôt des dirigeants de la NRA, aidés par des militaires faisant toujours partie de ladite NRA, équipés par les arsenaux de l'armée ougandaise, eux-mêmes alimentés par les Britanniques et les Américains, a été présentée comme une guerre de libération des Rwandais opprimés par une dictature sanguinaire. L'opération a été notamment préparée par les Forces spéciales britanniques, qui ont dispensé un entraînement spécial aux éléments rwandais de la NRA sur la base de Jinja. L'attaque est repoussée par les forces armées rwandaises, aidées de militaires français, belges et zaïrois. Yoweri Museveni fait alors revenir des États-Unis l'*Américain* Paul Kagame, en stage de commandement à Fort Leavenworth, pour qu'il prenne la tête de la rébellion. Pendant toute la durée de la guerre, la « patte » de Museveni a été constamment visible.

Le général Salim Saleh, frère du président ougandais et chef d'état-major de la NRA, est le conseiller du FPR depuis le début du conflit. Il est stationné à Mbarara, au sud de l'Ouganda, tout près de la frontière avec le Rwanda. Dans la grande offensive de février 1993, qui aurait dû être la dernière, le général Saleh met trois bataillons de la NRA à la disposition de Paul Kagame. L'une des preuves flagrantes de l'implication de ses troupes est ce camion Benz de l'armée ougandaise, immatriculé « UWT 868 », à l'intérieur duquel est trouvée une sacoche pleine de documents de la NRA, saisis par l'armée rwandaise[1]. Celle-ci contient une lettre du lieutenant-colonel Benon Tumukunde.

Si l'implication de l'Ouganda dans la guerre menée contre le Rwanda n'a plus besoin d'être démontrée, celle des États-Unis, de la Grande-Bretagne et d'Israël nécessite d'être étayée et analysée. En 1997, la mission d'information parlementaire française sur le génocide rwandais entend et retient les déclarations de Jacques Dewatre, ancien patron de la DGSE. Celui-ci affirme que les États-Unis avaient fourni une aide indirecte au FPR par l'intermédiaire de l'Ouganda. Il explique que le FPR a utilisé un certain nombre de camps d'entraînement et de bases opérationnelles en Ouganda, et que les personnes en charge de cette aide étaient le général Salim Saleh et le capitaine Bisangwa, conseiller du président ougandais pour les problèmes de sécurité[2].

Le rôle des États-Unis, ou plutôt, dans un premier temps, celui du Pentagone, a été plus important que ne l'a dit l'ancien patron de la DGSE. Pour démontrer que Paul Kagame fut choisi pour renverser Habyarimana en raison de « ses qualités de tacticien et de planificateur », Colette Braeckman donne la parole au docteur Jean-Baptiste Mberabahizi, ex-FPR : « Bien avant l'invitation en Caroline du Nord, Kagame avait été repéré. Orphelin de père, issu d'une grande famille monarchique, efficace, consciencieux, il avait un profil idéal. » En vue de quel objectif ? S'agissait-il de permettre le retour des exilés ? S'agissait-il d'abattre le régime Habyarimana, censé brimer la minorité tutsi ? « J'incline à penser aujourd'hui, au vu des événements des dernières années, que le FPR fut conçu dès le départ comme

---

[1]. Documentation de l'auteur.
[2]. In *Enquête sur la tragédie rwandaise,* tome 1, Assemblée nationale.

un instrument essentiellement militaire, capable de se déployer dans toute la région des Grands Lacs », affirme la journaliste du *Soir*[1].

Les militaires français ont souvent relevé la trace des Anglo-Saxons aux côtés du FPR, mais ce fait ne devait pas être divulgué. Sur ce sujet délicat, la règle était en effet « motus et bouche cousue », imposée par François Mitterrand. Philippe Charrier, colonel du Service d'informations et de relations publiques de l'armée (Sirpa), à la fois proche du général Huchon et de l'amiral Lanxade, fut chargé, au début du mois de mars 1993, d'une discrète mission à Kigali : à la fois élucider certains dysfonctionnements dans le dispositif français et comprendre ce qui se passait sur le terrain. Il y collecta des informations intéressantes. Lors de l'attaque de février 1993, les « bérets rouges » de l'opération Volcan aperçurent dans leurs jumelles des « Brit » aux côtés des *Inkotanyi,* les rebelles du FPR[2]. Suggestion fut faite à l'état-major rwandais de « passer commande » à ses détachements d'élite d'essayer de saisir un ou deux de ces « Brit ». La commande fut, semble-t-il, exécutée, mais les ordres mal compris : deux Blancs se retrouvèrent coupés en rondelles. Les cadavres n'étaient guère présentables aux caméras, et puis personne ne pouvait les identifier, car ils n'avaient aucun papier sur eux. On ne sut pas qui ils étaient. Charrier constate sur place, à Kigali – sujet tabou –, que les services anglais louent plusieurs chambres à l'hôtel des Mille-Collines pour pratiquer des écoutes. Et dans des chambres voisines se tiennent des hommes des services israéliens[3].

---

1. Colette Braeckman, *Les Nouveaux Prédateurs. Politique des puissances en Afrique centrale,* Fayard, 2003.
2. La présence d'instructeurs britanniques aux côtés des soldats du FPR fut confirmée. Une fiche d'état-major, datée du 8 novembre 1996, la mentionne. Voir chapitre 16, p. 351.
3. In *Noires fureurs, blancs menteurs, op. cit.,* p. 169.

Le ministère rwandais de la Défense et l'armée rwandaise sont également bien placés pour détecter une présence anglo-saxonne. James Gasana[1], ministre de la Défense du premier gouvernement composé de membres de l'opposition au président Habyarimana[2], a fourni de nombreux détails sur cette implication[3]. Il fait sienne l'affirmation de Barry Crawford[4] : « En août 1990, le FPR préparait déjà l'invasion, avec la pleine connaissance des services secrets britanniques » (donc, peut-on inférer, des services américains).

Au-delà de la présence d'agents actifs, Gasana entend aussi démontrer, comme on l'a vu, que les institutions de Bretton Woods ont financé la guerre, *via* l'Ouganda : « On voit donc qu'une analyse informée des facteurs qui ont mené au génocide tutsi et aux massacres simultanés des Hutu de 1994 ne peut passer sous silence le rôle particulièrement néfaste de l'aide à la rébellion du FPR apportée par l'Ouganda et les États-Unis », écrit-il dans son livre. Dans le cadre de la stratégie américaine au Rwanda, il fallait, souligne-t-il, remplacer Habyarimana au pouvoir par quelqu'un qui scellerait une alliance anti-islamiste avec Museveni. Les Américains ont d'abord tenté de rapprocher

---

1. Comme tous les témoins importants qui ont de forts arguments à opposer à la version officielle, c'est-à-dire à celle de Paul Kagame, James Gasana a fait l'objet de violentes attaques. L'universitaire Jean-Pierre Chrétien, militant de la première heure de la cause du FPR, a persuadé le conseiller national suisse Jean Ziegler d'interpeller le Conseil fédéral en affirmant que Gasana était « co-responsable de la préparation minitieuse du génocide » et en réclamant l'ouverture d'une enquête pénale. James Gasana fut blanchi de toutes les accusations. Voir *infra*, annexe au présent chapitre, p. 273 et suivantes.
2. Les commentateurs pro-FPR, c'est-à-dire les journalistes qui reprennent l'argumentaire forgé par Kagame, oublient généralement de mentionner que le président Habyarimana a perdu, le 16 avril 1992, les principaux instruments du pouvoir lors de la formation du gouvernement de transition, multipartite, notamment le ministère de la Défense et les services de sécurité.
3. James Gasana, *Rwanda : du parti-État à l'État-garnison*, L'Harmattan, 2002.
4. « Rwanda : myth and reality », *Africa Direct. 1995. Discussion paper N° 1 : Lessons from Rwanda.*

Museveni d'Habyarimana, ce qui se révéla impossible. Avant même le déclenchement de la guerre, le président ougandais avait donné son feu vert aux tentatives d'éliminer physiquement son voisin[1].

Jusqu'à l'arrivée au pouvoir de Bill Clinton, en janvier 1993, deux politiques américaines étaient perceptibles. La première, du fait du Pentagone, consistait à appuyer la politique régionale de Museveni qui soutenait le FPR dans sa volonté de renverser Habyarimana. La seconde, empruntant les voies diplomatiques du Département d'État, alors incarnée par Herman Cohen, sous-secrétaire d'État pour les Affaires africaines, poussait au partage du pouvoir avec le FPR en le légitimant : cette politique ouverte associait la France[2].

Pour la mise en œuvre du cessez-le-feu négocié à Arusha, le 1er août 1992, un groupe d'observateurs militaires neutres fut créé par l'OUA, le GOMN. « Les États-Unis, écrit James Gasana[3], insistèrent pour que le FPR soit présent au GOMN, sous prétexte de faciliter l'établissement d'une confiance mutuelle entre les forces des deux belligérants, alors qu'en réalité il s'agissait de fournir plus de moyens à ses services de renseignement et de déstabilisation. Comme il s'est avéré par la suite, et comme les événements d'avril 1994 le confirmeront, cette présence du FPR au GOMN lui permit d'organiser ses réseaux et son dispositif de déstabilisation du régime et de prise du pouvoir [...]. L'équipe du FPR, qui était en réalité l'état-major des unités clandestines d'espionnage et de déstabilisation, fut un véritable cheval de Troie pour toutes sortes d'infiltrés du Front,

---

1. Le général Emmanuel Habyarimana, ancien membre des FAR, nommé ministre de la Défense par Kagame (2000-2002), aujourd'hui exilé, est le président du Partenariat-Intwari, plateforme politique qui promeut une Charte pour un Rwanda démocratique. Cette organisation a rendu public son *Plaidoyer pour une enquête globale, objective et impartiale sur le génocide rwandais et ses conséquences*.
2. Représentée par Paul Dijoud, directeur des Affaires africaines et malgaches.
3. James Gasana, *Rwanda : du parti-État à l'État-garnison, op. cit.*

car Karenke Karenzi[1] et ses collègues jouissaient de l'immunité diplomatique. »

Dans une lettre adressée le 11 septembre 1992 au Premier ministre rwandais, James Gasana fait le point sur les préparatifs du FPR en vue de prendre le pouvoir. Un des points de sa lettre concerne une livraison d'armes en provenance des États-Unis :

« Deux officiers supérieurs égyptiens, un Américain et un Ougandais ont été arrêtés ces derniers jours à l'aéroport d'Orlando, en Floride, aux USA, au moment où ils s'apprêtaient à embarquer pour l'Ouganda de façon illicite une cargaison d'armes (missiles anti-chars et lance-missiles) pour une valeur de 18 millions de dollars américains. Le capitaine ougandais arrêté dans le coup est Bisangwa Innocent, adjoint du secrétaire particulier de Museveni et beau-frère de feu le major Bayingana, du FPR. Une telle fraude montre clairement que ces armes étaient destinées au FPR, puisque l'Ouganda, en tant que pays, pouvait passer par des voies autorisées pour l'acquisition de telles armes. Une autre source, de Nairobi, confirme que les *Inkotanyi* se renforcent en moyens anti-chars pour détruire les blindés des FAR qui constitueraient pour eux un obstacle dans la prise envisagée de la ville de Kigali. »

Lors de son témoignage devant la commission d'information parlementaire française, le 12 mai 1998, l'ex-Premier ministre du Rwanda (de juillet 1994 à août 1995), Faustin Twagiramungu, a fait lui aussi état de cet épisode. Il s'est dit surpris que cet achat d'armes destinées à l'Ouganda,

---

1. Il s'agit en réalité de Karenzi Karake. À l'époque commandant FPR, protégé d'abord par l'OUA puis par l'ONU, il a installé à Kigali le *Network commando* qui a mené des actions terroristes, assassiné des leaders politiques et préparé l'attentat contre l'avion d'Habyarimana. Malgré un mandat d'arrêt lancé contre lui pour génocide et crimes de guerre par la justice espagnole, il a été désigné numéro 2 de la MINUAD, la force de paix OUA-ONU au Darfour. Après son retour à Kigali en avril 2009, il a été arrêté sur ordre de Paul Kagame en avril 2010 pour « conduite immorale ».

pays qui n'était pas sous embargo, ait été réalisé de façon clandestine ou illégale.

Le juge Bruguière a voulu en savoir plus long, notamment auprès du FBI et du journaliste d'investigation américain Wayne Madsen qui a enquêté sur ce trafic[1]. Le FBI a confirmé l'arrestation par les douanes américaines, en septembre 1992, de M. Innocent Bisangwa-Mbuguje, conseiller militaire de Museveni, pour sa participation à une opération illégale d'achat d'armes, le responsable principal de ce trafic étant un individu répondant au patronyme de « Fahmy ». Wayne Madsen s'est montré plus précis, notamment sur l'arsenal saisi : les proches du président ougandais arrêtés avaient tenté de faire sortir clandestinement des États-Unis 400 missiles anti-chars Low, 34 lanceurs de missiles et des pièces détachées d'hélicoptères de combat Chinnok CH-47 C. Outre les personnes ci-dessus citées, avaient été impliqués dans ce trafic le général à la retraite de l'armée égyptienne Mounir Fahmy Barsoum, le colonel de l'armée de l'air égyptienne Sultan Abou Sharaf, la ressortissante américaine Diane Lewis, « conseiller » auprès de Yoweri Museveni, et le ressortissant américain Nezih Kent, marchand d'armes résidant à New York. Le Département de la Justice des États-Unis visa aussi dans son acte d'accusation le ministre de la Défense ougandais, le général David Tinyefuza, et son secrétaire, Ben Mbonye, ainsi que deux officiers supérieurs libyens dont les noms n'ont pas été divulgués. Le gouvernement de Kampala a été contraint de verser une caution d'un million de dollars pour faire libérer Innocent Bisangwa-Mbuguje, conseiller du président ougandais.

La justice américaine aurait proposé l'abandon des poursuites à l'encontre de ce dernier à condition qu'il témoigne contre le président ougandais, afin que celui-ci atteste que

---

[1]. Wayne Madsen, *Genocide and Covert Operations in Africa,* The Edwin Mellen Press, 1999. J'ai également rencontré Wayne Madsen à Washington en avril 2009.

les armes étaient destinées à la Libye – ce qui aurait prouvé que cet État se livrait à une violation de l'embargo instauré par les Nations unies l'année précédente. Envisagée un temps, cette stratégie a volé en éclats lorsqu'il est apparu, grâce à des enregistrements téléphoniques effectués par les Douanes américaines, que cet armement était en réalité destiné à l'Ouganda. Les poursuites furent alors contrecarrées par l'intervention du Département d'État et de « ses alliés ». Selon Wayne Madsen, les Douanes américaines avaient mis au jour une opération de transfert d'armes organisée par le Pentagone et la CIA, celles-ci étant destinées en partie à des rebelles soudanais en lutte contre le régime de Khartoum, soutenus par l'Ouganda, en partie au Front patriotique rwandais de Paul Kagame.

Ce qui n'est dit ni dans l'enquête américaine, ni dans celle du juge Bruguière, c'est que Diane Lewis, la conseillère américaine de Museveni, impliquée dans ce trafic, appartenait aux services secrets américains[1]...

Pendant que se déroulent dans l'ombre de telles manœuvres visant à renforcer le FPR dans son bras de fer militaire avec Habyarimana, soutenu par la France, la communauté internationale, France en tête, exerce de très grosses pressions pour obliger le président rwandais à partager le pouvoir avec ses adversaires et ses ennemis. Au début 1993, après de rudes tractations, ce partage commence à devenir une réalité. Le gouvernement de transition intègre les formations politiques nouvelles, dont bon nombre prônent un compromis ou une alliance avec le FPR, mais cette répartition ne représente pas le rapport de force politique dans le pays. Non seulement elle a été difficilement concédée par Habyarimana, non seulement elle crée une surreprésentation de l'opposition plutôt favorable au FPR, mais elle

---
1. Voir chapitre précédent, pp. 248-249.

ouvre aussi la boîte de Pandore des conflits personnels et régionalistes : c'est une source de gros problèmes pour l'État. Sous la pression des États-Unis, de la France, de la Belgique, de l'Ouganda, du Burundi, de la Tanzanie et de l'OUA, l'ancien parti unique, le MRND du président Habyarimana, n'obtient que 6 portefeuilles sur 22. À ce déséquilibre provisoire va s'en ajouter un autre encore plus grave, le 4 août 1993, avec la signature des accords d'Arusha (Tanzanie), puisque le FPR, qui a pourtant une très faible implantation dans le pays, se voit promettre un pouvoir *grosso modo* équivalent au régime Habyarimana, dans lequel le parti du président est devenu très minoritaire. Gasana, pourtant opposant à Habyarimana, écrit à propos de cet accord : « Il est grossièrement déséquilibré et accorde trop d'espace au pouvoir à une formation purement militaire qui n'a qu'une base fort mince dans le pays [...]. Le MRND et les partis de son alliance disposent là d'un argument qui leur permet de qualifier ce protocole de coup d'État FPR. »

Or, la nouvelle administration Clinton et le Royaume-Uni vont encore renforcer cette tendance à favoriser le FPR : ils « sont toujours plus intéressés à consolider le rôle de zone de contention que l'Ouganda promet de jouer contre la poussée islamiste au Soudan[1] ». Lors de la préparation des accords d'Arusha, les conseillers et militaires américains présents n'ont pas essayé de cacher leur soutien sans réserve au FPR, lequel a obtenu bien plus que ce que représentait sa force réelle dans le pays.

Doit-on adhérer à l'interprétation que propose le Mémorandum du Partenariat-Intwari des négociations de paix quand il y est écrit : « Selon des documents ultra-secrets émanant des services ougandais, les accords d'Arusha furent conclus dans la seule et unique intention de sortir du simulacre de négociations de paix avec le gouvernement de tran-

---
1. James Gasana, *Rwanda : du parti-État à l'État-garnison, op. cit.*

sition, pour concentrer les négociations entre Habyarimana et le FPR derrière lequel se dissimulaient les États-Unis et le Royaume-Uni. Ce simulacre d'accords d'Arusha élaboré aux États-Unis avant le 4 août 1993 voulait garantir au FPR la possibilité d'installer un contingent de ses forces dans la capitale rwandaise. En décembre 1993, un contingent formé de 600 rebelles du FPR a reçu l'autorisation d'entrer à Kigali » ?

Ainsi l'accord d'Arusha II aurait-il été l'instrument de l'installation de troupes du FPR au cœur de la capitale rwandaise, dans la perspective de la conquête du pouvoir par les troupes de Paul Kagame[1]. C'est en tout cas ce qu'expliqua à Mobutu le président Habyarimana, deux jours avant sa mort : « Herman Cohen est à la tête d'un plan visant à me vider de tous les pouvoirs en faveur de Kagame […]. Laissez-moi d'abord vous expliquer pourquoi les Américains, les Britanniques et les Belges ont concentré toutes leurs pressions sur moi pour m'obliger à signer les accords iniques d'Arusha. Les Belges, soutenus par Museveni, ont vivement conseillé et convaincu les Américains et les Britanniques de ne jamais me laisser évoluer à la tête du Rwanda jusqu'aux élections démocratiques, quand bien même elles seraient supervisées par la communauté internationale. Car le FPR n'aura jamais la moindre chance de gagner des élections libres et démocratiques au Rwanda […]. Les Américains et les Belges ont alors organisé une très vaste campagne secrète de débauchage de mes collaborateurs et des leaders hutu des partis politiques de l'opposition pour les pousser à rallier le FPR et masquer le conflit ethnique hutu-tutsi qui oppose mon parti, le MRND, au FPR. Ils veulent surtout fabriquer une majorité artificielle et factice

---

1. Une telle lecture s'impose après coup, c'est-à-dire après constatation que les accords d'Arusha ont été une étape dans la conquête du pouvoir par le FPR. Mais, en 1993, la France a soutenu et encouragé les négociations, estimant qu'elles seules pouvaient garantir la paix.

en faveur du FPR, dans le seul but de lui assurer une majorité lors de la répartition des postes politiques et militaires au sein du gouvernement de transition[1]. »

Et Habyarimana d'affirmer que les Américains n'avaient pas hésité à utiliser le chantage et la menace pour contraindre les leaders des partis d'opposition rwandais à se rallier au FPR. Il rapporte au Guide zaïrois les menaces qui ont été proférées contre sa personne par des Américains et des Belges : « Leurs menaces étaient d'abord voilées. Mais, maintenant, elles sont très ouvertes. Vous imaginez qu'un ambassadeur vous dise, à vous, Mobutu, que si vous ne partez pas du pouvoir, vous ne serez pas chassé, mais que votre cadavre sera traîné dans les rues de Kigali ? »

Les ex-FAR ont apporté de nombreux détails sur cette implication américaine[2], notamment après la signature des accords d'Arusha. C'est ainsi que, sous prétexte de contribuer à la démobilisation et à l'intégration des forces du FPR et des FAR, décidées par les accords d'Arusha, des responsables américains ont effectué des tournées au Rwanda pour collecter des informations relatives aux effectifs des FAR, au nombre de leurs unités et surtout – on comprend pourquoi – aux types et aux quantités d'armements disponibles au sein des FAR. Parmi ce personnel attaché à cette mission, le lieutenant-colonel Vuckovic, attaché militaire des États-Unis au Cameroun, et le major Tom D. Marley, du Pentagone. Par ailleurs, les Américains ont loué des satellites d'observation, dont les caméras scrutaient les mouvements des troupes, le long de la frontière rwando-ougandaise, et ce avant l'assassinat du président Habyarimana. Les informations sur les positions des troupes des FAR ne seront pas

---
1. Honoré Ngbanda, *Crimes organisés en Afrique centrale*, op. cit.
2. In la *Contribution des FAR à la recherche de la vérité sur le drame rwandais*, déposé au TPIR, qui figure également dans le dossier de l'instruction française menée d'abord par le juge Bruguière, suivie aujourd'hui par le juge Trevidic.

perdues : les unités du FPR s'infiltreront et progresseront aisément entre les positions des FAR d'avril à juin 1994.

Dans leur *Contribution,* les ex-militaires des FAR relèvent que l'attentat perpétré contre l'avion présidentiel a eu lieu le mercredi 6 avril 1994 ; que, ce même jour, dans l'après-midi, le même lieutenant-colonel Vuckovic arrivait à Kigali, après avoir reporté son voyage à plusieurs reprises. Sa visite avait été initialement prévue le 21 février 1994. Or, ce jour-là, les *Inkotanyi* déclaraient sur leur réseau radio que le coup d'État était proche... L'arrivée de Vuckovic à l'hôtel des Mille-Collines, ce 6 avril, vers 14 h 30, tendrait à laisser croire que le Pentagone était bel et bien au courant des préparatifs de l'attentat et que celui-ci était imminent. L'attaché militaire à Yaoundé fut remarqué en fin d'après-midi en train de boire plusieurs verres de whisky avec l'équipage belge d'un Hercules C-130 de la Force aérienne belge, lequel était en attente de rotation dans cet hôtel[1].

En arrivant à Kigali quelques heures avant l'attentat, Vuckovic savait ce qui allait advenir et il était chargé d'une mission précise. Il était venu du Cameroun pour « superviser l'assistance américaine au FPR », écrivent les anciens militaires rwandais. En 2004, dans un film intitulé *Ghosts of Rwanda*, Vuckovic, qui est présenté comme un retraité de la DIA (« *Defense Intelligence Agency – Retired*[2] »), écoute la question-affirmation suivante : « Les rebelles ont déclaré le processus de paix comme étant mort, ils ont attaqué le gouvernement extrémiste. Le général Kagame avait reçu un entraînement à Fort Leavenworth. Les militaires américains maintenaient le contact et comprenaient les intentions du

---

1. Linda R. Melvern, « A people betrayed : the role of the West in Rwanda's genocide », Zed Books & New Africa Education Publ., 2005. Et United States Department of State : SC-12247-94, page 8, Top Secret Codeword/Exdis, April 8, 1994 ; Confidential, Decaptioned, Unclassified/Excised by GRAFELD Margaret P. (EPS/IPS, Dir.) on December 4 2001, Exemption « B1, 1.5 (b) (d) ».
2. Frontline : « Ghosts of Rwanda ».

leader des rebelles. » Vuckovic ne dément pas cette présentation des faits et enchaîne tout naturellement : « Les rebelles voulaient contrôler le pays. Ils voulaient s'emparer du pouvoir politiquement et militairement. Il n'y avait aucune possibilité d'arrêter le FPR. Il n'y avait aucune possibilité qu'ils aient la volonté de négocier dès que tout cela a commencé[1]. » Vuckovic, acteur de la tragédie rwandaise, cautionne la version selon laquelle l'armée américaine a entraîné Paul Kagame, l'a renvoyé ensuite en Ouganda, a maintenu le contact avec lui, a compris ses intentions et l'a laissé, ou plutôt encouragé, à mettre son plan à exécution. Les États-Unis ont fourni également au FPR, par l'intermédiaire de l'Ouganda, des armes.

L'implication d'Israël dans le conflit entre le FPR et le régime d'Habyarimana dépasse l'installation d'un système d'écoutes à Kigali repéré par un officier français. L'ampleur de celle-ci est toutefois difficile à évaluer faute de documents et de témoignages. Deux anciens officiers de la DMI, sous couvert d'anonymat, m'ont glissé des bribes d'information difficiles à vérifier. L'un d'eux, qui a effectué en 1995 un stage d'un an en Israël avec onze de ses camarades de la DMI, a été le plus loquace, à la fois sur la proximité de la CIA avec le FPR avant 1990, sur le rôle très important de Roger Winter, le « boss[2] » dit-il, et sur celle des Israéliens. Il évoque leur présence à partir de 1993, affirme que quatre ou cinq d'entre eux venaient souvent à Mulindi au quartier général de Paul Kagame, que 12 commandos auraient été envoyés en formation en Israël au début de l'année 1993. Et il donne l'impression de dégoupiller une grenade de forte puissance quand il se met à parler de la préparation de l'attentat contre l'avion de Juvénal Habyarimana. Il affirme

---

1. En anglais : « They wanted to control the country. They wanted to take over control politically, militarily. There was no way you were going to stop the RPF. There was no way that they were in the mood to negotiate once this all started. »
2. Voir chapitre 18 consacré à Roger Winter, p. 438 et suivantes.

alors que des membres du *Network commando*, de la section
« Missiles », auraient été formés par des Israéliens à Kitgum,
au nord de l'Ouganda, dans un camp de la NRA, et il
nomme Rose Kabuye ; elle aurait joué un rôle important
dans la préparation de l'attentat aux côtés d'Israéliens. À
l'appui de cette affirmation il me montre une photo de Rose
Kabuye en treillis, entourée de deux Blancs, que l'ancien de
la DMI affirme être des membres de forces spéciales de
l'État hébreu... Après m'avoir fait ces « révélations » sur
celle qui a été mise en examen à Paris de complicité d'assassinat et d'association de malfaiteurs, le tout en relation avec
une entreprise terroriste, mon interlocuteur a pris peur et
n'a pas tenu ses promesses de développer ces informations.

ANNEXE

La tentative de décrédibilisation de James Gasana

Le 18 mars 1998, Jean Ziegler, homme politique suisse et sociologue, interpellait le Conseil fédéral :

« James Gasana, ex-ministre de la Défense de la dictature Habyarimana au Rwanda et, à ce titre, co-responsable de la préparation minutieuse du génocide de 1994, serait depuis des années résident en Suisse et salarié d'une institution financée par la Direction du développement et de la coopération (DDC).

« Le Conseil fédéral peut-il confirmer ces informations ?

« En cas de confirmation, qu'attend le Conseil fédéral pour mettre fin immédiatement à l'emploi de Gasana en Suisse et pour procéder à l'ouverture d'une enquête pénale ? »

Quarante-trois conseillers socialistes signaient le développement écrit de l'interpellation suivante :

« M. Gasana est depuis longtemps protégé par des fonctionnaires de la DDC. Certains d'entre eux portent une lourde responsabilité dans la catastrophique politique de la DDC au Rwanda d'avant 1994. Politique qui s'est, entre autres, soldée par la perte de dizaines de millions de francs de fonds publics. En 1998, la commission d'enquête du Parlement belge a mis au jour le rôle de Gasana. Comme ministre, il a surveillé l'établissement des listes des familles d'opposants à surveiller, plus tard à assassiner. Ensemble avec son chef de cabinet, le colonel Bagosora, aujourd'hui recherché comme criminel de guerre, il a aidé à l'organisation des milices *interahamwe*. C'est dans cette milice que se recrutaient la plupart des assassins. Gasana a été – bien que siégeant plus tard dans des gouvernements multipartites – un dirigeant important et actif du parti MRND, le parti de la dictature auquel se rattachaient les commanditaires du génocide. »

Le Conseil fédéral a chargé l'auditeur en chef de l'armée suisse et A. Wirtz, professeur d'histoire africaine à l'université Humboldt de Berlin, de mener une enquête. Le 3 juin, le Conseil fédéral divulguait un rapport écrit dans lequel il rejetait les accusations calomnieuses portées contre Gasana, mais, par précaution, suspendait son emploi par intercoopération.

Le 26 octobre 2000, le Département fédéral des Affaires étrangères blanchissait complètement James Gasana par la lettre suivante :

« Suite à l'interpellation du 18 mars 1998 du Conseiller national Ziegler, co-signée par un certain nombre de parlementaires, et aux accusations portées contre vous, la DDC avait décidé, le 23 mars 1998, de suspendre provisoirement votre emploi par intercoopération sur des fonds de la Coopération suisse en attendant que lumière soit faite. Dans sa réponse à l'interpellation, le Conseil fédéral rejetait clairement les accusations portées contre vous ; le Département des Affaires étrangères décidait quant à lui de vous exclure jusqu'à nouvel avis de tout emploi dans des projets et activités (co)financés par la Confédération, étant donné votre engagement de plus en plus marqué dans la discussion politique sur le Rwanda.

« Par la présente, je souhaite vous informer que ces mesures ont maintenant été levées. En effet, une mise à jour de l'interpellation parlementaire susmentionnée a permis au Conseiller fédéral Deiss de recommander au Conseil fédéral la levée des diverses sanctions prises à votre encontre, recommandation qui a été acceptée. Certes, la situation au

Rwanda et dans l'ensemble de l'Afrique des Grands Lacs reste préoccupante, mais elle est maintenant moins tendue qu'elle était à l'époque, marquée par la réinstallation de nombreuses personnes rentrées d'exil et les troubles qui continuaient sur une bonne partie du pays.

« Cette décision du Conseil fédéral permettrait à la DDC de pouvoir à nouveau bénéficier de votre compétence et de vos connaissances étendues en matière de foresterie, de développement rural et agro-silvopastoral, que ce soit dans des projets exécutés directement par elle ou pour le compte d'œuvres d'entraide co-financées par la Confédération.

« Je me réjouis que la mesure qui a été prise en 1998 soit maintenant levée et vous adresse, Monsieur Gasana, mes salutations les meilleures. »

12

La Sainte Alliance contre Khartoum[1]

« La stratégie américaine contre l'islamisme soudanais sacrifie les Rwandais[2]. » J'avais bien lu cette affirmation dans le livre de James Gasana, ancien ministre rwandais de la Défense, quand je travaillais à l'enquête pour *Noires fureurs, blancs menteurs,* mais je n'en avais pas tiré toutes les conséquences. L'œil rivé sur Washington, je n'avais pas assez regardé vers Khartoum. J'étais à l'affût de tous les signes de l'implication des Américains et des Anglais dans l'aide au FPR de Paul Kagame, et je n'en comprenais pas bien les motifs stratégiques, si ce n'est une volonté d'imposer leur puissance après la chute du Mur de Berlin. Première lecture, simpliste, non satisfaisante. Après 2005 et la parution de mon livre, je repris l'enquête, justement pour débusquer l'enjeu véritable qu'y voyaient les puissances anglo-saxonnes. À partir du moment où j'ai découvert que les Israéliens avaient eux aussi aidé Kagame à conquérir le pouvoir, mon champ de vision s'élargit soudain et je compris que le Soudan, allié du Hamas et de l'Iran, était un ennemi important de l'État hébreu ; que, par là, d'une certaine

---
1. Trois écrits m'ont aidé à rédiger ce chapitre. D'abord le livre de James K. Gasana, *Rwanda : du parti-État à l'État-garnison,* L'Harmattan, 2002. Ensuite le rapport du docteur Helmut Strizek devant le TPIR dans le procès « Le procureur *vs* Innocent Sahahutu » (affaire TPIR 2000-56-I). Enfin le livre d'Alex de Waal, *Islamism and its Enemies in the Horn of Africa,* Indiana University Press, 2004.
2. Titre d'un bref chapitre du livre de James Gasana, *Rwanda : du parti-État à l'État-garnison, op. cit.*

manière, la tragédie rwandaise avait quelque chose à voir avec la question du Moyen-Orient et la lutte contre l'islamisme.

Je saisissais le sens de la phrase de Gasana, « la stratégie américaine contre l'islamisme soudanais sacrifie les Rwandais ». Gasana n'affirmait-il pas aussi qu'Habyarimana allait être remplacé « par quelqu'un qui scellerait une alliance anti-islamiste avec Museveni », et que le soutien militaire et diplomatique au FPR, *via* l'Ouganda, faisait partie de la stratégie globale de soutien au SPLA de John Garang, intime de Museveni ; que l'Ouganda servait de tremplin aux *covert actions* dans le Sud-Soudan et que Museveni était le seul allié stable contre l'intégrisme islamiste ?

Pour appuyer sa thèse, Gasana cite un article du *Canard enchaîné* paru en mars 1993 : « L'Ouganda est utilisé comme un pion dans un jeu anti-islamiste dont Paris ne conteste d'ailleurs pas le bien-fondé. Sa frontière avec le sud du Soudan permet aux services britanniques et américains d'y mener certaines opérations clandestines. Objectif : aider les chrétiens et les animistes, victimes de la guerre que mènent contre eux depuis dix ans, et avec le soutien financier de l'Iran, les islamistes au pouvoir dans le nord du pays [...]. Moralité : l'Ouganda est *dans le bon camp, contre la "menace"* islamiste, et cela lui permet de jouer tout seul au Rwanda. Car l'Ouganda n'est pas seulement la base arrière des rebelles rwandais : ses propres soldats ont franchi la frontière en armes (dont certaines ont été récupérées par les militaires français)[1]. »

Gasana s'appuie aussi sur un article de Marc Yared datant de 1994 : « Sous le leadership vigoureux du président Yoweri Museveni, au pouvoir depuis 1986, l'Ouganda est redevenu un "acteur" incontournable en Afrique orientale. Museveni, qui fut un camarade d'université de John Garang

---
1. *Le Canard enchaîné* du 3 mars 1993.

à Dar es Salam (Tanzanie), a fait de l'Ouganda l'ultime base des maquisards sud-soudanais qu'il entraîne et qu'il alimente en armes et munitions. [...] Issus d'ethnies chrétiennes dans des pays où l'islam ne cesse de recruter des nouveaux adeptes, Aferwerki[1], Zenawi[2] et Museveni – ainsi que John Garang – tentent de mobiliser le continent noir, au nom du panafricanisme, pour "contrer la subversion islamiste".

« Les trois jeunes mousquetaires, tout comme le chef de guerre sud-soudanais, ont noué avec Israël des liens militaires discrets mais très étroits. Ce sont toutefois surtout les États-Unis qui parrainent cette Sainte Alliance anti-islamiste[3]. »

Je décidai alors de me rendre à Khartoum pour entendre ceux que la communauté internationale range dans la catégorie des « méchants ». Depuis mars 2009, le chef de l'État al-Bachir fait l'objet d'un mandat d'arrêt émis par la Cour pénale internationale de La Haye qui souhaite le voir comparaître pour crimes de guerre et crimes contre l'humanité dans le conflit du Darfour.

Alors que je réunissais une documentation importante sur les liaisons entre la question soudanaise et les tragédies des Grands Lacs, j'apprenais par la presse qu'Israël venait de bombarder un convoi d'armes au Soudan. S'appuyant sur les confidences de deux responsables en charge de la sécurité, le *Time* du 30 mars 2009 rapportait en effet que, à la mi-janvier, des F15 et des F16 avaient attaqué dans le désert

---

1. Isaias Afwerki, leader du Front de libération du peuple érythréen (Eritrean People's Liberation Front), qui a remporté la guerre contre l'Éthiopie et a déclaré de fait l'indépendance de l'Érythrée en 1991, est élu par référendum président du pays en 1993.
2. Meles Zenawi, leader du Front de libération des peuples du Tigré, puis du Front démocratique révolutionnaire du peuple éthiopien, qui renverse en 1991 le régime de la junte militaire, le Derg, est à la tête du gouvernement de transition avant de devenir Premier ministre en 1995.
3. Marc Yared, « La rivalité France-USA et la tentation soudanaise », *Arabies,* n° 94., octobre 1994.

soudanais un convoi de 23 camions transportant des roquettes et des explosifs en provenance d'Iran et destinés au Hamas. Bombes sur les chargements d'explosifs, l'opération avait fait de nombreux morts. L'article soulignait que « l'attaque était un avertissement à l'Iran et aux autres adversaires, montrant la capacité des services secrets israéliens et leur volonté de monter des opérations bien au-delà de leurs frontières pour se défendre contre toutes les menaces ». Ehud Olmert, Premier ministre israélien, confirmait cet état d'esprit : « Nous opérons partout où nous pouvons atteindre des infrastructures terroristes, tout près ou très loin d'Israël[1] », déclara-t-il dans une conférence de presse. Ce succès aérien monté à plus de 1 800 kilomètres de Tel-Aviv montrait, s'il en était encore besoin, l'importance du Soudan dans la vision stratégique de l'État hébreu.

Le 19 avril 2009 à 10 heures du matin, dans une annexe de style colonial de la Présidence soudanaise située rue Al-Nil, parallèle au fleuve majestueux, je suis reçu par Ghazi Salahdin, conseiller influent d'Omar al-Bachir, ex-chef du Congrès national. Parlant doucement, conscient de la situation dramatique de son pays, l'homme en brosse un tableau lucide. Il situe l'origine des problèmes du Soudan en Tanzanie, autour de Julius Nyerere, le mentor, le « grand-père », qui a pris Museveni, Garang et Kagame sous son aile. « Révolutionnaires, mais toujours très pro-british, persifle-t-il, ils voulaient refaire le monde. » Quant aux États-Unis, ils ne se sentent pas liés par la carte de l'Afrique dessinée par les Européens colonisateurs, et ils veulent en éliminer les influences anciennes, analyse l'homme. Le Soudan était et est dangereux parce qu'il est indépendant, sous-entendant des puissances anglo-saxonnes. Et cette indépendance se

---

1. « Olmert hints at Israel's suspected role in Sudan air strike », *Haaretz*, 26 mars 2009.

renforce depuis quelques années, avec l'arrivée des Chinois, de leurs crédits et de leur know-how : le pays connaît un réel développement, en dépit de l'embargo américain, et sans qu'il ait eu besoin de faire appel au FMI ou à la Banque mondiale.

Ghazi Salahdin parle longuement du parcours de John Garang et du soutien qu'il a reçu tant des États-Unis que d'Israël. Il évoque ensuite l'« *énigme* Roger Winter », néo-conservateur et opportuniste, qui travaille à une *nouvelle Afrique*, dit-il, et qui a, à cette fin, un *plan à long terme* : « Il est à l'origine de beaucoup de nos difficultés. C'est une des personnes les plus dangereuses pour le Soudan. » Le conseiller de Bachir me remet à la fin de notre entretien un document en arabe qui se présente comme la traduction d'un discours qu'aurait tenu en hébreu Avi Dichter, ministre israélien de la Sécurité intérieure, début septembre 2008, lors d'une conférence à l'Institut de la Sécurité. Avant que j'en prenne connaissance, il m'en fait un résumé, pour appuyer sa démonstration : Israël considère le Soudan comme très dangereux, parce que potentiellement très fort et capable de soutenir ses ennemis ; et il fait dire à Dichter : « Nous devons faire en sorte que le Soudan soit constamment préoccupé par ses problèmes intérieurs. »

J'ai fait traduire ce texte et ai pu constater que son contenu a trouvé des échos dans plusieurs journaux arabes, notamment dans l'hebdomadaire anglophone du Caire, *Al Ahram Weekly,* qui, dans son numéro du 5 novembre 2009, sous la plume de Galal Nasser, en fait un long commentaire[1].

Dans la conférence de Dichter sont évoqués les principaux sujets de préoccupation pour la sécurité d'Israël. Avi Dichter explique dans le septième point l'intérêt de l'État hébreu pour le Soudan, plus précisément pour le Sud-

---
1. Article intitulé « Threats to unity in Sudan ».

Soudan et pour le Darfour. « Pourquoi cette ingérence ? » interroge l'ancien patron du Shin Bet. « Parce qu'il y a un lien avec la question palestinienne », dit-il d'emblée. Il souligne alors la nécessité d'intervenir sur tous les plans, notamment en maintenant la pression médiatique, en prouvant qu'Israël est capable d'intervenir bien au-delà de sa sphère : « Il est important que le Soudan n'arrive pas à se stabiliser durablement. Important qu'Israël ait maintenu le conflit au Sud-Soudan pendant trois décennies, et qu'il le maintienne maintenant à l'ouest du Soudan. Il faut éviter que le Soudan devienne une puissance régionale exerçant une influence en Afrique et dans le monde arabe. » Avi Dichter expose longuement l'importance du Soudan, qui confère à l'Égypte sa « profondeur stratégique ». « Il faut jouer sur les conflits ethniques et confessionnels et prolonger ainsi la profondeur stratégique d'Israël. C'est ce qu'a résumé Golda Meir quand elle s'est saisie du dossier en 1967 : "Il faut affaiblir les pays arabes dans leurs potentialités." » Pour y parvenir, le patron de la Sécurité intérieure explique qu'il convient d'alterner les moyens, « tantôt la force, tantôt la diplomatie, tantôt les moyens de la guerre secrète ». La nouveauté, c'est le déplacement de la zone du Sud-Soudan au Darfour : les troubles dans cette région doivent empêcher toute stabilisation du Soudan désormais, et ce pendant une bonne trentaine d'années, comme cela fut fait au Sud-Soudan. La façade politique de cette guerre : soutenir le droit à l'autodétermination des Darfouris. La société israélienne et les ONG doivent être mobilisées, la condamnation du génocide doit être relayée à tous les niveaux : « Il faut que nous parvenions à ancrer l'idée que le Darfour, comme le Sud-Soudan, a droit à l'indépendance, ou du moins à l'autonomie ; et ainsi mettre un terme à la capacité d'influence de Khartoum. Nous devons à cet égard mettre à profit le rôle des États-Unis, lesquels exercent une influence efficace. »

« En 2003, poursuit Avi Dichter, par ailleurs membre du parti Kadima, Ariel Sharon a indiqué dans une réunion privée que le moment était venu d'intervenir dans l'ouest du Soudan comme nous l'avons fait dans le Sud. » (Notons que la guerre du Darfour a bien commencé en 2003).

Interrogé par le général Efraim Sneh sur sa vision du Soudan, Avi Dichter répond qu'il y a aux États-Unis des forces importantes qui, pour obtenir l'indépendance du Sud-Soudan, seraient favorables à une ingérence appuyée au Soudan et au Darfour, sur le modèle du Kosovo : « La situation au Darfour et au Sud-Soudan n'est pas fondamentalement différente, en effet, de celle du Kosovo... Ils combattent le gouvernement central... Insistons sur notre stratégie passée dans le Sud-Soudan et, pour l'heure, favorisons le séparatisme. On ne peut vouloir la stabilité d'un pays qui soutient la confrontation... Le Soudan pourrait devenir comme la Serbie, la Croatie, la Macédoine... Il faut favoriser ces tendances à l'éclatement et gagner du temps. On peut espérer parvenir à nos fins avant 2011. »

Dans la relation qu'il fait de cette conférence et du document, le journaliste égyptien Galal Nasser[1] insiste sur le fait que, depuis Ben Gourion, le Soudan et l'Irak font partie intégrante de la « périphérie entourant l'entité sioniste[2] », et qu'Israël a depuis belle lurette infiltré le Soudan et l'Irak, *via* des agents locaux ou des relais internationaux : « La déstabilisation du Soudan est un objectif stratégique d'Israël, car un Soudan stable et fort renforcerait les Arabes et leur sécurité nationale. »

Capacités matérielles et humaines considérables, position stratégique incontestable et rôle attesté dans le conflit israélo-arabe... Dichter déclare que le Soudan a le potentiel d'une puissance régionale, supérieure même à l'Égypte ou à

---

1. « Threats to unity in Sudan », *Al Ahram Weekly, op. cit.*
2. Selon la terminologie en vigueur dans le monde arabo-musulman pour désigner Israël.

l'Arabie Saoudite : « Israël et ses alliés ont eu raison du rôle panarabe de l'Irak après l'occupation américaine de 2003. Éliminer le rôle du Soudan pourrait être obtenu par la prolongation de la crise du Darfour, maintenant que le nécessaire a été fait au Sud-Soudan. »

Les propos de Dichter lors de la conférence laissent de côté un autre aspect important de l'ingérence israélienne au Soudan, aspect qui sous-tend l'intérêt de l'État hébreu pour le Sud-Soudan et les pays limitrophes, aussi déterminant pour sa sécurité que l'éclatement du plus vaste pays d'Afrique : les sources du Nil dont les eaux, à terme, seront essentielles pour sa survie. Il cherche depuis longtemps à avoir accès à ses eaux. Cette fabuleuse ressource arrive aux portes d'Israël par le canal al-Salam creusé par l'Égypte pour irriguer le Nord-Sinaï. C'est une idée qu'avait déjà nourrie Theodor Herzl, lequel avait proposé aux autorités britanniques un projet d'implantation des Juifs dans le Sinaï et le détournement d'une partie de l'eau du Nil vers cette zone. En 1974, un projet envisageant la restitution de Jérusalem-Est aux Palestiniens en échange du transfert annuel de 840 millions de mètres cubes – suffisants à l'époque pour couvrir les besoins d'Israël en eau – se heurta à l'hostilité de l'Éthiopie et du Soudan et au veto du Premier ministre israélien, Menahem Begin. Cinq ans plus tard, Israël tentait à nouveau sa chance après la signature du traité de paix de Camp David. Mais l'Égypte s'y opposa, arguant qu'une telle décision requérait l'accord de tous les pays riverains. Le traité élaboré en 1929 par la puissance coloniale britannique pour le partage des eaux du Nil, amendé trente ans plus tard et qui laisse la part belle à l'Égypte, est toujours en vigueur. Toutefois, Le Caire s'inquiète de l'influence israélienne sur les pays qui « tiennent » les sources du Nil ; l'État hébreu est derrière tous les projets de barrages et d'irrigation de ces pays, affirmait à l'été 2009 le ministre égyptien de l'Irrigation :

« Israël n'hésitera pas à conseiller à l'Éthiopie de construire des barrages sur le Nil. » Et il rappelait que 80 % de l'eau coulant au Caire provient du Nil bleu, dont la source est située en Éthiopie. Le Caire s'inquiète aussi d'une probable sécession du Sud-Soudan, traversé par le Nil blanc : « Nous ne voulons pas laisser le champ libre aux forces étrangères qui encouragent l'indépendance du Sud-Soudan, comme les États-Unis et Israël », confie un officiel égyptien[1].

Selon Helmi Chaarawi, directeur du Centre d'études arabes et africaines, Israël « implante dans les cerveaux des Africains l'idée que l'Égypte vole l'eau du Nil » et appelle à considérer l'eau comme une denrée que l'on peut commercialiser. Selon le même Chaarawi, « cette idée israélienne trouve des échos à la Banque mondiale. Si elle voit le jour, ce sera une vraie catastrophe pour l'Égypte. Dès ce moment, Israël sera le premier pays à vouloir acheter. Et les pays africains qui souffrent de conditions économiques difficiles, et où l'eau du Nil se trouve en abondance et inutilisée, ne vont pas refuser la vente[2] ».

L'eau du Nil est l'axe stratégique de la sécurité de l'Égypte, dont Israël peut jouer pour exercer des pressions sur elle. L'Égypte n'a pu voir que d'un mauvais œil la signature à Entebbe en mai 2010 d'un accord, pour l'heure symbolique, pour un nouveau partage des eaux.

Le conseiller Ghazi Salahdin passe quelques coups de téléphone pour me permettre d'être reçu à Khartoum par des personnalités en situation d'en connaître. Le premier est Gotbi Almahdi, patron du service de renseignement de 1997 à 2002, lequel m'accueille dans sa résidence. Il insiste longuement sur la situation stratégique du Soudan, trait d'union entre le Moyen-Orient et l'Afrique : « Si nous nous

---
1. « Israël et l'Égypte luttent pour le Nil », *Le Figaro*, 8 septembre 2009.
2. Aliaa Al-Korachi, « Eau du Nil : Israël sème la zizanie », *Al-Ahram/hebdo*, mercredi 5 août 2009.

développons, nous serons la puissance la plus influente de la région. Nous soutenons les Palestiniens... Le Soudan est un point faible pour Israël. » Il enchaîne sur la puissance du « lobby pro-israélien[1] », et notamment sur l'influence de l'AIPAC[2] qui s'exerce sur la politique étrangère des États-Unis, notamment à l'encontre du Soudan. Il me parle longuement de l'utilisation par ledit *lobby* pro-Israël de Roger Winter, grand propagandiste contre le Soudan, jusqu'à ce qu'il devienne le représentant du gouvernement américain dans les négociations des accords de Naivasha[3]. Il parle de la constitution, sous l'impulsion de Madeleine Albright, d'une alliance anti-islamiste entre les « nouveaux leaders de l'Afrique » visant à renverser le régime de Khartoum...

Je rencontre ensuite dans son immense bureau climatisé Mohamed Atta al-Moula, alors numéro 2 des services secrets soudanais, devenu numéro 1 après août 2009. Lui aussi évoque les raisons qui poussent Israël à vouloir diviser le Soudan, les raisons qui mènent chrétiens fondamentalistes et Israéliens à appeler non pas au mariage des civilisations, mais à leur *choc*. Et il a tôt fait d'entrer dans la description concrète des actions menées par John Garang et ses protecteurs israéliens. Au fil de ce chapitre, nous en évoquerons quelques-unes.

À mon retour du Soudan, j'aurai reçu un livre édité à Khartoum, censé répondre à une partie de mes questions. Intitulé *L'Intervention israélienne au Soudan. Comment et*

---

1. Ce sont là les termes de mon interlocuteur. Nous évoquerons la puissance – vraie ou supposée – dudit *lobby* pour ce qui concerne les affaires africaines liées à la question du Soudan, p. 491 et suivantes.
2. Cette organisation, l'American Israel Public Affairs Committee (AIPAC), œuvre à défendre les intérêts d'Israël aux États-Unis et s'emploie à peser sur les relations entre les deux pays. Voir plus loin, chapitre 21, p. 493 et suivantes.
3. Le 31 décembre 2004 ont été signés dans la ville kenyane de Naivasha les derniers protocoles des accords entre le gouvernement soudanais et les rebelles, accords qui devraient aboutir à l'indépendance du Sud-Soudan si le *oui* l'emporte, fort probablement, au référendum prévu en janvier 2011.

pourquoi ?, rédigé par Shams Alhadi Ibrahim Idriss, et faisant souvent référence à un ouvrage qui aurait été écrit par un ancien du Mossad, Moshe Farji, et publié en 2003, en Israël, par le Centre Dayan pour les études du Moyen-Orient et de l'Afrique. Malgré mes recherches, je n'ai pas trouvé la trace de cette publication en Israël, quoiqu'il ait été référencé dans de nombreux journaux et magazines arabes. L'ambassadeur du Soudan à Paris m'affirme pourtant que le livre israélien a été traduit en arabe par un éditeur du Caire (La Maison arabe pour les études et publications – département recherches et études) sous le titre *Israël et le mouvement de libération du Sud-Soudan*. Pour confirmer ses dires, le diplomate m'envoie par courriel la photocopie de la couverture dudit livre.

Un bref rappel du contexte régional et international est ici nécessaire. Au début des années 1980, Israël développe une politique ambiguë vis-à-vis du Soudan. D'un côté, Ariel Sharon fait ami-ami avec Nimeiri[1], le président soudanais, pour qu'il laisse passer les Falachas qui ont fui l'Éthiopie et se sont réfugiés au Soudan ; de l'autre, il soutient John Garang quand celui-ci ranime en 1983 la rébellion des sudistes après que le même Nimeiri eut instauré la *charia* dans le Sud-Soudan. En mai 1982, Nimeiri, son chef du renseignement et Sharon se rencontrent au Kenya en présence d'Adnan Kashoggi, un milliardaire saoudien. Contre espèces sonnantes et trébuchantes, le Soudan autorise le Mossad à organiser le départ vers Israël des Falachas. Une opération de grande envergure, dite opération Moïse, est lancée le 20 novembre 1984, qui concerne 6 500 personnes et doit durer jusqu'au 4 janvier 1985. Révélée par la presse, elle est interrompue net par le gouvernement soudanais.

---
1. Dans le même temps, le président Reagan a fait de Khartoum une plaque tournante du renseignement américain.

Une nouvelle opération, dite Reine de Saba, est menée par la CIA quelques semaines plus tard pour évacuer 650 personnes. Le coup d'État de 1985, qui porte au pouvoir le général al-Dahab et participe à relâcher encore notablement les liens du Mossad avec Khartoum, a pour contrecoup mécanique de faire augmenter fortement l'aide israélienne à John Garang.

L'arrivée au pouvoir, le 30 juin 1989, d'un régime islamiste dur, dirigé par le général Omar al-Bachir et Hassan al-Tourabi[1], change complètement la donne géopolitique dans la région. Quatre mois plus tard, le Mur de Berlin tombe, et la menace « rouge » fait place à la menace « verte ». À l'affrontement Est-Ouest va succéder une confrontation civilisationnelle ; le plus grand pays d'Afrique et les leaders chrétiens qui le bordent vont être parmi les premiers à la connaître. Cet aspect civilisationnel va même prendre un tour caricatural. Al-Tourabi brandit très haut la bannière fondamentaliste, sur le front tant intérieur qu'extérieur. Le Soudan devient bientôt la patrie des organisations islamistes radicales (entre autres, Abou Nidal, le Hamas, le Hezbollah…), il se rapproche de l'Iran et, *last but not the least*, de Saddam Hussein au moment où celui-ci devient l'ennemi n° 1 de l'Occident, au lendemain de l'invasion irakienne du Koweit, en août 1990.

Pour compléter sa panoplie de nouveau « Grand Méchant », le Soudan décide, après l'échec de l'offensive menée contre Juba par les troupes de John Garang qui sont épaulées lourdement par celles de Museveni, de porter la guerre en Ouganda : il va aider divers mouvements rebelles ougandais qui ont soif de revanche contre la NRA dominée par les Tutsi rwandais. Le radicalisme soudanais contribue à

---

1. Al-Tourabi est un islamiste membre des Frères musulmans qui a fait sa thèse à Paris, à l'université de la Sorbonne de 1959 à 1964. Il prêche un panarabisme islamique en symbiose militante avec tous les mouvements islamistes du monde arabe, mais aussi non arabe.

faire la fortune de Museveni. Déjà soutenu par plusieurs personnalités et mouvements chrétiens, mais surtout par le Mossad et les services secrets américains et britanniques, il est hissé au rang de défenseur de l'Occident. L'Ouganda doit désormais servir de cordon sanitaire face à la menace islamiste ; partant de là, il faudra éviter tout ce qui pourrait contribuer à le déstabiliser[1].

Parce que les yeux et les oreilles de la France étaient essentiellement tournés vers les pays du « pré carré », le président François Mitterrand n'a pas compris ce qui se trame à Kampala et au Sud-Soudan et qu'en envoyant des troupes françaises contre les rebelles tutsi, soutenus par la NRA[2] – c'est l'opération Noroît, en octobre 1990 –, il met ainsi, une première fois, la France en travers d'un projet qui implique d'autres puissances occidentales et va bien au-delà du changement de régime à Kigali. « Nous avons été naïfs », commente aujourd'hui Hubert Védrine. Et les troupes françaises allaient encore par deux fois se trouver sur la route des rebelles du FPR vers le pouvoir : lors de l'attaque de février 1993, puis en juin 1994. Toutefois, en février 1993, l'exécutif français comprit que ses efforts militaires[3] pour contrer la volonté du FPR seraient vains. Les « bérets rouges » ont certes empêché Paul Kagame d'arriver jusqu'à Kigali, mais la décomposition du régime d'Habyarimana et l'isolement diplomatique de la France rendent de plus en plus inopérants les efforts de Paris. François Mitterrand donne alors instruction de négocier avec l'ONU le remplacement des soldats français par des Casques bleus[4].

---

1. James Gasana, *Rwanda : du parti-État à l'État-garnison, op. cit.*
2. Un ancien membre des services secrets français qui s'occupait de l'Afrique m'a confirmé qu'il n'avait effectivement « rien vu ».
3. Dans le cadre de son accord d'assistance militaire, la France conseille les FAR.
4. Les Belges ont déjà retiré leurs troupes. À la suite des accords d'Arusha II, conclus en août, il est prévu que les troupes françaises quittent le territoire rwandais avant la fin de l'année 1993, ce qui fut fait.

Aucune des notes de l'Élysée sur le Rwanda ne fait alors la liaison entre ce dossier et celui du Soudan.

Du côté des relations Paris-Khartoum, tout va plutôt bien. La France ne soupçonne pas qu'elle est sur le point de contrarier pour la seconde fois les secrets projets de ses amis américains, anglais et israéliens dans la région.

Jean-Christophe Mitterrand a rendu plusieurs visites au général al-Bachir, et Paul Dijoud, directeur Afrique du Quai d'Orsay, a rencontré al-Tourabi. Alors que les « trois » (États-Unis, Grande-Bretagne, Israël) aident secrètement John Garang et Museveni à lutter contre Khartoum, Paris donne un coup de règle sur les doigts de Bernard Kouchner, alors secrétaire d'État à l'Action humanitaire, pour avoir, fin août 1991, rendu visite à John Garang au Sud-Soudan. Les relations entre Paris et Khartoum deviennent chaleureuses lorsque Antoine Losguardi est nommé ambassadeur de France à Khartoum et y prend son poste en septembre 1992. L'homme devient un familier d'al-Tourabi, à tel point que tous deux se livrent des joutes poétiques. C'est Losguardi qui, fin 1992, prépare la rencontre entre Hassan al-Tourabi et Jean-Claude Mantion, colonel de la DGSE et véritable pro-consul de Centrafrique. « Le cheikh et le colonel entament une discrète coopération permettant à l'armée soudanaise d'amplifier [...] les succès militaires soudanais face aux maquisards sudistes de John Garang[1] », écrit le journaliste Marc Yared. La France perturbe ainsi pour la deuxième fois le projet secret des trois pour le Sud-Soudan.

Avec l'arrivée d'Édouard Balladur à Matignon, en mars 1993, c'est Charles Pasqua, ministre de l'Intérieur, qui reprend la main sur le dossier soudanais, ce qui n'est pas du goût d'Alain Juppé, ministre des Affaires étrangères. Personne en France ne semble alors avoir une vue globale sur la

---

1. Marc Yared, « La rivalité France-USA et la tentation soudanaise », *op. cit.* Les passages de ce chapitre sur les relations entre Paris et Khartoum doivent beaucoup à cet article.

situation de l'Afrique des Grands Lacs ; notamment personne ne voit que se constitue un front anti-islamiste contre Khartoum, alors même que Paris courtise le régime soudanais ! Le général Philippe Rondot, alors à la Direction de la surveillance du territoire (DST), rencontre al-Tourabi à Khartoum au cours de l'été 1993. La discussion dure des heures. Khartoum est prêt à passer avec Paris une « alliance stratégique », avec « échanges de services sécuritaires[1] ». En novembre 1993, Hachim Abasaïd, patron des services secrets soudanais, se rend à Paris pour y rencontrer ses homologues français et les prévenir des intentions de Museveni dans la région des Grands Lacs. Le 15 août 1994, à la surprise générale, Ilich Ramírez Sánchez, dit Carlos, est « extradé[2] » en France, ce dont se félicite le ministre de l'Intérieur : la livraison par le gouvernement soudanais de l'un des terroristes les plus traqués en Europe, qui avait commis une série d'attentats (pour certains anti-israéliens et antijuifs) et avait tué des agents de la DST à Paris, marque le point d'orgue de cette alliance.

Alors que c'est l'idylle entre Paris et Khartoum, le cheikh Tourabi figure, fin 1992, parmi les « personnalités les plus dangereuses pour les intérêts américains ». À Khartoum, on considère l'opération militaro-humanitaire lancée par les États-Unis à Mogadiscio, *Restore Hope*[3], comme le signe de

---
1. En clair, Paris fournirait des photos satellites sur les camps du SPLA et des informations obtenues par écoutes, tandis que Khartoum fournirait des informations sur la Libye et sur ses tentatives de coups fomentées contre le régime de N'Djaména. Paris informe al-Tourabi que la tentative d'assassinat dont il a été victime en mai 1992 à Ottawa était l'œuvre des services américains.
2. En fait, il n'y a pas de procédure légale à l'extradition de Carlos ; les services français ont reçu l'autorisation du régime soudanais d'opérer sur le sol soudanais et de procéder à son enlèvement.
3. L'opération qui engage une force armée emmenée par les États-Unis sous l'égide de l'ONU débute en décembre 1992, en vue de rétablir la paix civile en Somalie ; après mars 1993, elle est relancée dans une deuxième phase qui se termine dramatiquement, en octobre, par la bataille de Mogadiscio, et la mort de dix-huit GI's et de centaines de Somaliens.

la volonté impérialiste de contrôler l'Afrique de l'Est. En janvier 1993, l'arrivée de Bill Clinton à la Maison-Blanche raidit encore les positions américaines dans la région. La nouvelle administration épouse la conception géostratégique israélienne sur le Soudan, ce qui creuse plus encore le fossé avec Paris. Clinton a placé en tête de ses priorités, dans son agenda, le règlement de la question palestinienne, et il n'entend pas être gêné par quelques interférences qui pourraient venir de Khartoum, c'est-à-dire par le soutien du régime soudanais aux Palestiniens, et notamment au Hamas. Le 18 août 1993, le Département d'État inscrit le Soudan sur la liste des États soutenant le terrorisme, ce qui fait de lui un « État-voyou ». Le plus grand pays africain fait son apparition dans l'inventaire des pays qui s'opposent frontalement à Israël depuis sa création ; il trouve ainsi sa place parmi les États du champ proche-oriental.

Samuel Huntington remarque dans son fameux livre, à l'appui de sa thèse[1], que, après la prise de fonctions de l'administration Clinton, un front anti-islamiste s'est formé et que, dès le début, Madeleine Albright, nouvelle représentante des États-Unis auprès des Nations unies, s'est intéressée à l'importance du Soudan dans la perspective du conflit moyen-oriental. Celle-ci s'interroge sur l'opportunité de renverser le régime Bachir/Tourabi au profit d'un gouvernement Garang[2]. Le bénéfice serait immédiat, un tel changement à la tête de l'État soudanais sécuriserait la politique de pression exercée sur les Palestiniens. La politique américaine dans la région des Grands Lacs va désormais se trouver directement liée à celle menée au Proche-Orient. C'est dans cette optique que le « soutien de basse intensité » à Paul Kagame va se transformer avec Clinton en engagement ferme pour l'aider à prendre le pouvoir et, de la sorte, faire plaisir à Museveni,

---

1. *Le Choc des civilisations*, Odile Jacob, 1996.
2. Voir le document de Helmut Strizek produit devant le TPIR et le livre d'Alex de Waal, *Islamism and its Enemies*, déjà cités.

plus que jamais l'homme-clé du système qui se met en place, et rendre par là plus cohérente l'association des « guerriers » africains chrétiens autour de John Garang.

Deux événements contribuent encore à accélérer la constitution du front anti-islamiste destiné à en finir avec Khartoum. Le premier survient peu de temps après l'attentat contre le World Trade Center de New York perpétré le 26 février 1993, qui avait pour objectif de faire basculer la tour nord sur la tour sud et de tuer des milliers de civils. La bombe tua 6 personnes et en blessa 1 042. La National Security Agency (NSA) réussit rapidement à décrypter les écoutes téléphoniques entre la Mission soudanaise à l'ONU et le ministère des Affaires étrangères à Khartoum. Le 24 juin 1993, le FBI arrête huit personnes, dont cinq possédant un passeport soudanais. Les interceptions indiquent clairement que Khartoum est derrière l'attentat[1]...

Le second est le fiasco de l'opération *Restore Hope*. Début octobre 1993, 18 Rangers et des centaines de Somaliens meurent à Mogadiscio. Bill Clinton décide alors le retrait des soldats américains. Cette décision a deux conséquences. La première est que Washington ne voudra plus engager directement ses *boys* dans des conflits africains ; la deuxième est la mise en place de voies et de moyens pour continuer à exercer une forte pression sur Khartoum. Les États-Unis, la Grande-Bretagne et Israël inteviendront par procuration sur le terrain, par *proxies* interposés : ces États « mandataires », il faudra les choyer, les conseiller et leur fournir de quoi. Un pont aérien est organisé entre Mogadiscio et Entebbe (Ouganda) pour transférer de très grandes quantités d'armes qui seront mises à la disposition de Museveni. « Pour protéger Kampala contre Hassan al-Tourabi », explique un agent de la CIA à Honoré Ngbanda[2].

---
1. Wayne Madsen, *Genocide and Covert Operations in Africa 1993-1999*, op. cit.
2. Honoré Ngbanda, *Crimes organisés en Afrique centrale*, op. cit.

« Un des signes précurseurs d'un changement de politique fut le désintérêt grandissant pour la démocratisation en Afrique centrale et de l'Est. En effet, une pression sur Khartoum ne pourrait s'exercer que par des États entourant le Soudan. Or ces États avaient tout intérêt à maintenir leurs régimes militaires qui se basaient sur des minorités ethniques. Une sorte de *deal* fut conclu. Contre l'abandon de la pression démocratique [...], les chefs d'État se déclarèrent prêts à exercer une pression sur Khartoum[1]. » Les responsables américains attribuent à ces « seigneurs de la guerre » le titre honorifique de « *new generation of African leaders* ». Et le conflit au Sud-Soudan devient le terrain d'essai de la nouvelle alliance dirigée par Yoweri Museveni. Ce sont ses membres qui aident Paul Kagame dans la phase finale de sa conquête du pouvoir. L'ambassade américaine à Addis-Abeba recrute même des soldats en provenance de Somalie, d'Érythrée, d'Éthiopie et du Sud-Soudan pour appuyer le FPR après le 6 avril 1994[2].

Pour les Trois et leurs *proxies*, dans le plan qu'ils ont formé, il n'y a donc plus que la France pour poser problème du fait de son rapprochement avec Khartoum. Début 1994, George Moose, le « Monsieur Afrique » américain, fait part de son irritation[3] aux autorités françaises. Le départ des soldats français du Rwanda, en décembre 1993, a certes été une bonne nouvelle, car il laisse le champ libre à Kagame et à ceux qui l'aident : il n'y aura plus de témoin embarrassant, notamment de l'attentat en préparation contre Habyarimana, qui donnera le signal de la phase finale de la conquête du pouvoir. La mise en place du « piège de Dar es Salam » ne peut évidemment être réalisée sans être portée à la connaissance et donc sans la bienveillance des services

---

1. Voir le document pour le TPIR de Helmut Strizek, *op. cit.*
2. Témoignage de Jean-Christophe Nizeyimana : http://webpages.charter.net/jabdmb/SurvivingtheGenocide.pdf
3. In *Lettre du Continent*, du 3 février 1994.

secrets des Trois. Dans sa *Lettre de l'UDC* d'avril 1994[1], Remigius Kintu[2] écrit : « D'après des sources sûres, des officiels du Département d'État et du Pentagone ont comploté avec [...] Museveni, de l'Ouganda, et les dirigeants du FPR pour faire aboutir l'assassinat. Prudence Bushnell, sous-secrétaire d'État adjoint pour l'Afrique, Arlene Render, directeur du bureau d'Afrique centrale au Département d'État, ainsi que le sous-secrétaire à la Défense des droits de l'homme et aux réfugiés Patricia Irving, ont visité le Zaïre, le Burundi, le Rwanda et l'Ouganda en mars 1994. Pendant leur séjour en Ouganda, les officiels américains ont suggéré à Museveni de convaincre le président Mwinyi, de Tanzanie, d'organiser une rencontre des chefs d'État de la région. Cette convocation devait amener les "dictateurs visés" à se rendre à Dar es Salam et à tomber dans le piège. » Un message ougandais du 4 avril affirmant que « les trois tyrans seront présents » fut intercepté par des services de renseignement[3]. Les interceptions des messages du FPR révélant les différentes phases de la préparation de l'attentat n'ont sûrement pas été l'apanage des « grandes oreilles » des services secrets d'Habyarimana. Il n'y a aucune raison de croire que celles des Américains, installées en Ouganda, et celles des Israéliens et des Anglais, à Kigali, ne suivaient pas l'évolution d'une situation qui les intéressait au plus haut point. Les fuites desdits services seront suffisamment crédibles, en tout cas, pour qu'Honoré Ngbanda convainque Mobutu de ne pas se rendre à Dar es Salam. Habyarimana lui-même sait par un informateur basé à Mulindi qu'un projet d'attentat, soutenu par les Américains et les Belges, est en

---

1. Reprise dans *La Lettre du Sud*, n° 22, 18 avril 1994.
2. Remigius Kintu, citoyen américain d'origine ougandaise, président de l'Uganda Democratic Coalition (UDC), a publié pendant de très nombreuses années *La Lettre de l'UDC*.
3. In *Historique de la conquête du Rwanda par le Front patriotique rwandais (1990-1994)*, préparé par le ministère de la Défense français à partir notamment de renseignements fournis par la DRM.

préparation, et sa mise en œuvre imminente. Le président rwandais l'a dit à Mobutu, le 4 avril, à Gbadolite[1]. De même, l'arrivée, dans l'après-midi du 6 avril, quelques heures avant l'attentat, à l'hôtel des Mille-Collines, du lieutenant-colonel Charles Vuckovic, attaché militaire à Yaoundé, n'est pas due au hasard.

Pour comprendre ce qui s'est passé au cours de cette période en Afrique centrale, d'Addis-Abeba à Kinshasa, il faut donc garder constamment à l'esprit les visées de l'alliance contre Khartoum, mais aussi les ambitions de Museveni, nouvel homme fort africain soutenu par Washington, ainsi que le projet de l'administration Clinton d'en finir avec le *pré carré* français et avec le partage de l'Afrique en zones d'influence. Il y a bien eu, à partir de 1993, une guerre secrète entre Paris et Washington. Concrètement, Washington ne voulait plus entendre parler de Mobutu, qui avait pendant longtemps endossé la fonction de « gendarme » de l'Occident pour défendre ses intérêts. Devant la commision des Affaires étrangères du Sénat, le nouveau secrétaire d'État américain, Christopher Warren, affirme tout de go : « Le Président et moi-même sommes d'accord : Mobutu au Zaïre, cela ne peut continuer. » Parfaitement conscient de cette évolution, le vieux « Guide » va donc renforcer ses liens avec Khartoum et tenter de renouer avec Paris pour contrer le nouveau cours de l'Histoire.

Depuis la fin des années 1980, Mobutu est mis à l'index par la *troïka* constituée des États-Unis, de la Belgique et de la France. Le Zaïre est sous embargo ; renouer avec Paris n'est pas chose facile, la cohabitation Mitterrand-Balladur rendant la politique africaine française illisible et complexe. Il y a au moins quatre grands centres de décison, sans compter divers acteurs plus ou moins indépendants : l'Ély-

---
1. Honoré Ngbanda, *Crimes organisés en Afrique centrale, op. cit.*

sée, dans la continuité ; Matignon, dans la rupture ; le ministère de l'Intérieur, ailleurs et notamment avec Khartoum ; et la Mairie de Paris, également dans la continuité, avec Jacques Foccart comme chevau-léger. En l'occurrence, la cellule de l'Élysée fonctionne en liaison avec Jacques Foccart, aidé par l'avocat Robert Bourgi et le diplomate Fernand Wibaux.

Mobutu frappe d'abord à la porte de son vieil ami Foccart. En septembre 1993, à la demande de Jacques Chirac, maire de Paris, Bourgi et Wibaux le rencontrent à deux reprises au Zaïre. Des émissaires de l'UDF font également le déplacement. À son retour du Zaïre, Robert Bourgi, qui a également rendu visite à Omar Bongo et à Paul Biya, dîne avec Dominique Pin, de la cellule Afrique de l'Élysée, et lui demande un geste d'ouverture en direction de Mobutu. Pin rédige une note à l'attention de François Mitterrand, lequel accepte de rencontrer Mobutu lors du sommet de la Francophonie qui se tiendra à l'île Maurice le 18 octobre suivant. L'entrevue se déroule à l'hôtel Maritime, elle est plutôt froide : le président français demande au président zaïrois la tenue d'élections libres. Mais le symbole reste fort : Mobutu n'est plus tenu en quarantaine. « La solidarité de la *troïka* venait de subir un coup de canif. Washington enregistra et encaissa la riposte française. Les services secrets américains, la CIA et la DIA commencèrent à s'activer pour connaître et évaluer l'impact de cette rencontre Mobutu-Mitterrand[1] », raconte Honoré Ngbanda, alors au service de Mobutu.

Après ce contact, la liaison Paris-Gbadolite (le village de Mobutu, où il réside souvent) s'active. Les Américains y voient une machine de guerre contre eux, alors qu'il ne s'agit que de la remise en mouvement d'un vieux jouet usé. Ils analysent le dialogue qui se réinstalle avec Kinshasa

---

1. Honoré Ngbanda, *Crimes organisés en Afrique centrale, op. cit.*

comme le signe de la constitution d'un « front français ». Un « front français » qui les ennuie aussi bien au Soudan qu'au Zaïre et au Rwanda. Habyarimana n'est-il pas soutenu par Paris ?

Après l'attentat du 6 avril 1994 qui coûte la vie à Habyarimana et qui aurait dû lui coûter la sienne, Mobutu a compris qu'il y a maintenant le feu à la maison ; et que les Américains, par Kagame et Museveni interposés, lui réservent rapidement le sort échu à son ami rwandais. Il appelle à l'aide Jacques Foccart qui, accompagné de Bourgi, de Michel Aurillac, ancien ministre de la Coopération, de Herman Cohen, l'ancien monsieur Afrique des États-Unis, et de Max-Olivier Cahen, chargé de l'Afrique au Parti socialiste belge francophone, fonce à Gbadolite les 23 et 24 avril 1994. Quelques jours plus tard, c'est au tour de Dominique Pin de faire le déplacement dans la ville du nord du Zaïre. Mobutu n'est plus « tricard » à Paris, il est même invité au sommet France-Afrique qui doit se tenir à Biarritz en décembre[1].

Cette agitation des Français indipose Washington et ses alliés, qui soutiennent Kagame, à l'heure où le génocide fait rage et alors que le FPR entre dans la phase finale de sa conquête du pouvoir. Honoré Ngbanda affirme qu'elle déclenche l'alerte rouge au sein des services secrets américains pour « contrer ce qu'ils appelaient le "Front français", qui venait de se constituer dans la région et qui, à leurs yeux, était composé de la France, du Zaïre, du Soudan et du *Hutu Power* [entendez, les ex-FAR et les *Interahamwe*]. En effet, les experts des services spéciaux américains opérant dans la région avaient reçu mission d'étudier les voies et moyens de contrer par anticipation toutes les actions menées par la France[2] ».

---

1. In *La Lettre du Continent,* n° 210 du 28 avril 1994.
2. Honoré Ngbanda, *Crimes organisés en Afrique centrale, op. cit.*

Conséquence directe de cette « alerte rouge » et de la très grande attention portée au moindre mouvement des Français : quelques « scoops » sur des armes fournies par la France à l'armée rwandaise (FAR) et à divers mouvements rebelles basés au Soudan et au Zaïre, luttant contre le SPLA de John Garang et contre l'Ouganda de Museveni.

Dans ce contexte, la décision française, mi-juin 1994, de lancer l'opération Turquoise est perçue comme une véritable déclaration de guerre. Les protecteurs de Kagame sont tout à fait convaincus que Paris a décidé d'intervenir à nouveau au Rwanda pour empêcher le chef du FPR de prendre le pouvoir et pour sauver le « régime Habyarimana ». « L'opération Turquoise sera surveillée à la loupe par tous les services secrets américains engagés dans la grande bataille de la région des Grands Lacs : la CIA, la DIA et le NSC[1] », affirme encore Honoré Ngbanda.

Alors que le mandat confié à la France pour son opération militaro-humanitaire touche à son terme, pour finir d'exaspérer les Trois et leurs *proxies*, il y a la livraison de Carlos, le 15 août, et surtout les contreparties accordées par la France à Khartoum, plus spécialement les aides en armes et en renseignements fournies pour lutter contre le SPLA de John Garang. Charles Pasqua ne déclare-t-il pas, le 16 août 1994, que « Khartoum a rompu de manière éclatante avec le terrorisme » ? À quoi le porte-parole du Quai d'Orsay rétorque que, pour sa part, son ministère continue à tenir un langage ferme et critique.

---

1. *Ibid.*

13

Menues manœuvres contre Paris

Le 21 juin 1994, le Conseil de sécurité de l'Organisation des Nations unies autorise la France à lancer l'opération humanitaire baptisée Turquoise, dont l'objectif est d'enrayer les massacres au Rwanda. Officiellement, donc, Madeleine Albright, représentante des États-Unis à l'ONU, a donné son accord. Édouard Balladur est d'autant plus étonné de l'attitude de la même Madeleine Albright quand il vient, le 11 juillet suivant, rendre compte de l'action de la France devant l'aéropage onusien et qu'il exprime la nécessité d'un déploiement rapide de la force internationale, la MINUAR, au Rwanda. En effet, Madeleine Albright manifeste « une attitude très hostile » à l'action de la France, « elle ne [cherche] même pas à le dissimuler. Je me demande pourquoi : la France est la seule à agir pour empêcher les massacres. Les États-Unis auraient-ils une politique différente ? » demande-t-il à François Mitterrand deux jours plus tard[1]. Le président de la République ne répond pas à la question de son Premier ministre. Il aurait pu – ou dû – répondre : « Oui », tant Washington mène à l'évidence un double jeu.

Depuis l'attentat perpétré contre l'avion de Juvénal Habyarimana et le déclenchement du génocide, Madeleine Albright a été la cheville ouvrière du retrait des Casques

---

1. Édouard Balladur, *Le pouvoir ne se partage pas. Conversations avec François Mitterrand*, Fayard, 2009.

bleus du Rwanda. Un retrait réclamé par Paul Kagame qui entend parachever sa conquête du pouvoir sans témoins ni obstacles. Le 15 avril 1994, elle informait les membres du Conseil de sécurité que les États-Unis considèrent que la première priorité est de donner instruction à Boutros Boutros-Ghali, secrétaire général surnommé par elle le « Frenchie » – qu'elle abhorre –, de retirer toutes les forces de l'ONU du Rwanda ; Washington serait même prêt à opposer son veto à toute initiative tendant au maintien sur place de la MINUAR...

À Bangui, depuis quelques jours, les militaires français vivent dans la fièvre des préparatifs de l'opération, en attendant le feu vert du Conseil de sécurité. C'est en effet de la capitale de la Centrafrique que doivent s'envoler l'essentiel des forces spéciales et l'état-major tactique (basé à Bouar, en Centrafrique). Destination : Goma, à l'est du Zaïre, sur les bords du lac Kivu. Le reste des troupes sera acheminé de Djibouti et de Libreville. Au total, ce sont 2 500 hommes qui sont mobilisés. Alors même que le Conseil de sécurité donne son aval à l'opération Turquoise, un gros porteur atterrit sur la piste de M'Poko et se dirige vers le parking des avions civils. Personne n'attendait cet aéronef tout blanc et sans hublots, un Hercules sur lequel flotte une bannière étoilée qui ne laisse planer aucun doute sur sa nationalité.

La porte latérale s'ouvre. Apparaît un homme en combinaison d'aviateur, sans galons. Quelques mots suffisent à confirmer que l'aéronef et son équipage sont américains. Derrière l'homme censé être le patron de cet étrange équipage, des appareils électroniques sont visibles. Nul besoin d'être un grand spécialiste pour deviner que l'appareil est équipé pour intercepter conversations téléphoniques et échanges de messages de toute nature, et qu'il s'agit d'un des outils sophistiqués de la CIA ou de la DIA.

L'officier chargé du trafic de l'aéroport prévient immédiatement le colonel Pierre-Jean Seignez, le comelef (commandant des Éléments français) installé au camp Béal, près de la grande salle où s'était déroulé dix-sept ans plus tôt le couronnement de l'empereur Bokassa Ier. Le colonel est sur les dents, car c'est lui qui « met en musique » le lancement de l'opération Turquoise. Il se tient en relation permanente avec la « Cuve », située dans les tréfonds du ministère de la Défense à Paris, qui abrite le Centre opérationnel interarmées. Le contact entre le général Germanos, patron des opérations extérieures, et le comelef se fait par l'intermédiaire du colonel Michaud.

C'est sous l'impulsion d'Alain Juppé, ministre des Affaires étrangères (encouragé par Dominique de Villepin, son directeur de cabinet, et par le général Quesnot, chef d'état-major particulier du président), qu'à la mi-juin François Mitterrand a décidé cette opération humanitaire, acceptée à Matignon par Édouard Balladur, puis soumise et acceptée par le Conseil de sécurité, pour sauver les Tutsi encore vivants après plus de deux mois de génocide. À contre-cœur, sous la pression de l'opinion internationale, Madeleine Albright, représentante des États-Unis aux Nations unies, a donné elle aussi son accord. Les militaires français peuvent mesurer la mauvaise humeur de leurs collègues américains vis-à-vis de Turquoise. Le Pentagone, qui a promis de mettre des avions Galaxy à la disposition de la France pour projeter son armada à la frontière du Rwanda, s'est désisté. L'état-major français n'a eu d'autre solution que de faire appel à Viktor Bout, un trafiquant d'armes russe de très mauvaise réputation, afin de réunir la flotte nécessaire au transport des hommes et de leurs matériels[1]. C'est ainsi que des Antonov russes et ukrainiens, loués par l'intermédiaire du marchand[2], atterrissent d'abord à Mar-

---

1. Viktor Bout approvisionna aussi Paul Kagame.
2. Voir le témoignage du général Lafourcade, *Opération Turquoise : Rwanda, 1994*, Perrin, 2010.

seille, puis à Bangui, avant de faire la navette entre la capitale centrafricaine et Goma...

Le colonel Seignez monte dans sa Jeep de commandement et fonce vers l'aéroport M'Poko tout proche. Il prend langue avec l'Américain qui commande l'avion blanc sans hublots et lui demande de reprendre l'air dans les plus brefs délais. L'aviateur prétexte un problème technique pour rester cloué à Bangui. À la demande de l'officier supérieur français, l'avion est déplacé en bout de parking, et une garde d'une dizaine d'hommes entoure l'appareil des services secrets américains. Ses occupants sont consignés dans leur laboratoire volant. Le comelef informe la « Cuve », lui fait un compte rendu détaillé de la situation et attend les instructions. L'état-major achemine un message très ferme à l'ambassade des États-Unis à Paris. Le ton est brutal : menace est proférée d'abîmer l'avion s'il ne décolle dans les plus brefs délais. L'incident diplomatique risque de s'envenimer[1]. L'avion-espion ne quittera Bangui qu'au bout de trente-six heures... Il est clair que Washington a voulu envoyer, hors des circuits traditionnels de communication entre les deux États, un signal fort à la France, exprimant son désaccord total avec le déploiement de soldats français au Rwanda. Le message implicite en est que les Américains ont bien l'intention de marquer les Français à la culotte pendant toute la durée de l'opération Turquoise.

Le colonel Jacques Hogard, chef du groupement sud de l'opération, en fait très vite l'expérience. Le 28 juillet 1994, il apprend l'arrivée d'un avion américain de type C130 appartenant à l'US Air Force. L'appareil, qui ne porte pas les marques traditionnelles visibles d'appartenance à l'armée de l'air américaine, se pose sur la piste en dur de l'aérodrome de Cyangugu, au sud-ouest du Rwanda, à proximité

---

[1]. Bizarrement, Édouard Balladur ne semble pas avoir été tenu au courant de cette anicroche avec les Américains (entretien avec l'auteur, le 15 juin 2009).

immédiate du poste de commandement du colonel français. En débarque un officier américain en tenue camouflée, de taille moyenne, blond, au visage poupin, le nez chaussé de lunettes à fine monture dorée, arborant la mention « Rangers » à l'épaule. Parlant un français impeccable, il s'annonce sous le nom de « lieutenant-colonel James Babbitt », attaché de défense en poste près l'ambassade des États-Unis à Brazzaville. L'officier débarque de l'aéronef avec son véhicule, une jeep Cherokee équipée de moyens de transmission très complets (liaison satellitaire, UHF-VHF...). Il se présente comme « officier de liaison » auprès du Groupement sud.

– Pour quoi faire, et pour quelles liaisons à établir ? questionne Jacques Hogard.

L'officier américain se contente de sourire sans répondre. Hogard appelle aussitôt le général Lafourcade, patron de Turquoise, au PC de Goma (situé au nord du lac Kivu, en territoire zaïrois), sur sa station inmarsat chiffrée. Lafourcade lui confirme, sans commentaires, qu'il lui revient d'accueillir cet officier sans mission claire à son poste de commandement.

Pendant plus de deux jours, l'officier américain se montre on ne peut plus urbain ; à la « popote » de l'état-major du groupement sud, il partage même une excellente bouteille de bourbon avec les officiers et sous-officiers du poste de commandement. Ce qui ne l'empêche pas d'être extrêmement curieux de toutes les conversations qui s'y tiennent, témoignant en particulier un intérêt insistant pour le lieu des transmissions du PC, notamment pour la station inmarsat, dès lors qu'il voit Hogard passer des communications. Son insistance devenant franchement gênante, le colonel fait tendre une tresse autour de la station avec un panneau rédigé seulement en anglais : « *Area strictly forbidden to unauthorized person* » !

Vexé, Babbitt s'enquiert auprès de Hogard du motif de cette mesure ; celui-ci ne lui cache pas qu'elle lui est exclusivement destinée, personne d'autre n'utilisant l'anglais à son PC. L'Américain accuse le coup, tout en soulignant qu'il ne comprend pas cette démonstration « inamicale ».

La nuit suivante, vers deux ou trois heures du matin, alors que le colonel Hogard dort sur son lit picot, il est réveillé par l'officier de permanence opérationnelle. L'homme est accompagné du sergent chef de poste de sécurité, lequel lui explique qu'il vient d'intercepter le lieutenant-colonel Babbitt en train de fouiller dans sa tente-bureau. Hogard se rend aussitôt sur les lieux, il y trouve effectivement l'officier supérieur américain, pas très fier, gardé par deux légionnaires en armes.

– Que faites-vous sous ma tente à cette heure avancée de la nuit ? demande Hogard.

– N'arrivant pas à dormir, je cherchais de la lecture pour me distraire !

Babbitt en est pour ses frais, les documents sensibles étant systématiquement entreposés dans une mallette fermée à clé et placée sous le lit picot de Hogard pendant ses heures de sommeil.

Le Français lui signifie qu'il doit dès cet instant se considérer comme aux arrêts, sous la surveillance permanente d'un légionnaire, et il rend compte immédiatement de ce grave incident au général Lafourcade. Ce dernier ayant lui-même à son tour rendu compte aux autorités gouvernementales et militaires françaises, le lieutenant-colonel Babbitt est rembarqué avec son véhicule à bord de l'avion qui l'avait amené.

Deux jours après le départ de Babbitt, les « grandes oreilles » françaises, basées sur l'île de La Réunion, dans l'océan Indien, détectent que le général Dallaire, patron des Casques bleus, envoie ses ordres d'opération, avec demande de directives, non pas à ses supérieurs de l'ONU, à New

York, mais au lieutenant-général Daniel Schroeder, patron américain de l'opération prétendument humanitaire baptisée Support Hope, avec copie au lieutenant-colonel Jim Anderson, qui est à l'ambassade américaine récemment rouverte à Kigali. Dans les faits, Dallaire est passé sous commandement américain, Washington considérant Boutros Boutros-Ghali, le secrétaire général de l'ONU, comme inféodé à la France. Derrière l'opération humanitaire qui tente de prendre en charge les centaines de milliers de réfugiés fuyant la guerre civile au Rwanda, le Pentagone est en train de monter un système sophistiqué de communication capable de surveiller toute l'Afrique centrale, y compris l'Afrique francophone ; un système destiné à récolter des renseignements, mais aussi à mener une guerre médiatique, une offensive de propagande, à brouiller les communications et à interférer dans celles-ci. Bref, à installer la logistique nécessaire à ce que les Américains appellent les « psyops », les *psychological operations*[1].

Paris paraît cependant aveugle à tous ces signes d'un affrontement souterrain avec Washington et ses affidés ; le gouvernement et l'état-major militaire ne pensent alors qu'à mener à bien, dans les délais fixés, l'opération Turquoise, dont l'échéance est prévue pour la fin août. Pourtant, depuis la mi-juin, c'est-à-dire depuis le lancement l'opération, l'agacement américain contre la politique française a été plus que visible. La CIA, le MI6 et les services belges n'ont pas hésité à tenter de « mouiller » la France dans l'attentat perpétré contre l'avion d'Habyarimana, qui a été le facteur déclenchant du génocide. C'est la journaliste Colette Braeckman, dans *Le Soir* du 16 juin 1994, c'est-à-dire au lendemain de la décision française de lancer l'opé-

---

[1]. Les techniques de « psyops », ou de manipulation et de propagande, mises en œuvre par des agents spéciaux ou des militaires, tendent à affecter la perception ou le comportement d'une cible politique choisie (un État bien souvent), sans qu'il y ait besoin d'utiliser la force. Dans cet « art de la guerre », tous les coups sont permis.

ration Turquoise, qui a publié les informations abracadabrantesques d'un certain « Thaddée » : « L'avion du président Habyarimana a été abattu par deux militaires français du DAMI[1] au service de la CDR [le parti extrémiste hutu] dans le but de déclencher le carnage... »

Après la publication de ce terrible « scoop » par Colette Braeckman, *Minute* dénonce une manœuvre de la CIA. Parce qu'elle émane de la presse d'extrême droite, cette information n'a pas été reprise pour être vérifiée. Le journaliste Stephen Smith affirme pourtant un peu plus tard – dans *Libération*, le 29 juillet – que la CIA insinuait bel et bien que les Français étaient impliqués dans l'attentat – il racontera avoir reçu la même information des services britanniques. Mais la version la plus élaborée de la thèse de la responsabilité française passe par une officine canadienne appelée ISTO, liée à la CIA. C'est elle qui diffuse un document accusant deux agents de la DGSE et un mercenaire d'origine marocaine, dont le prénom commence par un E, d'avoir fomenté l'attentat[2] contre l'avion du président Habyarimana.

Ces manœuvres de désinformation sont menées parallèlement à une incroyable campagne médiatique lancée par les extrémistes du FPR et leurs relais en France, appuyée par quelques grandes ONG. Tous accusent la France et ses dirigeants politiques d'avoir soutenu le gouvernement génocidaire et d'être complices du génocide. En novembre 1994, des gens d'ISTO convient Jean Kambanda, ancien Premier ministre du gouvernement intérimaire en place au moment du génocide, et le général Gratien Kabiligi à visionner une cassette vidéo montrant le tir de missile ayant abattu le Falcon du président Habyarimana. Le tireur en uniforme français est photographié de profil, pour n'être pas identifié

---

[1]. Détachement d'assistance militaire et d'instruction, dans le cadre de l'accord de coopération
[2]. Voir *Noires fureurs, blancs menteurs, op. cit.*, p. 337.

facilement. Ces membres de l'officine proche de la CIA prétendent que la prise de vue a été faite par CNN.

Les militaires de Turquoise sauvèrent une quinzaine de milliers de Tutsi, évitèrent une catastrophe humanitaire et quittèrent le Zaïre et le Rwanda à la date prévue, le 22 août 1994. La campagne de désinformation lancée à cette époque et reprise en France par l'association Survie et par le journaliste au *Figaro* Patrick de Saint-Exupéry ne s'est, depuis lors, jamais relâchée...

14

La Sainte Alliance (suite)

> « *Quand j'ai demandé à Kagame d'aller directement à Kigali pour arrêter les massacres des Tutsi, il m'a répondu que s'il y avait un prix à payer, ce serait à ces Tutsi de le payer !* »
> Général Dallaire[1], commandant des forces de la MINUAR, dans son livre
> *J'ai serré la main du diable.*

Alors que, au lendemain de l'attentat contre l'avion d'Habyarimana, le génocide des Tutsi et des Hutu modérés bat son plein, que Paul Kagame ne fait rien pour l'arrêter[2] et que ses soldats se livrent à des massacres de masse sur la population civile hutu des zones qu'ils traversent, nombre de combattants de l'alliance en cours de formation contre le Soudan se trouvent dans les rangs de l'APR pour la phase ultime de la conquête : la prise de Kigali. La capitale tombera aux mains de l'armée du FPR le 3 juillet 1994.

Isseyas Afewerki, le président érythréen, a rompu ses liens avec Khartoum, qui l'avait pourtant aidé dans son combat contre l'Éthiopie. Il a annoncé, en janvier 1994, que le régime soudanais serait abattu d'ici à un an, et a mis ses hommes au service de John Garang et de Paul Kagame.

---

[1]. Il serait cynique et très offensant pour la mémoire des victimes et pour la dignité des rescapés de considérer le général Dallaire comme un héros dans le drame rwandais.
[2]. Abdul Joshua Ruzibiza, *Rwanda. L'histoire secrète*, Éditions du Panama, 2005.

L'Éthiopie a agi de même. John Garang envoie lui aussi des hommes au Rwanda. Le tout nouveau président de la République d'Afrique du Sud Nelson Mandela (il a été élu le 10 mai 1994) facilite l'envoi de mercenaires sud-africains, en reconnaissance de l'aide que lui avait apportée Museveni, et ouvre grands les arsenaux du pays[1]. Quant aux conseillers américains, britanniques et israéliens, ils « conseillent ». Des officiers des FAR et de Turquoise en verront apparaître dans leurs jumelles. Quatre Blancs seront tués dans une contre-attaque menée par les FAR sur le mont Jari.

Pour aider Paul Kagame, l'administration Clinton, parfaitement au courant de ce qui se passe au Rwanda par les « sources humaines[2] », par la CIA, la DIA et la NSA, décide de faire évacuer les Casques bleus après l'assassinat de dix d'entre eux, le 7 avril 1994, le lendemain de l'attentat qui a coûté la vie à Juvénal Habyarimana. Boutros-Ghali, secrétaire général de l'ONU, a prévenu à plusieurs reprises Bill Clinton des risques de génocide ; la Maison-Blanche, ajoutait Boutros-Ghali, en était d'ailleurs parfaitement informée par ses services secrets[3] : « Si les satellites-espions américains peuvent lire les plaques d'immatriculation des voitures, ils savaient certainement ce qui se passait au Rwanda. » La NSA avait même fourni un téléphone crypté à Paul Kagame, qui lui permettait d'échanger en toute discrétion avec des responsables américains. Le code de ce téléphone aurait d'ailleurs été décrypté par les services français[4]. Bref, les États-Unis portent une lourde responsabilité dans le génocide des Tutsi et dans les massacres de masse d'Hutu pour avoir privilégié la victoire de Paul Kagame, pour avoir

---

1. Gaspard Musabyimana, *L'APR et les réfugiés rwandais au Zaïre, 1996-1997*, op. cit.
2. Voir également le chapitre 18, sur Roger Winter, p. 425.
3. Wayne Madsen, *Genocide and Covert Operations in Africa*, op. cit.
4. Jean Guisnel, *Guerres dans le cyberspace*, Éditions La Découverte, 1995.

facilité le départ des Casques bleus et pour avoir refusé trop longtemps leur retour.

Le 3 juillet 1994, Kigali est aux mains du FPR. Avant même que la prise de pouvoir soit effective, les Américains ont positionné de très importantes forces d'abord au Burundi, puis en Ouganda, notamment à Entebbe. Trois semaines plus tard, sous couvert de l'opération humanitaire *Support Hope,* un système très sophistiqué de télécommunications est installé, avec deux relais principaux, l'un à Goma, l'autre à Kigali, à l'ambassade américaine. Ce dernier est couplé avec un organisme chargé des relations avec les ONG et les représentants locaux de l'ONU : le Civilian-Military Operations Center, ou CMOC. Chargé des opérations *psyops* pour l'Afrique centrale, officiellement en vue de contrer la désinformation adverse, ce dernier va contribuer en réalité à imposer la version officielle de la tragédie rwandaise entérinée par les États-Unis, autrement dit il va être un outil de désinformation qui va notamment dissimuler la barbarie du nouveau pouvoir et qualifier tous les Hutu de « génocidaires ». Une qualification qui servira à légitimer toutes les actions visant à les traquer. Le CMOC est un grand fournisseur d'informations biaisées aux médias. L'ambassade américaine est elle aussi pourvue d'un système d'écoutes performant géré par la DIA.

Le protecteur américain de la *Sainte Alliance* montre tout l'intérêt qu'il attache à l'installation de Kagame dans les meilleures conditions en envoyant à Kigali un personnage important : le colonel Richard Orth, ancien numéro 2 de la DIA. Officiellement attaché militaire à l'ambassade américaine, celui-ci a pour première mission de consolider militairement le pouvoir du FPR, d'aider Paul Kagame à éliminer ses adversaires et à faire de lui un leader présentable. Wayne Madsen, grand journaliste d'investigation américain, affirme que le colonel avait auparavant apporté une aide logistique à Kagame pour monter l'attentat contre le

Falcon 50 d'Habyarimana[1]. Wayne m'a confié avoir reçu les confidences d'un ancien haut responsable du FPR affirmant que Orth et Kagame entretenaient des liens d'amitié bien avant l'attentat, notamment parce que le chef espion américain avait joué un rôle-clé dans les approvisionnements en armes de l'Ouganda, de l'APR et du SPLA[2]. Expert en actions clandestines (*covert actions*), Orth s'est servi, pendant l'embargo de l'ONU sur les armes à destination du Rwanda, qui a duré jusqu'à l'été 1996, d'une société américaine composée d'anciens des Forces spéciales (Ronco), pour assurer les fournitures d'armes à la nouvelle armée rwandaise[3].

Le Rwanda est ainsi en passe de devenir l'un des meilleurs alliés de Washington en Afrique. Parallèlement à l'arrivée massive des GI's, d'espions, de fonctionnaires et d'ongistes américains, débarquent en force des Israéliens qui complètent le dispositif, notamment en s'occupant de la formation d'agents de la DMI, mais aussi de la fourniture de matériels d'écoute et des armes[4].

Avant de devenir un membre à part entière et efficace de l'alliance anti-Khartoum, Kagame s'emploie au Rwanda à accaparer tout le pouvoir et à réduire toute velléité ou potentialité d'opposition. Cette consolidation s'opère notamment par des massacres de civils hutu. Pour faire disparaître les corps, des fours crématoires, ainsi que l'a décrit Gordon Nick pour le *Sunday Express*[5], sont parfois utilisés. Ces massacres de masse, commis sur la population qui avait majoritairement fui devant l'avancée du FPR et qui est rentrée, contrainte, au pays, donnent à mesurer jusqu'où est

---

1. Wayne Madsen Report du 11 avril 2007.
2. Notamment, les armes récupérées en Irak et déposées à l'aéroport du Caire-Ouest.
3. Wayne Madsen, *Genocide and Covert operations...*, *op. cit.*
4. Informations fournies par le général Emmanuel Habyarimana, ministre de la Défense (2000-2002) et par d'anciens officiers de la DMI.
5. In « Return to hell », le 21 avril 1996 : http://www.abarundi.org/documents/NGordon_RDA_eng_01.html

prêt à aller Paul Kagame et jusqu'où est prête à ne pas intervenir la communauté internationale, puisque l'un de ces massacres déroule sous les yeux des Casques bleus : le massacre de Kibeho, le 22 avril 1995.

Tout a commencé par le démantèlement de petits camps de la région, dans le sud du Rwanda, pour forcer les gens à se regrouper dans celui de Kibeho. Cette fermeture forcée fait des morts et des blessés. À la veille du bombardement du camp de Kibeho, celui-ci compte entre 100 000 et 150 000 personnes. Entre-temps, le gouvernement de Kigali a fait savoir que ce camp abrite un véritable arsenal. Une force combinée de 2 000 militaires du FPR et de 1 800 Casques bleus de la MINUAR opère donc une descente-surprise dans le camp de Kibeho (et de Ngabo dans Gikongoro) et y impose un couvre-feu de vingt-quatre heures afin d'y récupérer toutes les armes. À l'issue de l'opération, pas une seule arme n'a été découverte. Les fouilleurs, pour ne pas rentrer bredouilles, saisissent des milliers d'outils à lame (*bladed instruments*), autrement dit des machettes de paysans rwandais.

Le scénario macabre est le suivant : à compter du 17 avril 1995, le camp de Kibeho est encerclé par plus 2 500 soldats de l'APR (armée du FPR) pour empêcher tout approvisionnement des réfugiés. Ainsi, jusqu'au bombardement du camp, les réfugiés sont privés d'eau et de nourriture, et l'accès aux latrines est interdit. Quiconque veut se soustraire à cette torture collective est abattu. Le 22 avril 1995, en début d'après-midi, le colonel Fred Ibingira, qui dirige l'opération, donne l'ordre aux militaires du FPR de tirer dans le tas : des armes lourdes, des lance-roquettes, des grenades et des kalachnikovs sont utilisés. Très vite, des cadavres d'hommes, de femmes et d'enfants jonchent le sol. Des camions préalablement prévus à cet effet ramassent les cadavres et les acheminent jusque dans la forêt de Nyungwe, à quelques kilomètres de là (où un certain nombre de cadavres auraient été brûlés). Ce transport macabre a duré toute la nuit. On dénombre 8 000 cadavres éparpillés sur le site.

Le président Pasteur Bizimungu parlera, lui, de 300 victimes. Lors de la commémoration du génocide qui a lieu à Kibeho le 7 avril 1999, « évoquant le sort fait aux déplacés du camp de Kibeho, dont les trois quarts étaient des femmes et des enfants, [Bizimungu] n'eut qu'un mot : il s'agissait de tueurs, et non de victimes innocentes, comme l'avait prétendu la communauté internationale[1] ».

Le journal français *Libération* du 23 juin 1995 estime le nombre de déplacés disparus au Rwanda à 60 000 : « Deux mois après la tuerie du camp hutu de Kibeho, des milliers de réfugiés manquent à l'appel. » Le journaliste Philippe Ceppi, citant les sources de l'Integrated Operation Centre (IOC), la centrale humanitaire des Nations unies, écrit : « La banque de données de l'IOC a beau faire et refaire ses comptes, son total reste sempiternellement le même : 60 000 déplacés se sont volatilisés dans la nature. » Randolph Kent, directeur du Bureau de coordination humanitaire des Nations unies au Rwanda (UNREO), cité par le même journal, précise : « Quels que soient les chiffres de départ, il reste que plusieurs dizaines de milliers de gens ont disparu. » Les rescapés des massacres de Kibeho ont été interceptés par les hommes de Fred Ibingira et tués sur le chemin du retour[2].

Les Trois en tête, la communauté internationale accepte sans sourciller les massacres de masse de Hutu[3]. La France

---
1. Terry Pickard, *Combat Medic. An Australian's eyewitness account of the Kibeho Massacre*, Big Sky Publishing, 2008.
2. Article de Gaspard Musabyimana, http://www.musabyimana.be/lire/article/les-massacres-de-kibeho/index.html
3. J'emploie le terme *massacres de masse*, volontairement neutre, même si les éléments réunis tendent à montrer que les forces armées du nouveau régime FPR se livraient alors à des pratiques de *contre-génocide*. Le terme est polémique, mais enfin la politique de Kigali, à partir de la fin de l'année 1994, a pratiqué d'une part des massacres de Hutu

n'a plus voix au chapitre, complètement décrédibilisée par une hallucinante campagne de désinformation qui la range aux côtés des Hutu dans la responsabilité du génocide des Tutsi.

La communauté internationale a accordé à Paul Kagame un permis de tuer les Hutu en avalisant sa version de la tragédie rwandaise : les Hutu, tous les Hutu, sont des « génocidaires », même si tous n'ont pas tué des Tutsi. Tous les Hutu, à la fois « sous-hommes » et « nazis » tropicaux, doivent être réprimés et écrasés pour le bien de l'humanité.

La chasse aux Hutu est d'ailleurs loin d'être terminée, elle ne fait même que commencer. Des millions d'entre eux ont fui le Rwanda pendant les cent jours de la conquête du pouvoir, notamment au Kivu (Zaïre), où on en compte quelque deux millions. Cet afflux a placé la région au bord de la révolte, d'autant plus que parmi les déplacés une partie de l'armée de l'ancien régime (les FAR) a pris la fuite avec son armement, ses canons, ses camions ; se sont infiltrés dans la foule civile un grand nombre des miliciens, les sinistres *Interahamwe*. Mobutu a immédiatement pris la mesure de la menace que constitue une telle présence sur le territoire zaïrois. La situation ne peut perdurer, au-delà même des considérations sanitaires.

Dès le mois d'octobre 1994, en concertation avec le nouveau régime rwandais, Mobutu tente d'organiser le retour des réfugiés sous les auspices du HCR. Le premier accord a été signé le 24 octobre, mais il n'a été suivi d'aucun résultat. Les rencontres et accords suivants n'ont pas davantage

---

sur son sol et à l'extérieur des frontières et a réduit d'autre part les Hutu à vivre dans un régime de terreur organisé contre eux, avec un statut sans aucun droit. Cette terminologie me vaudrait vraisemblablement une nouvelle fois une pluie d'attaques de la part des bonnes consciences françaises qui, comme Dominique Sopo, président de SOS Racisme, à mon procès en correctionnelle, affirment qu'« évoquer le sang des Hutu revient à salir le sang des Tutsi ».

d'effet. Car, systématiquement, Paul Kagame a multiplié les obstacles au rapatriement. Il y a bien ses discours destinés à la communauté internationale, dans lesquels il demande à tous ceux qui ont fui de rentrer au pays, affirmant que plus personne ne sera considéré ni comme Hutu ni comme Tutsi, mais comme Rwandais. La réalité est tout autre : il ne veut pas d'une arrivée massive de Hutu, qui auraient réclamé leurs terres, leurs maisons, alors que leurs biens ont déjà été redistribués aux exilés tutsi revenus au Rwanda depuis la victoire du FPR.

Les massacres de Kibeho, mais aussi de Kinama et de l'île Iwawe, s'ajoutent aux nouvelles des arrestations massives de Hutu et de leur emprisonnement, qui se répandent parmi les réfugiés rwandais – ce sont les principaux obstacles à leur retour dans la sérénité.

Mgr Christophe Munzihirwa, archevêque de Bukavu, résume bien la situation dans une lettre du 3 juin 1996 à l'ambassadeur des États-Unis à Kinshasa :

« Pense-t-on aux conséquences désastreuses pour les populations du Sud-Kivu si les réfugiés, comme on peut le craindre, refusaient de partir ? C'est que la situation au Rwanda a de quoi inquiéter : les arrestations arbitraires continuent, ainsi que les disparitions – suivant programmation – de personnes influentes ; les conditions de vie dans les prisons sont scandaleuses, et rien n'est fait pour juger les prisonniers ; les militaires tiennent la population dans la peur et sous haute surveillance dans ce pays devenu un État policier.

« Dans ces conditions, tout le monde peut comprendre que les réfugiés refusent de rentrer. Pourtant, les conditions de vie dans les camps deviennent de plus en plus dures [...]. Et que dire de leur souffrance d'être qualifiés en bloc de tueurs et d'être méprisés par les autorités nationales et les médias internationaux ?

« À notre point de vue, les grandes puissances entérinent une situation de fait : elles appuient la minorité au pouvoir au Rwanda, elles désirent voir les réfugiés s'intégrer au Zaïre. De plus, l'aide accordée par certains pays occidentaux incite Kigali à durcir sa position vis-à-vis des réfugiés [...]. Ne voyons-nous pas, depuis deux mois, les incursions des uns et les ripostes des autres, prélude à la guerre dans les Grands Lacs... ? »

Alors que Mobutu et Kengo wa Dondo, son Premier ministre, multiplient les démarches, envisagent, puis décident l'expulsion des Rwandais, les États-Unis font pression sur madame Sadako Ogata, haut-commissaire aux réfugiés, pour que les réfugiés restent au Zaïre[1]. C'est que le maintien des « génocidaires » au Kivu constitue un important atout dans la manche de Paul Kagame pour ses futurs projets, que le lecteur découvrira bientôt.

Laissons provisoirement de côté la terrible situation qui sévit au Kivu pour regarder ce qui se passe aux frontières est du Soudan. Et constater la montée en puissance et la consolidation du front anti-Khartoum. En juin 1995, la tentative d'assassinat de Hosni Moubarak, à Addis-Abeba, lors d'un sommet de l'OUA, par un groupe islamique bénéficiant de l'aide d'al-Qaida et de Soudanais liés à des personnalités de Khartoum, change du tout au tout l'attitude de l'Éthiopie à l'égard du régime soudanais. L'Est africain connaît une escalade terroriste – attentats, détournements d'avions, bombardements. Cet épisode relance les confrontations dans la Corne de l'Afrique.

En octobre 1995, une opération militaire conjointe contre le Soudan est lancée par des forces armées d'Érythrée, d'Éthiopie et d'Ouganda, sous le commandement d'un haut gradé éthiopien. L'entraînement militaire

---
1. Honoré Ngbanda, *Crimes organisés en Afrique centrale*, op. cit.

de dix bataillons du SPLA (de John Garang) en Éthiopie reprend, et, formation faite, ces forces rentrent au Soudan où elles se répartissent sur plusieurs fronts. En février 1996, le SPLA et des militaires éthiopiens occupent ainsi Yabous, à l'extrême sud du Nil bleu, et repoussent la contre-offensive aérienne du Soudan. La stratégie de l'alliance anti-soudanaise vise à ouvrir un front d'un millier de kilomètres pour couper les liens entre Khartoum et le Sud-Soudan et empêcher le développement des champs pétroliers. Ladite alliance comprend désormais le Rwanda, qui s'estime, comme les autres pays, menacé par l'axe Kinshasa-Khartoum. Le Zaïre accueille non seulement, comme on l'a vu, de nombreux anciens militaires de l'ex-armée rwandaise et des *Interahamwe*, mais aussi des rebelles de l'Allied Democratic Forces (ADF) soutenus par Khartoum. L'Éthiopie décide alors d'envoyer des militaires rejoindre le contingent de l'ONU au Rwanda et entame avec l'Érythrée la formation des soldats de la nouvelle armée rwandaise. De nombreuses initiatives sont prises durant cette période pour entraîner les forces des leaders régionaux de l'alliance anti-Khartoum[1].

---

1. Dans les documents « volés » des services secrets ougandais et rwandais et publiés par le Partenariat-Intwari, présidé par le général Emmanuel Habyarimana, ancien ministre de la Défense de Paul Kagame, il est affirmé que les États-Unis et la Grande-Bretagne ont mis en place une équipe mobile chargée d'entraîner les troupes « amies » aux techniques modernes de combat, en Ouganda et au Rwanda, équipe dont le nom est « *Mobile Training Team* » :

« – *SPLA wing : this is a wing to be based in nothern Uganda for facilitating of training programme in GULU Military barracks for SPLA ;*
– *Mobile Training Kigali : to be based in Kigali and to be a non-resident team since security in Kigali is not at its maximum. Expected to report to Entebbe-Airport late evening everyday ;*
– *Mobile Training Team-Uganda : to be based at Cyaba Beach-Kampala and LUZIRA lake Victoria shores to conduct special techniques for water intelligence and water fighting to selected Ugandan army officials ;*
– *Mobile Training Team-Uganda (substations) : to be based at Kasese western Uganda, KABAMBA, NKOZI and SSINGO battalion headquarters.* »
« MTT Obligations :
1) To train fully experienced military men from coalition governments with USA ;

Ces menées antisoudanaises qui ne font l'objet d'aucune communication officielle parviennent néanmoins jusqu'aux oreilles des journalistes de Washington. Gus Constantine écrit ainsi un long article[1] sur la grande coalition qui prend forme aux frontières du Soudan et qui vise à réunir les moyens de modifier le radicalisme islamiste de Khartoum ou à renverser le régime d'al-Bachir. Même s'ils n'ont pas créé une structure *ad hoc*, les alliés agissent de concert sur la question soudanaise. Si le journaliste ne mentionne pas encore le Rwanda parmi les coalisés, il raconte que, début mai 1996, l'administration Clinton envoie John M. Deutch, directeur de la CIA, à Addis-Abeba où il rencontre Meles Zenawi, le président éthiopien, pour lui fournir de nombreux éléments prouvant la volonté de Khartoum de déstabiliser la région. Interviewé par Constantine, Roger Winter, devenu au fil de mon enquête et donc de mon livre une sorte de Petit Poucet qui a semé des cailloux partout sur son passage, déclare : « Une convergence d'intérêts parmi les voisins du Soudan voudrait que quelque chose soit fait avant que le Soudan ne réussisse à déstabiliser la région[2]. » Et Constantine de relever que, depuis l'offensive du mois d'octobre 1995, le SPLA semble « soudain ressusciter ». Après une longue absence, John Garang est de nouveau une figure familière à Washington.

---

2) *Provide self defence for each nation without dependency on other ;*
3) *Allow mobilized USA programmes into Great Lakes Region ;*
4) *Station permanent USA bases for and against Arab penetration southwards ;*
5) *Allow open participation of USA Army into poor Armies for technical assistance and know how ;*
6) *Training grounds for USA Army to get used to tropical Africa ;*
7) *Enable good information be presented in accurate and unbiased techniques due to high technology to be employed ;*
8) *Avoid contradicting intelligence reviews from all ends ;*
9) *Allow mobilized Units to face challenges in order to gain experience. »*
1. Gus Constantine, « Three of Sudan's neighbors seek changes. Danger seen in Islamic radicalism », *The Washington Times*, 2 mai 1996.
2. *Ibid.*

Confortés par ces puissants alliés, Kagame et Museveni peuvent songer à réaliser enfin leur vieux rêve : mettre la main sur le Kivu, constituer la « République des Volcans », en prenant prétexte d'éradiquer les camps de « génocidaires » situés dans cette région du Zaïre. Grâce à la machine médiatique américaine, qui relaie la vision clintonienne de la Nouvelle Afrique, les deux chefs d'État sont hissés au pinacle, et le sang qu'ils portent sur les mains est lavé. Paul Kagame est de surcroît auréolé de son statut de sauveur des rescapés du génocide, de gardien de la mémoire des victimes, et de libérateur de la barbarie, puisque la propagande le crédite d'avoir mis un terme au génocide.

Bien qu'il jouisse d'un crédit illimité, Kagame veut obtenir le feu vert de ses protecteurs à son plan d'invasion du Kivu. En juillet 1996, il se rend d'abord en Afrique du Sud pour rencontrer Nelson Mandela, puis au Zimbabwe. Il est ensuite en visite à Washington, où on lui conseille d'aller au plus vite en Israël, pour qu'il ait l'assurance que le Mossad et les forces spéciales, qui constituent l'armature de la sécurité de Mobutu, garderont bien l'arme au pied. Ce qu'il fait. Ses interlocuteurs israéliens obtiennent de lui l'engagement que tous les accords officiels et secrets seront respectés par le successeur de Mobutu[1] – car déjà l'idée que l'invasion du Kivu se prolonge par une expédition jusqu'à Kinshasa est envisageable. Paul Kagame, devenu un des protégés de Tel-Aviv et qui occupe désormais une place importante dans l'approche israélienne de l'Afrique de l'Est, a la confiance des Israéliens.

Tout est mis en œuvre pour que l'agression rwandaise qui se prépare apparaisse comme une réponse à un appel à l'aide. Un appel des Tutsi du Kivu, prétendument en grand danger, mais aussi un appel de Congolais qui ne supportent plus le régime corrompu du grand tyran Mobutu. À ce

---

1. Gaspard Musabyimana, *La Vraie Nature du FPR/APR, op. cit.*

moment-là gravement malade, celui-ci est opéré d'un cancer de la prostate en août 1996.

Conciliabules et réunions secrètes, suivis de près par les services secrets américains, cherchent à monter de toutes pièces une rébellion congolaise qui, pour la communauté internationale et les médias, serait l'âme de cette nouvelle guerre de libération. Sous l'œil plus que bienveillant des États-Unis, Museveni et Kagame cherchent un homme de paille zaïrois qui puisse incarner une insurrection présentable pour la communauté internationale et qui légitimerait leur agression. C'est Museveni qui, sur une suggestion des services secrets américains, a l'idée de faire appel à Laurent-Désiré Kabila pour jouer le rôle de fantoche : « Je pensais qu'il avait le potentiel, car il s'opposait à Mobutu depuis longtemps... mais on savait que c'était un piètre organisateur. Je l'ai présenté à Paul Kagame[1] », déclare le président ougandais.

Laurent-Désiré Kabila est une vieille connaissance de tous ceux qui, de près ou de loin, ont eu affaire avec les mouvements de libération de toute la région des Grands Lacs. Déjà, en 1965, dans son *Journal du Congo*, Che Guevara le présentait comme un personnage plus préoccupé des querelles intestines de pouvoir que de stratégie pour emporter quelques victoires sur le terrain, le décrivant comme un personnage « très porté sur la boisson et les femmes ». Devenu ensuite un trafiquant installé en Tanzanie, il a vécu du commerce de l'or, de larcins et aussi d'enlèvements, le tout sous la protection des services secrets tanzaniens.

Kagame ne connaissait pas Kabila : « Un accident de l'histoire nous a fait tomber sur Laurent-Désiré Kabila », dit le Rwandais. L'introduction de Kabila dans le plan a été cautionnée par les services secrets américains. Un homme ne

---

[1]. In *L'Afrique en morceaux : la tragédie des Grands Lacs*, remarquable documentaire de Jihan El-Tahri et Peter Chappell, réalisé par Capa pour Canal+. Nous empruntons beaucoup à ce documentaire dans les prochaines pages.

suffit cependant pas à faire un habillage crédible. De bric et de broc a alors été constitué un mouvement qui prend le nom d'Alliance des forces démocratiques du Congo (AFDL), dont l'objectif affiché est de renverser Mobutu. Placé sous la houlette de James Kabarebe, un officier rwandais âgé de vingt-cinq ans, il est entendu que l'AFDL cédera le Kivu au Rwanda une fois au pouvoir, dès que Mobutu sera renversé[1].

Au Kivu, depuis l'arrivée des deux millions de réfugiés hutu, la situation, explosive, dégénère souvent. Pendant l'été 1996, les heurts se font de plus en plus fréquents, de plus en plus violents. La machine médiatique qui a pris fait et cause pour les Tutsi ne rapporte que la détérioration de la situation des *Banyamulenge,* terme incorrect pour désigner tous les Tutsi installés au Kivu[2]. Dans le même temps, le Parlement zaïrois discute la possibilité de prendre une mesure d'expulsion du territoire national de tous ceux qui n'ont pas la nationalité zaïroise. Si des Tutsi ont bien été tués, les médias qui relatent ces faits ne mentionnent pas que de nombreux *Banyamulenge* ont participé à la conquête de Kigali, parmi les troupes de l'APR, et qu'un certain nombre d'entre eux s'agitent beaucoup au Kivu pour le compte du régime rwandais, préparant en fait l'invasion des troupes rwandaises. Prenant donc prétexte de l'assassinat de quelques *Banyamulenge*, des soldats de l'APR, aidés de *Banyamulenge*, détruisent le 9 septembre le camp de réfugiés de Runingu.

Dès lors, la mécanique diabolique visant à mettre la main sur le Kivu et à détruire les réfugiés hutu, enclenchée depuis longtemps, se met à tourner à plein régime. Tout va finalement se nouer à Kampala au début du mois d'octobre 1996. Les quatre chefs de la nouvelle alliance (Éthiopie, Érythrée,

---
1. Voir chapitre suivant, p. 337.
2. Les premiers Tutsi exilés se sont installés à Mulenge, d'où leur nom, et se sont complètement intégrés à la population. Voir le chapitre suivant, p. 327 et suivantes.

Ouganda, Rwanda), accompagnés de leurs chefs d'état-major, se réunissent et mettent au point leur stratégie contre l'axe Khartoum-Kinshasa, avec le soutien des États-Unis. L'élimination des camps de « génocidaires » situés au Kivu est la première priorité de l'alliance. La seconde vise à faire monter la pression militaire sur Khartoum avant d'y imposer un nouveau régime. La troisième n'est pas encore complètement décidée, mais elle est formulée : aller au-delà du Kivu pour renverser Mobutu[1]. La chevauchée fantastique sur le Kivu sera dirigée par le Rwandais James Kaberebe et épaulée par des commandos érythréens. Il n'est pas question pour autant, pour l'alliance chrétienne, d'oublier Khartoum : elle va donc parallèlement concentrer une partie de ses forces contre le Soudan et les mouvements que Khartoum soutient.

À la mi-octobre 1996, le gouvernorat du Sud-Kivu fournit le prétexte attendu par Paul Kagame pour lancer ses troupes sur la rive ouest du lac Kivu. Pendant l'été, le Parlement zaïrois a refusé une fois de plus la citoyenneté zaïroise aux Tutsi récemment arrivés et décidé de les expulser en deux temps : le premier fin septembre, le second fin décembre. Dans ce contexte, le 17 octobre, Lwabanji, vice-gouverneur du Sud-Kivu, lance un ultimatum : il accorde six jours à tous les *Banyamulenge* pour quitter les hauts plateaux avec leurs vaches, sans quoi la zone sera incendiée. À 22 heures, le même jour, les soldats de l'Alliance franchissent la frontière zaïroise...

---

1. Alexander de Waal, *Islamism and its Enemies in the Horn of Africa*, op. cit.

15

Aujourd'hui comme hier, le Rwanda cherche à annexer le Kivu

Si le Rwanda n'a jamais accepté les frontières tracées par les colonisateurs, c'est que ses terres ne sont pas suffisantes pour nourrir une population croissante. Et il y a longtemps que des pasteurs tutsi, mais aussi des paysans hutu, se sont installés, par vagues successives, dans les pays voisins... Notamment sur les rives occidentales des lacs Albert, Édouard, Kivu et Tanganyika, dans tout l'est du Zaïre, aujourd'hui République démocratique du Congo, dans les provinces Orientale, Nord-Kivu, Sud-Kivu et Katanga. Et il y a longtemps également que pour résoudre cette question existentielle est née, chez les Tutsi et leurs « cousins » les Hima, l'idée d'une République des Volcans, d'un *Tutsiland*, d'une *Swahili Republic*, une idée parfois dissimulée derrière celle d'une *libération régionale*. Cette volonté expansionniste des dirigeants rwandais n'est pas propre aux seuls Tutsi. Les Hutu, quand ils étaient au pouvoir (1960-1994), regardaient également vers les terres de l'Ouest. Après d'autres, Yoweri Museveni et Paul Kagame portent au milieu des années 1990 ce projet qui est la, ou une des, cause(s) de l'impossible paix dans l'est de la RDC, et partant dans tout le pays.

Au début des années 1960, on comptait entre 300 000 et 400 000 Banyarwanda – littéralement, « ceux qui viennent du Rwanda – au Congo, dont une partie seulement dans le

Sud-Kivu[1]. Les populations dites banyarwanda sont aujourd'hui moins homogènes que le terme ne le laisse entendre : on compte parmi elles des Hutu et des Tutsi, des personnes déplacées du temps de la colonisation, des « réfugiés » politiques et les populations qui ont fui après 1994. Selon la période de leur arrivée au Congo, ces immigrés peuvent être classés en trois catégories principales :

Avant la colonisation, les pasteurs tutsi, fuyant le régime du Mwami[2] de l'époque, s'établissent sur les hauts plateaux, dans le massif de l'Itombwe, dont les contreforts plongent au nord du lac Tanganyika : ils y vivent dans une paix relative avec leurs voisins. Ils sont quelques centaines vers 1900, quelques milliers au moment de l'indépendance. Au pied du massif, au nord de la ville d'Uvira, un petit groupe s'est implanté à Mulenge, localité (et rivière du même nom) en territoire Fulero – ce sont les premiers et véritables Banyamulenge, intégrés (car après 1960, cette dénomination sera aussi attribuée indistinctement à tous les Tutsi émigrés du Rwanda, de fraîche ou de longue date). Tous ont le désir de s'établir définitivement au Kivu.

Pendant la colonisation, l'immigration spontanée des Banyarwanda continue, mais à elle s'ajoute, à partir de 1937, les transplantations de populations tutsi organisées par l'administration coloniale belge pour fournir de la main-d'œuvre aux mines et aux plantations. On estime leur nombre à 170 000, voire 200 000.

Les immigrés tutsi de la Révolution sociale forme la troisième catégorie de Banyarwanda : tous sont des réfugiés arrivés à la suite du soulèvement hutu de novembre 1959 et

---

1. Ce passage est largement inspiré par une conférence intitulée « Du Congo 1964 au Zaïre 1997. Similitudes et divergences », prononcée à l'Institut de politique et de gestion du développement, RUCA, Anvers, le 27 février 1997, par Benoît Verhaegen.
2. Dans la seconde moitié du XIXe siècle, avant la colonisation allemande du Rwanda, le roi Rwabugiri (Kigeri IV) soumet les royaumes et fiefs à son pouvoir, centralise le pouvoir tout en s'appuyant sur une hiérarchie de chefs tutsi, confisque les terres et impose un régime de servage très dur, tout en menant une politique expansionniste.

des représailles perpétrées contre les Tutsi à la fin de l'année 1963, après la tentative avortée des *Inyenzi* de reprendre Kigali par les armes. Cette tentative de putsch au Rwanda avait bénéficié de la complicité de la fraction radicale des dirigeants tutsi du Burundi, du soutien des pays du groupe de Casablanca[1], et également de la Chine, dont l'ambassade à Bujumbura était devenue la plaque tournante de la politique anti-occidentale en Afrique centrale. Pas intégrés, nourris par la Croix-Rouge et le Haut-Commissariat aux réfugiés, la plupart d'entre eux avaient pour seul espoir de rentrer un jour au Rwanda.

En janvier 1964, dans l'est du Congo[2], Pierre Mulele, ancien ministre du gouvernement de Lumumba, lance un mouvement de rébellion qui se réclame de l'héritage du premier Premier ministre congolais, assassiné trois ans auparavant, contre le régime en place à Léopoldville, qui a « vendu » le Congo et son indépendance aux intérêts belges. Depuis l'automne 1963 et la crise politique créée par la dissolution du Parlement décidée par le président Kasa-Vubu, les partis nationalistes, lumumbistes, qui ont pour objectif la « seconde indépendance » du Congo, se sont organisés en un Conseil national de libération (CNL), dirigé par Christophe Gbenye, et ont opté pour l'insurrection armée. Le premier foyer de rébellion éclate au Kwilu.

Gaston Soumialot, chargé par le CNL de l'est du Congo, est envoyé à Bujumbura (capitale du Burundi) pour préparer l'implantation d'un second foyer de rébellion. Il y est

---

1. À Casablanca, au début du mois de janvier 1961 (Lumumba est alors détenu depuis plus d'un mois par des soldats sous les ordres de Mobutu), le Ghana, le Maroc, le Mali, la Guinée-Conakry, la République arabe unie, l'Égypte, le gouvernement provisoire de l'Algérie (la Lybie ayant le statut d'observateur), qui tous prônent un socialisme panafricain, se prononcent en faveur du gouvernement de Patrice Lumumba, contre la décision prise en septembre par le président Kasa-Vubu de le révoquer. Ils décident de ne pas signer d'accord de défense avec les anciennes puissances coloniales.
2. Cf. Benoît Verhaegen, « Du Congo 1964 au Zaïre 1997. Similitudes et divergences », *op. cit.*

accueilli par les nationalistes congolais réfugiés au Burundi, par les Tutsi rwandais de l'Union nationale rwandaise (UNAR) de François Rukeba, eux aussi réfugiés depuis 1959, par des Tutsi burundais opposés au pouvoir du Mwami[1], et par un noyau de communistes chinois. Cette rébellion est également soutenue par le Congo-Brazzaville.

La rébellion dans l'est du Congo éclate au début du mois de mai 1964. Uvira, ville du Sud-Kivu, tombe le 15 mai. Dès lors, la rébellion s'étend. Soumialot et son adjoint Laurent-Désiré Kabila débarquent sur la rive occidentale du lac Tanganyika. Armes et munitions proviennent de l'Union soviétique et de la Chine, mais aussi des pays africains du groupe de Casablanca (Algérie, Égypte, Soudan, Mali). Quant à l'Ouganda et à la Tanzanie, ils favorisent le transit du matériel et accueillent les bases arrière des militants et des dirigeants. Les Tutsi rwandais de l'UNAR réfugiés au Congo voient dans la guérilla congolaise une occasion de rentrer dans leur pays en vainqueurs. Les deux figures emblématiques qui optent pour cette stratégie sont François Rubeka, président de l'UNAR, et Jérôme Katarebe, d'abord conseiller militaire, puis chef de cabinet de Soumialot. Ils feront recruter les troupes rwandaises dans les camps de réfugiés. Tandis que la rébellion congolaise conquiert la région montagneuse à l'ouest du lac Tanganyika, les villes de Fizi et de Baraka, ils vont négocier âprement leur aide militaire, même si les effectifs rwandais ne seront pas nombreux. Un accord de collaboration est signé à Albertville, le 31 juillet 1964, entre le président de l'UNAR et Soumialot. L'alliance est dirigée explicitement « contre les gouvernements fantoches impopulaires de Kasa-Vubu et de Kayibanda » : l'objectif est clair, renverser d'abord le président congolais à Léopoldville, puis faire route sur Kigali pour

---

1. Lors de son indépendance, le 1ᵉʳ juillet 1962, le Burundi devient une monarchie constitutionnelle ; jusqu'en 1966, le roi en est Mwambutsa IV. Peu après la fin de son règne, son fils Ntare V est renversé et la République, instaurée.

renverser le président hutu. L'accord précise que l'Armée de libération rwandaise lutte aux côtés de l'Armée populaire de libération du Congo. Dans les faits, les Rwandais ne se soumettent guère au commandement révolutionnaire congolais.

Lorsque les Cubains débarquent au Congo à la fin avril 1965, les Tutsi rwandais localisés dans le Sud-Kivu, prêts à combattre, déclarent être au nombre de 4 000 et réclament un armement et un encadrement en rapport avec ce chiffre. Ces effectifs déclarés étonnent les Cubains. En réalité, ils ne sont que 700, tout au plus 800, organisés et armés pour le combat. Les Cubains font des Tutsi leurs partenaires privilégiés. Lorsque Kabila, qui dirige en 1965 la rébellion de l'Est à partir de Dar es Salam et de Kigoma, en Tanzanie, sur la rive orientale du lac Tanganyika, demande à Guevara d'attaquer la centrale électrique de Bendera, à la frontière du Katanga et du Sud-Kivu, au nord d'Albertville, le Che ne sera appuyé que par un contingent de 200 Tutsi, dont la plupart se débanderont d'ailleurs dès le début de l'attaque.

Selon un rapport de l'Armée nationale zaïroise, une réunion entre Tutsi rwandais et rebelles congolais se serait tenue au Burundi entre le 15 avril et le 15 mai 1965[1]. La première partie de la réunion a été consacrée à la préparation d'une attaque générale prévue pour la fin juin, visant la destruction des centrales, des ponts et des bâtiments publics – ce projet a été partiellement mis à exécution par l'attaque de la centrale de Bendera, fin juin, menée par les Tutsi et les Cubains. Dans sa deuxième partie, la réunion est l'objet d'une négociation et d'un accord : « Les rebelles congolais, après plusieurs réclamations de la part des Rwandais, ont, en guise de récompense pour les services que les rebelles

---

[1]. Renseignements sur le Burundi, *Annexe au Bulletin de Renseignement de l'ANC*, n° 3, 11 juin 1965, p. 2.

tutsi ont déjà rendus et ceux qu'ils rendront, promis aux Tutsi les territoires des Babembe, des Bavira jusqu'au Rutshuru. Tous ces territoires seront propriétés des Tutsi en cas de victoire, et ceux-ci [les Tutsi] sont d'accord avec cette proposition, ces territoires étant nécessaires à leurs besoins (élevage). » En cas de victoire de la rébellion contre le pouvoir central, les Tutsi obtiendraient donc, en contrepartie de leur aide, une partie du Kivu… En 1965, Laurent-Désiré Kabila ne put pas honorer ses engagements vis-à-vis des Tutsi : il ne réussit pas à renverser Mobutu. Ses guerriers sont bientôt exterminés, et la rébellion est matée.

Parallèlement, d'autres Tutsi rwandophones, très introduits dans les arcanes du pouvoir mobutiste, ont eux recours à une autre tactique : se faire reconnaître comme Zaïrois. En 1972, sous l'impulsion de Barthélémy Bisengimana, le tout-puissant directeur de cabinet de Mobutu, Zaïrois d'origine rwandaise, une loi reconnaît la nationalité zaïroise aux Rwandais installés au Zaïre. Mais neuf ans plus tard, le 8 juin 1981, le comité central du Mouvement populaire de la Révolution (MPR), le parti unique, remet en cause cette disposition. Dès le 20 juin, des représentants des populations originaires du Rwanda établies au Zaïre écrivent au secrétaire général de l'ONU pour l'informer qu'ils considèrent le Zaïre comme leur « patrie de fait et de droit » et s'opposent formellement à la décision abrogeant la loi de 1972. Des extraits de l'argumentation de ses signataires permettent de mieux comprendre leur état d'esprit et les arguments qui seront utilisés plus tard par les maîtres de Kigali :

« Sur le plan historique, le roi du Rwanda, Sa Majesté Rwabugiri, avait conquis les zones de Goma, Rutshuru, Walikale, Masisi, Kalehe et Idjwi, dans les sous-régions du Sud et du Nord-Kivu. Cette conquête a permis aux ressortissants du royaume du Rwanda de s'installer dans les zones conquises. L'explosion démographique qui s'en est suivie fait qu'aujourd'hui nous sommes plus de 2 000 000 d'habitants dans les différentes zones. »

La réalité historique à laquelle ceux-ci font appel est tout autre : si Rwabugiri avait bien tenté à plusieurs reprises d'occuper le Bushi[1] lors de sa dernière campagne, en septembre 1895, il tomba malade et mourut dans la barque qui le ramenait sur l'autre rive du lac Kivu. Son décès entraîna la perte du Bushi, de l'île d'Idjwi et d'autres territoires. Comme le dit un conteur : « Tous les pays étrangers que Rwabugiri avait vaincus, ils se sont tous reconstitués, tous. Aucun étranger n'est resté dans le pays. Ils se sont reconstitués à l'instant même[2]. »

Les signataires de l'appel adressé à l'ONU annoncent qu'ils ont pris contact avec Juvénal Habyarimana, président du Rwanda, qui reconnaît la justesse de leur cause et saisit la presse internationale afin que leur démarche « ne soit pas étouffée par le dictateur de la République du Zaïre ». Et ils demandent à l'ONU d'imposer au Zaïre un référendum sous son égide et sous celle de l'OUA, portant sur l'autodétermination des populations, pour constituer un « État à part qui aura à solliciter sa reconnaissance internationale ». Avant de conclure que cette démarche s'inscrit dans une action de « sauvegarde de l'humanité », les signataires des représentants des populations originaires du Rwanda au Zaïre se font menaçants : « Il ne s'agit pas d'une aventure ou d'une subversion, mais bien d'une *mobilisation générale* des populations originaires du Rwanda en République du Zaïre, qui sensibilisent les autorités internationales *sur leur légitime cause, quelles que soient les conséquences qui en découleront.* »

---

[1]. Le Bushi, ou territoire des Bashis, est situé au Sud-Kivu ; la principale ville en est Bukavu.
[2]. Jan Vansina, *Le Rwanda ancien : le royaume nyiginya*, Karthala, 2001.

La volonté d'annexion d'une partie du Congo par les Rwandais est donc bien une vieille histoire, faite de nombreux épisodes...

À chaque sommet des chefs d'État de la Communauté économique des pays des Grands Lacs (CEPGL), qui rassemble le Zaïre, le Rwanda et le Burundi, Juvénal Habyarimana tient à mettre sur la table un dossier très important à ses yeux : la convention de libre circulation des personnes et des biens entre les pays membres de la CEPGL. Pour son homologue zaïrois, c'est hors de question. Son conseiller Honoré Ngbanda sait qu'il y va de la sécurité de l'État : « Le président Mobutu m'avait formellement demandé de ne jamais la laisser inscrire à l'ordre du jour du sommet des chefs d'État. Pourquoi ? Parce que ce dossier était un piège dangereux pour le Zaïre. En effet, la signature de cette convention de "libre circulation des personnes et des biens" [aurait] octroyé *ipso facto* aux citoyens des pays membres de la CEPGL le droit de circuler librement avec leurs biens à travers les trois pays membres, sans contrôle d'identité et sans formalités douanières. Si le Zaïre de Mobutu avait commis la maladresse de signer une telle convention, il y aurait eu dès le lendemain des millions de Rwandais et de Burundais sur son territoire, avec bagages et bétail, pour s'y installer définitivement. Et cela, aucun responsable zaïrois digne de ce nom ne pouvait l'accepter. Car nous aurions connu la guerre civile au Kivu, suite aux réactions des autochtones », explique ce proche collaborateur de Mobutu[1].

Malgré les nombreuses tentatives du président Habyarimana, Mobutu tient bon. Le Rwandais essaie alors une nouvelle méthode en faisant prendre une résolution par le comité central du MRND, son parti, aux termes de laquelle les citoyens rwandais sont encouragés à émigrer à l'étranger

---
1. Honoré Ngbanda, *Crimes organisés en Afrique centrale*, op. cit.

en quête de terres arables et de pâturages. Dans *Afriqu'Events* du 13 avril 1992, dans une interview titrée « Il faut résoudre le problème des réfugiés », Ferdinand Nahimana[1], universitaire engagé auprès du président rwandais et futur fondateur la fameuse Radio-télévision libre des Mille-Collines, déclare « que les Rwandais qui veulent rentrer dans leur pays se sentent dans les meilleures conditions pour rentrer, que celui qui veut rester à l'extérieur puisse rester comme il veut. Quand bien même il avait investi et trouvé du travail à l'extérieur, il y est, mais il est Rwandais à part entière. Le Rwanda devra envisager de mettre ses citoyens dans des conditions telles que la double nationalité soit acceptée. *Ceci permettrait aux Rwandais de conquérir de nouveaux espaces dans ce monde où le meilleur doit gagner* ». Comme quoi, cette idée d'une expansion rwandaise chez son voisin occidental et d'une appropriation de son sol n'était pas l'apanage des Tutsi monarchistes et rebelles de l'UNAR ; elle avait cours aussi dans le régime de Juvénal Habyarimana.

Alors qu'il entame la phase finale de sa conquête du pouvoir, début 1994, Paul Kagame a déjà les yeux fixés sur le Kivu. Dans son livre, l'ancien patron des Casques bleus au Rwanda, Roméo Dallaire, raconte les confidences que lui a faites le chef du FPR sur son rêve d'une République des Volcans : « Ses yeux sont devenus comme fous, et sa voix s'est élevée de façon alarmante lorsqu'il a insisté en disant que le FPR allait imposer une hégémonie tutsi sur la région des Grands Lacs[2]. »

---

[1]. En avril 1992, Ferdinand Nahimana est directeur de l'Office rwandais de l'Information (Orinfor). L'année suivante, il sera l'un des fondateurs de la Radio des Mille-Collines. En 2007, il a été condamné par le TPIR, dans le « procès des Médias », à une peine de trente ans de prison. Hervé Deguine lui a consacré une biographie : *Un idéologue dans le génocide rwandais*, Éditions Mille et une nuits, 2010.
[2]. Roméo Dallaire, *J'ai serré la main du diable*, Éditions Libre Expression, Québec, 2003.

En août 1996, alors que la tension monte dangereusement entre les différentes communautés au Kivu, que les Banyamulenge et des opposants de Mobutu lancent des appels, que les dirigeants de l'alliance anti-Khartoum se rencontrent et qu'à Kinshasa l'on redoute d'entendre bientôt les bruits de bottes rwandaises, l'Assemblée nationale zaïroise se saisit, au cours d'un violent débat, de la question des raisons du succès des Rwandais. Le député Ngongo Luwovo tente de l'expliquer par l'utilisation de « cadeaux[1] ». Un autre, élu du Kivu, lance ce cri de désespoir : « Déjà, en 1981, quand il s'est agi d'examiner la loi sur la nationalité, devenue aujourd'hui [la] loi n° 81/002 du 29 juin 1981 [qui mit fin à l'apatridie et à la transfrontaliérité et établit des critères pour l'attribution de la nationalité zaïroise], nous n'avons pas fait longtemps sans perdre notre collègue Simwahangi, tué par des Tutsi dans sa maison à Lingwala. Plus tard, Monsieur le Président, à Bukavu fut tué lâchement le professeur Bamwisho, alors qu'il revenait d'un restaurant en face de l'hôtel de ville de Bukavu. Plus tard encore, ce fut l'ancien membre du Comité central Jean Elonge, qui déjà avait l'habitude d'attirer l'attention du Parlement sur le mal rwandais, qu'il appelait "socio-moral". Il n'y a pas deux ans, ce fut le tour du vice-ministre de l'Enseignement universitaire, monsieur Kaseso, qui, au retour d'une mission dans le Nord-Kivu, fut empoisonné par le même lobby. Aujourd'hui, il y a l'archevêque Muzirwa qui, comme vous le savez, a été lâchement assassiné, jusqu'à être mutilé. Je voudrais, à cette liste, ajouter l'ancien directeur responsable d'un journal à Lubumbashi, monsieur Tshilembe, qui a été tué à Lubumbashi dernièrement... »

---

1. Je préfère ne pas reproduire les longues tirades du parlementaire sur la nature de ces « cadeaux », pour ne pas m'attirer un nouveau procès de SOS Racisme, bien que le procédé soit vieux comme les méthodes d'espionnage et d'influence. Ici, il y va des fameuses « hirondelles » rwandaises, qui sont au FPR ce que les belles venues de l'Est étaient au KGB.

Le 23 octobre 1996, dans un hôtel de Lemera, situé près de la frontière rwandaise, les parrains rwandais et ougandais de Laurent-Désiré Kabila et de l'AFDL auraient exigé de ceux-ci, avant qu'ils se lancent à la conquête du Kivu, un engagement prévoyant que l'ensemble du sol et du sous-sol congolais appartiendrait non pas au futur État, mais à l'AFDL, celle-ci s'engageant par ailleurs à céder « 300 kilomètres aux frontières congolaises, à l'intérieur du pays, pour sécuriser ses voisins ougandais, rwandais et burundais contre l'insurrection rebelle ». L'AFDL se serait engagée en outre, une fois la victoire remportée, à verser « une rétribution spéciale » à ses alliés, c'est-à-dire au Rwanda, au Burundi et à l'Ouganda. J'emploie à dessein le conditionnel parce que la preuve de l'existence des accords dits de Lemera n'a pas été apportée et que les supposés signataires les ont toujours niés. Après avoir expulsé les soldats rwandais, fin juillet 1998, Laurent-Désiré Kabila a affirmé qu'il « n'avait pas vendu le pays ». La société civile congolaise, des hommes politiques et des observateurs congolais, affirment néanmoins avec la plus grande énergie la réalité de tels engagements, et le directeur du journal *Umoja* a même été emprisonné pour avoir publié un document qui reproduirait une partie des accords. Kagame aurait aussi réclamé que l'AFDL, une fois au pouvoir, procède au rétablissement de la loi de 1972 abolie en 1981, exigeant que la nationalité congolaise soit accordée collectivement aux « camarades *Banyamulenge* et aux autres populations d'origine rwandaise établies au pays avant la date de l'indépendance de notre pays (30 juin 1960) ». N'oubliant pas leurs parrains anglo-saxons et leur propre langue maternelle, Kagame et Museveni auraient enfin demandé que l'anglais et le swahili concurrencent le français dans l'espace linguistique du pays.

Ces « accords de Lemera » rappellent la démarche des Tutsi rwandais de 1965, quand Kabila rêvait déjà de s'installer à Kinshasa. Le contexte international s'est toutefois radicalement transformé. Les États-Unis ont changé de camp en soutenant et en armant ceux qu'ils combattaient hier. L'Afrique islamique, Soudan en tête, est passée du côté du régime de Mobutu. Il n'existe plus une Afrique radicale anti-coloniale du « groupe de Casablanca » opposée à une Afrique modérée du « groupe de Monrovia », encore plus ou moins sous dépendance coloniale, mais une Afrique sous influence américaine regroupant l'Afrique du Sud, les trois pays à dominante tutsi d'Afrique centrale, en sus de l'Éthiopie et de l'Angola, et une autre Afrique sous influence islamique.

16.

Les GI's participent à la traque des Hutu et la France, finalement, laisse faire...

> « Mon unique regret est de n'avoir pu exterminer tous ces millions de gens qui nous ont échappé en 1994. »
>
> Paul Kagame,
> lors du 13ᵉ anniversaire du génocide.

J'ai mis beaucoup de temps avant d'entamer ce chapitre. Je ne savais comment l'ordonnancer. De nombreux livres et des fiches s'étalaient sur ma table. Le sang qui en suintait brouillait toute raison. Au fil des enchaînements de l'histoire que je tente de raconter – massacres de masse de Hutu, génocide des Tutsi et des Hutu modérés, puis à nouveau massacres de Hutu auxquels les milliers de morts de Kibeho tiennent lieu de ponctuation –, j'en arrive à cette étape cruciale, l'entrée au Kivu des soldats venus fermer les camps de « génocidaires ». Mais comment décrire une telle opération militaire alors que toutes les descriptions déjà faites ne sont qu'accumulation de bains de sang, de massacres d'êtres humains sans défense, d'amoncellements de cadavres de femmes et d'enfants prétendument *génocidaires*, de centaines de charniers, le tout se déroulant sous les yeux de représentants de l'ONU et sous l'objectif de caméras de CNN qui ne montrèrent ensuite que ce que Washington voulait bien permettre de montrer ? Pourquoi tant de diplomates, tant de militaires et d'agents secrets américains ont-ils été mobilisés pour parler d'une situation que les journalistes *embedded* ne pouvaient directement appréhender ? Parce que la grande puissance américaine, *In God we trust,* celle qui, avec ses satellites, ses écoutes, ses hélicoptères et ses avions, aidait ceux qu'on nommait *rebelles,* mais qui, en réalité, étaient en très grande majorité des Rwandais ou des Ougandais, à localiser les prétendus *génocidaires* pour les liquider. Oui, Washington porte une lourde responsabilité dans ce qu'un pré-rapport de l'ONU décrit comme un probable génocide[1]... Comment ne pas être révolté par la passivité, voire par la bienveillante sollicitude du HCR à l'égard des exterminateurs[2] ? Comment rester serein, comment écrire en prenant du recul, comment ne pas hurler face à tant d'horreurs qui nous impliquent tous ? Comment accepter la propagande officielle de l'époque, qui voulait que les Hutu n'eussent que ce qu'ils méritaient, et que les Tutsi exerçassent là un légitime droit de revanche ? Alors que, justement, la version officielle de l'histoire, reçue et acceptée par la communauté internationale, était – est – fausse ?

Quand je reconsulte ma documentation, deux personnalités trouvent grâce à mes yeux : Juan Carrero, un Majorquin, et Emma Bonino, la commissaire européenne.

Le premier est un non-violent qui place saint François d'Assise et Gandhi en haut de son panthéon. Très marqué par la théologie de la libération de Don Helder Camara, il se dit « indissolublement lié à la spiritualité évangélique[3] ».

---

1. Allusion au pré-rapport du Haut-Comissariat des Nations unies aux droits de l'homme, intitulé « Mapping », sur les crimes commis en RDC entre 1993 et 2003, rendu public en août 2010, voir l'annexe 2, pp. 564-565.
2. À la mi-février 1997, madame Sadako Ogata, haut-commissaire des Nations unies pour les Réfugiés, visitant le camp improvisé de Tingi-Tingi, déclara qu'elle ne pouvait garantir ni la survie, ni la sécurité, ni la protection des réfugiés et pouvait offrir uniquement de l'aide humanitaire, à condition qu'ils remplissent les formulaires de rapatriement immédiat.
3. Entretien avec l'auteur à Barcelone, 25 février 2008.

Après le séminaire, des études de théologie, de philosophie, il est devenu ermite, mais s'interroge sur la meilleure façon d'aider ceux qui souffrent. Plutôt que de faire son service militaire sous Franco, il a demandé à intégrer un service social alternatif et, finalement, a passé quatre ans dans une communauté d'Indiens dans le nord de l'Argentine. Avec d'autres, il réfléchit aux façons non violentes de s'opposer aux guerres et aux conflits et parle du cercle vicieux qui souvent bloque les bonnes volontés : « Ça ne bouge pas parce que personne ne commence, et personne ne commence parce que la tâche est trop immense. » Pour rompre ce cercle, il croit à l'« effet papillon » des modestes actions et, référence faite à l'Évangile de saint Jean, au poids de la vérité pour infléchir l'Histoire. Ainsi, avec une plateforme d'ONG de Majorque, s'est-il intéressé à ce qui s'est passé au Rwanda en 1994. Au début, il témoigne une réelle sympathie pour les Tutsi du FPR. Le voici donc, à la fin de l'année 1995 et au début de 1996, au Rwanda et au Burundi. Dans le petit village de Niyabikere, il constate que, en une seule journée, les soldats du FPR ont assassiné plus de cent femmes et enfants. C'est un choc immense pour lui ! Revenu en Espagne, il doit bien le constater, personne ne sait rien de ce massacre. Les médias, quand ils évoquent la situation aux confins du Rwanda et du Zaïre, ne parlent que de milices et d'ex-soldats hutu continuant à assassiner. Sensibilisé à la complexité de la situation, persuadé qu'il y a un déni des massacres de Hutu, qui sont d'une ampleur telle qu'il pourrait bien s'agir d'un nouveau génocide à l'œuvre, il effectue une marche de la paix de Barcelone à Genève pour tenter d'intéresser les responsables européens à la question. C'est un échec, sa démarche n'a que peu d'effet. Début 1997, il entame à Bruxelles une grève de la faim qui dure 42 jours, tandis que sont bombardés les camps de réfugiés hutu dans l'est du Congo. Magda Aelvoet, coprésidente des Verts européens, lui dit confidentiellement : « Il existe un plan très bien élaboré pour envahir l'est du Congo. Les États-Unis ont donné leur consentement aux régimes hima-tutsi du Rwanda, de l'Ouganda et du Burundi. Ils n'exigent apparemment que deux conditions : qu'il n'y ait d'excès ni pour ce qui est de la largeur de la frange du territoire envahi, ni dans les violations des droits humains. » Juan Carrero reçoit alors l'appui de 19 prix Nobel et de la quasi-totalité du Parlement européen, notamment celui du président, espagnol, José Maria Gil Robles. Dans ce contexte, Juan Carrero a l'occasion de rencontrer Emma Bonino, commissaire européenne pour l'Aide humanitaire : il est l'un de ceux qui la sensibilisent au sort des réfugiés hutu dans les camps du Kivu[1]…

En février 1997, accompagnée de caméras de télévision, Emma Bonino va à la rencontre de réfugiés hutu rwandais au Zaïre. À son retour à Bruxelles, elle accuse Laurent-Désiré Kabila d'avoir transformé l'est du Zaïre en « véritable abattoir » : « Des violations massives des droits de l'homme ont été perpétrées dans les territoires contrôlés par les rebelles », déclare-t-elle au cours d'une conférence de presse. Elle parle de « carnage incompréhensible ». Elle accuse également les pays voisins, dont le Rwanda, de « ne rien faire » pour empêcher ces actions, « voire de les encourager ». Elle évoque aussi la mission d'enquête de l'ONU sur les massacres commis dans l'est du Zaïre et bloquée au Rwanda, puis interpelle la communauté internationale, qui « ne peut plus rester silencieuse ». Dans un compte rendu de sa mission, elle écrit : « Je me suis rendue au Zaïre pour rencontrer des gens qui n'existent pas ou, plus exactement, des gens qui n'existaient pas. Ceux-là mêmes que le gotha des généraux des armées les plus puissantes n'avait pu repérer avec leurs radars et dont les capitales, bien informées, avaient décrété qu'ils avaient réintégré

---

1. Juan Carrero a poursuivi son combat, il est à l'origine de l'instruction menée par la justice espagnole contre 40 proches collaborateurs de Paul Kagame pour crimes de guerre et crimes de génocide, instruction qui a donné lieu à 40 mandats d'arrêt.

leur pays. Des gens qui n'existent pas et qui réexistent maintenant, sortant de la forêt dans un état épouvantable [...]. J'ai l'impression de revenir de l'enfer [...]. J'espère que les 200 000 réfugiés qui n'ont pas encore pu être localisés sont encore vivants, quelque part dans les forêts, et qu'ils réapparaîtront. Mais il est tout aussi possible qu'ils soient tous morts [...]. J'ai vu des enfants squelettiques à l'occasion de mes précédentes responsabilités et plus particulièrement ces deux dernières années, j'ai vu beaucoup de camps de réfugiés et, croyez-moi, dans ce cas-ci, le spectacle était insoutenable, en-dessous de n'importe quel seuil de dignité humaine... »

Les mots d'Emma Bonino me renvoient à ceux de Gracchus Babeuf interpellant les générations futures sur la vie et les crimes de Carrier, à l'automne 1793, dans la région nantaise : « Hommes de mon pays !... Vous sentez donc le besoin de conserver la mémoire de forfaits qui effacent tous ceux que l'Histoire de toutes les *barbaries* a transmis jusqu'à vous [...]. Ô toi, Postérité ! sous le même rapport, il ne faut point dérober à tes regards des faits qu'il serait peut-être heureux que tu ignorasses, en ne considérant que le bien qui reviendrait à notre mémoire et à ta satisfaction, de ne point connaître la lâcheté avec laquelle nous avons souffert trop longtemps l'égorgerie de nos frères par d'horribles bouchers constitués par nous en dignité[1]. »

De nombreux témoignages de survivants, d'humanitaires, de journalistes permettent de mettre des images sur ces mots[2]. Le plus fort est probablement celui de Marie Béatrice Umutesi intitulé *Fuir ou mourir au Zaïre*[3], dans lequel elle

---
1. Gracchus Babeuf, *Du système de dépopulation ou la vie et les crimes de Carrier*, Paris, Imprimerie Franklin, an III de la République (1794).
2. Parmi eux : *L'APR et les Réfugiés rwandais au Zaïre, 1996-1997. Un génocide nié*, de Gaspard Musabyimana, L'Harmattan, 2004 ; *A Continent for the Taking*, de Howard French, First Vintage Books Édition, avril 2005 ; *On ne piétine pas les étoiles*, de François Lefort, Fayard, 1999 ; *Ces tueurs tutsis. Au cœur de la tragédie congolaise*, de Charles Onana, Éditions Duboiris, 2009.
3. L'Harmattan, 2000.

narre le calvaire des réfugiés assimilés à des *génocidaires*. Elle a survécu après une odyssée de dix mois sur plus de 2000 kilomètres, jusqu'à Mbandaka, sur les rives du Congo. Elle raconte comment ont été montés en novembre 1996 l'opération de fermeture du camp de Mugunga et le rapatriement forcé des réfugiés vers le Rwanda :

« Quelques jours avant la destruction de Mugunga, une mission de militaires américains y était passée. À l'aide de mégaphones, ils auraient demandé aux réfugiés de profiter de leur présence pour rentrer au Rwanda, car après ce serait trop tard. C'est suite à cette action que l'on a assisté au mouvement massif de retour au Rwanda. La seule sortie non bloquée était celle qui conduisait au Rwanda... Placés dans une situation où il fallait choisir entre le retour au Rwanda et la mort sous les balles des rebelles, beaucoup choisirent le premier terme de l'alternative. »

Marie Béatrice Umutesi parle aussi des deux mois qu'elle a passés au camp de Tingi-Tingi, le « camp de la mort », avant sa destruction par les soldats du FPR. Elle dit comment les réfugiés réagissaient à l'écoute de Voice of America, de la BBC et de RFI :

« Quand on parlait des réfugiés rwandais, quand enfin on acceptait que nous existions encore, les journalistes ne s'intéressaient qu'à la présence des miliciens dans le camp de Tingi-Tingi et au recrutement des ex-militaires rwandais par les Forces armées zaïroises. De notre vie quotidienne, de l'enfer que nous vivions depuis la destruction des camps de l'est du Zaïre, de la mort atroce de ceux qui s'étaient perdus dans la forêt, des massacres perpétrés par les rebelles... pas un mot ! Seule Emma Bonino... »

Les quelque 500 000 réfugiés rwandais qui, à la mi-novembre, étaient rentrés au Rwanda, la plupart d'entre eux de manière forcée, étaient-ils dans de meilleures conditions que ceux qui étaient restés au Zaïre ? « Bon nombre furent assassinés, d'autres détenus, et d'autres disparus dans des centres d'internement clandestins, perdant tous leurs biens, propriétés et équipements[1]. »

Un rapport de l'ONU remis à Kofi Annan le 30 juin 1998 confirme l'ampleur des massacres de réfugiés hutu, même si les enquêteurs, dirigés par Roberto Garreton, n'ont pu aller au terme de leur enquête : ils en furent empêchés par Laurent-Désiré Kabila. Le secrétaire général de l'ONU a écrit au Conseil de sécurité en reprenant certaines conclusions de ce rapport : « Les tueries auxquelles se sont livrés l'AFDL et ses alliés, y compris des éléments de l'armée rwandaise, constituent des crimes contre l'humanité », soulignant que des enquêteurs « pensent que certains meurtres peuvent constituer des actes de génocide selon l'intention qui les motivait ».

Les enquêteurs ont en effet relevé que, si les attaques lancées dans les camps du Nord-Kivu en 1996 avaient en partie pour but de contraindre les réfugiés y subsistant à regagner le Rwanda, « les circonstances dans lesquelles les attaques contre les camps à l'intérieur du pays ont été menées en 1997, notamment les opérations de "nettoyage" entreprises après ces attaques et le massacre de personnes qui cherchaient à franchir la frontière de la République du Congo, montrent bien que l'intention était d'éliminer les Hutu rwandais qui étaient restés au Zaïre. Une interprétation possible de cette phase des opérations menées par l'AFDL avec l'appui du Rwanda est qu'il avait été décidé d'éliminer cette partie du groupe ethnique hutu en tant que tel. Si cela est confirmé, il s'agirait d'un acte de génocide. » Ce terme de *génocide* était manifestement insupportable à tous – journalistes, politiciens et membres des associations de défense des droits de l'homme – qui, au fil des ans, ont fait de Paul Kagame leur héros, l'homme qui avait arrêté le

---

[1]. Acte de motivation du lancement des 40 mandats d'arrêt de l'entourage de Kagame, par l'Audience nationale espagnole.

génocide rwandais. Bien que, lors de la remise de son rapport, il ait affirmé prudemment que 150 000 à 180 000 personnes seulement avaient été tuées en six mois, Garreton fut oublié, et avec lui son rapport jeté dans les poubelles de cette histoire sanglante[1]. Les morts n'étaient-ils pas après tout les nouveaux nazis qui n'avaient eu que ce qu'ils méritaient ? En tout cas, les centaines de milliers de victimes ne saliront pas la *success story* de Kagame qui reprit de plus belle dans la plupart des médias. Il faudra attendre le 27 août 2010 pour que le journal *Le Monde* qui depuis le départ de Stephen Smith, au début de l'année 2005, avait fait sienne la vision de Kagame sur la tragédie rwandaise, fasse sa Une sur un nouveau rapport du Haut-Commissariat des Nations unies aux droits de l'homme (HCDH), qui estime que « les attaques systématiques et généralisées [contre des Hutu réfugiés en RDC] révèlent plusieurs éléments accablants qui, s'ils sont prouvés devant un tribunal compétent, pourraient être qualifiés de génocide ». Le quotidien français ne relève toutefois pas qu'une instruction est en cours en Espagne, depuis 2005, sur les mêmes faits qui se sont déroulés dans l'ex-Zaïre. Et qu'Andreu Merelles, le juge de l'Audience nationale, a lancé 40 mandats d'arrêt le 6 février 2008 contre les plus proches collaborateurs de Kagame pour crimes de génocide, crimes de guerre et crimes contre l'humanité.

Le rapport de l'ONU, en réalité un pré-rapport, décrit, par exemple, « la nature systématique, méthodologique et préméditée des attaques contre les Hutu [qui] se sont déroulées dans chaque localité où des réfugiés ont été dépistés par l'AFDL/APR sur une très vaste étendue du territoire ». « La poursuite a duré des mois et, à l'occasion, l'aide humanitaire qui leur était destinée a été sciemment bloquée,

---

1. *Le Monde* daté du jeudi 2 juillet 1998 avait fait un long article avec un titre sur six colonnes « Un rapport de l'ONU accuse Kinshasa et Kigali de "crimes contre l'humanité" », voir annexe 2, p. 566.

notamment en province Orientale, les privant ainsi d'éléments indispensables à leur survie. » Les auteurs n'hésitent pas à écrire que si Kigali a permis à des milliers de Hutu de revenir au Rwanda, cela ne permet pas « *en soi d'écarter l'intention de détruire en partie un groupe ethnique comme tel et ainsi de commettre un crime de génocide* ». La fuite du pré-rapport dans la presse a pour objectif de contrecarrer les manœuvres de Kigali pour empêcher sa publication. *Le Monde* fait état d'une lettre, du 5 août 2010, du ministre des Affaires étrangères rwandais adressée au secrétaire général de l'ONU, dans laquelle lui est faite la demande de « revenir sur ses divers engagements auprès des Nations unies, tout particulièrement dans le domaine du maintien de la paix », dans le cas où le rapport « serait publié ou ferait l'objet de fuites dans la presse ». Les « engagements » font référence notamment aux 3 300 soldats rwandais, déployés au Darfour dans le cadre de la MINUAD, la mission conjointe de l'ONU et de l'Union africaine. Ban Ki-moon a pris très au sérieux cette menace et a mis en garde la Haut-Commissaire pour les droits de l'homme, Navanethem Pillay, contre l'utilisation du mot « *génocide* » pour les crimes de l'armée rwandaise, dans la version finale du rapport. Au moment où ces lignes sont écrites, en septembre 2010, il est encore trop tôt pour savoir qui gagnera le bras de fer entre Paul Kagame et le reste du monde. Mais le ton des commentateurs a changé...

Si, en 1996, alors que Rwandais et Ougandais fourbissent leurs armes pour entrer au Zaïre, Mobutu n'a pas mesuré d'emblée la gravité de la situation, c'est qu'il a été aveuglé par le nom de Kabila, son vieil ennemi : « Je connais Kabila. C'est rien, c'est un petit trafiquant[1]... », pense-t-il. Il

---
1. Dialogue avec Robert Bourgi, dans le documentaire de Jihan El Tahri et Peter Chappell produit par Capa et ARTE, *L'Afrique en morceaux. La tragédie des Grands Lacs*, op. cit.

demande néanmoins rapidement à l'Élysée d'intervenir. La cellule de l'Élysée lui fait comprendre que, depuis la campagne de désinformation qui a été menée contre l'opération Turquoise, il est désormais impossible à la France de se lancer dans une quelconque intervention militaire. D'autant moins que Paris n'ignore pas qu'une telle opération, apparaissant comme une action de sauvetage du vieux « Guide », ne serait pas acceptée par les Américains, lesquels ont déjà fait savoir à Mobutu, en 1991, qu'il devait laisser la place – son temps était fini. La scène s'était déroulée à bord du *Kamanyola*, le yacht présidentiel. Melissa Wells, ambassadrice des États-Unis à Kinshasa, s'était adressée au *Grand Léopard* pour exiger de lui une avancée rapide des travaux de la Conférence nationale souveraine[1]. Le président lui répondit qu'il n'était pas aux ordres de Washington. La diplomate lui lança : « L'époque où nous avions besoin de vous est terminée ; la guerre froide est finie ; vous n'avez plus de moyen de chantage sur nous ; et vous n'avez plus vos amis à la Maison-Blanche pour vous couvrir. Si vous n'acceptez pas d'appliquer notre schéma de changement démocratique, nous allons vous forcer à quitter le pouvoir. Nous en avons les moyens[2]. » Mobutu plaça l'ambassadrice en quarantaine et l'obligea ainsi à quitter le Zaïre ; Washington la remplaça par Dan Simpson, spécialiste en matière de déstabilisation, qui contribua quelques années plus tard à le faire partir de Kinshasa...

Les services secrets français – DRM et DGSE – sont très avertis de ce qui se passe aux frontières du Kivu, fin octobre, début novembre 1996. Le camp de Kibumba dans la région de Goma est bombardé : quelque 200 000 réfugiés se rendent vers le camp de Mugunga. Le camp de Katale est atta-

---

1. Après le discours de La Baule, la plupart des pays francophones créèrent des conférences nationales, sortes d'assemblées constituantes ayant pour objectif d'introduire dans un pays des règles démocratiques et d'instituer un nouveau partage des pouvoirs.
2. Rapportée par Honoré Ngbanda dans *Crimes organisés en Afrique centrale, op. cit.*

qué à l'arme lourde, et Bukavu, la capitale du Sud-Kivu est prise par les « rebelles ». Les camps des alentours sont détruits, provoquant la fuite de 250 000 personnes à travers la forêt équatoriale vers Kisangani...

Militaires et services ne se contentent pas des images satellites fournies par les Américains, sur lesquelles on ne voit pas de réfugiés ; elles ne donnent à rien voir qui corresponde aux informations qui leur remontent du terrain, par de nombreuses sources humaines. Début novembre 1996, un Bréguet Atlantic localise des cohortes de réfugiés et rapporte des photos qui montrent deux hélicoptères US, des Black Hawks.

Les espions français s'interrogent sur le rôle des « bérets verts » lors des massacres qui ont suivi la prise de Bukavu, fin octobre 1996. Ils se demandent aussi quelle est l'origine des mitraillages aériens opérés de nuit contre les camps de réfugiés : « Cela pose de graves questions quand on sait que parmi les avions américains déployés figurait au moins un C-130 Gunship des Forces spéciales, véritable canonnière volante, blindée et armée d'un canon de 105 mm, de roquettes et de mitrailleuses pouvant même larguer des mines. Que faisait-il là si, comme le disait alors le commandement américain, il s'agissait seulement de rechercher des réfugiés pour étudier ensuite les moyens de leur porter assistance[1] ? »

Malgré ce questionnement sur le rôle ambigu de Washington, pas plus l'état-major que les politiques français n'envisagent une quelconque action sans les Américains, ou, à plus forte raison, contre eux. Mais la « forte dégradation de la situation humanitaire » entraîne les uns et les autres à envisager dans les plus brefs délais une opération militaire multinationale dans le Kivu, tout au moins à en émettre

---

1. Les informations sur les renseignements obtenus par les services secrets français ont été puisées dans l'article de *Valeurs actuelles* (30 août 1997), corroborées et complétées par un ancien haut responsable des services secrets de l'époque.

l'idée. Le Centre opérationnel inter-armées (COIA) est chargé par l'état-major d'en définir les contours possibles. Le 5 novembre une note signée de Jean-Pierre Kelche, major général de l'état-major[1] arrive sur le bureau du ministre de la Défense Hervé de Charrette : « Dans l'attente d'un éventuel règlement politique susceptible de conduire à des solutions régionales durables, l'effet majeur d'une opération militaire au Kivu visera à stabiliser les réfugiés dans une zone dégagée de forces constituées. » Les rédacteurs estiment indispensable la participation de pays européens (France, Espagne, Belgique, Allemagne et Grande-Bretagne), mais soulignent qu'un « commandement centralisé (préconisé) devrait être proposé aux Américains dont la présence au sol garantirait la neutralité rwandaise ». Et les auteurs de suggérer que si Américains utilisaient avec les Français une plate-forme commune à Goma, ils pourraient être responsables de zones différentes. Autour de Goma, pour les Français, autour de Bukavu, pour les Américains. « L'action militaire sera limitée à une sécurisation de zones, au profit des organisations humanitaires. » Le général Kelche envisage un déploiement de 1500 à 2000 hommes pour un coût situé entre 400 et 600 millions de francs. Le lendemain, lors d'un conseil restreint de défense, Jacques Chirac accepte les propositions du COIA, et insiste sur l'implication américaine, c'est-à-dire que la « France interviendra si les Américains interviennent avec du personnel au sol ». Et quant à la nationalité française ou américaine du Commandement de l'opération, le président n'a pas de préférence. Après le fiasco politico-médiatique de l'opération Turquoise, il n'est pas question pour la France de se lancer seule dans une telle opération... Immédiatement après ce conseil restreint, diplomates et militaires prennent langue avec les Américains. Un officier supérieur de l'état-major contacte

---
1. Note N° 1412 DEF/EMA/COIA/CAS/CD.

l'Eucom (European Command, c'est-à-dire l'état-major américain en charge des théâtres africains, basé à Stuttgart. Dans l'après-midi du 6 novembre, une réunion présidée par le général Thorette a lieu au COIA, dans les sous-sols du ministère de la Défense, dans la « Cuve ». Par prudence et en attendant la réaction des Yankees, une planification limitée et discrète est lancée, mais elle doit néanmoins accompagner une démarche politique : « L'idée qui doit mener cette planification est d'impliquer les Anglais dans l'espoir d'entraîner ensuite les Américains à intervenir.[1] » C'est le général Regnault qui est chargé de convaincre les « Brit », sachant que la partie n'est pas gagnée d'avance. L'état-major n'oublie pas que « des instructeurs anglais accompagnaient l'offensive surprise du FPR Tutsi au Rwanda au début 93[2] ».

Le calendrier politique franco-britannique tombe à pic pour Jacques Chirac qui veut convaincre John Major de soutenir la proposition française. Le 8 novembre a lieu en effet, à Bordeaux, le 19e sommet franco-britannique. Dès le début de la rencontre, les deux hommes rendent publique une déclaration dans laquelle ils se disent « décidés » à « coordonner étroitement leurs efforts [...] pour que soit rapidement mis en place un dispositif international » au Kivu. Et dans une interview à la BBC, John Major n'exclut pas une participation militaire britannique. Mais les Français s'aperçoivent vite que les Américains, malgré quelques bonnes paroles, jouent déjà une autre partition. Si à Stuttgart le général George A. Joulwan promet de mettre à disposition des C5 Galaxy pour projeter, si nécessaire, matériels et hommes vers le Kivu, les interlocuteurs des Français refusent d'engager leurs troupes sur le terrain. Paris et Washington ont déjà engagé une partie de poker menteur. Alors que, sur le terrain, les acteurs rwandais, ougandais et

---
1. Fiche du COIA intitulée « Point de situation au COIA ».
2. Fiche du COIA du 8 novembre 1996.

américains ont parfaitement conscience de mener un combat indirect contre Paris, les contacts entre diplomates et militaires à Washington, Paris ou Stuttgart se déroulent entre gens de bonne compagnie.

Dès la soirée du 7 novembre, l'état-major a commencé à étudier « l'hypothèse la plus contraignante », au cas « où les Américains persistaient à refuser de s'engager au sol » : « la France se verrait contrainte à un engagement rapide, en jouant le rôle de nation leader ». Dans la fiche du 8 novembre, déjà citée, les rédacteurs sont conscients des « risques politiques et militaires importants », d'un tel positionnement de nation leader. Si la France va seule – sans les Américains – au Kivu, les militaires envisagent d'installer la base arrière à Kisangani, soit à 500 kilomètres au nord-ouest de la zone d'engagement. Les militaires français tablent encore malgré tout pour une « mise en alerte » autour des 11 et 12 novembre, sachant par les notes de la DRM que la situation humanitaire au Kivu s'aggrave dangereusement.

Quelques responsables européens tentent de sensibiliser l'opinion. Emma Bonino, commissaire européen responsable de l'Action humanitaire, et Aldo Ajello, envoyé spécial de l'UE dans la région des Grands Lacs, multiplient les appels en faveur de l'envoi d'une force multinationale dont le noyau serait constitué par la France, la Belgique et l'Afrique du Sud. Jacques Chirac, on l'a vu, les a entendus. *Le Monde* du 8 novembre 1996 résume ainsi la situation : « La France a du mal à convaincre l'ONU de l'urgence d'une intervention au Zaïre. » Elle a du mal, parce que les chefs de la Coalition et leur principal parrain, Washington, ne veulent pas que la France revienne dans la région et contrarie leurs plans, mais Paris veut croire qu'il a encore la main. Une note confidentielle (MEET 60 REF 56/RW/INT FR), retrouvée bien des années après les faits[1], explique comment

---
1. Voir le Mémorandum du Partenariat-Intwari, déjà cité.

les manœuvres françaises sont perçues par les Rwandais et les Ougandais : « La France tente d'envoyer des troupes au Zaïre en invoquant des raisons humanitaires. Ceci devrait lui être refusé. La dernière réunion avec des officiels anglais et américains s'oppose à ce déploiement de troupes françaises. Le ministre français des Affaires étrangères, M. Hervé de Charette[1], est attendu pour annoncer ce plan d'ici le 15 novembre 1996, si l'on en croit des informations internes au gouvernement français. La France a des plans pour aider les Hutu en les entraînant et en les armant. Ceci nous paraît très dangereux. » Pour ne pas s'opposer frontalement à la France, Washington monte alors une opération astucieuse destinée à enterrer le projet sans pour autant se mettre à dos l'opinion publique, alertée peu ou pas du tout sur ce qui se passe au Kivu : elle consiste à demander au Canada de constituer cette force, d'en réunir les éléments et d'en déterminer les règles...

Le 8 novembre au soir, Jean Chrétien, Premier ministre canadien, propose une intervention humanitaire dans l'est du Zaïre. Et il ose affirmer en avoir eu tout seul l'idée ! Toujours est-il que tout va très vite. Chrétien convainc quelques États d'importance moyenne de lui emboîter le pas, et le 14 novembre, le Conseil de sécurité approuve la constitution d'une force de 10 000 hommes qui seront commandés par Maurice Baril, général canadien proche de Roméo Dallaire, qui partage avec lui un certain mépris pour la France et un non moins certain tropisme américain. Commence alors une grande agitation qui n'est qu'un leurre. Une réunion des *planners* de 26 pays est convoquée au quartier général de l'OTAN à Stuttgart pour étudier la faisabilité d'une force multinationale dans la zone, sous la houlette des États-Unis et du Canada. Le *Board* décide déjà de la possibilité de mener une mission humanitaire destinée

---
1. Ministre des Affaires étrangères du gouvernement Juppé (1995-1997).

à nourrir les populations hutu affamées. Le général Baril consulte les gouvernements de la région des Grands Lacs et décide d'installer son principal QG à Entebbe, son QG avancé à Kigali et son QG arrière à Stuttgart. Cette seule décision est lourde de signification : le général Baril montre qu'il souhaite travailler en parfaite harmonie avec Kagame, Museveni et les Améticains installés au Rwanda, notamment avec la *media information team* et les équipes de *psyops* chapeautant l'organisation du rapatriement des réfugiés. Par ailleurs, Washington prévient que, si la force est finalement constituée, ses soldats resteront sous commandement américain. De leur côté, Kigali et Kampala mènent une intense campagne de lobbying pour empêcher la constitution de cette force d'interposition et refusent encore plus catégoriquement la présence de Français dans ses rangs. L'on revoit ainsi Alison Des Forges et Roger Winter, entre autres, défendre l'autonomie de l'AFDL de Laurent-Désiré Kabila, l'« ennemi des génocidaires et des officiels zaïrois[1] »...

Politiques et militaires français n'ont pas compris tout de suite que l'opération lancée par Chrétien à la demande des Américains ne vise qu'à enterrer le projet de Chirac et à laisser les mains libres aux Américains, ainsi qu'à leurs marionnettes rwandaises et ougandaises dans la région des Grands Lacs. Pendant quelques jours l'état-major croit à l'acceptation d'un déploiement d'une force franco-britannique sous commandement canadien dans la région sud du Kivu. À preuve, une mission de reconnaissance effectuée par des militaires britanniques, sous le commandement du brigadier général Thomson (Royal Marines), avec trois officiers français, dirigés par le colonel Philippe Tracqui, qui est le numéro 2 du Centre opérationnel de l'armée de terre (COAT) installé dans la « Cuve » : commencée le jour où le

---

1. Dans deux audiences (*hearings*) devant la Chambre des Représentants, le 4 décembre 1996.

Conseil de sécurité a approuvé le principe d'une force de 10 000 hommes dirigés par le général Baril, la mission s'est déroulée au Kenya, au Rwanda et en Ouganda du 14 au 19 novembre ! Dès le début, Tracqui et ses deux compagnons ont compris que quelque chose ne collait pas. Le 14 au soir, à Brize-Norton, sur la base de la RAF, lorsque la délégation française a demandé quelle serait la tenue pour le voyage, il lui a été répondu que ce serait la tenue civile. Le lendemain matin à l'embarquement, les médias sont là et ne remarquent pas les trois civils au milieu des militaires britanniques en tenue. Une fois arrivés à Nairobi, le général Thomson assène aux Français qu'ils ne pourront pas se rendre à Kigali. Après des discussions très dures et l'intervention de l'ambassadeur de France au Rwanda, seul le colonel Tracqui pose le pied dans le pays des mille collines.

Le rapport de Tracqui, daté du 21 novembre[1], lève les dernières interrogations sur la place désormais accordée à la France dans les Grands Lacs et sur les manœuvres américaines. Il rend compte notamment de l'entrevue qu'a eue Thomson, le 18 novembre, avec le général américain E. P. Smith, sur le papier l'adjoint de Baril, mais en réalité vrai patron de l'opération. « Les Américains sont tout à fait opposés à une action militaire au Sud-Kivu, écrit Tracqui, et de commenter : « Il nous est apparu évident que dans la première partie de la mission le général Thomson avait reçu des ordres précis pour nous écarter de la reconnaissance vers Bukavu et que les Britanniques n'avaient jamais eu l'intention de s'installer dans cette ville, mais bien à Cyangugu en territoire rwandais. Il était cependant extrêmement embarrassé de nous traiter de cette façon. La raison pourrait être que les Britanniques s'imaginaient jouer la partie en duo avec les Américains, ce qui expliquerait leur revirement d'attitude après l'entrevue Thomson/Smith qui a dû leur donner la certitude

---
1. Dans les archives de l'auteur.

ÉTAT-MAJOR DE L'ARMÉE DE TERRE	FICHE DE PRÉSENTATION		URGENCE
BUREAU COAT.			Lecture s/c o2
SECTION 02	OFFICIER TRAITANT Colonel TRACQUI	N° DE TÉLÉPHONE	N° 515 DATE 21/11/96 Clt :

OBJET : Reconnaissance franco-britannique dans la région des grands lacs.

ANALYSE et AVIS :

— Le rapport relatif à la reconnaissance citée en objet, indépendamment du manque d'esprit de coopération manié par nos alliés britanniques, souligne la volonté délibérée des États-Unis de s'assurer, dans la durée, une emprise exclusive sur la région des Grands Lacs.

— L'épreuve de force diplomatique et médiatique qui se joue actuellement risque de marquer un déclin durable de l'influence française et européenne dans cette région.

En Annexe :
— Deux télégrammes diplomatiques relatifs à cette mission.

que les Américains se sentant désormais assez forts avaient décidé d'agir seuls en écartant tous les autres participants à la force multinationale. » Commentant l'agrément de Thomson à la proposition du Canadien Chrétien[1] sur la nécessité de revoir le mandat de l'ONU pour privilégier une opération humanitaire, le colonel Tracqui perçoit une possible intox : « S'agit-il d'une opération d'intoxication à l'égard des Français, car il a déclaré par ailleurs qu'il était toujours favorable à une opération militaire ? » Thomson a donné à Tracqui un mémorandum du général Smith, rédigé le 16 novembre à Entebbe, qui dévoile la position américaine.

« Depuis 24 heures, la situation s'est arrangée, tout va bien à Goma, et la nature des besoins humanitaires s'en trouve changée. Bien qu'il ne soit pas encore possible d'apprécier exactement le nombre total des réfugiés qui vont rentrer ou ceux qui auraient l'intention de le faire dans les prochains jours, il est clair qu'il n'existe plus en ce moment de crise humanitaire justifiant une action militaire d'urgence », écrit le général américain qui ne réclame donc aucun moyen supplémentaire.

À quoi fait référence le général américain sur le changement de situation dans les vingt-quatre dernières heures ? Au bouclage complet de l'énorme camp de Mugunga. C'est lors de ce bouclage que des militaires américains ont fait leur apparition, comme l'a raconté Béatrice Umutesi[2]. Et c'est dans l'après-midi du 14 novembre, quand la fermeture est intervenue, qu'une partie des réfugiés est partie vers la frontière du Rwanda où les caméras de CNN, dirigées par Christiane Amanpour[3], dûment prévenue, ont pu filmer les

---
1. Il s'agit de Raymond Chrétien, représentant spécial du secrétaire général de l'ONU dans la région des Grands Lacs.
2. Béatrice Umutesi, *Fuir ou mourir au Zaïre...*, op. cit.
3. Rendue célèbre par sa couverture de la guerre du Golfe en 1990, la journaliste américaine Christiane Amanpour est spécialisée dans le traitement des conflits. Elle a accumulé les récompenses et distinctions. Le magazine Forbes la nomme en 2006 79e femme la plus puissante du monde.

réfugiés. « La seule sortie non bloquée par les rebelles était celle qui conduisait au Rwanda, raconte Béatrice Umutesi. Même si là aussi, ils contrôlaient les mouvements des gens et pouvaient emmener qui ils voulaient pour aller le tuer à l'écart, ils laissaient passer la grande majorité des réfugiés. À toutes les autres sorties du camp, ils tiraient à vue sur tout ce qui bougeait. Placés dans une situation où il fallait choisir entre le retour au Rwanda et la mort sous les balles des rebelles, beaucoup choisirent la première alternative. Tous savaient qu'ils couraient un danger réel en rentrant, mais ils pensaient que c'était leur dernière chance de survivre. Et en kinyarwanda on dit "Il est toujours préférable de mourir demain que de mourir le jour-même". Des familles tinrent d'abord conseil pour décider qui devait partir au Rwanda et qui devait tenter de passer à travers les mailles des filets des rebelles. Dans beaucoup de cas, il fut décidé que les femmes et les enfants retourneraient, car ils couraient moins de risques d'être tués ou jetés en prison une fois retournés au Rwanda. Ceux qui choisirent de tenter l'impossible et de chercher un passage vers Sake, Walikale et Kisangani étaient surtout des intellectuels, des personnes qui avaient exercé une fonction politique importante sous le régime de Habyarimana, des anciens politiciens, des étudiants, des anciens miliciens, des anciens militaires. Certaines femmes décidèrent de suivre leur mari même si ceux-ci auraient préféré les voir rentrer au Rwanda pour être plus libres de leurs mouvements. Selon plusieurs témoignages, sur la route du retour, beaucoup d'hommes furent emmenés par les rebelles vers le camp du Lac-Vert, où ils ont été tués et où leurs cadavres ont été jetés dans le lac. Quelques semaines après la destruction du camp de Mugunga, les ONG humanitaires ont déclaré avoir enterré 6 700 cadavres. Ceux qui avaient choisi de continuer à fuir, partirent du camp de Mugunga en pleine nuit pour ne pas être vus des rebelles qui encerclaient le camp et en silence pour ne pas attirer leur attention. »

Voilà ce qui fait dire au général américain que la situation s'était « arrangée » !

Le lendemain de la diffusion des belles images de CNN sur le retour des réfugiés hutu vers le Rwanda, Jean Daniel a pu mesurer, à Washington, à un autre bout de la chaîne hiérarchique, le cynisme américain. Le grand éditorialiste français rencontrait en effet ce jour-là M. E Korkblum, secrétaire adjoint au Département d'État. Il rapporte les propos de l'Américain : « La France ? On veut bien s'entendre avec elle. Chirac ? Bonne volonté. Il nous plaît. Mais : 1°) pas question de maintenir Boutros-Ghali ; 2°) pas question de maintenir Mobutu. Nos alliés en Europe, ce sont les Allemands. Les Anglais ? Inconditionnels jusqu'à Blair... Revoyons-nous dans six mois, vous me direz si je me suis trompé. Attention pour l'Afrique : la France a tout faux. L'homme fort est en Ouganda, pas à Kinshasa. » En sortant de cette rencontre, Jean Daniel s'est dit « atterré devant tant de précision dans le cynisme, tant d'arrogance dans le langage[1]. »

Le soir de ce 16 novembre 1996, à Entebbe, le général américain Smith dirige une réunion de planification à laquelle participent plusieurs officiers de liaison non américains, dont le lieutenant-colonel Pouly de la DRM. Pouly a pu ainsi compléter les informations fournies par Thomson à Tracqui. Connaissant bien la situation sur le terrain, il sait que la situation décrite par l'Américain est fausse. Il ose prendre la parole après que le général américain a proposé d'intégrer le Rwanda au sein de la force multinationale et réussit même à le faire revenir en arrière sur ce point. Le Français lui fait également remarquer que son appréciation de la situation ne fait aucun cas des 700 000 réfugiés et

---
1. Jean Daniel, *Avec le temps. Carnets 1970-1998*, Grasset, 1998.

300 000 déplacés du Sud-Kivu. Le général lui répond qu'il s'en « fiche » et que son problème se concentre autour de Goma. Dans son rapport, Philippe Tracqui commente les dires du général Smith et, estimant qu'il semble impossible qu'il soit naïf au point de croire sincèrement à ce qu'il écrit et dit, il pense que cela « ne constitue que la phase finale d'un scénario préétabli, visant à faire de cette région de l'Afrique une "terra americana" ».

Le numéro 2 du COAT rapporte également au chef d'état-major toutes les informations fournies par Pouly, le meilleur spécialiste militaire français de la région des Grands Lacs. Le 17 novembre, au lendemain de la réunion organisée par le général Smith et à laquelle a participé Pouly, « une nouvelle équipe de planification américaine est arrivée, a écarté du PC tous les DL (détachements de liaison) non américains ainsi que canadiens, coupant toute communication avec eux et les installant dans un local dépourvu de transmissions ». Pouly est convaincu que « les Américains présents dans la région des Grands Lacs, qu'il s'agisse des diplomates de Kigali ou des militaires isolés à Entebbe, ne souhaitent aucune présence dans la région ». Il a noté « l'existence à Kigali d'une importante mission militaire de coopération américaine qui a compté jusqu'à 50 personnels. Elle s'occupe de la formation militaire de l'APR, fait de l'instruction de déminage, de la formation à l'action psychologique avec des spécialistes appartenant au 4ᵉ bataillon de Fort Bragg, notamment pour ce qui concerne les opérations de propagande liée à l'organisation des retours ». L'espion français a appris que « les équipes *psyops* américaines sont en place et opèrent à partir de Kigali, depuis trois mois ». En regardant les images diffusées par CNN, il relève que « beaucoup des "réfugiés" rentrants interviewés présentaient des traits fins et la haute stature des Tutsi ». Pouly a compris que « les Canadiens ont servi de prête-nom aux Américains tant que l'on parlait d'opération multinationale.

Ils ont en outre essuyé un grave camouflet le dimanche 17 novembre, lors de leur débarquement à Kigali où ils voulaient installer leur PC, les Rwandais leur ayant interdit de débarquer leurs armes individuelles qu'ils ont dû remettre en caisses dans leur avion ».

Et le colonel Tracqui de conclure : « Grâce à une manœuvre médiatique focalisée sur Goma et à la volonté d'écarter les autres nations, il semble que les Américains soient en train de laisser les mains libres aux Rwandais (Tutsi) pour imposer au Zaïre la création autour du lac Kivu d'une zone tampon de culture rwandaise (type Liban sud). » Il envisage alors le cas où la France déciderait de ne pas se désintéresser du sort des 700 000 réfugiés du Sud-Kivu auxquels il faudrait ajouter 200 000 à 300 000 déplacés zaïrois, tout en conservant sur le long terme une influence significative sur cette région. Il y aurait alors deux possibilités : la première, mener une opération conjointe avec les Britanniques qui ne poserait pas de grosses difficultés au plan militaire, mais il explique tout de suite pourquoi cette solution a très peu de chances d'être retenue : « Mrs Chalker, ministre des Affaires étrangères britannique étant totalement pro-Tutsi, les militaires britanniques savent qu'ils ont désormais peu de chances d'obtenir le feu vert de leur gouvernement pour une intervention militaire » ; la seconde, une opération menée par la France seule depuis Kisangani, « ce qui pourrait être aisément réalisable (avec une OHP[1] suivie d'un poser d'assaut), mais [cette opération] lui aliénerait à coup sûr la communauté internationale, si l'opération n'était pas accompagnée d'une intense action médiatico-diplomatique. Dans les deux cas, elle devrait agir au plus vite, car la manœuvre US ARMY/CNN a toutes les chances d'aboutir, à très brève échéance, à une modification de la résolution de l'ONU ».

---
1. Opération héliportée.

L'initiative de la France pour venir en aide aux réfugiés rwandais a été brisée dans l'œuf, au grand soulagement des États-Unis, du Rwanda et de l'Ouganda. Ce n'est que le 12 décembre 1996 que Raymond Chrétien informe le Conseil de sécurité que la force multinationale n'est plus nécessaire et il s'en explique aux médias : « Dès l'adoption de la résolution du Conseil de sécurité, Kigali a activé les rebelles dans l'est du Zaïre, qui ont alors attaqué les camps de réfugiés. Les miliciens ont fui, ce qui a libéré les réfugiés. » Un témoin oculaire racontera à *Libération,* dans son numéro du 10 mars 1997 : « Peut-on croire le général Baril quand il a déclaré, mi-décembre, qu'il ne restait plus un seul réfugié rwandais au Zaïre, puisqu'ayant passé une demi-journée sur la route de Masisi, dans le véhicule d'un officier rebelle tutsi, il n'en avait pas croisé un seul ? Cette déclaration qui aura scellé la fin de la Force multinationale aura causé la mort de milliers d'entre eux. Pouvait-il l'ignorer ? » Évidemment non. Interviewé par Robin Philpot[1], Raymond Chrétien lui confiera : « Il y a un peu du problème qui a été réglé, la pointe de cet iceberg humanitaire. Mais il y a une énorme partie qui ne l'a pas été. Il y en a beaucoup qui se sont dirigés vers les forêts, et ils ont probablement été tués depuis. Un million de morts ! On n'en parle pas beaucoup. Mais c'est un consensus international selon lequel 500 000 réfugiés sont rentrés. Après, il n'y avait plus de volonté politique pour déployer la Force multinationale. » Pas de volonté politique, sauf celle de la France, qui a été promptement enterrée.

Décrédibilisée par l'action de tous les *psyops* rwandais et américains relayés par les porte-voix occidentaux du FPR et par la plupart des médias, y compris par de nombreuses bonnes âmes françaises, la France n'a rien pu faire pour

---

1. Le 21 novembre 2002 à Paris, et rapporté dans l'ouvrage de Robin Philpot, *Ça ne s'est pas passé comme ça à Kigali* (op. cit.).

stopper les massacres de masse organisés de Hutu. Chasser et tuer les réfugiés hutu était considéré comme une œuvre de salubrité publique puisqu'il s'agissait d'éliminer de prétendus *génocidaires*, autrement dit de nouveaux nazis[1]. La France a ainsi payé et continuera longtemps à payer son soutien au régime légal et reconnu de Juvénal Habyarimana, son opération Turquoise, ainsi que l'image détestable de sa politique africaine entretenue par tous ceux qui, à l'intérieur comme à l'extérieur, pour une raison ou pour une autre, combattent ses positions en Afrique. Les massacres vont donc pouvoir se poursuivre, après l'enterrement sans fleurs ni couronnes de la Force multinationale.

Le colonel Tracqui et le lieutenant-colonel Pouly ont parfaitement compris sur le moment ce qui était en train de se tramer. Depuis 1996, les langues se sont déliées et quelques archives ont été ouvertes pour compléter la description de la tragédie qui s'est alors jouée.

Quelques notes subtilisées[2] aux services secrets ougandais et rwandais montrent même un engagement américain et britannique beaucoup plus accentué. Les moyens qui ont été mis en œuvre sont énormes. Un réseau ultra-moderne de satellites espions (*Intelligence Communication Network*), couvrant la zone de Kigali à Brazzaville pour recueillir, contrôler et neutraliser toutes les informations en langues française et locales, a bien été déployé pour le compte des Américains, des Britanniques et des Ougandais.

De fait, les Américains n'ont pas lésiné sur les moyens. Le document OR OP REF/UG/RW/67 précise : « Nous sommes ici pour rencontrer un contingent de 40 officiels

---
1. Paul Kagame regrettera en 2007, lors des cérémonies du treizième anniversaire du début du génocide, de n'avoir pas « châtié » davantage les « *génocidaires* » hutus.
2. Reprises dans un Mémorandum envoyé au Secrétaire général de l'ONU, le 15 février 2008, par le Partenariat-Intwari présidé par le général Emmanuel Habyarimana.

militaires américains venus nous écouter exprimer notre position sur les opérations en cours au Zaïre. Dans peu de jours, ce contingent partira d'ici à destination de Kigali. Leur mission majeure est la préparation de l'envoi de troupes militaires par les USA pour s'assurer que le terrain est sécurisé, et de faire en sorte d'éviter de connaître des ratés. Ils poseront directement des questions à un maximum d'officiels. Ils comptent dès lors sur votre attention et votre collaboration. » Les amis américains décident de s'impliquer davantage : « Les amis américains ont accepté d'envoyer des troupes de la base militaire de Vincenza, en Italie. Nous sommes censés préparer le terrain pour leur faciliter l'atterrissage sans courir aucun risque. Le haut commandement de DMI [services du renseignement militaire rwandais] a donné des instructions pour procéder à tous les préparatifs nécessaires. Kayihura, avec son contingent de la police militaire sans uniforme, opérera avec 250 officiels en charge de cette préparation... »

Des avions américains seront spécialement affectés à la traque des Hutu qui se cachent dans les forêts (REPORT 678 REF 567/JL/RW/UG) : « Il a été conclu que les forces aériennes américaines enverront 3 P-3 ORION PROPELLER PLANES à Entebbe. Ils opéreront pendant la journée d'Entebbe au Zaïre, à la recherche des Hutu qui se cachent dans les forêts. Les avions seront équipés de trois équipements [il s'agit en réalité de trois spécialistes chargés de contrôler une cinquantaine d'ordinateurs] destinés à traquer les mouvements des gens sur le terrain. » Une autre note évoque l'utilisation de nuit, pour la même traque, de jets équipés de canons de 105 mm.

Les appareils Navy's EP-3 sont bien connus pour être efficaces dans la collecte et l'identification des émissions électroniques, spécialement celles des radars, l'interception des communications, notamment les conversations radio. Ils sont aussi capables d'identifier les radars utilisés pour guider les missiles sol-air. Ils sont également équipés pour émettre de faux messages...

Concoctés par Paul Kagame, les plans d'attaque et de démantèlement des camps de réfugiés hutu dans l'ex-Zaïre sont présentés aux Américains pour approbation, comme le montre une note *(PLAN 67 REF67/JL/RW/ZR)* : « Les plans visant à attaquer les Hutu dans l'est du Zaïre ont été finalisés. Octobre et novembre 1996 sont les meilleurs mois pour l'opération. *L'ONU sera engagée dans le processus de fournir les prochaines livraisons de vivres et nous saboterons ce processus.* Les plans de Kagame sont très pratiques, l'APR mettra en œuvre l'opération, mais recevra le soutien des forces ougandaises (UPDF) si besoin est. »

Une réunion de crise entre services ougandais et rwandais (CRISIS 80/L REF 78/RW. DOC) définit le *modus operandi* d'une action dans laquelle 30 soldats rwandais vont monter une attaque, déguisés en miliciens hutu : « Il y a besoin de liquider les Hutu *Interahamwe* dans l'est du Zaïre. Nous avons pénétré les camps de réfugiés de Katale et Kahindo. Nous allons aider le Rwanda à exécuter l'opération afin de forcer l'ONU à fermer les deux camps. Opération : 30 soldats d'APR vont déclencher une attaque contre les autochtones zaïrois en se faisant passer pour *Interahamwe*. On procédera à la destruction de leurs propriétés. Une attaque similaire avec armes à feu sera mise en œuvre aux heures de nuit au Rwanda. Le gouvernement du Rwanda devra alors se plaindre auprès de l'ONU. Si l'ONU est lente à réagir, une opération sans annonce préalable se perpétrera alors et anéantira toutes les milices hutu se trouvant dans ces camps. L'opération d'anéantissement est approuvée sans aucune objection. »

Une autre réunion (CRISIS 70 REF RW/ZR780) montre que le procédé consistant à opérer en se faisant passer pour des miliciens est courant : « Le camp de réfugiés de

Mugunga, au Zaïre, devrait être surveillé avec une attention particulière. Les milices hutu opèrent en présence du HCR. Dans une lettre adressée aux fonctionnaires de l'ONU, le mois dernier, les officiels nient en avoir connaissance. Nous dépêchons 150 soldats qui se font passer pour des réfugiés afin d'investiguer sur les activités en cours à Mugunga et s'unir aux milices, comme prévu. » Le camp de Mugunga, situé à une dizaine de kilomètres de Goma, a été assiégé et détruit, entre le 15 et le 17 novembre, comme l'a raconté Béatrice Umutesi[1]. Il regroupait quelque 500 000 réfugiés. Une importante fraction de sa population a été rapatriée de force au Rwanda, les autres se sont enfuis dans les forêts zaïroises, traqués et souvent massacrés par les soldats de la coalition.

Une note secrète rwandaise[2] relate que des dispositions vont être prises pour contrer une résolution de l'ONU qui autoriserait l'envoi de vivres et de médicaments aux réfugiés hutu : « Nous allons à tout prix faire en sorte que cette résolution ne passe pas, parce que ceci impliquerait la présence de la communauté internationale sur le terrain, qui empêche nos opérations. Nous n'avons pas encore confirmé notre position à l'ambassade américaine à Kampala... »

Une autre réunion de crise prévoit une confrontation immédiate pour éviter tout ancrage des miliciens *Interahamwe* : « Le plan implique la capture de Goma qui, pour la communauté internationale, a servi de base d'approvisionnement en vivres pour les Hutu. Si nous sabotons le programme de fourniture de vivres, de médicaments, d'eau potable, les Hutu vont fuir vers les forêts où nous nous sommes établis et ils vont essuyer notre feu. En outre, cela va les forcer à retourner au Rwanda et, de cette façon, un

---

1. Béatrice Umutesi, *Fuir ou mourir au Zaïre, Le vécu d'une réfugiée Rwandaise*, op. cit.
2. Reprise également dans le mémorandum envoyé au secrétaire général de l'ONU, le 15 février 2008, par le Partenariat-Intwari.

examen minutieux de ceux qui sont recherchés sera mis en œuvre à toute vitesse. »

Si le sabotage de la mise en place de la Force multinationale par les Américains provoque beaucoup d'amertume à Paris, l'Élysée ne se désintéresse pas pour autant de la situation dramatique des réfugiés hutu. Il demande aux militaires de continuer à prendre toutes les mesures nécessaires pour savoir ce qui se passe dans les forêts du Kivu. Après l'utilisation d'un Bréguet Atlantic dans le courant du mois de novembre 1996, l'Élysée donne l'autorisation d'utiliser le DC8 Sarigue, capable de capter de très nombreuses conversations sur de très nombreuses fréquences. Les informations ramenées par l'« aéronef à oreilles » qui survole l'est du Zaïre entre décembre 1996 et février 1997 révèle un nouveau dispositif mis en place par le Pentagone, beaucoup plus sophistiqué et beaucoup plus important que celui décrit dans les premières analyses des militaires français : le premier dispositif a été renforcé par la fourniture de radars, dont l'un de dernière génération, transportable et capable de guider des avions et de diriger un système de défense aérienne. Un système de transmission rwandais relié aux unités qui se battent au Zaïre a été localisé. Des communications entre les aéronefs américains et les Forces spéciales ont été interceptées, comme l'ont été des communications entre les valises Inmarsat de responsables ougandais, rwandais et onusiens avec les autorités américaines. Des écoutes ciblées, notamment de missionnaires, ont été opérées ; grâce au puissant moteur de recherche de la DGSE, à partir de mots-clés, une vision globale de la situation des réfugiés et de l'implication américaine a pu être faite.

Une note de février 1997[1] résumant certaines des fiches précédentes précise que « des livraisons d'uniformes et de moyens de transmission, *via* l'Ouganda, ont été assurées et

---

1. Rapportée par Hubert Coudurier dans *Valeurs actuelles*, 30 août 1997.

reconnues officieusement par l'administration américaine dans des réunions tenues à Paris et à Washington sur le Zaïre entre les services diplomatiques, militaires et de renseignement français et américains dès le mois de décembre 1996 [...]. Des livraisons d'armes et de munitions ont été effectuées par des rotations aériennes à Goma, observées entre octobre et novembre 1996 ». Ces rotations ont été assurées par des avions Hercules et Galaxy aux couleurs américaines. Un hélico d'attaque US a même été repéré à 800-900 km à l'intérieur des terres. Des « rebelles » faits prisonniers ont été trouvés avec 5 billets neufs de 100 dollars dans les poches, somme correspondant à leur solde mensuelle.

Quand Mobutu revient en décembre 1996 à Kinshasa, au sortir de sa convalescence, son armée est à l'image de son pays : en complète déliquescence, fuyant devant ceux qu'on appelle les « rebelles ». La nomination à sa tête, le 18 décembre, du général Mahélé, pourtant respecté par ses soldats, n'y change rien. Le pouvoir zaïrois va alors recourir à une méthode qui avait bien fonctionné par le passé : l'appel à des mercenaires. Mais, là encore, cette recherche est menée en ordre dispersé et aboutit à un recrutement hétéroclite d'hommes qui ne parlent pas les mêmes langues et n'utilisent pas les mêmes armes. Plusieurs filières zaïroises s'adressent à divers réseaux aux intérêts divergents.

À Paris, la cellule élyséenne dirigée par Michel Dupuch est opposée au soutien indirect de mercenaires. Une position qui ne va pas empêcher la DST de prêter discrètement la main au recrutement de mercenaires serbes et à l'acheminement d'hélicoptères russes par Marseille. Les « réseaux Pasqua » aussi.

François-Xavier Verschave et l'association Survie, qui se gardent bien de décrire le rôle des États-Unis et de leurs supplétifs dans la guerre du Kivu, font semblant de croire que les quelques mercenaires engagés pour défendre Mobutu ont été envoyés par l'Élysée. La réalité est complexe et se lit dans un sens contraire : Geolink, société française spécialisée dans les téléphones satellitaires, dans le cadre d'un contrat passé avec l'armée zaïroise, a effectivement écrit à Fernand Wibaux[1] pour lui proposer l'envoi de 111 mercenaires serbes. La non-réponse de l'adjoint de Jacques Foccart a été prise pour un acquiescement, Geolink ayant bénéficié ensuite de l'aide non officielle de proches de la DST. Verschave ne savait probablement pas que Fernand Wibaux était alors sous étroite surveillance – en clair, il est écouté à la demande de Michel Dupuch.

Un certain Dominic Yugo se signalera à la mi-mars 1997, lors de la prise de Kisangani, par sa cruauté : il inflige des tortures à deux pasteurs évangélistes et commet des meurtres atroces. La DGSE, qui piste les efforts des Zaïrois et de leurs amis, l'identifie : « Il pourrait s'agir, sous un autre pseudonyme, de l'un des Serbes qui ont servi d'intermédiaires lors de la "mission" que Jean-Charles Marchiani, préfet du Var, a menée en Bosnie pour faciliter la restitution, en décembre 1995, de deux pilotes français dont l'avion Mirage 2000 avait été abattu, en août, au-dessus de Pale, alors qu'ils effectuaient un raid de bombardement pour l'OTAN[2]. »

Cette fois, les mercenaires recrutés par le Zaïre ne sont pas capables de sauver un Mobutu malade et de protéger son pays de l'invasion. Le 20 janvier 1997, Léon Kengo wa Dondo, Premier ministre, ordonne la reconquête, mais

---

[1]. Pour ne pas écarter Jacques Foccart lors de son arrivée à l'Élysée, Jacques Chirac a fait de lui son représentant personnel auprès des chefs d'État africains, alors qu'un autre homme, Michel Dupuch, ancien ambassadeur de France en Côte d'Ivoire, est officiellement son conseiller pour les affaires africaines. Si bien que pendant cette période cohabitent à l'Élysée une cellule officielle et une cellule officieuse, avec Jacques Foccart et Fernand Wibaux, ex-ambassadeur au Tchad. Deux cellules qui s'opposent souvent.
[2]. Article de Jacques Isnard, *Le Monde*, daté du 28 mars 1997.

les soldats zaïrois fuient au fur et à mesure de l'avancée des rebelles. Leur progression repousse vers l'intérieur des hordes de réfugiés hutu et s'accompagne de nombreux massacres. Les États-Unis restent sur leurs positions envers les Hutu et freinent encore, fin janvier, l'aide aux réfugiés. S'il a décidé depuis longtemps de tout faire pour pousser Mobutu hors du pouvoir, Washington voudrait néanmoins faire l'économie d'une guerre civile à Kinshasa et d'une trop grande déstabilisation de la région[1]. Pour cela, une seule solution : trouver une sortie honorable au vieux maréchal.

Avec cet objectif, des négociations sont organisées, fin février 1997, en Afrique du Sud, sous l'égide des États-Unis. C'est Honoré Ngbanda, conseiller spécial de Mobutu en matière de sécurité, qui conduit la délégation zaïroise, et il a raconté cet épisode[2]. Les États-Unis sont notamment représentés par George Moose, sous-secrétaire d'État chargé de l'Afrique, et par Susan Rice, qui va le remplacer à ce poste. Depuis l'arrivée de Bill Clinton à la Maison-Blanche, Susan Rice joue un rôle très important dans les bouleversements survenus dans la région des Grands Lacs. S'occupant de l'Afrique au National Security Council, elle soutient inconditionnellement Museveni et Kagame, alors qu'elle aspire au renversement d'al-Bachir. Les deux Américains semblent parler au nom de l'AFDL, c'est-à-dire au nom de la coalition des armées du Rwanda, de l'Ouganda, du Burundi, de l'Érythrée, de l'Angola et du Tchad[3]. Pendant une pause, George Moose confie à Honoré Ngbanda : « Pourquoi perdez-vous inutilement du temps à des discussions qui ne servent à rien ? Notre décision est irrévocable. Notre *timing*

---

[1]. Lire à ce sujet le livre d'Honoré Ngbanda, *Crimes organisés en Afrique centrale*, op. cit.
[2]. *Ibid.*
[3]. C'est à la demande des États-Unis que l'Angola et le Tchad participèrent à la coalition contre Mobutu.

ne changera pas. Et vous ne saurez retarder même d'un jour le calendrier de cette guerre. Chaque mouvement de vos troupes, chaque acquisition de matériel de guerre par votre gouvernement sont suivis dans le détail, photographiés par nos satellites, et communiqués à nos unités au sol. » Les négociations se soldent par un échec...

Dans le même temps, les informations catastrophiques sur les réfugiés hutu s'amplifient cependant. Emma Bonino parle de *carnage*, de *boucherie*, d'*abattoir*. Depuis quelques semaines, dans le plus grand secret, quelques personnes, au plus haut sommet de l'État français, envisagent une opération militaire spécifiquement française pour venir en aide aux réfugiés et stopper la chevauchée rwando-ougandaise soutenue par Washington et incarnée par Laurent-Désiré Kabila. Lors d'un premier Conseil de défense sur le sujet, Jacques Chirac, très excité, soutenu par Charles Millon, ex-UDF et ministre de la Défense, enthousiaste à l'idée de devenir le maître d'œuvre d'une seconde opération « Kolwezi » – à l'instar de celle de mai 1978 menée par Valéry Giscard d'Estaing[1] –, donne son feu vert à l'étude de la faisabilité d'une telle opération dans le Kivu. Millon est porté par les militaires qui n'ont pas digéré les violentes attaques lancées contre eux après Turquoise et toutes les frustrations de l'affaire rwandaise. Dominique de Villepin, secrétaire général de l'Élysée, qui a toujours le dossier Rwanda en travers de la gorge, encouragé par Robert Bourgi, son conseiller occulte, ainsi que par Fernand Wibaux, qui soutiennent tous deux Mobutu, veut en découdre avec les *Khmers noirs*. Autour de la table, tout le monde ne partage pas l'enthousiasme de Charles et de Dominique. Alain Juppé, Premier ministre, Hervé de Charette, ministre des Affaires étrangères, et Michel Dupuch, conseiller Afrique de l'Élysée, ne sont pas favorables à une

---

1. Opération Kolwezi, voir note 1, p. 206.

telle intervention, estimant que l'isolement de la France sur la scène africaine aussi bien que mondiale, notamment à cause des dégâts produits par les attaques médiatiques et politiques dans l'affaire rwandaise, la rend impossible. Mais Jacques Chirac donne son feu vert...

L'état-major français lance une étude sur la faisabilité d'une intervention au Kivu. Il est commandé par le général Jean-Philippe Douin, qui a une parfaite connaissance de la situation au Kivu grâce à la DRM dirigée par le général Bruno Elie et alimentée par le lieutenant-colonel Pouly. C'est une nouvelle fois le Centre opérationnel interarmées (COIA), situé dans la « Cuve », qui la mène à bien avec l'état-major interarmées de planification opérationnelle (Emiapo) basé à Creil. La première réunion a lieu à Creil le 3 janvier 1997. Son objet ne laisse la place à aucune ambiguïté : « Mandat : Reconquête du Kivu par la France ». Sous-titré : « Avec (ou sans) opposition du Rwanda et de l'Ouganda ». Les premières propositions sont faites par le colonel Paillard. L'objectif est de prendre Kisangani et d'y installer la base principale. L'ENI (c'est-à-dire l'ennemi) est défini : Rwanda et Banyamulenge. Beaucoup du temps de la réunion est consacré aux réfugiés et aux ONG qui les aident, à la nécessité de les sécuriser, à l'utilisation possible par l'ENI desdits réfugiés... La question d'une alliance avec les mercenaires est soulevée ; celle de l'obligation d'impliquer plus ou moins les forces armées zaïroises est traitée également. Deux options militaires sont évoquées lors de cette première rencontre. Le colonel Paillard parle d'abord d'une opération « coup de poing », comportant le risque d'une attaque directe des Rwandais et des Ougandais et celui d'une « perte de face et de crédibilité ». Il parle ensuite d'une opération progressive, plus sûre, mais longue et coûteuse. Rendez-vous est pris pour le mercredi 8 janvier 1997, pour continuer à réfléchir. Un plan prévoyant notamment l'intervention de Mirage et d'hélicoptères de combat à partir de Bangui va être ainsi préparé. La DGSE est également mobilisée. Jacques Dewatre, son patron, est chargé d'envoyer par avion spécial – évidemment en secret – une équipe à Goma pour « baliser » le terrain et infiltrer les forces combattantes autour de Kabila...

Pour comprendre l'excitation de Chirac, Millon et Villepin, il faut avoir à l'esprit le contexte franco-américain. Les « couleuvres » américaines ont été de plus en plus difficiles à avaler par les Français. Fin 1996, Jacques Chirac vient en effet de perdre sa bataille contre les États-Unis pour le renouvellement de Boutros Boutros-Ghali, le *Frenchie*, au poste de secrétaire général de l'ONU. Parmi les griefs formulés contre lui, les Américains n'ont pas digéré son soutien à la France pendant la tragédie rwandaise, notamment à l'opération Turquoise. Bill Clinton a fait savoir au président français qu'il opposerait son veto s'il s'obstinait dans son soutien. Paris vient également de perdre un autre combat, celui de sa réintégration dans le commandement intégré de l'Alliance atlantique, l'Organisation du traité de l'Atlantique-nord (OTAN) que la France du général de Gaulle avait quittée en 1966. En janvier 1996, la France a même annoncé qu'elle accepterait de discuter avec ses alliés des questions nucléaires. Pour Jacques Chirac, il ne faisait pas l'ombre d'un doute que ce retour devait se faire « la tête haute », or cela n'a pas été le cas. Sur une suggestion de Jean-Philippe Douin, chef d'état-major français, il avait réclamé un grand commandement militaire, celui du « flanc sud », c'est-à-dire de la partie des forces de l'OTAN qui aurait à intervenir en Méditerranée. Le refus des Américains a été implacable et méprisant, accompagné de surcroît d'une campagne médiatique désagréable pour la France[1]. Ces humiliations sont venues s'ajouter aux blocages américains

---

1. Lire l'ouvrage de Jean Guisnel, *Les Pires Amis du monde. Les relations franco-américaines à la fin du XXe siècle*, Stock, 1999.

de toutes les initiatives ou velléités d'initiative de Paris dans la région des Grands Lacs, alors que les « yeux » et les « oreilles » de la France observaient l'implication militaire américaine au Kivu, censée pourtant ne pas exister.

Le général Elie accumule les preuves de l'implication américaine. De certaines notes[1] il aurait même pu déduire que la famille Clinton a quelques raisons personnelles de soutenir Laurent-Désiré Kabila. Jean-Raymond Boulle[2], propriétaire de l'American Mineral Fields (AMF), important soutien de Kabila[3], est en effet très lié au couple Clinton. En 1987, il a obtenu du gouverneur de l'Arkansas d'alors, Bill Clinton, l'autorisation d'exploiter une ancienne mine de diamants convertie en parc pour touristes. Il a été l'un des invités à l'investiture de Bill Clinton à la Maison-Blanche[4]... Les notes des espions militaires montrent l'implication de la baronne Chalker, alors ministre britannique du Développement extérieur, intime de Museveni, dans une campagne virulente contre la France. La baronne est un soutien inconditionnel de Museveni et de Kagame, au point même qu'elle a légitimé les massacres de Kibeho[5]...

Finalement, lors d'un second Conseil de défense,[6] Jacques Chirac annonce la suspension de l'opération au Kivu. Charette, Dupuch et surtout Juppé ont-ils réussi à convaincre le président des dégâts qu'une telle opération militaire provoquerait pour la France dans un contexte international très

---

1. Notamment de celles rédigées par Michel Pouly, le spécialiste à la DRM de l'Afrique des Grands Lacs.
2. Jean-Raymond Boulle est un sujet britannique d'origine mauricienne résidant à Monaco. Pendant la guerre de libération, il est arrivé à Goma, quartier général des rebelles, le 27 mars 1997. Avec un associé, il a acheté les diamants produits dans les territoires zaïrois sous occupation de Kabila. En avril 1997, il est reparti en Europe après avoir obtenu des concessions dans deux importantes zones minières.
3. Il a mis un petit avion cargo et un million de dollars à la disposition du chef rebelle.
4. In *Forbes* du 10 août 1998.
5. Voir le Mémorandum du Partenariat-Intwari, déjà cité, qui évoque même des actions clandestines (*covert actions*) menées par ou avec la baronne anglaise.
6. Le lecteur a noté que je ne connais pas les dates des deux conseils de défense.

défavorable à Paris ? Il n'y eut pas qu'eux à intervenir. Les États-Unis, probablement, et Bill Clinton en personne, ont vraisemblablement fait lourdement pression pour que cette intervention militaire, dont ils ont sûrement eu vent, et qui aurait conduit inéluctablement à des face-à-face entre « bérets rouges » et « bérets verts », soit annulée[1]. Jacques Chirac se montre peu loquace pour expliquer son retournement à ses interlocuteurs :

« Charles, je n'ai pas à t'expliquer, je ne peux pas t'expliquer, les Américains n'en veulent pas... aurait-il déclaré à son ministre de la Défense.

– J'ai tout préparé, il y a des mecs qui sont là-bas !

– Eh bien, défais tout... »

Le ministre fut bien obligé de tout défaire. D'un côté, le COAT a remisé ses plans et les Mirage pré-positionnés à Bangui ont été déplacés. De l'autre, au niveau de la DGSE, l'opération de détricotage était plus délicate, les opérations d'infiltration ayant été menées à bien. Le patron des « services » demande expressément à son ministre s'il peut « utiliser tous les moyens pour exfiltrer ses correspondants ». « Oui », lui est-il répondu. Un avion spécial de la DGSE s'envole de Cercottes (Loiret) pour Goma. Deux jours plus tard, il revient en France, et Jacques Dewatre peut annoncer à Charles Millon : « Opération réussie. »

Malgré toutes ces déconvenues, l'exécutif français cherche toujours à faire quelque chose pour venir en aide aux réfugiés hutu, mais tout ce qu'il esquisse est interprété comme une tentative visant à sauver Mobutu ou à prendre sa revanche sur Kagame. Dans ce contexte, quand Hervé de Charette, ministre des Affaires étrangères, déclare, début mars 1997, que le maréchal Mobutu est « incontestablement aujourd'hui la seule personnalité capable de contri-

---

1. Jacques Chirac a nié vigoureusement avoir changé d'avis sous pression américaine, lors d'un entretien, le 31 mai 2010.

buer à la solution » du « problème » de l'intégrité territoriale du Zaïre, il alimente la polémique. Jacques Chirac envoie Xavier Emmanuelli, secrétaire d'État français à l'Action humanitaire, au Zaïre pour faire une nouvelle fois le point sur la situation des réfugiés. « Il faut leur venir en aide de toute urgence, autrement ces gens vont disparaître », déclare Emmanuelli le lundi 10 mars, à Kinshasa, à l'issue d'une visite de quarante-huit heures. Il s'est notamment rendu à Ubundu, situé sur la rive droite du fleuve Zaïre, en amont de Kisangani où se regroupent dans un camp improvisé une partie des 160 000 réfugiés qui ont fui le camp de Tingi-Tingi, investi début mars par les rebelles de la coalition.

Dans la foulée, Jacques Chirac lance en Conseil des ministres un « appel solennel à la communauté internationale pour qu'elle prenne ses responsabilités en exerçant les pressions nécessaires pour obtenir l'arrêt des combats et la mise en œuvre des interventions humanitaires qui s'imposent de toute urgence au Zaïre ». Claire Tréan, dans *Le Monde*[1], résume la situation dans laquelle se débat la France : « L'appel lancé mardi 11 mars par Jacques Chirac à la communauté internationale [...] avait peu de chances d'être entendu. Il est même de nature à relancer les critiques, abondamment relayées depuis des mois par une large partie de la presse anglo-saxonne, contre la politique française et son "hypocrisie". En effet, alors que chacun attend, d'un jour à l'autre, la chute de Kisangani aux mains des forces hostiles au régime de Kinshasa, proposer d'y installer la base logistique d'une intervention internationale militaire, même si son objectif est humanitaire, c'est évidemment, pour la France, s'exposer de nouveau à toutes les suspicions. On y verra une nouvelle manœuvre pour stopper l'avancée des rebelles aux portes de la capitale du Haut-Zaïre et voler

---

[1]. Daté du 13 mars 1997 et intitulé « Les hypocrisies occidentales paralysent tout plan d'aide aux réfugiés ».

au secours d'un régime en déroute auquel la chute de Kisangani pourrait bien porter l'estocade finale. »

Et la journaliste du *Monde* de poursuivre : « Cette interprétation n'est du reste pas totalement erronée, et Paris ne s'en cache pas. Réclamer l'arrêt des combats, comme le fait le président de la République, c'est effectivement, entre autres, vouloir sauver Kisangani de l'assaut des rebelles. Mais quand bien même il y aurait derrière l'opération humanitaire que la France appelle de ses vœux un intérêt tactique, il n'en reste pas moins que les souffrances qu'elle vise à soulager sont réelles. Or, la plupart de ses partenaires non seulement ne veulent pas les voir, mais ils en récusent la réalité dans un déni d'évidence rarement vu à propos d'un drame d'une telle ampleur. "La France cherche à provoquer une discussion sur une situation qui n'existe pas", affirmait ainsi le ministre néerlandais de la Coopération, Jan Pronk, quelques jours avant que le secrétaire d'État français à l'Action humanitaire aille vérifier sur place, le week-end dernier, le drame des milliers de personnes qui ont fui, début mars, le camp de Tingi-Tingi. »

Quelques heures après l'appel de Jacques Chirac, les services de Kofi Annan confirment que le secrétaire général de l'ONU a échoué, fin février, à convaincre Américains et Britanniques de l'opportunité d'une opération humanitaire au Zaïre, et qu'il est donc vain de continuer à la réclamer au Conseil de sécurité.

Toujours sans rencontrer de résistance, les rebelles arrivent donc à proximité de Kisangani, capitale de la très vaste province Orientale, qui constitue, pour Laurent-Désiré Kabila, le dernier verrou avant Kinshasa.

Kisangani tombe le 15 mars 1997. La route de Kinshasa est libre pour Laurent-Désiré Kabila. C'est vraiment la fin de ce que Survie appelle encore la *Françafrique*. Même François-Xavier Verschave, alors président de l'association et co-créateur de ce concept, doît reconnaître que la chute de

Kisangani « a de bonnes chances d'être, au néo-colonialisme de la France, ce que Diên Biên Phu fut à son colonialisme : le signe de sa fin. Comme les symboles mènent l'Histoire, on peut s'attendre à un effet de souffle, à des ondes de choc dans tout le "pré carré" francophone, à commencer par la Centrafrique et le Congo ».

Il est vrai que le symbole est fort, d'autant plus que Jacques Foccart décède deux jours après la chute de la capitale du Haut-Zaïre.

Les opposants à l'intervention contre Laurent-Désiré Kabila et ses parrains ont eu raison de mettre en avant l'isolement de la France. Même au sein des pays africains francophones, ses amis, la France est alors totalement isolée. Un diplomate africain interrogé par *Le Monde*, mais qui souhaite garder l'anonymat pour ne pas faire de peine à ses amis, déclare : « On a du mal à nommer un seul pays qui, par sympathie pour la diplomatie française, soutienne encore la thèse de Paris. Si soutien il y a, il est extrêmement timide. Et la chute de Kisangani a marqué la fin d'une époque commencée sous Jules Ferry, la fin de la politique impériale, la fin de l'influence française en Afrique. » L'éditorial du *Monde* daté du 18 mars 1997 et intitulé « Triple faillite française » souligne ce grand tournant : « Avant même la chute annoncée du maréchal Mobutu Sese Seko, la déroute de Kisangani a d'ores et déjà marqué une autre défaite, celle de la politique menée par la France au Zaïre. Triple faillite : d'une ambition, d'une méthode et d'une morale. » Le ton définitif de cet éditorial reprend *grosso modo* la condamnation unanime de la politique africaine de la France ; mais l'article n'explique pas la part importante jouée par la désinformation et l'affrontement secret entre la France et les États-Unis sur le continent africain qui ont largement contribué à cette condamnation. La France paie comptant son « soutien » à Juvénal Habyarimana, chef du clan des « Méchants » et son opération Turquoise, qui est pourtant la seule action à avoir sauvé quelques Tutsi. Les Américains, eux, ont revêtu la tunique des héros en soutenant les « Bons », les Tutsi... Et pourtant les espions français n'ont pas eu la berlue quand ils ont constaté et rapporté dans des notes que les Forces spéciales américaines aident les militaires rwandais dans leur chasse aux Hutu. Une traque qui s'analysera probablement bientôt en un génocide. Le dernier rapport de l'ONU ne parle pas de l'implication américaine, mais un jour Washington sera obligé de rendre des comptes.

Aux questions de Paris, diplomatiquement, Washington dément alors catégoriquement que les militaires américains envoyés au Rwanda dans le cadre d'un programme de coopération bilatérale établi lors du changement de régime à Kigali, en 1994, aient eu d'autres missions qu'humanitaires, depuis la formation au déminage jusqu'à l'enseignement d'un code de justice militaire dans un pays ravagé par la guerre civile. Pourtant, le Pentagone va être contraint de lâcher du lest à la suite d'une audition, le 16 juillet 1997, de l'association Physicians for Human Rights (PHR, Médecins pour les droits de l'homme), devant la commission des Affaires internationales de la Chambre des représentants, sur le Congo. Les représentants de PHR dénoncent « le rôle crucial que le vice-président et ministre de la Défense rwandais, Paul Kagame, continue de jouer au Congo », et affirment que « les forces spéciales de l'armée américaine entraînent l'armée rwandaise au Rwanda depuis au moins le début 1996 ; le fait que cet entraînement se soit étendu aux opérations antiguérilla et aux frappes chirurgicales [*surgical strikes*] au-delà de la frontière est particulièrement préoccupant ». Bill Twaddell, représentant du Pentagone présent à cette audition, nie tout en bloc. Mais les membres de la commission, ébranlés, demandent par écrit, le 22 juillet, des explications au Département de la Défense. Le Pentagone leur répond le 19 août sous la forme d'un résumé chronologique de huit pages, accompagné de tableaux (notamment sur les dépenses engagées), des « activités militaires américaines au Rwanda depuis 1994 ». Pour l'année 1996, le document fait état de « l'"entraînement combiné" [*joint/combined exchange training*], dans le cadre duquel neuf instructeurs américains des "Special Forces" en "tenue de camouflage" [*battle-dress uniform*] forment, du 15 juillet au 30 août, 30 soldats rwandais au "commandement de petites unités", aux "compétences tactiques" [*tactical skills*], à la "progression terrestre" [*land navigation*], au "secours d'urgence" [*first aid*] et à l'"habileté au tir" [*basic rifle marksmanship*]. » L'entraînement aux « compétences tactiques », est-il précisé, est surtout axé sur le comportement « tactique » des patrouilles de reconnaissance [*tactical patrolling*] ; quant à l'entraînement au tir, il a été mené dans le camp d'entraînement de Gabiro, à l'est du Rwanda, et comprend « la familiarisation et le perfectionnement avec les armes attribuées ». Parallèlement, la formation au déminage se poursuit. Du 2 novembre au 10 décembre 1996, soit à l'époque où commençait l'offensive des forces de Kabila appuyées par des troupes rwandaises, le Pentagone reconnaît qu'une unité militaire américaine des « affaires civiles » a entraîné des hommes de l'armée et de la gendarmerie rwandaises à la planification et à l'exécution d'opérations impliquant les populations civiles, en particulier les personnes déplacées. Également en novembre, une équipe d'entraînement en « communication » (*public information*) a « formé des instructeurs rwandais à la planification et à l'exécution de campagnes médiatiques axées sur les thèmes du rapatriement des réfugiés et de la réconciliation » ; cette équipe était rattachée à la « Force des opérations psychologiques » (*Joint psychological operations task force*) du commandement américain dans la région[1].

---

1. Sylvie Kauffmann, « Les États-Unis ont entraîné l'armée rwandaise au combat et à la guérilla », *Le Monde* du 28 août 1997.

Ce document confirme donc que les États-Unis ont bien participé activement à une mission de désinformation sur ce qui se passait alors au Zaïre, et permet de mieux comprendre la façon dont les médias ont rendu compte de ces six mois d'horreur, ne laissant apparaître qu'une traque – considérée comme légitime – des miliciens *Interahamwe*, c'est-à-dire des *génocidaires*, conduite par une rébellion interne des *Banyamulenge* prétendument menacés.

Au Zaïre, au sommet de l'État, on a constaté très tôt la volonté de désinformer : « Les puissants médias américains en tête, écrit Honoré Ngbanda, avaient déclenché une vaste campagne médiatique de mensonges et d'intoxication [...], mais la réalité du terrain a vite rendu ridicule cette version fallacieuse[1]. »

Howard French, journaliste au *New York Times*, qui a couvert la guerre du Zaïre – dont le nom de code donné par l'administration Clinton était « Solutions africaines à des problèmes africains » –, a raconté la faillite de cette couverture médiatique[2]. Comment les journalistes s'étaient laissé entraîner par une histoire de « bons », les Tutsi, et de « méchants », Mobutu et les Hutu, et comment ils n'avaient pas vu ou plutôt pas voulu voir le monstrueux coût humain de cette guerre : « Du début à la fin, cette guerre n'a été rien de moins qu'une invasion tutsi en provenance du Rwanda, écrit le reporter. [...] Le plus puissant facteur sous-entendant notre désinformation a été une absolue sympathie naturelle pour les Tutsi à la suite du génocide rwandais. » Le journaliste américain parle de l'analogie qui, depuis le départ, a été faite avec Israël, avec les Juifs d'Europe et avec l'Holocauste, et a inspiré la politique de Washington en Afrique centrale. Et Howard French de souligner longuement le rôle important joué par Philip

---

1. Honoré Ngbanda, *Crimes organisés en Afrique centrale*, op. cit.
2. Howard W. French, *A Continent for the Taking, The Tragedy and Hope of Africa*, First Vintage Books Edition, 2004.

Gourevitch, chroniqueur au *New Yorker*, dans cette désinformation, aussi bien dans le cas de la tragédie rwandaise que dans celui de la guerre du Zaïre.

Gourevitch a effectivement largement contribué à installer la version de Paul Kagame à travers le monde. Admirateur inconditionnel du dictateur tutsi, qu'il compare à Ben Gourion et à Moshe Dayan, et du nouveau Rwanda, qu'il perçoit comme un *black Israel* et dans lequel il a séjourné quelques mois après le génocide, son inconditionnalité l'a conduit à applaudir son héros quand celui-ci a envoyé ses soldats massacrer les réfugiés de Kibeho, puis quand il a envahi le Kivu, ne voyant dans cette chevauchée rien d'autre qu'un processus de décolonisation.

Le journaliste du *New Yorker* écrit son livre *We Wish to Inform You That Tomorrow We Will Be Killed With Our Families : Stories from Rwanda (Nous avons le plaisir de vous informer que demain nous serons tués avec nos familles, chroniques rwandaises*[1]*)* en tapant à plume raccourcie sur la France. Selon Howard French, Gourevitch a exercé une très forte influence sur Clinton lui-même. Le président américain aurait fait sienne sa vision de la région des Grands Lacs, exposée dans ses articles parus dans le *New Yorker* et dans *Forward*, ainsi que dans son livre. Publié chez un éditeur new yorkais très en vue en 1998, alors que son auteur est âgé de 37 ans, *Nous avons le plaisir de vous informer que demain nous serons tués* lui vaut une énorme reconnaissance.

Celui qui reçoit une multitude de prix littéraires et acquiert alors une très grande notoriété grâce à son livre, a fonctionné comme un agent de propagande de Madeleine Albright, la secrétaire d'État de l'administration Clinton, qui a longtemps été ambassadeur des États-Unis à l'ONU, et qui est éminemment impliquée dans la politique américaine

---

[1]. La version française est disponible aux éditions Gallimard, coll. « Folio Documents ».

en Afrique centrale. Il est en effet le beau-frère de Jamie Rubin, alors le directeur du bureau de presse de Madeleine Albright. Le même Rubin a été le chef d'orchestre de la campagne d'intoxication des médias couvrant les Grands Lacs, qui n'a pas échappé au lieutenant-colonel Pouly et au colonel Tracqui. C'est Rubin qui a arrangé avec la célèbre Christiane Amanpour la (si belle) couverture par CNN du rapatriement de centaines de milliers de réfugiés hutu à la frontière zaïro-rwandaise, après la fermeture du grand camp de Mugunga : « Elle n'était pas intéressée à voir les aspects douteux de l'opération. Son travail était carrément mensonger[1] », explique Robin Philpot. Même Colette Braeckman, la spécialiste du *Soir*, n'a pas admis les manipulations américaines :

« Les Européens n'ont pas été seulement exclus de la conduite de cette guerre à l'africaine qui a combiné les acquis de la tradition, de la modernité et des luttes de libération. Ils ont également été écartés physiquement, et les journalistes occidentaux ont été systématiquement tenus éloignés du front. En cette fin du XXe siècle qui voit la presse en première ligne, il est extraordinaire de constater qu'aucun journaliste occidental, aucun caméraman ni photographe n'a été autorisé à approcher les sites des combats ni du côté des rebelles, ni du côté du gouvernement[2]. »

Raymond Chrétien, représentant spécial du secrétaire général de l'ONU dans la région des Grands Lacs, le reconnaît bien volontiers : « C'est sûr qu'on a utilisé les médias ! »

Christiane Amanpour, la correspondante internationale en chef de CNN, est devenue quelque temps plus tard l'épouse de Jamie Rubin.

La guerre médiatique menée par Washington aussi bien avec les *psyops* du Pentagone qu'avec les attachés de presse

---
1. Robin Philpot, *Ça ne s'est pas passé comme ça à Kigali*, op. cit.
2. Colette Braeckman, *L'Enjeu congolais. L'Afrique centrale après Mobutu*, Fayard, 2009.

du Département d'État pour tordre la réalité de la guerre du Zaïre et associer la France aux *bad guys* s'est révélée très efficace.

Dans le même temps, militaires et diplomates US font bonne figure, face à leurs collègues français, dans les nombreuses instances où ces « amis » se rencontrent. Les Américains auraient eu bien tort de ne pas pratiquer ce jeu tordu puisque les politiques français estimaient qu'ils n'étaient plus en position de s'opposer à eux…

Par-delà leur rapport compliqué avec Washington, les dirigeants français n'ont toujours pas une vision globale de ce qui est en train de se passer dans l'Afrique des Grands Lacs. Outre le renversement programmé de Mobutu, il s'agit en effet d'un vaste projet régional soutenu non seulement par les Américains, mais aussi par la Grande-Bretagne et Israël, qui vise à l'éclatement du Zaïre (avec l'appui de certaines multinationales) et le renversement du régime de Khartoum, le tout exécuté sous la houlette de Paul Kagame, nouvelle idole de l'administration Clinton : « L'administration Clinton a eu tendance à voir le Congo par l'optique de Kigali, ce qui était une mauvaise évaluation », a pu déclarer Herman Cohen[1], ex-responsable « Afrique » au sein de l'administration Bush père. L'objectif, en bref : un changement complet de la carte d'Afrique et la mise sous tutelle d'un pays éclaté…

Les rebelles de la Coalition conduits par James Kabarebe arrivent, sans difficulté et sans effusion de sang, à Kinshasa le 17 mai 1997. Mobutu, qui a déjà quitté Kinshasa quelques jours auparavant, vient de s'envoler de son village, Gbadolite, pour le Maroc, la veille. L'officier rwandais Kabarebe a raconté devant les caméras de l'agence de presse Capa : « J'ai appelé Kabila sur son téléphone satellite, il a

---

[1]. À Congopolis, le 15 octobre 2002.

décroché. Et je lui ai dit qu'on avait pris Kinshasa. Il a dit : Vous êtes sûrs ? Il était tout excité. Il était très heureux. Je lui ai tout dit : Tout est fini, tu peux venir ! Il a dit : Tu es sûr ? J'ai compris qu'il était dans sa maison de Lubumbashi et qu'il sautait au cou du colonel Murokozi qu'il a même fait tomber par terre. J'ai entendu Murukozi appeler au secours, parce que Kabila l'étouffait. Vous vous imaginez Kabila par terre écrasant Murukozi de tout son poids ? Il avait du mal à respirer. Kabila hurlait : Je suis chef ! J'ai le pouvoir ? Je suis président du Congo ! Je suis tout[1] ! »

Le jour de la prise de Kinshasa, Laurent-Désiré Kabila, depuis Lubumbashi, s'auto-proclame président de la République, éliminant ainsi Étienne Tshisekedi, l'opposant très populaire de Mobutu. Un comportement qui montre que ses parrains, tant africains qu'anglo-saxons, qui ont motivé leur lâchage de Mobutu par une volonté affichée de remplacer un régime dictatorial pourri par une démocratie, n'ont que faire d'un passage par les urnes. Pour ceux qui n'auraient pas compris, les faits parlent : le 20 mai, Médecins sans frontières met les points sur les i en accusant l'AFDL d'avoir exterminé 190 000 réfugiés rwandais ; le 26 mai, Kabila suspend tous les partis après avoir fait interpeller Tshisekedi. Les nominations faites par le nouveau président du Congo montrent bien que, à son arrivée à Kinshasa, Kabila est une marionnette. Les Rwandais vont détenir les postes-clés du nouveau régime, notamment celui de chef d'état-major de l'armée qui revient à James Kabarebe, l'homme qui a supervisé la conquête...

Washington a gagné. Mais l'administration américaine ne se fait pas d'illusion sur la fiabilité de son nouvel allié. Début mars 1997, Honoré Ngbanda interpelle sèchement Dan Simpson, l'ambassadeur des États-Unis à Kinshasa :

---

1. Dans le film de Jihan El-Tahri, avec la collaboration de Peter Chappell, *L'Afrique en morceaux*.

« Comment pouvez-vous aujourd'hui vous acoquiner avec celui que vos services qualifiaient encore hier de "bandit" et d'"escroc" pour combattre Mobutu ? On dirait que vous avez brûlé vos archives !

– Qui vous dit que Kabila est devenu notre ami ? répond l'autre en arborant un sourire narquois et cynique. Pour l'heure, nous avons besoin de lui. Mais nous lui réglerons son compte quand nous en aurons fini avec lui. Pour l'heure, il est l'homme qu'il nous faut ! Nous savons bien qu'il n'a pas le profil pour diriger ce pays. »

C'est déjà ce que pensent les Rwandais. Dans les jours qui suivent la chute de Mobutu, Emmanuel Ndahiro, un des patrons des services secrets extérieurs du Rwanda, rédige, à l'intention de personnalités tutsi influentes à l'extérieur du pays, une note[1] qui vise à consolider l'influence rwandaise au Kivu. Cette note anticipe déjà un possible retournement de Laurent-Désiré Kabila. Ndahiro réclame des « mesures urgentes et appropriées à la sauvegarde de notre projet » : « Lorsque nous nous sommes réunis à Kisoro (Ouganda), du 3 au 5 juin 1997, juste après notre victoire qui a conduit à la chute du dictateur Mobutu, nous avons souligné la nécessité de renforcer notre promesse en affectant nos meilleures ressources humaines dans les services qui s'occupent de la sécurité, de l'économie, des finances et de l'administration, particulièrement dans les provinces du Nord et du Sud-Kivu qui sont partie intégrante de notre patrie. Cette stratégie est censée faciliter notre contrôle de la République démocratique du Congo et consolider davantage notre influence dans la région des Grands Lacs [...]. Pendant que nous attendons vos propositions concrètes à soumettre pour approbation à la réunion qui se tiendra à Mbarara, Ouganda, du 17 au 19 juillet 1997, nous devons

---

1. Voir le Mémorandum du Partenariat-Intwari, envoyé par son président, le général Emmanuel Habyarimana, le 15 février 2008, à Ban Ki-moon, secrétaire général de l'ONU.

appeler l'ensemble de nos leaders dans la République démocratique du Congo à rester vigilants, jour et nuit, parce que Kabila est un lumumbiste. » Lucide et prévoyante, la note poursuit sous forme d'avertissement : « Vous savez très bien que les lumumbistes sont des nationalistes. Ils pourraient un jour se rebeller contre nous et nous chasser du Congo. Les Congolais sont comme les Hutu. Ils sont ingrats... » Et en guise de conclusion : « Enfin nous voudrions vous informer que certains de nos amis ont commencé à nous tourner le dos et à nous discréditer. Ils nous traitent de "marchands de guerre", voire de "génocidaires". Ils menacent de nous retirer leur soutien. Nous devons instamment trouver des stratégies pour traiter adéquatement cette situation. »

Il n'empêche, le nouvel homme fort de Kinshasa est tenté, pendant l'été 1997, de poursuivre le travail amorcé par ses parrains contre l'influence française en Afrique, en faisant basculer le Congo voisin dans son camp. Mais le Congo-Brazzaville est dirigé par l'imprévisible Pascal Lissouba, dont le mandat se termine le 31 août. Or, celui-ci sait depuis le mois d'avril, par un sondage qu'il a commandé, qu'il n'a aucune chance de remporter des élections transparentes et que si le scrutin se déroule démocratiquement il devra céder sa place de président à Denis Sassou Nguesso, son implacable ennemi. Depuis plus de trois mois, Lissouba a tout mis en œuvre pour éliminer Sassou et continuer à diriger le Congo : il achète des armes, loue des mercenaires, corrompt – avec l'argent d'Elf –, mais à sa manière totalement fantasque. Vu de l'extérieur, on dirait une mouche se débattant dans un bocal. Dès la prise de Kinshasa, Kabila et ses parrains rwandais se méfient de Lissouba à cause du soutien qu'il a apporté au maréchal Mobutu jusqu'à la fin de son régime.

Le 5 juin 1997, Lissouba lance ses blindés pour encercler la résidence de Sassou Nguesso. Sassou, aidé de ses partisans, mais aussi d'anciens soldats mobutistes et surtout d'anciens soldats hutu des FAR réfugiés dans le camp de Kintele, à quarante kilomètres au nord de Brazzaville, résiste et bouscule les soldats de Lissouba. Les ex-FAR jouent dans cette bataille un rôle déterminant. Ils ont spontanément aidé Sassou, exaspérés qu'ils sont par l'attitude hostile de Lissouba à leur égard. Lissouba a en effet menacé les réfugiés de les rapatrier de force au Rwanda, à la demande de Kigali. Son armée a de surcroît bombardé le camp de réfugiés rwandais de Kintele.

Lissouba cherche alors vainement à mobiliser la France, qui n'entend plus intervenir directement, mais suit attentivement la situation et appuie la médiation d'Omar Bongo, qui a le concours de l'OUA, de l'ONU et des présidents amis. Lissouba commet alors une grave erreur : il fait appel à Jonas Savimbi, chef de l'UNITA, ce qui revient à agiter un chiffon rouge devant les yeux de Dos Santos, le président de l'Angola. Pour comprendre l'histoire compliquée de l'Afrique centrale, il faut toujours avoir en tête la lutte fraticide que se sont menée Dos Santos et Savimbi jusqu'à la mort de ce dernier en février 2002. Washington, qui soutenait à la fois Mobutu et Savimbi, a lâché à son tour le chef de l'UNITA en 1993. Affaibli, Savimbi a signé avec son vieil adversaire les accords de Lusaka en 1994. Tout le monde espère alors que cela en est fini de la guerre civile angolaise qui a fait au moins 500 000 morts, 100 000 blessés et quelque 4 millions de déplacés. Malgré la présence de membres de l'UNITA au gouvernement angolais, l'affrontement a continué.

C'est dans ce contexte que Dos Santos apporte son soutien à l'AFDL, parce que Mobutu continuait à soutenir Savimbi... À partir du moment où Lissouba soutient Savimbi, Dos Santos ne peut pas rester les bras croisés : il décide donc d'intervenir – d'abord secrètement – contre Lissouba. Les services secrets angolais vont faire feu de tout bois avant de laisser la place aux troupes régulières. Appuyée par ses alliés rwandais et ougandais, la toute nouvelle République démocratique du Congo (RDC) se rapproche de Lissouba au fur et à mesure que ce dernier s'estime lâché par la France. Pascal Lissouba semble du reste plus ouvert que Sassou Nguesso à une présence américaine en Afrique centrale. N'a-t-il pas déjà tenté, en 1993-94, de se rapprocher des Américains, et ses milices ne sont-elles pas entraînées par des spécialistes israéliens dans le camp de Loudima, sous la houlette du colonel Boro, installé à Kinshasa ?

Au cours des négociations qui se déroulent à Libreville, Pascal Lissouba, qui refuse de céder le pouvoir, accuse le Gabon et la France de soutenir les rebelles de Sassou Nguesso. Après une rencontre avec Lissouba, le 16 août 1997, Laurent-Désiré Kabila propose l'envoi à Brazzaville d'une force d'interposition dont les contingents seraient fournis par des pays d'Afrique centrale et orientale. Radio-Congo accuse Bongo de privilégier Sassou Nguesso, dont il a épousé la fille aînée, et reproche aux deux hommes d'être trop étroitement liés aux intérêts français au Congo. Bongo « a cédé aux pressions de la France et d'Elf-Aquitaine », qui ont provoqué « l'échec de la médiation internationale » de Libreville, ressasse la radio de Lissouba. Kabila et Lissouba se retrouvent sur un point, ils partagent tous deux un même sentiment antifrançais : « La France est un parasite moderne dont le Congo doit se débarrasser très vite », dit Radio-Congo. Kinshasa répète : « La réaction française démontre l'archaïsme des relations entre la France et l'Afrique. »

Des émissaires continuent à faire la navette entre Libreville et Brazzaville pour préparer le sommet de huit chefs d'État africains du 14 septembre. La veille, Lissouba envoie de Kigali, où il est allé se faire adouber par Paul Kagame, un message pour dire qu'il sera bien le lendemain à Libreville. Mais, le lendemain, il ne vient pas, préférant rendre visite à Kabila. Lequel se lasse à son tour d'un Lissouba inconsistant qui n'a pas hésité à faire tirer des obus sur Kinshasa, la capitale jumelle de Brazzaville, sur l'autre rive du fleuve, en voulant faire accroire qu'ils provenaient de Sassou... Finalement, le 15 octobre 1997, Sassou prend définitivement le dessus sur Lissouba. Le Congo ne rejoint pas le nouveau camp sous influence anglo-saxonne[1].

---

1. Pour plus d'information sur cette guerre, lire : Gérard Prunier, *Africa's World War : Congo, the Rwandan Genocide, and the Making of a Continental Catastrophe*, Oxford University Press, 2010 ; René Lemarchand, *The Dynamics of Violence in Central Africa*, University of Pennsylvania Press, 2009 ; Thomas Turner, *The Congo Wars : Conflict, Myth and Reality*, Zed Books, 2007.
Et surtout, voir le documentaire d'Hubert Sauper et Zsuzsanna Varkonyi, *Kisangani Diary* (1997), plusieurs fois primé.

17

Kabila ne fait pas l'affaire...

Installé au pouvoir le 17 mai 1997 par le Rwanda, l'Ouganda, l'Angola et les États-Unis, Laurent-Désiré Kabila va se débarrasser rapidement de ses oripeaux de marionnette pour redevenir le nationaliste zaïrois qu'il avait été dans les années 1960. Il oublie les engagements qu'il a souscrits en octobre 1996 à Lemera de céder une grande partie de l'est du pays et ne rêve déjà plus que de chasser les étrangers qui pillent ses richesses. Il ne veut plus être à la tête d'un État sous tutelle et souhaite tout simplement rétablir le Zaïre, devenu RDC, dans sa souveraineté, en commençant par réhabiliter les infrastructures de base et l'appareil d'État.

Malgré le soutien réel, et surprenant, du peuple, qui l'avait perçu à son arrivée à Kinshasa comme l'homme des Rwandais, il se retrouve paradoxalement très isolé, car, pas plus maintenant qu'avant, ceux qui se considèrent comme les maîtres légitimes du Zaïre ne sont installés à Kinshasa et ne souhaitent l'aider à créer un État qui fonctionne un tant soit peu. La « communauté internationale », Belgique en tête, le méprise et lui refuse l'argent nécessaire pour faire redémarrer le pays. Plus grave encore, il est enfermé, piégé par les Rwandais qu'il a lui-même installés aux postes-clés de l'État, notamment James Kabarebe, l'homme qui l'a militairement conduit à Kinshasa et dont il a fait son chef d'état-major. Les frictions puis les affrontements se multiplient entre les deux hommes à propos de ceux que le nouveau régime de Kigali appelle les « génocidaires », c'est-à-dire tous les Hutu rwandais réfugiés au Zaïre, parmi lesquels figurent effectivement des *Interahamwe* (ex-miliciens), mais, très majoritairement, des ex-militaires des FAR et des civils.

Laissons d'abord la parole à James Kabarebe, qui, quatre ans après les faits, se souvient de cette période délicate[1] : « Il [Kabila] a fait circuler des rumeurs sur la complicité des Rwandais avec Tshisekedi, reprochant à Kigali de masser des troupes le long de la frontière. Il a nommé sans me consulter des généraux proches des génocidaires à la tête des régions limitrophes du Rwanda, avec pour instruction d'organiser les milices *Interahamwe* pour qu'elles puissent lancer des opérations militaires contre mon pays. Quand je lui en ai parlé, il a nié les faits, mais il est encore devenu plus hostile aux Rwandais, désormais informés de son plan. C'est ainsi que j'ai échappé à plusieurs tentatives d'assassinat. »

Dès avril 1998, les Rwandais font savoir aux Angolais qu'ils entendent débarquer le *Mzee* (le « Sage »), surnom donné au chef de l'État congolais. L'Afrique du Sud, d'accord avec ce projet, a fourni à cette fin à Kigali des équipements militaires pour une valeur de 100 millions de dollars. À Kigali, un officier de renseignement confie à Colette Braeckman : « Les Américains nous ont demandé d'écarter Kabila, qui ne leur convient pas[2]. »

À la frontière entre le Zaïre et le Rwanda, les Américains ne prennent même plus la peine de se cacher. Kabila sait dès lors que sa vie est en danger. Jusqu'à sa mort, il va vivre dans la hantise des complots, changer constamment et au dernier moment de domicile, de parcours, de mode de transport... Le 1er juin 1998, il limoge cinq de ses ministres,

---
1. In *Jeune Afrique-L'Intelligent* du 29 avril au 12 mai 2002.
2. Colette Braeckman, *Les Nouveaux Prédateurs, op. cit.*

pour la plupart d'origine rwandaise. Et si l'on en croit James Kabarebe, le *Mzee* fomente lui aussi de nombreux complots et tentatives d'assassinat : « La plus spectaculaire est intervenue en mai 1998. Laurent-Désiré Kabila était à Lubumbashi et m'a demandé de le rejoindre d'urgence. Il m'a informé qu'un hélicoptère m'attendait à la base militaire. Arrivé sur le tarmac, j'ai senti le piège et ai refusé d'embarquer. L'appareil a explosé quelques minutes après avoir décollé. Il a essayé à plusieurs reprises de rééditer son coup, jusqu'au jour où je me suis rendu au Palais de marbre sans y être invité. Je lui ai dit que, s'il m'arrivait malheur, il ne me survivrait pas longtemps. La situation était intenable. J'en ai informé le président Kagame, qui m'a ordonné de rentrer. Pour lui transmettre ce message, j'ai exigé d'être accompagné par le général Célestin Kifwa, patron de la police, en lui précisant qu'au moindre coup fourré je l'abattrais de mes mains. Kabila a demandé d'organiser notre départ. Il n'y avait plus que 199 Rwandais à Kinshasa, je suis parti le dernier[1]. »

Les Rwandais qui occupaient des postes de responsabilité sont partis le 27 juillet. Cinq jours plus tard, James Kabarebe, nouveau chef d'état-major des forces rwandaises au Zaïre, déclenche une offensive dans le Kivu ; trois semaines plus tard, il en fait porter la responsabilité à un mouvement prétendument rebelle, appelé RCD-Goma (Rassemblement congolais pour la démocratie, basé à Goma), qui est une pure création de Kigali. Les militaires du RCD-Goma s'approvisionnent au Rwanda, notamment en armes et en munitions sophistiquées (par exemple, en obus capables de percer le blindage des tanks) prêtées par un Israélien[2] ; ils disposent de Sam 7 (l'arme qui a été utilisée par l'APR de Paul Kagame pour abattre l'avion de Juvénal Habyarimana)

---

1. Interview dans *Jeune Afrique-L'Intelligent, op. cit.*
2. Témoignage d'un ancien combattant.

et n'hésitent pas à s'en servir pour abattre des avions. Le 11 octobre 1998, un Boeing 727, avec 40 civils à son bord, est ainsi abattu par les rebelles.

Entrent aussi en guerre, contre le pouvoir « central » de Kabila, le MLC (Mouvement pour la libération du Congo), dirigé par Jean-Pierre Bemba et soutenu par l'Ouganda, ainsi que deux mouvements plus modestes encouragés par Kigali et Kampala, le RCD-ML (Rassemblement congolais pour la démocratie – mouvement de libération) et le RCD-N (Rassemblement pour la démocratie nationale). Les rebelles contrôlent rapidement les principales villes du Kivu frontalier du Rwanda et du Burundi : Goma, Bukavu et Uvira. Le 23 août 1998, Kisangani tombe entre leurs mains. James Kabarebe tente une opération aventurée en prenant pied dans le Bas-Congo, à quelque 2 000 kilomètres du Rwanda, et en s'appuyant sur d'anciens soldats mobutistes dans l'espoir de prendre plus rapidement Kinshasa. Le coup d'éclat va se transformer en fiasco, contrarié qu'il est par l'Angola, Dos Santos s'étant rapproché de Laurent-Désiré Kabila.

Le *Mzee* ne reste pas les bras croisés. Le 2 août, la chasse aux Rwandais est lancée dans tout le Zaïre, hormis dans l'Est. Pour faire front, Laurent-Désiré Kabila négocie l'appui de l'Angola, de la Namibie, du Tchad et du Zimbabwe, qui dépêchent des troupes au Zaïre. Luanda accepte de faire de Kabila son allié dans sa lutte contre l'UNITA de Jonas Savimbi, son combat principal. Le 25 août 1998, grâce à l'appui de troupes zimbabwéennes et angolaises, Kinshasa reprend le contrôle de l'ouest (Bas-Congo) frontalier de l'Angola, où Luanda voulait prendre à revers les troupes de l'UNITA. Kabila réussit aussi à mobiliser le peuple congolais contre les envahisseurs. Il n'empêche que les troupes dépendant de Kigali et de Kampala occupent toujours le nord et l'est du pays.

Dans ce contexte, Laurent-Désiré Kabila accepte la main tendue par d'anciens officiers de l'armée rwandaise pourchassés depuis 1994. Après la destruction des camps de réfugiés hutu dans l'est du Zaïre et le massacre des fuyards dans les forêts congolaises, l'année précédente, quelques officiers supérieurs, ex-FAR rescapés, se sont en effet retrouvés à Nairobi, au mois de mai 1997, et ont cherché les voies et moyens de poursuivre la lutte pour défendre les réfugiés survivants, toujours menacés par le Front patriotique rwandais (FPR) : pour cela, ils ont organisé la liaison entre les différents groupements de réfugiés et une résistance disséminée dans l'est de la RDC, au Congo-Brazzaville, en République centrafricaine, en Tanzanie et au Rwanda, puis ils ont noué des contacts indirects avec Kabila. Après le 2 août 1998, ces contacts deviennent directs. La petite cellule se déplace même à Kinshasa. Elle propose de mobiliser ses combattants et de ramener au Zaïre ceux qui sont à l'extérieur, pour aider Kabila dans un combat qui est aussi le sien. Elle entend ainsi renforcer la résistance des forces d'autodéfense des réfugiés, à l'Est, reconstituer une force armée pour s'opposer au FPR avec comme objectif ultime la reconquête du pouvoir.

Le premier contingent de quelques milliers de ces combattants ex-FAR rassemblés à Brazzaville traverse le fleuve Congo et est reçu à Kinshasa le 3 octobre 1998. Un deuxième contingent en provenance de Brazzaville suit au début de novembre 1998, et un troisième, moins important, arrivera en janvier 1999. Un bataillon viendra de République centrafricaine en décembre 1998, un autre de l'Angola, *via* Kolwezi et le Kasaï occidental. Quelque 7 000 combattants seront ainsi mobilisés sur le front intérieur, tandis que la force d'autodéfense des réfugiés résistera avec les combattants locaux Maï-Maï sur le front de l'Est. En décembre 1998, un bataillon d'ex-FAR traversera le Congo-Brazzaville pour venir aider Sassou à mater une rébellion[1].

---

1. Une seule compagnie, commandée par un sous-lieutenant, réussit à renverser le rapport de force en faveur de Sassou et à installer celui-ci au pouvoir.

Ce rapprochement avec les « génocidaires », comme disent Rwandais et Ougandais, mais aussi leurs amis et protecteurs américains, ne vaut pas des bons points à Kabila. Les préparatifs d'attentats et de coups d'État se multiplient contre lui. Au cours du mois d'août 1999, deux espions britanniques sont arrêtés aux abords de l'aéroport de Ndolo, à Kinshasa : ils sont accusés de préparer l'arrivée de rebelles. Ils sont ensuite remis à l'ambassade de Grande-Bretagne à Kinshasa. Interrogé, l'ambassadeur britannique se contente de répondre qu'il s'agit de membres de l'ambassade venus voir comment on pouvait procéder à l'évacuation des étrangers européens au cas où surviendrait une attaque dans Kinshasa. À la même époque, trois « missionnaires » blancs, américains cette fois, sont appréhendés à Lubumbashi, porteurs de fusils d'assaut avec balles explosives. Dans le sous-sol de leur maison d'habitation, protégé par un système électrique, sont trouvées des jumelles infrarouges de vision nocturne, des armes et des lunettes de tir de précision, le tout portant l'inscription « US Army ». Les trois hommes faisaient la navette entre Lusaka et Lubumbashi et avaient été filés.

Il s'agit en réalité d'un commando chargé d'étudier les moyens d'abattre Kabila lors d'un de ses nombreux passages à Lubumbashi. Ils sont eux aussi relâchés et remis à l'ambassade américaine à Kinshasa. Interrogé, l'ambassadeur William Lacy Swing affirme qu'ils sont des missionnaires venus faire du tourisme à titre privé. Questionné sur le fait qu'ils détenaient des armes d'assaut de gros calibre, il répond que ces armes leur servaient à abattre du gibier pour se nourrir. Au cours de la même période, trois espions américains sont également arrêtés à Harare, la capitale du Zimbabwe ; ceux-là sont emprisonnés, jugés et condamnés. Les Américains enverront Kofi Annan pour les faire libérer…

Mis au ban de la communauté internationale, Kabila est victime d'une incroyable campagne de dénigrement : il est traité à son tour de « génocidaire » ; on en fait le responsable de la mort de 200 000 Hutu en 1996-97 – alors que ce sont les soldats de l'APR de Paul Kagame qui en ont été les principaux responsables – et l'instigateur du massacre des Tutsi dans le pays en août 1998. Mais le *Mzee* résiste, au grand dam des nouveaux parrains de l'Afrique centrale, l'administration Clinton en tête.

Ces derniers vont alors tenter un coup d'État beaucoup plus sophistiqué pour renverser l'*ingérable* Kabila. Ils se souviennent des accords d'Arusha, qui, autour du tapis vert diplomatique, avaient légitimé, sans en référer au peuple rwandais, la rébellion militaire du FPR sur la scène internationale, et exigé du régime Habyarimana d'accepter un partage du pouvoir à parité avec le mouvement ultra-minoritaire. Comme naguère avec le président rwandais Habyarimana, la « communauté internationale » accepte donc d'aider Kabila à condition que celui-ci organise son propre suicide ! En juillet 1999, menacé par les troupes rwandaises à Mbuji-Mayi, dans la province du Kasaï oriental, capitale du diamant, Kabila accepte de signer les accords de Lusaka[1] qui entérinent la rébellion soutenue par Kigali et Kampala et reconnaissent aux rebelles qui pillent le pays le statut de forces démocratiques. Placés à égalité avec les forces intérieures et la société civile, ceux-ci engagent un dialogue national en vue d'une transition démocratique, visant à terme à évincer Kabila. Les parrains de l'accord – essentiellement Washington, Kigali et Kampala –, qui avaient poussé Kabila à prendre le pouvoir, ne lui reconnaissent plus une parcelle de légitimité. Les forces rebelles téléguidées par le Rwanda et l'Ouganda réussissent à être placées

---

1. Ce passage sur les accords de Lusaka est largement inspiré des analyses données dans les deux livres de Colette Braeckman, *Les Nouveaux Prédateurs* et *Vers la deuxième indépendance du Congo,* déjà cités, et dans celui de Jean-Claude Willame, *Les Faiseurs de paix au Congo,* GRIP, 2007.

sur le même pied qu'un gouvernement reconnu par la communauté internationale.

Le pari des promoteurs de l'accord est simple : l'addition des mouvements rebelles et des partis politiques opposés à Kabila doit aboutir à mettre le *Mzee* en minorité. Même scénario qu'à Arusha. Kigali, Kampala et Washington parviennent aussi à disqualifier les principaux soutiens de Kabila (les ex-FAR, devenues FDLR) en les traitant de « forces négatives ». Cet accord inique laisse de surcroît deviner la volonté des parrains : il faudra accepter le partage du pays, notamment la sécession de l'Est. Et, comme à Arusha, toute l'économie de ce marché de dupes consiste à faire porter sur Kabila – comme, hier, sur Habyarimana – la responsabilité des blocages de la situation zaïroise. L'International Crisis Group estimera deux ans plus tard : « Le dialogue était surtout destiné à affaiblir Laurent-Désiré Kabila et à renforcer la légitimité politique des mouvements rebelles en tant qu'interlocuteurs prioritaires du gouvernement de Kinshasa pour trouver une solution au conflit. »

Derrière ce coup d'État diplomatique, il n'est pas difficile de retrouver la patte des principaux artisans du redécoupage de l'Afrique des Grands Lacs et de l'Afrique centrale depuis la chute du Mur de Berlin. Le « facilitateur » en a été sir Ketumile Masire, ancien président du Botswana (1980-1998), dont toute la politique reposait sur une étroite alliance avec De Beers, la principale société diamantaire du monde, avec la Grande-Bretagne et les États-Unis – auxquels il avait donné l'autorisation de construire l'immense base militaire de Mapharananwane, comprenant notamment une base d'écoutes couvrant l'Afrique australe. Le projet d'accord a été piloté par Philip Winter, fonctionnaire britannique, spécialiste de la région des Grands Lacs. Et l'homme de l'ombre de l'accord est Howard Holpe, un personnage qu'Israël avait mobilisé dans son soutien à Mobutu dans les années 1980 ; il est là cette fois pour le compte de l'administration Clinton. C'est lui qui, au cours de réunions secrètes tenues à l'hôtel Livingstone, à Pretoria, en juin 1999, reçoit les émissaires du RCD-Goma, rencontre Kagame et Museveni, mais aussi Mandela et Mbeki ; lui encore qui rédige le texte de l'accord, transmis à Bill Clinton, Madeleine Albright et Kofi Annan *via* l'ambassade américaine à Pretoria.

Museveni et Kagame utilisent avec Kabila la même tactique qu'avec Habyarimana, le *talk and fight* : négocier un accord de paix n'empêche pas de continuer à faire parler les armes. Après la signature de l'accord de Lusaka, ils n'ont pas renoncé à le renverser par la force. Pas plus que les États-Unis, qui, durant l'été 2000, ont décidé d'en finir.

Par le plus grand des hasards, j'ai été moi aussi témoin de choses pour le moins bizarres qui ont très probablement un rapport direct avec l'assassinat de Laurent-Désiré Kabila. J'ai séjourné à Kinshasa du 14 au 21 mai 2000. Le principal objectif de mon séjour était de rencontrer Jean-Bosco Ngalina, que je considérais – et considère toujours – comme le véritable témoin numéro 1 dans l'instruction sur l'attentat contre le DC10 d'UTA, survenu le 19 septembre 1989 au-dessus du désert du Ténéré[1]. Ngalina était un militant zaïrois anti-mobutiste qui, réfugié à Brazzaville, était devenu un collaborateur de plusieurs services secrets installés dans la capitale du Congo. Son témoignage contredit les conclusions du juge Bruguière – et du jugement par contumace – qui désignent le colonel Kadhafi comme le commanditaire de l'attentat. Quelques heures après mon arrivée, j'ai compris que des Américains étaient au courant de mon voyage et que ma venue ne leur plaisait pas. Ngalina avait en effet été contacté et on l'avait mis en garde contre moi en lui disant

---

1. *Cf.* du même auteur, *Manipulations africaines. Qui sont les vrais coupables de l'attentat du vol UTA 772 ?*, Plon, 2001.

que j'étais un agent libyen venu à Kin pour le tuer. Le premier contact avait été le fait d'un Américain noir qui s'était présenté comme un steward. Le second, par Bob Swing lui-même, l'ambassadeur américain à Kinshasa, connu pour ses liens avec la CIA. D'alléchantes propositions pour venir aux États-Unis avaient été faites à Ngalina et à son collaborateur : carte verte, argent, embauche[1]... De façon accidentelle, je m'étais alors probablement approché d'une affaire encore plus sensible que celle du DC10 d'UTA – c'est ainsi que je relis aujourd'hui les bizarreries survenues lors de mon séjour à Kin. Une affaire dans laquelle il y avait déjà eu de nombreux morts.

Le lendemain de mon arrivée à Kin, dans le hall de l'hôtel Memling où je suis descendu, j'aperçois le Français Xavier Houzel en conversation avec un Blanc. Je connais Houzel depuis le début des années 1970. Il s'occupait alors de commerce de pétrole et m'avait fait rencontrer des acteurs importants du Moyen-Orient. Grâce à lui, j'avais ainsi fait la connaissance et interviewé plusieurs fois le prince Abdallah, aujourd'hui roi d'Arabie Saoudite. Xavier Houzel a le virus de la politique. Il s'est toujours rêvé en Kissinger de la diplomatie parallèle en Afrique et au Moyen-Orient. Il n'aime rien tant que jouer un rôle dans des actions délicates pour ramener la paix dans des zones troublées, présente les uns aux autres, tente de mieux « vendre » la France, bref, s'immisce souvent là où il n'est pas convié... Les services français le suivent souvent à la trace, rédigent des notes de mise en garde, les portes se ferment devant lui, mais il en faut plus pour le décourager[2] : il rentre par les fenêtres, et si elles sont hermétiquement fermées, il passe par l'œil-de-bœuf ! Il est souvent fort bien renseigné, mais j'ai

---
1. Les détails de cet épisode figurent dans *Manipulations africaines*, de l'auteur de ces lignes (*op. cit.*).
2. D'autant que lesdits « services » font quand même parfois appel à lui, comme ce sera le cas au début, dans l'affaire du Casque.

parfois du mal à entrer dans ses analyses. Il y avait plusieurs années que je ne l'avais vu... Xavier me salue. Je réponds à son salut et m'approche de lui. Il me présente son interlocuteur, qui n'est autre que le premier conseiller de l'ambassade de France...

Dans les nombreux temps morts de mon séjour, j'ai revu Houzel, qui, comme par le passé, me raconte des histoires compliquées auxquelles je ne comprends souvent goutte. Il tente de rapprocher les frères ennemis de la RDC avec, dit-il, l'accord de Laurent-Désiré Kabila, qu'il espère rencontrer lors de son séjour. Il a des rendez-vous « discrets » avec les uns et les autres, dont, prétend-il, *le* ou *un* conseiller à la sécurité de Kabila... Invité à dîner à l'ambassade, je fais part à Gildas Le Lidec, l'ambassadeur, et à son premier conseiller, des bribes de mon enquête sur l'attentat contre le DC10, notamment sur les interférences américaines. Très urbains, ils ne me font aucune remarque, mais je sens qu'ils ne croient pas un mot de ce qu'ils considèrent comme des élucubrations de ma part. J'ai en revanche confirmation que Houzel est bien en relation étroite avec le premier conseiller de l'ambassade.

À la fin de la semaine, lors d'un repas pris avec lui à l'hôtel Memling, Xavier Houzel me raconte une histoire nouvelle, encore plus rocambolesque que les autres. Il est en relation avec un certain Mwami Philémon[1] qui souhaite échanger avec la France un « casque d'uranium » – cette sorte de grosse marmite en plomb qui permet de transporter la matière radioactive –, contre de l'argent ainsi que son exfiltration et celle de sa famille. Il en a parlé avec le premier conseiller, qui l'a mis en rapport avec un agent de la DGSE. Houzel me demande de l'accompagner et d'assister à sa rencontre avec le *mwami* qui doit lui montrer le « casque d'uranium », objet du probable échange à venir. Houzel

---

1. Le *mwami* Philémon Naluhwindja Mukuba était un chef traditionnel du Kivu.

veut un témoin, « pour le cas où ». Il me dit que l'agent de la DGSE n'est pas très chaud de me voir figurer dans ce circuit-là, mais qu'il ne lui a pas laissé le choix. L'agent lui a prêté un petit appareil photo. Je sens bien que c'est une histoire à emmerdes, mais ma curiosité naturelle balaie mes réticences.

Le dimanche matin 21 mai 2000, mon propre appareil photo dans une sacoche, je quitte l'hôtel Memling et, après de multiples détours – je joue à l'espion –, j'arrive devant le bureau Air France et monte dans la voiture du *mwami*, pilotée par un chauffeur noir, à bord de laquelle est déjà installé Houzel. Nous nous dirigeons vers le siège de la société SOMICO (Société minière du Congo), au 316 de l'avenue du colonel Lukusa, à Gombe, à cinq kilomètres au nord du centre de Kin. Le *mwami* nous reçoit d'abord dans son bureau. Il est entouré de nombreux appareils radio et de téléphones. Il raconte à Xavier un certain nombre de choses dont voici les principaux éléments : « Les Américains ont installé dans les années 1960 une usine au Katanga, à Shinkolobwe[1], à côté de Likasi. Ils y ont produit de nombreux *casques*. Une quinzaine sont restées entre les mains de Mobutu qui en a revendu un certain nombre. À l'arrivée au pouvoir de Laurent-Désiré Kabila, quatre (au moins) ont été récupérées par lui. Trois ont été vendues et transportées dans l'avion de Kabila jusqu'à Djerba, puis, en cortège, jusqu'à Tripoli en mai-juin 1998. En échange, Kadhafi lui a donné du cash, 9 avions de combat, ainsi que des armes livrées au Soudan, avec, de surcroît, la promesse d'intervention de soldats tchadiens. Les 9 avions sont cachés au Katanga, à Moura. Des Nords-Coréens travaillent sur des bombes expérimentées à Goma et à Uvira. L'accident de l'aéroport serait dû à l'entreposement

---

[1]. C'est avec de l'uranium de Shinkolobwe que les Américains fabriquèrent la bombe d'Hiroshima.

de substances[1]. Il y a probablement d'autres (2 ou 3) *caisses* dans la nature. Un service spécialisé, doté d'un fonds spécial, est installé à l'ambassade américaine à Kin, sous la direction de la lieutenant-colonel attaché militaire (il s'agit probablement de Susan Weis), pour les récupérer. L'usine de retraitement pourrait être utilisée par les Nord-Coréens. Deux Américains avec couverture ONG ont été récemment arrêtés : ils cherchaient à obtenir des informations à ce sujet. Un autre gisement sensible de pyrochlore existe à Lweshe, au Kivu, sous contrôle rwandais. Des Hercules US emportent les cargaisons de Goma. Les soupçons envers Kabila sont nés de sa volonté de connaître exactement les termes des contrats passés naguère avec les Américains. »

De son récit, sur le moment, j'ai surtout retenu que Kabila était sous surveillance étroite des services secrets américains. Ensuite, nous sommes descendus voir le *casque*, qui est installé à l'arrière d'une voiture 4 × 4, elle-même garée dans la cour du petit immeuble de la SOMICO.

Je prends note de ce qui est inscrit sur le *casque* :

Caution
Radio active Material
Model : MM/82103-50-15656-1
Serial : 388422/CE18C
XR 238U
Date : 30/10/68
Removal of this label is prohibited.
The Ol art Corps Cincinatti OHIO USA

J'essaie de soulever le *casque*. Impossible : il est trop lourd. Puis Xavier et moi prenons des photos avec nos appareils respectifs. Nous rentrons ensuite à l'hôtel, où je m'empresse de rédiger une note sur mon petit ordinateur

---

1. Le *mwami* faisait allusion à une très grave explosion survenue à l'aéroport de N'Djili le 14 avril 2000.

Psion. Et je confie ma pellicule photo à Houzel. Je rentre à Paris le soir même.

À son retour de Kin, Xavier me téléphone et souhaite me voir. Le 6 juin 2000, je me rends à moto à son bureau, avenue Raymond-Poincaré. Je reste une dizaine de minutes avec lui. Quand je redescends, ma moto – une Goldwing de quelque 400 kilos – a disparu et, avec elle, toutes mes notes, les quelques photos de Ngalina et de son adjoint que j'avais faites, ainsi que mon ordinateur et donc ma synthèse sur la visite chez le *mwami*. Je ne peux m'empêcher de trouver ce vol bizarre. La police ne retrouvera jamais trace de ma moto.

Fin juin, Houzel me demande de passer à son bureau afin de revoir le *mwami*, qui, entre-temps, est arrivé en France avec toute sa famille. Celui-ci me raconte qu'il a l'intention de mobiliser « ses » hommes dans le Kivu et espère que je viendrai le voir dans sa province libérée…

Houzel retourne ensuite à Kin pour conduire le fameux 4 × 4 avec le *casque* de la SOMICO à l'ambassade de France. Le chargement sera ensuite pris en charge par la DGSE, acheminé sur Paris, et le *mwami* débriefé pendant une huitaine de jours par des agents français. Mais la DGSE coupera rapidement ses relations avec Xavier Houzel en affirmant que le *casque* ne présente strictement aucun intérêt.

Le 6 juillet, le *mwami*, à qui j'avais donné mes coordonnées à Kinshasa, m'appelle chez moi pour me demander de l'argent :

– En l'absence de Xavier, vous êtes le seul à pouvoir me dépanner, car je dois de toute urgence payer une caution pour louer un appartement destiné à abriter ma famille. J'ai besoin de 23 300 francs.

J'hésite, puis finis par me rendre à Paris pour rencontrer le *mwami* devant un petit hôtel de l'avenue des Ternes, près de son croisement avec l'avenue Mac-Mahon. Je lui signe un chèque contre une reconnaissance de dette sur papier à en-tête de la SOMICO. Il me promet de me rembourser avant un mois. Ce délai passé depuis longtemps, je commence à m'agiter. Je lui téléphone à plusieurs reprises en Belgique. Il me dit qu'il va faire le nécessaire, puis qu'il l'a fait... mais ma banque ne voit toujours rien venir. Un beau jour de septembre, le téléphone du *mwami* ne répond plus. Par Houzel, j'obtiens le numéro d'une dame avec laquelle il vit ou de qui il est très proche. Elle m'annonce que le *mwami* est en voyage. Je lui demande de transmettre un message insistant à son ami. Il ne se passe toujours rien. Je rappelle et, cette fois, mon ton se fait plus brutal. Le message est manifestement transmis puisque, le lendemain 15 octobre, le *mwami* m'envoie un fax affirmant qu'il donne instruction à une employée de la Banque Bruxelles Lambert (BBL) d'honorer sa dette. Le lendemain, j'appelle cette dame qui fait immédiatement le nécessaire, et, quelques jours plus tard, ma banque est en effet créditée...

Au cours de l'automne 2000, l'étau se resserre autour de Kabila. Le *Mzee* tente une opération militaire contre les rebelles du RCD et l'armée rwandaise. Il organise avec ceux qu'il désigne comme ses *deux bras droits,* Joseph Kabila, son fils, et le général katangais John Numbi, une réunion opérationnelle entre les chefs des Forces armées congolaises, des FDLR et du CNDD/FDD de Jean Bosco Ndayikengurukiye, pour devancer l'offensive ennemie qu'il sait imminente.

Les chefs des FDLR constatent que les deux *bras droits* n'exécutent pas les directives du patron, tout comme ils n'avaient déjà pas exécuté ses directives antérieures. Les *bras droits* empêchent ainsi le largage d'armes et de munitions au bénéfice des FDLR qui sont alors déployées à l'est de la RDC et aux côtés des Maï-Maï, tentent de contenir les Rwandais et leurs alliés de la RCD-Goma.

Dans le courant du mois d'octobre 2000, une nouvelle conjuration est découverte. Elle implique le commandant Anselme Masasu, un des fondateurs de l'AFDL. Celui-ci est arrêté avec des dizaines de ressortissants du Kivu. Masusu et huit de ses compagnons sont passés par les armes.

Pweto est situé à 400 kilomètres de Lubumbashi, la capitale de l'ex-Katanga qui est devenue le centre du dispositif de Kabila : les Rwandais décident d'y porter l'estocade au régime, considérant qu'une victoire leur fournirait les clés de Kinshasa. Mais la bataille frontale espérée par Kabila n'aura pas lieu : les généraux, dont John Numbi, et les troupes congolaises prennent la fuite. Joseph Kabila reste avec les seuls FDLR, qui, avec lui, incendient les chars et les armes lourdes abandonnés par les Congolais et les alliés zimbabwéens, pour ne pas les laisser à l'ennemi rwandais. Joseph Kabila échappe de peu à la capture.

Pourquoi n'a-t-il « décroché » qu'au tout dernier moment et n'a-t-il pas quitté le terrain comme son ami Numbi ? « Si je quitte la ville, mon père va me tuer », confie-t-il alors à l'un de ses proches[1]. Il sait en effet que son père va être ivre de rage, mais, en se comportant de la sorte, il espère à tout le moins atténuer sa colère.

Lorsque Joseph Kabila regagne Kin, une violente altercation l'oppose à son père. « Le *Mzee* met en cause l'humiliante défaite, tandis que le jeune général souligne la mauvaise préparation [...]. Kabila, lui, parle de complot, de trahison. Sans hésiter, il éloigne son fils, tout commandant en chef qu'il est », écrit Colette Braeckman[2]. Pour les anciens chefs des FDLR, il ne fait aucun doute que, depuis l'été 1998, Joseph Kabila et John Numbi ont servi de chevaux de Troie à Paul Kagame et ont tout mis en œuvre pour l'évincer du pouvoir[3]. La défaite humiliante de Pweto brise

---

1. Christophe Boisbouvier, « Le mystère Kabila », *L'Intelligent*, 26 juin 2005.
2. Colette Braeckman, *Les Nouveaux Prédateurs*, *op. cit.*
3. Confidence d'un ancien chef des FDLR à l'auteur.

en tout cas les derniers espoirs du *Mzee* de repousser militairement les Rwandais.

Quelques jours plus tard, Kabila appelle son ami Pierre Galand à Bruxelles : « Cette fois, c'est la fin. Trop de complots se trament autour de moi. Je ne pourrai pas indéfiniment les déjouer[1]. » Fin décembre, il fait un voyage éclair à Libreville pour y rencontrer une délégation d'anciens mobutistes qui l'avertissent qu'à Bruxelles un commando se prépare à abattre son avion.

Le 28 décembre 2000, les restes calcinés du *mwami* Philémon sont retrouvés, avec ceux d'Aimé Atembina Mongoma, ancien de la DSP de Mobutu, sur un parking de Chasse-sur-Rhône, dans la banlieue de Lyon. Inutile de dire que la nouvelle de l'assassinat du *mwami* m'a fait un choc[2]... La lecture des réquisitions du procureur de la République du TGI de Grenoble laisse entendre, sans en apporter les preuves, que ce double meurtre est lié aux multiples projets visant à tuer Laurent-Désiré Kabila. Le nom d'Eddy Kapend, l'aide de camp du président congolais, revient à plusieurs reprises. Il appert également que Benoît Chatel, un des mis en examen, était lié avec la DGSE.

Kabila fait feu de tout bois pour essayer de sauver sa peau. À la veille du sommet franco-africain de Yaoundé, qui doit se tenir le 18 janvier 2001, il cherche à renouer avec Paris. Il voudrait rencontrer Jacques Chirac. Il envoie des émissaires à l'Élysée. Un rendez-vous secret est même arrangé pour le 12 janvier, dans la capitale nigérienne, à Niamey. Kabila aurait dû y rencontrer les *missi dominici* corréziens du président, Denis Tillinac et Christian Charazac. C'est une réunion au cours de laquelle devait être préparé le sommet de Yaoundé où est également attendu Paul

---

1. Colette Braeckman, *Vers la deuxième indépendance du Congo*, op. cit.
2. Au terme de l'instruction judiciaire, le procureur de la République du TGI de Grenoble a requis, le 28 juillet 2009, la mise en accusation de Benoît Chatel, Domenico Cocco et Alain Devenrini devant la cour d'assises de l'Isère. L'affaire est en cours.

Kagame, que Jacques Chirac doit rencontrer pour la première fois. Mais Laurent-Désiré Kabila ne vient pas à Niamey[1].

Le 16 janvier 2001, Kabila est assassiné en son palais. Par qui, et comment ? Dans l'après-midi, des rumeurs circulent. À 17 h 05, le colonel Eddy Kapend, aide de camp du *Mzee*, les yeux hagards, les lèvres sèches, apparaît sur les écrans de la Radio-télévision nationale congolaise (RTNC) et ordonne sur un ton sec et autoritaire à toute la hiérarchie militaire de maintenir les troupes au calme et de fermer toutes les frontières du pays. Joseph Kabila est alors à Lubumbashi. Laurent-Désiré, blessé, est transporté à Harare, capitale du Zimbabwe. À 22 h 30, Louis Michel, ministre belge des Affaires étrangères, est le premier dirigeant occidental à annoncer sa mort.

Le lendemain 17 janvier à 12 h 43, les autorités congolaises indiquent que Kabila a été blessé dans un attentat et transféré à l'extérieur du pays pour recevoir les soins appropriés, et que son fils Joseph assure la direction de l'action gouvernementale en attendant le rétablissement de son père. À 13 h 45, de hauts responsables zimbabwéens assurent que, touché par cinq balles, Kabila est mort, mercredi, dans l'avion qui le transportait au Zimbabwe. À 19 h 30, l'ambassadeur congolais à Harare déclare à la télévision zimbabwéenne que Kabila est dans un état très critique, mais toujours en vie au Zimbabwe. À 20 heures, la chaîne publique RTNC annonce officiellement sa mort. Selon le gouvernement, le président congolais est décédé dans un hôpital de Harare. Le porte-parole du gouvernement explique qu'un garde du corps est entré dans le bureau du chef de l'État et s'est approché de lui comme pour lui parler à l'oreille, puis qu'il a sorti

---

1. Stephen Smith et Antoine Glaser, « Ces enfants-soldats qui ont tué Kabila », *Le Monde* du 9 février 2001.

son arme et tiré à bout portant. Le conseiller économique Émile Mota, qui était en séance de travail avec le président, est sorti pour alerter la garde. Le tueur, qui tentait de s'enfuir, a été abattu. La dépouille de Kabila est rapatriée à Kinshasa. L'inhumation a lieu le 23 janvier 2001.

On a évidemment du mal à ajouter foi à une telle histoire. Début février, une version quasi officielle est diffusée par trois grands journaux, *Le Monde*[1], *Jeune Afrique* et *Le Soir* de Belgique. Kabila, selon cette version, a été victime d'une mutinerie de ses « enfants-soldats » (les *kadogos*), qui estiment avoir été trahis. Rachidi Kasereka, son garde du corps, aurait lui-même été tué en fin de matinée par le colonel Eddy Kapend, son aide de camp, lequel aurait ensuite pris les choses en main. La justice congolaise va s'évertuer à compléter ce roman en faisant d'Eddy Kapend le cerveau de l'attentat : Kapend, neveu de John Numbi, est condamné à mort et croupit depuis lors dans la grande prison de Kin...

La chronique de l'attentat comporte de nombreuses incohérences. Exemple : Gildas Le Lidec, ambassadeur de France, devait rencontrer Kabila le 16 janvier, jour de l'assassinat. La veille de chaque rendez-vous, il avait un échange téléphonique avec Rose, la secrétaire particulière du chef de l'État, qui lui précisait le lieu et l'heure de la rencontre. L'ambassadeur français appelle donc Rose dans la soirée du 15 janvier. Rose n'est manifestement pas dans un état normal : elle semble paniquée et ne fixe ni l'heure, ni le lieu du rendez-vous. Tôt le lendemain matin, 16 janvier, Gildas Le Lidec rappelle Rose et la trouve dans le même effroi que la veille. Par quoi Rose est-elle paniquée ? Laurent-Désiré Kabila est-il déjà mort ?

Vers dix heures du matin, ce même jour, l'attachée de défense américaine – une grande fille filiforme, énergique, aux cheveux blancs – a été vue par plusieurs témoins sortir

---

1. *Ibid.*

du palais présidentiel, et cette scène a été rapportée à l'ambassade de France. Que faisait-elle au palais une heure et demie avant l'heure – officielle – des coups de feu tirés sur Kabila ?

La vérité sur l'assassinat du *Mzee* sera-t-elle révélée un jour ? Elle sera d'autant plus difficile à connaître que beaucoup de monde souhaitait sa mort, en tout cas son éviction du pouvoir, et que de nombreuses conjurations ont pu s'entremêler. Quelques jours après la publication de l'article « Ces enfants-soldats qui ont tué Kabila » dans *Le Monde*, j'ai rencontré Richard Babayan[1], qui m'a dit avoir beaucoup ri en le lisant et m'a affirmé qu'il n'avait pas grand-chose à voir avec la réalité. Il mettait l'accent sur le rôle des États-Unis dans une opération menée avec Joseph Kabila – « C'est pour ne pas paraître impliqué qu'il se trouvait à Lubumbashi ! » – et coordonnée par Susan Weis, l'attachée militaire, agente de la DIA (US Defense Intelligence Agency), dont nous avait déjà parlé le *mwami* Philémon. Cette implication des services américains a été ébruitée par de nombreuses sources.

Selon le journaliste américain Wayne Madsen dans un témoignage produit devant la commission des droits de l'homme du Sénat américain, l'opération décidée par la DIA avait été confiée à un service militaire d'assistance technique (PCMS). L'un de ses informateurs devait expliquer à Colette Braeckman que 36 millions de dollars avaient été débloqués pour mener à bien cette opération. Il semble que plusieurs « filières », toutes également hostiles à Kabila, ont été activées avec pour objectif de parachever l'opération avant l'arrivée à la Maison-Blanche du président Bush, fixée au 20 janvier 2001, jour de son investiture. Colette Braeckman cite également le colonel

---

1. L'ex-compagnon de route de la CIA qui m'a aidé à démêler quelques écheveaux des histoires compliquées que je tente de dénouer... un tant soit peu.

Sandursky comme ayant suivi l'affaire, ainsi qu'une ressortissante américaine d'origine israélienne, administrateur délégué d'une banque locale dont la maison-mère se trouve en Afrique du Sud... « Mais, s'ils ont vraisemblablement encouragé certains complots, les Américains n'ont certainement pas été les seuls à souhaiter la fin de Kabila[1] », modère la journaliste belge.

Les Rwandais, par exemple, avaient intérêt à se débarrasser de Kabila : un ancien haut responsable des services secrets du Rwanda a témoigné devant le juge espagnol Andreu Merelles que le gouvernement de Kigali était impliqué dans son assassinat. Il a expliqué que des agents de la DMI avaient versé de l'argent à des proches de Kabila pour perpétrer l'attentat. Ces mêmes agents au service de Kagame s'étaient engagés à faciliter l'exfiltration des conjurés vers des pays européens, pour éviter les représailles après le meurtre. Un des ex-chefs des FDLR, proche de Joseph Kabila, m'a également déclaré : « Joseph m'a dit à plusieurs reprises que c'est Paul Kagame, aidé des Américains, qui a tué son père. »

Des mercenaires belges ont affirmé à *La Dernière Heure* de Belgique qu'ils avaient été contactés par des représentants des présidents gabonais et congolais pour tuer le *Mzee*, et qu'Aimé Atembina, ancien capitaine de la DSP, assassiné avec le *mwami*, était dans le coup[2]. Sassou Nguesso a démenti cette implication avec la dernière énergie.

La France a-t-elle joué un rôle dans l'élimination du *Mzee* ? Nous avons déjà vu que la DGSE suivait de près le *mwami* Philémon au point de témoigner, dans l'instruction judiciaire menée pour retrouver ses assassins, que Laurent-Désiré Kabila avait tenté de se rapprocher de Paris. Mais j'ai trouvé une information encore plus intrigante : Eddy

---

1. Colette Braeckman, *Les Nouveaux Prédateurs*, op. cit.
2. http://www.dhnet.be/infos/faits-divers/article/77934/je-devais-tuer-kabila.html

Kapend – celui que le régime de Joseph Kabila considère comme le cerveau de l'attentat et qui aurait éliminé le meurtrier et quelques témoins – était devenu, depuis quelques mois, un honorable correspondant de la DGSE, traité par le chef de poste de Kinshasa. Il a également été affirmé qu'Omar Bongo, proche des services français, était également en relation avec Eddy Kapend. Ce dernier était-il au centre de la tentative de rapprochement entre Laurent-Désiré Kabila et la France ou, au contraire, a-t-il travaillé avec les services français à la préparation de l'attentat[1] ? Le fait que l'ambassadeur de France ait été le premier à être reçu par Joseph Kabila après son accession au pouvoir, et la rapidité avec laquelle Jacques Chirac et Dominique de Villepin l'ont reçu et adoubé, ne font que redoubler le questionnement de l'observateur. Encore que les motivations officielles du nouveau chef de l'État congolais s'inscrivaient dans la logique du retrait réclamé des forces étrangères de RDC, en particulier celui des forces non invitées : en clair, celles du Rwanda et de l'Ouganda, et de la volonté de mettre fin au pillage des ressources naturelles de la RDC : « Ceux qui se livrent à de telles activités devraient être, le moment venu, sanctionnés par la communauté internationale », dit-on alors officiellement à Paris, où l'on attendait avec impatience le rapport final du groupe d'experts sur l'exploitation illégale des ressources naturelles de la RDC[2]. Largement marginalisée des jeux congolais, depuis l'arrivée au pouvoir à Kigali de Paul Kagame, par les États-Unis, la Grande-Bretagne et Israël, la France a bien vu dans l'avènement de Joseph Kabila une occasion de redevenir un acteur de poids dans la région.

Aux circonstances obscures de la mort de Laurent-Désiré Kabila s'ajoutent en effet d'aussi grandes zones d'ombre sur

---
1. La DGSE a tout mis en œuvre pour le faire sortir de prison. Sans succès.
2. Voir chapitre 19, p. 457 et suivantes.

le choix de son successeur et son adoubement ultra-rapide par les grandes capitales, Paris, Bruxelles, Washington et Berlin. La RDC n'est pourtant pas une monarchie, et l'homme qui porte le nom du défunt est aussi peu connu à l'intérieur du pays qu'inconnu sur la scène internationale. Ceux qui étaient quelque peu au courant de l'histoire complexe des années précédentes savaient surtout que Joseph Kabila a été proche de James Kabarebe, le militaire rwandais qui avait porté son père au pouvoir puis avait été son chef d'état-major. Pourtant, dix jours après la mort de son géniteur, il devient son successeur, et quatre jours plus tard il rencontre à Washington le président Bush et Paul Kagame en marge du *National Prayer Breakfast*[1], après avoir été reçu par le président français.

L'acceptation par Joseph Kabila d'une rencontre avec Paul Kagame, l'ennemi le plus acharné de son père, fournit un indice important pour lever un pan du mystère Joseph Kabila. D'autant que l'impact de cette rencontre est rehaussé par sa décision, en date du 1er février, d'abandonner la plainte que le défunt président avait déposée[2] devant la Cour internationale de justice à La Haye contre l'agression rwando-ougandaise de la RDC, après le 2 août 1998.

Il y a effectivement un « mystère Joseph ». Après sa première rencontre avec le jeune Kabila, l'ambassadeur de France envoie un télégramme diplomatique dans lequel il décrit le nouveau chef d'État comme une personne timide, mal à l'aise, mais surtout maîtrisant mal le français. Les principaux journalistes qui suivent la situation au Congo parlent abondamment de son « mystère » et font volontiers

---

[1]. Un événement organisé chaque année, le premier jeudi de février, à Washington par The Family, un mouvement évangéliste conservateur.
[2]. Comme, entre-temps, les relations entre le Rwanda et l'Ouganda s'étaient détériorées, on n'insista pas sur la reprise de la plainte contre l'Ouganda, qui fut condamné à verser des dédommagements, le 19 décembre 2005, par la Cour internationale de justice de La Haye.

de lui un Rwandais, fils biologique d'un certain Kanombe, probablement apparenté à James Kabarebe, et adopté par Laurent-Désiré Kabila[1]. C'est le *Washington Post* du 9 juillet 1997 qui avait évoqué la première fois une supposée parenté de Joseph avec James Kabarebe, « véritable chef des opérations de l'AFDL [...], secondé par un fils de Laurent-Désiré Kabila, Joseph Kabila, 25 ans. On dit que la mère de celui-ci est la sœur du commandant Kabarebe[2] ».

Colette Braeckman, censée faire autorité sur le Congo, écrit dans *Le Soir* du 19 janvier 2001 : « À Kin on met en avant le fait que Joseph Kabila, qui assume les fonctions de son père, est anglophone, de mère tutsi, qu'il a vécu en Tanzanie et compte d'anciennes relations dans les rangs rebelles. » Elle ajoute le lendemain : « Le fils du Président est à moitié tutsi, ce qui n'améliore pas sa popularité à Kinshasa. » Mais elle change de version six jours plus tard : « La mère de Joseph est bien congolaise. » Elle en rechange encore[3] dans *Le Monde diplomatique* d'avril 2001 en parlant de « Joseph Kabila, fils adoptif du Président défunt ». Dans son livre *Les Nouveaux Prédateurs*, elle écrit en janvier 2003 : « Maman Sifa [...] exerce une grande influence sur le jeune homme [...]. C'est ainsi qu'elle a fait arrêter José Kabila, un demi-frère de Joseph Kabila, susceptible de révéler de troublants secrets de famille. » En février 2005, accompagnant Karel De Gucht, ministre belge des Affaires étrangères, elle reproduit une note biographique de Joseph

---

1. François Soudan, dans *Jeune Afrique* des 30 janvier (n° 2090) et 5 février (n° 2091) 2001. *Libération* du 15 août 2001 affirme : « On en sait toujours aussi peu à son sujet, mais une chose semble sûre : Joseph n'est que le fils adoptif de Laurent-Désiré, l'enfant d'un compagnon mort au maquis, que le chef rebelle a pris sous son aile en épousant la veuve. » Philippe Leymarie dans *Le Monde diplomatique* du 6 février 2001 : « Joseph Kabila, un inconnu de 29 ans, est de mère rwandaise, a été formé en Afrique de l'Est et parle plus volontiers le swahili et l'anglais que le français et le lingala. »
2. Cité dans G. de Villers et J. C. Willame, *RD Congo : Chronique politique d'entre-deux-guerres*, Cedaf-L'Harmattan.
3. D'où le surnom que lui donnent ses confrères belges : « Colette, la girouette ».

Kabila distribuée à bord de l'avion : « Joseph Kabila pourrait être le fils d'une femme nilotique, probablement rwandaise tutsi, originaire de la ville de Moba, près du lac Tanganyika, et serait le fils de Kanombe (proche collaborateur de Laurent-Désiré Kabila), assassiné sur son ordre, selon les dires de Marcelline, une femme d'origine tutsi. » Mais, aujourd'hui, Colette Braeckman, devenue l'hagiographe du président de la RDC[1], a rétabli Joseph dans la filiation biologique de Laurent-Désiré.

Le « mystère Joseph Kabila » est régulièrement entretenu depuis son accession au pouvoir. Par Étienne Taratibu Kabila, fils aîné de Laurent-Désiré Kabila, qui affirme lui aussi que Joseph est le fils adoptif de ce dernier et le neveu de James Kabarebe. Par Éric Lenge, ancien garde du corps de Joseph Kabila, qui déclare : « Dans ma lettre au cardinal Etsou, j'avais clairement mentionné que Joseph Kabila, sous son vrai nom d'Hyppolite Kanambe, est déjà marié avec Madame Luttegarde Kigeri, d'origine tutsi comme lui ; ce mariage civil a eu lieu le 2 juillet 1995 et ils ont eu un fils qui aura onze ans cette année. » Par le commandant Jean-Pierre Ondekane (RCQ), selon qui Joseph était venu à l'AFDL en 1996 non en tant que Congolais, mais en tant que militaire de l'APR aux côtés de James Kabarebe. Par le fameux général Nkunda, qui fera parler de lui dans une interview en date du 2 janvier 2008 sur les ondes de la Radio Bwiza FM :

« Pouvez-vous affirmer ou confirmer l'information selon laquelle il y aurait des officiers et des soldats rwandais au sein du CNDP [mouvement tutsi dirigé par Laurent Nkunda] et des FARDC [armée congolaise] ?

« Eh bien, répond Nkunda, si vous entendez par soldats rwandais tous ceux qui ont servi un jour au sein du Front patriotique rwandais, le FPR, et ensuite dans l'Armée

---

1. Colette Braeckman, *Vers la deuxième indépendance du Congo*, op. cit.

patriotique rwandaise, l'APR du général Paul Kagame, alors le peuple congolais a un sérieux problème à résoudre, car son propre président, élu au suffrage universel direct par plus de 58 % des voix [en octobre 2006] – je cite Joseph Kabila – est non seulement d'origine tutsi, comme moi, mais est aussi un ancien soldat du FPR, comme moi. »

Et Nkunda d'ajouter : « Cherchez l'erreur ! »

Et, après l'APARECO (Alliance des patriotes pour la refondation du Congo), le parti d'Honoré Ngbanda, c'est depuis le début du mois de mai 2010 au tour de l'UDPS (Union pour la démocratie et le progrès social), le grand parti congolais dirigé par Étienne Tshisekedi, de contester les origines biologiques de Joseph Kabila, dans un tract intitulé : « L'imposteur Kanambe rattrapé par la vérité irréfutable sur ses vraies origines biologiques étrangères longtemps cachées et enfin démasquées et révélées au grand jour ».

Depuis mon voyage à Kin et mes rencontres avec le *mwami* assassiné en France à la fin du mois de décembre 2000, j'ai compris que ça n'avait pas été une très bonne idée d'accompagner Xavier Houzel chez lui. Ma curiosité risquait de me coûter cher. J'ai donc pris un certain nombre de précautions pour éviter les problèmes. Il était évident que les enquêteurs chargés de l'enquête sur l'assassinat du mwami et de son compagnon allaient plus ou moins rapidement tomber sur mon nom, sur l'histoire du *casque* et sur le prêt que j'avais consenti au *mwami*. Du coup, je sentais que mon histoire n'allait pas être facile à « vendre ». J'ai donc décidé de prendre les devants en contactant un des enquêteurs. Je lui ai dit tout ce que je savais. J'ai aussi rédigé une très longue note à un ami du cabinet de Lionel Jospin pour narrer cet épisode jusque dans les moindres détails. Peu de temps après, je rencontrai Alain Chouet, alors le numéro 3 de la DGSE, à sa demande. Le grand espion ne m'a pas dit avoir reçu ma note à Matignon, mais il était évident qu'il en avait une photocopie. De tout ce qu'il m'a dit, je n'ai retenu qu'une chose : il était impératif pour moi de cesser toute relation avec Xavier Houzel. Cette recommandation me fut également donnée par Richard Babayan, ancien collaborateur de la CIA, proche de Bob Gates. Il trouvait ma relation avec Houzel on ne peut plus imprudente.

Il se trouve que je recroise alors Houzel, que je sens inquiet. Il me confie qu'il se passe beaucoup de choses bizarres autour de lui depuis ses voyages à Kin. Il reconnaît être complètement « cramé ». Il a découvert qu'un Américain nommé James Carr, qu'il a rencontré à Kin, a acheté un appartement au-dessus de chez lui depuis la fin de l'année écoulée. Il a obtenu confirmation que James Carr est bien un agent de la CIA, et que la Centrale américaine « met le maximum de moyens sur lui ». Donc probablement sur moi ? Pour ce qui est des « bizarreries », je suis servi : les gens qui composent mon numéro depuis l'étranger tombent souvent sur des répondeurs ou sur des personnes parlant anglais avec un fort accent américain...

Fin avril, Houzel et moi sommes contactés par Stephen Smith, journaliste au *Monde*, qui connaît par le menu notre expédition chez le *mwami*, et qui a même pu consulter l'une des photos que nous avions prises à l'arrière du 4 × 4, où l'on nous voit tous deux, Xavier Houzel brandissant le journal *L'Avenir*. Les détails avancés par Smith me convainquent qu'il a eu accès à la note qui était sur mon ordinateur, à l'arrière de ma moto volée, ou à celle que j'ai envoyée à Matignon et qui a été acheminée à la DGSE. Et qu'il a bien vu une des photos transmises par Houzel à son correspondant de la DGSE à Kinshasa. L'article de Smith est publié dans *Le Monde* daté du 5 mai 2001[1]...

---

1. Voir cet article en annexe, p. 421.

Sept ans après la mort de Laurent-Désiré Kabila et son remplacement au pouvoir par Joseph Kabila, le président Sassou Nguesso cherche toujours à comprendre les dessous de l'intronisation rapide d'un personnage au *curriculum vitæ* aussi flou, mais laisse néanmoins deviner son interprétation[1]. Il soulignait – il souligne probablement toujours – le lien entre Joseph Kabila et Paul Kagame, et la dépendance de Kagame vis-à-vis de Washington. « Il y a un mystère Joseph, venu de nulle part et qui, en quelques jours, a eu les honneurs de Paris, Berlin, Bruxelles, Londres et Washington [...]. Joseph est un cheval de Troie. Le jour, il est officiellement contre Kigali, mais, la nuit, il marche avec Kagame. Or c'est la nuit qu'en Afrique les choses importantes se passent. » Et le président de me raconter une anecdote, qui s'est produite en septembre 2007 à New York, en marge de l'Assemblée générale de l'ONU : « Kagame et Joseph ne se serraient pas la main en public, mais, quand ils pensaient ne pas être regardés, leur connivence était manifeste. Une caméra les a ainsi filmés par surprise. Mais les "services" rwandais ont réussi à faire détruire la bande... », me dit-il.

L'affirmation suivante du docteur Helmut Strizek[2] me semble pertinente : « Après la mort de Laurent-Désiré Kabila, Kagame obtiendra de ses alliés américains et européens – l'intervention de l'Eufor au Congo est à situer dans ce contexte – que le Congo soit dirigé pour "un jeune Rwandais inoffensif", en la personne de Joseph Kabila. Ceci permettrait au Rwanda de faire main basse sur les richesses du Congo et à Kagame d'être sûr que le danger, dans la lutte contre son pouvoir dictatorial, ne viendrait pas de la République démocratique du Congo. »

---

1. Rencontre avec l'auteur à Oyo (Congo), le 8 août 2008.
2. Dans une conférence tenue à Mönchengladbach le 16 janvier 2010.

Quelques semaines après le déclenchement de la deuxième guerre du Congo (Zaïre) et l'occupation du Kivu par le RCD-Goma, en juillet 1998, c'est-à-dire par le Rwanda, Pasteur Bizimungu, président de la République[1], n'a-t-il pas déclaré devant la presse que le moment est venu de réviser les frontières entre le Zaïre et le Rwanda issues de la conférence de Berlin de 1885 ? Après cette déclaration, il s'adresse à ses frères banyamulenge dans une interview à la presse locale : « Je voudrais dire aux Banyamulenge qu'ils doivent faire une leçon d'histoire à ceux qui les pourchassent, et leur apprendre à savoir vivre dans le respect des droits de l'homme. Ce sont les Banyamulenge qui devraient donner l'ultimatum de s'en aller à ces Lucifer qui veulent les exterminer et les expulser de leur territoire. »

Omar Bongo dénonce aussitôt fort vivement les dangers inhérents à cette thèse expansionniste. Quant aux Rwandais, ils continuent à occuper *de facto* et à exploiter les richesses du Kivu en prétextant vouloir en chasser les « génocidaires ». En continuant à brandir le drapeau des victimes du génocide, ils espèrent toujours obtenir de la communauté internationale l'éclatement du Congo, malgré l'article 3 de la Charte de l'OUA, qui stipule l'intangibilité des frontières.

Après la mort de Laurent-Désiré Kabila, l'état de fait a perduré. Seul changement : le RCD-Goma a cédé la place au CNDP du général Laurent Nkunda. Le 2 septembre 2007, Charles Murigande, ministre rwandais des Affaires étrangères, s'est rendu en visite officielle à Kinshasa et a abordé LA question mentionnée au point 8 du communiqué final : « S'agissant de la question des frontières, les deux parties sont convenues de mettre en place une commission de travail conjointe chargée de la révision des bornes-frontières

---

[1]. Président du Rwanda du 19 juillet 1994 au 23 mars 2000, quoique la réalité du pouvoir soit entre les mains de Paul Kagame, le vice-président. Ensuite, il fonde un parti d'opposition immédiatement interdit. Emprisonné, il est condamné en 2002 à quinze ans de prison. Kagame le gracie le 6 avril 2007.

héritées de la colonisation. » Officiellement, la RDC accepte le principe d'un nouveau tracé de ses frontières alors même que le général Nkunda, nouvelle marionnette de Kagame, occupe une partie du Kivu. Le journal congolais *Le Potentiel* n° 4128 du jeudi 20 septembre 2007 fournit quelques explications sur la signification de ce qui est en train de se passer entre le Rwanda et la RDC ; il écrit en page 3 : « Pour justifier le soutien du pouvoir de Kigali au groupe du général déchu Laurent Nkunda, qui constitue en effet une force négative actuellement à l'est de la RDC, le ministre rwandais des Affaires étrangères Charles Murigande estime que le gouvernement de la RDC doit retirer les arguments de sa bouche à Nkunda. » Autrement dit, il estime que Kinshasa doit céder une partie de son territoire. Le journal ajoute en effet : « Selon Kigali, Nkunda [exprime là] une revendication légitime. » Il confirme : « Bien auparavant, le Président rwandais a lui-même estimé que les revendications de Laurent Nkunda sont légitimes. »

Avant que Kagame ne le lâche, Nkunda plante un drapeau à Kichanga, dans le Nord-Kivu, et proclame la « République des Volcans ». Puis le dictateur rwandais le fait arrêter : il n'a plus besoin de lui. Ses amis occidentaux lui ont en effet promis qu'il aurait accès aux richesses du Kivu.

Le 20 janvier 2009, Joseph Kabila autorise les troupes rwandaises à entrer au Kivu et à marcher avec les forces congolaises pour en chasser les restes des FDLR. L'homme choisi pour commander ces forces conjointes n'est autre que le général John Numbi, un des deux « chevaux de Troie » de Paul Kagame en RDC depuis 1998…

ANNEXE

D'un parking kinois à Paris, itinéraire d'un « casque » d'uranium « récupéré » par la DGSE.

Le Monde, 5 mai 2001

Kinshasa

C'était il y a un an, précisément le 18 mai 2000. Ce jour-là, à Kinshasa, deux Français rencontrent dans son bureau le PDG de la Société minière du Congo (Somico), Naluhwindja Mukuba Philémon. Puis, au terme d'un parcours complexe, préalablement étudié dans tous ses détails, les trois hommes se retrouvent dans le sous-sol d'un parking où a été amené un 4 × 4 Landcruiser chargé d'une cantine.

Les deux Français et le Congolais inspectent son contenu. Ils vérifient qu'elle abrite bien ce que l'on appelle un « casque » d'uranium, une sorte de fait-tout en plomb à l'intérieur duquel peut être transporté l'élément radioactif. Sur le « casque » est vissé un panonceau argenté portant cette inscription : *« XR 238 U, 30/10/1968, OL AMT Corps Cincinnati, Ohio-USA »*.

Les deux Français sont munis d'appareils photo. Après quelques prises de vue de l'objet de leur curiosité, auprès duquel ils placent un quotidien du jour pour dater l'image, ils repartent à l'hôtel. Quant au « casque » d'uranium, il quitte plus tard le Congo à bord d'un avion à destination de

Paris. En France, il a été examiné par des experts qui auraient constaté qu'il ne contenait rien de très dangereux ni de très précieux. Il s'agissait soit d'un déchet nucléaire à très faible radioactivité, soit d'une « imitation » destinée à soutirer une forte somme à un néophyte en la matière. Dans la capitale congolaise, un « casque » se négocie autour de 700 000 francs.

« Mission délicate »

L'expertise des spécialistes français n'est pas accessible au public. Car ceux-ci ont examiné l'objet rapporté en catimini du Congo-Kinshasa pour le compte de la DGSE (Direction générale de la Sécurité extérieure), les services secrets français. C'est la DGSE qui a monté l'opération de récupération du « casque » d'uranium dès lors que Xavier Houzel lui a confirmé qu'il pouvait s'en procurer un sans difficultés. Xavier Houzel est l'un des deux Français qui sont allés « au contact » pour établir la preuve de l'existence d'un trafic d'uranium à Kinshasa. L'autre est le journaliste-écrivain Pierre Péan, qui séjournait alors dans la capitale congolaise dans le cadre de son enquête sur l'attentat contre le DC-10 d'UTA, abattu en septembre 1989 au-dessus du désert du Ténéré. Fondé sur cette recherche, son dernier livre, *Manipulations africaines*, est paru au mois de février.

Qui est Xavier Houzel ? Comme d'autres journalistes d'investigation parisiens, Pierre Péan connaît de longue date ce négociant en pétrole, un intermédiaire bien informé, familier de l'Afrique et du monde arabe. *« Je l'avais surtout fréquenté dans les années 1970, explique-t-il ; je ne l'avais pas revu depuis cinq ou six ans. Mais quand il m'a demandé, à Kinshasa où je l'ai croisé dans le hall de l'hôtel, si je voulais bien l'accompagner dans une mission délicate, simplement pour être témoin "au cas où", j'ai accepté. »* C'est ainsi que le journaliste a assisté au transfert du « casque » d'uranium. Il a pris des photos, mais sa pellicule, confiée à la DGSE, ne lui a jamais été restituée en France.

Épilogue sanglant

Également contacté à Paris, Xavier Houzel, contrarié à l'idée de « *retrouver son nom dans les journaux* », s'en est tenu à des explications minimales. Tout en précisant qu'il ne fait « *pas partie des services* », il se prévaut de contacts au plus haut niveau, et depuis fort longtemps, dans le monde du renseignement français. Préoccupé par les risques sanitaires et sécuritaires d'une prolifération sauvage de substances radioactives, il affirme avoir prévenu « *nos autorités* » quand l'occasion s'est présentée à lui de récupérer un « casque » auprès du PDG de la Somico. Pour le reste, il fait « *confiance à notre gouvernement et à nos services, qui sont au courant* ».

L'histoire a pourtant connu un épilogue sanglant en France. « Exfiltré » à Paris avec toute sa famille, sa femme et ses cinq enfants, Naluhwindja Philémon, le PDG congolais pourvoyeur du « casque » d'uranium, a été longuement « débriefé » pendant l'été 2000 par la DGSE. Chef traditionnel – « *mwami* » – originaire du Sud-Kivu, province orientale du Congo, il avait beaucoup à apprendre aux services français, pas seulement sur le trafic d'isotopes radioactifs à Kinshasa, mais aussi sur les miliciens autochtones – les « *maï-maï* » – qui s'y battent contre les soldats rwandais qui ont envahi leur pays, et sur feu le Président congolais Laurent-Désiré Kabila qui finançait cette « résistance populaire » en passant, entre autres, par le PDG de la Somico.

Ensuite, la trace de cet homme, qui avait troqué un « casque » contre un visa et des billets d'avion, se perd. Jusqu'au soir du 28 décembre, lorsque son corps à moitié calciné est extrait par des policiers d'un véhicule en flammes dans la banlieue lyonnaise. Tout comme le conducteur de la voiture, Aimé Atenbina, un capitaine de l'ancienne garde présidentielle du maréchal Mobutu, le *mwami* trafiquant d'uranium a été exécuté de deux balles dans la nuque.

Stephen Smith

18

Roger Winter,
le protecteur de Museveni, Garang, Kagame et Kabila

J'essaie de raconter une histoire complexe, à multiples entrées et multiples logiques qui parfois s'enchevêtrent, parfois se superposent, parfois s'additionnent, parfois même s'opposent. J'espère avoir réussi déjà à faire partager l'idée que l'histoire des conflits dans la région des Grands Lacs ne se résume pas à un affrontement entre « bons » et « méchants », qu'elle ne se comprend que si y sont intégrées les stratégies des grandes puissances, que la fin de la guerre froide a généré de grands bouleversements en Afrique, et que, malgré l'omerta qui perdure sur le sujet, les divisions ethniques existent encore – plus que jamais ? –, agissant comme de puissants moteurs dans cette épopée sanglante. J'espère également avoir à tout le moins suggéré que, à une époque louée pour son goût de la transparence, cette histoire écrite au jour le jour par des ONGistes, des espions, des désinformateurs professionnels, est biaisée en permanence.

Il y a donc maints angles divers pour tenter de la rendre lisible. Tous portent une part de vérité, mais chacun d'eux ne peut livrer une vue d'ensemble.

J'aurais ainsi pu la relater du point de vue du choc bien réel entre la France et les États-Unis, pourtant officiellement les meilleurs alliés du monde. Mais restreindre cette histoire à ce tête-à-tête aurait laissé de côté le choc civilisationnel entre les chrétiens – africains, américains et britanniques – et les musulmans du Nord-Soudan, et l'alliance entre ces mêmes chrétiens et les Israéliens...

Dans le patchwork que j'ai proposé jusqu'à maintenant, chacun aura remarqué qu'un homme apparaît régulièrement – quoique subrepticement – aux côtés de Yoweri Museveni, de John Garang, de Paul Kagame et de Laurent-Désiré Kabila. Le suivre revient à trouver un fil directeur à cette histoire dont il a été un protagoniste essentiel. C'est l'« homme de l'ombre » de notre récit. S'il est connu des acteurs de terrain, il est inconnu du grand public. Il a fallu attendre le 15 juin 2008 pour que le *New York Times Magazine* publie un très long portrait de lui, par Eliza Griswold[1]. Cet article me servira à brosser son portrait public, mais ne permet pas de déchiffrer l'ensemble de ses engagements, puisqu'il se limite à parler de la relation étroite de Winter avec le Sud-Soudan. Or la « zone grise » du personnage est beaucoup plus riche.

Lors de ma première enquête sur la tragédie rwandaise, il avait surgi à diverses reprises, et plusieurs livres l'évoquaient quelque peu[2]. Depuis lors, certains témoins m'ont aidé à le cerner davantage sans pour autant me fournir de preuves décisives à l'appui de ce qu'ils avançaient. La convergence de ces éléments m'a néanmoins convaincu du rôle capital du personnage dans les bouleversements intervenus dans la région des Grands Lacs depuis le début des années 1980. Le lecteur comprendra qu'une partie de ce chapitre ne relève pas de l'enquête aboutie, et que j'aie été obligé d'utiliser à plusieurs reprises le conditionnel...

La première scène décrite par Eliza Griswold fournit non seulement des renseignements sur ce qu'est devenu Roger

---

1. Eliza Griswold est un auteur activiste très engagé contre le régime de Khartoum.
2. Notamment *La Vraie Nature du FPR/APR d'Ouganda en Rwanda*, de Gaspard Musabyimana, L'Harmattan, 2003.

Winter après sa retraite, prise en août 2006, mais également sur l'ambiguïté de l'homme. Le jour de Pâques 2008, à 9 heures du matin, il vient d'atterrir, à bord d'un monomoteur Caravan Cessna, sur le petit aéroport d'Abyei, bourgade située à la fontière entre le Sud et le Nord-Soudan, en pleine zone pétrolière. Il est devenu conseiller du gouvernement du Sud-Soudan et ferraille pour qu'Abyei et la zone pétrolière y soient intégrés[1]. À sa descente d'avion, il est salué par la foule aux cris d'« Oncle » et de « Commandant ». Les Soudanais misérables qui voient en lui un héros et ne connaissent pas le dessous des cartes hésitent entre un Winter qui, à force de les défendre à Washington, a en somme intégré leur famille, et un autre qui n'a pas hésité à utiliser les armes pour parvenir à ses fins. Il faut aller plus avant dans l'article d'Eliza Griswold pour découvrir qu'il estime que la neutralité n'est pas la bonne réponse à la question soudanaise, et qu'au contraire elle est pratiquement et moralement synonyme de faillite : « Je suis un évangéliste, dit-il en ne plaisantant qu'à demi. Je prêche le gospel du Soudan. »

Né le 13 juillet 1942 dans le Connecticut, Roger Winter est diplômé du Wheaton College (Illinois) et du Holy Family College (Pennsylvanie). C'est un activiste de longue date. Il travaille d'abord pour l'Armée du Salut et, au début des années 1960, devient un membre actif du mouvement pour les droits civils. Il est arrêté à deux reprises pour ses convictions. Il s'investit dans des campagnes de lutte contre la pauvreté urbaine. Sous l'administration Carter, il est le directeur d'une organisation d'accueil de réfugiés. À l'époque, les États-Unis acceptent et installent des réfugiés provenant du Viêtnam, de Cuba, de Haïti, de l'Union soviétique, de

---

1. La Cour permanente d'arbitrage de La Haye a réduit le 22 juillet 2009 la taille de la zone pétrolière soudanaise d'Abyei, convoitée par le gouvernement central de Khartoum et par l'ex-rébellion sudiste, en modifiant notamment les frontières la délimitant au nord et à l'est du pays.

l'Afghanistan et de l'Éthiopie. Les Éthiopiens comptent parmi les premiers réfugiés originaires d'Afrique à être acceptés aux États-Unis. C'est là que Roger Winter est pour la première fois confronté aux conséquences dramatiques des politiques africaines...

En 1980, il devient directeur de l'organisation non gouvernementale US Committee of Refugees. Comme son nom l'indique, cet organisme privé s'occupe de réfugiés à travers le monde. Ses financements proviennent à la fois de donateurs ou de fondations privés, comme les fondations Ford et Citigroup, et d'organismes publics comme l'État du Vermont, le Département d'État et celui de la Santé, l'Organisation des Nations unies. Roger Winter noue dès cette époque des relations avec le Département d'État. Le 6 juin 2001, il intègre l'USAID[1] au poste de directeur de l'Office of Foreign Disaster. En avril 2004, il est nommé représentant spécial du Département d'État dans les négociations entre Khartoum et les rebelles du Sud-Soudan, aux côtés de John Danforth, envoyé spécial du président Bush, négociations qui ont abouti au *Comprehensive Peace Agreement* qui a mis fin à la guerre entre le Nord et le Sud et devrait permettre au Sud de devenir indépendant en 2011 si le résultat du référendum se révèle positif.

Aujourd'hui, avec la même ardeur, devenu conseiller du gouvernement du Sud-Soudan, Winter a plus que jamais le président soudanais al-Bachir dans sa ligne de mire : « Vous allez à Khartoum, ils vous traitent très gentiment, ils sont très présentables, ils sont infatigablement hospitaliers, mais leur approche de la gouvernance est meurtrière », déclare-t-il. Et il n'hésite pas à critiquer également la Maison-Blanche pour ne pas se montrer aussi intransigeante que lui et vouloir négocier avec Khartoum. Winter conçoit l'engagement politique comme un combat moral, celui des « bons »

---

[1]. L'agence américaine est soupçonnée depuis longtemps d'être très liée à la CIA.

contre les « méchants », et il ne comprend pas ceux qui cherchent à trouver des solutions médianes, dites de compromis. Bref, il se veut un grand *good guy*. Et l'écrivaine américaine Eliza Griswold, qui est de son bord, n'a pas eu de mal à trouver d'autres *good guys* pour le porter au pinacle. John Danforth, le sénateur envoyé spécial de Bush au Soudan de 2001 à 2004, parle de lui comme d'un « saint », d'« un être humain excellent, excellent ». Et Susan Rice, qui a été un des principaux acteurs de la politique américaine dans la région des Grands Lacs dans les années 1990, après l'arrivée à la Maison-Blanche de Bill Clinton, aujourd'hui représentante des États-Unis à l'ONU, n'hésite pas à s'exprimer sur un homme qui lui a longtemps soufflé à l'oreille ce qu'il fallait faire et penser : « Roger a été un avocat déterminé, passionné, animé par des principes, en un temps où nous avions raison de douter de la détermination de l'administration Bush à régler ces questions [...]. Les gens de tous horizons politiques, religieux et raciaux, voient Roger comme le vrai "Nord" donné par la boussole. »

Avant de devenir un protagoniste déterminant qui a conduit à un éclatement quasi certain entre le Nord et le Sud-Soudan, Roger Winter s'est intéressé, au début des années 1980, aux réfugiés de la région des Grands Lacs. En 1981, il se rend pour la première fois au Soudan pour enquêter sur la situation des réfugiés venus d'Ouganda à la suite des troubles dans le pays[1]. Puis il s'intéresse aux réfugiés tutsi venus du Rwanda en plusieurs vagues depuis la Révolution sociale de 1959. Il revient souvent en Ouganda, s'oppose à Milton Obote sur la question des réfugiés tutsi, et prend langue avec Yoweri Museveni qui, aidé de compagnons tutsi, harcèle militairement Obote. À partir de 1983 et de la reprise de la guérilla au Sud-Soudan par le SPLM

---

1. Entretien avec Jerry Fawler au Musée américain de l'Holocauste, le 9 août 2007 : *http://www.ushmm.org/genocide/analysis/details.php?content=2007-08-09*. Roger Winter est un consultant du Musée de l'Holocauste.

(Sudan People's Liberation Movement[1]) de John Garang, il y retourne dans les zones libérées. En 1987, après que les rebelles ont pris la ville de Kapoeta, Roger Winter emmène John Prendergast[2] rencontrer John Garang et les chefs militaires. Une partie de son activisme consiste dans l'accompagnement de personnalités sur le terrain : sensations et souvenirs assurés, suivis d'un militantisme effréné pour des politiciens persuadés qu'ils ont risqué leur peau pour la bonne cause. En avril 1989, Winter emmène ainsi les congressistes Gordon Humphrey[3], Frank Wolf[4] et Gary Ackerman[5], qui participent à l'un de ses premiers « voyages organisés ». En empruntant une route défoncée, ils arrivent ainsi à Torit, ville qui vient juste d'être prise par les rebelles du SPLM[6].

Winter va ainsi constituer autour de lui un groupe important de membres du Congrès prêts à le suivre dans son combat contre Khartoum. Parmi eux, Frank Wolf et Donald Payne deviennent les plus actifs. En 1989 également, Winter, aidé de John Prendergast, de Gayle Smith[7] et de Brian D'Silva[8], de

---

1. La rébellion du Sud-Soudan est organisée autour du SPLM, le volet politique, et du SPLA (Sudan People's Liberation Army), le volet militaire, les deux dirigés par John Garang.
2. Un activiste droitdelhommiste qui va devenir un acteur important sous l'administration Clinton, d'abord comme directeur des Affaires africaines au National Security Council, puis comme conseiller spécial au Département d'État. Il est co-fondateur, avec Gayle Smith, d'Enough Project.
3. Sénateur républicain du New Hampshire de 1979 à 1990.
4. Membre républicain de la Chambre des représentants de Virginie depuis 1981. Il a effectué cinq voyages au Sud-Soudan.
5. Membre démocrate de la Chambre des représentants pour New York, il est très engagé dans la défense d'Israël.
6. In *Not on Our Watch. The mission to end genocide in Darfur and beyond*, de Don Cheadle et John Prendergast, préface d'Elie Wiesel et introductions des sénateurs Barack Obama et Sam Brownback, Hyperion, 2007. Don Cheadle est l'acteur américain qui joue le rôle de Paul Rusesabagina dans le film *Hôtel Rwanda*.
7. Journaliste, elle va devenir elle aussi une actrice des affaires africaines de l'administration Clinton à l'USAID, puis au National Security Council.
8. Camarade d'université de John Garang, il est à ses côtés quand ce dernier fonde en 1983 le SPLM/SPLA. Il soutiendra son ami à différents postes, notamment à l'USAID jusqu'à sa mort en 2005.

l'Usaid, créent la Coalition pour la paix dans la Corne de l'Afrique afin de sensibiliser l'opinion aux crises du nord-est de l'Afrique et obtenir une plus grande implication des États-Unis pour les résoudre, la base de cette action étant clairement morale. Vont progressivement s'agréger à ce petit noyau de nouveaux congressistes (comme John Danforth et Donald Payne...), des ONG, des groupes et associations évangéliques, etc. Ce clan va par ailleurs se rapprocher du Mémorial américain de l'Holocauste : Roger Winter, John Prendergast et quelques-uns de leurs proches (comme Alison Des Forges) en deviennent consultants. En 2004, à l'initiative de la communauté juive américaine, très liée à Israël[1], plus précisément du Mémorial de l'Holocauste, de l'American Jewish World Service et d'Elie Wiesel, est lancée la coalition Save Darfur, qui va connaître une résonance mondiale. John Prendergast en devient l'un des dirigeants. En 2007, John Prendergast et Gayle Smith complètent le dispositif avec Enough Project, dont l'objectif officiel est de rassembler des activistes pour lutter contre le génocide et les crimes contre l'humanité au Sud-Soudan, au Darfour et en RDC, conformément à l'approche des « 3 P » : Promouvoir la paix, Protéger les civils et Punir les auteurs.

Cet ensemble a fini par constituer un lobby de plus en plus puissant, d'abord sur la question du Soudan, puis sur celle du Rwanda (version Kagame) après celle du Zaïre et enfin celle du Darfour. Ce lobby, qui a d'abord réussi un coup de maître en devenant le moteur de la politique de l'administration Clinton dans l'Afrique des Grands Lacs, soit en projetant ses membres à l'intérieur de celle-ci (comme John Prendergast), soit en nouant des relations

---

1. Le *Jerusalem Post* du 16 décembre 2004 affirme qu'Israël participe à l'aide humanitaire au Soudan : « Israël s'est joint à plusieurs groupes juifs américains, incluant l'American Jewish World Service (AJWS), l'Union for Reform Judaism, la New Jersey MetroWest Federation and l'UJA-Federation of New York, en envoyant 100 000 dollars à l'International Rescue Committee and Aid Children au Soudan et au Tchad... »

étroites avec les décideurs (ainsi Susan Rice, James Rubin, Madeleine Albright…). Exemple : au sein de l'administration Clinton, Susan Rice, la plus acharnée contre Khartoum, et John Prendergast se saisissent de la question de l'esclavage des femmes et des enfants, défendu par le gouvernement, pour mener à bien des actions « dures ». Soutenue par des groupes religieux[1], notamment évangéliques, Susan Rice coordonne ainsi, avec des membres importants du Congrès, et sans en informer Khartoum, des voyages d'information dans le Sud-Soudan[2].

Roger Winter et ses amis activistes continuent à jouer un rôle majeur dans les orientations politiques américaines sous l'administration Bush, par exemple en étant les moteurs du *Comprehensive Peace Agreement* de 2005, dont le dénouement interviendra en 2011 – l'indépendance du Sud-Soudan – et de la gigantesque opération de lobbying destinée à présenter ce qui se passe au Darfour comme un génocide…

À partir de sources « ouvertes », il est possible de suivre les pas de Roger Winter et d'affiner ainsi les traits du personnage. Ses relations nouées dans le maquis ougandais avec les Tutsi rwandais vont le projeter dans la diaspora tutsi installée aux États-Unis. En 1983, il fait la connaissance d'Alexandre Kimenyi, qui s'est imposé comme la figure de proue de cette diaspora aux États-Unis. Kimenyi est né au Rwanda et est arrivé aux États-Unis en 1971 grâce à une bourse Fulbright. Il a poursuivi ses études de linguiste à l'UCLA. Il a rencontré quelques difficultés à obtenir l'asile politique, puis la nationalité américaine. S'il est linguiste, il

---

1. Notamment Christian Solidarity International, dirigée par la baronne Cox. Les pratiques de CSI autour de la « rédemption des esclaves » sont très contestées, notamment par l'Unicef et par un rapport du gouvernement canadien.
2. John Prendergast emmena ainsi Tom Tancredo, Sam Brownback, Don Payne et divers leaders religieux.

met toute son intelligence et ses compétences au service de la cause tutsi – il serait d'ailleurs plus exact de parler de sa cause anti-hutu. Il voue une haine indicible aux Hutu, parle de leur conduite bestiale, forge déjà les concepts destinés à qualifier dans l'opinion leur comportement à l'égard des Tutsi. Il est un des premiers intellectuels à expliquer que ce sont les Belges et les missionnaires catholiques qui ont forgé l'ethnicisme rwandais et l'antagonisme entre Hutu et Tutsi...

Encouragé et aidé financièrement par Roger Winter[1], Kimenyi lance en 1983 la revue *Impuruza* qui va être l'expression de l'Association des Banyarwanda de la diaspora (ABD « USA »), créée la même année. Le titre du journal, on l'a vu, vaut programme puisqu'il désigne le tambour traditionnel servant à appeler les Tutsi à la guerre. *Impuruza* vise à rappeler aux Tutsi qu'ils sont mobilisés et qu'ils doivent continuer à montrer leur héroïsme, comme Kimenyi le dit dès le premier numéro. C'est dans ce même premier numéro que Festo Habimana, président de l'ABD « USA », compare les Tutsi aux « Juifs d'Afrique », une nation sans État, et conclut ainsi son appel : « Nous sommes un peuple plein de ressources. Qu'attendons-nous ? Un génocide. »

Les mots « Juifs d'Afrique » et « génocide » sont donc inscrits dès la naissance de ce mouvement et vont constituer les fondements de la propagande utilisée jusqu'à maintenant par le FPR et ses soutiens. *Impuruza* devient rapidement la plate-forme idéologique de la lutte des Tutsi en diaspora pour reprendre le pouvoir. On a vu que, en août 1988, Roger Winter a joué un rôle-clé dans l'organisation à Washington de la première conférence internationale sur les réfugiés rwandais, au cours de laquelle, devant deux officiels du Département d'État et un diplomate ougandais, il va

---

1. In *The Media and the Rwanda Genocide*, sous la direction d'Allan Thompson, contribution de Jean-Marie Vianney Higiro, Pluto Press/Fountain Publishers, 2007. Affirmation contestée par Alexandre Kimenyi : « *Impuruza* a été financée sur mes propres fonds et par des membres de notre association. »

être dit que la seule façon pour les Tutsi de revenir dans leur patrie est la lutte armée. Quant à Alexandre Kimenyi, il rejoint le FPR et en devient le directeur du service de recherche et de documentation. Il appellera dans le numéro d'*Impuruza* de décembre 1989 à la guerre contre les Hutu.

Roger Winter multiplie les allers et retours entre Washington et l'Ouganda. Il se rend dans le maquis ougandais, où il devient un proche de Yoweri Museveni et de ses fidèles compagnons tutsi. Cette relation va perdurer et se renforcer quand Museveni deviendra président de l'Ouganda. Winter a été un de ses premiers propagandistes à Washington et n'hésite pas à se salir les mains quand son ami ougandais est soupçonné de crimes de génocide dans le triangle de Luwero[1]. Les services secrets rwandais repèrent son activisme en faveur des réfugiés tutsi en août 1988 à l'occasion de l'organisation de la réunion avec Kimenyi à Washington. Ils le voient également apparaître quand le Haut-Commissariat des Nations unies pour les réfugiés encourage les négociations entre Kigali et Kampala sur le retour des réfugiés tutsi au Rwanda. Le HCR avait été chargé de mener une enquête auprès des réfugiés pour connaître l'option de chacun. Roger Winter tente alors de s'immiscer dans le processus en proposant les services de l'US Committee of Refugees pour conduire cette enquête. La possible réussite de ces négociations a semé la panique dans les rangs du FPR, qui risquait, dans ce cas, d'être privé d'un outil de propagande dans la perspective de son attaque imminente contre le Rwanda[2].

Winter est l'un des premiers activistes à s'engager contre Omar al-Bachir après le coup d'État du 30 juin 1989. Il entame une campagne contre le Soudan en témoignant, le 8 février 1990, devant une commission sur la faim à la Chambre des représentants, puis devant le Sénat le mois

---

1. Cf supra, chapitre 9, pp. 229-230.
2. Document de Joseph Bukeye (ancien membre des services rwandais à Kampala), repris par Gaspard Musabyimana dans *La Vraie Nature du FPR/APR, op. cit.*

suivant. Le 15 mars 1991, il publie un article intitulé « Guerre et famine au Soudan[1] », dans lequel il réclame un complet réalignement de la politique américaine en Afrique de l'Est, qu'impose la fin de la guerre froide. Pendant de nombreuses années, écrit Winter, le Soudan a été un important partenaire géostratégique des États-Unis. Depuis plus de quinze ans, l'Éthiopie a été considérée avec raison par les États-Unis comme une force de déstabilisation dans la région. Cependant, compte tenu de l'ensemble des changements négatifs survenus au Soudan avec le gouvernement Bachir, il n'y a plus aucune raison autre que la routine de la guerre froide pour expliquer l'attitude tolérante des États-Unis à l'égard des agissements de Khartoum depuis un an et demi. Quand Bachir a renversé Sadiq al-Mahdi[2], l'aide américaine a certes commencé à baisser du simple fait de l'application de la loi. Mais les États-Unis ont continué à aider le Soudan à travers les institutions multilatérales. La situation des droits de l'homme avait beau se détériorer rapidement et massivement au Soudan, les critiques américaines étaient assourdies, explique encore Roger Winter aux membres du Congrès : le Bureau des droits de l'homme et des Affaires humanitaires était aux abonnés absents. Et d'appeler donc à une révision de la politique américaine par de nombreuses interventions sur les ondes et dans des journaux, et de militer pour que le gouvernement américain soutienne son ami John Garang.

Il le parraine à Washington quand « son » chef de guerre se rend aux États-Unis. Il se bat pour que le SPLA soit reconnu comme le gouvernement *de facto* du Sud-Soudan. Winter est alors convaincu que la victoire militaire de ses *boys* sud-soudanais sera rapide : « En janvier 1990, la SPLA a commencé à bombarder Juba, la capitale du Sud-Soudan,

---

1. Publié par l'US Committee of Refugees, ainsi que par l'African Studies Association dans son numéro de l'été 1991.
2. Le 30 juin 1989.

et a pris les villes de Kajo Kaji, Kaya et Yei... Toutes les tentatives de l'armée soudanaise pour reprendre l'initiative militaire ont échoué. »

Le 10 mars 1993, devant la sous-commission aux Affaires africaines de l'House Foreign Affairs Committee, il témoigne sur les récents développements intervenus au Soudan. Il constate que le SPLA est en pleine déconfiture et cherche une reformulation de son agenda politique. Il suggère que l'administration Bush (père) fasse du Soudan une « haute priorité ». Il donne acte à Herman Cohen d'avoir fait des « choses intéressantes » jusqu'au milieu de l'année 1991, mais lui reproche d'avoir délaissé ce dossier peu à peu : « Nous avons reconnu après la guerre du Golfe que le gouvernement du Soudan était un problème, mais nous ne voyions pas le SPLA comme un mouvement d'opposition crédible. Et nous ne savions pas quoi faire. » Pour Winter, il est grand temps de se réengager. Pour lui, il n'existe que deux solutions pour arrêter la guerre entre le Nord et le Sud. La première consiste à garder un Soudan unifié à condition que son gouvernement soit sécularisé. La seconde, qui a sa préférence, est que le Sud, auquel s'adjoindraient peut-être quelques autres petites zones de conflit, soit dissocié du Nord-Soudan et constitue, en fait, un pays indépendant et souverain. Répondant à une question qui lui est posée, il confirme sa préférence pour un Sud-Soudan souverain.

Dans cet état d'esprit, il tient à manifester son soutien à une organisation non gouvernementale très active au Sud-Soudan, la Norwegian People's Aid (NPA), estimant que c'est une faute de l'administration américaine que de ne pas la soutenir. La NPA est une ONG norvégienne issue d'un comité créé avant-guerre par les syndicats qui étaient venus en aide aux républicains espagnols après 1936. Elle s'était beaucoup engagée en Afrique australe pour épauler les mouvements de libération sud-africain et namibien, l'ANC et la

SWAPO. Son engagement aux côtés de la SPLA de John Garang remonte à 1986. Cette aide a commencé par un programme de soutien agricole et alimentaire dirigé par Egil Hagen, ancien para des commandos à skis de l'armée norvégienne, garde du corps du roi à Oslo et agent de liaison des services de contre-espionnage. L'organisation a vite été suspectée de connivences avec les rebelles. Si le gouvernement norvégien continue de financer ses opérations courant 1987, la Communauté européenne a dénoncé dès 1986 le contrat passé avec Egil Hagen parce que la NPA distribuait directement les vivres aux combattants de la SPLA[1]. La NPA refuse de rejoindre l'Operation Lifeline Sudan[2] lancée par les Nations unies en 1989. En septembre 1992, elle poursuit ses activités sans respecter les consignes des Nations unies ni les règles de solidarité entre ONG. Après la mort d'Egil Hagen, décédé d'un cancer en 1992, le programme de la NPA est repris par Helge Rohn depuis Nairobi, où la NPA prend à sa charge une partie des frais de la représentation de la SPLA au Kenya. Soucieuse d'améliorer l'image d'une guérilla autoritaire et brutale, la NPA organise également la visite de journalistes occidentaux dans les zones libérées par les hommes de John Garang. En 1993, elle fournit même une aide décisive qui permet à la SPLA de tenir quelques kilomètres carrés à l'intérieur du Soudan lors d'une avancée des troupes gouvernementales vers la frontière ougandaise et la rivière Aswa.

Roger Winter a travaillé en étroite collaboration avec la NPA et fait du lobbying aux États-Unis pour qu'elle obtienne des financements. Mais un rapport commandé par le ministère des Affaires étrangères norvégien en novembre 1997 a posé, l'espace de quelques mois, certains problè-

---

1. http://www.observatoire-humanitaire.org/fusion.php?l=FR&id=75
2. Une opération d'assistance humanitaire qui regroupait des agences de l'ONU et 35 ONG pour remédier aux dégâts causés par la guerre au Sud-Soudan, ainsi qu'à la famine.

mes. Il constatait en effet que les volontaires de la NPA « fournissaient la logistique, les vivres et les soins jusque sur les lignes de front. Leur aide permet aux familles de rester à proximité des zones de combat pour ravitailler les guérilleros, de revendre les vivres pour acheter des armes, et d'assurer l'éducation des jeunes promis à devenir les cadres de la SPLA ». Le gouvernement norvégien suspend alors son aide à la NPA jusqu'aux attentats d'août 1998 contre les ambassades américaines au Kenya et en Tanzanie. Imputés à Khartoum, ces attentats changent la donne. Grâce à Roger Winter, d'importants financements (25 millions de dollars par an) provenant de la coopération américaine (USAID) sont accordés à la NPA qui continue à aider les rebelles soudanais. Daniel Eiffe, coordonnateur américain de la NPA, proche de Winter, opère depuis l'aéroport Wilson à Nairobi (Kenya), avec une base avancée à Lokichoggio, près de la frontière avec le Soudan.

Dans un article publié dans *New Vision*, le journal gouvernemental ougandais, en avril 1994, douze jours après l'attentat perpétré contre l'avion du président rwandais Habyarimana, Roger Winter fournit des informations intéressantes sur lui-même et amorce sa campagne sur la tragédie rwandaise. Il révèle sa proximité avec Paul Kagame, puisqu'il se tenait à ses côtés à Mulindi au début du mois d'avril, jusqu'au 3, soit trois jours avant l'attentat, quand il était procédé aux préparatifs de la conquête du pouvoir. Pour contrer les accusations lancées sur la responsabilité du FPR dans l'attentat, il affirme contre toute vérité que son voyage l'a conduit à conclure que l'assassinat du président rwandais et les violences qui en résultent sont l'œuvre de militaires et d'extrémistes hutu : « Je soupçonne, écrit-il, que les extrémistes ont provoqué délibérément la violence ethnique pour saborder le processus de paix prometteur et pour bloquer les réformes. » Il affirme avoir passé au nord du Rwanda quatre jours, du 31 mars au 3 avril, dans le cadre d'une enquête portant sur 65 000 réfugiés parvenus au cours des derniers mois dans les zones contrôlées par le FPR. Roger Winter souligne que les rebelles n'étaient pas sur le pied de guerre, c'est-à-dire qu'ils ne se préparaient pas à lancer la moindre offensive militaire. « Les rebelles étaient en fait en train de préparer la paix, déclare-t-il dans cet article. Le FPR tenait un séminaire pour attirer les investisseurs dans le pays dans la perspective de la paix. Au lendemain de mon départ, le 4 avril, le FPR organisa un pique-nique pour collecter des fonds, auquel étaient attendus 700 invités. » Ces « festivités » n'ont pas échappé aux services de renseignement rwandais : « Diverses opinions mettent en doute les diverses festivités organisées à Mulindi. Ces festivités ont été des occasions pour le FPR de faire rentrer à Mulindi ses agents infiltrés dans le pays et d'injecter dans le pays d'autres agents au retour à Kigali... Il en a été de même pour ses déplacements de masse à Mulindi, qui ont constitué une menace réelle[1]. »

Roger Winter poursuit : « Il me semble bien que le FPR n'était pas en alerte pour une opération majeure, comme certains voudraient le faire accroire. Je suis sûr que je me serais aperçu s'il y avait eu des signes d'agitation. » Propos qui, par recoupement, montrent au moins la volonté de ne pas dire ce dont il a été témoin : Jean-Baptiste Mberabahizi était en effet à Mulindi, en même temps que Roger Winter ; il a raconté au juge Bruguière avoir assisté au *fund raising* organisé le 2 avril 1994, et qui s'est prolongé le lendemain. Il ne signale pas la présence de Roger Winter, mais cite les noms des principaux participants, dont les riches hommes d'affaires Kalinda (surnommé Kalinda Sweet Bread), Egide Gatera, Polycarpe Gatete et Tribert Rujugiro,

---

1. Voir le Mémorandum *Contribution des FAR à la recherche de la vérité sur le drame rwandais,* déposée au TPIR. Référence du document : RT INT/OPS/94/185 du 3 avril 1994 à 08 h 45 du Gpt BYUMBA pour EM GdN.

et raconte que ces derniers ont demandé à Paul Kagame s'il allait relancer les opérations militaires.

– Oui, leur a répondu le chef militaire du FPR.

Cette réponse a entraîné de fortes contributions financières de la part des participants, dit Mberabahizi.

Si l'on suit la logique des événements, telle qu'elle résulte de la lecture de nombreux témoignages et de notes de services secrets rwandais[1], c'est bien à un dernier effort de guerre qu'appelle Kagame, et la levée de fonds est d'autant plus importante que l'opération est imminente ! Comment Roger Winter aurait-il pu ne pas comprendre à quoi il participait ? Ses prises de position après son passage à Mulindi s'inscrivent en effet dans une stratégie mûrement réfléchie. Il se fait l'écho de Paul Kagame, qui souhaite avoir les mains libres pour mener comme il l'entend sa prise de pouvoir, préparant notamment l'opinion à l'idée de s'opposer à l'envoi au Rwanda de nouveaux Casques bleus – ce qui se passe, explique Roger Winter, étant une affaire strictement rwandaise. Et il reprend l'attaque lancée par Kagame, quelques jours plus tôt, contre « l'intervention militaire de style colonial de la France pour soutenir pendant trois ans et demi un président défaillant ». L'article de *New Vision* sera repris quelques jours plus tard au Canada dans *The Globe and Mail.*

Pendant les cent jours de la conquête du pouvoir par le FPR, qui correspondent au temps du génocide des Tutsi et des massacres de masse de Hutu, Winter partage son temps entre le Rwanda, l'Ouganda, le Sud-Soudan et ses actions de lobbying et de renseignement à Washington. Devant le Congrès, il déclare : « J'ai eu le grand honneur de voyager au Rwanda en avril, mai, juin et juillet, pendant le temps de la guerre. J'ai eu le privilège de voyager avec le FPR au fur et à mesure qu'il assurait son contrôle sur le territoire rwan-

---

1. *Ibid.*

dais... » Il confie à Eliza Griswold avoir fait des allers et retours entre le Rwanda et Washington pour fournir au gouvernement américain des informations de première main. Il s'est retrouvé régulièrement aux côtés de son ami Kagame dans les semaines qui ont précédé la chute de Kigali. Tant et si bien que, lorsque Clinton déclara qu'il n'avait pas été complètement renseigné sur le génocide, Roger Winter démissionna du Parti démocrate[1].

Si Roger Winter suit de près ce qui se passe au Rwanda, il n'oublie pas sa première cause, le Soudan, toujours dans l'objectif de renverser la « clique de Khartoum ». Au cours de ce même mois d'avril 1994, il assiste à la convention nationale du SPLM (Sudan People's Liberation Movement) de John Garang[2]. La description qu'il fait lui-même de cette réunion politique clandestine ne relève pas de l'action humanitaire. Pas plus que sa visite en août 1995 dans les montagnes Nuba contrôlées par la SPLA, qui a été organisée par ses amis d'African Rights, mouvement de défense des droits de l'homme dirigé par Rakiya Omaar, très engagé aux côtés du FPR, qui entretient des rapports étroits avec la DMI et des liens financiers avec le gouvernement rwandais. Roger Winter raconte[3] comment, avant de prendre l'avion à Heathrow, il s'aperçut que ses bagages avaient été fouillés, notamment ses papiers et ses cartes topographiques. Les fonctionnaires britanniques et américains saisis de l'affaire conclurent que la perquisition avait été le fait d'agents de l'ambassade du Soudan à Londres.

Du témoignage qu'il fait devant la Chambre des représentants le 4 décembre 1996, on n'a aucun mal à déduire qu'il a passé quatre jours avec Laurent-Désiré Kabila lors de la création de l'AFDL, et qu'il a pris part à la conquête du Kivu. Il déclare aux congressistes que la politique menée par

---

1. Dans l'article d'Eliza Griswold, *New York Times Magazine, op. cit.*
2. In *White Nile, Black Blood*, édité par Jay Spaulding et Stephanie Beswick, *op. cit.*
3. *Ibid.*

les États-Unis depuis 1994 est mauvaise, parce qu'elle défend les Hutu qui ont commis le génocide, et qu'il ne comprend pas qu'on envisage de venir en aide aux réfugiés installés au Zaïre. Winter prétend que ceux-ci continuent à perpétrer le génocide au Zaïre. Il prend soin de dire qu'il n'est pas là en tant que porte-parole de l'AFDL, mais qu'il est essentiel de comprendre les motivations de ce mouvement et celles de Laurent-Désiré Kabila en particulier. Son principal message est que l'AFDL est bien un mouvement zaïrois, et non rwandais, même s'il reconnaît que beaucoup en son sein sont tutsi, et que ce mouvement, né spontanément pour défendre les Banyamulenge massacrés par les Hutu génocidaires, est également dirigé contre les officiels zaïrois qui prennent la défense des Hutu. Et de faire ainsi parler Laurent-Désiré Kabila :

« Ces étrangers de la Force internationale qui doivent venir ici, qui sont-ils ? Ils sont Français. Ce sont des gens qui ne montrent aucun intérêt pour nous quand nous avons des problèmes, ils vont venir ici, et quel sera l'impact de leur arrivée ? D'abord ils vont sécuriser les *Interahamwe* et les ex-FAR, ensuite ils vont stabiliser le gouvernement de Kinshasa. Ce sont mes ennemis. Pourquoi est-ce que je collaborerais à une intervention internationale qui protégerait mes ennemis et les mettrait dans une position qui leur permettrait de nous liquider ou de nous expulser du pays ? »

Roger Winter fait siennes les affirmations attribuées à Kabila et plaide en faveur d'une opération humanitaire basée à Entebbe (Ouganda), à laquelle les rebelles pourraient coopérer.

Roger Winter suit de près les progrès de l'alliance anti-Khartoum. Alors que Laurent-Désiré Kabila s'installe à Kinshasa, les opérations menées par elle depuis la fin 1996 ont sérieusement fragilisé le pouvoir soudanais. Khartoum est d'autant plus pris à la gorge qu'il est alors complètement isolé sur le plan international à cause de ses liens avec des mouvements terroristes et avec Oussama Ben Laden. Désormais sûrs d'eux, les pays de la ligne de front (*front-line states*) décident de marquer une pause avant de déclencher l'attaque finale...

Dans une conférence de presse donnée à l'Institut de la Paix (US Institute for Peace) à Washington le 17 septembre 1997, Roger Winter demande « le soutien total du gouvernement américain à une guerre destinée à abattre le gouvernement de Khartoum, même si [il sait] qu'elle entraînera une catastrophe humanitaire ». Il rassure dans le même temps les politiques présents dans la salle en affirmant que les GI's ne seraient pas impliqués dans une telle guerre : « Ce serait une guerre par *proxies* interposés, utilisant les troupes ougandaises et érythréennes, avec les armes, la logistique et l'entraînement américains », déclare-t-il en stratège sûr de lui.

De telles assurances publiques ne peuvent se comprendre que par sa proximité avec Susan Rice, qui, depuis l'arrivée à la Maison-Blanche de Bill Clinton, joue un rôle ascendant dans la définition de la politique américaine dans la région des Grands Lacs. Et celle-ci ne se cache pas de son animosité personnelle contre le régime de Khartoum. Après avoir été de 1993 à 1995 la spécialiste de l'Afrique au sein du Conseil de sécurité national (National Security Council), elle est devenue assistante spéciale de Clinton, puis, en 1997, secrétaire d'État adjointe pour les Affaires africaines. Susan Rice a fait ses études de relations internationales au New College de l'université d'Oxford. Elle a surtout étudié l'histoire récente du Commonwealth et a été couronnée en Grande-Bretagne pour ses travaux. Son premier job a été un poste de consultante en management dans le très réputé cabinet McKinsey à Toronto. Son intégration au Département d'État a été d'autant plus facile que Madeleine Albright était proche de sa famille, et que Roger Winter a milité pour son recrutement.

Autour de Rice et de Winter figurent d'autres personnages, comme John Prendergast, qui a remplacé Rice au National Security Council, mais aussi Philip Gourevitch, le journaliste-écrivain du *New Yorker*, ami de Paul Kagame et ancien correspondant de *The Forward*, le journal conservateur juif.

Susan Rice a l'œil rivé sur Khartoum et pousse à la guerre en aidant à la formation de la coalition des *new breed leaders* autour de Yoweri Museveni. « Le Soudan est le seul État africain sub-saharien à constituer une menace pour les intérêts et la sécurité des États-Unis[1] », déclare-t-elle à qui veut l'entendre en ces années-là.

L'approche de Winter & Co, confortée par Susan Rice, est endossée par Bill Clinton, qui prend en effet, en novembre 1997, l'*Executive Order 13067* aggravant les sanctions contre Khartoum. Le dernier paragraphe de cette mesure explique que « la situation au Soudan représente une exceptionnelle et inhabituelle menace pour la sécurité nationale et la politique étrangère des États-Unis ». Le gouvernement de Washington s'oppose à l'action et à la politique de Khartoum, « particulièrement pour son soutien au terrorisme international et ses manquements au respect des droits de l'homme élémentaires, incluant la liberté de culte ».

La concrétisation de cette montée en puissance de l'engagement américain contre Khartoum intervient le 10 décembre, en Ouganda, avec la rencontre entre John Garang et Madeleine Albright. Un membre de la délégation américaine la résume ainsi : « Cette réunion est une démonstration de soutien au futur régime sudiste qui ne laissera pas Khartoum devenir un nid de vipères pour les activités terroristes[2]. » Après avoir demandé pardon au

---

1. Alexander de Waal, *Islamism and Its Enemies in the Horn of Africa*, Hurst, 2004.
2. In *The Washington Post*, 11 décembre 1997.

Rwanda[1], Bill Clinton officialise le soutien des États-Unis à l'alliance régionale et aux leaders de la « Nouvelle Afrique » en se rendant à leur sommet à Entebbe, le 25 mars 1998, pour parler de la paix et « des moyens de prévenir un autre génocide dans la région des Grands Lacs ou ailleurs en Afrique », tout en s'engageant à étudier la création d'une « coalition internationale contre le génocide ». Surtout, Bill Clinton donne quitus aux nouveaux leaders de leurs pratiques antidémocratiques, en reconnaissant qu'il n'existe pas de modèle démocratique préétabli, qu'il s'agisse des institutions ou du processus. Un nouveau concept fait alors son apparition à Entebbe : celui de « démocratie en développement »… La reconnaissance de cette relativité des modèles représente une victoire personnelle pour le président ougandais Museveni, qui se targue d'appliquer une « démocratie sans parti ». Un seul bémol à cette réunion : l'absence du président de l'Érythrée…

Cette absence est due aux tensions croissantes entre deux des membres de l'Alliance, l'Érythrée et l'Éthiopie. La nouvelle – terrible pour Roger Winter et ses amis – éclate au printemps 1998 : le 12 mai, les deux pays entrent en guerre, et, moins de trois mois plus tard, Laurent-Désiré Kabila, autre membre de l'Alliance, se retourne contre ses parrains rwandais et ougandais. La Sainte Alliance est morte et enterrée. Il n'est donc plus question d'expédier des supplétifs africains jusqu'à Khartoum. Faute d'aller renverser Omar al-Bachir, Susan Rice obtient qu'un sérieux avertissement lui soit adressé. Après les explosions sanglantes, le 7 août 1998,

---

1. « Nous, aux États-Unis, ainsi qu'au sein de la communauté internationale, nous n'avons pas fait tout ce que nous aurions dû faire ; nous devons accepter notre part de responsabilité dans cette tragédie […]. Partout dans le monde il y avait des gens assis comme moi dans un bureau, qui n'ont pas pris pleinement la mesure de la gravité et de la vitesse à laquelle vous étiez engloutis dans cette terreur inimaginable. » Le président américain a aussi reconnu qu'à l'époque il avait catégoriquement refusé d'employer le terme « génocide » pour ne pas être dans l'obligation d'intervenir.

de voitures piégées en Tanzanie et au Kenya, attribuées à al-Qaida, la Maison-Blanche décide de frapper, le 20 août 1998, l'usine pharmaceutique Al-Shifa avec des missiles de croisière, prétextant que cette usine fabrique des armes chimiques de destruction massive, et que sa direction est liée à Oussama Ben Laden. De nombreux témoignages montreront rapidement que cette usine fabriquait *vraiment* des médicaments.

Le clan Winter cherche désormais d'autres voies pour harceler Khartoum. En novembre 1998, Winter se livre à une nouvelle attaque en règle dans le Rapport de l'US Committee of Refugees qui affirme[1] que la guerre civile au Soudan a fait 1,9 million de morts parmi la population civile. « C'est la conséquence directe de la politique intentionnelle du gouvernement soudanais qui a conduit à la mort de près de 2 millions de civils dans le Sud-Soudan du fait des violences liées à la guerre, de la famine et des épidémies. » Le lecteur du rapport ne sait pas que le clan Winter alimente ladite guerre civile en aidant les rebelles de John Garang. À la fin de ce texte, Roger Winter demande que le Sud-Soudan soit déclaré « zone humanitaire » par les Nations unies : un espace où les lois de Khartoum ne s'appliqueraient pas. Ce serait un premier pas vers l'éclatement du Soudan.

Dans une conférence donnée à la mi-janvier 1999 à l'Institut pour la Paix (US Institute for Peace), à Washington, John Prendergast, conseiller au National Security Council, plaide d'une bien étrange manière pour la relance du processus de paix au Sud-Soudan : en renversant le régime de Khartoum... Mais Khartoum, cette année-là, reçoit un gros ballon d'oxygène avec les premiers revenus obtenus de l'exploitation du pétrole soudanais par les sociétés chinoises. Ces rentrées vont permettre au régime de mieux faire face à l'agression continue des rebelles soutenus par les États-Unis

---
1. In *Baltimore Sun* du 12 novembre 1998.

et Israël, de mieux résister à l'embargo américain, et de fabriquer des armes. L'irruption de Pékin en tant que nouvel acteur dans l'Afrique de l'Est va considérablement freiner la légitimation des actions américaines par les Nations unies. La Chine va en effet mettre son veto à plusieurs condamnations du pays par le Conseil de sécurité.

En 2001, l'arrivée de Bush junior à la Maison-Blanche ne ralentit pas le combat de Roger Winter, ni ne réduit son entregent. Le 6 juin, Winter intègre l'USAID au poste de directeur de l'Office of Foreign Disaster et pénètre un peu plus dans les rouages officiels de l'administration américaine, puisque l'USAID maintient « une étroite relation de travail avec la CIA, dont les agents opèrent souvent à l'étranger avec la couverture de l'USAID[1] ».

John Prendergast, poulain de Roger Winter, a facilité mon enquête en dressant lui-même un bref bilan d'une vingtaine d'années d'activités « ouvertes » de Roger Winter[2] : « Les activistes ont réussi à pousser les membres du Congrès et les administrations Clinton et Bush à s'intéresser davantage au Soudan, à prendre des mesures et à mettre en œuvre des politiques visant à isoler le gouvernement de Khartoum, en fournissant de l'assistance humanitaire aux civils victimes de la guerre, et, *in fine*, en mettant fin à la guerre. Les événements importants dans ce processus incluent la décision de l'administration Clinton de placer en 1993 le Soudan sur la liste des États sponsorisant le terrorisme, la diplomatie américaine au Conseil de sécurité visant à imposer des sanctions multilatérales au gouvernement soudanais en 1996-97, la décision de l'administration Clinton (soutenue par les deux Chambres) d'imposer des sanctions unilatérales au Soudan, l'intérêt de l'administra-

---

1. William Blum, *Killing Hope : US Military and CIA Interventions since World War II*, Zed Books, 2003.
2. Don Cheadle et John Prendergast, *Not on Our Watch. The mission to end genocide in Darfur and beyond*, op. cit.

tion Bush, dès le début de son mandat, pour le processus de paix au Sud-Soudan, la décision prise en 2003 par le président Bush de nommer un envoyé spécial... »

Pour tous les intervenants dans l'histoire récente de la région des Grands Lacs, Roger Winter n'en reste pas moins un mystère. On se souvient que Ghazi Salah al-Din, conseiller d'al-Bachir, président du Soudan, affirme qu'« il [était] à l'origine de beaucoup de [leurs] difficultés. C'est une des personnes les plus dangereuses pour le Soudan ». Est-ce que les sources « ouvertes » épuisent ce qu'on peut savoir du personnage ? Ou doit-on écouter d'autres témoins qui suggèrent que Winter ne travaillait pas seulement sous sa casquette officielle de directeur de l'US Committee of Refugees, puis de directeur de l'USAID ?

Le premier de ces témoins est prestigieux : c'est Juan Carrero, l'homme qui a fait une grève de la faim pour attirer l'attention du monde entier sur les massacres perpétrés par les FPR au Rwanda et au Zaïre. « Plusieurs d'entre nous sommes convaincus que c'est un homme de la CIA infiltré dans le monde des ONG. Il a été l'organisateur de ces réunions suspectes préalables à l'invasion du Rwanda à partir de l'Ouganda en 1990. Il a aussi organisé des réunions préalables à l'invasion du Congo en 1996[1]. »

Le second est Remigius Kintu, opposant ougandais, qui publie *La Lettre de l'UDC* de l'Uganda Democratic Coalition et affirme : « Roger Winter a été le principal *boss* de la logistique de l'APR, l'armée des rebelles tutsis du FPR, dès 1990 et jusqu'à leur victoire en 1994. Il travaillait pour la CIA. Il opérait depuis le siège de l'US Committee of Refugees (1717 Massachusetts Avenue, NW) à Washington. Et quand il a eu fini le travail au Rwanda, il s'est installé à

---

1. Rencontre avec l'auteur à Barcelone, le 24 juin 2008.

Kampala et a confié à un de mes amis qu'il allait maintenant se consacrer au Sud-Soudan[1]. »

Le troisième témoignage est encore plus troublant. Quand j'ai évoqué devant Richard Babayan, qui a été longtemps proche de la CIA et dont le nom est apparu dans le scandale de l'Irangate, le nom de Roger Winter, j'ai eu le sentiment de parler d'un de ses copains de collège[2]. Sans l'ombre d'une hésitation, il a fait de Roger Winter l'agent majeur de la CIA pour la région des Grands Lacs, du milieu des années 1980 à la fin des années 1990. L'homme travaillait, selon lui, en étroite collaboration avec le Mossad et le MI5. Babayan parla de coordination et de collaboration complètes entre les trois services. Et d'affirmer que Winter était un ami très proche de Dani Yatom, agent du Mossad travaillant sur l'Afrique qui a fini sa carrière en dirigeant l'agence israélienne de 1996 à 1998. Richard Babayan m'a déclaré que Roger Winter a d'abord soutenu Museveni et a entériné probablement très tôt son ambition de créer une « République des Volcans ». Winter aurait également « travaillé » à Abidjan dans les années 1980 et aurait participé à l'installation d'agents israéliens en Côte d'Ivoire et à la création d'une station d'écoutes. Richard Babayan a enfin précisé qu'il avait été en relation étroite – comme lui – avec Mobutu, avant de travailler pour Kabila.

Toujours selon Babayan, c'est Museveni qui aurait présenté John Garang, son ami d'université, et Fred Rwigema, son ministre de la Défense, à Roger Winter. L'intérêt de Winter pour les Tutsi s'est trouvé renforcé par l'intérêt qu'il (lui et ses amis israéliens) portait au Soudan... Par Fred Rwigema, il a fait la connaissance de Paul Kagame, patron de la DMI. Et toujours selon Babayan, c'est Roger Winter qui aurait organisé en 1990 le stage de Kagame à

---

1. Rencontre avec l'auteur à Washington, le 21 mai 2009.
2. Je l'ai rencontré deux fois sur le sujet, à Paris, en 2007 et 2008.

Fort Leavenworth. C'est lui encore qui aurait fourni les renseignements nécessaires à l'attaque d'octobre 1990 : « Il était le *boss*. » À compter de 1991, Winter était souvent à Kampala et y rencontrait Kagame et les principaux chefs de l'APR, notamment Franck Nziza[1] et James Kabarebe. C'est lui aussi qui aurait monté le système d'écoutes installé à Kigali pour le Network Commando. Il aurait participé à la formation des agents de ce network, notamment pour ce qui est des écoutes. En février 1993, Roger Winter était à Byumba, au QG de l'APR, aux côtés de Kagame, de Nziza et de Kabarebe... Roger Winter était lié par ailleurs au patron sud-africain des Special Operations, et a fait venir grâce à lui des mercenaires sud-africains pour combattre aux côtés des soldats de l'APR.

Après la victoire de Kagame, c'est encore lui qui a participé à l'élaboration de la politique menée au Zaïre contre les réfugiés hutu ; lui qui est devenu le principal conseiller de Laurent-Désiré Kabila ; lui qui a assuré la liaison entre Kagame et Kabila ; lui, enfin, qui acheminait les desiderata de Madeleine Albright à Kagame...

Richard Babayan est mort avant d'avoir pu m'organiser deux rendez-vous importants : l'un avec un Congolais, l'autre avec un Israélien. Quel crédit apporter à ses affirmations ? Deux anciens officiers de la DMI[2] ont spontanément utilisé le mot *boss* pour caractériser la relation existant entre Paul Kagame et Roger Winter avant même la première attaque d'octobre 1993. L'un d'eux avait même peur d'en parler, comme s'il pouvait encore lui nuire. Winter était souvent présent dans les réunions importantes, quand le FPR préparait son attaque d'octobre 1990. Quand l'un d'eux parle de la relation étroite existant entre le FPR et la CIA, le nom de Winter sort tout naturellement : « Roger Winter était lié

---
1. Sur le rôle de Franck Nziza dans l'attentat du 6 avril 1994, voir *Noires fureurs, blancs menteurs, op. cit.*, pp. 12-13, 235.
2. Qui ne m'ont parlé qu'à la condition que je m'engage à conserver leur anonymat.

aux chefs du FPR bien avant 1990. Il a joué un rôle essentiel lors de l'attaque de février 1993 qui aurait dû être la dernière. Il était à Mulindi et supervisait une arrivée d'armes organisée avec Viktor Bout. Les armes étaient débarquées sur un aéroport situé en Ouganda, près de la frontière avec le Rwanda. Je me souviens de cet avion blanc, un Antonov 26. Roger Winter a également joué un rôle dans l'obtention des missiles qui ont abattu l'avion d'Habyarimana... »

Post-scriptum

Paul Kagame confirme l'importance du rôle de Roger Winter

En mettant le point final à ce chapitre, j'avais parfaitement conscience de ses manques en documents et témoignages. La principale caractéristique des guerres secrètes est en effet qu'elles restent *secrètes,* et donc difficiles à décrire sur la base de documents écrits. Même une quinzaine d'années après les faits, il est difficile d'éclairer les zones d'ombre de Roger Winter et de ses amis… Je n'aurais pas imaginé être aidé *in fine* par Paul Kagame lui-même. Et pourtant ! Car c'est lui qui a abondé dans le sens de mon portrait esquissé de Winter et l'a conforté ! Le dimanche 4 juillet 2010, à l'occasion du seizième anniversaire de la libération du Rwanda, le dictateur rwandais honorait en grandes pompes, dans le grand stade Amahoro de Kigali, quelques étrangers méritants pour leur aide au renversement du régime de Juvénal Habyarimana. Avec une attention toute particulière, il décorait Roger Winter de la « médaille *Uruti* de la libération nationale, la plus haute distinction d'honneur et d'héroïsme du Rwanda », et de l'*Umurinzi*, médaille récompensant ceux qui avaient lutté contre le génocide des Tutsi. Pour qu'il n'y ait aucune ambiguïté dans l'interprétation de son geste, Paul Kagame demandait à Roger Winter de se mettre à sa droite pour la photo officielle. Une photo prise après le bref discours – en anglais, évidemment – dans lequel il a retracé le parcours de l'Américain et dit son aide déterminante dans sa conquête du pouvoir. Et le chef de l'État rwandais de faire allusion aux liens noués par lui entre la direction du FPR et les services secrets américains (« *organised briefings for American society* », « *Washington think tanks* », « *policy makers and intelligence* », dit-il). Paul Kagame exprimait aussi l'importance du rôle de Roger Winter au Soudan. Le texte de ce discours mérite d'être cité dans sa totalité.

« De l'époque à laquelle vous étiez un ardent défenseur du Mouvement pour les droits civiques américains, où vous êtes allé à l'encontre de ce que l'on attendait d'un homme blanc à ce moment-là, jusqu'à votre rôle actuel de conseiller bénévole auprès du leader du Sud-Soudan et de champion, aux États-Unis, du Mouvement populaire de libération du Soudan, vous avez toujours été porté par votre engagement dans des causes justes.

« À la tête du Comité américain pour les réfugiés, vous avez été ému par la détresse des réfugiés rwandais, dont beaucoup ont mis fin à leurs jours quand ils se sont vus expulsés d'Ouganda par le président Milton Obote, devant des frontières rwandaises fermées par le président Habyarimana.

« Vous avez consacré votre temps à essayer d'informer l'opinion publique américaine et le reste du monde sur l'origine de cette crise.

« Tout au long de la lutte armée du FPR, et pendant le génocide, vous avez fréquemment communiqué avec la presse, avez organisé des briefings pour la société civile américaine, les think tanks de Washington, les décisionnaires politiques et *les responsables des services secrets* ; vous avez également, à de nombreuses reprises, témoigné devant le Congrès des États-Unis pour partager votre connaissance de la situation au Rwanda.

« Vous avez aussi généreusement organisé des rencontres entre les membres du FPR aux États-Unis pour qu'ils puissent propager leurs informations au plus grand nombre.

« Durant les 100 jours du génocide, au péril de votre vie, vous avez plusieurs fois visité les zones libérées par le FPR, vous avez été le premier étranger sur les sites de massacres tels que Nyarubuye, et vous avez continué à agir et parler en ardent témoin oculaire des événements.

« Vous avez mobilisé les journalistes des médias américains les plus importants et les avez incités à se rendre au Rwanda et à rapporter la crise, et vous avez rallié les organisations humanitaires à la cause des survivants.

« Après le génocide vous êtes resté engagé au Rwanda, rassemblant l'aide nécessaire à la reconstruction et créant un réseau d'amis pour le Rwanda.

« Votre contribution à la lutte contre l'injustice, vos efforts constants pour que le génocide au Rwanda soit connu, et votre acharnement inlassable à attirer de l'aide dans les mois qui suivirent : tout ceci est inestimable et sera toujours apprécié des Rwandais.

« En conséquence aujourd'hui, dans cet hommage particulier qui vous est rendu, moi, Paul Kagame, Président de la République du Rwanda, en vertu de l'autorité qui m'est conférée, décerne à Roger Winter l'URUTI, la médaille nationale rwandaise de la libération, et l'UMURINZI, la médaille rwandaise de la campagne contre le génocide. »

Lors de la même cérémonie, Paul Kagame honorait aussi le *congressman* Donald Payne, vieux complice de Roger Winter.

En récompensant ceux qui l'ont aidé à prendre le pouvoir, Paul Kagame désigne petit à petit ses plus fermes soutiens et donne un caractère officiel à des éléments qui confirment une histoire qui a peu de choses à voir avec la version officielle de la tragédie rwandaise – c'est-à-dire un mouvement « spontané » de libération nationale, en lutte contre la tyrannie du président Habyarimana. Ainsi, l'an dernier, a-t-il décoré le président ougandais Yoweri Kaguta

Museveni, le Premier ministre éthiopien Meles Zenawi, ainsi que l'ancien président tanzanien Julius Nyerere, à titre posthume. En cette anné 2010, il a aussi rendu hommage à quelques « Blancs menteurs » qui ont joué un rôle important dans la propagande du FPR et dont j'ai longuement parlé dans *Noires fureurs, blancs menteurs* : Jean Carbonare, Jean Gol et Jean-Paul Gouteux…

19

Le pillage du Congo par le Rwanda, l'Ouganda, divers groupes mafieux et de nombreuses multinationales…

Kagame et Museveni restent les leaders exemplaires de la *new generation*, ainsi que les avait baptisés l'administration Clinton. Au printemps 2010, la plupart des journalistes français continuaient à encenser le dictateur rwandais et à le croire sur parole[1]. Nombre d'intellectuels français, Bernard-Henri Lévy en tête, s'esbaudissent devant lui. Quels que soient leurs forfaits, crimes et pillages pourtant avérés et connus dans le détail par tous les gouvernements occidentaux, le Rwandais et l'Ougandais ne sont nullement inquiétés : ils bénéficient encore et toujours d'un permis de tuer et de piller la République démocratique du Congo – et le changement d'administration américaine en 2009 n'y a rien changé pour l'heure. Pour l'en convaincre tout en évitant de me faire accuser d'en faire trop, je propose au lecteur de lire, bien des années après les membres du Conseil de sécurité, des extraits d'un rapport élaboré par un groupe d'experts et adressé par eux à Kofi Annan le 15 octobre 2002[2], rapport couvrant la deuxième guerre du Congo. Précisons au préalable

---

1. La "une" du *Monde* daté du 27 août 2010 révélant l'existence d'un rapport de l'ONU évoquant un possible génocide contre les réfugiés hutu en RDC a eu l'effet d'une douche froide. Voir annexe 2, p. 563.
2. Rapport final du Groupe d'experts sur l'exploitation illégale des ressources naturelles et autres formes de richesses de la République démocratique du Congo, remis le 15 octobre 2002, au Conseil de sécurité des Nations unies.

que les membres du Conseil de sécurité ont lu, depuis lors, de nouveaux documents portant *grosso modo* les mêmes accusations, et qu'ils ont également pris connaissance des conclusions de nouveaux rapports de l'International Rescue Committee, qui chiffrent le coût humain de la deuxième guerre du Congo à plus de quatre millions de morts (directes et indirectes), sans que cette lecture ait d'ailleurs provoqué chez eux des réactions à la hauteur des monstruosités commises. Pourtant, l'organisation du pillage systématique des ressources du Congo pourrait rappeler aux belles âmes de tristes précédents, notamment ceux mis au point par les nazis en France pendant la Seconde Guerre mondiale. La « communauté internationale » sait, mais ne fait rien pour stopper ce pillage dans lequel des multinationales sont parties prenantes. Y a-t-il un lien entre ce silence et la présence de ces dernières ? Nombre d'auteurs et d'observateurs mettent en tout cas en avant leur rôle dans les événements qui se sont déroulés dans la région des Grands Lacs depuis 1990, notamment par le financement des « seigneurs de guerre » de cette région. N'a-t-on pas déjà évoqué plus haut un certain Jean-Raymond Boulle, propriétaire de l'American Mineral Fields (AMF), principal soutien de Kabila[1] et lié au couple Clinton ?

Le rapport du groupe d'experts daté de 2002 est en tout cas très riche d'enseignements. Plutôt que de le paraphraser, je préfère en livrer quelques extraits :

« Le Rwanda a justifié la présence continue de ses forces armées par des raisons de sécurité, alors que leur objectif réel à long terme consiste, pour reprendre les termes employés par le Bureau Congo de l'APR [désormais l'armée rwandaise], à "se procurer des biens". Les dirigeants rwandais ont réussi à convaincre la communauté internationale que leur présence militaire dans l'est de la République démo-

---

1. Il aurait mis un petit avion porteur et un million de dollars à la disposition du chef rebelle.

cratique du Congo a pour objet de protéger le pays contre des groupes hostiles qui se trouvent en République démocratique du Congo et qui, selon eux, se préparent activement à envahir le Rwanda. Le Groupe d'experts a de nombreuses preuves du contraire. Il détient par exemple une lettre datée du 26 mai 2000 dans laquelle Jean-Pierre Ondekane, premier vice-président et chef du haut-commandement militaire pour le RCD-Goma[1], engage toutes les unités de l'armée à entretenir de bonnes relations "avec nos frères" les *Interahamwe* et Maï-Maï, et "les laisser au besoin exploiter le sous-sol pour leur survie". Des membres importants d'un groupe congolais hutu, Benemugabohumwe, ont récemment commencé à encourager les Hutu qui vivent dans la République démocratique du Congo, et dont certains font partie de groupes d'opposition, à œuvrer plutôt pour la cause du Rwanda en République démocratique du Congo. Eugène Serufuli, gouverneur de la province du Nord-Kivu appartenant au RCD-Goma, et apparemment lui-même Hutu, a donné son appui à une ONG, Tous pour la paix et la démocratie (TPD), pour encourager les Hutu de tous bords à se rallier aux Rwandais. Leur objectif, tel qu'il était décrit dans une circulaire datée du 16 avril 2002 publiée dans le *Nord-Kivu Réveil*, était de "prêter allégeance au Rwanda en s'associant à ses efforts pour contrôler l'est de la République démocratique du Congo".

« Un combattant *interahamwe* âgé de trente ans, vivant dans la région de Bukavu, a décrit comme suit la situation lors d'une entrevue enregistrée avec un représentant de l'ONU au début de 2002 : "Nous ne nous sommes pas beaucoup battus avec l'APR au cours des deux dernières années. Nous pensons qu'ils sont fatigués de cette guerre, comme nous. De toute façon, ils ne sont pas au Congo pour nous chasser, comme ils le prétendent. Je les ai vus exploiter les mines d'or et de coltan ici ; nous voyons com-

---

[1]. Le RCD-Goma est une création de Kigali, voir le chapitre 7, p. 393.

ment ils volent la population. C'est pour cette raison qu'ils sont ici. Les soldats de l'APR viennent et tirent en l'air, et pillent les maisons des villageois, mais ils ne nous attaquent plus. Si vous avez de la chance et avez un grand frère dans l'APR, il arrivera peut-être à vous trouver quelques provisions et des munitions."

« Sur la base de son analyse de nombreux documents et témoignages oraux, le Groupe d'experts estime que la présence du Rwanda dans la République démocratique du Congo a pour but d'accroître le nombre de Rwandais qui se trouvent dans l'est du pays, et d'encourager ceux qui y sont déjà installés à conjuguer leurs efforts pour aider le Rwanda à exercer son contrôle économique. Le départ récent des troupes rwandaises ne devrait pas être interprété comme un signe de la volonté du Rwanda de réduire sa participation considérable à l'opération d'évacuation de ressources précieuses, de réduire l'intensité du conflit armé ou de réduire la crise humanitaire dans la région. L'exploitation économique sous ses diverses formes continuera, mais en s'appuyant sur une force armée moins visible, et en ayant recours à d'autres stratégies. »

Au début de leur rapport, les experts ont expliqué que les pillages de la RDC, qu'ils soient menés au profit du Rwanda ou de l'Ouganda, mais aussi bien du Zimbabwe, de nombreuses multinationales ou des dirigeants de la RDC, procèdent de la même façon, par le biais du « réseau d'élite ».

Le réseau d'élite

« Les opérations du *réseau d'élite* dans l'est de la République démocratique du Congo sont gérées centralement par le Bureau Congo de l'APR, qui assure la liaison entre les activités commerciales et militaires de l'APR. Le Groupe a décrit cette fonction en détail dans ses rapports précédents.

Il continue à recevoir des documents sur la façon dont la présence armée est financée par l'aile commerciale de l'APR. À titre d'exemple, il a récemment obtenu des documents faisant apparaître des ventes de coltan négociées par des responsables du Bureau Congo de l'APR. Le Groupe a des copies de fax envoyés par le bureau du major Dan Munyuza, de l'APR, pour le compte de la société minière de Maniema, et d'un autre fax envoyé par le bureau du chef d'état-major de l'APR, le général James Kabarebe.

« Si les recettes et les dépenses du Bureau Congo de l'APR sont considérables, elles sont inscrites à un compte strictement distinct du budget national du Rwanda. Selon une source fiable associée à ce bureau, les recettes du Bureau ont servi à financer 80 % des dépenses totales de l'Armée patriotique rwandaise en 1999. Dans le budget officiel du Rwanda pour 1999, un montant de 80 millions de dollars était alloué à l'armée. Si cette allocation budgétaire de 80 millions de dollars représente les 20 % des dépenses militaires qui, selon la source du Groupe d'experts, ne sont pas financées par le Bureau Congo, le budget militaire total, toutes sources de financement confondues, serait de l'ordre de 400 millions de dollars. Ce montant représente 20 % du PNB pour 1999, et environ 150 % des dépenses budgétaires courantes pour cette année. La contribution du Bureau Congo aux dépenses militaires du Rwanda aurait donc été de l'ordre de 320 millions de dollars. Les activités financées par les recettes provenant du Bureau Congo définissent dans une large mesure la politique étrangère du Rwanda et influent directement sur la prise des décisions nationales dans de nombreux domaines. Mais les transactions à l'origine de ces recettes sont toutefois opérées à l'abri du regard des organisations internationales.

« Le *réseau d'élite* entretient d'étroites relations commerciales avec les réseaux criminels transnationaux, y compris avec ceux de Viktor Bout[1], de Sanjivan Ruprah[2] et de Richard Muamba Nozi[3]. Les avions de Viktor Bout sont utilisés à diverses fins, y compris le transport de coltan et de cassitérite, le transport de fournitures à destination des mines et le transport de soldats et de matériel militaire. Au cours de la dernière grande campagne militaire à Pweto, en République démocratique du Congo, des avions de Viktor Bout ont été utilisés pour acheminer des membres de l'Armée patriotique rwandaise dans la région.

« Sanjivan Ruprah collabore fréquemment avec l'organisation criminelle de Viktor Bout, mais il est également associé indépendamment au Bureau Congo à Kigali. Le 7 février 2002, il a été arrêté en Belgique, où il était soupçonné de se préparer à fournir 6 millions de billets de nouveaux zaïres – qui sont toujours valides dans l'est de la République démocratique du Congo – au RCD-Goma, le financement de l'opération étant assuré par des trafiquants de diamants basés en Belgique. Le président du RCD-Goma, Adolphe Onusumba, qui a des liens familiaux et entretient des relations commerciales avec Sanjivan Ruprah, a joué un rôle-clé dans cette opération de faux. Un autre groupe qui fabrique de la fausse monnaie, celui de Muamba Nozi, fournit également de faux francs congolais au RCD-Goma. Sa base opérationnelle régionale se trouve à Nairobi, où les faux billets sont imprimés en vue d'être distribués en grandes quantités dans l'est de la République démocratique

---

1. Viktor Bout était alors un des trafiquants d'armes les plus puissants de la planète, qui a alimenté les principaux conflits africains depuis le début des années 1990. Il a fourni en armes le FPR pendant sa conquête du pouvoir et a aussi loué aux militaires français ses avions lors de l'opération Turquoise en juin 1994 (voir *supra*, ch. 13, p. 303). Arrêté par des agents américains, le 6 mars 2008, il est actuellement en prison à Bangkok.
2. Kenyan d'origine indienne, proche de Viktor Bout, il trafique armes et diamants en Afrique.
3. Homme d'affaires congolais véreux qui fait aussi bien dans le trafic de diamants que dans la fausse monnaie.

du Congo. Des responsables de la Banque centrale de Kinshasa ont déclaré au Groupe d'experts que les activités de faux de Muamba Nozi ont des motifs politiques et visent délibérément à déstabiliser le régime actuel en affaiblissant la monnaie. »

Stratégies et sources de revenus

Colombotantalite (coltan)

« Le monopole que la Société minière des Grands Lacs (SOMIGL) exerçait sur la colombotantalite a pris fin en avril 2001, non pas tant à cause de la chute du prix du coltan que du fait que le Rwanda était déterminé à s'emparer d'une part plus importante des recettes prélevées sous la forme d'impôts par l'administration rebelle du Rassemblement congolais pour la démocratie (RCD-Goma). La fin du contrat avec la SOMIGL a permis à l'Armée patriotique rwandaise (APR) de déjouer les tentatives du RCD-Goma de prélever des impôts pour servir ses propres intérêts.

« La plus grande partie de la colombotantalite exportée de l'est de la République démocratique du Congo (pas moins de 60 à 70 %) est extraite sous la surveillance directe des superviseurs de l'APR préposés aux activités minières, et évacuée directement par avion vers Kigali ou Cyangugu à partir des aérodromes proches des mines. Aucune taxe n'est versée (localement, qui reviendrait à la RDC). Des avions militaires rwandais, des avions de Viktor Bout et de petites compagnies aériennes sont utilisés pour transporter le coltan. L'APR maintient son contrôle sur la plupart des mines de colombotantalite où les gisements sont importants, où la teneur en tantale est élevée et où les aérodromes locaux sont accessibles. Dans les sites d'extraction qui sont gérés par les superviseurs de l'APR, divers régimes de travail forcé coexistent pour l'extraction, pour le transport et pour les tâches domestiques. Selon de nombreuses sources, il serait largement fait appel à des prisonniers importés du Rwanda, qui travaillent comme main-d'œuvre sous contrat.

« Une plus petite part – peut-être 15 à 25 % du volume total des exportations de colombotantalite – est achetée par les comptoirs appartenant à des Rwandais auprès de "négociants" locaux, dans des mines éloignées, ou auprès d'agents de groupes locaux de défense. Plus généralement, ces comptoirs qui appartiennent à des officiers de l'Armée rwandaise ou aux proches du gouvernement rwandais, comme le comptoir MHI, Eagle Wings ou Rwanda Metals SARL, ont leurs propres sites d'extraction et recrutent leurs propres travailleurs qu'ils soumettent à des conditions très difficiles.

« La plus faible part de colombotantalite est achetée par les rares comptoirs congolais qui existent encore dans les nombreuses mines situées dans des régions éloignées. La plupart des comptoirs congolais n'arrivent pas à concurrencer les comptoirs tenus par l'APR ou le Rwanda.

« Les bénéfices que le Bureau Congo tire de l'exploitation minière ayant augmenté, la part du RCD-Goma a diminué. Le Bureau Congo prive continuellement son partenaire plus jeune, le RCD-Goma, de toute part substantielle des ressources et des avantages, et le RCD-Goma ne cesse de s'en plaindre. Les administrateurs du RCD-Goma ont souvent souligné le fait qu'ils n'étaient pas en mesure de gérer leur armée s'ils ne disposaient pas de ressources suffisantes. Faute d'assistance financière, les brigades de l'Armée nationale congolaise (ANC) se sont mises à piller les villages dans tout l'est de la République démocratique du Congo. La troisième brigade a volé un grand nombre de têtes de bétail aux alentours de Kalémié, et la première brigade a raflé des diamants à Opala. Le Groupe d'experts possède de nombreux documents sur ces activités. La plupart de ces forces rebelles sont sous commandement des bureaux de l'APR. Quand l'ordre leur est donné de le faire, elles n'hésitent guère à attaquer des groupes locaux d'autodéfense qui font obstacle à leurs transactions, à éliminer certains ennemis, à assurer la sécurité des zones riches en or, colombotantalite et diamants, à fournir des services de police dans les zones urbaines et, parfois, à maintenir une force sur les lignes de front. Puisque leurs hommes ne sont ni payés ni soumis à une quelconque discipline, ils se servent de leurs armes pour s'attaquer à la population, souvent en brûlant des villages entiers pour obtenir biens et nourriture.

Étude de cas d'une chaîne commerciale concernant la colombotantalite

« Le comptoir de colombotantalite Eagle Wings Resources, qui opère à Bukavu, est une filiale de Trinitech International Inc., société ayant son siège dans l'Ohio (États-Unis). Eagle Wings a des bureaux au Rwanda, au Burundi et en République démocratique du Congo. Le directeur d'Eagle Wings à Kigali entretient des liens étroits avec le régime rwandais. Aussi la société Eagle Wings opère-t-elle en République démocratique du Congo comme un comptoir contrôlé par les Rwandais, avec tous les avantages qui s'y attachent. Le comptoir Eagle Wings n'est pas tenu d'assumer toutes ses responsabilités vis-à-vis du Trésor public géré par l'administration du RCD-Goma. À l'instar des autres comptoirs de coltan contrôlés par les Rwandais, Eagle Wings collabore avec l'APR afin de jouir d'un accès privilégié aux mines de coltan et à une main-d'œuvre captive.

« Près de 25 % de la colombotantalite d'Eagle Wings est expédiée en bateau de Kigali à l'usine métallurgique de la société NAC Kazatomprom, à Ulba, au Kazakhstan. Vingt-cinq pour cent sont vendus à la maison mère d'Eagle Wings, Trinitech International Inc. (États-Unis), qui gère les ventes à la fois à Ulba et à l'usine de traitement chinoise de Ningxia Non-Ferrous Metals Smeltery (NNMS). H. C. Starck, société basée en Allemagne et filiale de la société transnationale Bayer AG, achète près de 15 % du coltan d'Eagle Wings. H. C. Starck a nié se procurer du coltan en Afrique centrale. Dans un communiqué de presse publié le 24 mai 2002, H. C. Starck a de nouveau affirmé que la société n'avait pas acheté de matières premières provenant d'Afrique centrale depuis août 2001. Le Groupe d'experts a des preuves du contraire. Dans le même communiqué de presse, H. C. Starck a affirmé obtenir sa colombotantalite auprès de cultivateurs, et non de groupes rebelles. En fait, toutes les mines de coltan situées dans l'est de la République démocratique du Congo profitent soit à un groupe rebelle, soit à des armées étrangères.

« Le Groupe d'experts expose le cas suivant sur la base des documents qu'il possède : la société Mozambique Gemstone a produit de faux documents certifiant que le Mozambique était le pays d'origine d'une cargaison de colombotantalite provenant du Rwanda et transitant par l'Afrique du Sud. Elle a ensuite vendu la cargaison à la société AMC African, Trading and Consulting Co. Ltd., basée en Afrique du Sud, qui l'a vendue à son tour à H. C. Starck Ltd à Rayong (Thaïlande) le 21 septembre 2001. Le 9 mai 2002, H. C. Starck a envoyé une lettre de crédit pour cette cargaison à Chemie Pharmacie Holland, qui a supervisé la transaction et qui est un partenaire commercial d'Eagle Wings et lui rend des services logistiques et financiers. Eagle Wings est le seul fournisseur de colombotantalite de Chemie Pharmacie Holland. Eagle Wings n'opère pas au Mozambique.

« Le Groupe d'experts a également eu des contacts directs avec l'usine de traitement chinoise NNMS afin de déterminer si elle utilisait de la colombotantalite provenant de l'est de la République démocratique du Congo. NNMS a nié catégoriquement traiter avec "tout individu ou toute entité représentant une personne ou une entité en République démocratique du Congo". En fait, un certain nombre d'intermédiaires qui font le commerce de coltan provenant de l'est de la République démocratique du Congo ont informé le Groupe d'experts de leurs ventes à NNMS. Dans une présentation publicitaire conçue par NNMS, il est indiqué que si cette société peut vendre sa production à des prix si bas, c'est parce qu'elle achète des quantités considérables de matière première bon marché en Afrique centrale. Il ressort d'un rapport de NNMS que 50 % du volume total de colombotantalite achetée aux fins de traitement proviennent d'Afrique centrale. NNMS n'a pas répondu aux nombreuses demandes de renseignements que le Groupe d'experts lui a présentées par la suite.

Diamants

« C'est pour avoir son propre marché du diamant que le Rwanda s'est battu contre l'Ouganda. Après le dernier affrontement à Kisangani en juin 2000, l'APR a, par l'intermédiaire de l'administration du RCD-Goma, fait acheminer tous les diamants à Kisangani par le Bureau Congo. La technique consistait à obliger tous les diamantaires locaux à vendre à un comptoir principal, détenteur exclusif des droits d'exportation.

« Le Bureau Congo a accordé le premier monopole à Aziz Nassour. Ce dernier a cessé de plaire au Bureau Congo, qui l'a remplacé par un diamantaire israélien, Philippe Surowicz. Les négociants de Kisangani se souviennent de la période Surowicz comme du "règne de la terreur". Ils rapportent que, souvent, à peine entrés dans le comptoir de "Monsieur Philippe", ils se trouvaient face aux militaires de l'APR, qui fixaient un prix dérisoire et emportaient les diamants. En octobre 2001, le Bureau Congo a remplacé

M. Surowicz par Hamad Khalil, un Libanais qui travaillait avec le comptoir Bakayoko à Kisangani.

« À la mi-novembre 2001, le Département des terres, des mines et de l'énergie du RCD-Goma a mené une étude sur les résultats obtenus par M. Hamad Khalil pendant le mois qui a suivi son entrée en fonctions. Un minimum de 500 000 dollars par mois lui avait été fixé. M. Khalil l'a atteint en exportant un volume de diamants évalué à 576 380 dollars sur une période de 27 jours, mais ses résultats étaient bien en deçà du potentiel de ventes de Kisangani, évalué à pas moins de deux millions de dollars par mois. La prestation médiocre de M. Khalil a fait naître la suspicion que le Bureau Congo l'utilisait pour détourner des recettes qui seraient autrement revenues à l'administration du RCD-Goma. Une inspection similaire de la production de diamants dans les régions de Sankuru et de Lodja, dans le Kasaï oriental – menée la semaine précédente –, avait également révélé que des officiers de l'APR acheminaient clandestinement de grandes quantités de diamants du Kasaï oriental directement vers le Bureau Congo à Kigali. Le RCD-Goma en a conclu que M. Khalil sous-évaluait le prix des diamants, ce qui avait pour conséquence de réduire les taxes à payer au Trésor public du RCD-Goma et d'augmenter la marge bénéficiaire de M. Khalil et du Bureau Congo. La conclusion de l'étude était que, "sans les pratiques frauduleuses en cours et la sous-évaluation des diamants, les recettes dégagées par le Trésor public sur l'exploitation des diamants seraient quatre fois supérieures à ce qu'elles étaient".

Importations, impôts et réquisition par le secteur public
« Les "diamants de la guerre" de Kisangani sont commercialisés par des réseaux de criminels. Le produit de ces ventes criminelles est blanchi par l'achat à Dubaï de grandes quantités de biens d'équipement ménager – sucre, savon,

tissu, médicaments... – qui sont ensuite importés en République démocratique du Congo et proposés aux vendeurs locaux à des prix intéressants. Les grossistes rwandais utilisent les bénéfices réalisés en francs congolais pour acheter des dollars et – pour boucler la boucle – acheter des diamants.

« L'intérêt que la vente de produits de consommation à des prix intéressants présente pour la branche commerciale de l'APR n'est pas seulement de blanchir l'argent provenant des ventes criminelles de diamants, mais également de placer l'économie de Kisangani, jadis florissante, sous le contrôle du Rwanda...

Conflit armé et conséquences

« Les médecins, les membres du clergé et les organisations non gouvernementales dans le nord du Katanga s'accordent tous à dire que Kalémié a très vite connu des troubles croissants et que des groupes très divers – certains affiliés au RCD-Goma, d'autres non – ont eu de plus en plus recours aux armes. Les combats entre l'APR et les Forces armées congolaises (FAC) se sont limités à la prise du Nord-Katanga par le Rwanda en novembre 1998 et à une contre-offensive du gouvernement en octobre 2000. Ces affrontements ont provoqué des déplacements de populations considérables au gré des mouvements de troupes. Ce sont toutefois les conséquences de ces affrontements qui ont provoqué le conflit armé le plus grave. Les troupes rwandaises ont saisi du matériel pour leurs campagnes. La troisième brigade de l'ANC du RCD-Goma, suivant l'exemple du Rwanda dans son propre style, a saisi des vivres et d'autres biens. La population locale a créé des mouvements armés pour se défendre, et parfois ces milices locales en ont rejoint d'autres pour créer des groupes armés plus importants. Le

Groupe d'experts a reçu de juristes locaux, des Églises catholiques et protestantes, de la Fédération des entreprises au Congo (FEC), entre autres, de nombreux documents faisant état de vols de bétail estimés à plus de 15 millions de dollars, de vols de produits de consommation d'une valeur de plus d'un million de dollars, et de la destruction ou de la vente frauduleuse de matériel appartenant à la Société nationale des chemins de fer du Congo.

« Dans l'est de la République démocratique du Congo, l'Église catholique a dénoncé courageusement les vols, les meurtres, la torture, le chantage, les viols et les actes de piraterie perpétrés sur le lac Tanganyika, d'abord par l'APR, puis par l'ANC, la police du RCD-Goma et la milice des Banyamulenge. L'Église – surtout l'évêque de Kalémié-Kirungu – a récemment dirigé une campagne visant à dénoncer ces abus. Les directeurs du Département de la sécurité et de l'information du RCD-Goma ont répondu en menaçant de tuer des personnalités religieuses. Le 15 mai 2002, le diocèse de l'Église catholique a publié une liste des menaces en question.

« La multiplication des forces armées et des combats à l'intérieur du pays a pour ainsi dire détruit la production agricole sur le riche plateau du nord du Katanga. Les excès dont l'APR a fait preuve en réquisitionnant des ressources destinées à l'"effort de guerre" ont servi d'exemple aux forces rebelles de l'ANC – bien moins disciplinées – qui ont dévasté les campagnes. Les cultivateurs hésitent à investir dans des récoltes qui risquent fort d'être pillées. Sous l'effet de la peur, nombreux sont ceux qui ont quitté leur foyer et abandonné leurs terres. Le Bureau de la coordination des Affaires humanitaires estime que, pour la seule région du Nord du Katanga, 350 000 personnes déplacées ne vivent pas chez elles, mais chez des voisins, dans les villes ou dans la brousse.

« Le conflit armé qui fait rage le long de l'axe Masisi-Walikale-Goma résulte des tensions entre les nombreuses troupes de l'APR qui sont là pour gérer les opérations d'extraction minière, et les Hutu dont certains sont résidents, mais d'autres sont importés et réquisitionnés par les forces rwandaises pour travailler comme forçats dans les mines. Différents comptoirs rwandais se disputent l'accès aux mines. L'APR a attaqué et brûlé des villages pour saisir de la colombotantalite extraite par des groupes de Hutu ou par les habitants des villages alentour. Le Groupe d'experts a recueilli des témoignages de villageois qui ont été contraints de quitter leur village qui avait été attaqué. À quelques rares exceptions près, l'objectif de l'activité militaire est de garantir un accès sûr aux mines ou d'assurer une offre de main-d'œuvre captive.

« Les déplacements de populations, qui résultent des fréquents conflits armés, s'accompagnent de conséquences prévisibles, à savoir l'insécurité alimentaire, la malnutrition, un taux de mortalité élevé – à la fois chez les personnes déplacées et chez les populations hôtes. D'après le Bureau de coordination des Affaires humanitaires, le nombre de personnes déplacées dans les zones occupées par le Rwanda dans le Nord-Kivu et le Sud-Kivu et dans les provinces du Maniema et du Katanga s'élevait, en mars 2001, à 1,5 million, soit près de 14 % de la population. Plus des trois quarts des familles vivant dans les zones rurales ont probablement dû se déplacer au moins une fois au cours des cinq dernières années. Ce degré de conflit armé compromet le pouvoir local et favorise la mise en place d'un climat propice aux désordres sociaux. L'infrastructure publique est détruite. Le taux de scolarisation à Shabunda a chuté de 56 % depuis 1998. La pratique de sévices sexuels se répand à une échelle surprenante dans tout l'est de la République démocratique du Congo. Les organisations non gouvernementales internationales fournissent des récits détaillés de femmes prises en otages, soumises à des sévices sexuels pendant de longues périodes. Les enfants deviennent des instruments de la guerre, forcés de travailler dans les mines et réquisitionnés par les forces armées. Les représentants de l'ONU estiment que le nombre d'enfants soldats dans les armées rebelles est bien plus élevé que celui indiqué par les administrations rebelles, et que 50 % des groupes locaux de défense et des groupes Maï-Maï sont des enfants. »

Le Rapport soumet au Conseil de sécurité des faits analogues constatés dans la zone contrôlée par l'Ouganda. Sauf que le *réseau d'élite* qui opère à partir de l'Ouganda est décentralisé et comporte une hiérarchie peu structurée, contrairement à celui qui opère à partir du Rwanda. Le réseau ougandais est constitué d'un groupe restreint de membres comprenant un certain nombre d'officiers de haut rang de l'UPDF (Uganda People's Defence Force, appellation qui a remplacé celle de National Resistance Army en 1995), d'hommes d'affaires privés et de quelques dirigeants/administrateurs de groupes rebelles. Le général de corps d'armée de l'UPDF (à la retraite) Salim Saleh et le général de division James Kazini en sont les personnages-clés. Le premier est le frère de Yoweri Museveni, président de l'Ouganda ; le second est le chef d'état-major de l'armée ougandaise. Tous deux ont été les personnages-clés de l'aide ougandaise apportée à Paul Kagame pour prendre le pouvoir à Kigali. Le réseau continue de mener ses activités par le biais de sociétés-écrans. Le *réseau d'élite* tire des recettes de l'exportation de matières premières, du contrôle des importations de produits de consommation, du vol et de l'évasion fiscale. Le succès des activités du réseau en République démocratique du Congo dépend de trois facteurs intimement liés, à savoir : l'intimidation militaire, le maintien d'une façade de secteur public placé sous l'administration d'un mouvement rebelle, et la manipulation de la masse monétaire et du secteur bancaire par le biais de la fausse monnaie et autres mécanismes apparentés. L'UPDF et les milices rebelles qui lui sont associées ont été utilisées *de facto* comme la force opérationnelle du réseau, qui veille à assurer la prééminence de la position commerciale du réseau par l'intimidation, la menace et le recours à la force. L'UPDF ou les milices associées à certains de ses officiers ont établi un contrôle physique sur des zones recélant des ressources naturelles à potentiel commercial, notamment la colombotantalite (coltan), les diamants, le bois et l'or.

Le réseau est ici aussi associé au groupe de criminalité transnationale de Viktor Bout. Au début des années 2000, Bout a acheté une compagnie aérienne non opérationnelle, Okapi Air, basée en Ouganda, qui lui a permis d'utiliser les permis de vol. La compagnie a ultérieurement été rebaptisée Odessa. L'avion de Viktor Bout partage les temps et les destinations de vol avec Planet Air, qui appartient à l'épouse de Salim Saleh.

Le Rapport épingle gravement de nombreux hommes d'affaires et diverses sociétés multinationales. Parmi eux, le cas de George Forrest est intéressant à plus d'un titre. Citoyen belge né au Congo, il est consul honoraire de France à Lubumbashi, ami proche de Patrick Balkany et de Louis Michel (ministre belge des Affaires étrangères de 1999 à 2004), puis commissaire européen chargé du développement : on le surnomme *Kabilou* parce que très lié à Joseph Kabila. Le Rapport range Forrest dans le *réseau d'élite* qui a participé au pillage de la RDC. C'est lui qui serait à l'origine des accords d'exploitation conjointe conclus entre des sociétés privées et la Gécamines :

« M. Forrest doit son ascension dans ce secteur à ses liens de longue date avec les autorités en place de la République démocratique du Congo. En outre, l'une de ses sociétés fabrique et vend du matériel militaire. Depuis 1994, il est actionnaire à 100 % du groupe New Lachaussée, en Belgique, qui est le principal fabricant de douilles, de grenades, d'armes légères et de lanceurs d'engins. La nomination de M. Forrest à la direction de la Gécamines de novembre 1999 à août 2001, alors que ses sociétés privées négociaient de nouveaux contrats, manifestement dans l'intention d'utiliser les avoirs de la Gécamines pour son profit personnel, constituait un conflit d'intérêts flagrant. Durant cette période, il a constitué le portefeuille minier privé le plus diversifié en République démocratique du Congo. M. Forrest bénéficie du ferme soutien de certains milieux politiques en Belgique[1], où sont établies certaines de ses sociétés. Ces opérations ont suscité de vives critiques (on a évoqué dans un câble diplomatique belge la "stratégie d'usure" dans le secteur minier en République démocratique du Congo adoptée par M. Forrest) et ont récemment été examinées de près par le Sénat belge dans le cadre d'une enquête sur l'exploitation des ressources en République démocratique du Congo.

« Le Groupe George Forrest (GGF), qui est associé au Groupe OM installé aux États-Unis, gère actuellement l'une des opérations minières en République démocratique du Congo les plus profitables, opération dont la société minière publique, Gécamines, ne retire qu'un bénéfice minime. Dans son cadre, les Scories du Terril de Lubumbashi (STL) – société également connue sous le nom de Big Hill Project –, M. Forrest et le Groupe OM ont fait en sorte d'accéder à des stocks de cuivre et de cobalt contenant plus de 3 000 tonnes de germanium, métal rare que l'on utilise pour fabriquer des fibres optiques, des lentilles infrarouges et des satellites de télécommunications. Ces stocks, qui appartenaient auparavant à Gécamines, ont actuellement, sur le marché, une valeur de plus de 2 milliards de dollars. Bien

---

1. Notamment celui de Louis Michel, dont le mentor a été Jean Gol. À l'instar de son « parrain », Louis Michel a toujours été un supporter du FPR et de Paul Kagame. Il était donc logique qu'il soutienne Joseph Kabila, protégé de ce dernier.

que le capital des Scories du Terril de Lubumbashi se répartisse entre le Groupe OM (55 %), le Groupe George Forrest (25 %) et Gécamines (20 %), il est expressément prévu que celle-ci ne perçoive aucun des revenus tirés du traitement du germanium...

« Selon plusieurs sources fiables, M. Forrest s'est servi de sa position dans le *réseau d'élite* pour s'assurer le contrôle du secteur minier en République démocratique du Congo. À titre d'exemple, la société canadienne Kinross Gold a tenté d'investir jusqu'à un milliard de dollars dans des opérations d'extraction de cuivre et de cobalt, mais en a été empêchée par des interventions de M. Forrest et de hauts fonctionnaires de la République démocratique du Congo. Cette société a mené à nouveau des activités en République démocratique du Congo à la fin 2001, mais en tant que filiale de la société Kinross-Forrest Ltd., qui est enregistrée dans les îles Vierges britanniques. De même, après qu'une petite société basée en Belgique, Madsa, eut obtenu de la Banque mondiale et de l'Organisation des Nations unies pour le développement industriel une subvention de 20 millions de dollars, au titre du développement, pour construire des installations permettant de traiter les minerais (à savoir un haut fourneau, une usine de fabrication d'acides et une cimenterie), M. Forrest et ses associés se sont opposés au projet, en partie, semble-t-il, parce que cela aurait réduit les profits qu'ils retirent de la passation de marchés surévalués. »

Après lecture de ce rapport, le Conseil de sécurité n'a pris aucune mesure sérieuse pour donner un coup d'arrêt à ce scandaleux dépeçage du Congo. Les rapports n'en ont pas moins continué d'atterrir sur les bureaux new-yorkais de l'ONU : les pillages continuaient. Le 12 décembre 2008, le Conseil de sécurité reçoit un énième rapport d'un groupe d'experts, accusant encore et encore le Rwanda de financer les rebelles du Kivu et de piller les richesses de l'est du

Congo. Seule différence notable avec ce qui se passait entre 1998 et 2001 : l'organisation-marionnette rwandaise ne s'appelait plus RCD-Goma, mais CNDP, dirigé par le général Laurent Nkunda. Le Conseil de sécurité devrait recevoir en octobre 2010 un rapport beaucoup plus délicat, celui qui a été annoncé à la une du *Monde* daté du 27 août 2010, et évoque la possibilité d'un génocide commis contre les Hutu réfugiés en RDC[1].

L'ex-Zaïre, pays potentiellement le plus riche du monde, a toujours attiré les vautours. De Léopold II à Forrest, pour n'évoquer ici que les Belges. Un pilleur, parmi beaucoup d'autres, mérite d'être cité tout particulièrement, car il a bâti une fortune colossale en moins de dix ans et joue désormais un rôle politique important : l'Israélien Dan Gertler.

Dan Gertler a débarqué en 2000, en RDC, âgé de vingt-sept ans, sans grandes références professionnelles, mais nanti de très grandes recommandations personnelles. Il est le petit-fils de Moshe Schnitzer, fondateur et premier président de la Bourse israélienne du diamant (1967-1993), qui a placé celle-ci dans une position dominante au niveau mondial : aujourd'hui l'État hébreu vend près de la moitié des pierres précieuses de qualité et est le plus grand consommateur de diamants bruts du monde. Dan Gertler et ses proches sont des familiers du politicien israélien d'extrême droite Avigdor Lieberman[2], du grand diamantaire Beny Steinmetz, lui-même ami d'Ehud Olmert ; il est inséparable du diamantaire américain Chaïm Leibowitz et compte des relations dans l'entourage de Benyamin Netanyahou. Laurent-Désiré Kabila octroie à sa firme, IDI, le monopole de la commercialisation des diamants, contre la promesse de lui procurer 20 millions de dollars US, entre autres pour acheter des armes. Grâce à ses relations avec Avigor Ben Gal et

---

1. Lignes écrites le 8 septembre 2010.
2. Aujourd'hui ministre des Affaires étrangères.

Meir Dagan, officiers de haut rang de l'armée israélienne, des armes arrivent au Congo pour un montant de 700 000 dollars.

IDI Diamonds n'aurait en fait versé que dans les 3 millions de dollars US. Défaillante, la firme n'aurait pas pu conquérir le marché en proposant des prix compétitifs. À l'époque, l'Observatoire gouvernance transparence (OGT) estima que le monopole d'IDI avait favorisé la fraude et la criminalité dans ce secteur. Mais le monopole d'IDI Diamonds prit fin en 2001 avec l'assassinat de Laurent-Désiré Kabila.

L'année suivante, Dan Gertler effectua cependant un extraordinaire rétablissement : Joseph Kabila le nomma, avec son ami Chaïm Leibowitz, représentant personnel auprès de l'administration américaine à Washington. Gertler avait alors vingt-neuf ans, et Leibowitz, bailleur de fonds du Parti républicain, entretenait des rapports étroits avec la Maison-Blanche. Les deux alliés du nouveau président se sont attribué le succès de la rencontre entre Joseph Kabila et George Bush en novembre 2003. En guise de récompense, Dan Gertler et Leibowitz ont été admis dans le premier cercle des décideurs à Kinshasa. Ils ont même accompagné le président dans son voyage officiel en Chine. Dan Gertler a été nommé consul honoraire de la République démocratique du Congo en Israël et a été l'un des rares invités étrangers au mariage de Joseph Kabila en juin 2006… Chaïm Leibowitz et Dan Gertler ont obtenu, *via* la société Emaxon Finance International Inc., quatre ans de monopole sur la commercialisation des diamants de l'entreprise publique des Minerais de Bakwanga (Miba), située dans le Kasaï oriental. Grâce à ses relations en Israël, Dan Gertler a continué à s'occuper de sécurité et de lutte contre le terrorisme en recrutant notamment Yosi Kamissa, ancien officier de la police antiterroriste israélienne.

La propagande gouvernementale a claironné qu'Emaxon était le sauveur de la Miba dans une période où les financements extérieurs étaient difficiles à trouver. On affirma même que la Miba, grâce à Dan Gertler, allait bénéficier d'une production supplémentaire de plus de 2 millions de carats, et générer des recettes additionnelles de plus de 30 millions de dollars. Nouveau fiasco qui n'a pas enrayé l'essor de Dan Gertler ni les faveurs qui lui ont été accordées en richesses naturelles de la RDC. Lors de la grande braderie de 2005, le groupe DGI (Dan Gertler Israel) a reçu une partie de la concession de la Miba. D'autres firmes bien connues se sont partagé le gâteau : De Beers (Afrique du Sud), Niznelenskoye (Russie) et BHP Billiton (Australie-Grande-Bretagne). Gertler a également reçu la fameuse mine KOV, de la Gécamines, à Kolwezi. Dès la fin 2006, il était classé par *Forbes* parmi les 40 Israéliens les plus riches. Depuis lors, le groupe DGI a investi lourdement dans un gisement estimé à plus de 700 millions de tonnes de minerai de fer. Aujourd'hui, le groupe du jeune Dan Gertler a des activités qui s'étendent de l'extraction et de la gestion de diamant au fer, au cobalt, au cuivre, à l'immobilier, à l'agriculture et même aux biodiesels. DGI est présent en Israël, en Afrique, en Europe et dans les Amériques. Une expansion foudroyante à partir du pillage du Congo[1]...

---

1. Parmi les sources de ce portrait de Dan Gertler, l'article de Victor Ngoy intitulé « Le pillage continue : un demi-milliard de dollars pour Dan Gertler (33 ans) », publié le 16 février 2007 (http://questionscritiques.free.fr/Congo/Pillage_minier_Dan_Gertler_160207.htm), et l'article de Marc Roche, dans *Le Monde* du 31 octobre 2003, intitulé « Enquête sur les nouvelles filières du diamant ».

20

Un nouvel acteur se met en travers des visées impériales de l'Occident : la Chine

C'est en août 1999 que le Soudan a exporté ses premiers barils grâce surtout aux entreprises chinoises qui ont développé l'industrie pétrolière du pays, de l'exploration au raffinage et au transport. Dans l'œil du cyclone israélo-américain, Khartoum, soutenu jusque-là par le seul Iran, et du bout des lèvres par la Ligue arabe, va pouvoir quelque peu respirer.

En 2009, quand je suis arrivé à Khartoum avec, en tête, les articles, reportages et livres, tous négatifs, sur ce monstrueux pays sous embargo, je m'attendais à trouver une capitale en déliquescence, du genre de Kinshasa, avec rues défoncées, voitures brinquebalantes, maisons décrépites, femmes entièrement voilées, mendiants à tous les feux rouges, et le Nil comme seule artère immémoriale. Erreur : la rue exhibe tous les signes extérieurs de la vitalité économique, avec embouteillages de voitures récentes sur asphalte entretenu, maisons et immeubles propres, souk bien approvisionné (surtout en produits chinois) et aussi bien achalandé. Tout cela grâce à Pékin, la Chine étant le premier débouché du pétrole soudanais produit principalement par la Greater Nile Petroleum Operational Company, détenue à 40 % par la compagnie chinoise d'État CNPC. Les Chinois investissent beaucoup dans le pays. Ils n'ont pas hésité à construire un oléoduc de 1500 km, ainsi qu'une raffinerie. En 1997, la CNPC s'est associée avec des compagnies malaisiennes et canadiennes pour prendre pied au Sud-Soudan, dans le bassin de Muglad, où elle a conduit tout un ensemble de prospections, puis la mise en place et l'exploitation d'oléoducs. Ce projet, qui a coûté un milliard de dollars, a été le premier de ce type sur le continent africain. Depuis lors, il a prospéré au-delà de toute espérance, pour la grande satisfaction du régime de Karthoum[1].

Les Chinois ne se sont pas limités à l'extraction du pétrole, ils inondent le marché soudanais de produits à bon marché et se sont lancés dans la construction du barrage de Merowe sur le Nil pour 2 milliards de dollars. La coopération bilatérale concerne les secteurs de la construction, l'agriculture, l'éducation et la santé, avec, à la clé, une aide financière sans conditions. Pékin est ainsi le plus important partenaire commercial du Soudan. Les échanges entre les deux pays ont dépassé les trois milliards de dollars en 2009.

Dans le Kenya voisin, où les Chinois exploiteront bientôt des champs pétrolifères, ils ont aussi lancé des études de faisabilité en vue d'aménager le plus grand port d'Afrique orientale à Lamu. Ce port moderne géant comprendra des terminaux pétroliers, des autoroutes, des voies ferrées, un aéroport, une raffinerie de pétrole et des zones de mouillage en eau profonde pour les super-tankers. Il sera relié par oléoduc et par voies routières et ferroviaires jusqu'à la frontière avec le Sud-Soudan. L'aménagement de ces infrastructures, d'un coût de plusieurs milliards d'euros, offrira une alternative à l'acheminement du pétrole du sud vers le nord du Soudan si, comme cela est probable, le Sud fait sécession lors du référendum de 2011. Mais il dévastera l'ancienne cité portuaire historique de Lamu, berceau de la

---

1. Voir la note N/06-053, du Centre d'analyse et de prévision du ministère des Affaires étrangères français, du 30 mai 2006, et *Le Vampire du Milieu*, de Philippe Cohen et Luc Richard (Mille et une nuits, 2010).

culture swahili, jusqu'ici épargné par le tourisme de masse qui a déjà ravagé Zanzibar ou Mombassa[1]...

La concrétisation du partenariat sino-soudanais s'est faite lors de la visite de Hu Jintao, le président chinois, à Khartoum en février 2007. La manne chinoise a d'abord permis de relancer une machine économique soudanaise bien enrayée et de faire retomber quelques miettes de sa relance sur la population. Elle a surtout permis au Soudan de mieux résister aux entreprises de déstabilisation montées par les pays limitrophes et soutenues par la « bande des Trois[2] ». La Chine est devenue un important fournisseur d'armes (notamment hélicoptères et chasseurs) du régime de Khartoum et a ouvert trois usines de fabrication d'armes légères près de la capitale. Surtout, elle apporte son soutien au Soudan au Conseil de sécurité de l'ONU sur la question du Darfour. Quand le président Omar al-Bachir s'est opposé au déploiement de troupes onusiennes en remplacement des soldats de l'Union africaine dans la région de l'Ouest, la Chine, qui n'avait pas voté la résolution en ce sens, s'est aussi opposée à l'adoption de toute sanction visant le régime soudanais, avant de refuser, fin 2006, une action internationale commune dans le cadre du règlement du conflit. Privilégiant ses intérêts avec Khartoum, le président chinois Hu Jintao a toutefois demandé à son homologue soudanais de trouver « une solution correcte au Darfour, et de continuer à améliorer la situation humanitaire ».

Non seulement Pékin a souvent recouru à son droit de veto au Conseil de sécurité pour bloquer des sanctions contre le régime du général Bachir, mais il est désormais un acteur incontournable sur la scène africaine. Les soldats chinois interviennent sous l'égide de l'ONU sur plusieurs théâtres d'opérations : au Soudan (UNMIS), mais aussi au

---
1. In *Le Vampire du Milieu, op. cit.*
2. Cf. *supra*, les chapitres 12 et 14, pp. 277 et suivantes, et pp. 311 et suivantes.

Sahara occidental (MINURSO), en Côte d'Ivoire (UNOCI), en Éthiopie-Érythrée (UNMEE), au Liberia (UNMIL) et en République démocratique du Congo (MONUC). « Une manière à peine voilée de défendre ses intérêts géoéconomiques sur le continent », explique le chercheur Tanguy Struye de Swielande, qui expose le revers de la politique du bon élève onusien : « Tout comme en d'autres régions du monde, [la Chine] en profite de surcroît pour exercer des pressions sur les États qui continuent de reconnaître Taïwan. La Chine a déployé par exemple des forces au Liberia, dans le cadre d'UNMIL, seulement après que ce dernier a reconnu la politique d'"une seule Chine". C'est ce qu'on désigne de plus en plus par le "principe d'institutionnalisme stratégique[1]". »

Il faut dire que Pékin met la gomme en Afrique pour siphonner pétrole et matières premières. Pour obtenir les faveurs de l'Angola, il n'a pas hésité depuis 2004 à apporter 2 milliards de dollars d'aides sous forme de lignes de crédit auprès de l'Exim Bank of China. « La Chine apporte une aide et établit un partenariat qui vise à promouvoir une coopération réciproque, sans poser de condition préalable », commente José Eduardo Dos Santos, le président angolais. Des « cadeaux » qui ont permis à la Chine de se tailler la part du lion dans la reconstruction d'un pays ravagé par plusieurs décennies de guerre, et de préempter une bonne part des réserves en pétrole du pays, évinçant ses concurrents anglo-saxons ou français.

Pékin fait montre de la même bienveillante rapacité envers tous les pays qui peuvent apaiser sa fringale de pétrole et de matières premières. Ainsi, à l'égard du Gabon, censé être le meilleur client de la *Françafrique*. L'exemple de Belinga, dans le nord-est du Gabon, illustre bien la « percée » chinoise en Afrique. De qualité comparable aux stan-

---

1. Rapporté par Philippe Cohen et Luc Richard, *Le Vampire du Milieu, op. cit.*

dards brésilien ou australien, cette mine de fer géante offrirait une perspective de 40 millions de tonnes par an à l'horizon de vingt-cinq ans. Pour donner un ordre d'idées, cela équivaudrait à près des trois quarts des besoins d'approvisionnement en 2008 de Baosteel, premier aciériste chinois et troisième mondial derrière ArcelorMittal et Nippon Steel. Depuis juin 2006, un consortium chinois emmené par CMEC (China National Machinery and Equipment Import and Export Corporation) bénéficie d'une convention d'exclusivité pour exploiter Belinga pendant vingt-cinq ans. Précision d'importance : Libreville a arbitré contre le géant sud-américain du fer Vale do Rio Doce déjà actif au Gabon dans l'extraction de manganèse[1]. Autre « recalé » de taille : le groupe français Comilog (Compagnie minière de l'Ogooué), branche manganèse d'Eramet au Gabon, qui, si les idéologues de la *Françafrique* avaient raison, aurait dû décrocher le gigantesque marché.

La balance a donc penché du côté chinois au terme d'une surenchère autour de la construction d'infrastructures. Parmi les promesses de Pékin, un barrage hydroélectrique sur le fleuve Ivindo, 500 kilomètres de voies ferrées reliant Belinga à la zone côtière de Santa Clara, un port en eau profonde (en vue de l'exportation du minerai vers la Chine), le tout « packagé » avec des financements avantageux de l'Export-Import Bank of China pour un montant global voisin de 3 milliards de dollars. Toutefois, pour des raisons qui peuvent être multiples (crise, aléas d'ingénierie, renégociations de prix, délai électoral suite au décès du président Bongo à la mi-2009, enjeux sociaux et environnementaux), le calendrier a sensiblement dérapé. L'étude de faisabilité vient seulement d'être remise (au 21 décembre 2009) aux autorités gabonaises, entretenant l'incertitude sur l'entrée en

---

1. Toutefois, en avril 2010, un porte-parole du gouvernement gabonais a annoncé la possible remise en cause du contrat signé avec la CMEC, après la visite d'une délégation brésilienne à Ali Bongo.

exploitation de la mine. Quelle qu'en soit l'issue définitive, ce dossier illustre néanmoins comment Pékin, en s'appuyant sur un deal « gisement contre infrastructures », s'est placé en situation de damer le pion au leader mondial du minerai de fer, Vale, sur ce projet gabonais géant[1].

Un contrat du même type – gisement contre infrastructures –, cette fois pour l'accès au cobalt et au cuivre, a été passé en République démocratique du Congo, en novembre 2007, provoquant l'ire de la « communauté internationale », c'est-à-dire des grandes institutions et des grands pays occidentaux. Certains observateurs n'ont pas hésité à rapprocher la signature de ce contrat de la reprise de la guerre au Kivu du fait du général Laurent Nkunda, marionnette de Paul Kagame, agissant pour le compte de ses parrains occidentaux. Parmi les exigences adressées par Laurent Nkunda à Joseph Kabila en ultimatum figurait en effet la remise en cause des contrats chinois. « Comment expliquer cette étrange revendication, explique Alain Bischoff, le consultant pour l'Afrique centrale, sinon par la crainte de voir la Chine rafler toutes les matières premières rares dont le Congo regorge ? Cette crainte est la raison du soutien, plus que jamais d'actualité, de la "communauté internationale" au Rwanda. C'est pourquoi un changement de gouvernement à Kinshasa ne lui déplairait pas, et c'est pourquoi la partition du Congo avec un Kivu sous domination totale du Rwanda entre dans son objectif de redessiner la géographie politique des Grands Lacs[2]. »

En devenant en Afrique, dans les années 2000, un acteur majeur, la Chine a commencé à déranger le jeu des puissances occidentales et pourrait demain le perturber complètement. En 2005, elle était déjà le premier fournis-

---
1. *Éclairages*, Direction des études économiques du Crédit agricole, bimestriel, n° 140, mars-avril 2010.
2. Alain Bischoff, auteur de *Congo-Kinshasa. La décennie 1997-2007*, éditions Le Cygne, 2008.

seur de l'Afrique subsaharienne, devant l'Allemagne et la France, et le troisième partenaire commercial du continent. Les échanges avec elle, qui étaient inférieurs à 2 milliards en 1993, étaient supérieurs à 100 milliards en 2008 ; 10,8 % des importations de la Chine proviennent d'Afrique. Le quart de son pétrole en venait. La Chine s'intéresse également aux matières premières et aux minerais qui nourrissent sa croissance, tels que le cuivre, le cobalt, le nickel, le fer, la bauxite et l'uranium (Centrafrique), le ferrochrome, le diamant (Angola) et le platine (Zimbabwe). Elle importe en outre plus de 80 % du bois africain, sans trop se préoccuper de la protection de l'environnement, et a délogé nombre de forestiers français ; elle importe du tabac et la majeure partie de la production de coton des pays d'Afrique.

La Chine figure aussi parmi les pays au premier plan du mouvement dit d'accaparement des terres en Afrique (et ailleurs) : des intérêts nationaux, voire étatiques, prennent le contrôle de grandes superficies de terres arables dans des pays où celles-ci sont abondantes et considérées comme sous-exploitées. À titre d'exemple, le groupe de télécommunications chinois ZTE a créé en 2007 la filiale ZTE Agribusiness et annoncé un projet de 2,8 millions d'hectares de plantations de palmiers à huile au Congo-Kinshasa en vue de produire de l'agrogazole, tant pour un usage local que pour l'exportation. L'investissement s'élèverait à un milliard de dollars, étalés sur deux ans, pour une production attendue de 12 millions de tonnes d'huile de palme. Dans la pratique, ZTE Agribusiness aurait planté 300 000 hectares de palmiers en 2008, dont 200 000 en RDC et le reste en Asie du Sud-Est. La société a ensuite avancé le chiffre d'un million d'hectares en RDC en 2009 sans que l'on sache s'il s'agit d'une révision à la baisse de l'objectif initial ou d'une nouvelle tranche[1].

---

1. In *Éclairages, op. cit.*

Accompagnant ce puissant mouvement, 500 à 800 000 Chinois sont déjà installés en Afrique…

La publication en janvier 2006 d'un premier Livre blanc définissant la stratégie africaine de la Chine montrait l'importance du continent aux yeux de Pékin. La Chine se démarque de l'Occident et du Japon en matière d'aide. Sa principale caractéristique est d'être totalement dépourvue de conditionnalités. Pékin insiste notamment sur le fait qu'« aucune condition politique » n'est attachée à ses programmes d'aide. Comme le soulignait l'ambassadeur de Chine auprès de l'ONU lors de l'Assemblée générale de 2005, « les programmes d'aide doivent être fondés sur la confiance accordée à la sagesse des gouvernements et des peuples africains qui doivent maîtriser totalement la propriété et les décisions [*ownership and leadership*] en matière d'aide ». Selon les termes d'un récent document définissant la politique africaine de la Chine, « la République populaire de Chine offre une assistance économique au mieux de ses moyens, sans aucune condition politique ».

L'aide chinoise permet ainsi aux pays africains de s'affranchir, au moins marginalement, des programmes du FMI et de la Banque mondiale, donc de leurs exigences en matière de gouvernance ou de lutte contre la corruption, souvent mal acceptées. Par ailleurs, par-delà les déclarations qui mettent en avant le développement des infrastructures, l'aide médicale et l'éducation, les programmes d'aide chinois s'apparentent à une forme déguisée de corruption puisque les Chinois décrochent des marchés et des contrats en échange de contreparties intéressant les dirigeants de ces pays. Ainsi la résidence du président Mugabe, qui est considéré comme un des dictateurs les plus sanguinaires et les plus corrompus d'Afrique, a-t-elle été financée et construite par la Chine pour un montant de 9 millions de dollars. En Afrique, la Chine n'a que faire de la « bonne gouvernance » ânonnée par les Européens et les Américains. Elle a notamment trouvé un moyen imparable de séduire les chefs d'État et dirigeants locaux, en faisant vibrer chez eux une corde sensible, celle du sport, du football en particulier : offrir des stades de football flambant neufs. Selon Joachim Barbier[1], la Chine était au début de l'année 2010 sur le point de construire des stades dans une vingtaine de pays africains : Bénin, Cameroun, Centrafrique, Congo-Brazzaville, Djibouti, Gambie, Liberia, Mali, île Maurice, Mozambique, Niger, Sénégal, Sierra Leone, Togo, Ouganda et Zambie. Personne n'est oublié : Robert Mugabe a eu lui aussi droit au financement de la rénovation du stade national du Zimbabwe, à Harare, avant la Coupe du monde 2010 organisée chez le voisin sud-africain. Les militaires putschistes en Guinée-Conakry, responsables d'une fusillade qui a causé la mort de 157 personnes en septembre 2009, ont obtenu de la Chine le cadeau d'un stade national en même temps qu'un investissement dans le secteur minier pour une valeur de 7 milliards de dollars.

Alors même qu'elle est de nature totalement libérale et vise à satisfaire ses propres intérêts de nouvelle grande puissance, la politique africaine de la Chine est toujours inscrite dans la vision tiers-mondiste qui était la sienne dans les années 1960 et 1970, au lendemain des indépendances africaines et alors que le conflit sino-soviétique s'amplifiait. La politique africaine de la Chine était alors dominée par l'idéologie et par la volonté de s'imposer comme leader du tiers-monde face à l'hégémonisme soviétique. Cette période fut marquée en 1964 par le voyage historique du Premier ministre Zhou Enlai, par le soutien aux mouvements de libération, notamment en Angola où, en 1975-1976, la Chine appuyait activement le mouvement de l'Unita contre le régime soutenu par Moscou et La Havane. Le chemin de fer Tanzam entre la Tanzanie et la Zambie, construit par

---

1. Article dans *So foot*, cité dans *Le Vampire du Milieu, op. cit.*

Pékin à la même époque, symbolisa cette amitié sino-africaine.

En 1996, la visite sur le continent africain de Jiang Zemin, la première d'un président chinois depuis plus de trente ans, a relancé la politique africaine de Pékin. Faisant le lien entre passé et futur dans son discours prononcé devant l'OUA, Jiang Zemin rappela le soutien traditionnel de la Chine aux indépendances africaines, tout en jetant les bases d'une coopération plus approfondie reposant – cela deviendra le leitmotiv du discours chinois vis-à-vis de l'Afrique – « sur l'égalité et la confiance mutuelle ».

La politique africaine de la Chine s'inscrit dans le cadre plus large d'une stratégie de contournement ou d'affaiblissement des puissances occidentales, principalement des États-Unis, dans un contexte international perçu à Pékin comme « complexe », c'est-à-dire peu favorable aux intérêts chinois. La référence au tiers-mondisme des années 1960 fonctionne d'autant mieux qu'elle peut s'appuyer sur la longévité des élites politiques africaines. Comme le soulignait Li Baodong, ambassadeur en Zambie, « la Chine a été dans le passé une amie sûre du peuple africain dans sa lutte pour l'indépendance ». En jouant de cette mémoire, la Chine peut se poser d'autant mieux en porte-parole du tiers-monde. Elle s'affiche par ailleurs comme « la plus grande puissance en développement du monde », position qu'aujourd'hui personne ne saurait lui contester. Sa politique de contournement de l'Occident tire parti de toutes les failles créées par celui-ci quand il subordonne son aide à des conditionnalités démocratiques et quand il catalogue des pays dans la catégorie des « États voyous ». Pékin entend avancer ses pions auprès de ces États marginalisés, comme le Soudan et le Zimbabwe, à qui il offre un partenariat fondé sur le respect sourcilleux de la non-ingérence et de la spécificité des valeurs, attitude opposée à l'universalisme prêché par l'Occident. Ce qui fera dire à Robert Mugabe en mai 2005 (à l'occasion du 25ᵉ anniversaire de l'indépendance du Zimbabwe) : « *We have to turn East, where the sun rises*[1]. »

L'intérêt politico-médiatique de l'Occident pour le Darfour aboutit à surévaluer la volonté chinoise de peser politiquement en Afrique. Si la Chine a bien contrarié Washington, Londres et Paris dans leur bras de fer avec Khartoum, elle ne cherche en Afrique, pour l'instant, que sa montée en puissance économique et n'a aucune prétention stratégique, si bien qu'elle n'entrave aujourd'hui que faiblement l'hégémonie américano-rwandaise.

Auprès des pays africains, la Chine met en avant son propre modèle de développement, fondé sur le découplage voulu entre développement économique et réformes politiques, qui garantit la survie des régimes autoritaires. La Chine se targue de son « efficacité », admirée, semble-t-il, par les élites africaines. Pékin joue aussi de son absence totale de mission civilisatrice, convaincu que l'accès à la civilisation – c'est-à-dire à la civilisation chinoise opposée à la barbarie – est par essence inimaginable. La Chine tend à combler les vides laissés par le retrait des puissances occidentales des zones de risque ou d'instabilité. Elle ne soutient plus, comme dans les années 1970, les mouvements de libération africains (UNITA en Angola, FRELIMO au Mozambique) ; en revanche, par intérêt commercial, elle continue d'alimenter en armes légères à bas prix les armées africaines, gouvernementales ou non. Les armes chinoises représenteraient 10 % de la totalité des armes conventionnelles importées en Afrique entre 1996 et 2003.

Au moins autant, sinon plus, que les pays occidentaux installés en Afrique, la Chine apparaît comme essentiellement prédatrice. Sans vouloir jouer les prophètes de mal-

---

[1]. Passage largement inspiré de la note du CAPE déjà citée.

heur, on ne risque pas de se tromper beaucoup en disant que son apparition sur la scène africaine laisse augurer d'une inévitable logique de confrontation avec certains acteurs plus anciens...

21

What else ?
Les manœuvres des lobbies pro-israéliens en vue de disloquer le Soudan : Save Darfur

La figure de proue de la grande manifestation du 30 avril 2006, prévue à Washington pour sauver le Darfour *(Save Darfur)*, est l'acteur George Clooney. Elie Wiesel, prix Nobel de la paix et icône de la défense d'Israël[1], aurait dû lui aussi prendre la parole devant les dizaines de milliers de personnes annoncées... Il en a été empêché. Pourtant, trois jours auparavant, le *Jerusalem Post* ne s'y était pas trompé : l'organisation de ce grand rassemblement « pro-guerre » contre Khartoum a bel et bien été pilotée par les Juifs américains[2]. Dans son enquête, le journaliste israélien

---

1. « Je soutiens Israël – un point c'est tout. Je m'identifie à Israël – un point c'est tout. Je n'attaque jamais Israël, je ne le critique jamais lorsque je ne suis pas en Israël » (propos rapportés par Noam Chomsky). Dans une publicité intitulée « For Jerusalem » et reproduite par l'*International Herald Tribune* (16 avril 2010), Elie Wiesel affirme hautement que « Jérusalem est au-dessus de la politique ». Traduction : la Ville sainte doit rester israélienne. Et il n'hésite pas, le 25 octobre 2009, à parler devant 6 000 chrétiens sionistes adeptes du pasteur John Hagee, homme qui tient des propos homophobes, mais aussi négationnistes et antisémites (« Elie Wiesel's "Dear Pastor" Hagee Trashes Obama (and my response to Goldfarb/Goldberg) » <http://maxblumenthal.com/2009/10/elie-wiesels-dear-pastor-hagee-trashes-obama-and-my-response-togoldfarbgoldberg/>). Pour cette prestation, il reçut un chèque de 500 000 dollars, destiné à sa fondation. Cet engagement aux côtés d'Israël lui a valu d'être proposé au poste de président d'Israël par Ehud Olmert en octobre 2006.
2. Article de Gal Beckerman intitulé « US Jews leading Darfur rally planning », publié dans le *Jerusalem Post* daté du 27 avril 2006.

Gal Beckerman fournit de nombreux détails pour étayer cette affirmation : « Même si la Coalition (des organisateurs de la manifestation) se présente comme "une alliance de plus de 130 organisations chrétiennes, humanitaires et droitsdelhommistes", il est peu connu qu'elle a été en réalité créée à l'initiative exclusive de la communauté juive américaine. » Le journaliste rapporte que tout a commencé au printemps 2004, après une alerte au génocide (*genocide alert*), la première jamais émise par le Musée américain de l'Holocauste, à Washington. Une réunion de crise fut organisée le 14 juillet par l'American Jewish World Service[1] et le Musée de l'Holocauste, avec le concours d'Elie Wiesel, qui soutint alors que le Darfour était devenu la capitale mondiale de la souffrance humaine, et celui de nombreuses organisations juives. Il fut décidé à l'issue de cette réunion de créer un groupe de pression qui s'appuierait sur une déclaration de principes. Après un an de conciliabules, les organisations impliquées dans cette cause décidèrent de préparer une grande manifestation à Washington. Parmi les groupes actifs, le journaliste israélien signale le Jewish Community Center in Manhattan, l'United Jewish Communities, l'UJA-Federation of New York et le Jewish Council for Public Affairs, qui ont financé la plus voyante et la plus chère des publicités appelant à manifester : une pleine page dans le *New York Times* du 15 avril 2006. Le Jewish Community Relations Council, avec ses filiales dans tous les États-Unis, s'est mobilisé pour organiser la location des cars qui ont transporté les participants à la manif'. Au-delà du clan de Roger Winter (John Prendergast, Gayle Smith et Samantha Power), les principaux coordinateurs de ce nouveau groupe de pression sont Jerry Fowler, ex-directeur d'un « Comité de la conscience » au Musée de l'Holocauste,

---

1. L'AJWS est une sorte de Peace Corps juif, fondé à Boston en 1985, qui a vocation à aller dans le monde entier pour lutter contre la faim et la pauvreté. Ruth Messinger a postulé en 2006 pour un siège au Congrès juif mondial.

Ruth Messinger, présidente de l'AJWS, et David Rubinstein, un consultant qui se révèle être la cheville ouvrière de Save Darfur. Le *Jerusalem Post* relève l'absence dans l'organisation des principaux groupes afro-américains, comme la National Association for the Advancement of Colored People (NAACP), et des plus importants lobbies africains, comme Africa Action. Il souligne en revanche la présence d'organisations catholiques, mais surtout évangélistes[1].

Malgré cette mobilisation intense, moins de 100 000 supporters défilent sur le National Mail, mais la manifestation est un succès médiatique et politique... Au terme de son article, Gal Beckerman se demande : « Quels sont les vrais motifs des organisations juives, alors que les agresseurs sont arabo-musulmans – il devrait être dit que les victimes sont aussi pour la plupart musulmanes – et sont appuyés par le régime de Khartoum, soutenu par la Ligue arabe ? » Le quotidien israélien aurait pu aller plus loin dans l'analyse des liens entre Save Darfur et Israël, et entre Save Darfur et les autres organisations juives, notamment la première d'entre elles l'AIPAC, la plus importante (« un modèle pour ceux qui veulent influencer la politique étrangère américaine[2] »), en se demandant si le lobby pro-israélien américain ne s'est pas saisi de la question du Darfour en ce qu'elle relève de son champ habituel, autrement dit de la défense de la politique israélienne. Avi Dichter, l'un des anciens patrons du Shin Bet et en 2006 ministre de la Sécurité publique, ne justifie-t-il pas l'ingérence d'Israël au Sud-Soudan et au Darfour en affirmant qu'il y a un lien avec la question palestinienne, qu'on ne saurait ménager la stabilité d'un pays qui soutient la confrontation avec Israël, qu'il faut empêcher le Soudan de se maintenir pendant trente ans,

---

1. Les évangélistes militent aux côtés des organisations juives américaines dans les actions d'influence sur la politique étrangère américaine dans le sens de la défense de l'État d'Israël.
2. Comme elle est présentée dans la revue *Foreign Affairs*.

que la société israélienne et les ONG doivent donc être mobilisées pour soutenir les rebelles du Darfour, comme il l'a affirmé avec force, début septembre 2008, lors d'une conférence à l'Institut de la Sécurité[1] ? Sur sa lancée, Gal Beckerman aurait pu s'intéresser aussi aux liens éventuels des fondateurs de Save Darfur avec les stratèges « néocons », en particulier ceux du Project for the New American Century (PNAC[2]), qui prônent un « Grand Moyen-Orient » et, partant, un « Nouveau Soudan »...

Avant de comprendre comment et pourquoi le lobby pro-israélien s'est autant engagé sur la question du Darfour, il est important de prendre la mesure du poids qui est le sien dans la politique étrangère américaine et sa définition. Dans *Le Lobby pro-israélien et la politique étrangère américaine*[3], John Mearsheimer et Stephen Walt, deux universitaires américains, montrent que le soutien écrasant des États-Unis à Israël est surtout dû à l'influence de ce lobby, qui œuvre à orienter la politique étrangère américaine dans un sens favorable à l'État hébreu, qui exerce des pressions sur le Congrès, les présidents et leur administration, et jouit d'une influence considérable dans le monde universitaire et les médias. Les deux auteurs racontent que « le 11-Septembre s'est révélé une opportunité pour l'État hébreu et ses défenseurs aux États-Unis. Si l'administration Bush pouvait être convaincue qu'Israël était un allié crucial dans la guerre contre le terrorisme, il devenait possible d'amener les États-Unis à soutenir la ligne dure de Sharon sur la question palestinienne, et à s'attaquer aux adversaires d'Israël dans la

---

1. Voir chapitre 12, p. 281 et suivantes.
2. Le PNAC est un think tank néoconservateur fondé en 1997 par William Kristol et Robert Kagan. Son objectif affiché était de promouvoir le leadership mondial des États-Unis. Cette organisation a été très influente durant les mandats du président américain George W. Bush, particulièrement en ce qui concerne la sécurité nationale et la guerre en Irak. Dick Cheney, Donald Rumsfeld et Paul Wolfowitz approuvaient les vues du PNAC.
3. Publié en France par les éditions de La Découverte, 2007.

région : le Hezbollah, l'Iran, l'Irak et la Syrie. Sur le fond, il fallait montrer aux dirigeants politiques américains qu'il était parfaitement logique, d'un point de vue stratégique, pour les États-Unis, d'essayer de débarrasser le Moyen-Orient des ennemis d'Israël, qui étaient aussi ceux des États-Unis. Sans surprise, Israël et diverses organisations centrales du lobby pro-israélien se mirent à œuvrer de concert pour concrétiser cette opportunité ».

Les auteurs de ce livre ne le mentionnent pas, mais le Soudan a également été la cible du lobby puisque, pour Israël, ce pays entre, on l'a vu, dans le camp arabo-musulman de ses ennemis, ayant soutenu Saddam Hussein, ayant hébergé Ousama Ben Laden et étant resté proche de l'Iran et du Hamas. Et les deux essayistes de poursuivre : « Leurs efforts furent récompensés. L'administration Bush adopta les vues du lobby sur le nouvel environnement stratégique, et rejeta le scénario alternatif. Les États-Unis ont peu à peu adopté non seulement les options politiques israéliennes sur les Palestiniens, l'Iran et le reste de la région, mais aussi nombre des arguments avancés par Israël pour les justifier. Les dirigeants américains et israéliens ont commencé à s'exprimer comme s'ils lisaient un seul et même script. »

Puis les deux auteurs résument le plan de la transformation du Moyen-Orient proposé depuis la fin des années 1990 par les « néo-cons » : « Le lobby pro-israélien joua par ailleurs un rôle essentiel dans l'élaboration de la politique américaine vis-à-vis de l'Irak et de l'Iran, ainsi que dans les grands projets de l'administration Bush visant à transformer le Moyen-Orient en une paisible oasis de démocraties [...] : l'invasion puis l'occupation devaient rapidement transformer l'Irak en une démocratie qui ferait ensuite office de modèle pour les populations des autres États autoritaires de la région. Les résultats atteints en Irak devaient alors déclencher une cascade de dominos démocratiques, même s'il pouvait s'avérer nécessaire de recourir encore au glaive pour diffuser la démocratie. Une fois la démocratie implantée dans la région, les régimes bien disposés vis-à-vis d'Israël et des États-Unis deviendraient la norme, le conflit israélo-palestinien serait, selon les termes mêmes du rapport, "transcendé", les autres rivalités régionales perdraient de leur intensité, et les problèmes jumeaux du terrorisme et de la prolifération nucléaire tendraient rapidement à disparaître. » La « feuille de route » des « néo-cons », reprise par Dick Cheney puis par George Bush, s'est bien inscrite dans la continuité des plans israéliens, qui visent tous à couper les arrières des Palestiniens !

Les initiateurs de la coalition Save Darfur, qui n'est qu'une déclinaison parmi d'autres du lobby pro-israélien américain, n'ont pas attendu la grande manifestation du 30 avril 2006 pour entamer leurs actions et participer aux efforts convergents d'autres groupes pour convaincre l'administration Bush de mener une politique plus agressive envers le régime soudanais. Dans un premier temps, en effet, après le 11 septembre 2001, la CIA avait souhaité reprendre langue avec Khartoum pour obtenir des services secrets soudanais des renseignements sur les groupes terroristes implantés dans la Corne de l'Afrique. La centrale de Lengley affréta même un jet privé pour faire venir Abdallah Gosh, patron des services soudanais, pendant une semaine aux États-Unis[1]... Cette reprise de dialogue fut de courte durée. La logique punitive visant Khartoum recouvra rapidement ses droits, notamment par le biais du soutien israélo-américain à la SPLA de John Garang, qui, à partir de 2003, élargit la rébellion du Sud-Soudan au Darfour, comme nous le verrons *infra*.

Le 22 juillet 2004, huit jours après la réunion d'urgence des promoteurs de Save Darfur, le Sénat et la Chambre des

---

[1]. Don Cheadle et John Prendergast, *Not on Our Watch. The Mission to End Genocide in Darfur and Beyond*, préfacé par Elie Wiesel, *op. cit.*

représentants émettent une déclaration commune pour qualifier de « génocide » l'action de Khartoum au Darfour. Le mois suivant, l'Union africaine envoie 150 soldats rwandais pour veiller sur le cessez-le-feu. Paul Kagame, qui porte une responsabilité dans la mort de millions de Rwandais et de Congolais, est ainsi promu comme chef des gendarmes du Soudan voisin. Il peut même se permettre d'affirmer, sans provoquer rires et larmes : « S'il s'avérait que des civils étaient en danger, alors nos forces interviendraient certainement pour les protéger. » Le 16 août 2004, de Jérusalem, le mémorial Yad Vachem lance un appel pour une action immédiate au Darfour, préparé en vue de la conférence des présidents des principales organisations juives américaines par le Jerusalem Center of Public Affairs[1]. Le 9 septembre, Colin Powell, secrétaire à la Défense, déclare qu'un « génocide » se déroule bien au Darfour, ce qui permet aux États-Unis d'intervenir au Soudan. Le même jour, en effet, Washington soutient au Conseil de sécurité de l'ONU une résolution visant à réclamer des sanctions contre les pétroliers travaillant au Soudan. Le 22 septembre, dans le *Washington Post*, William Kristol et Vance Serchuk, « néo-cons » du PNAC, réclament une intervention militaire contre Khartoum.

Le 16 décembre 2004, *Haaretz* reprend une information en provenance de Jordanie : deux Israéliens suspectés de trafic d'armes à destination des rebelles du Darfour ont été arrêtés à Amman. L'article précise même qu'ils ont des liens avec Amos Gilan, lieutenant-colonel à la retraite spécialisé dans le contre-terrorisme, et avec le fils de Dany Yatom, ancien patron du Mossad reconverti dans la sécurité en Afrique. Le même jour, le *Jerusalem Post* annonce que, pour la première fois, Israël fournit de l'aide humanitaire au

---

1. Un think tank israélien indépendant spécialisé dans les questions de politique étrangère d'Israël.

Soudan : « Israël s'est joint à plusieurs groupes juifs américains, notamment l'American Jewish World Service (AJWS) [...] en envoyant 100 000 dollars pour soutenir l'International Rescue Committee. »

Le 21 décembre, sur les ondes de Radio Soudan, le ministre soudanais de l'Intérieur accuse de son côté l'« entité sioniste » d'« approvisionner les rebelles en armes au Darfour dans le cadre d'un plan israélien visant les nations arabes ». En mai 2005, le ministre soudanais des Affaires étrangères, Samir al-Shaybani, répond à une interview d'un journal syrien : « Nous pouvons même affirmer que ces puissances veulent démembrer le Soudan et remplacer son gouvernement par un autre qui serve leurs intérêts stratégiques tout en lui ôtant son identité arabe... Au-dessus de ces puissances figure le "lobby sioniste", qui considère le Darfour essentiellement comme un problème juif requérant la solidarité entre les Juifs et quelques tribus africaines qui clament être en conflit avec les tribus arabes... »

De déclaration en déclaration, et d'informations en faits avérés, les liens entre Israël, le lobby pro-israélien et l'administration Bush apparaissent de plus en plus évidents. Ainsi la déclaration de Benyamin Netanyahou, planchant devant l'AIPAC le 12 mars 2007 : « De tous les crimes commis dans l'histoire de l'humanité, celui-ci est le plus grand de tous. Cela se passe maintenant au Soudan. Et il n'y a aucune raison qui pourrait nous empêcher de joindre nos forces à ceux qui désirent arrêter les meurtres au Darfour... » ; celle de Tzipi Livni, ministre des Affaires étrangères, le 29 mai 2007, à l'occasion de la Journée de l'Afrique, selon laquelle « les relations entre Israël et l'Afrique ne datent pas de 1957, mais de 3 000 ans, lors de la visite de la reine de Saba au roi Salomon », et qui affirme que « son pays ne peut rester indifférent aux souffrances des populations du Darfour ». Ou encore l'annonce, le 13 avril 2008, que le Mouvement de libération du Soudan ouvre des bureaux à Tel-Aviv...

Même si, en Occident, tout ce qui émane du monde arabe est quasi inaudible, une petite musique sur l'implication d'Israël au Soudan en général et au Darfour en particulier commence à être progressivement perceptible en dépit de la phraséologie antisioniste qui l'enveloppe.

À ce stade de la campagne contre le régime soudanais, qui va peu à peu le transformer en État-voyou et son président Omar al-Bachir en monstre abominable, il est important de démonter le discours construit pour mettre le Soudan au ban de l'humanité, et ainsi faire de lui un pays sans frontières ouvert à toutes les organisations humanitaires, à toutes les armées, à tous les espions et à tous les trafiquants d'armes... À Washington, Save Darfur, qui est désormais une coalition d'une centaine d'organisations, les « néo-cons » et l'ensemble du lobby pro-israélien montent une très efficace machine de propagande financée par les fonds recueillis pour sauver le Darfour (15 millions de dollars en 2006), alors que pas un dollar n'arrive sur le terrain pour venir en aide aux réfugiés et soigner les malades. En revanche, les billets verts affluent en masse vers de grandes entreprises de relations publiques comme M + R Strategic Services, New Media Mill, Fenton Communications and Weber Shandwick – et leurs filiales : Powell Tate, Golin Harris, ZK Public Relations and Strateji Communication –, avec un rôle prééminent réservé à Powell Tate.

Tout l'argumentaire découle du slogan « Plus jamais ça » (*Never again*) qui est reproduit sur toutes les publicités de la coalition, le « ça » étant le génocide des Tutsi au Rwanda que les États-Unis n'ont pas empêché. La comparaison de la situation au Darfour en 2007 avec celle du Rwanda en 1994 est faite sur la base de l'histoire « officielle » de la tragédie rwandaise mettant en scène les Tutsi comme seules victimes, donc les « bons » opposés aux bourreaux hutu. Le « remake » soudanais est marqué par un simplisme tout aussi effrayant et par un manichéisme à relents culturalistes qui véhicule les idées que ce sont « les Arabes qui massacrent les Noirs », ou que « le régime intégriste de Khartoum extermine des populations civiles opposées à la Charia ». Ainsi la guerre civile au Soudan se trouve-t-elle racialisée, avec, d'un côté, les Arabes musulmans, de l'autre, les Africains chrétiens ou/et animistes, alors qu'au Darfour les Arabes darfouriens sont noirs, africains et musulmans ! Save Darfur instille l'idée d'une guerre de civilisations et décrit la guerre civile au Darfour comme un génocide ayant déjà fait entre 200 et 400 000 morts. Grâce à la très forte charge affective que recèle le mot « génocide », connoté par la Shoah, l'opération de propagande et de désinformation fait florès.

En août 2007, l'Advertising Standards Authority (ou ASA, l'Autorité officielle britannique en matière de normes de publicité) accuse Save Darfur de publicité mensongère pour avoir affirmé dans un encart publié dans la presse britannique : « UN MASSACRE EST EN TRAIN D'AVOIR LIEU AU DARFOUR... 400 000 hommes, femmes, enfants innocents ont été tués... » La plainte a été déposée par l'European Sudanese Public Affairs Council (ESPAC), organisation pro-Khartoum. L'ASA examine les preuves avancées par les deux protagonistes. Et retient celles de l'ESPAC, qui s'appuient principalement sur les constats du General Accountability Office (GAO), sorte de Cour des comptes qui analyse pour le Congrès américain l'utilisation de l'argent public. Or le GAO a estimé que l'étude du Centre de recherche épidémiologique sur les catastrophes (CRED), affilié à l'Organisation mondiale de la santé (OMS), est la plus objective et la plus fiable. Que dit le rapport du CRED ? Publié en mai 2005, il estime à 120 000 le nombre de morts imputables au conflit sur une période de 17 mois (de septembre 2003 à janvier 2005). Et ces 120 000 morts ne sont pas tous des « hommes, femmes et enfants innocents » : ce chiffre inclue les combattants, mais aussi les morts violentes de civils et les décès dus à la malnutrition. Le GAO a également estimé que les chiffres fournis par le professeur D. C. Hagan (de sociologie et de droit à l'université NorthWest), sur lesquels s'appuie Save Darfur, sont « déficients ». L'ESPAC a fourni à l'ASA des éléments de preuves montrant que le taux de mortalité au Darfour a au contraire baissé depuis 2005 ; il cite notamment un rapport de l'OMS, le *Weekly Morbidity and Mortality Bulletin* de 2006, affirmant que le nombre de morts en excès au Darfour est tombé au-dessous du niveau défini comme celui d'urgence[1].

L'appréciation de l'ASA rejoint l'avis de la plupart des analystes des ONG et humanitaires installés sur le terrain et les conclusions de la Commission internationale d'enquête sur le Darfour, présidée par le juge italien Antonio Cassese, selon lesquelles le gouvernement soudanais « n'[a] pas mené une politique de génocide ». Le chercheur français Jérôme Tubiana, professeur à l'Inalco, grand connaisseur du Darfour, fait une analyse qui aboutit au même constat, et il prend même la peine de torpiller l'article de BHL, « Choses vues au Darfour », publié dans *Le Monde* daté du 13 mars 2007 : « Quand BHL part en reportage pour *Le Monde*, d'erreurs en contre-vérités, les faits perdent leur sens au profit d'une vision simpliste et romantique du conflit[2]. »

Rony Brauman, président de la Fondation MSF, qui s'est rendu à plusieurs reprises au Soudan, critique également les affirmations de Save Darfur dans une analyse qui rejoint celle de l'OMS sur la baisse de la violence à partir de 2005 : « On est [alors] passé à quelque chose d'autre, déclare-t-il.

---

1. D'après un article de Brendan O'Neill publié le 14 août 2007 sous le titre : « Darfur : pornography for the chattering classes », sur www.spiked-online.com
2. « Choses (mal) vues au Darfour », *Mouvements*, 9 juin 2007.

Le gouvernement contrôlait une bonne partie du Darfour, la guérilla en contrôlait d'autres. Les populations qui ont dû être déplacées par le gouvernement l'avaient été, et c'est un régime de conflictualité beaucoup moins violent et beaucoup plus diffus qui s'est installé à partir de 2005. [...] Aujourd'hui, on a une constellation de groupes armés qui exercent la violence et parmi lesquels il n'est pas facile de trancher entre milices, coupeurs de route, bandits et groupes claniques agissant pour leur propre compte. Ce qui entraîne une situation d'insécurité et de violence généralisée, mais avec des taux de mortalité – pardonnez-moi cette expression un peu froide, mais il faut bien avoir une mesure quantitative – d'environ 200 par mois, selon les évaluations qui ont été faites par les agences humanitaires et les agences de l'ONU [...]. On observe une situation d'insécurité assez générale, avec d'importants regroupements de population dans les villes de garnisons qui sont sous le contrôle du gouvernement. Ce point est en soi un argument déterminant et définitif, me semble-t-il, contre la thèse d'un génocide perpétré par "les Arabes du Nord" contre "les Nordistes du Sud-Ouest" (les Soudanais de l'Ouest). Car des gens qui vont se réfugier sous l'égide de ceux qui voudraient les massacrer, ça ne se voit pas tous les jours[1] ! »

Dès le 8 février 2005, SOS Racisme, la Licra, le Centre Simon-Wiesenthal, l'Union des étudiants juifs de France (UEJF) et quelques ONG et personnalités humanitaires et médiatiques ont créé Urgence Darfour, la copie conforme française de Save Darfur. Bernard Kouchner est dès le début l'un des piliers de ce décalque, aux côtés notamment de Jacky Mamou, ancien président de Médecins du monde (MDM), connu pour être un défenseur sans faille de la politique d'Israël, partisan de l'invasion de l'Irak, très hostile à la résistance palestinienne et chroniqueur à Judaïques FM ;

---
1. Entretien du 13 juin 2007 avec Grégoire Lyon.

de Richard Rossin, ancien membre de Médecins sans frontières (MSF), cofondateur de MDM, qui partage les idées de son président ; de Bernard Schalscha, ancien militant de la LCR, qui a fait campagne depuis lors contre Siné, le caricaturiste de *Charlie-Hebdo,* accusé d'antisémitisme par la direction de ce journal avant son éviction en 2008 ; d'Ilana Soskin, avocate, membre de la Licra, proche de l'Union des étudiants juifs de France. Également très actifs autour d'Urgence Darfour, les philosophes BHL, André Glucksmann et Pascal Bruckner… qui sont les vedettes de la grande manif' d'Urgence Darfour.

Dans le même esprit que celle organisée le 30 avril 2006 par Save Darfur, un événement est organisé à la Mutualité, à Paris, le 20 mars 2007, en pleine campagne présidentielle, dans l'idée que celle-ci servirait de caisse de résonance à la Cause. L'idée première est de faire signer un acte d'engagement pour le Darfour par l'ensemble des candidats à l'élection et, au-delà, de faire prévaloir une solution militaro-humanitaire destinée à sauver les habitants du Darfour, « victimes d'un génocide », le « premier génocide du XXIe siècle », pour reprendre la formule de Bernard Kouchner, voire d'armer les rebelles. Aux organisations fondatrices d'Urgence Darfour se sont joints le CRIF (Conseil représentatif des institutions juives), le B'nai B'rith France et l'Union des étudiants juifs de France. La manifestation est également soutenue par l'Association communauté rwandaise de France, qui n'est en réalité, malgré son appellation, qu'un regroupement des Tutsi pro-Kagame. Comme aux États-Unis, les organisations communautaires juives de France ont pris l'initiative. On assiste à une reproduction en miroir du dispositif de Save Darfur, le *Jerusalem Post* aurait pu écrire un article de même teneur pour Urgence Darfour que celui écrit trois jours avant la manifestation à Washington et le journal aurait pu l'intituler cette fois : « French Jews leading Darfur rally planning » – *French* remplaçant ici *US*. En veillant par ailleurs à écrire, comme l'avait fait Gal Beckerman, qu'aux cotés des organisations juives figuraient des personnalités comme Philippe Val, alors patron de *Charlie-Hebdo,* Diagne Chanel, artiste plasticienne franco-sénégalaise, ou encore Dominique Sopo, président de SOS Racisme. Enfin, par-delà la similitude des deux organisations et de leurs messages, le journaliste aurait pu noter que l'enquête de BHL au Darfour débouchant sur un grand article paru dans *Le Monde* a été financée par Save Darfur[1]. Et que ledit BHL a des liens avec l'AIPAC, le lobby pro-israélien institué comme tel : un article intitulé « Juifs américains. Lobby contre lobby », paru dans *Le Nouvel Observateur* du 29 mai 2009, ne commence-t-il pas cette réclame faite par l'organisation américaine : « Vous avez versé au moins 3 600 dollars dans l'année : vous avez droit à un déjeuner avec Bernard-Henri Lévy » organisé par l'AIPAC ?

Faut-il pousser plus loin ? Hasarder qu'il existerait une concertation certaine, des liens, entre le lobby pro-israélien américain et quelques organisations communautaires juives françaises capables d'en entraîner d'autres à leur suite dans cet engagement si convergent et virulent contre Khartoum ?

Le lecteur aura noté que je me garde de parler de « lobby juif » en France, l'usage de ce terme étant ici impossible en ce que la démocratie française n'a pas les mêmes règles que l'américaine et que la République protège quand même de la foire d'empoigne des groupes d'intérêts divers et souvent privés qui gravitent autour des parlementaires américains... Comment décrire les actions d'influence de quelques personnalités et groupes juifs en France sans prendre le risque d'être accusé d'antisémitisme et d'être suspecté d'avoir tou-

---

[1]. In *Libération* du 20 mars 2007, article de Christophe Ayad intitulé : « Darfour : le réveil des consciences ». Précisons que, malgré une intense mobilisation médiatique et politique, la campagne n'a pas pris l'ampleur de celle initiée à Washington.

jours *Les Protocoles des Sages de Sion* à portée de main ? D'autant que certain(e)s ont acquis une puissance de feu médiatique importante et n'hésitent pas à l'utiliser pour discréditer leurs adversaires. J'ai fait l'objet à plusieurs reprises de telles attaques[1].

Paradoxalement, alors même que l'idée communautariste gagne du terrain depuis trente ans, et que nombreux sont ceux qui aimeraient adopter le modèle américain (à commencer par quelques associations de droits de l'homme, anti-racistes), des mouvements juifs français utilisent depuis peu l'expression « lobby juif » pour se qualifier. Et sont les premiers à faire du chantage à l'antisémitisme, une pratique qui relève de l'intimidation et discrédite le véritable antisémitisme.

Une des premières personnalités à avoir revendiqué l'usage de l'expression « lobby juif » est Élisabeth Schemla, fondatrice du site Proche-Orient.info, qui fut ma collègue à *L'Express*, puis rédactrice en chef au *Nouvel Observateur*, avant de devenir la collaboratrice d'Édith Cresson à Bruxelles. Le 25 février 2004, dans l'éditorial publié sur son site, après avoir évoqué le refus de l'Olympia d'accueillir le spectacle du comique Dieudonné et l'interdiction faite à

---

1. Pour avoir employé l'expression bénigne « cosmopolitisme anglo-saxon » dans mon livre sur Bernard Kouchner, *Le Monde selon K*, j'ai en effet été suspecté d'antisémitisme. Avant d'utiliser ce terme, j'aurais dû préciser par qui et comment il avait été employé, y compris par ceux-là mêmes qui s'en sont servis pour m'attaquer. J'aurais pu rappeler que le 5 décembre 1917, lors d'un grand meeting tenu à Manchester pour saluer la déclaration Balfour, Chaïm Weizmann expliqua qu'un des buts des sionistes était de lutter « contre les spéculateurs juifs internationaux ». Et d'ajouter : « Ce type spécial de Juif a toujours été l'ennemi implacable du sionisme. D'où est venue l'opposition au sionisme ? Elle n'est pas venue des ghettos où les traditions juives existent encore. Elle n'est pas venue de ceux qui sont prêts à s'établir en Palestine. L'opposition au sionisme vient surtout du *Juif cosmopolite*, des faits et gestes duquel nous ne voulons pas être responsables, puisque nous les méprisons. » Cité par Henry Laurens dans *Le Retour des exilés* (Robert Laffont, coll. « Bouquins », 1998).
À plusieurs reprises, Bernard-Henri Lévy m'a traité de « négationniste », qualification qui m'est due parce que je ne partage pas la même vision que lui de la tragédie rwandaise.

Mme Leila Shahid, déléguée générale de la Palestine en France, de prendre la parole dans un collège niçois, elle commentait : « Ce sont des organisations françaises juives qui ont coup sur coup conduit la bagarre et, au nom de la République, ont obtenu gain de cause, après de nombreuses autres victoires durant l'année 2003. » Et d'ajouter : « Des personnalités prestigieuses et prétendument toutes-puissantes laissent la place à des responsables, des associations et des institutions qui savent de mieux en mieux se faire entendre des pouvoirs publics. » Le tout sous ce titre sans équivoque : « En France, naissance d'un lobby juif au sens plein et respectable du terme. »

Quelques jours auparavant, Sylvain Attal, collaborateur du site dirigé par Élisabeth Schemla et animateur de l'émission « Débat » à France 24, publiait un livre[1] dont le dernier chapitre est intitulé « Un lobby ? Chiche ! », dans lequel il écrit : « Jusqu'ici, les représentants de la communauté juive se sont montrés réticents ou franchement hostiles à cette idée, craignant qu'elle n'alimente l'antisémitisme, ou au moins le reproche de communautarisme. Aujourd'hui, il semble qu'ils aient évolué. Roger Cukierman [président du Conseil représentatif des institutions juives de France, le CRIF] affirme ne pas être effarouché par l'idée : "S'il y a un lobby, c'est parce que nous sommes attaqués." » Et Attal d'énoncer les succès remportés par ledit lobby en France comme à l'échelle de l'Union européenne[2].

Une minorité agissante cherche à aligner sur les positions des lobbystes américains des associations juives françaises qui montrent une réticence…

En 2004, dans le journal juif new-yorkais *Forward*[3], Marc Perelman montre à la fois les liens entre des groupes juifs américains et ceux qui, en France, souhaitent officialiser l'existence de lobbies juifs pro-israéliens, et il évoque

---
1. *La Plaie. Enquête sur le nouvel antisémitisme,* Denoël, 2004.
2. In *Le Monde diplomatique* de mai 2004, article de Dominique Vidal.
3. Le 27 août 2004.

aussi la crainte qui est celle de certains dirigeants juifs français d'un possible retour de bâton. Perelman rapporte dans son article qu'un accord a été conclu en 2003 entre l'American Jewish Congress et l'Union des patrons et des professionnels juifs de France (UPJF) ; et que l'American Israel Public Affairs Committee (AIPAC), le lobby pro-israélien de Washington le plus puissant, a également tissé des liens avec des groupes juifs de France et d'autres pays européens pour encourager le développement de lobbies à l'américaine de ce côté-ci de l'Atlantique. Pour sa part, l'American Jewish Committee (Comité juif américain) a intensifié, en 2003, son rôle en Europe.

Aux termes de l'accord entre l'American Jewish Congress et l'UPJF, *Forward* explique que le groupe américain s'apprête à fournir à son associé français formation et conseil tant en matière de soutien d'une cause (*advocacy*) qu'en aide financière. David Twersky, directeur de l'American Jewish Congress, confirme le financement, mais refuse au journaliste de *Forward* de révéler son montant. Hervé Giaoui, président de l'UPJF, se mure dans la même discrétion. Marc Perelman s'étend dans son article longuement sur les vives polémiques suscitées par la décision de l'UPJF de soutenir des candidats aux élections et à s'engager dans l'activisme politique. « Nous avons affaire ici à un mélange nocif d'argent étranger, de lobbying politique et de points de vue bellicistes, déclara Patrick Klugman, ancien responsable de l'Union des étudiants juifs de France et membre du comité du CRIF. Cela finira par se retourner contre les intérêts de la communauté juive. »

Par-delà leurs réactions à l'article de *Forward,* les responsables de l'UPJF n'ont pas hésité à affirmer haut et fort leur identité et leurs liens avec leurs frères américains : « Nous revendiquons pleinement l'existence d'un accord avec nos frères américains qui nous apportent leur savoir-faire, leur expérience et leur professionnalisme afin de devenir une véritable force de proposition en France. » De fait : « L'UPJF reçoit effectivement un soutien financier de son partenaire américain[1] », l'AJ Congress, pour « financer des opérations de communication et de lutte contre la désinformation, ainsi que des formations destinées à lutter contre l'antisémitisme et l'antisionisme qui sévissent dans notre pays ».

La juxtaposition des deux mots – « antisémitisme » et « antisionisme » et l'un des objets de l'UPJF la « défense de l'image d'Israël » résume bien la teneur de ses opérations de communication : comme l'a relevé Guillaume Weill-Raynal, il s'agit en substance de soutenir en toute circonstance que « toute personne qui ne souscrit pas sans réserves aux thèses les plus radicales de la droite israélienne » est par définition « antisémite ». L'UPJF a ainsi organisé à Paris, le 13 décembre 2009, en présence d'« éminentes personnalités du monde politique » et « des médias », un colloque sur « l'antisionisme » et « la nouvelle judéophobie », où la critique du gouvernement israélien assimilée à l'« antisionisme » a été présentée comme l'une des « ruses du nouvel antisémitisme contemporain ». À l'issue de cette journée d'études, un « prix de la lutte contre le racisme antijuif » a été décerné à Brice Hortefeux, ministre de l'Intérieur, qui avait déclaré quelques jours auparavant, après que des adhérents de son parti lui avaient présenté un jeune militant d'origine maghrébine : « Quand il y en a un, ça va – c'est quand il y en a beaucoup qu'il y a des problèmes... » Ce positionnement de l'UPJF ne dissuade nullement des élus de tout bord de se presser aux portes de l'organisation, comme le confirme la consultation sur son site de son « agenda » : entre les seuls mois de mai 2009 et mars 2010, elle a reçu pour des « dîners-débats » Harlem Désir, Claude Bartolone,

---

[1]. Les deux citations proviennent du site internet de l'UPJF : http://www.upjf.org/pdf/presse/reponse_ActuJ-15-9-04.pdf. Voir aussi (dans le même esprit), cet autre communiqué : http://www.upjf.org/pdf/presse/Article_UPJF_AJC-11-04.pdf

Christine Boutin, Claude Goasguen, Patrick Devedjian, Xavier Bertrand, Julien Dray, Valérie Pécresse, Anne Hidalgo, Christophe Girard, Frédéric Lefebvre... Comme dans le cas de l'AIPAC aux États-Unis, l'UPJF, qui revendique 1 200 adhérents, jouit donc d'un prestige sans commune mesure avec l'extrême modestie de ses effectifs.

Rappelons que l'UPJF a exprimé son soutien énergique à Nicolas Sarkozy, mais aussi à François Zimeray, ancien membre socialiste du Parlement européen, engagé aux côtés de la politique israélienne et l'un des promoteurs de l'adaptation française de Save Darfur. L'UPJF se situe même plutôt à droite de l'actuelle politique israélienne. Zimeray, l'homme qui organisa le voyage de BHL au Darfour[1], n'a pas craint de répondre au journaliste américain de *Forward* : « Il est temps que les communautés juives européennes prennent leurs responsabilités en termes d'action politique. Nous devons accepter de jouer un rôle plus politique. » Zimeray indique également qu'il encouragera un tel programme au sein du CRIF où il vient d'être nommé responsable du comité politique. Il précise qu'il n'a pas reçu d'aide financière de groupes juifs américains, mais qu'il considérerait comme bienvenu un tel financement pour des projets spécifiques. Au-delà de l'organisation du fameux voyage béachélien au Darfour, il a accepté de l'argent de l'AJ Committee pour l'organisation d'un voyage en Israël et en Jordanie pour plus de 200 membres du Parlement européen[2].

Dans une lettre adressée au ministère des Affaires étrangères israélien en juin 2004, l'ambassadeur d'Israël en France, Nissim Zvili, met en garde contre les conséquences négatives potentielles que pourraient avoir les groupes juifs américains de chercher à influencer la politique française. Depuis lors, on

---

1. Selon l'article de *Forward* déjà cité et dont le résumé a été fait à partir de la traduction française présentée sur le site de l'UPJF.
2. *Ibid.*

l'a vu, la plupart des organisations juives de France se sont droitisées, likoudisées, et n'ont plus peur – surtout après l'arrivée de Nicolas Sarkozy à l'Élysée – de s'afficher comme des groupes de pression pro-israéliens prêts à travailler en collaboration avec leurs homologues d'autres pays. Du coup, on voit mal l'ambassadeur d'Israël écrire aujourd'hui la même mise en garde qu'il y a six ans…

À l'instar des lobbies pro-israéliens des États-Unis, l'UPJF s'intéresse et communique sur la tragédie rwandaise. En avril 2006, aux côtés de l'association Ibuka-France, elle a participé aux cérémonies parisiennes de « commémoration du 12ᵉ anniversaire du génocide des Tutsi ». Depuis, le site internet de l'UPJF relaie toutes les attaques portées à ce sujet contre la France, réputée co-responsable du génocide. De nombreuses autres organisations juives de France se sont engagées dans ce même combat aux côtés de Tutsi actifs dans cette cause et souvent liés ou de sensibilité proche du FPR.

En France, le « devoir de mémoire » a été instauré en cérémoniel obligatoire national… Il s'applique désormais aussi au génocide des Tutsi du Rwanda.

En février 2006, l'UEJF et SOS Racisme ont organisé au Rwanda un voyage auquel ont participé Richard Prasquier, président du CRIF depuis mai 2007, Benjamin Abtan (UEJF) et Dominique Sopo (SOS Racisme), accompagnés de personnalités engagées dans la promotion de la version officielle de la tragédie rwandaise – et dénonçant la responsabilité de la France dans le génocide –, notamment David Hazan, coréalisateur du film *Tuez-les tous*, Souad Belhaddad, co-auteur de *Survivantes* avec la sociologue Esther Mujawayo, quelques journalistes militants dont Patrick de Saint-Exupéry, du *Figaro*, Catherine Ninin, de RFI, Stéphane Bou, de *Charlie-Hebdo*, mais aussi Frédéric Encel, universitaire likoudien spécialiste du

Mossad[1]. De ce voyage a été tiré un livre intitulé *Pour un dialogue des mémoires*, préfacé par Bernard Kouchner[2].

En 2008 a été également organisé un voyage au Rwanda et en Israël rassemblant de jeunes Français juifs, tutsi et d'autres origines, pour mettre en lumière l'existence d'autres génocides que la Shoah, notamment celui des Tutsi au Rwanda. Hachomer Hatzaïr[3] a conçu ce projet en partenariat avec la Communauté rwandaise de France (la CRF, une association dirigée par des Tutsi de France plutôt pro-FPR), sous le haut patronage de Dominique Decherf, ambassadeur de France au Rwanda, et de Gérard Araud, ambassadeur de France en Israël. Soutenu par le Fonds social juif unifié, la Fondation du judaïsme français, le projet bénéficiait du concours de nombreuses associations et instances comme Amitié judéo-noire, Études sans frontières, Never Again International, le CRIF (Conseil représentatif des institutions juives de France), le Mémorial de la Shoah-Centre de documentation juive contemporaine...

Les philosophes Bernard-Henri Lévy, André Glucksmann et Pascal Bruckner sont eux aussi très engagés dans le combat pro-tutsi et pro-rebelles darfouris. Pour Bernard-Henri Lévy, par exemple, il vaut mieux être un Palestinien tué par l'armée israélienne qu'une victime des génocidaires soudanais, car « chaque fois qu'un Palestinien – ou un Israélien – meurt, c'est horrible. Mais il a droit à des funérailles, à une tombe, à une place dans la mémoire des survivants. Alors que vous avez des situations – le Darfour, le Rwanda ou même la Colombie – où vous n'avez rien de tout ça et

---
1. Tous les membres de ce groupe ont soit initié, soit participé ou accompagné médiatiquement le procès lancé contre moi par SOS Racisme, avec une mention particulière de haine pour Benjamin Abtan et Stéphane Bou.
2. Publié par Albin Michel, le 5 avril 2007, avec les contributions de Christiane Taubira, Dominique Sopo, Souad Belhaddad, Benjamin Abtan, Judith Cohen-Solal, Gaston Kelman, Frédéric Encel et David Hazan.
3. Voir note 1, p. 75.

où les morts sont sans visage, et littéralement sans nombre[1] ». Lorsqu'il prône, à New York, en 2008, de nouvelles alliances pour « le monde juif », le philosophe ajoute à sa liste d'alliés potentiels, en sus des catholiques, « les oubliés du Grand Récit progressiste où, si vous n'êtes pas palestinien, si vous n'avez pas contre vous Israël et ses méchantes légions, vous ne présentez aucun intérêt » – ces oubliés que sont donc les « Burundais, Rwandais, Darfouris, Dalit, Roms ». Puis de préciser très explicitement : « Ils sont dans le même bateau que nous, car victimes du même mensonge que nous. » Aller à l'encontre du discours dominant sur le Soudan, protester par exemple que des massacres, si atroces soient-ils, ne font pas forcément un génocide, revient donc bel et bien à nier la Shoah alors même que, selon nous, donner à n'importe quels massacres ou guerres civiles le même statut qu'à la Shoah revient à banaliser l'holocauste perpétré par les nazis. BHL ajoute dans son intervention : « C'est pourquoi je suis si heureux quand j'apprends de la bouche du Premier ministre Olmert le nombre de réfugiés du Darfour qui ont trouvé refuge en Israël[2]. » Puis, dans une « allocution » prononcée à Genève « le 20 avril 2009 [...] à l'occasion de Yom Hashoah », il demande : « Pourquoi tant d'organisations juives se sont-elles mobilisées pour le Darfour ? Pourquoi les premiers à avoir compris ce qui se passait au Rwanda furent-ils ceux qui, juifs ou non-juifs, avaient la Shoah au cœur ? Pourquoi, quand le monde entier fermait les yeux sur le massacre des musulmans de Bosnie, revint-il à une poignée d'hommes et de femmes dont le seul point commun était d'avoir en tête le "plus jamais ça" d'Auschwitz, d'avoir sonné le tocsin ? » Le philosophe se répond à lui-même : « Ils avaient juste une boussole. Une échelle du mal et du pire. Une sorte de radar qui

---
1. *Pièces d'identité*, op. cit.
2. On l'aura compris : le gouvernement israélien, dont l'armée a tué des civils libanais et palestiniens encore en cette année 2009, est d'une admirable humanité.

leur signalait, chaque fois, la proximité de la Bête et de son parfum caractéristique. »

Dans ce contexte, je ne peux résister au besoin d'évoquer ce qui m'est arrivé à la suite de la publication de *Noires fureurs, blancs menteurs* en novembre 2005. En 2006, j'ai été mis en examen pour incitation à la haine raciale à la demande de SOS Racisme, organisation dont j'avais été un des parrains. Et j'ai fait l'objet dans la presse d'attaques d'une rare violence. À 68 ans, j'étais devenu subitement, pour une fraction de l'élite française, un raciste, un révisionniste, un négationniste et un antisémite, alors que je n'avais pas parlé des Juifs ni de la Shoah, mais de la tragédie rwandaise comme d'une guerre civile où s'étaient déroulés un génocide des Tutsi et des massacres de masse de Hutu. Pour n'avoir fait que livrer les résultats de mon enquête, j'étais devenu pour certains, et pour les autres prêts à relayer les allégations les plus diffamatoires sans chercher à y regarder de près, un nouveau Faurisson !

Mon lot quotidien a été pendant quatre ans d'essuyer des mots utilisés d'ordinaire contre ceux qui nient la Shoah. J'ai été obligé de constater que SOS Racisme est étroitement lié à l'UEJF. Que, devant le tribunal correctionnel, en 2008 Benjamin Abtan, ex-président de l'UEJF, a osé déclarer que, si l'on y substituait le mot *tutsi* par *juif,* mon livre pouvait être assimilé à *Mein Kampf* ! La bêtise peut parfois faire sensation, malheureusement. Raphaël Haddad, remplaçant de Benjamin Abtan à la tête de l'UEJF, n'a pas hésité à réclamer publiquement, lors d'une cérémonie au Champ-de-Mars, le 7 avril 2009, « que des négationnistes comme Pierre Péan soient traduits en justice ». La cérémonie était organisée par Ibuka France – organisation rwandaise du souvenir –, liée non seulement à l'UEJF, mais aussi au Mémorial de la Shoah, au Centre Simon-Wiesenthal, à la Fondation pour la mémoire de la Shoah et à SOS Racisme.

À la veillée qui réunissait les mêmes personnes sur le même sujet au siège de Médecins du monde assistait aussi Richard Prasquier, président du CRIF. L'anniversaire du début du génocide est chaque année commémoré par Ibuka, épaulée par des organisations juives ; en 2007, c'était l'Union des patrons et des professionnels juifs de France (UPJF) qui assurait la logistique.

À la veille de l'ouverture de mon procès en appel, Bernard-Henri Lévy m'a une nouvelle fois traité de négationniste. Quelques heures seulement avant le début du procès, le 21 septembre 2009, sortait dans *Nouvelobs.com* une diatribe contre moi d'Elie Wiesel, prix Nobel de la paix, intitulée « Moralement déplorable et historiquement regrettable » :

« Où commence et où s'achève la responsabilité d'un écrivain ? Moi, j'appartiens à une génération pour qui l'acte gratuit n'est plus une option. Pour nous, l'art ne peut plus se contenter d'avoir pour seul but de divertir. Le Logos sans Ethos manque d'une dimension humaine sans laquelle tout demeure aride. Ce qui nous amène à cette conclusion : à la limite, tout écrivain est, à mon avis, responsable non seulement de ce qu'il écrit, mais aussi de la manière dont d'autres interprètent ce qu'il a écrit.

« Je dis cela par rapport au procès qui oppose SOS Racisme à Pierre Péan. Il s'agit de son livre sur le Rwanda. L'auteur, dont je connais surtout le livre sur le passé vichyste de François Mitterrand et sur son amitié avec René Bousquet, est maintenant accusé de diffamation et d'incitation à la haine. J'ai lu l'ouvrage en question, ainsi que l'acte d'accusation.

« Péan est-il raciste ? *Je n'en sais rien. Je veux bien le croire* [souligné par moi]. Est-il négationniste ? *Il le nie. Je l'espère pour lui* [idem]. On me dit que, lors de son procès, il avait éclaté en pleurs lorsqu'un témoin compara certaines de ses expressions contre les Tutsi aux propos antisémites de *Mein Kampf*. Son émotion ne peut que me toucher, au point de me demander si ces expressions furent voulues, bien réfléchies. Il s'agirait peut-être d'un coup de tête, d'un emportement, d'un dérapage : ses propos auraient, comme on dit, tout simplement dépassé sa pensée. Pourquoi ne pas pardonner à un auteur comme lui qui, dans ses autres ouvrages, fait preuve de plus de probité ? Cependant, je ne peux me libérer d'un sentiment de malaise en relisant certains passages sortis de sa plume.

« Déjà, dans le Préambule, il insiste sur sa conclusion définitive – et un peu trop simpliste – selon laquelle les chefs tutsi auraient été responsables de leur propre catastrophe qui, en fin de compte, est appelée génocide. En fait, tout son volume progresse dans le même sens. *Or, c'est exactement ce que les antisémites font si souvent* [idem] : ils rendent les victimes responsables de leur malheur. Et cela me semble moralement déplorable et historiquement regrettable.

« *Je le sais bien : Péan ne va pas jusque là* [idem]. Mais il répète beaucoup trop souvent le mot "mensonge" en parlant des Tutsi, de leur mentalité et de leur culture. Les juge-t-il tous coupables ? Ne serait-ce pas un peu trop proche d'une diffamation collective ?

« Cela me semblerait moralement déplorable et historiquement regrettable.

« L'écrivain qu'il est devrait savoir que les mots, avec le poids de leur passé, ne sont jamais innocents. Ils ont des conséquences. Le monde dit civilisé l'a appris un peu tard, mais il l'a quand même retenu.

« Certes, nous sommes tous libres de les employer pour dire ce qu'on ne doit taire, mais cette liberté elle-même implique un devoir suprême de responsabilité.

« Ce que ma génération a aussi appris, c'est que, dans chaque événement tragique, c'est la *vérité des victimes* qui mérite d'être privilégiée. Cela était vrai autrefois, au temps des ténèbres et de la malédiction, et cela l'est toujours *pour le Rwanda où les victimes sont les Tutsi* [idem].

« Qui le nie ou le diminue ne fait que, consciemment ou non, porter atteinte à leur honneur ainsi qu'à leur mémoire blessée. »

Cette diatribe a été reprise immédiatement par le site de l'UEJF. Quelques jours plus tard, je répondais en ces termes à Elie Wiesel :

« Quel honneur pour un auteur de susciter la réaction d'un prix Nobel de la paix !

« Aurait-il écrit son papier quelques heures avant le début de mon procès pour influencer la Justice française ? La chose serait indigne de lui. Je veux croire, en revanche, qu'en dépit de ce qu'il a écrit, il n'a pas bien lu mon livre, *Noires fureurs, blancs menteurs*, et c'est pour cela qu'il le caricature de la sorte dans son article intitulé "Moralement déplorable et historiquement regrettable".

« Pour les lecteurs de *Nouvelobs.com* qui n'auraient eu connaissance de mon livre que par la critique d'Elie Wiesel, je tiens d'emblée à préciser que j'ai été relaxé par la décision de justice intervenue en première instance dans le procès que me fait SOS Racisme pour diffamation raciale et provocation à la haine raciale. Procès intenté pour quelques phrases qui se trouvent aux pages 41 à 44 de mon livre, qui en compte 500, qui font partie d'une présentation rapide de l'histoire politique du Rwanda depuis le début du XXe siècle : ces pages ont été écrites avec Antoine Nyetera, un Tutsi descendant de la famille royale.

« Elie Wiesel travestit mon propos en cherchant à résumer d'une phrase mon livre : "Les chefs tutsi auraient été responsables de leur propre catastrophe qui, en fin de compte, est appelée génocide." Pourquoi parler au pluriel de "chefs tutsi", quand c'est une organisation politique, le FPR, dotée de sa branche militaire, que j'accuse ? J'affirme que Paul Kagame, alors à la tête du FPR, est responsable de l'attentat perpétré le 6 avril 1994 contre Juvénal Habyarimana, président légitime du Rwanda. Or, aujourd'hui, tout le monde admet que cet acte de guerre a été le facteur déclenchant du génocide. À ce titre, il porte donc une part de responsabilité décisive dans le génocide des Tutsi au Rwanda. Depuis la parution de mon livre en 2005, le juge Bruguière et un juge espagnol, Andreu Merelles, portent une appréciation semblable sur la responsabilité de l'actuel dictateur rwandais. Le juge espagnol a même lancé 40 mandats d'arrêt contre son entourage pour crimes de génocide.

« Elie Wiesel parle à partir de son expérience de la Shoah. Or, les deux catastrophes historiques que sont la Shoah et le génocide des Tutsi n'ont strictement rien à voir et ne peuvent être comparées. C'est le FPR qui, le 1er octobre 1990, franchit depuis l'Ouganda la frontière rwandaise et fonce avec 7 000 soldats rebelles tutsi en direction de Kigali : la guerre est déclarée contre le régime d'Habyarimana. Après quatre ans de conflit, après le génocide des Tutsi et des massacres de masse de Hutu, c'est Paul Kagame qui prend le pouvoir à Kigali.

« "La vérité des victimes [...] mérite d'être privilégiée", dit Elie Wiesel. Paul Kagame n'est pas une victime, et la "vérité" qu'il cherche à imposer au monde est une terrible offense à la mémoire des victimes. Je respecte la compassion qu'Elie Wiesel témoigne aux victimes, parce qu'elle est ancrée dans la mémoire de la Shoah, mais cette compassion n'est pas un moyen suffisant pour rechercher et cerner la vérité. L'histoire de la tragédie rwandaise n'est pas encore écrite ; je crois y avoir apporté une modeste contribution, notamment en rappelant que les victimes ne furent pas exclusivement tutsi, qu'il y eut aussi des centaines de milliers de victimes hutu. Toutes les victimes méritent notre respect et notre compassion. Ne pleurer que les victimes tutsi est "moralement déplorable et historiquement regrettable". »

Depuis la parution de mon livre sur le Rwanda, les articles les plus violents dirigés contre moi sont l'œuvre d'un certain Serge Farnel, travaillant pour Metula News, une agence de presse israélienne ; coïncidence : Farnel travaille en même temps pour l'agence officielle rwandaise.

La revue *L'Arche* a également fait fort, en janvier 2008, en publiant quinze pages contre moi et en allant dénicher un article que j'avais rédigé en septembre 2002 pour *Le Monde diplomatique* sur les massacres de Sabra et Chatila, ce qui serait le signe indéniable de mon antisémitisme.

Parmi mes plus fidèles détracteurs, je pourrais encore citer les Glucksmann père et fils.

Avant de m'interroger sur les raisons qui poussent ceux qui se disent les amis d'Israël et les membres de la communauté juive de France à me traîner ainsi dans la boue, il est important de revenir sur le fait que l'utilisation de l'analogie entre la Shoah et le génocide des Tutsi, qui sert de prétexte aux attaques menées contre moi[1], est tout simplement grotesque. Au Rwanda, la guerre a été déclenchée par les Tutsi, qui, pour accélérer leur conquête du pouvoir, ont commandité l'attentat dans lequel est mort le président légitime du Rwanda, attentat qui a été le facteur déclenchant du génocide des Tutsi. Et ce sont les rebelles tutsi qui ont pris le pouvoir. J'exclus donc que des gens aussi intelligents qu'Elie Wiesel et BHL puissent croire une seule minute aux arguments qu'ils utilisent pour me discréditer.

En mettant le point final à mon livre *Noires fureurs, blancs menteurs*, j'avais parfaitement conscience qu'il subsistait encore de très nombreuses zones d'ombre sur ce qui s'était réellement passé dans l'Afrique des Grands Lacs. Notamment sur les guerres médiatiques menées secrètement pour imposer une version si éloignée de la réalité, et sur le

---
1. Et contre ceux qui défendent les mêmes thèses.

soutien apporté par Washington et Londres à Paul Kagame. Plus tard, j'ai commencé à relever le soutien médiatique apporté à Paul Kagame par certains cercles juifs, l'appui inconditionnel d'Israël au nouveau régime rwandais, l'invitation de Paul Kagame aux fêtes du soixantième anniversaire de la création de l'État juif, qui fit écrire à BHL, dans son « Bloc-notes » du *Point* : « Enfin, je n'ai pas pu ne pas noter que certains observateurs israéliens étaient allés jusqu'à comparer Paul Kagame à Ben Gourion... »

Si je m'interroge sur les raisons qui incitent les « amis d'Israël » à combattre avec une telle violence ceux qui, comme moi, estiment que Paul Kagame porte une lourde responsabilité dans la tragédie rwandaise, je ne puis qu'apporter les réponses suggérées aux chapitres précédents et dans les présentes pages : vu d'Israël, le Soudan fait presque autant question pour sa sécurité que l'Iran, et le Rwanda d'aujourd'hui est un allié déterminant pour son *containment*.

22

Les « monstres » répondent en écho à Save Darfur

En mars 2009, Omar al-Bachir est présenté comme le monstre absolu par la communauté internationale, devançant sur ce plan le Coréen Kim Jong-il et même l'Iranien Ahmadinejad, et se retrouvant loin devant les Mugabe, Kadyrov et consorts. Il est en effet le premier chef d'État en exercice à faire l'objet d'un mandat d'arrêt international pour crimes de guerre et crimes contre l'humanité contre les civils du Darfour délivré par la Cour pénale internationale (CPI). Le président soudanais a répliqué en ordonnant l'expulsion de treize ONG, coupables, selon lui, de complicité avec la CPI : « Nous avons refusé de nous agenouiller devant le colonialisme. C'est pour cela qu'on a ciblé le Soudan [...], parce que nous ne nous agenouillons que devant Dieu », a déclaré Omar al-Bachir lors d'un rassemblement, au lendemain de l'émission du mandat d'arrêt.

La Chine, premier partenaire commercial du Soudan, a exhorté la Cour pénale internationale à annuler le mandat d'arrêt lancé contre le président soudanais, estimant qu'il ne contribuerait pas à la stabilisation dans la région : « La Chine s'oppose à tout ce qui pourrait perturber les efforts de paix au Darfour et au Soudan », a souligné le porte-parole du ministère chinois des Affaires étrangères, Qin Gang, dans une déclaration publiée sur le site Internet de son ministère. Qin a ajouté que Pékin soutenait également la demande d'annulation formulée par plusieurs dirigeants arabes et africains. À l'inverse, les États-Unis ont salué cette décision de la CPI, tandis que le ministre des Affaires étrangères français Bernard Kouchner, ne boudant pas son plaisir, demandait au président soudanais de respecter la décision de la CPI...

Cette mise au ban de la communauté internationale a été l'un des aboutissements logiques du harcèlement diplomatico-médiatique décrit aux chapitres précédents, dont la meilleure expression a été fournie par Save Darfur et ses déclinaisons étrangères, dont Urgence Darfour. Alors qu'aux États-Unis l'administration Bush, aiguillonnée par le Congrès, lui-même stimulé par le lobby pro-israélien, prenait des mesures contre Khartoum, Bernard Koucher, dès son arrivée au Quai d'Orsay, en 2007, déclarait considérer la situation au Darfour comme « l'urgence absolue » et prônait, comme à son habitude, l'instauration de couloirs humanitaires. Il convoqua le 25 juin 2007 une conférence internationale sans même inviter le Soudan ni l'Organisation de l'unité africaine ! Lança l'idée de l'Eufor Tchad/RCA, une force européenne destinée à sécuriser les camps de réfugiés du Darfour au Tchad et en Centrafrique. Et n'envisagea la question du Darfour que par les yeux d'Abdel Wahid Nur, le rebelle darfouri, ami de BHL, qui a ouvert des bureaux à Tel-Aviv, tout comme il n'a vu et continue à ne voir la question rwandaise qu'au travers du regard de Paul Kagame...

Depuis bientôt vingt ans, le régime de Khartoum est sous le feu des attaques conjointes de ses voisins, soutenus par les États-Unis, par la Grande-Bretagne, par Israël et, depuis peu, par la France. Ne sont visibles pour le grand public que les réfugiés et les morts, d'abord ceux du Sud-Soudan, puis ceux du Darfour, censés être victimes exclusivement des soldats et des milices armées par Khartoum. La propagande occidentale omet scrupuleusement de parler des actions clandestines dirigées contre le régime soudanais, d'abord au sud, puis à l'ouest du Soudan. Si bien que les drames soudanais apparaissent comme la conséquence directe et exclusive des agissements d'un régime foncièrement et intrinsèquement mauvais, puisqu'il n'est jamais dit qu'il est confronté aux agissements guerriers des rébellions soutenues de l'extérieur et qui cherchent à l'abattre. Les attaques de F15 et F16 israéliens en territoire soudanais n'ont naturellement pas fait la une des journaux au début de l'année 2009, pas plus que la déclaration d'Abdallah Moshar, conseiller politique du président soudanais, affirmant que le « lobby sioniste » soutenait les rebelles du Darfour et cherchait à encercler Khartoum. Et d'ajouter : « Des camps d'entraînement en Israël forment les rebelles du Darfour et le gouvernement soudanais a découvert un nombre important d'armes israéliennes à l'intérieur des bases rebelles au Darfour. » Silence également sur la déclaration d'al-Bachir datée du 14 mai 2008, accusant Israël de financer le Justice and Equality Movement (JEM), groupe rebelle du Darfour qui avait lancé une attaque-surprise sur Khartoum le week-end précédent. Le président soudanais accusa aussi le Tchad : les Soudanais avaient en effet intercepté un message de Khalil Ibrahim, patron du JEM, dans lequel celui-ci demandait aux autorités de N'Djamena de lui envoyer un hélicoptère, après la bataille, message qui ne reçut pas d'écho[1].

Pas non plus de grand battage médiatique quand, le 25 septembre 2008, un cargo ukrainien était capturé par des « pirates » au large des côtes de la Somalie et retenu jusqu'à ce que soit versée, le 5 février 2009, une rançon d'un montant de 3,2 millions de dollars. Ce cargo nommé *Faina*, enregistré au Belize, appartenant à une société enregistrée au Panama, avec à son bord un équipage ukrainien, transpor-

---

1. Depuis Khartoum et N'Djamena se sont réconciliés.

tait 33 chars d'assaut T-72 de conception soviétique, mais aussi 150 lance-roquettes RPG-7, des batteries anti-aériennes, des lance-roquettes multiples et des munitions, et faisait route vers le port kényan de Mombassa. Le propriétaire du bateau était le ressortissant israélien Vadim Alperin, qui passe pour être proche du Mossad. Les armes, dont la destination finale était Juba, la capitale du Sud-Soudan, devaient être probablement acheminées ensuite vers le Darfour…

Après mon voyage à Khartoum, le mois qui suivit la mise au ban du régime, soit en avril 2009[1], j'ai complété les analyses que m'avaient données plusieurs responsables soudanais par la lecture d'*Ingérence israélienne au Soudan. Comment et pourquoi ?*, publié à Khartoum par Shams Alhadi Ibrahim Idriss et qui m'a été présenté comme l'expression des vues soudanaises. Je consultai plusieurs articles publiés dans des journaux arabes, du Caire et du Golfe. Paradoxalement, il apparaît que les visions arabo-soudanaises ne sont pas contradictoires avec celles développées à Washington, mais s'encastrent à elles parfaitement.

« La vision israélienne sur la Corne de l'Afrique et le Moyen-Orient s'est cristallisée après le 11-Septembre et l'invasion de l'Irak, écrit Shams Alhadi Ibrahim Idriss. Profitant de la nouvelle donne internationale dominée par les États-Unis, son allié stratégique, Israël a considéré que son succès dépendait de sa capacité à établir des alliances avec les États et groupes ethniques et religieux opposés aux Arabes et musulmans, ainsi qu'à son pouvoir d'imposer sa présence et à ses relations solides avec les pays de la Corne et de l'Afrique de l'Ouest. D'où son alliance avec les minorités non arabes du Sud et le soutien apporté à elles pour qu'elles réclament la sécession », peut-on lire dans *Ingérence israélienne…* L'auteur expose la manière dont l'influence israélienne sur la politique étrangère américaine ne s'est plus

---

1. Voir chapitre 12, p. 279 et suivantes.

limitée au problème palestinien, après le 11-Septembre, mais a englobé d'autres pays, entraînant une recomposition de la carte des équilibres régionaux en fonction des intérêts israéliens et américains, au détriment d'autres acteurs : « Après la guerre froide, les pays arabo-musulmans sont devenus un nouvel espace stratégique pour l'Occident et pour ce qu'on appelle *la lutte contre le terrorisme* ; ce qui a aidé Israël à mettre en œuvre sa politique au Soudan en tirant profit de la situation du monde arabo-musulman et de celle des pays voisins du Soudan. L'émergence de la notion de terrorisme dans les rapports israélo-arabes, et l'idée d'un Grand Moyen-Orient, considéré comme un espace vital pour Israël, conduisent à l'utilisation par les États-Unis des anciennes politiques coloniales. Il semblerait que cela constitue le fond de la lutte secrète entre les États-Unis et l'Europe (sur le terrain africain notamment), une guerre froide nouvelle manière caractérisée par des échanges et des marchandages pour la domination du monde. »

Selon l'auteur soudanais, « l'Occident a défini le Moyen-Orient comme un ensemble allant du Maghreb au Pakistan ; ce "Grand Moyen-Orient" englobe aussi des Républiques autrefois soviétiques, intéressantes sur le plan stratégique et riches en pétrole. Les menaces contre la Syrie, les événements du Liban, les attaques contre le Soudan ainsi que les pressions américaines *via* le Conseil de sécurité, participent de la volonté de création de ce Grand Moyen-Orient, de même que la mainmise sur les sources du Nil, sur l'Égypte et la Libye [...]. La guerre d'Irak a préparé l'intervention directe des États-Unis, après le 11-Septembre, au profit d'Israël, avec une priorité accordée à la lutte contre le terrorisme. Désormais, les États-Unis ont estimé que leur sécurité et leur stabilité étaient celles d'Israël, et que quiconque souhaitait établir des relations harmonieuses avec eux devait d'abord normaliser ses relations avec Israël. Ils ont établi une liste noire, dont le Soudan fait partie, et qui a pour seul but la protection d'Israël et la désagrégation des pays arabo-islamiques. [...] Pour soutenir la rébellion au Darfour, Israël a conçu un plan politique soumis aux États-Unis. Celui-ci nécessitant un financement, Israël a fait appel aux dons des groupes juifs américains. »

Puis l'auteur, exprimant le point de vue de Khartoum, analyse les différentes stratégies mises en œuvre par l'État hébreu en Afrique : comment l'armée israélienne a envoyé en 2001 des militaires de haut rang, d'origine éthiopienne, au service de John Garang et du SPLA, auquel l'État israélien a vendu des armes sophistiquées en échange de contrats de prospection pétrolière, etc. Il revient aussi sur les liens tissés par Israël avec les Tutsi dans les années 1990 : « Malgré ses bonnes relations avec Paris, Israël a secrètement manœuvré avec l'Ouganda et les Tutsi en privilégiant Washington au détriment de la France[1] [...]. Israël a utilisé les conflits ethniques dans la région des Grands Lacs et au centre de l'Afrique, tissant un réseau de relations et d'alliances solides avec certaines parties au détriment des autres. Les forces les plus importantes soutenues par Israël sont les Tutsi au Rwanda où le Mossad a attisé secrètement la guerre civile Hutu-Tutsi. »

La volonté bushienne de redessiner la carte d'un Moyen-Orient qui n'a plus rien de géographique s'est traduite dans les plans de politique étrangère américaine dans le désir de faire advenir un « Nouveau Soudan » éclaté, qui entrerait dans les plans du PNAC (Project for the New American Century) : « Ce programme vise à changer l'identité du Soudan, à en éliminer la culture arabe et islamique de sorte que le Nouveau Soudan profite à l'Afrique, à la chrétienté et à l'Amérique [...] au détriment de la sécurité nationale arabe », écrit de son côté le journaliste d'*Al-Ahram* Galal Nasser[2]. De son

---

1. À partir du livre d'Ahmed Touhami Abdel Hay publié en arabe, *Israël dans les régions chaudes. Les collines des Lacs, terrain de jeux d'Israël*, 2003, repris dans *L'Ingérance israélienne*.
2. In *Al-Ahram Weekly* des 5-11 novembre 2009 : « Threats to unity ».

côté, Fahmi Houedi, l'écrivain et éditorialiste égyptien, qui fut un des huit journalistes autorisés à poser des questions à Barack Obama après son discours du Caire, explique[1] qu'« Israël arme les rebelles, les entraîne en Israël, envoie des experts dans les zones rebelles au Soudan, et déguise ses agents du Mossad en travailleurs humanitaires [...]. Les Israéliens et les Américains ont maintenant les yeux fixés sur les immenses richesses du Soudan, en particulier du Darfour : pétrole, cuivre, fer, plomb, etc. [...]. Israël désire la sécession de l'ouest du Soudan et convaincra les rebelles de lui fournir une base militaire. Un tel développement menacerait l'Égypte, la Libye, le Soudan et la mer Rouge. Ce scénario ne se déroule pas seulement au Soudan, mais dans toutes les régions turbulentes d'Afrique »...

L'actuel patron des services secrets soudanais m'a raconté comment John Garang, le chef rebelle du Sud-Soudan, a adopté comme stratégie, à partir de 1987, non pas seulement de combattre au sud, mais de susciter et/ou d'encourager diverses rébellions, d'abord dans les monts Nouba, puis, après 1990, au Darfour, dans le djebel Marra, sous la direction de Daoud Bolad, de l'ethnie des Four. Ce dernier, mal équipé et mal soutenu, fut capturé par les troupes soudanaises, torturé et exécuté à Khartoum en 1992[2]. Mohamed al-Moula évoque ensuite la tentative fomentée par Abdelaziz Hadam Hilou pour soulever le Sud-Cordofan, puis les tentatives de John Garang pour instrumentaliser les leaders des oppositions tchadiennes en vue de lutter contre Khartoum. Après ce bref survol, il aborde les prémices de la situation actuelle au Darfour, quand, au tournant de l'an 2000, John Garang recrute des Darfouris dans le but de mener à bien une seconde tentative sérieuse de soulèvement. Il parle de la rencontre à Genève, en février 2001, entre des

---

1. In *Al-Ahram Weekly* des 26 juin-2 juillet 2008 : « Foothold in Darfur ».
2. Sur les rébellions au Darfour, lire *Darfur. A 21st Century Genocide*, de Gérard Prunier, Cornell University Press, 3ᵉ édition, 2008.

membres du Congrès national de Tourabi[1] et du SPLA de John Garang, les deux parties signant un mémorandum scellant leur accord pour transporter la rébellion au Darfour.

Al-Moula affirme que les liaisons entre John Garang et les mouvements rebelles du Darfour sont assurées par Roger Winter ; que ce dernier joue un rôle déterminant dans leur approvisionnement en armes, en munitions et en avions, *via* la liaison Nairobi (Wilson airport)-Rumbek, ville du Sud-Soudan où les appareils font le plein de kérosène et de munitions avant de s'envoler vers un aérodrome du Nord-Darfour. Le patron des services insiste sur le rôle de coordinateur de Roger Winter en 2003-2004 et sur le fait que, en septembre 2004, les forces armées soudanaises abattirent un de ces avions, loué à une compagnie britannique qui perçut un million de dollars pour ne pas fournir d'éléments « parlants » sur sa cargaison et les commanditaires de l'affrètement. « Nous, on considère que le Darfour, c'est Israël », conclut-il sans ambage. Puis il nuance : « Mais le poids d'Israël dans la région dépasse ses capacités. L'État hébreu utilise la superpuissance américaine, [son] lobby proisraélien, les services secrets anglais, italiens et autres… » Il revient ensuite sur Roger Winter, ses liens avec le Mossad, ses activités de lobbying aux États-Unis, sa présence à toutes les réunions du bureau politique de la SPLA, sur le fait qu'il a créé des problèmes au sein du gouvernement et attisé le feu entre le SPLA et les autres mouvements, entre le Sud et le Nord, etc.

Gotbi Almahdi, un des prédécesseurs d'Al-Moula à la tête des services secrets (1997-2002), entonne *grosso modo* le même couplet à propos de Roger Winter, « utilisé par le lobby pro-israélien comme propagandiste contre le Soudan,

---

[1]. Après avoir été écarté du pouvoir, Tourabi s'est retourné contre le général al-Bachir qu'il avait mis en place à Khartoum.

sur les chaînes de télévision, à l'ONU, dans les différents médias, avant de rejoindre l'administration américaine ». Et il décline longuement les thèmes abordés par le livre *Le Lobby pro-israélien et la Politique étrangère américaine*, de John Mearsheimer et Stephen Walt, notamment le contrôle exercé par celui-ci sur la politique moyen-orientale de la superpuissance américaine, la puissance des *think tanks* contrôlés par ce lobby, l'influence de l'AIPAC sur le Congrès.

Tous mes interlocuteurs soudanais ont été frappés par les déclarations d'Avi Dichter, ministre israélien de la Sécurité, et me les ont citées à plusieurs reprises : « La déstabilisation du Soudan est un objectif stratégique pour Israël, alors qu'un Soudan stable et fort renforcerait les Arabes et leur sécurité nationale… Car le Soudan a le potentiel d'une puissance régionale, plus forte même que l'Égypte et l'Arabie Saoudite… Éliminer le rôle du Soudan pourrait être mené à bien par la continuation de la crise au Darfour, maintenant que la question du Sud a été réglée[1]. »

Quand le président al-Bachir, inculpé de crimes de guerre et de crimes contre l'humanité, au printemps 2009 a décidé en réaction d'expulser treize ONG, partout se sont élevées les voix des bonnes âmes pour annoncer un chaos sans précédent : « Avec le départ des ONG, et si le gouvernement soudanais ne revient pas sur sa position, 1,1 million de personnes seront sans nourriture, 1,5 million de personnes seront sans soins, et plus d'un million sans eau potable », clama haut et fort, à Genève, Elizabeth Byrs, porte-parole du bureau de coordination des Affaires humanitaires de l'ONU (OCHA) lors d'un point de presse.

Un an après l'expulsion des treize ONG opérant au Darfour, la catastrophe humanitaire à laquelle il fallait s'attendre ne s'est pas produite. « La situation n'a pas dégénéré

---

1. Repris in *Al-Ahram Weekly*, dans l'article déjà cité de Galal Nasser.

comme nous le redoutions. Le gouvernement soudanais a renforcé sa collaboration avec les humanitaires internationaux, a déclaré Toby Lanzer, coordinateur des opérations humanitaires des Nations unies au Darfour. Le départ des humanitaires étrangers, poursuit le responsable de l'ONU, nous a conduits à collaborer plus intensément avec les associations locales et à instaurer sur place un réseau de contacts jusque-là inexistant, ainsi qu'à nous confronter davantage avec le gouvernement, qui s'est occupé de toutes les opérations auparavant prises en charge par les organisations expulsées. »

Cette simple constatation met à mal, une fois de plus, bien des déclarations péremptoires sur le Soudan, et devrait inciter à écouter davantage la parole soudanaise.

ÉPILOGUE

À Oyo, ce 8 août 2008, la nuit est tombée depuis longtemps. Nous sommes tous deux sur les bords de l'Alima, affluent qui coule vers le puissant Congo. Je devine plus que je ne vois mon interlocuteur. Nous venons de parler du terrible rapport Mucyo, rendu public quelques jours plus tôt par Paul Kagame contre la France. Un rapport qui accuse François Mitterrand, Édouard Balladur et l'appareil d'État français de complicité de génocide. Le président Sassou Nguesso ne comprend pas le silence observé par Paris, qui ne proteste pas contre ces fausses accusations. Probablement fait-il partie de ceux qui nourrissent encore une « certaine idée de la France ». Pour illustrer son propos, le président du Congo-Brazzaville me conte la courte parabole du paralytique sous le manguier : « Quand le paralytique assis au pied du manguier joue avec des feuilles vertes, c'est qu'il y a quelqu'un dans l'arbre qui les lui a jetées. Sinon, il ne joue qu'avec des feuilles mortes ! » Et d'ajouter : « Il suffirait à Paris de dire à ses "amis" les protecteurs de Kagame – les États-Unis, la Grande-Bretagne et Israël – de calmer un peu leur protégé pour que les attaques cessent ! » Puis le président congolais complète son tableau de la nouvelle Afrique en évoquant le « mystère Joseph », ce jeune Joseph Kabila, président du Congo voisin : « Venu de nulle part, en quinze jours il a eu les honneurs de Paris, Bruxelles, Londres et Washington... Joseph est un cheval de Troie du président rwandais. Officiellement, pendant la journée, il s'oppose à Paul Kagame, mais, la nuit tombée, il marche avec lui...

Or, en Afrique, c'est la nuit que les choses importantes se passent... »

Cinq mois après ces confidences, Paul Kagame et Joseph Kabila surprenaient les observateurs des Grands Lacs en décidant de mener ensemble la chasse aux Hutu des FDLR dans les forêts du Kivu. Le premier en affirmant qu'il en allait de sa sécurité, le second qu'il en allait de la restauration de la souveraineté sur l'ensemble du territoire congolais. Lorsque j'appris cette stupéfiante nouvelle, les paroles entendues à Oyo me revinrent évidemment en mémoire. Joseph, cheval de Troie ?

En politique internationale, les gestes symboliques déployés par les responsables sont souvent aussi révélateurs que les notes des diplomates et agents secrets sur les rapports de force entre nations. En l'occurence, tous les signes qui témoignent de la nouvelle place de la France en Afrique. Le dimanche 29 novembre 2009, Claude Guéant, second personnage de fait de l'État, accepte de rencontrer Paul Kagame à Kigali pour mettre un point final aux négociations secrètes visant à rétablir les relations diplomatiques entre le Rwanda et Paris. Non seulement le représentant de la France montre des signes de sujétion en se déplaçant chez le souffleteur, alors que c'est celui-ci qui avait pris l'initiative de la rupture des relations, mais la rencontre intervient de surcroît au lendemain de l'entrée du Rwanda dans le Commonwealth, événement précédé du remplacement du français par l'anglais dans l'enseignement supérieur public rwandais. Alors que la France continue à essuyer des attaques montées de toutes pièces contre elle, Paul Kagame, promu nouveau gendarme occidental de l'Afrique, à la tête d'un petit pays de 10 millions d'habitants, lui impose donc un agenda humiliant.

Le dictateur de la région des Grands Lacs a fait encore mieux avec son « ami » Kouchner. Le 7 janvier 2010, il envoie Rose Kabuye, sa chef du protocole, l'attendre sur le tarmac de Kanombe. Or Rose Kabuye est une des neuf personnes qui ont fait l'objet d'un mandat d'arrêt lancé par le juge Bruguière pour « complicité d'assassinat et association de malfaiteurs » en relation avec l'attentat perpétré contre l'avion de Juvénal Habyarimana le 6 avril 1994, dans lequel périrent trois citoyens français, membres de l'équipage. Kagame affiche ainsi tout le mépris dans lequel il tient la justice française, et donc le représentant de la France.

Trois jours plus tard, Kagame en rajoute en faisant publier le rapport Mutsinzi, évidemment biaisé, cherchant à impliquer la France dans cet attentat...

Ces humiliations ne rebutent pas Nicolas Sarkozy, qui accepte d'aller à Kigali-Canossa subir la morgue de Kagame et de faire la visite d'un mémorial illustré de panneaux injurieux pour la France. Pourquoi s'infliger un tel chemin de croix ?

La réponse la plus intéressante est fournie par les arrogants humiliateurs eux-mêmes. De façon cynique, *La Nouvelle Relève*, journal gouvernemental rwandais[1], a expliqué en effet à ses lecteurs les raisons qui poussent « la France de Sarkozy » à venir faire la cour au Rwanda. Celles-ci s'expliquent, écrit l'éditorialiste rwandais, par la volonté de Sarkozy de monter un cadre de coopération régionale regroupant la République démocratique du Congo et ses voisins de l'Est, pour le rétablissement de la paix et de la sécurité dans la région. Mais, pour la plume gouvernementale rwandaise, cette proposition marque, en fait, le désir de « contrôler les pays des Grands Lacs en y rétablissant sa présence militaire et son influence [...]. La France de Sarkozy parviendrait ainsi à mettre la main sur les immenses richesses de la République démocratique du Congo sans aucune crainte, car elle aura son mot à dire dans la région, comme d'antan. La prochaine visite de Sarkozy à Kigali serait entre

---

1. N° 760, du 11 au 18 janvier 2010.

autres de solliciter le consentement de Paul Kagame sur l'idée lancée à Kinshasa, en mars 2009, de la création d'un cadre de coopération régionale sous le patronage de la France »... Et l'éditorialiste de conclure qu'une « nouvelle organisation régionale n'est pas dans l'intérêt des pays de la région ». La voix de Kigali peut à bon compte humilier la France, qui est devenue le bouc émissaire de Kagame.

Sarkozy et Kouchner en ont fait pourtant beaucoup, depuis leur accession au pouvoir, pour s'attirer les bonnes grâces du « Bismarck africain », pilleur des richesses du Kivu, porté aux nues et soutenu par la « communauté internationale », c'est-à-dire d'abord et avant tout par les États-Unis. Ces reculades sont allées de l'acceptation des attaques portées contre la France jusqu'aux pressions exercées sur la justice française pour casser le dossier d'instruction mettant en cause les proches de Kagame dans l'attentat contre l'avion d'Habyarimana. Le président français est encore allé plus loin, début 2009, à l'occasion de la présentation de ses vœux annuels au corps diplomatique : annonçant une initiative de paix au Kivu, la région occupée, ravagée, mutilée, exploitée par Paul Kagame depuis une douzaine d'années, il émit l'idée, ni plus ni moins, d'« un partage de l'espace et des richesses » entre le Rwanda et la République démocratique du Congo (RDC), légitimant ainsi les agissements du dictateur rwandais depuis 1990 et faisant fi de la souveraineté de la RDC ! Pour proposer cette initiative, il avait fallu évidemment convaincre Paul Kagame d'entrer dans ce jeu et de persuader accessoirement un Joseph Kabila peu apprécié par les pays occidentaux depuis qu'il a ouvert en grand les portes de son pays à la Chine. Cette « initiative française » voulait s'inscrire à l'évidence dans les perspectives américaines telles qu'explicitées dans un point de vue d'Herman J. Cohen, ex-responsable de la politique africaine à Washington de 1989 à 1993, publié dans le *New York Times* du 15 décembre 2008. Non seulement il y avait peu de chance que Kagame accepte quoi que ce soit de la France, mais le bruit de cette initiative fut tel en RDC que Nicolas Sarkozy fut obligé de faire machine arrière devant le Parlement congolais et de borner ses intentions à donner un « nouvel élan à la coopération régionale »... Piteuse situation française, celle de l'impuissance.

Pauvre Congo qui, depuis l'indépendance, fait l'objet de la convoitise de grands « vautours » qui n'ont de cesse de chercher à le dépecer ! « La RDC en tant qu'objet de convoitises étrangères, en tant que proie des pilleurs de matières premières, est structurellement et moralement tombée si bas qu'on doit compter d'ici à une dizaine d'années avant d'escompter une amélioration tangible de sa situation », écrit sobrement Albrecht Conze, diplomate allemand, ancien directeur politique de la MONUC[1]. Hier, la France poussait à l'indépendance du Katanga en soutenant Moïse Tshombe. Elle faisait alors cavalier seul. C'était une autre époque, jugée très sévèrement aujourd'hui. Aujourd'hui, elle joue les supplétifs d'un grand projet occidental mieux « habillé » qu'hier, grâce aux progrès de la communication politique, et qui réussit à faire passer la plupart des actions en direction de l'Afrique pour des opérations destinées à faire le bien du continent et de l'humanité.

La façon dont la « communauté internationale » a géré l'ex-Zaïre durant l'après-Mobutu est « exemplaire ». Je laisse ici longuement la parole à Alain Bischoff, spécialiste de la RDC[2] :

« La solution envisagée par les Occidentaux revient à confier au Rwanda le leadership économique de la région des Grands Lacs au détriment du Congo producteur des richesses [...]. Aujourd'hui, les mesures prises par les institutions financières internationales (IFI) au Congo revien-

---
1. La force internationale de l'ONU déployée en RDC.
2. Auteur de *Le Congo-Kinshasa, la décennie 1997-2007*, Paris, Éditions du Cygne, 2008.

nent à pratiquer l'encore moins d'État qu'il n'en a. Le 11 décembre 2009, la RDC a dû se résoudre à conclure un accord avec le FMI l'engageant à améliorer le "climat des affaires". Pour "mériter" l'allègement de sa dette extérieure, la RDC devra, selon le communiqué de presse du FMI, s'attacher au "développement du secteur privé, notamment par la réforme des entreprises publiques [...], la protection de l'investissement étranger et l'amélioration de la transparence dans la gestion des ressources naturelles". En d'autres termes, la RDC doit achever la privatisation de ses secteurs stratégiques (mines, industrie, transport), déjà pourtant très contrôlés par les multinationales occidentales, et doit s'interdire – pour "protéger l'investissement étranger" – de revoir les contrats miniers (à la notable exception des contrats chinois !). [...] Promouvoir une telle politique, est-ce ouvrir la voie au développement durable du Congo ? La RDC peut-elle, en respectant les oukases du FMI, sans avoir un appareil d'État fort et souverain sur l'ensemble du territoire, développer une industrie nationale de transformation des matières premières brutes, mettre en place une exploitation durable de ses ressources minières et forestières, quand les Occidentaux et les IFI en organisent la tutelle (voire même en permettent l'organisation de la production et en réservent l'essentiel du profit, pour ce qui est du Kivu, au Rwanda sous couvert d'une fumeuse "coopération régionale") ainsi que le pillage au bénéfice de leurs multinationales ?

« La "communauté internationale" a habillé sa tutelle sur le Congo d'oripeaux démocratiques qui lui ont coûté, de 2002 à 2006, 500 millions de dollars, sans se préoccuper de savoir comment pérenniser cette démocratie fragile. Qui va payer les élections prévues en 2011, que la "communauté internationale" réclame à cor et à cris ? Se poser la question de savoir si ces élections sont bien nécessaires est légitime et pertinent alors qu'aucun moyen n'est mis pour trouver une sortie de crise équitable au Kivu, ni pour doter le Congo d'un État fort, bien au contraire[1]... »

La France est impuissante et a perdu pied en Afrique de l'Est et en Afrique centrale. Et l'équipe dirigeante arrivée avec Sarkozy en 2007 a cru dur comme fer que le ralliement spectaculaire aux idées et proclamations des néoconservateurs lui fournirait un retour en grâce et une marge de manœuvre. Naïveté du ministre des Affaires étrangères, et consternation des diplomates du Quai d'Orsay. L'atlantisme militant de Bernard Kouchner était le meilleur des *curriculum vitæ* pour devenir ministre du Déclin extérieur. Bernard Kouchner aspirait à faire de l'Afrique son principal champ de manœuvres, tout en étant conscient que la France était « devenue une puissance presque inexistante en Afrique[2] ». Avec enthousiasme, il a néanmoins chaussé ses bottes américaines et déployé beaucoup d'énergie pour rabibocher la France avec son « ami » Kagame, l'homme de Washington, Londres et Jérusalem. En Afrique comme ailleurs, la France s'est rabaissée au rang de supplétif de Washington, elle se contente de gérer tant bien que mal ce qui reste de ses anciens acquis (AREVA, Bolloré, Bouygues et Total) dans l'ex-*pré carré*, en limitant les escales africaines de ses dirigeants à quelques heures passées au pas de course. Il y a eu aussi le malentendu Jean-Marie Bockel-fin de la Françafrique, qui a été compris comme une politique de désinvestissement, quand des chefs d'État africains attendaient encore de la France qu'elle les appuie. Même les mots prononcés entre deux avions sont désormais incompris. Rappelons qu'à l'affirmation d'un Jacques Chirac qui, quoi qu'on en dise, était adulé par les Africains : « Il n'y a pas de plus

---
1. In « Le Congo est-il perdu ? » à l'adresse : http://www.congoforum.be/fr/nieuws detail.asp?subitem=3&newsid=166226&Actualiteit=selected
2. In *Urgence Darfour,* sous la direction de Moral El Hattab (Des idées et des hommes, 2007), cf. la contribution de Bernard Kouchner, p. 77.

grande injustice que de refuser à un peuple le droit à l'Histoire[1] », Nicolas Sarkozy a répondu que « le drame de l'Afrique, c'est que l'homme africain n'est pas assez entré dans l'Histoire[2] ».

Alors que la France commençait réellement à sortir de l'histoire de l'Afrique dans les années 1990, les États-Unis d'abord, puis la Chine, ont considéré que leur avenir dépendait largement d'elle. Washington est même allé jusqu'à se servir du 11-Septembre et de la lutte contre le terrorisme pour amplifier, en la justifiant, son implication africaine. Les attentats contre les Twin Towers ont marqué un tournant dans la vision américaine du monde. Les États-Unis qui, existentiellement, ont besoin d'une frontière claire entre le Bien et le Mal, ont réinventé une nouvelle bipolarité permettant un positionnement stratégique plus facile que celui des douze années qui ont suivi la chute du Mur de Berlin et la fin de la guerre froide.

Dès 2002, le document de la « National Security Strategy » qui définit, à l'usage du Congrès, les stratégies globales du gouvernement américain, affirmait que « le combat contre le terrorisme mondial et la nécessité d'assurer la sécurité énergétique des USA requièrent des États-Unis qu'ils augmentent leur engagement en Afrique ». Les engagements en matière de sécurité ont dès lors été intimement mêlés aux engagements dans les domaines de l'énergie et des ressources en matières premières. D'autant plus que les importations de pétrole africain sont apparues vitales, car devenues du même ordre de grandeur que celles provenant du Moyen-Orient.

Cette soif d'Afrique sera probablement de plus en plus difficile à étancher, car d'autres prédateurs viennent s'y désaltérer. La Chine, l'Inde, l'Europe, d'autres encore sont déjà en compétition avec les États-Unis pour l'accès au

---

1. Phrase prononcée le 13 avril 2000 lors de l'inauguration du Pavillon des Sessions, au Louvre.
2. Dans un discours prononcé à Dakar le 26 juillet 2007.

pétrole, au gaz naturel et autres ressources naturelles. La bataille va inéluctablement devenir de plus en plus féroce pour investir, décrocher de nouveaux contrats, obtenir des soutiens politiques sur le continent. L'Afrique est aujourd'hui un des champs de bataille de la lutte antiterroriste... Il est intéressant de noter que dans l'agenda américain, dans la « nouvelle donne » géopolitique qui est la leur, figure le Soudan, quand pour la France le regard se porte d'abord sur al-Qaida au Maghreb islamique (Aqmi), soit tout le Sahel, qui intéresse sérieusement les Américains seulement depuis quelques mois[1].

Le commandement militaire américain en Europe et au Moyen-Orient s'est donc adapté, ces dernières années, à ce nouveau contexte. Après le 11-Septembre, de nouveaux moyens à mettre en œuvre pour contrer le terrorisme ont été étudiés par l'armée américaine. Dans un premier temps, elle a créé la Combined Joint Task Force-Horn of Africa, avec 1 800 soldats stationnés à Djibouti, au camp Lemonier, ancien camp de la Légion étrangère française, avec pour mission de surveiller toute la Corne de l'Afrique, notamment la mer Rouge et le Soudan. Cette *task force* dépendait du Centcom, dont le quartier général, situé à Stuttgart, « gérait » le « Grand Moyen-Orient ». Mais l'Afrique a pris une telle importance que les États-Unis ont créé, en 2007, un outil spécifique, l'Africom, opérationnel depuis le 1er octobre 2008. Faute d'avoir trouvé à être hébergé en Afrique, le quartier général d'Africom se trouve aussi à Stuttgart. Ce nouvel outil, doté de gros moyens, a pour premier objectif de lutter contre le terrorisme dans la Corne de l'Afrique et en bordure du Sahara[2].

---

1. Jean-Pierre Filiu, *Les Neuf Vies d'Al-Qaida,* Fayard, 2009.
2. Pour rédiger ces lignes, je me suis beaucoup inspiré de *The Independent Task Force* n° 56, publié par le Council of Foreign Relations présidé par Richard Haas, intitulé « More Than Humanitarianism : A Strategic U.S. Approach Towards Africa » (Plus que de l'humanitarisme : une approche stratégique US de l'Afrique).

Africom est également chargé de sécuriser les approvisionnements pétroliers du golfe de Guinée, du Nigéria à l'Angola en passant par le Tchad, la Côte d'Ivoire, le Cameroun, le Gabon et le Congo, avec une attention toute particulière portée à Saõ Tome et à la Guinée équatoriale. Mais Africom surveille également de près la montée en puissance de la Chine.

Africom travaille évidemment en étroite coopération avec les services secrets américains, qui ont développé considérablement leurs activités sur le continent en passant des accords de coopération avec les services des pays-clés. La diplomatie américaine a étendu parallèlement ses ramifications en Afrique. Depuis 2004, le commandement militaire américain pour l'Europe consacre pas moins de 70 % de son temps et de ses moyens logistiques à la collecte, à la compréhension et à la gestion des affaires africaines, alors que celles-ci représentaient une part encore insignifiante de ces efforts en 2003. C'est d'ailleurs là la vision de l'Europe qu'ont les Américains : une partie de l'ensemble Europe-Afrique.

Cette nouvelle approche de l'Afrique par l'hyperpuissance américaine a réinstallé et légitimé les actions israéliennes sur le continent. Israël, on l'a vu, considère l'Afrique comme essentielle à sa sécurité, le continent constituant la « profondeur stratégique » qu'il ne possède pas. Il voit également dans le Soudan, le plus vaste pays d'Afrique, un ennemi potentiellement très dangereux, allié à l'Iran et au Hamas, et qui fait partie des pays du « front ». L'État hébreu s'emploie donc à vouloir disloquer cet ennemi. Après le 11-Septembre, les États-Unis ont intégré sur ce plan les vues israéliennes[1]. Principal allié-ami des États-Unis, Israël est reconnu en effet comme étant le grand spécialiste de la lutte antiterroriste grâce au Mossad et aux unités contre-terroristes de Tsahal.

---

1. L'arrivée d'Obama à la Maison-Blanche modifiera probablement quelque peu la donne.

Déjà installé, on l'a vu, dans de nombreux pays africains, Israël a repris la place qui était la sienne au temps de la guerre froide : celle de « gendarme » discret et efficace de l'Occident. Discret parce que les offres sécuritaires relèvent le plus souvent de sociétés privées, dirigées par des anciens du Mossad ou de Tsahal qui sont restés en contact étroit avec leurs anciens patrons. Ces sociétés travaillent souvent main dans la main avec des sociétés d'armements et des firmes diamantaires, de telle sorte que ce triangle « sécurité-diamants-armes » est non seulement discret, mais redoutablement efficace. Ce système « privé » permet aux autorités israéliennes de démentir toute implication officielle quand des fuites se produisent ou que des opérations sont révélées. Il présente un autre grand avantage : il ne coûte rien au budget, mais, au contraire, a des retombées très bénéfiques pour l'économie israélienne. Israël occupe déjà et développe une position unique en Afrique en s'étant immiscé dans l'intimité de nombreux présidents, grâce à quelques-uns de ses citoyens entreprenants, et d'y tenir un rôle premier, puisqu'il consiste à les protéger grâce à des systèmes d'écoutes parmi les plus sophistiqués au monde, ainsi qu'aux meilleures techniques de protection rapprochée, mais aussi d'infiltration, de neutralisation, voire d'élimination de leurs ennemis.

Après la mise en scène de leur savoir-faire dans la région des Grands Lacs et au Soudan, des Israéliens développent leur stratégie partout ailleurs en Afrique. Cette implication, qui pourrait être qualifiée, cette fois non sans raison, d'*Israëlafrique*, avait déjà été reconnue comme importante par Tzipi Livni, mais a été magnifiée par Avigdor Lieberman, son successeur au ministère israélien des Affaires étrangères, lequel a effectué en septembre 2009 une tournée qui a été qualifiée par les observateurs de « grand retour » d'Israël en Afrique[1]. Marqué par des étapes en Éthiopie, au Kenya, au

---

1. Notamment par *Jeune Afrique* n° 2539 du 6 au 12 septembre 2009.

Ghana, au Nigéria et en Ouganda, ce voyage avait officiellement l'agriculture, les questions d'accès à l'eau potable, de famine et d'épidémies pour thèmes principaux, mais cette présentation cachait des sujets plus ambitieux et moins avouables, ainsi que l'ont relevé divers journaux israéliens, notamment *Haaretz*. Parmi la délégation figuraient en effet une grosse équipe du Mossad, des représentants du Sibat, l'organisme qui s'occupe de l'exportation d'armes, et des représentants de l'industrie de défense (Israeli Military Industries, Israel Aerospace Industries, Soltam, Silver Shadow Advanced Security Systems, Israel Shipyards et Elbit Systems[1]). Yossi Melman commenta avec tristesse : « C'est la triste vérité que [...] la plus grande part de l'activité israélienne sur le continent africain est liée aux exportations d'armes. Le "méchant Israélien" sous le masque du marchand d'armes (généralement ancien du Mossad ou de Tsahal), qui fait la promotion des armes israéliennes avec le soutien de l'establishment de la Défense, a donné dans le monde entier une mauvaise réputation à Israël. Les Israéliens ont été impliqués dans les guerres civiles (en Angola, au Liberia, en Sierra Leone et en Côte d'Ivoire) et en aidant des régimes dictatoriaux tels que la Guinée équatoriale et les deux Congos. »

Le voyage d'Avigdor Lieberman avait aussi pour but de développer les liens du Mossad avec les services des pays visités afin de contrecarrer notamment les jihadistes internationaux et les agissements de l'Iran dans les pays africains. Il visait également à quêter des soutiens à l'ONU sur la question nucléaire iranienne. Les dates du voyage ont permis au sulfureux Lieberman de participer en Ouganda, vieux pays ami de l'État hébreu, à l'inauguration d'un monument

---

1. Sur le voyage de Lieberman, lire un article de Yossi Melman intitulé « Why did Lieberman really go to Africa ? » dans *Haaretz.com* du 9 septembre 2009, une dépêche d'UPI du 14 septembre 2009 intitulée « Israel eyes big arms sales in Africa » ; dans *Jeune Afrique* n° 2539, un article intitulé « Israël-Afrique. Le grand retour », et n° 2568 du 28 mars au 3 avril 2010 intitulé « Israël-Afrique. Security Business ».

commémorant le raid d'Entebbe, la fameuse « opération Tonnerre » qui libéra, en juillet 1976, les otages d'un avion d'Air France retenus par des membres palestiniens du FPLP et dans lequel mourut le colonel Jonathan Netanyaou, frère de l'actuel Premier ministre israélien...

La pénétration israélienne, on l'a dit, ne se limite ni à la région des Grands Lacs, ni aux cinq pays visités par Lieberman. La stratégie d'infiltration menée par l'Etat hébreu vise *grosso modo* tous les pays africains, notamment les anciens pays du *pré carré* français. Ainsi, en janvier 2009, Samuel Sternfeld, homme d'affaires israélien, aurait dû livrer des armes à François Bozizé, président de Centrafrique, qui fut un temps un protégé de Paris, avec l'assentiment du ministère de la Défense de l'État hébreu. L'opération, annulée au dernier moment à cause de graves incidents survenus à la frontière de la RCA avec le Soudan, aurait dû être financée en bois et en diamants. Chacun était ainsi censé y trouver son compte. Au-delà des bénéfices économiques tirés de l'opération, Israël, en s'installant confortablement dans un pays qui possède 1 165 kilomètres de frontières communes avec le Soudan, aurait pu avoir les mains libres pour mener ou encourager des actions clandestines destinées à déstabiliser Khartoum. Bozizé aurait pu se débarrasser tout à fait de la tutelle française et assurer sa pérennité au pouvoir avec une armée plus nombreuse et plus efficace, équipée de drones, de blindés, d'armes légères et de vedettes de la marine[1].

Yossi Melman, du quotidien *Haaretz*, a révélé que Global CST, une société israélienne privée, avait aidé le putschiste guinéen Moussa Dadis Camara[2] à encadrer sa garde prétorienne, *via* le diamantaire israélien Beny Steinmetz qui possède une mine en Guinée. Global CST est dirigé par Israel Ziv, ancien commandant des forces spéciales israéliennes. Le

---
1. In *Jeune Afrique*, n° 2568, *op. cit.*
2. Considéré comme le responsable des massacres perpétrés au stade de Conakry le 28 septembre 2009, qui firent au moins 156 morts.

journaliste israélien affirme que « Ziv a vraisemblablement agi sans le feu vert du ministère israélien de la Défense ». Vrai ou faux ? Pour calmer les esprits, le gouvernement israélien a ouvert une enquête...

Plus symbolique encore a été le développement des liens, en 2002, entre Israël et la Côte d'Ivoire alors que Laurent Gbagbo se livrait à un bras de fer avec Jacques Chirac. La Côte d'Ivoire, du temps d'Houphouët-Boigny, a été le fleuron des pays africains francophones, la clé de voûte de ce qu'on appelle aujourd'hui la *Françafrique*, dont les deux hommes-clés étaient Jacques Foccart et le président ivoirien. Jérusalem se retrouvait donc là, une fois de plus, en embuscade contre Paris. Les Israéliens avaient noué dès 1961 d'étroits contacts avec Houphouët-Boigny, qui témoignait d'un grand intérêt pour l'État hébreu et son histoire. Ces contacts s'étaient déjà notablement développés, au milieu des années 1980, permettant au Mossad de mieux surveiller la puissante communauté chiite d'origine libanaise et les nombreux militants du Hezbollah, pour qui la Côte d'Ivoire a été considérée comme une base de repos. En septembre 2002, alors qu'il est confronté à une tentative de putsch de rebelles venus du Burkina Faso, Laurent Gbagbo est déçu par les Français qui ne lui apportent pas l'aide militaire suffisante pour repousser ses adversaires. Il se tourne alors vers Sylvain Maier, un de ses avocats français, en cheville avec divers « spécialistes » israéliens. Ceux-ci vont très rapidement fournir le président ivoirien en hélicoptères, drones et matériels d'écoutes, et lui envoyer une cinquantaine d'experts israéliens du renseignement. « Le 6 décembre 2004, cette implication éclate au grand jour lorsque l'aviation progouvernementale bombarde une position française à Bouaké, tuant neuf soldats de l'opération Licorne. Paris découvre que des avions sans pilote israéliens ont survolé le secteur peu de temps avant l'attaque. La France demande alors des comptes à l'État hébreu et exige qu'il cesse son assistance militaire à Laurent Gbagbo », explique Marc Brenner dans *Jeune Afrique*[1]. La mise en garde de Paris n'a rien changé, au contraire. Les menées israéliennes en matière de sécurité se sont encore développées et ont entraîné dans leur sillage des entreprises devenues très présentes dans de nombreux secteurs. En juillet 2009, Ehud Olmert s'est rendu à Yamoussoukro pour donner une nouvelle impulsion à ces activités, notamment par la mise en place d'un « Shin Bet » ivoirien destiné à renforcer la sécurité autour du président et à surveiller l'armée.

Comme en d'autres temps l'avait fait Mobutu, Laurent Gbagbo se sert de sa proximité avec les milieux juifs et israéliens pour améliorer son image sur la scène internationale : « Laurent Gbagbo fait appel à des lobbyistes juifs liés aux évangélistes prosionistes de Côte d'Ivoire pour restaurer l'image du pays sur la scène internationale, mais surtout "vendre" et crédibiliser sa personnalité auprès de ses partenaires internationaux, plus que méfiants à son égard à cette époque », écrit un certain « J-M. M. » dans *Jeune Afrique*[2]. Ainsi, à la mi-août 2005, Meir Rosenne, ex-ambassadeur d'Israël en France et aux États-Unis, reconverti aujourd'hui en avocat d'affaires, a rencontré à deux reprises le président Gbagbo à Abidjan. Il lui a exposé comment il envisageait son déplacement aux États-Unis, comportant notamment une rencontre avec son ami, le père de George W. Bush, le président américain en exercice. Meir Rosenne a également proposé à Gbagbo d'ajouter un second volet à son périple, cette fois à New York : Elie Wiesel était prêt à veiller à l'organisation d'une imposante manifestation de soutien au contesté président ivoirien, réunissant autour de lui des personnalités connues pour être d'éminents défenseurs des droits de l'homme. Objectif : redorer l'image ternie du prési-

---

[1]. Du 28 mars au 3 avril 2010, dans un article intitulé « Israël-Afrique. Security Business », *op. cit.*
[2]. In n° 2549 du 18 au 21 novembre 2009, *op. cit.*.

dent Gbagbo après les guerres interethniques, restaurer son crédit international et faire passer la Côte d'Ivoire pour un modèle de démocratie. L'ensemble des prestations devait coûter un million de dollars. Cette mission était censée se poursuivre par la nomination de Meir Rosenne comme lobbyiste de la Côte d'Ivoire aux États-Unis. La présence de Meir Rosenne à Abidjan était jugée si importante que Laurent Gbagbo chargea un de ses ministres, Assoa Adou, ministre des Eaux et Forêts, d'organiser une grande réception en son honneur. Las, Laurent Gbagbo oublia de verser le premier acompte et le projet de manifestation à New York capota...

« Le pasteur attitré du président [Laurent Gbagbo], Moïse Koré, poursuit *Jeune Afrique*, est très lié aux intérêts d'affaires israéliens et joue les *go-between*. Aujourd'hui, toutes les entreprises israéliennes qui posent un pied en Côte d'Ivoire sont chaperonnées par le président de la République lui-même ou par ses proches au sein du FPI, le parti présidentiel. Très pieuse, comme son mari, et étroitement liée aux Églises évangélistes du pays, Simone Gbagbo est sans doute l'une des personnalités les plus actives pour servir de tête de pont aux intérêts des entreprises de l'État hébreu[1]... » Précisons que « Simone » se montre particulièrement acerbe et virulente contre Jacques Chirac et plus généralement contre la France. Laurent Gbagbo, dans le même esprit, s'est rapproché en 2007 de Paul Kagame, les deux chefs d'État partageant la même haine viscérable envers Paris.

Roosevelt a été écouté : Paris n'occupe plus qu'un rôle de figurant sur la scène africaine. Les deux grands acteurs sont désormais Pékin et Washington[2] – la capitale américaine étant appuyée par Kigali, Londres et Jérusalem. En définitive, Bernard Kouchner avait raison quand il écrivait que la France

---

1. In *Jeune Afrique* n° 2549, *op. cit.*
2. L'arrivée d'Obama à la Maison-Blanche et sa présidence mériteraient que soient introduites des nuances derrière le terme générique de « Washington ». Si sa vision de l'Afrique n'est encore pas très lisible, elle est moins caricaturale que celle de ses deux prédécesseurs.

était « devenue une puissance presque inexistante en Afrique », mais il oubliait de préciser que l'histoire coloniale, néocoloniale et les « erreurs » de la France ne suffisaient pas à expliquer ce déclin. Ses « amis » l'ont beaucoup poussée à dévaler la pente et portent une lourde responsabilité dans les énormes dégâts humains causés par les bouleversements qu'ils ont pour le moins encouragés...

Après ces points de suspension qui remplacent le point final, j'espère que le lecteur aura de l'intérêt pour l'histoire contemporaine de l'Afrique et que, avertis des visions de l'Afrique matraquées par les nouveaux militants – repentance et haine de la France en bandoulière –, il ne se laissera pas séduire par des explications simplistes. Dix-sept ans après avoir refermé un manuscrit sur l'histoire du Congo, j'ai plus que jamais le sentiment que l'Afrique et ses évolutions réclament de qui veut les approcher et les comprendre beaucoup d'humilité, de patience et d'obstination. Et je sais bien que le lecteur aurait peut-être souhaité que je pusse combler les lacunes qui apparaissent dans mon livre. Mais je considère que la conscience très forte que j'ai de mes limites me place dans une position avantageuse par rapport à ceux qui disent tout savoir de ce continent, porteur de l'avenir de l'humanité. Et qui voudraient imposer aux Africains le chemin à suivre en dissimulant leur néocolonialisme intellectuel dans les plis du drapeau universaliste aux couleurs des droits de l'homme occidental.

Maumusson, le 8 septembre 2010.

Et son engagement à l'égard de Paul Kagame beaucoup plus prudent. Il semble en effet que, dans la perspective des élections présidentielle et législatives de 2011 en RDC, une révision des alliances américaines en Afrique centrale et dans la région des Grands Lacs soit amorcée. Constatant l'échec de Paul Kagame et Yoweri Musereni à ramener la paix dans l'ex-Zaïre, là où les États-Unis ont de gros intérêts stratégiques, l'administration d'Obama pourrait laisser tomber les deux présidents pour s'appuyer sur Dos Santos, président de l'Angola, et les présidents du golfe de Guinée pour tenter de défendre mieux sa politique africaine. D'autant que Kagame et Museveni deviennent, au fil des semaines et des révélations, depuis l'été 2010, des personnalités de plus en plus sulfureuses, voire monstrueuses.

ANNEXE

Le rapport Gersony
enterré par l'administration Clinton,
décrivait déjà les massacres de masse de Hutu
commis par les soldats de Paul Kagame
après l'attentat contre l'avion d'Habyarimana.

Entre avril et août 1994, plus d'un million de Hutu (deux millions ?) s'enfuient du Rwanda pour se réfugier au Burundi, en Tanzanie et au Zaïre. Effrayée de l'ampleur de cet exode, madame Sadako Ogata, haut-commissaire de l'ONU pour les réfugiés (UNHCR), mandate le 27 juillet 1994 une équipe dirigée par Robert Gersony afin que celle-ci évalue les conditions dans lesquelles pourrait être préparé le rapatriement de ces réfugiés et de préciser les risques sécuritaires d'une telle entreprise. Pendant cinq semaines, le groupe de Gersony visite 51 communes (sur 145) au Rwanda, 9 camps de réfugiés au Burundi, en Tanzanie et au Zaïre ; il interroge individuellement 200 personnes et une centaine d'autres regroupées dans des petits groupes. Gersony conclut, en septembre 1994, à l'impossibilité d'engager un processus de retour en masse des Hutu dans leur pays à cause des massacres à grande échelle organisés par les soldats du FPR, ceux engagés dans l'Armée patriotique rwandaise (en anglais RPA).

Gersony et ses collaborateurs décrivent des massacres de masse systématiques organisés par l'APR à l'occasion de rencontres de « paix », de « sécurité » ou de « distribution de vivres » ; des chasses à l'homme menées par des militaires de l'APR guidés par des civils tutsi ; des tueries d'enfants, de vieillards et malades... Le rapport donne même le *modus operandi* des tueurs : coups de houe derrière le crâne, décapitations avec des machettes, incendies de maisons... Il procède à une estimation du nombre des morts : entre cinq et dix mille par mois dans moins du tiers du Rwanda...

Une fois sa rédaction achevée, le rapport Gersony est remis aux nouvelles autorités rwandaises. Le 19 septembre, Jean-Marie Ndagijimana, ministre des Affaires étrangères du gouvernement rwandais, reçoit Robert Gersony accompagné de Kofi Annan, secrétaire général adjoint de l'ONU, Shaharyar Khan, représentant spécial de Boutros-Ghali et de deux autres personnes. Après l'exposé de Gersony, le ministre rwandais est autorisé à parcourir le rapport, mais Kofi Annan refuse de lui en laisser une copie. « Avant de prendre congé, le chef de la délégation onusienne me prévint que si le gouvernement ne prenait pas des mesures pour mettre fin aux massacres collectifs et systématiques des civils hutu, il serait à son tour accusé de génocide », explique l'ancien ministre rwandais[1]. Le lendemain Timothy Wirth, secrétaire d'État américain aux droits humains, accompagné de David Rawson, ambassadeur des États-Unis confirmaient les propos de Koffi Annan. Mais début octobre, Pasteur Bizimungu, président du Rwanda, affolé par les résultats du rapport Gersony, se précipite à Washington, accompagné du ministre des Affaires étrangères. Il s'en prend violemment aux responsables de l'ONU, qu'il accuse « d'avoir commandité une enquête orientée et hâtive, dans le seul but de nuire à l'image de marque du Gouvernement d'union nationale ». Il demande aux autorités américaines d'aider le Rwanda à « rétablir le rapport Gersony dans son contexte d'après-génocide ». L'enterrement du rapport est décidé, selon Jean-Marie Ndagilimana, au Département d'État, par George Moose, sous-secrétaire d'État pour l'Afrique :

– Nous vous aiderons. Mais aidez-nous à vous aider, dit l'Américain[2].

Puis le rapport disparaît. Créé le 8 novembre 1994 pour juger des crimes commis en 1994, le TPIR se met en place, puis fonc-

---

[1]. Cette scène et le voyage de Pasteur Bizimungu à Washington est rapportée dans l'ouvrage de Jean-Marie Ndagijimana, *Paul Kagame a sacrifié les Tutsi* (éditions La Pagaie, avril 2009).
[2]. Écœuré, Jean-Marie Ndagilimana, tutsi (de mère tutsi et de père hutu), démissionnait cinq jours plus tard et choisissait l'exil.

tionne comme si le rapport n'avait jamais existé, alors que personne ne peut ignorer son contenu. D'autant que Jean-Marie Ndagilimana lui-même, poursuivant son combat pour que tous les crimes, y compris ceux commis par le FPR, soient instruits et jugés, cherche à mobiliser le Tribunal sur ce point ; il est finalement reçu en novembre 2002 par Carla del Ponte, qui en est alors la procureure. Celle-ci affirme que le rapport Gersony relève de la compétence du TPIR et devrait normalement être versé aux dossiers d'instruction :

– J'ai officiellement demandé à l'ancien haut-commissaire des Nations unies pour les réfugiés, Madame Ogata, de me transmettre ce rapport, dit Carla del Ponte, mais je me suis heurtée à un mur. L'on m'a fait comprendre qu'il n'était pas opportun de soumettre ce rapport à l'examen du tribunal. Que voulez-vous que je fasse ?

En mars 2004, Alain de Brouwer[1], qui prépare un témoignage de contexte qu'il produira devant le tribunal d'Arusha, recherche le « rapport Gersony » qu'il estime nécessaire à son argumentation ; pour cela, il entre en relation avec le haut-commissaire Rund Lubbers afin d'obtenir son feu vert et son aide pour ses démarches. Bien disposé à son endroit, le haut-commissaire l'oriente vers les personnes compétentes de l'agence onusienne pour les réfugiés. Les courriers de réponse envoyés par l'UNHCR à de Brouwer sont des chefs-d'œuvre d'hypocrisie. Une lettre du 8 avril 2004 affirme ainsi que « *malgré des recherches approfondies dans les archives de l'UNHCR, aucune copie dudit rapport GERSONY n'a hélas été trouvée* ». Dans une autre lettre datée du 9 juin, l'UNHCR affirme cette fois avoir « *eu l'occasion de passer en revue les archives de l'UNHCR situées à Genève* ». Le signataire regrette le temps mis pour entreprendre ces recherches. Et prend prétexte de la non-informatisation des dossiers, de leur difficile accessibilité et du manque de personnel pour donner une fin de non-recevoir à la demande. « *Je regrette que nous n'ayons trouvé aucun document donnant un témoignage de première main des événements qui vous intéressent* », écrit le fonction-

---

1. Ancien conseiller au groupe parlementaire du PPE (Parti Populaire Européen) et ancien conseiller politique à l'IDC (Internationale Démocrate Chrétienne) entre 1990 et 1995.

naire international qui, avec un humour cynique, envoie néanmoins à Alain de Brouwer, copie d'un rapport d'Amnesty International qui est du domaine public[1].

Le 17 novembre 2008, pendant le procès de Militaires II à Arusha, un collaborateur de Maître Christopher Black, défenseur du général Ndindiliyimana, cherchant dans les quelque 300 000 documents du système EDS (les archives électroniques des preuves du Procureur) trouve par hasard un ensemble de documents provenant de Robert Gersony. « Par hasard », parce que les documents ne sont pas indexés, qu'ils sont placés sans ordre ni chronologie ni sujet mentionné, seulement identifiés par un numéro. Parmi les documents trouvés figurent notamment quelques pièces extraites du dossier de l'équipe de Gersony3, qui étaient destinées au seul usage des membres d'une Commission des Experts sur le Rwanda travaillant sur le rapatriement des réfugiés hutu. On y découvre donc une lettre, datée du 11 octobre 1994, sur papier à en-tête du Haut-Commissariat pour les Réfugiés, qui expose que ces Experts avaient accepté de suivre les instructions formelles du haut-commissaire de traiter « confidentiellement » ces documents, et d'en réserver l'usage aux membres de la Commission. Instructions intervenant quelques jours après la décision de Washington d'enterrer le rapport Gersony.

« Confidentiellement », le HCR faisaient parvenir les documents Gersony au procureur du TPIR qui les enregistrait à la date du 8 décembre 1994. Parmi eux :

– une lettre de Paul Kagame, datée du 10 août 1994, faisant état d'un plan de Museveni sur le Zaïre et de leurs « collaborateurs belges, américains et britanniques ». Kagame y affirmait que les réfugiés hutu au Zaïre étaient un problème pour la mise en œuvre du plan ;

– un résumé de la présentation qu'a faite Robert Gersony, le 10 octobre 1994, devant la Commission des Experts, au Palais des Nations à Genève. Présentation faite à partir de son rapport...

---

1. Témoignage-plainte du 16 janvier 2009 au Parquet fédéral à Bruxelles, transmis à Fernando Andreu Merelles et référencé dans l'instruction espagnole FA3.18/08/PM/yp de Philippe Meire, procureur fédéral adjoint, chef de la section Droit international humanitaire.

Quand Maître Christopher Black, le 18 novembre 2008, a mis ce résumé devant les yeux du procureur, celui-ci ne s'est pas laissé démonter ; il a eu le toupet d'affirmer que l'avocat américain l'avait fabriqué.

Voici donc le texte du résumé (en langue anglaise) du rapport de Gersony, précédé du fac-similé de la lettre de transmission datée du 11 octobre 1994 qui l'accompagnait.

NATIONS UNIES
HAUT COMMISSARIAT POUR LES REFUGIES

UNITED NATIONS
HIGH COMMISSIONER FOR REFUGEES

R0002900

Télégrammes : HICOMREF
Télex : 415740 UNHCR CH
Téléphone : 739 81 11
Téléfax : 731 95 46

Case Postale 2500
CH-1211 Genève 2 Dépôt

11 October 1994

Dear Mrs. Molina-Abram,

We refer to UNHCR's briefing to the Commission of Experts on Monday, 11 October 1994.

As requested by the Commission, we are forwarding herewith a written summary of Mr. Gersony's oral presentation and copies of some field reports sent to UNHCR Headquarters by UNHCR Field Offices.

We are confident that, as agreed by the President of the Commission of Experts, these documents will be treated as confidential and only be made available to the members of the Commission.

Yours sincerely,

François Fouinat
Chef de Cabinet

Mrs. B. Molina-Abram
Secretary to the Commission
 of Experts on Rwanda
Room 141.1
Palais des Nations

Summary of UNHCR presentation before commission of experts 10 october 1994
Prospects for early repatriation of Rwandan refugees currently in Burundi, Tanzania and Zaire

Between April and August 1994, over one million Rwandans fled their country to refuge in Burundi, Tanzania and Zaire. Some 100,000 reached Burundi and Tanzania in July and August alone.

On July 27, the High Commissioner appointed an Emergency Repatriation Team to conduct a thorough, systematic and comprehensive field assessment of the prospects for repatriation and to devise mechanisms which could accelerate the safe return to Rwanda of the refugee population. In conducting its assignment, the team received information which suggested that conditions were not yet conducive for such return. Its findings are briefly summarized in this document.

Assessment Procedures

During a five-week period in August/early September, the team visited 41 (28 %) of Rwanda's 145 communes, and collected detailed information about ten additional communes. In nine UNHCR refugee camps in Burundi, Tanzania, and Zaire, and in 91 locations inside Rwanda, the team conducted more than 200 individual, private interviews of about one hour each with local residents, former displaced persons, spontaneous refugee returnees and current refugees.

More than 100 additional persons were interviewed in small groups in a less private manner. Their first-hand eyewitness accounts – which comprise the main basis of this report – were detailed and credible, and they responded spontaneously to many follow-up questions, clearly describing events which they had seen. The most important elements and patterns of the information they provided, particularly for the south/south-eastern regions, were corroborated independently by the team's interviewees *in several countries outside Rwanda and by those in different locations inside Rwanda*. [These reports are also mutually corroborative with information gathered independently by UNHCR offices in neighboring countries and through contacts established in Rwanda. According to the more recent of these reports, the types of activities described later herein in the south/south-eastern region have continued during the first half of September.] These accounts, if accurate, compel certain unavoidable findings which are set forth later herein.

The Government of Rwanda permitted the team full, independent freedom of movement, without accompaniment and control, through the issuance at the outset of the mission of an official letter of authorization which, with few exceptions, was honored throughout the country.

Genocide of Tutsis

The Government of Rwanda, the UNHCR and the international community have placed considerable emphasis on the early return of all refugees, and particularly those who fled Rwanda during the past year. Of these, the refugees currently remaining in neighboring countries are in the main Hutu people. It was not within the team's mandate, nor was it able to conduct a systematic inquiry into the killing in April 1994 of hundreds of thousands of Tutsi people and many Hutu people by soldiers, militia and surrogate forces of the former Government of Rwanda. The killings of the Tutsi people have been described by the Special Rapporteur of the Commission on Human Rights in his June 28, 1994 report, as genocidal in nature.

Due to the nature of its mission, the team's findings concern principally the conduct of the Rwandan Patriotic Army (RPA), the military forces of the current Government, with respect to the Hutu residents of Rwanda. [Previously known as the Rwandan Patriotic Front (RPF), this force has since been redesignated as the Rwandan Patriotic Army (RPA) and is referred to throughout this document as such.] However grave the team's findings with respect to RPA conduct, they do not mitigate, nor should they be permitted to obscure, the genocidal violence unleashed against the Tutsi people in April 1994 by forces of and associated with the previous Government.

Principal Findings

Based on information gathered through the procedures described earlier, following are the principal findings of the Emergency Repatriation Team which affect the prospects for an early large-scale repatriation of Hutu refugees currently residing in neighboring countries :

WITH RESPECT TO BUTARE, KIBUNGO, AND PARTS OF KIGALI PREFECTURES...

1. Significant areas of Butare Prefecture, Kibungo Prefecture, and the southern and eastern areas of Kigali Prefecture have been – and in some cases were reported to remain as of early September – *the scene of systematic and sustained killing and persecution of their civilian Hutu populations by the RPA*. These activities are reported to have begun, depending on location, between April and July 1994, immediately following the expulsion from each area of former Government military, militia and surrogate forces. These RPA actions were consistently reported to be

conducted in areas where opposition forces of any kind – armed or unarmed – or resistance of any kind – other than attempts by the victims of these actions to escape – were absent. Large-scale indiscriminate killings of men, women, children, including the sick and the elderly, were consistently reported. The reported violence includes :

– Mass killings at meetings. Local residents, including entire families, were called to community meetings, invited to receive information about « peace », « security » or « food distribution » issues. Once a crowd had assembled, it was assaulted through sudden sustained gunfire ; or locked in buildings into which hand-grenades were thrown ; systematically killed with manual instruments ; or killed in large numbers by other means. Large-scale killings which did not involve such « meetings » were also reported.
– House-to-house killings, and attacks on villages and displaced populations.
– Pursuit of hidden populations. In response to the above actions, significant segments of the population flee into hiding in swamps, bush areas, banana plantations and other areas of difficult access to RPA soldiers. In many cases, they remain in hiding for extended periods of time. RPA soldiers, in a few more recent cases accompanied by civilian Tutsi surrogates armed with spears and other manual weapons, were reported to actively pursue the hidden population through :
– Sudden, apparently well-coordinated attacks with gunfire ;
– Silent attacks in which hidden groups are killed with manual weapons ;
– Burning of swamp areas to prompt movement by civilians who are then killed ;
– Periods in which operations are suspended, followed by invitations to the hidden families to return home in peace. Shortly thereafter the villages are attacked and returnees are killed.
– Killing of asylum seekers. Asylum seekers – particularly those fleeing from Rwanda in a southerly direction towards Burundi – are reportedly systematically intercepted, ambushed and killed in significant numbers. These actions are reported with particular frequency in the commonly-used routes *via* road and through the countryside which pass through Matongo and Musenyi in southern Birenga Commune, and in areas close to the river which defines the Rwanda/Burundi border.
– Killing of returnees. Hundreds of Rwandan refugees in Burundi have heard Government of Rwanda radio broadcasts inviting and calling on the refugees to return home, and some of the refugees tried to do so. Some attempted to return to Rwanda with their entire families ; others sent one or two individuals as « advance scouts » to confirm that conditions are peaceful. Still others traveled to their home areas to find and/or bring their relatives back to Burundi, or to harvest food to bring back to

Burundi for their own consumption or for sale. Regardless of the motivation for their return, those who attempted to return and who were able to flee back to Burundi report consistently eye-witnessing killings and seeing the relatively fresh bodies of their Hutu neighbors and relatives.

– Killing of sick and elderly. Some individuals who are too old or too sick to flee to a neighboring country or to hide in the swamps, remain at their homes. Reports indicate that at least some of these are killed by RPA soldiers.

The foregoing activities have not been reported to be carried out throughout the geographical areas described above, nor carried out simultaneously in the areas which are affected. *Nonetheless, an unmistakable pattern of systematic RPA conduct of such actions is the unavoidable conclusion of the team's interviews.* More than 80 % of the interviewees in this region – both inside Rwanda and in six refugee camps in neighboring countries – provided detailed, credible reports of the conduct summarized above.

As the team traveled extensively within Rwanda through some areas close to the borders with Burundi and Tanzania, no RPA military personnel or checkpoints reported or alerted the team to security danger in these areas which it might encounter, or made reference to the fact or possibility of armed conflict between the RPA and former Government soldiers or militia conducting incursions into these areas. During its journey, the team often took care to check with RPA military personnel and was always assured that it faced no security problems in the conduct of its travels.

[Two incidents of the killing of Tutsi returnees by Hutu men armed with machetes were reported by Tutsi interviewees in two locations. The interviewees characterized the events as isolated incidents. One incident involved the killing of a tutsi returnee from Burundi who appropriated the house of the Hutu owner who was still hiding in a nearby area. The second incident involved the killing of a Tutsi family by six Hutu men armed with manual weapons said to have returned to their home area from Burundi.]

2. Manner of killings. According to the interviewee reports, a common manner of effecting these killings is through the use of hoes to the skulls of the victims, or of machete blows to their heads and necks. The burning of victims in rural houses which have thatch roofs was widely reported. Gunfire is reportedly used in large-scale massacres and attacks. Otherwise, according to the interviewee reports, it seems to be used judiciously, and principally against fleeing males, who appear to be the priority – buy by no means exclusive – targets of these actions.

3. Disposal of bodies. When local residents remain in an area where such killings have taken place, particularly when they know the victims and the number of bodies is manageable for them, and after RPA forces withdraw from the area, the remaining local residents themselves undertake some burial or covering of bodies. Eyewitness reports indicated that RPA forces sometimes burn or otherwise dispose a large number of bodies of those killed in public buildings. Large number of bodies are reported to remain above the ground, where some are partially consumed by dogs. Some formerly displaced persons and others have reportedly been ordered and obliged by RPA forces to bury some of the remaining bodies.

4. Culpability of victims. It appeared that the vast majority of men, women and children killed in these actions were targeted through the pure chance of being caught by RPA. No vetting process or attempt to establish the complicity of the victims in the April 1994 massacres of the Tutsis was reported.

5. Number of deaths. It is estimated that from late April/May through July, more than 5 000, and perhaps 10 000 persons per month may have been killed in the manner described above. During August, while some 60 000 new refugees were arriving in Burundi and Tanzania, the number killed may have been somewhat less than in previous months, but probably at least 5 000. By that time, the people in many cases no longer responded to calls to attend RPA meetings and fled their homes when RPA soldiers approached. Also by then, many were dead or in exile in Burundi and Tanzania.

Through extensive travel on secondary and tertiary roads, the team observed that significant geographical areas of southern Kibungo and southern and eastern Butare prefectures were virtually deserted, while others were partially populated with varying degrees of apparent stability and security. In order to not compromise the security of the interviewes, the team declined the frequent offers of local residents to visit locations which they asserted were within walking distance to observe what they described as the relatively fresh bodies of Hutu people killed in the incidents which they had reported. Nonetheless, the team directly observed 150 bodies which appeared to have been dead for about 7-10 days and which included men, women and children. The strong smell of deteriorating bodies was often present in the areas visited by the team.

During the last few days of August and the first days of September, new refugee arrivals to Tanzania diminished somewhat, but remained substantial. The lower arrival rates could be attributable to the factors described in the preceding paragraph. The systematic interdiction and killing of asylum seekers, described earlier, may be discouraging those who feel compelled to flee from attempting to do so. The communal origins of the latest arrivals suggest that reported RPA actions may, at that time, have been concentrated in areas more distant from the border, for example in eastern Kigali Prefecture. It could also be that such actions were, at that time, at least temporarily diminished. With the exception of the returnee cases reported within paragraph one, above, no significant return to Rwanda of Hutu people from Burundi and Tanzania was reported or observed during this period.

WITH RESPECT TO RUHENGERI PREFECTURE...

6. Ruhengeri Prefecture. In striking contrast to the southern and south-eastern regions described above, refugee returnees from Zaire (of whom there were more than 100 000) and local residents in parts of western Ruhengeri visited by the team (including many who had been temporarily internally displaced in July and had since returned to their homes) reported overwhelmingly that conditions in their area were secure, stable and peaceful at the time of the team's visit in early August. A liberal border-crossing policy by local authorities permitted families to walk home for brief exploratory visits, confirm for themselves the security situation, and return to Zaire to bring back their families.

7. Killing of retournee group. Based on credible reports gathered by the UNHCR office in Zaire from two seriously wounded survivors, it appears that on August 3 a group of up to 150 refugee returnees, including entire families of men, women and children who were walking from Zaire to northern Ruhengeri, were intercepted, questioned and killed by RPA soldiers just at the Zaire/Rwanda border north of Kinigi. To date it appears that, if the report is accurate, this may have been an isolated incident in this prefecture.

WITH RESPECT TO GISENYI PREFECTURE...

8. Unclear situation. In several Gisenyi communes visited by the team, less than 10 % of the normal population appeared to be present. The proportion of population present in other communes was considerably higher, though in general lower than Ruhengeri Prefecture at that time.

Consistent reports in Gisenyi Prefecture described a systematic pattern of arbitrary arrests and disappearances of adult males, all of whom were alleged to be suspected of being militia elements associated with the former Government. Of an estimated 400 or more arrests, it appeared that half may have been refugee-returnees from Zaire, some of whom were intercepted as they attempted to cross the first checkpoints in the prefecture. In some cases, an informal (though unevenly administered) vetting process to determine if those arrested were, in fact, militia or had participated in the April 1994 massacres, was reported. The execution of at least dozens of those arrested was credibly reported.

Both arrests *and* physical abuse of local residents were credibly reported in some areas of Gisenyi Prefecture to which refugees had returned from Zaire and in some sectors from which the population had never fled. Local residents stated that they were considering fleeing to Zaire. In fact, a small trickle of refugees was noted to be arrived in Zaire from southern Gisenyi during the team's visit to the Goma area during the following days. Finally, the liberal border-crossing policy which permitted refugees to visit their homes to assess the situation and then return for their families was tightened up. An attitude of impatience with the refugees who had thus far failed to return to Gisenyi was manifested by some local civilian surrogates of the RPA. Such attitudes had been entirely absent in Ruhengeri during the team's visit.

WITH RESPECT TO REASONS FOR FLIGHT TO ZAIRE...

9. Reason for flight. Contrary to early working assumptions, Rwandan refugees interviewed in Zaire did not refer to calls by Radio Mille Collines for their departure from Rwanda as determining factors in their decisions to flee. Roughly half of the interviewees in Zaire indicated that they had been urged to flee by former Government civilian and military officials in their home areas, or that on their own volition they had decided to flee with or immediately ahead of former army soldiers because of a general fear of the RPA not necessarily linked to direct negative experience. Many simply cited panic as their motivation. Those reporting these motivations tended to come from western Ruhengeri Prefecture and from parts of Gisenyi Prefecture.

However, half of the interviewees in Zaire reported eyewitnessing at the time of their flight or in earlier contact with the RPA acts of violence by the RPA against Hutu civilians which were similar in type – though far less in frequency – to those reported in Kibungo, Butare and southern and eastern Kigali Prefectures. They included meetings which evolved into massacres and attacks on civilian villages. Those reporting such violence tended to come from eastern Ruhengeri and some parts of Byumba Prefecture.

WITH RESPECT TO REASONS FOR RETURN FROM ZAIRE TO NORTHERN RWANDA...

10. Reason for return. Returnees to Ruhengeri Prefecture from Zaire cited their perception of its relative security, and the messages they had received from [*illisible*] effect as their principal motivations for return. A survey on one day, [*illisible*] August, of eighty returnee families who were walking along the Gisenyi/Ruhengeri road bound for different destinations in Rwanda revealed that in these families, one out of five of the immediate family members with whom they arrived in Zaire had died there. The mortality rate reported by the families still living in the refu-

gee camps in Zaire was reported by them to be significantly less. This appeared to substantiate assertions by refugees still in Zaire that those who were in the worst physical condition and who had the least food were a high proportion of those who had overcome their fear and decided to return to Rwanda.

The confiscation by force from refugee families in Zaire by soldiers and militia of the former Government of the food, blankets and plastic sheeting provided (in some cases by airlift) by the international community through UNHCR and its implementing partners was reported as a widespread problem which was affecting the relief operations. The deprivation caused by such actions appeared to be contributing to the hunger and sickness which seemed to be driving at least some of the refugees to return home at that time.

Other observations

11. The overwhelming majority of refugees in Burundi, Tanzania and Zaire expressed a wish to return as quickly as possible to their homes. If they were in good physical condition, most could probably return home by foot in a journey of a day or so. They stated that their main – and in most cases their only – constraint to doing so was the fear of being killed in their home areas, either upon their return *or at a later time*. Many asked that the United Nations intercede with the current Government of Rwanda (and particularly with the RPA) to cease the killing so that they could return home promptly.

12. In order for both spontaneous and organized repatriation to proceed, the Government of Rwanda must create conditions conductive for the return in safety of the refugees. Progress will have to be closely monitored by the UN system both in towns along the main road and through deployment in a permanent and sustained manner particularly in off-the-road rural areas (such as specific commune capitals) to insure that the actions reported herein are promptly and durably stopped.

UNHCR Emergency Repatriation Team.

ANNEXE 2

La vérité difficile

Le 27 août 2010, *Le Monde* fait sa Une sur une vérité qui a déjà fait l'objet d'un six-colonnes, douze ans plus tôt. Dans l'article de 2010 comme dans celui de 1998 apparaît le mot « génocide ».

A Luberizi, « les hommes ont été séparés du

LE RAPPORT DU HCDH couvre dix ans de guerre en République démocratique du Congo (RDC), de 1993 à 2003. Mais *« le plus grand nombre d'incidents de toute la décennie »*, note-t-il, concerne le premier conflit (juillet 1996-juillet 1998), marquée par la chute du régime de Mobutu, chassé du pouvoir par l'Alliance des forces démocratiques pour la libération du Congo-Zaïre (AFDL) de Laurent-Désiré Kabila, soutenue par des armées étrangères, notamment celle du Rwanda (l'APR). Extraits concernant quelques villages où eurent lieu des massacres.

Luberizi *« Le 29 octobre 1996, des éléments de l'AFDL/APR/FAB [Forces armées burundaises] ont tué environ 200 réfugiés de sexe masculin (...) dans le village de Luberizi. Les victimes faisaient partie d'un groupe de réfugiés à qui les militaires avaient fait croire qu'ils devaient se regrouper en vue d'être rapatriés au Rwanda. Les militaires ont séparé les hommes du reste du groupe et les ont tués à coup de baïonnettes ou par balles. Les corps ont ensuite été enterrés dans des fosses communes [près] de l'église. »*

Bwegera *« Le 3 novembre 1996, des éléments de l'AFDL/APR/FAB ont brûlé vifs 72 réfugiés rwandais dans la maison de la Cotonco (compagnie cotonnière), située à un kilomètre du village. »*

Tebero et Njango *« Dans la soirée du 6 novembre 1996, au niveau des villages de Tebero et Njango, des "éléments armés hutu" ont ouvert le feu, lancé des grenades et tiré au lance-roquettes sur des camions transportant plusieurs centaines de civils, pour la plupart d'origine Nandé. Le 7 novembre au matin, les éléments armés ont massacré des survivants et dévalisé systématiquement les passagers avant de mettre le feu aux véhicules. Selon certaines sources, 760 corps auraient été enterrés dans des fosses communes. Les victimes avaient quitté Goma le 6 novembre et cherchaient*

PUBLICATIONS JUDICIAIRES
01.49.04.01.85 - annonces@osp.fr

Par arrêt du 20 mai 2010, la chambre de la presse (2-7) de la cour d'appel de Paris a condamné Jean-Etienne COHEN-SEAT et SAM Rainsy pour avoir diffamé publiquement, dans le livre Des racines dans la Pierre publié en mai 2008 aux éditions CALMANN-LEVY, HOR Namhong en lui imputant d'avoir été le collaborateur des Khmers rouges et d'avoir ainsi causé la mort de plusieurs personnes.

LE MONDE,

Article du *Monde*, daté du 27 août 2010, faisant état du pré-rapport du Haut-Commissariat

reste du groupe et tués à la baïonnette »

à se rendre par la route dans le nord de la province. »
Mutiko « Un système d'exécution a été mis en place dans les environs d'Itebero où, à partir de décembre 1996, des unités spéciales de l'ADFL/APR se sont mises à traquer de manière systématique les réfugiés. Au cours du mois de décembre 1996, des militaires de l'AFDL/APR ont tué plusieurs centaines de réfugiés dans la localité de Mutiko. Une fois interceptées au niveau des barrières érigées par les militaires, les victimes étaient acheminées dans le village de Mutiko. Les militaires leur donnaient de la nourriture et leur demandaient de se préparer à monter dans les camions du HCR censés les attendre à la sortie du village. Les victimes étaient ensuite conduites en dehors de Mutiko sur la route, puis tuées à coup de bâton, de marteau ou de hache sur la tête. Les militaires incitaient la population autochtone à participer aux tueries. Ils la forçaient ensuite à enterrer les cadavres. »

Kinigi « Le 7 décembre 1996, des éléments de l'AFDL/APR ont tué près de 310 civils, dont un grand nombre de femmes et d'enfants, dans le village de Kinigi du territoire de Masisi. Les militaires avaient accusé la population locale, en majorité des Banyarwanda hutu, d'héberger des ex-FAR/Interahamwe [qui] avaient déjà quitté le village. Dans un premier temps, les militaires ont cherché à rassurer les civils [qu'ils ont rassemblés] dans plusieurs bâtiments dont l'église adventiste et l'école primaire. Dans l'après-midi, les militaires de l'AFDL/APR se sont rendus dans ces bâtiments et ont tué les villageois à coups de houe ou de petite hache sur la tête. »

Tingi-Tingi « Dans la matinée du 1ᵉʳ mars 1997, des éléments de l'AFDL/APR sont entrés dans le camp de Tingi-Tingi et ont tué sans discrimination ses derniers occupants. Bien que la plupart des réfugiés aient déjà quitté le camp, plusieurs centaines d'entre eux s'y trouvaient encore, parmi lesquels de nombreux malades soignés dans le dispensaire et des enfants non accompagnés. Selon les témoins, les troupes de l'AFDL/APR auraient tué la plupart des victimes à coup de couteau. Les corps ont ensuite été enterrés dans plusieurs charniers par des volontaires de la Croix-Rouge. Dans l'après-midi, des éléments de l'AFDL/APR ont ouvert le feu sur les réfugiés qui se trouvaient dans la queue de la colonne en fuite vers Lubutu et en ont tué plusieurs dizaines. Le même jour, les militaires de l'AFDL/APR ont tué par balles plusieurs centaines de réfugiés qui attendaient pour traverser le pont sur la rivière Lubilinga. De nombreux réfugiés sont morts noyés en se jetant dans la rivière ; d'autres sont morts piétinés par la foule en panique. » ∎

Ch. Ct

27 AOÛT 2010

des Nations unies aux droits de l'homme

LE MONDE / JEU

GRANDS LACS Le rapport de la mission d'enquête de l'ONU sur les massacres de réfugiés hutus rwandais dans l'ex-Zaïre, publié mardi 30 juin, est accablant pour les forces de Laurent-Désiré Kabila et l'armée rwandaise. ● KINSHASA ET KIGALI ont commis des « *crimes contre l'humanité* » en 1996-1997, affirme le rapport, certains crimes pouvant être qualifiés d'« *actes* Conseil de sécuri prochainement ce cer sur ses conclusi la mission d'infor

Un rapport de l'ONU accuse Kinshasa e

Le texte des Nations unies, rédigé par une mission d'enquête internationale au sujet des massacres de réfugiés hutus au Zaïre. A Paris, les dépu

NEW YORK (Nations Unies)
de notre correspondante
L'ONU a publié, mardi 30 juin, un rapport dont personne ne veut. En accusant les forces de Laurent-Désiré Kabila, aujourd'hui président de la République démocratique du Congo (RDC, ex-Zaïre), et, pour la première fois, l'armée rwandaise, d'avoir commis des massacres de réfugiés rwandais, l'ONU met en difficulté la quasi-totalité de ses pays membres.

Rédigé par une mission d'enquête internationale et, dit l'ONU, « *étayé par des preuves solides* », le rapport (*Le Monde* du 5 juin) revient sur la traque des Hutus rwandais durant la conquête de l'ex-Zaïre par M. Kabila, de l'automne 1996 au printemps 1997. Il évoque des « *crimes contre l'humanité* », certains épisodes d'attaques contre des réfugiés, perpétrées par les troupes de M. Kabila, appuyées par l'armée rwndaise, pouvant être qualifiés d'« *actes de génocide* ». Ces réfugiés – qui se comptaient par dizaines de milliers et sont autant à avoir été portés disparus – étaient accusés par Kigali d'être les auteurs du génocide des Tutsis du printemps 1994.

Le rapport de l'ONU suscite la colère de nombreux Africains et la gêne des puissances occidentales qui, en tant que membres du Conseil de sécurité, vont être obligées de se prononcer. Les conclusions des enquêteurs sont particulièrement gênantes pour Washington, qui entretient des relations étroites avec Kigali. Le rapport est encombrant aussi pour le secrétaire général des Nations unies, Kofi Annan, accusé par des pays africains de s'être « *trompé de priorité* » en créant la mission d'enquête en 1997 et d'avoir « *trahi son frère Kabila* ».

Cependant, le rapport est officiel et le Conseil de sécurité ne peut éviter de le prendre en considération, ce qu'il n'a pas l'intention de faire « *avant la fin de la semaine prochaine* ». Rédigé en mai, le compte-rendu est accompagné des réponses des gouvernements de Kinshasa et de Kigali.

Selon Kinshasa, le rapport de l'ONU n'est qu'un « *complot médiatique de grande envergure* » mené par des organisations non gouvernementales. Le gouvernement de la RDC, dans une lettre au Conseil de sécurité, estime que le rapport vise à « *camoufler les responsabilités des puissances impliquées dans le génocide rwandais, notamment la France* ». « *Les rumeurs collectées*, estime l'ambassadeur congolais à l'ONU, *sont basées sur des échantillons trop faibles pour être statistiquement fiables* ». Les conclusions de l'enquête sont, pour Kinshasa, « *une tentative de remise en cause de la stabilité politique dans la région des Grands Lacs* ».

Selon Kigali, le rapport est « *incomplet, partial et fallacieux* ». Dans sa lettre au Conseil, le gouvernement affirme n'avoir « *rien à se reprocher* ». « *Le gouvernement rwandais est indigné par ce que le rapport insinue* » sur le rôle joué par ses soldats.

Kofi Annan a lui aussi écrit au Conseil de sécurité, auquel il de-

M. Kabila critique violer

Le président de la République Zaïre), Laurent-Désiré Kabila a r l'ONU sur les massacres de réfugié Kinshasa pour que la réponse cong cours au sommet du Marché comn M. Kabila a accusé ceux qui « *rép port jamais effectué et achevé*, *des* notre vaillante armée, notre pays e invite instamment les peuples africa dignation un prétendu rapport d'e mensonges de ceux qui, après l'avoi soutenu l'ignoble régime de Mobutu

---

Article du *Monde*, daté du 2 juillet 1998, faisant état du rapport de la mission d'enquête de l'ONU d'« actes de génocide » –, rendu public le 30 juin 1998.

DI 2 JUILLET 1998

de génocide ». Le ité doit examiner texte et se prononions. ● EN FRANCE, mation parlementaire poursuit ses travaux sur l'action française avant et pendant le génocide de 1994 au Rwanda. Elle a entendu mardi Michel Rocard, qui a critiqué les choix effectués à l'époque où il était pourtant premier ministre, et Roland Dumas, qui a défendu la politique de François Mitterrand. Leur audition a été suspendue par le départ précipité de M. Rocard

t Kigali de « crimes contre l'humanité »

, est accablant pour le président Laurent-Désiré Kabila et ses alliés rwandais tés poursuivent leur enquête sur le rôle de la France dans la région

mande un « *engagement critique* ». « *Les tueries auxquelles se sont livrés l'AFDL* [l'armée de M. Kabila] *et ses alliés, y compris des éléments de l'armée rwandaise, constituent des crimes contre l'humanité* », écrit-t-il, soulignant que des enquêteurs « *pensent que certains meurtres peuvent constituer des actes de génocide, selon l'intention qui les motivait* ». M. Annan ne recommande cependant pas des mesures punitives et insiste même sur « *la nécessité de consolider la fragile stabilité de la région* ». Si la communauté internationale tourne le dos aux pays concernés, estime-t-il, « *elle commettrait une grave erreur* ».

Admettant que toute la vérité

---

nment le rapport

démocratique du Congo (RDC, exejeté, lundi 29 juin, le rapport de s rwandais, qui avait été transmis à olaise y soit annexée. Dans un disun d'Afrique australe et orientale, indent, par le truchement d'un rapmensonges, d'ignobles calomnies sur t moi-même ». « *Mon gouvernement 'ins à rejeter avec la plus extrême inquête constitué d'affabulations, de porté sur les fonts baptismaux, ont* », a-t-il poursuivi. – (AFP)

n'a pas pu être établie, le rapport laisse la porte ouverte à d'autres investigations. Selon les enquêteurs, Kinshasa « *n'a jamais eu l'intention d'accepter la mission d'enquête et a simplement fait semblant de coopérer* ». Les enquêteurs affirment que, compte-tenu des entraves à leur travail, « *il est impossible de confirmer ou de réfuter la plupart des allégations qui ont été faites* ». La lecture du rapport, d'une quarantaine de pages, ne laisse toutefois aucun doute sur les massacres de « *nombreux civils non armés* ».

En mai 1997, cite par exemple le rapport, « *des centaines de Hutus rwandais non armés ont été massacrés à Mbandka et à Wendji par des soldats de l'AFDL qui se trouvaient apparemment sous le commandement effectif de l'armée rwandaise* ». Ces corps ont été retirés d'une fosse commune par les enquêteurs. Les attaques contre les réfugiés dans le Kivu en 1996 avaient pour but « *de [les] contraindre à regagner le Rwanda* », mais les circonstances dans lesquelles les attaques ont été menées en 1997, « *notamment les opérations de nettoyage* », montrent que « *l'intention était d'éliminer les Hutus rwandais qui étaient restés au*

Zaïre ». Pour les enquêteurs, « *une interprétation possible est qu'il a été décidé d'éliminer cette partie du groupe ethnique en tant que tel* ». « *Si cela est confirmé*, notent-ils, *il sagirait d'un acte de génocide* ».

L'ÉTENDUE DES MASSACRES

La mission d'enquête préconise de confier l'enquête et le jugement des auteurs de ces crimes à un tribunal international, ce qui, selon les premières réactions à New York, est « *totalement irréaliste* ». Washington aurait l'intention de geler « *jusqu'à ce que les faits soient établis* » les avoirs financiers de la RDC, jusqu'à ce que l'enquête, selon des sources diplomatiques, détermine « *l'intention à l'origine des massacres* » et « *l'étendue de la participation des soldats rwandais et d'autres soldats étrangers, notamment de mercenaires* ».

Le rapport ne donne pas de chiffres sur l'étendue des massacres mais le rapporteur de la Commission des droits de l'homme pour l'ex-Zaïre, Roberto Garretton, affirme que 150 000 à 180 000 personnes ont été tuées, en six mois, lors de la conquête du pays par Laurent-Désiré Kabila.

Afsané Bassir Pour

---

sur les massacres de réfugiés rwandais dans l'ex-Zaïre – dont certains pourraient être qualifiés

TABLE DES MATIÈRES

Prologue 9

1. *Chercheur d'Afriques* 23
2. La *Françafrique*, un efficace écran de fumée 41
3. Agresseurs transformés en victimes, ou l'organisation de l'impunité ....
4. L'impunité et la légitimité de Kagame passent aussi par le trucage des chiffres des victimes 103
5. L'agenda africain des grandes puissances 127
6. Pour raisons sécuritaires, Israël devient un important acteur néo-colonial sur la scène africaine ... 151
7. Israël soutient le pays de l'apartheid 179
8. Israël était aussi le principal soutien de Mobutu 205
9. Le nouveau croisé des Grands Lacs 219
10. Croquis d'un pays trop vaste qu'il conviendrait de disloquer : le Soudan 251
11. Les « parrains » de la guerre dite de libération 259
    Annexe : La tentative de décrédibilisation de James Gasana 273
12. La Sainte Alliance contre Khartoum 277
13. Menues manœuvres contre Paris 301
14. La Sainte Alliance contre Khartoum (suite) 311
15. Aujourd'hui comme hier, le Rwanda cherche à annexer le Kivu 327
16. Les GI's participent à la traque des Hutu et la France, finalement, laisse faire… 339
17. Kabila ne fait pas l'affaire… 391

Annexe : D'un parking kinois à Paris, itinéraire d'un « casque » d'uranium « récupéré » par la DGSE, par Stephen Smith 421
18. Roger Winter, le protecteur de Museveni, Garang, Kagame et Kabila 425
Post-scriptum : Paul Kagame confirme l'importance du rôle de Roger Winter 452
19. Le pillage du Congo par le Rwanda, l'Ouganda, divers groupes mafieux et de nombreuses multinationales… 457
20. Un nouvel acteur se met en travers des visées impériales de l'Occident : la Chine 479
21. *What else ?* Les manœuvres des lobbies pro-israéliens en vue de disloquer le Soudan : Save Darfur 491
22. Les « monstres » répondent en écho à Save Darfur 521

Epilogue 531

Annexe 1. Le Rapport Gersony enterré par l'administration Clinton, décrivait déjà les massacres de masse de Hutu commis par les soldats de Paul Kagame après l'attentat contre l'avion d'Habyarimana. 549
Annexe 2. La vérité difficile 563

Table des cartes

Carte générale de l'Afrique 74
Carte du Zaïre 204
Carte de l'Ouganda 218
Carte du Soudan 250
Carte du Rwanda 258

Pour l'éditeur, le principe est d'utiliser des papiers composés de fibres naturelles, renouvelables, recyclables et fabriquées à partir de bois issus de forêts qui adoptent un système d'aménagement durable.
En outre, l'éditeur attend de ses fournisseurs de papier qu'ils s'inscrivent dans une démarche de certification environnementale reconnue.

Photocomposition Nord Compo
Villeneuve-d'Ascq

Impression réalisée par
CPI BRODARD ET TAUPIN
La Flèche

pour le compte des Éditions Fayard
en octobre 2010

Imprimé en France
Dépôt légal : novembre 2010
N° d'impression : 60785
35-57-4052-3/01